Springer-Lehrbuch

Volker Epping

Grundrechte

In Zusammenarbeit mit
Sebastian Lenz und Philipp Leydecker

Zweite, aktualisierte und erweiterte Auflage

Springer

Professor Dr. Volker Epping
Universität Hannover
Juristische Fakultät
Königsworther Platz 1
30167 Hannover
epping@jura.uni-hannover.de
http://www.volker.epping.de

Bibliografische Information Der Deutschen Bibliothek
Die Deutsche Bibliothek verzeichnet diese Publikation in der Deutschen Nationalbibliografie; detaillierte bibliografische Daten sind im Internet über <http://dnb.ddb.de> abrufbar.

ISBN 3-540-22714-8 Springer Berlin Heidelberg New York
ISBN 3-540-40159-8 1. Auflage Springer Berlin Heidelberg New York

Springer ist ein Unternehmen von Springer Science+Business Media

springer.de

Umschlaggestaltung: design & production GmbH, Heidelberg

SPIN 11309277 64/3130-5 4 3 2 1 0 – Gedruckt auf säurefreiem Papier

Vorwort zur 2. Auflage

Für den großen Zuspruch, den unser Buch in kürzester Zeit erfahren hat und der eine überarbeitete Neuauflage binnen Jahresfrist erforderlich gemacht hat, bedanken wir uns sehr herzlich. Die vorliegende Neuauflage lässt die integrierte Konzeption des Buches unverändert bestehen, gibt uns aber die Möglichkeit, Fehler und Ungenauigkeiten auszubessern und Rechtsprechung und Literatur auf den aktuellen Stand zu bringen.

Aus dem Kreis der Leserinnen und Leser haben uns zahlreiche Zuschriften mit Hinweisen und Verbesserungsvorschlägen, aber auch mit Fragen erreicht. Die immer wieder gestellte Frage nach dem Grund für den Beginn mit Art. 8 GG möchten wir an dieser Stelle beantworten: Aus unserer Sicht eignet sich Art. 8 GG als vom Schutzbereich her relativ einfaches Grundrecht am besten, die generelle Struktur der Abwehrrechte, insbesondere die Schrankenproblematik, exemplarisch zu erläutern. Ähnliches gilt für den unmittelbar folgenden Art. 2 Abs. 2 S. 1 GG, in dessen Rahmen die leistungsrechtliche Seite der Grundrechte eingeführt wird.

Die Veränderungen der Neuauflage betreffen v.a. die Passagen zur Eingriffsrechtfertigung durch kollidierendes Verfassungsrecht sowie zu den grundrechtlichen Schutzpflichten. Dort bemühen wir uns um eine auch in der Fallbearbeitung handhabbare Präzisierung. Neu ist außerdem das Kapitel 20, welches eine Einführung in den europäischen Grundrechtsschutz beinhaltet. Angesichts der immer weiter zunehmenden Europäisierung und der Verzahnung von nationalem und europäischem Recht erschien uns ein rein nationaler Ansatz nicht mehr ausreichend. Neu sind schließlich zwei Fälle zum Kopftuch sowie zur polizeilichen Folter.

Bedanken möchten wir uns bei allen Leserinnen und Lesern, die uns Berichtigungen und Hinweise übersandt haben. Ein besonderer Dank geht insofern an die Studierenden der Veranstaltung Verfassungsrecht II / Grundrechte im SS 2004 an der Universität Hannover. Danken möchten wir weiterhin den Mitarbeiterinnen und Mitarbeitern des Lehrstuhls für Öffentliches Recht, Völker- und Europarecht Erik Breves, Monika Bruss, Frauke Patzke und Alexander Schmiegel sowie Vanessa Heinz, Katharina Ludwigs, Ocka Anna Niemeyer und Simone Staeglich. Ohne die vielfältige Unterstützung hätten wir die Neuauflage nicht in der kurzen Zeit erstellen können.

Zum Schluss: Bitte schreiben Sie uns, wenn Sie Verbesserungs- oder Ergänzungsvorschläge haben. Gerade die Zuschriften, die uns erreicht haben, haben zur Neuauflage viel beigetragen.

Hannover im August 2004

Volker Epping
Sebastian Lenz
Philipp Leydecker

Vorwort zur 2. Auflage

Vorwort zur 1. Auflage

Die Grundrechte haben eine zentrale Bedeutung für alle Bereiche des Rechts. Ein fundiertes Verständnis der systematischen Zusammenhänge dieser Materie ist deshalb nicht nur zur Bewältigung reiner Grundrechtsklausuren unerlässlich. Zu diesem Verständnis möchte das vorliegende Werk einen Beitrag leisten. Hervorgegangen ist das Lehrbuch aus einem Vorlesungsskript, das sich - wie das vorliegende Lehrbuch nun auch - nicht nur an den Bedürfnissen von Studienanfängern, sondern auch an denen von Examenskandidaten orientierte.

Das Lehrbuch verfolgt ein integriertes Konzept, d.h. die allgemeinen Grundrechtslehren werden den einzelnen Grundrechten nicht vorangestellt, sondern werden sukzessive in die prüfungsorientierte Darstellung der einzelnen Grundrechte eingebunden. So werden abstrakte Erörterungen vermieden und die Probleme in den Kontext gestellt, in dem sie üblicherweise relevant werden. Um gleichwohl einen zentralen Zugriff auf die allgemeinen Lehren zu erlauben, ist dem Inhaltsverzeichnis ein Verzeichnis der allgemeinen Lehren beigefügt, das einen ebenso direkten wie schnellen Zugriff ähnlich den herkömmlich aufgebauten Lehrbüchern ermöglicht. Weiterhin zeichnet sich das Werk dadurch aus, dass es sich streng am Prüfungsaufbau orientiert, eine Vielzahl von Schaubildern und Prüfungshinweisen ebenso wie ausgewählte Zitate aus der Rechtsprechung des Bundesverfassungsgerichts im Wortlaut enthält.

Auch wenn das Bundesverfassungsgericht bei der Entwicklung der Grundrechte eine zentrale Stellung eingenommen hat, sollen auch kritische Stimmen aus der Literatur nicht zu kurz kommen. Erst das Hinterfragen gängiger Ansichten führt jenseits des Auswendiglernens von Meinungen zu einem wirklichen Verstehen. Trotz der deshalb unumgänglichen dogmatischen Tiefe haben wir stets Wert darauf gelegt, die bedeutsame studentische Frage: „Wie bringe ich es in einer Klausur?“ nach Möglichkeit zu beantworten.

Das vorliegende Lehr- und Lernbuch ist schließlich auch als Übungsbuch konzipiert. Zu den zentralen Problembereichen enthält das Buch insgesamt 28 Klausuren, die sich im Niveau zwischen einer Anfängerklausur und einer Examensklausur bewegen. Die Fälle basieren zum Teil auf Klassikern des Bundesverfassungsgerichts, die jeder Studierende kennen sollte. Wollte man diese Fälle auch nur mit stichwortartigen Lösungen versehen, hätte dies den Umfang des Buches deutlich gesprengt. Daher haben wir uns entschlossen, die Lösungen der Fälle auf der Homepage des Springer-Verlages zugänglich zu machen. Dadurch haben wir zugleich die Möglichkeit zur ständigen Aktualisierung.

An diesem Lehrbuch haben mit großem Engagement die Mitarbeiterinnen und Mitarbeiter des Lehrgebietes für Öffentliches Recht, Völker- und Europarecht der Universität Hannover mitgewirkt. Ohne die Mithilfe von Martin Böhnke, Erik Breves, Monika Bruss, Kathrin Mellech, Frauke Patzke, Alexander Schmiegel, Simone Staeglich und Julia Stock hätten wir das Buch nicht in der Zeit und in der vorliegenden Form fertig stellen können. Hierfür bedanken wir uns ganz herzlich.

Noch eines: Kein Werk ist perfekt. Bitte schreiben Sie uns, wenn sich Ungenauigkeiten oder Fehler eingeschlichen haben sollten oder wenn Sie Verbesserungs- oder Ergänzungsvorschläge haben.

Hannover im August 2003

Volker Epping
Sebastian Lenz
Philipp Leydecker

Inhaltsverzeichnis

Verzeichnis der allgemeinen Grundrechtslehren

Bibliografie und Recherche

1. Lehrbücher

Badura, Peter, Staatsrecht, 3. Aufl. 2003.

Bleckmann, Albert, Staatsrecht II - Die Grundrechte, 4. Aufl. 1997.

Hesse, Konrad, Grundzüge des Verfassungsrechts der Bundesrepublik Deutschland, 20. Aufl. 1995.

Heintschel von Heinegg, Wolff / Pallas, Nadine, Grundrechte, 2002.

Ipsen, Jörn, Staatsrecht II - Grundrechte, 7. Aufl. 2004.

Kimms, Frank / Schlünder, Irene, Verfassungsrecht Grundrechte, 1998.

Manssen, Gerrit, Grundrechte, 3. Aufl. 2004.

Münch, Ingo von, Staatsrecht II, 5. Aufl. 2002.

Pieroth, Bodo / Schlink, Bernhard, Grundrechte - Staatsrecht II, 19. Aufl. 2003.

Sachs, Michael, Verfassungsrecht II / Grundrechte, 2. Aufl. 2003.

Schmalz, Dieter, Grundrechte, 4. Aufl. 2001.

Siekmann, Helmut / Duttge, Gunnar, Staatsrecht I: Grundrechte, 3. Aufl. 2000.

Stein, Ekkehart / Frank, Götz, Staatsrecht, 19. Aufl. 2004.

2. Fall- und Entscheidungssammlungen

Degenhart, Christoph, Klausurenkurs im Staatsrecht, 2. Aufl. 2003.

Grimm, Dieter / Kirchhof, Paul (Hrsg.), Entscheidungen des Bundesverfassungsgerichts, zwei Bände, 2. Aufl. 1997.

Grote, Rainer / Kraus, Dieter, Fälle zu den Grundrechten, 2. Aufl. 2001.

Schoch, Friedrich, Übungen im Öffentlichen Recht I, Verfassungsrecht und Verfassungsprozeßrecht, 2000.

Schwabe, Jürgen, Entscheidungen des Bundesverfassungsgerichts, 7. Aufl. 2000.

Richter, Ingo / Schuppert, Gunnar F., Casebook Verfassungsrecht, 4. Aufl. 2001.

3. Kommentare und Handbücher

Benda, Ernst / Maihofer, Werner / Vogel, Hans-Jochen, Handbuch des Verfassungsrechts der Bundesrepublik Deutschland, zwei Bände, 2. Aufl. 1995.

Denninger, Erhard / Hoffmann-Riem, Wolfgang / Schneider, Hans-Peter / Stein, Ekkehart (Hrsg.), Kommentar zum Grundgesetz für die Bundesrepublik Deutschland (AK-GG), Loseblattwerk, drei Bände, 3. Aufl.

Dolzer, Rudolf von / Vogel, Klaus (Hrsg.), Bonner Kommentar zum Grundgesetz (BK), Loseblattwerk, vierzehn Bände.

Dreier, Horst (Hrsg.), Grundgesetz: Kommentar, drei Bände, I: 1996, II: 1998, III: 2000.

Friauf, Karl Heinrich / Höfling, Wolfram (Hrsg.), Berliner Kommentar zum Grundgesetz, Loseblattwerk, z.Zt. zwei Bände.

Isensee, Josef / Kirchhof, Paul (Hrsg.), Handbuch des Staatsrechts (HdbStR), zehn Bände, I: 3. Aufl. 2003, II: 3. Aufl. 2004, III: 2. Aufl. 1996, IV: 2. Aufl. 1999, V: 2. Aufl. 2000, VI: 2. Aufl. 2001, VII: 1992, VIII: 1995, IX: 1997, X (Register): 2000.

Jarass, Hans / Pieroth, Bodo, Grundgesetz für die Bundesrepublik Deutschland, 7. Aufl. 2004.

Leibholz, Gerhard / Rinck, Hans-Justus / Hesselberger, Dieter, Grundgesetz für die Bundesrepublik Deutschland, Loseblatt-Kommentar, Loseblattwerk, zwei Bände, 7. Aufl.

Mangoldt, Hermann von / Klein, Friedrich / Starck, Christian (Hrsg.), Das Bonner Grundgesetz: Kommentar, drei Bände, 4. Aufl., I: 1999, II: 2000, III: 2001.

Maunz, Theodor / Dürig, Günter (Hrsg.), Grundgesetz, Kommentar, Loseblattwerk, z. Zt. fünf Bände.

Merten, Detlef / Papier, Hans-Jürgen, Handbuch der Grundrechte (HGR), geplant: neun Bände, erschienen: Band I: 2004.

Münch, Ingo / Kunig, Philip (Hrsg.), Grundgesetz-Kommentar, drei Bände, 5. Aufl., I: 2000, II: 2001, III: 2003.

Sachs, Michael (Hrsg.), Grundgesetz Kommentar, 3. Aufl. 2003.

Schmidt-Bleibtreu, Bruno / Klein, Franz, Kommentar zum Grundgesetz, 10. Aufl. 2004.

Seifert, Karl-Heinz / Hömig, Dieter (Hrsg.), Grundgesetz für die Bundesrepublik Deutschland: Taschenkommentar, 7. Aufl. 2003.

Stern, Klaus, Das Staatsrecht der Bundesrepublik Deutschland, sechs Bände, I: 2. Aufl. 1984, II: 1980, III/1: 1988, III/2: 1994, V: 2000, VI: 2003.

Umbach, Dieter C. / Clemens, Thomas (Hrsg.), Grundgesetz Mitarbeiterkommentar und Handbuch, zwei Bände, Heidelberg 2002.

4. Entstehung des Verfassungsrechts

Deutscher Bundestag / Bundesarchiv, Der Parlamentarische Rat 1948-1949, Akten und Protokolle, z. Zt. 13 Bände, ab 1981.

Doemming, Klaus-Berto von / Rudolf Werner, Füsslein / Matz, Werner, Entstehungsgeschichte der Artikel des Grundgesetzes, Jahrbuch des Öffentlichen Rechts (JöR) n.F. 1 (1951), zitiert JöR 1 (1951).

Sach- und Sprechregister zu den Verhandlungen des Parlamentarischen Rates und seines Hauptausschusses, gebunden/Kopiensammlung, 1948/1949.

Schneider, Hans-Peter (Hrsg.), Das Grundgesetz - Dokumentation seiner Entstehung, z. Zt. fünf Bände, ab 1995.

Verhandlungen des Hauptausschusses, gebunden/Kopiensammlung, 1948/1949.

5. Arbeitstechnik und Falllösung

Butzer, Hermann / Epping, Volker, Arbeitstechnik im Öffentlichen Recht, 2. Aufl. 2001.

Stender-Vorwachs, Jutta, Prüfungstraining Staats- und Verwaltungsrecht, zwei Bände, 4. Aufl. 2003.

6. Internet

Die Recherche von Dokumenten im Internet ist über eine Vielzahl von Adressen möglich. Wichtig ist die genaue Zitierung einer Fundstelle. Da sich die Adressen schnell ändern können, hat immer das entsprechende Printmedium Vorrang. Zu Details der Materialerschließung und -verarbeitung siehe *Butzer/Epping*, S. 121 ff.

BVerfG, *www.bverfg.de*: Über „Entscheidungen" gelangt man zu allen amtlichen Entscheidungen nach verschiedenen Suchkriterien ab dem 1. Januar 1998.

JURIS, *www.juris.de*: Rechtsprechung und Schrifttum nach thematischen Feldern. Verschiedene Suchfunktionen je nach Zugang zu der Datenbank. Sehr umfangreiche Entscheidungsdatenbank auch mit nicht veröffentlichten Entscheidungen.

Universität Bern, *www.oefre.unibe.ch/law/dfr/dfr_bvbaende.html*: Linksammlung zu allen wichtigen Gerichten und eine in der Testphase befindliche Leitsatz- und Schlagwortsuche. Außerdem sind auf dieser Seite zitierfähige Druckversionen (Seitenangabe im Dokument) auch von Bundesverfassungsgerichtsurteilen zu finden, die bislang nicht veröffentlicht wurden. Die Urteile sind mit allen Möglichkeiten von Internetdokumenten aufbereitet.

NLB Hannover, *www.nlb-hannover.de/fbrlin.htm*: sehr umfangreiche Linksammlung zu Institutionen, Gerichten, Universitäten etc.

Dokumentarchiv, *www.document-archiv.de*: Dokumenten- und Quellensammlung (Frankfurter Reichsverfassung, WRV etc.) zur deutschen Geschichte (1800-heute).

7. Zitierweise und Falllösungen

Die in den Text aufgenommenen Auszüge aus Entscheidungen des BVerfG sind um die darin enthaltenen Zitate und Verweise gekürzt; dies wurde aus Platzgründen nicht kenntlich gemacht. Die Lösungen zu den im Skript enthaltenen Fällen sind im Internet abrufbar unter:

http://www.springeronline.com/de/3-540-22714-8

oder

http://www.volker-epping.de/downloads/

Kapitel 1: Geschichte, Funktionen und Quellen der Grundrechte

Literatur: *Hammer, Felix,* Die Verfassung des Deutschen Reichs vom 11. August 1919 - die Weimarer Reichsverfassung, Jura 2000, 57 ff.; *Hofmann, Hasso*, Die Grundrechte 1789 - 1949 - 1989, NJW 1989, 3177 ff.; *Hufen, Friedhelm,* Entstehung und Entwicklung der Grundrechte, NJW 1999, 1504 ff.; *Kahl, Wolfgang*, Die Entstehung des Grundgesetzes, JuS 1997, 1083 ff.; zur Geschichte einzelner GG-Artikel und den jeweiligen Vorgängernormen siehe z.B. die einzelnen Kommentierungen bei *v. Mangoldt / Klein / Starck.*

I. Geschichtliche Entwicklung

Der Grundrechtskatalog des Grundgesetzes ist das Ergebnis einer historischen Entwicklung, deren Beginn bis ins Mittelalter zurückreicht. Prägend für diese Entwicklung war der Gegensatz zwischen den Rechten des Individuums und der Herrschaftsgewalt des Staates, also die Frage, ob Herrschaftsgewalt im Hinblick auf individuelle Menschen- und Bürgerrechte rechtlichen Bindungen unterliegt. 1

Als erstes Dokument mit Grundrechtscharakter wird heute die **Magna Carta Libertatum** von 1215 genannt. Darin garantierte der englische König Johann Ohneland (1199-1216) seinen Vasallen im Wesentlichen die Unantastbarkeit ihrer überkommenen Feudalrechte. Auch wenn dies vom heutigen Grundrechtsverständnis weit entfernt ist, so war die Magna Carta dennoch ein Dokument, das die Freiheiten Einzelner gegenüber der Herrschaftsmacht sicherte. Außerdem enthielt die Magna Carta bereits einen Gesetzesvorbehalt für Eingriffe in Freiheit und Eigentum des Einzelnen, also eine klassische Freiheitsgarantie. 2

Ebenfalls aus England stammen der **Act of Habeas Corpus** (1679) und die **Bill of Rights** (1689). Die Habeas-Corpus-Akte enthielt vor allem detaillierte Garantien gegen willkürliche Verhaftungen, also ein wesentliches Element der Freiheit der Person. Die Bill of Rights sicherte hingegen nach Abschluss der Glorious Revolution in erster Linie die Rechte des Parlaments, enthielt aber neben weiteren justiziellen Garantien auch ein jedermann zustehendes Petitionsrecht. 3

Während diese frühen Texte noch keine umfassenden Gewährleistungen der Menschen- und Bürgerrechte enthielten, entstanden derartige Garantien vor allem im Zusammenhang mit der amerikanischen Unabhängigkeitserklärung von 1776 und der französischen Revolution. Die **Virginia Bill of Rights** vom 12.6.1776 kann dabei für sich in Anspruch nehmen, die erste umfassende, in aufklärerischem Denken begründete Verfassungsurkunde darzustellen. Die **amerikanische Bundesverfassung** hingegen erhielt einen Grundrechtskatalog erst 1791 mit dem ersten Zusatzartikel. In Frankreich war es die **„Déclaration des droits de l'homme et du citoyen"** vom 26.8.1789, die eine umfassende Freiheitsgewähr beinhaltete. 4

5 **Deutschland** konnte mit dieser Entwicklung über lange Jahre nicht Schritt halten. Zwar enthielt die auf dem Wiener Kongress 1815 vereinbarte Deutsche Bundesakte einzelne Freiheitsgarantien; diese blieben jedoch singulär und waren als Zugeständnisse der Reichsfürsten und freien Städte formuliert. Lediglich die **frühkonstitutionellen Verfassungen** einiger (süd)deutscher Einzelstaaten ab 1818 enthielten unter dem Einfluss der französischen Entwicklung z.T. weit reichende Freiheitsrechte, die auch heute in ähnlicher Form im Grundgesetz zu finden sind. Erst die **Paulskirchenverfassung** (1849)[1] enthielt für ganz Deutschland einen Grundrechtsteil, der mit „Die Grundrechte des deutschen Volkes" betitelt war. Dieser Grundrechtsteil galt von Dezember 1848 bis August 1851 als Reichsgesetz[2], während die Paulskirchenverfassung selbst nie in Kraft trat. Über diesen bescheidenen Geltungszeitraum des Grundrechtsteils hinaus hat die Paulskirchenverfassung jedoch sehr maßgeblichen Einfluss auf die deutsche Verfassungsentwicklung ausgeübt. Alle folgenden Verfassungen, auch das Grundgesetz, lehnen sich in vielerlei Hinsicht an die Paulskirchenverfassung an, sodass noch heute einzelne Artikel des Grundgesetzes mit denen der Paulskirchenverfassung nahezu wortgleich sind. Bereits 1850/1851 sind zahlreiche Gewährleistungen der Paulskirchenverfassung in die Verfassungen der Einzelstaaten eingeflossen.

6 Keine Neuerungen für die Grundrechtsentwicklung brachten hingegen die **Verfassung des Norddeutschen Bundes** (1867)[3] und die **Reichsverfassung** von 1871[4]. Beide Verfassungen verzichteten gänzlich auf einen Grundrechtsteil. Die staatliche Einheit wurde als vorrangig vor der Freiheit angesehen; während hinsichtlich einer Einigung Deutschlands noch Konsens herrschte, waren die Parteien bei der Frage der Grundrechte zerstritten. Erst die **Weimarer Reichsverfassung** (WRV) von 1919[5] enthielt für ganz Deutschland geltende und teilweise sehr weit gehende Grundrechte. Neben den Abwehrrechten finden sich auch Leistungs- und Teilhaberechte. Die Wirksamkeit der Grundrechte wurde jedoch durch den Streit über deren Rechtscharakter und das Fehlen eines Verfassungsgerichts gehemmt. Die nachrangige Bedeutung, die die WRV den Grundrechten eingeräumt hat, wird insbesondere an ihrer systematischen Stellung innerhalb der Verfassung deutlich. Während im Grundgesetz die Grundrechte an der Spitze zu finden sind, wurden sie in der WRV erst im zweiten Hauptteil in den Art. 109 ff. platziert. Nicht zuletzt wegen der zahlreichen Staatsziele sowie der sozialen Grundrechte - beispielsweise das Recht (und auch die Pflicht) zur Arbeit in Art. 163 WRV -, die bloße Aufträge an den Gesetzgeber ohne subjektivrechtlichen Gehalt waren, wird von den Grundrechten der WRV als „bloßen Programmsätzen" gesprochen.[6]

---

1 RGBl. 1849, S. 101 ff.; vgl. *Kühne,* Die Reichsverfassung der Paulskirche, 2. Aufl. 1998.

2 RGBl. 1848, S. 49 ff.

3 BGBl. des Norddeutschen Bundes 1867, S. 1 ff.

4 RGBl. 1871, S. 63 ff.

5 RGBl. 1919, S. 1383 ff.; vgl. dazu *Anschütz,* Die Verfassung des Deutschen Reiches, 14. Aufl. 1933.

6 Vgl. dazu *Hammer,* Jura 2000, 57 (62).

Vorläufiger Abschluss der deutschen Verfassungsentwicklung ist das **Grundgesetz**[7], das seit dem Beitritt der fünf neuen Länder erneut die Grundrechte für alle Deutschen garantiert. Seit seiner Entstehung hat der Grundrechtsteil relativ wenige substanzielle Veränderungen erfahren. Vor allem im Rahmen der Wiederbewaffnung (Wehrverfassung, 1956), der Notstandsverfassung (1968), des europäischen Vertrags von Maastricht (1992, v.a. Art. 23 GG) und erneut nach 1993 (Verfassungsreform nach der Wiedervereinigung 1994, Neues Asylrecht, Abhören von Wohnungen) kam es zu größeren, eher restriktiv motivierten Änderungen. 7

II. Arten, Dimensionen und Funktionen der Grundrechte

1. Arten

Unterschieden werden klassischerweise **Freiheits- und Gleichheitsrechte**. Freiheitsrechte schützen den Bürger vor der Verkürzung seiner Freiheit. Gleichheitsrechte verbieten es dem Staat, seine Bürger ohne Grund unterschiedlich zu behandeln. Die meisten Grundrechte des Grundgesetzes sind Freiheitsrechte. Gleichheitsrechte sind dagegen hauptsächlich in Art. 3 GG zu finden. 8

Unterschieden wird ferner zwischen den **Grundrechten** der Art. 1-19 GG und den **„grundrechtsgleichen Rechten"**. Letztere sind die in Art. 93 Abs. 1 Nr. 4a GG ausdrücklich genannten und damit ebenfalls verfassungsbeschwerdefähigen Normen des Grundgesetzes. Auch die Beachtung dieser Normen kann daher vom Bürger vor dem BVerfG eingefordert werden. Diese sind zwar keine Grundrechte, werden aber in der Praxis (und in der Fallbearbeitung) ebenso behandelt. 9

2. Objektiv-rechtliche und subjektiv-rechtliche Dimension der Grundrechte

Wie andere Rechtsnormen auch haben die Grundrechte des Grundgesetzes zumeist zwei Seiten: In ihrer **objektiv-rechtlichen Dimension** wenden sich die Grundrechte an den Staat, indem sie ihm Eingriffe in bestimmte Rechte des Bürgers verbieten bzw. erschweren oder ihn zum Schutz bestimmter Rechte und Interessen seiner Bürger verpflichten. Diese objektiv-rechtliche Dimension kommt deutlich in Art. 1 Abs. 3 GG zum Ausdruck: „Die nachfolgenden Grundrechte binden Gesetzgebung, vollziehende Gewalt und Rechtsprechung als unmittelbar geltendes Recht." 10

Während sich die Grundrechte in ihrer objektiv-rechtlichen Dimension also an den Staat richten und ihn zu einem bestimmten Verhalten verpflichten, wenden sich die Grundrechte in ihrer **subjektiv-rechtlichen Dimension** an den Bürger. Gestützt auf Grundrechte kann der Bürger vom Staat ein bestimmtes Verhalten einfordern und Eingriffe des Staates in seine Freiheiten abwehren. Was aus der Sicht des Staates als Pflicht zu einem bestimmten Tun oder Unterlassen erscheint, ist aus der Sicht des Bürgers also ein Recht, genau dieses Tun oder Unterlassen zu 11

---

7 Materialien des Parlamentarischen Rates finden sich zusammengestellt in JöR 1 (1951).

verlangen und nötigenfalls vor Gericht auch durchzusetzen. Objektive Pflicht und subjektives Recht korrespondieren also.[8]

3. Funktionen der Grundrechte

12 Bereits im Hinblick auf den Adressaten lassen sich zwei Dimensionen der Grundrechte unterscheiden. Grundrechte können den **Staat** verpflichten, etwas zu tun oder zu unterlassen. Aus Sicht des **Bürgers** stellen sich diese Pflichten als Rechte dar, vom Staat ein Unterlassen oder ein Tun zu fordern.

13

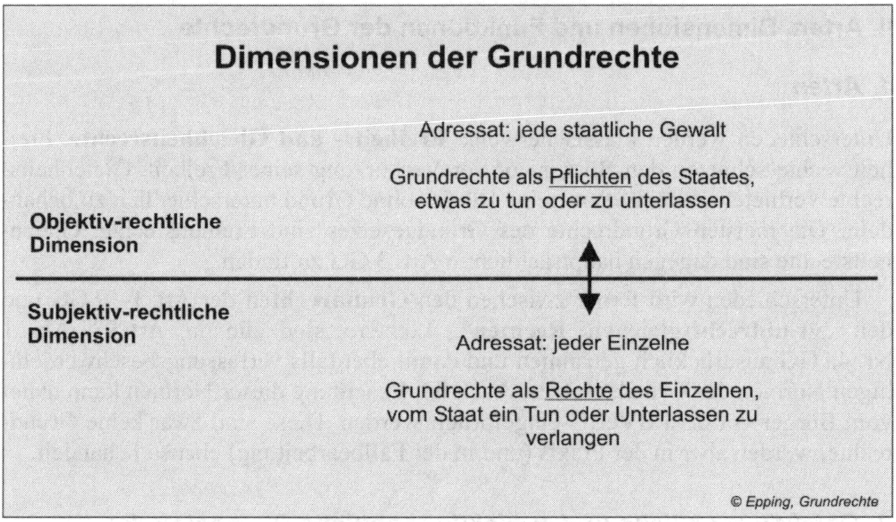

14 Mit der Funktion der Grundrechte als an den Staat adressierten Unterlassenspflichten ist deren klassische Zielrichtung angesprochen: Grundrechte sind **Eingriffsabwehrrechte** des Einzelnen gegenüber dem Staat (status negativus[9]). Dem Staat sind ungerechtfertigte Eingriffe in Freiheit und Eigentum bzw. Ungleichbehandlungen seiner Bürger verboten. Umgekehrt soll der Einzelne eine Möglichkeit haben, sich gegen ungerechtfertigte Eingriffe in seine Freiheit und sein Eigentum bzw. gegen ungerechtfertigte Ungleichbehandlungen zur Wehr zu setzen. Manchen Grundrechten - wie etwa Art. 3 Abs. 3, 5 Abs. 1, 8 Abs. 1, 9 Abs. 1 GG - kann man diese Abwehrfunktion bereits dem Wortlaut nach entnehmen, wenn bestimmte individuelle Rechte positiv gewährleistet werden („Alle Deutschen haben das Recht…"). Andere Grundrechte bringen die Abwehrfunktion mittels einer negativen Formulierung zum Ausdruck, wenn - wie in Art. 10 Abs. 1, 13 Abs. 1 GG

---

8 Diese Korrespondenz ist ein typisches Merkmal eines Grundrechts. Gleichwohl gibt es im Grundrechtsteil des Grundgesetzes Normen wie etwa Art. 1 Abs. 1 GG und Art. 7 Abs. 3 GG, deren subjektiv-rechtlicher Gehalt umstritten ist. Zum Verhältnis von objektivem Recht und subjektiven Rechten vgl. Rn. 124 f.

9 Zur von *Georg Jellinek* entwickelten Status-Lehre vgl. *ders.*, System der subjektiv-öffentlichen Rechte, 2. Aufl. 1919, S. 81 ff.

- bestimmte Schutzgüter als „unverletzlich" bezeichnet werden. Zuweilen werden dem Staat auch gezielt einzelne Eingriffe wie die Zensur (Art. 5 Abs. 1 S. 3 GG) oder die Zwangsarbeit (Art. 12 Abs. 2 GG) verboten. Im Grundrechtsteil finden sich aber auch Normen, deren Abwehrcharakter dem Wortlaut nicht so eindeutig zu entnehmen ist. Art. 6 Abs. 1 GG etwa stellt Ehe und Familie unter den „besonderen Schutz der staatlichen Ordnung". Auch dieser Norm wird im Wege der Auslegung ein Grundrecht auf Eheschließung und Familiengründung, also ein klassisches Abwehrrecht, entnommen. Grenze jedes Grundrechtseingriffs ist stets das Übermaßverbot.[10]

Neben der Funktion als Unterlassensgebote kommt den Grundrechten darüber hinaus die Funktion von Handlungspflichten zu. In dieser Funktion verpflichten die Grundrechte den Staat positiv zu einem bestimmten Handeln (status positivus); dieser Handlungspflicht korrespondiert ein entsprechendes **Leistungsrecht** des Einzelnen. Bei einigen Grundrechten wie Art. 6 Abs. 1, 4; 19 Abs. 4 S. 1 GG enthält schon der Wortlaut einen eindeutigen Hinweis darauf, dass der Einzelne nicht nur Eingriffe abwehren, sondern vielmehr vom Staat auch etwas fordern kann. Bei weiteren Grundrechten wird ein solcher Gehalt im Wege der Auslegung ermittelt, wobei Ausgangspunkt des BVerfG die aus den Grundrechten folgende **„objektive Wertordnung"** darstellt[11]: Diese von den Grundrechten aufgestellte Ordnung gilt als verfassungsrechtliche Grundentscheidung für alle Bereiche des Rechts und verpflichtet den Staat zum Schutz und zur Förderung der tatsächlichen Verwirklichung dieser Grundentscheidung. Damit ist ein leistungsrechtlicher Gehalt der Grundrechte angesprochen. Grundrechte als Leistungsrechte können in verschiedenen Formen[12] auftreten, wobei einige dieser Formen jeweils exklusiv den Freiheits- bzw. Gleichheitsrechten vorbehalten sind. 15

Als **originäre Leistungsrechte**, also als Rechte auf zusätzliches staatliches Handeln, wirken die Grundrechte in unterschiedlichen Formen: In der Praxis bedeutsam sind vor allem grundrechtliche Ansprüche auf staatlichen Schutz vor nicht vom Staat ausgehenden Bedrohungen (Grundrechte als **Schutzrechte**).[13] Dieser Schutz kann sich vielfach auch in verfahrensrechtlichen Vorkehrungen ausdrücken (Grundrechte als **Verfahrensrechte**).[14] In sehr seltenen Ausnahmefällen wirken zudem Freiheitsrechte als Rechte auf einzelne konkrete Leistungen, z.B. Geldleistungen, die der Staat bislang niemandem gewährt („Recht auf den grundrechtlich gebotenen Mindeststandard").[15] Zu den originären Leistungsrechten gehören schließlich auch die freiheitsrechtlichen **Einrichtungsgarantien**.[16] Alle originären Leistungsrechte haben gemein, dass sie vom Staat zwar ein Han- 16

---

10 Vgl. dazu Rn. 42 ff.

11 BVerfGE 39, 1 (41) (Schwangerschaftsabbruch I); 35, 79 (113) (Hochschul-Urteil). Vgl. der Sache nach schon BVerfGE 7, 198 (205) (Lüth). Vgl. dazu Rn. 304.

12 Terminologie und Systematisierung sind hier uneinheitlich; in der Sache sind die unterschiedlichen Formen von Leistungsrechten anerkannt.

13 Vgl. dazu Rn. 110 ff.

14 Vgl. dazu Rn. 121.

15 Vgl. dazu Rn. 552.

16 Vgl. dazu Rn. 383 ff.

deln verlangen und dem Einzelnen einen entsprechenden Anspruch gewähren. Bei der Erfüllung seiner Leistungspflicht kommt dem Staat ein weiter Gestaltungsspielraum zu. Ein Verstoß gegen eine Leistungspflicht kann daher nur angenommen werden, wenn der vom Grundrecht vorbezeichnete Leistungs- bzw. Schutzzweck grundlegend und evident verfehlt wird und der Staat daher das Untermaßverbot[17] verletzt. Noch seltener wird eine Verurteilung des Staates zu einer konkreten Handlung in Betracht kommen, nämlich nur, wenn ausschließlich diese eine Handlung zur Herstellung eines verfassungsgemäßen Zustands in Frage kommt.

17

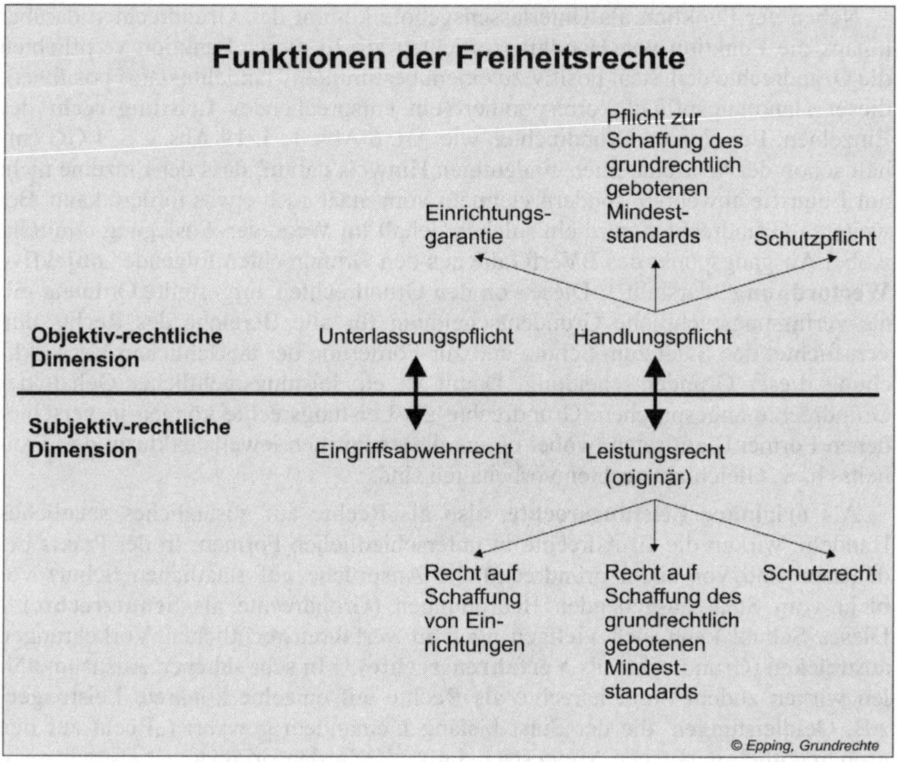

18 Bedeutsam ist ferner die Funktion der **Gleichheitsrechte** als **derivative Leistungsrechte** (= Teilhaberechte) auf Teilhabe an bereits bestehenden Leistungen.[18] Im Unterschied zu den originären Leistungsrechten kommt hier dem Staat regelmäßig kein weiter Gestaltungsspielraum zu. Gewährt der Staat Leistungen, muss er sich strikt an die Gleichheitsrechte halten und die „Verteilungsgerechtigkeit" beachten. Den Gleichheitsrechten können hingegen nur in Ausnahmefällen **Schutzpflichten** entnommen werden. Art. 3 Abs. 1 GG bestimmt zwar, dass alle Menschen vor dem Gesetz gleich sind. Hieraus ergibt sich allerdings keine Ver-

---

17 Vgl. dazu Rn. 116.

18 Vgl. dazu Rn. 656 f.

pflichtung, Privatrechtssubjekte zur gegenseitigen Gleichbehandlung anzuhalten und damit ein bestimmtes Maß an Gleichheit innerhalb der Gesellschaft zu verwirklichen.[19] Etwas anderes gilt im Hinblick auf Art. 3 Abs. 2 GG, da dessen S. 2 dem Staat einen konkreten Handlungsauftrag erteilt. Ob Art. 3 Abs. 3 GG den Staat zum Ergreifen von Schutzmaßnahmen verpflichtet, ist umstritten.[20] Dieser Frage kommt nur eine geringe praktische Relevanz zu, da extreme Ungleichbehandlungen jedenfalls über die Freiheitsrechte (z.B. das allgemeine Persönlichkeitsrecht) aufgefangen werden können.

19

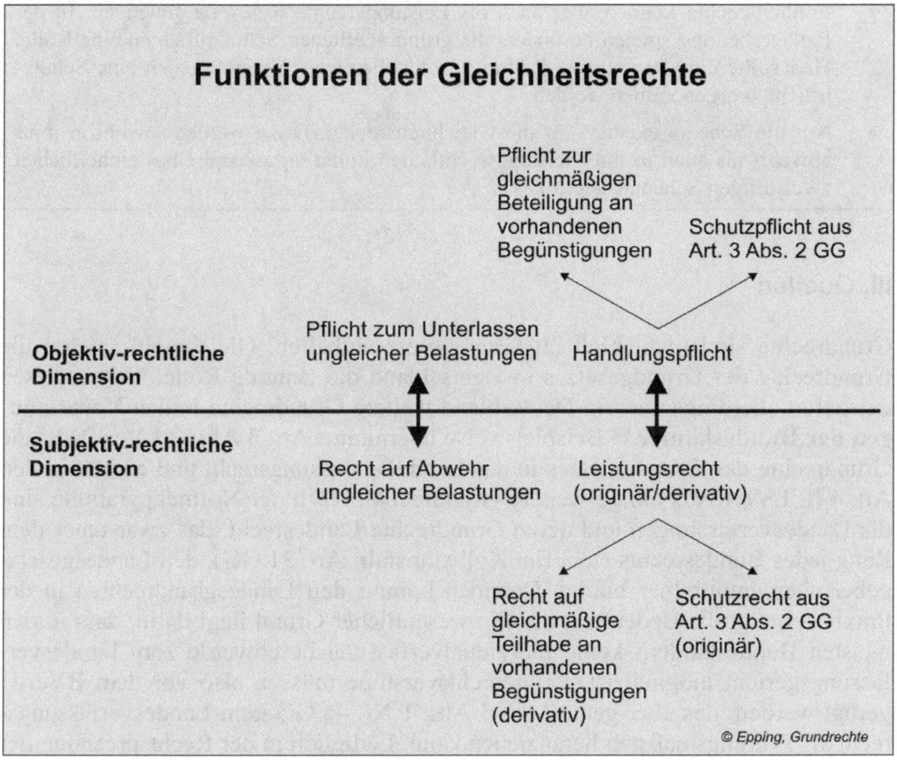

Schließlich wirken die Grundrechte als **Gestaltungsrechte** (status activus). Gestaltung meint das Recht auf Teilhabe am Gemeinwesen. Klassische Beispiele dafür sind das aktive und passive Wahlrecht aus Art. 38 Abs. 1 S. 1 GG. 20

---

[19] *Dietlein*, Die Lehre von den grundrechtlichen Schutzpflichten, 1992, S. 84; *Erichsen*, Jura 1997, 85 (87); *Krings*, Grund und Grenzen grundrechtlicher Schutzansprüche, 2003, S. 185 f.

[20] Dafür: *Dietlein*, Die Lehre von den grundrechtlichen Schutzpflichten, 1992, S. 84; *Erichsen*, Jura 1997, 85 (87); dagegen: *Krings*, Grund und Grenzen grundrechtlicher Schutzansprüche, 2003, S. 186 f.; zu Art. 3 Abs. 2 GG a.F. BVerfGE 89, 276 (286) (§ 611a BGB); vgl. dazu Rn. 737 f.

21 **Hinweis zur Fallbearbeitung:**

Die unterschiedlichen Arten und Funktionen der Grundrechte bringen unterschiedliche Anforderungen an den Fallaufbau in Klausuren und Hausarbeiten mit sich. Dabei sind drei Varianten zu unterscheiden:

- Der klassische und bei weitem häufigste Fall ist die Prüfung eines Freiheitsrechts in der Funktion des Eingriffsabwehrrechts immer dann, wenn der Staat die Freiheiten seiner Bürger beschneidet. In diesen Fällen wird allgemein eine dreistufige Prüfung „Schutzbereich - Eingriff- Rechtfertigung" vorgenommen.[21]
- Freiheitsrechte können aber auch als Leistungsrechte Relevanz gewinnen. In der Fallbearbeitung spielen besonders die grundrechtlichen Schutzpflichten eine Rolle. Hier sollte eine zweistufige Prüfung „Schutzbereich - Verstoß gegen eine Schutzpflicht" vorgenommen werden.[22]
- Nur ein Schema existiert für die Gleichheitsrechte: Diese werden sowohl in ihrer abwehr- als auch in ihrer leistungsrechtlichen Funktion anhand eines einheitlichen zweistufigen Schemas geprüft.[23]

III. Quellen

22 Grundrechte sind nicht bloß im Grundgesetz enthalten. Gleichwohl spielen die Grundrechte des Grundgesetzes in Deutschland die zentrale Rolle. Neben diesen existieren allerdings auch in Deutschland weitere Grundrechte in den **Verfassungen der Bundesländer**.[24] Beispielsweise übernimmt Art. 3 Abs. 2 LVerf Nds. die Grundrechte des Grundgesetzes in das Landesverfassungsrecht und enthält in den Art. 4 ff. LVerf Nds einige weitere Grundrechte. Nach der Normenpyramide sind die Landesverfassungen und deren Grundrechte Landesrecht, das zwar unter dem Rang jedes Bundesrechts steht (im Kollisionsfall: Art. 31 GG), den Landesgesetzgeber aber unmittelbar bindet. Dennoch kommt den Landesgrundrechten in der Praxis keine große Bedeutung zu. Ein wesentlicher Grund liegt darin, dass in den meisten Bundesländern keine Individualverfassungsbeschwerde zum Landesverfassungsgericht möglich ist. Grundrechtsverstöße müssen also vor dem BVerfG gerügt werden, das aber gem. Art. 93 Abs. 1 Nr. 4a GG kein Landesverfassungsrecht als Prüfungsmaßstab heranziehen kann. Lediglich in der Rechtsprechung der Verwaltungsgerichte und des Oberverwaltungsgerichts werden die Landesgrundrechte vereinzelt herangezogen.

---

21 Vgl. dazu Rn. 25.

22 Vgl. dazu Rn. 128 ff.

23 Vgl. dazu Rn. 659.

24 Vgl. allgemein zum Verhältnis von Landesgrundrechten und Bundesrecht *Poscher,* NJ 1996, 351 ff. m.w.N. in Fn. 5.

Kapitel 2: Versammlungsfreiheit (Art. 8 GG)

Literatur: *Peine, Franz-Joseph*, Das Recht der Versammlungsfreiheit in der Rechtsprechung - Bestandsaufnahme, Änderungsvorschläge, Nds.VBl. 2001, 153 ff.; *Hoffmann-Riem, Wolfgang*, Neue Rechtsprechung des BVerfG zur Versammlungsfreiheit, NVwZ 2002, 257 ff.; *Soiné, Michael*, Rechtsextremistische Musik unter Grundrechtsschutz, JuS 2004, 382 ff.; *Stern, Klaus*, Übermaßverbot und Abwägungsgebot, in: ders., Staatsrecht, Bd. III/2, § 84 (S. 761 ff.).

Fallbearbeitungen: *Grote, Rainer / Kraus, Dieter*, Fall 11 (S. 175 ff.); *Degenhart, Christoph*, Fall 15 (S. 283 ff.); *Enders, Christoph*, Der praktische Fall - „Frühling für Deutschland", JuS 2000, 883 ff.; *Kahl, Wolfgang*, Der praktische Fall - „Kurzentschlossener Protest", JuS 2000, 1090 ff.

Leitentscheidungen zur Versammlungsfreiheit: BVerfGE 69, 315 ff. (Brokdorf); 85, 69 ff. (Eilversammlungen); BVerfG, NJW 2001, 2459 ff. (Love Parade).

Leitentscheidungen zu kollidierendem Verfassungsrecht: BVerfGE 28, 243 ff. (Dienstpflichtverweigerung); 30, 173 ff. (Mephisto); 69, 1 ff. (Kriegsdienstverweigerung II).

I. Hintergrund

Die Versammlungsfreiheit („Demonstrationsgrundrecht") gehört zu den klassischen Freiheitsrechten und ist seit der Paulskirchenverfassung (dort § 161) fester Bestandteil der deutschen Verfassungstexte. Die Versammlungsfreiheit sollte dabei primär als politisches Grundrecht wirken und den Bürgern das Recht garantieren, ihren Protest gegen die Obrigkeit in Form von öffentlichen Demonstrationen kund zu tun. In der Bundesrepublik war die Versammlungsfreiheit vor allem Anfang der 80er-Jahre während der Friedens- und Anti-Atomkraft-Demonstrationen und erneut seit Ende der 90er-Jahre im Zusammenhang mit Aufmärschen Rechtsradikaler Gegenstand rechtlicher Auseinandersetzungen. 23

II. Versammlungsfreiheit unter freiem Himmel (Art. 8 Abs. 1, 2 GG)

Fall 1: Nazi-Demo 24

Der Vorsitzende der vom Verfassungsschutz als rechtsextremistisch eingestuften N-Partei (V) meldete im März 2001 bei der Versammlungsbehörde für den 1. Mai 2001 eine Demonstration mit Kundgebung zum Thema „Gegen Sozialdumping und Massenarbeitslosigkeit" an. Die Versammlung soll in der Innenstadt von Hannover stattfinden. Es werden etwa 500 Teilnehmer erwartet. Mit Bescheid vom 3. April 2001 verfügte die Versammlungsbehörde gemäß § 15 Abs. 1 Versammlungsgesetz (VersG) ein Verbot der angemeldeten Versammlung sowie aller gleich gelagerten Ersatzveranstaltungen im Stadtgebiet. Zur Begründung führte die Versammlungsbehörde aus, dass die Durchführung der angemeldeten Versammlung zu einer Gefahr für die öffentliche Ordnung führen würde. Dem 1. Mai komme ein in der Gesellschaft eindeutiger Sinngehalt mit gewichtiger Symbolkraft zu. Sein Charakter beruhe auf dem historischen Engagement der sozialistisch orientierten Arbeiterbewegung. Mit seiner Anerkennung als gesetzlicher Feiertag würdige der Gesetzgeber den Beitrag der Arbeiterbewegung zur Begründung einer freiheitlichen Demokratie. Eine Demonstration der N-Partei, die sich des Symbolcharakters des 1. Mai bediene, rufe zwangsläufig Assoziationen an die Pervertierung und Instrumentalisierung des Feiertags der Arbeiterbewegung durch das nationalsozialistische Regime hervor. Sie erinnere damit gleichzeitig an die Niederlage und Unterdrückung der Arbeiterbewegung im Dritten Reich. Zwischen der Denk- und Redeweise sowie den politischen Konzepten der N-Partei einerseits und dem Nationalsozialismus des Dritten Reichs andererseits bestehe eine auffallende Ähnlichkeit. Die N-Partei und die frühere NSDAP seien nach jüngerer Einschätzung der Bundesregierung wesensverwandt. Eine Demonstration von Mitgliedern der N-Partei am 1. Mai in Hannover wäre daher geeignet, die Empfindungen vieler Menschen zu verletzen, die in der Tradition der Arbeiterbewegung stehen. Sie würde als Provokation empfunden und liefe damit darauf hinaus, den öffentlichen Frieden bewusst zu stören. V sieht sich durch das Verbot in seinem Grundrecht aus Art. 8 GG verletzt. Trifft diese Auffassung zu?

§ 15 Abs. 1 VersG: Die zuständige Behörde kann die Versammlung oder den Aufzug verbieten oder von bestimmten Auflagen abhängig machen, wenn nach den zurzeit des Erlasses der Verfügung erkennbaren Umständen die öffentliche Sicherheit oder Ordnung bei Durchführung der Versammlung oder des Aufzuges unmittelbar gefährdet ist.

Fall leicht abgewandelt nach BVerfG, NJW 2001, 2076 ff.

1. Grundrechtsprüfung - „Schutzbereich, Eingriff, Rechtfertigung“

25

Prüfung eines Eingriffsabwehrrechts

Ausgangsfrage: Verstößt ein Verhalten gegen ein Grundrecht in seiner Funktion als Eingriffsabwehrrecht?

1. Stufe: **Schutzbereich**
Betrifft das Verhalten den Schutzbereich des Grundrechts?

In **persönlicher** Hinsicht?
Wird der Beschwerdeführer als Person selbst geschützt?

In **sachlicher** Hinsicht?
Ist der Schutzgegenstand betroffen?

2. Stufe: **Eingriff**
Wird der Schutzbereich des Grundrechts beeinträchtigt, d.h. wird dem Einzelnen ein geschütztes Verhalten erschwert bzw. ganz oder teilweise unmöglich gemacht?

3. Stufe: **Rechtfertigung**
Ist der Eingriff von den Schranken des Grundrechts gedeckt?

In der Fallbearbeitung stellt sich zumeist die Frage, ob ein bestimmtes staatliches Handeln gegen Grundrechte in ihrer Funktion als Eingriffsabwehrrechte verstößt. Jedes in Frage kommende Grundrecht wird dann üblicherweise mittels eines dreistufigen Schemas geprüft. Ein anderes Prüfungsschema gilt für die Gleichheitsrechte sowie für die Freiheitsrechte in ihrer leistungsrechtlichen Funktion.[1] **26**

2. Schutzbereich der Versammlungsfreiheit

Erster Prüfungspunkt einer abwehrrechtlichen Prüfung ist der Schutzbereich des in Betracht kommenden Grundrechts. An dieser Stelle geht es um die Feststellung, ob ein Grundrecht nach seinem Schutzumfang durch das untersuchte staatliche Handeln betroffen wird. Der Schutzumfang ist in persönlicher und in sachlicher Hinsicht zu untersuchen. **27**

a) Persönlicher Schutzbereich: „Alle Deutschen…"

In persönlicher Hinsicht erfasst Art. 8 GG alle Deutschen. Als Deutsche gelten die deutschen Staatsbürger i.S.v. Art. 116 Abs. 1 GG. Anders als bei anderen Grundrechten, die als Menschenrechte für jedermann gelten (vgl. Art. 2, 5 GG) können sich Ausländer daher nicht auf den Schutz von Art. 8 Abs. 1 GG berufen. Sie erhalten aber einen Grundrechtsschutz aus Art. 2 Abs. 1 GG.[2] **28**

b) Sachlicher Schutzbereich: „haben das Recht (…), sich zu versammeln"

Art. 8 GG schützt das Recht, sich zu „versammeln". Der **Versammlungsbegriff** hat zwei Voraussetzungen: **29**

Es muss sich um eine Zusammenkunft mehrerer, also von **mindestens zwei Menschen** handeln; bei der „Ein-Mann-Demonstration" liegt schon nach dem Wortsinn keine Versammlung vor. Nicht abschließend geklärt ist aber die in der Praxis bedeutungslose Frage, wie viele Menschen für eine Versammlung erforderlich sind: Vorgeschlagen wird in Anlehnung an das BGB-Vereinsrecht eine Mindestzahl von sieben (§ 56 BGB) oder drei Personen (§ 73 BGB). Unklar bleibt aber, welcher Zusammenhang zwischen dem BGB-Vereinsrecht und dem grundrechtlichen Versammlungsbegriff bestehen soll. Zudem erfasst nicht nur der Wortlaut des Art. 8 Abs. 1 GG eine aus zwei Personen bestehende „Versammlung". Auch eine an Sinn und Zweck des Art. 8 GG orientierte Betrachtung spricht gegen eine höhere Mindestteilnehmerzahl, denn „systematische Isolierung (…) macht vor der Isolierung vom letzten Freund nicht Halt"[3]. Aus diesen Gründen geht heute die große Mehrheit in der Literatur[4] davon aus, dass auch bereits zwei Personen eine Versammlung bilden können. **30**

---

1 Näher zu den Leistungsrechten Rn. 128 ff. und zu den Gleichheitsrechten Rn. 659.

2 Vgl. dazu Rn. 540 ff.

3 *Herzog*, in: Maunz/Dürig, Art. 8 Rn. 48.

4 Z.B. *Herzog*, in: Maunz/Dürig, Art. 8 Rn. 47; *Sachs*, VerfR II, Kap. B 8 Rn. 2.

31 Die zweite Voraussetzung für eine Versammlung ist ein **gemeinsamer Zweck** der Teilnehmer. Dieses Erfordernis unterscheidet die Versammlung von „bloßen Ansammlungen oder Volksbelustigungen“[5]. Der gemeinsame Zweck bewirkt eine innere Verbindung der Versammlungsteilnehmer, die in der gemeinschaftlichen Verfolgung eines Zieles liegt. Es genügt für Art. 8 GG daher nicht, wenn die Teilnehmer etwa eines Konzertes zwar alle den gleichen, aber dennoch keinen gemeinsamen, verbindenden Zweck verfolgen, sie also für die Zweckverfolgung nicht aufeinander angewiesen sind.[6]

32 Umstritten ist allerdings, ob **weitere Anforderungen** an den gemeinsamen Zweck zu stellen sind oder ob jeder beliebige Zweck[7] ausreicht: Vorgeschlagen wird, als gemeinsamen Zweck ausschließlich die gemeinsame Meinungsbildung und -kundgabe genügen zu lassen.[8] Nach einer noch engeren Ansicht soll sogar die gemeinsame Meinungsbildung und -kundgabe in öffentlichen Angelegenheiten erforderlich sein. Zu einer Einschränkung des Versammlungsbegriffs im Sinne der letzten beiden Ansichten kommen vor allem die Autoren, die über den Wortlaut und die Systematik hinaus historische Auslegungsansätze einbeziehen. Historisch ist Art. 8 GG tatsächlich als politisches Kommunikationsgrundrecht zu verstehen, denn gerade politische Versammlungen waren (und sind) staatlichen Eingriffen besonders ausgesetzt. Wesentliches Element der Demokratie ist es aber, dass sich die Bürger ihre Meinung frei bilden und diese öffentlich und öffentlichkeitswirksam kundgeben können („Komplementärfunktion der Versammlungsfreiheit“). Im Hinblick darauf ist die Versammlungsfreiheit erkämpft worden. Betont man diese politische Funktion des Art. 8 GG, ist es konsequent, die gemeinsame Meinungsbildung und -kundgabe in öffentlichen Angelegenheiten als gemeinsamen Zweck zu fordern und - wie es das BVerfG in einer Kammerentscheidung getan hat[9] - Spaßveranstaltungen wie die Berliner Love Parade aus dem Schutzbereich auszuschließen. Stellt man dagegen darauf ab, dass Art. 8 GG der Persönlichkeitsentfaltung in der Gruppe dienen und die Isolierung des Einzelnen generell verhindern soll, so muss man jeden gemeinsamen Zweck ausreichen lassen.[10]

> BVerfG, NJW 2001, 2459 (2460) (Love Parade): „Es ist verfassungsrechtlich nicht zu beanstanden, den Begriff der Versammlung im Sinne des Versammlungsgesetzes in Anlehnung an den verfassungsrechtlichen Versammlungsbegriff zu deuten und auf Veranstaltungen zu begrenzen, die durch eine gemeinschaftliche, auf Kommunikation angelegte Entfaltung mehrerer Personen gekennzeichnet sind. **Das Grundrecht der Versammlungsfreiheit erhält seine besondere verfassungsrechtliche Bedeutung in der freiheitlichen demokratischen Ordnung des Grundgesetzes wegen des Bezugs auf den Prozess der öffentlichen Meinungsbildung.** Namentlich in Demokratien mit parlamentarischem Repräsentativsystem und geringen plebiszitären Mitwirkungsrechten hat die Freiheit kollektiver Meinungskundgabe die Bedeutung eines grundlegenden Funktionselements. Das Grundrecht gewährleistet insbeson-

---

5 BVerfGE 69, 315 (343) (Brokdorf).

6 *Pieroth/Schlink*, Rn. 689.

7 So etwa *Schulze-Fielitz*, in: Dreier, Art. 8 Rn. 15.

8 Vgl. etwa *Kunig*, in: v. Münch/Kunig, Art. 8 Rn. 14.

9 BVerfG, NJW 2001, 2459 ff. (Love Parade) mit Bespr. *Wiefelspütz*, NJW 2002, 274 ff.

10 Vgl. *Pieroth/Schlink*, Rn. 692 ff. mit weiteren Argumenten und Nachweisen.

dere Minderheitenschutz und verschafft auch denen Möglichkeiten zur Äußerung in einer größeren Öffentlichkeit, denen der direkte Zugang zu den Medien versperrt ist. **Dementsprechend sind Versammlungen im Sinne des Art. 8 GG örtliche Zusammenkünfte mehrerer Personen zwecks gemeinschaftlicher Erörterung und Kundgebung mit dem Ziel der Teilhabe an der öffentlichen Meinungsbildung.** Die darauf bezogene Versammlungsfreiheit genießt einen gegenüber der allgemeinen Handlungsfreiheit aus Art. 2 Abs. 1 GG gesteigerten Schutz. Insbesondere unterliegt die Versammlungsfreiheit wegen der konstitutiven Bedeutung des Grundrechts für die Demokratie nur den in Art. 8 Abs. 2 GG vorgesehenen Schranken. Für die Eröffnung des Schutzbereichs des Art. 8 GG reicht es nicht aus, dass die Teilnehmer bei ihrem gemeinschaftlichen Verhalten durch irgendeinen Zweck miteinander verbunden sind."

Die **sachliche Reichweite** des Schutzes von Versammlungen umfasst neben der Durchführung der eigentlichen Versammlung auch das Bestimmungsrecht des Veranstalters über Gegenstand der Versammlung, Ort und Zeit sowie Vorbereitung und Organisation. Art. 8 GG gewährt allerdings kein Recht, sich auf einem fremden Grundstück ohne Zustimmung des Eigentümers zu versammeln. Geschützt sind nur versammlungsspezifische Betätigungen, nicht aber unspezifische Verhaltensweisen wie etwa Meinungsäußerungen.[11] Für unspezifische Verhaltensweisen gilt vielmehr der Schutz anderer Grundrechte wie z.B. der Meinungsfreiheit des Art. 5 Abs. 1 S. 1 GG.[12] Aus Art. 8 GG wird außerdem das Recht abgeleitet, einer Versammlung fern zu bleiben (sog. negative Freiheit[13]). 33

c) Sachlicher Schutzbereich: „friedlich und ohne Waffen"

Keinen Grundrechtsschutz aus Art. 8 GG genießen hingegen Versammlungen, die nicht friedlich und ohne Waffen stattfinden. Bereits der **Schutzbereich** der Versammlungsfreiheit ist sachlich entsprechend **begrenzt**. 34

Relativ unproblematisch ist der **Waffenbegriff**: Darunter fallen jedenfalls alle Waffen im technischen Sinne, wie sie § 1 WaffG definiert. Waffen sind nach verbreiteter Auffassung aber auch diejenigen Gegenstände, die objektiv gefährlich sind und zum Zweck der Gewaltanwendung mitgeführt werden (etwa Baseballschläger und Eisenketten).[14] In diesen Fällen ist die Versammlung aber auch meist bereits unfriedlich. Keine Waffe stellt die sog. „passive Bewaffnung", also die Ausrüstung von Versammlungsteilnehmern mit Helmen und Schutzkleidung etc. dar. Ebenso ist eine Vermummung keine Bewaffnung. In diesen Fällen kann aber der Rückschluss auf die Unfriedlichkeit zulässig sein. 35

Schwieriger zu bestimmen ist, wann eine Versammlung **unfriedlich** ist. Unfriedlich ist eine Versammlung, wenn die Versammlung als Ganzes zu Gewalttätigkeiten und Aufruhr führt und damit kollektive Unfriedlichkeit gegeben ist. Rechtsverstöße und auch die Verwirklichung von Straftatbeständen genügen nicht, solange dies nicht zur Anwendung von Gewalt gegen Personen oder Sachen führt. Andernfalls könnte der Gesetzgeber mit Vorschriften des einfachen Rechts den 36

---

11 BVerfGE 90, 241 (246) (Auschwitzlüge); *Jarass*, in: Jarass/Pieroth, Art. 8 Rn. 5.

12 Vgl. dazu Rn. 230 ff.

13 Vgl. dazu Rn. 273 f., 769 ff.

14 *Kunig*, in: v. Münch/Kunig, Art. 8 Rn. 26.

Schutzbereich der Versammlungsfreiheit bestimmen und das Grundrecht im Ergebnis aushöhlen. Schließlich genügt die Unfriedlichkeit einzelner Teilnehmer nicht, um die gesamte Versammlung vom Schutz des Art. 8 GG auszuschließen. Andernfalls hätte es jeder Einzelne in der Hand, eine Versammlung zu sprengen und das Grundrecht der anderen Versammlungsteilnehmer leer laufen zu lassen.[15]

BVerfGE 69, 315 (359 ff.) (Brokdorf): „Die Verfassung gewährleistet lediglich das Recht, sich „friedlich und ohne Waffen zu versammeln". Mit dem Erfordernis der Friedlichkeit, das schon in der Paulskirchen-Verfassung und ebenso in der Weimarer Verfassung enthalten war, wird etwas klargestellt, was bereits aus der Rechtsnatur der Versammlungsfreiheit folgt, soweit sie als Mittel zur geistigen Auseinandersetzung und zur Einflussnahme auf die politische Willensbildung verstanden wird. (...) **Ein Teilnehmer verhält sich jedenfalls dann unfriedlich, wenn er Gewalttätigkeiten gegen Personen oder Sachen begeht**. Auf deren Vermeidung muss eine Rechtsordnung, die nach Überwindung des mittelalterlichen Faustrechts die Ausübung von Gewalt nicht zuletzt im Interesse schwächerer Minderheiten beim Staat monopolisiert hat, strikt bestehen. Das ist Vorbedingung für die Gewährleistung der Versammlungsfreiheit als Mittel zur aktiven Teilnahme am politischen Prozess und - wie die Erfahrungen mit den Straßenkämpfen während der Weimarer Republik gezeigt haben - für eine freiheitliche Demokratie auch deshalb unverzichtbar, weil die Abwehr von Gewalttätigkeiten freiheitsbegrenzende Maßnahmen auslöst. Von den Demonstranten kann ein friedliches Verhalten umso mehr erwartet werden, als sie dadurch nur gewinnen können, während sie bei gewalttätigen Konfrontationen am Ende stets der Staatsgewalt unterliegen werden und zugleich die von ihnen verfolgten Ziele verdunkeln.

Die Anordnung eines Versammlungsverbotes wirft verfassungsrechtlich auch bei **Großdemonstrationen keine besonderen Probleme auf, wenn die Prognose mit hoher Wahrscheinlichkeit ergibt, dass der Veranstalter und sein Anhang Gewalttätigkeiten beabsichtigen oder ein solches Verhalten anderer zumindest billigen werden.** Eine derartige Demonstration wird als unfriedlich von der Gewährleistung des Art. 8 GG überhaupt nicht erfasst; ihre Auflösung und ihr Verbot können daher dieses Grundrecht nicht verletzen. Ähnlich klar erscheint die Rechtslage, wenn sich umgekehrt der Veranstalter und sein Anhang friedlich verhalten und Störungen lediglich von Außenstehenden (Gegendemonstrationen, Störergruppen) ausgehen. Für diesen Fall wird in der Literatur zutreffend gefordert, dass sich behördliche Maßnahmen primär gegen die Störer richten müssen und dass nur unter den besonderen Voraussetzungen des polizeilichen Notstandes gegen die Versammlung als ganze eingeschritten werden dürfe.

Steht kollektive Unfriedlichkeit nicht zu befürchten, ist also nicht damit zu rechnen, dass eine Demonstration im Ganzen einen gewalttätigen oder aufrührerischen Verlauf nimmt (vgl. § 13 Abs. 1 Nr. 2 VersG) oder dass der Veranstalter oder sein Anhang einen solchen Verlauf anstreben (vgl. § 5 Nr. 3 VersG) oder zumindest billigen, **dann muss für die friedlichen Teilnehmer der von der Verfassung jedem Staatsbürger garantierte Schutz der Versammlungsfreiheit auch dann erhalten bleiben**, wenn einzelne andere Demonstranten oder eine Minderheit Ausschreitungen begehen. Würde unfriedliches Verhalten Einzelner für die gesamte Veranstaltung und nicht nur für die Täter zum Fortfall des Grundrechtsschutzes führen, hätten diese es in der Hand, Demonstrationen „umzufunktionieren" und entgegen dem Willen der anderen Teilnehmer rechtswidrig werden zu lassen; praktisch könnte dann jede Großdemonstration verboten werden, da sich nahezu immer „Erkenntnisse" über unfriedliche Absichten eines Teiles der Teilnehmer beibringen lassen."

---

[15] BVerfGE 69, 315 (360 f.) (Brokdorf).

3. Eingriffe

In ihrer abwehrrechtlichen Funktion gegen staatliches Handeln werden die Freiheitsrechte dann aktiviert, wenn ein Eingriff in ein Grundrecht vorliegt. Eingriff ist **jedes staatliche Handeln, das dem Einzelnen ein Verhalten, welches in den Schutzbereich fällt, ganz oder teilweise unmöglich macht oder erschwert.**[16] 37

Art. 8 Abs. 1 GG selbst benennt zwei Arten von Eingriffen und schließt diese ausdrücklich aus: die Anmelde- und die Erlaubnispflicht. Weitere Eingriffe sind in den §§ 14 ff. VersG benannt; von praktischer Bedeutung sind insbesondere die Möglichkeit von Auflagen bzw. eines Versammlungsverbots in § 15 VersG. Ferner stellen sich auch faktische Beeinträchtigungen wie etwa Behinderungen der Anreise oder langwierige Kontrollen mit dem Ziel, die Versammlung zu verzögern, als Eingriffe dar. Nicht abschließend geklärt ist die Frage nach der Eingriffsqualität von staatlichen Überwachungsmaßnahmen. Jedenfalls dann, wenn die Überwachung z.B. mittels Videokameras ein Ausmaß erreicht, welches potenzielle Teilnehmer abzuschrecken geeignet ist, nimmt das BVerfG einen Eingriff an, um die Entschlussfreiheit der potenziellen Teilnehmer zu schützen.[17] 38

4. Rechtfertigung von Eingriffen

39

Rechtfertigung von Eingriffen (3. Stufe)

Frage: Ist ein Eingriff in ein Grundrecht gerechtfertigt?

1. Schranken
Verfügt das Grundrecht über eine Einschränkungsmöglichkeit, z.B.
- einfacher Gesetzesvorbehalt,
- qualifizierter Gesetzesvorbehalt
- kein Gesetzesvorbehalt, aber kollidierendes Verfassungsrecht?

2. Schranken- Schranken
Ist der Eingriff von den Schranken des Grundrechts gedeckt?

a) Verfassungsmäßigkeit des einschränkenden Gesetzes
aa) Formelle Verfassungsmäßigkeit
bb) Materielle Verfassungsmäßigkeit
(1) Ggf. besondere Anforderungen der jeweiligen Schranke
(2) Ggf. Art. 19 Abs. 1, 2 GG
(3) Verhältnismäßigkeit

b) Ggf. Verfassungsmäßigkeit des Einzelaktes
aa) Formelle Verfassungsmäßigkeit
bb) Materielle Verfassungsmäßigkeit (insb. Verhältnismäßigkeit)

© Epping, Grundrechte

---

16 Vgl. zum Eingriffsbegriff Rn. 345 ff.

40 Letzter Punkt einer abwehrrechtlichen Prüfung ist die Frage nach der Rechtfertigung eines Eingriffs. Bisher wurde auf der Ebene des Schutzbereichs untersucht, ob das Verhalten des Betroffenen überhaupt von dem geltend gemachten Grundrecht erfasst wird, und auf der Eingriffsebene festgestellt, ob ein staatliches Handeln in den Schutzbereich eingreift. Keine Aussage ist bislang aber darüber getroffen, ob das staatliche Handeln zulässig ist, obwohl es in ein Grundrecht eingreift. An die Zulässigkeit von Grundrechtseingriffen, d.h. deren Rechtfertigung, stellt das Grundgesetz besondere Anforderungen: Ein Eingriff in den Schutzbereich ist nur gerechtfertigt, wenn er von den Schranken des Grundrechts gedeckt ist.

a) Schranken

41 Grundrechtseingriffe sind nur zulässig, soweit das betreffende Grundrecht eine **Einschränkungsmöglichkeit**, eine sog. Schranke, vorsieht. Üblicherweise formuliert das Grundgesetz, dass ein bestimmtes Grundrecht „durch Gesetz oder auf Grund eines Gesetzes" beschränkt werden kann (vgl. nur Art. 8 Abs. 2, 11 Abs. 2 GG). „Durch Gesetz" meint die Einschränkbarkeit durch Gesetze im materiellen Sinne.[18] Dies sind sowohl Parlamentsgesetze als auch Rechtsverordnungen.[19] „Auf Grund eines Gesetzes" bedeutet hingegen die Einschränkbarkeit durch staatliches Handeln unterhalb der Ebene des Gesetzes, also etwa durch Verwaltungsakt, Urteil oder auch Realakt. Im Grundgesetz finden sich aber auch anders formulierte Schranken (vgl. Art. 5 Abs. 2 GG). Im Rahmen der Eingriffsrechtfertigung muss zunächst eine Schranke des jeweiligen Grundrechts ermittelt werden.

42 Art. 8 Abs. 1 GG selbst enthält keine solche Schranke. In **Art. 8 Abs. 2 GG** sieht das Grundgesetz allerdings vor, dass das Versammlungsgrundrecht „für Versammlungen unter freiem Himmel (...) durch Gesetz oder auf Grund eines Gesetzes beschränkt werden kann". Damit also Einschränkungen nach Art. 8 Abs. 2 GG zulässig sind, muss es sich um eine **Versammlung unter freiem Himmel** handeln. Auch wenn der Wortlaut eindeutig zu sein scheint, ist dennoch nicht jede nicht überdachte Versammlung eine solche „unter freiem Himmel". Umgekehrt gibt es auch unter einem Dach stattfindende Versammlungen, die dennoch „unter freiem Himmel" i.S.v. Art. 8 Abs. 2 GG stattfinden. Dieses Ergebnis ergibt sich aus einer an Sinn und Zweck orientierten (teleologischen) Auslegung: Art. 8 Abs. 2 GG soll dem Staat Eingriffe bei Versammlungen ermöglichen, bei denen ein erhöhtes Gefährdungspotenzial besteht.[20] Dies sind regelmäßig Veranstaltungen, die unbegrenzt für jedermann zugänglich sind, die also an Orten stattfinden, die an den Seiten keinerlei Begrenzung etwa durch Mauern oder Zäune aufweisen und die daher für Störungen besonders anfällig sind. Es kommt also darauf an, ob derartige Begrenzungen vorhanden sind, die den unkontrollierten Zugang für jedermann versperren. Danach ist einerseits eine Versammlung in einem Stadion

---

17 BVerfGE 69, 315 (349) (Brokdorf) mit Verweis auf BVerfGE 65, 1 (43) (Volkszählung).

18 Vgl. dazu Rn. 634.

19 BVerfGE 33, 125 (156) (Facharzt). Ausführlich dazu *Sachs*, in: Stern, Staatsrecht, Bd. III/2, § 80, S. 445 ff. m.w.N.

20 *Jarass*, in: Jarass/Pieroth, Art. 8 Rn. 14.

auch bei fehlender Überdachung keine Versammlung unter freiem Himmel - andererseits stellt eine Versammlung auf einem überdachten Busbahnhof dennoch eine Versammlung unter freiem Himmel dar.

Liegt eine Versammlung unter freiem Himmel vor, stellt Art. 8 Abs. 2 GG an mögliche Einschränkungen keine weiteren materiellen Anforderungen. Es handelt sich daher - anders als etwa Art. 11 Abs. 2 GG[21] - um einen **einfachen Gesetzesvorbehalt**, der als Schranke zu Eingriffen ermächtigt. Einen weiteren Gesetzesvorbehalt enthält zudem Art. 17a Abs. 1 GG. **43**

b) Schranken-Schranken

Dennoch steht nicht jeder Eingriff, der durch oder auf Grund eines Gesetzes erfolgt, ohne weiteres mit dem Grundgesetz in Einklang. Der Einschränkbarkeit von Grundrechten auf Grund der Schranken sind ebenfalls Grenzen - die sog. Schranken-Schranken - gesetzt: Das eingreifende Gesetz selbst muss formell und materiell verfassungsgemäß sein, und auch die Anwendung des Gesetzes darf nicht gegen die Verfassung verstoßen. **44**

aa) Formelle Verfassungsmäßigkeit des eingreifenden Gesetzes

Wenn der Sachverhalt diesbezügliche Anhaltspunkte bietet, sind an dieser Stelle z.B. Gesetzesgebungskompetenz und -verfahren zu überprüfen. **45**

bb) Materielle Verfassungsmäßigkeit des eingreifenden Gesetzes

Art. 8 Abs. 2 GG ermöglicht dem Gesetzgeber zwar ebenso wie die Gesetzesvorbehalte anderer Grundrechte, das Grundrecht einzuschränken. Dennoch muss der Staat die Grundrechte seiner Bürger soweit wie möglich achten; der Grundrechtseingriff soll die Ausnahme, die Freiheit hingegen die Regel bleiben. Dies ergibt sich sowohl aus der Grundrechtsbindung des Staates (Art. 1 Abs. 3 GG) wie auch aus dem Rechtsstaatsprinzip (Art. 20 Abs. 2, 3 GG). Eingriffe sind daher nur dann gerechtfertigt, wenn sie dem **Grundsatz der Verhältnismäßigkeit** (auch: **Übermaßverbot**) entsprechen, also in Bezug auf einen legitimen Zweck geeignet, erforderlich und angemessen sind. **46**

Der Grundsatz der Verhältnismäßigkeit stellt eines der entscheidenden Elemente der Grundrechtsdogmatik dar. Indem die Gerichte bei jedem Grundrechtseingriff umfassend überprüfen, ob ein bestimmtes Mittel verhältnismäßig ist, kommt den Gerichten eine umfassende Prüfungs- und Letztentscheidungsbefugnis bezüglich allen staatlichen Handelns zu. Diese Befugnis ist zwar im Grundgesetz in Art. 19 Abs. 4, 92 ff. GG angelegt und trägt entscheidend zur Freiheitssicherung bei. Problematisch wird der ausgedehnte Prüfungsumfang aber dann, wenn die Gerichte ihre eigenen Wertentscheidungen an die Stelle der Entscheidungen des vom Volk unmittelbar gewählten Gesetzgebers setzen, ohne dass sich diese Wertentscheidungen aus dem Grundgesetz ergeben. Gerade die Verhältnismäßigkeits- **47**

---

21 Vgl. dazu Rn. 634.

prüfung, die jeder Grundrechtseingriff mit sich bringt, bietet für eine solche Verschiebung der Gewalten viel Raum. Besonders hier ist daher richterliche Zurückhaltung („judicial self restraint") geboten.

(1) Legitimer Zweck

48 Jedes staatliches Handeln muss einem legitimen Zweck dienen. Dieser Zweck ist zunächst präzise herauszuarbeiten, da alle weiteren Prüfungspunkte auf eben diesen Zweck bezogen sind. Bei Rechtsnormen ist der Zweck durch Auslegung zu ermitteln, wobei im Zweifel nicht der subjektive Wille des Gesetzgebers, sondern der **objektiv erkennbare Normzweck** entscheidend ist. Üblich ist es, dass der Staat mit einer Maßnahme zugleich mehrere Zwecke verfolgt. In derartigen Fällen sind alle verfolgten Zwecke aufzuführen.[22]

49 Fälle, in denen kein legitimer Zweck zu erkennen ist, sind sehr selten. Im Hinblick auf Art. 3 Abs. 3 S. 1 GG wäre es beispielsweise nicht legitim, wenn der Staat ein Gesetz mit dem Zweck erlässt, Frauen zu diskriminieren. Weitere Anforderungen können sich aus den Grundrechtsschranken ergeben. Besonders die qualifizierten Gesetzesvorbehalte wie etwa Art. 11 Abs. 2 GG können weitere Anforderungen enthalten, die allerdings nur für das jeweilige Grundrecht gelten. Ein legitimer Zweck im Versammlungsrecht ist es etwa, Ausschreitungen und Gewalt zu verhindern und dadurch Gesundheit und Eigentum der Bürger zu schützen.

50 **Hinweis zur Fallbearbeitung:**

In der Fallbearbeitung sollte die Verhältnismäßigkeit stets sehr sorgfältig und unter Ausschöpfung aller im Sachverhalt angelegten Argumente geprüft werden. Besonders entscheidend ist dabei, dass zu Beginn alle Gesetzeszwecke präzise herausgestellt werden. Ein typischer Fehler ist es, als Zweck lediglich das „Allgemeinwohl" oder das „öffentliche Interesse" zu nennen. Dies ist unzureichend und führt regelmäßig zu Folgefehlern. Denn eine Abwägung zwischen dem abstrakten „Allgemeininteresse" und dem Grundrecht des Einzelnen kann kaum überzeugend gelingen.

(2) Eignung

51 Die Maßnahme muss ferner geeignet sein, den soeben festgestellten Zweck zu erreichen. Dabei darf der einmal festgestellte Zweck weder verengt, noch erweitert werden. Geeignet ist eine Maßnahme schon dann, wenn sie der Zweckerreichung in irgendeiner Weise **dienlich** ist.[23] Nicht geprüft wird dagegen, ob die Maßnahme auch zweckmäßig ist. In der Rechtsprechung gibt es nur wenige Fälle, in denen bereits die Eignung verneint wurde.[24]

---

22 Zur Bestimmung des Zwecks eingehend *Cremer*, NVwZ 2004, 668 ff.

23 BVerfGE 30, 250 (263 f.) (Absicherungsgesetz).

24 Z.B. BVerfGE 17, 306 ff. (Mitfahrzentrale); 19, 330 ff. (Sachkundenachweis); 55, 159 ff. (Falknerjagdschein).

(3) Erforderlichkeit

Weiter muss der Eingriff zur Zweckerreichung erforderlich (notwendig) sein. Erforderlich ist das zur Zweckerreichung mildeste Mittel. Unter mehreren Mitteln **mit gleicher Erfolgseignung** muss also dasjenige gewählt werden, das die geringste Eingriffsintensität aufweist. Wenn also die Versammlungsbehörde Ausschreitungen sowohl dadurch verhindern kann, dass sie die Demonstration verbietet, als auch dadurch, dass sie der Versammlungsleitung aufgibt, eine andere Route zu wählen, ist nur das letztgenannte mildere Mittel erforderlich. **52**

Das BVerfG erkennt bei der Prüfung der Erforderlichkeit allerdings an, dass dem Gesetzgeber ein **Einschätzungs- und Prognosespielraum** zukommt. Die Erforderlichkeit einer Maßnahme verneint es nur dann, wenn „die sachliche Gleichwertigkeit zur Zweckerreichung (...) bei dem als Alternative vorgeschlagenen geringeren Eingriff in *jeder* Hinsicht eindeutig" feststeht.[25] **53**

Im Rahmen der Erforderlichkeitsprüfung bei der Versammlungsfreiheit kommt der „Kooperationspflicht"[26] besondere Bedeutung zu. Kooperiert der Veranstalter mit der Versammlungsbehörde und zeigt er sich hinsichtlich einzelner Versammlungsmodalitäten kompromissbereit, rückt die Schwelle für ein behördliches Eingreifen entsprechend höher; es ist dann u.U. nicht mehr erforderlich. Die „Kooperationspflicht" ist jedoch lediglich eine Obliegenheit, keine Rechtspflicht im technischen Sinn. **54**

(4) Angemessenheit[27]

Verhältnismäßig ist ein Eingriff schließlich nur, wenn er gegenüber dem verfolgten Ziel angemessen ist. Die Beeinträchtigung des Grundrechts ist mit dem staatlicherseits verfolgten Ziel abzuwägen. **Je schwer wiegender der Eingriff ist, umso wichtiger muss das Ziel sein**, um einen Eingriff zu rechtfertigen. Dieser Prüfungspunkt ist problematisch: Denn im Rahmen einer verfassungsrechtlichen Prüfung müssen die Maßstäbe der Prüfung aus der Verfassung selbst abgeleitet werden. Der Verfassung müssen also Anhaltspunkte dafür entnommen werden, wie gewichtig das staatliche Ziel und wie schwer wiegend der Eingriff in das betroffenen Grundrecht ist, um Ziel und Eingriff gegeneinander abwägen zu können. **55**

> BVerfGE 92, 277 (327) (DDR): „Der Verhältnismäßigkeitsgrundsatz im engeren Sinne verlangt eine Abwägung zwischen Gemeinwohlbelangen, zu deren Wahrnehmung es erforderlich ist, in Grundrechte einzugreifen, und den Auswirkungen auf die Rechtsgüter der davon Betroffenen. Die Gewichtung der miteinander in Verbindung zu setzenden und abzuwägenden widerstreitenden Interessen macht es erforderlich, die für das jeweilige Interesse erheblichen Bedingungen und Auswirkungen der Eingriffsregelung in ihrem Zusammenwirken zu würdigen. **Der Grundsatz der Verhältnismäßigkeit im engeren Sinne enthält als solcher aber keine inhaltlichen Aussagen darüber, welche Auswirkungen und Bedingungen eines staatlichen Eingriffs in die Abwägung einzubeziehen sind und wann ein**

---

25 BVerfGE 30, 292 (319) (Erdölbevorratung).

26 Dazu BVerfG, NJW 1985, 2400 ff. und *Kahl*, JuS 2000, 1090 (1092 f.).

27 Synonym werden verwendet: Verhältnismäßigkeit im engeren Sinn, Proportionalität.

Mittel verhältnismäßig ist und wann nicht. Insoweit bedarf es einer wertenden verfassungsrechtlichen Entscheidung im jeweiligen Einzelfall.“

56 Vergleichsweise einfach zu handhaben sind die Fälle, in denen das staatlicherseits verfolgte Ziel selbst Verfassungsrang hat. Dies ist etwa der Fall, wenn der Staat zu Gunsten der Grundrechte Dritter eingreift oder aber im Hinblick auf den Umweltschutz (Art. 20a GG) tätig wird. In diesen Fällen lässt sich der Verfassung selbst eine - wenn auch vage - Aussage über den Stellenwert des Zieles entnehmen. Derartige Wertungen ergibt die Verfassungsauslegung aber nicht in jedem Fall, sodass die Abwägung Gefahr läuft, sich in verfassungsrechtlich nicht fundierten und mehr oder weniger willkürlichen Annahmen zu verlieren.[28] Gerade in diesen Fällen ist es entscheidend, die Bewertungskriterien offen zu legen. Gleichwohl bleibt die Angemessenheitsprüfung problematisch, weil sie vielfach rationaler Kriterien entbehrt und auf subjektive, eigentlich dem Bereich des Politischen zugeordnete Wertentscheidungen hinausläuft. In der Literatur ist aus diesem Dilemma vereinzelt die Konsequenz gezogen worden, auf die Prüfung der Angemessenheit ganz zu verzichten und es im Wesentlichen bei einer sorgfältigen Erforderlichkeitsprüfung zu belassen.[29] Auch wenn dieser Ansatz überzeugt, hat er sich jedoch nicht durchsetzen können. Das BVerfG und die überwiegende Literatur beziehen nach wie vor die Angemessenheit in die Verhältnismäßigkeitsprüfung ein.

Beispiel: Im Versammlungsrecht mag eine Überwachung mit Kameras bereits dann angemessen sein, wenn erste Anhaltspunkte dafür bestehen, dass aus der Menge heraus Straftaten begangen werden. Eine Auflösung der Versammlung hingegen ist jedenfalls dann unangemessen, wenn nicht konkrete Straftaten für überragend wichtige Rechtsgüter wie das Leben unmittelbar bevorstehen.

57 **Hinweis zur Fallbearbeitung:**

Auch in der Fallbearbeitung sollte man trotz der dargelegten Zweifel die Angemessenheit im Rahmen der Verhältnismäßigkeitsprüfung untersuchen. Auf dieser Ebene bietet es sich an, zunächst die Wertigkeit des Zwecks und die Eingriffsintensität des Mittels isoliert zu betrachten und erst anschließend Zweck und Mittel gegeneinander abzuwägen. Kann man die Wertigkeit des Zwecks aus der Verfassung begründen, muss dies unbedingt erfolgen. Hinsichtlich der Eingriffsintensität bieten sich Kriterien wie Dauer, Häufigkeit und Ausmaß der Beeinträchtigung an. Auf die diesbezügliche Argumentation sollte man hinreichend Zeit und Platz verwenden, da hier zumeist ein Schwerpunkt verfassungsrechtlicher Arbeiten liegt.[30]

cc) Verfassungsmäßigkeit der Gesetzesanwendung

58 Ist das den Eingriff erlaubende Gesetz selbst verfassungsgemäß, so ist die Verfassungsmäßigkeit der Gesetzesanwendung im Einzelfall zu prüfen. Die konkrete Gesetzesanwendung muss sich dabei im Rahmen des Gesetzes halten und darf ebenfalls nicht unverhältnismäßig in das Grundrecht eingreifen.

---

28 Vgl. dazu das Minderheitsvotum in BVerfGE 92, 277 (350 f.) (DDR).

29 *Schlink*, Abwägung im Verfassungsrecht, 1976 und *Pieroth/Schlink*, Rn. 289 ff.

30 Vgl. zur Abwägung in der Fallbearbeitung *Michael*, JuS 2001, 654 ff.

Hinweis zur Fallbearbeitung: 59

Bei der Bearbeitung von Fällen ist genau auf die Fallfrage zu achten. Ist etwa nach der Verfassungsmäßigkeit eines Gesetzes gefragt, ist die Anwendung im Einzelfall nicht zu prüfen. Ist hingegen nach der Verfassungsmäßigkeit einer konkreten Maßnahme gefragt, sind grundsätzlich sowohl das zu Grunde liegende Gesetz als auch der Gesetzesvollzug zu prüfen. Der Sachverhalt gibt Hinweise, wo der Schwerpunkt der Bearbeitung liegen soll. Vor allem bei tatsächlich existierenden Gesetzen liegt der Schwerpunkt häufig auf der Überprüfung der Gesetzesanwendung, sodass sich die „Überprüfung" des Gesetzes ggf. auf einen Satz beschränken kann und muss. Zu beachten ist ferner, dass in Fällen, in denen das Gesetz der ausführenden Behörde eine bestimmte Maßnahme zwingend vorschreibt, Gesetz und Maßnahme gleich zu bewerten sind.

5. „Verfassungskonforme Auslegung": Eil- und Spontanversammlungen

Immer wieder tauchen in der Praxis Fälle auf, in denen ein Gesetz eine Auslegung ermöglicht oder sogar nahe legt, die mit der Verfassung nicht in Einklang steht. Beispielsweise sieht § 14 VersG[31] für sämtliche Versammlungen vor, dass mindestens 48 Stunden vorher eine Anmeldung erfolgen muss. Eine solche starre Anmeldepflicht, die keine Ausnahmen für **Eilversammlungen** (= Versammlungen, die so kurzfristig stattfinden, dass die Anmeldefrist von 48 Stunden nicht eingehalten werden kann) und **Spontanversammlungen** (= Versammlungen, die ohne Vorausplanung „spontan" stattfinden) enthält, verstößt gegen Art. 8 Abs. 1 GG, da durch den Vollzug des § 14 VersG jede Eil- und Spontanversammlung als rechtswidrig aufgelöst werden könnte. Denn Art. 8 Abs. 2 GG ermächtigt zwar zu Beschränkungen, nicht aber zu einem generellen Verbot derartiger Versammlungen. 60

Dennoch hat das BVerfG[32] die Vorschrift für mit dem Grundgesetz vereinbar gehalten. Es hat sich dabei der **verfassungskonformen Auslegung**[33] der Norm bedient. Dieser Methode zufolge soll eine einfachgesetzliche Bestimmung nur dann als verfassungswidrig anzusehen sein, wenn sie nach keiner Auslegungsmethode so ausgelegt werden kann, dass sie mit der Verfassung in Einklang steht. Stehen dagegen nur einzelne Auslegungsergebnisse in Widerspruch mit der Verfassung, ist derjenigen Auslegungsmethode der Vorzug zu geben, die zu einem Auslegungsergebnis führt, das verfassungskonform ist. Dieses Ergebnis darf sich allerdings nicht über einen eindeutigen Wortlaut oder über den klar erkennbaren Sinn und Zweck des Gesetzes hinwegsetzen.[34] Die verfassungskonforme Auslegung setzt also voraus, dass 61

- der Wortlaut der Norm mehrere Auslegungsmöglichkeiten zulässt,

---

31 § 14 Abs. 1 VersG: Wer die Absicht hat, eine öffentliche Versammlung unter freiem Himmel oder einen Aufzug zu veranstalten, hat dies spätestens 48 Stunden vor der Bekanntgabe der zuständigen Behörde unter Angabe des Gegenstandes der Versammlung oder des Aufzuges anzumelden.

32 BVerfGE 85, 69 ff. (Eilversammlungen).

33 Vgl. dazu *Butzer/Epping*, S. 36 f.

34 BVerfGE 8, 28 (34) (Besoldungsrecht); 88, 203 (333) (Schwangerschaftsabbruch II).

- mindestens eine dieser Auslegungen mit dem Grundgesetz vereinbar ist und
- die gewählte Auslegung nicht dem Sinn der Norm widerspricht.

Bei § 14 VersG sah das BVerfG diese Voraussetzungen als gegeben an:

> BVerfGE 85, 69 (74 f.) (Eilversammlungen): **„§ 14 VersG ist seinerseits bei verfassungskonformer Auslegung mit dem Grundgesetz vereinbar.** Wie das Bundesverfassungsgericht bereits entschieden hat, verstößt die Rechtspflicht, Versammlungen unter freiem Himmel vor ihrer Bekanntgabe anzumelden, grundsätzlich nicht gegen Art. 8 GG. Die Vorschrift hat den Sinn, den Behörden diejenigen Informationen zu vermitteln, die sie benötigen, um Vorkehrungen zum störungsfreien Verlauf der Veranstaltung und zum Schutz von Interessen Dritter oder der Gesamtheit treffen zu können. Sie soll überdies auf eine Verständigung zwischen Veranstaltern und Ordnungsbehörden hinwirken, die eine kooperative Festlegung von Veranstaltungsplan und Ordnungsvorkehrungen begünstigt, und damit dem störungsfreien Verlauf der Versammlung dienen. Insofern behält die Anmeldepflicht auch bei Versammlungen ihren Sinn, die den Ordnungsbehörden bereits aus anderen Quellen bekannt geworden sind. Auch die in § 14 VersG vorgesehene Anmeldefrist von 48 Stunden vor Bekanntgabe der Versammlung lässt sich für den Regelfall verfassungsrechtlich nicht beanstanden. Sie gibt der Verwaltung die Möglichkeit, erforderlichenfalls Auflagen zu Ort und Zeit der Versammlung anzuordnen, die dann bereits bei der Bekanntgabe berücksichtigt werden können. Sehen sich die Ordnungsbehörden zu einem Verbot der Versammlung gezwungen, so kann dieses ausgesprochen werden, bevor noch öffentlich für die Teilnahme an der Versammlung geworben worden ist. Das rechtfertigt die Frist unter dem Gesichtspunkt von Art. 8 GG.
>
> Allerdings bedarf § 14 VersG der Einschränkung. Die Anmeldepflicht erstreckt sich nach seinem Wortlaut unterschiedslos auf sämtliche Versammlungen unter freiem Himmel. Das kann jedoch, wie das Bundesverfassungsgericht schon früher festgestellt hat, nicht für **Spontanversammlungen** gelten. Darunter sind Versammlungen zu verstehen, die sich aus einem momentanen Anlass ungeplant und ohne Veranstalter entwickeln. **Eine Anmeldung ist hier aus tatsächlichen Gründen unmöglich. Ein Beharren auf der Anmeldepflicht des § 14 VersG müsste folglich zur generellen Unzulässigkeit von Spontanversammlungen führen.** Das wäre mit dem Grundrecht der Versammlungsfreiheit nicht vereinbar (...). Dagegen ist bisher nicht entschieden worden, wie es sich mit so genannten **Eilversammlungen** verhält. Darunter werden Versammlungen verstanden, die im Unterschied zu Spontanversammlungen zwar geplant sind und einen Veranstalter haben, aber ohne Gefährdung des Demonstrationszwecks nicht unter Einhaltung der Frist des § 14 VersG angemeldet werden können. Würde gleichwohl **auf der in § 14 VersG vorgeschriebenen Frist beharrt, so hätte das zur Folge, dass auch Eilversammlungen von vornherein unzulässig wären.** Dieses Ergebnis wäre aber gleichfalls mit dem Grundrecht auf Versammlungsfreiheit unvereinbar. Anders als bei Spontanversammlungen ist bei Eilversammlungen allerdings nicht die Anmeldung überhaupt, sondern lediglich die Fristwahrung unmöglich. Daher bedarf es hier keines Verzichts auf die Anmeldung, sondern nur einer der Eigenart der Versammlung Rechnung tragenden Verkürzung der Anmeldefrist. Eilversammlungen sind bei verfassungskonformer Interpretation von § 14 VersG folglich anzumelden, sobald die Möglichkeit dazu besteht. Regelmäßig wird das etwa zeitgleich mit dem Entschluss, eine Versammlung zu veranstalten, spätestens mit dessen Bekanntgabe der Fall sein."

62 Die Entscheidung des BVerfG ist nicht zweifelsfrei: Auch die verfassungskonforme Auslegung muss sich im Rahmen herkömmlicher Auslegungsmethoden halten. Im Fall des § 14 VersG ist der Wortlaut so eindeutig, dass er sich mit dem vom BVerfG erzielten Ergebnis nicht vereinbaren lässt. Der Wortlaut ist jedoch die Grenze für jede Form der Auslegung. Methodologisch ist das Vorgehen des BVerfG daher eher als **teleologische Reduktion** - also als Einschränkung einer

Norm auf Grund ihres Sinns und Zwecks entgegen dem Wortlaut[35] - zu bezeichnen. Eine solche ist aber nicht mehr Aufgabe der Gerichte. Es wäre Sache des Gesetzgebers, die verfassungswidrige und damit nichtige Norm neu zu gestalten. Dieser Ansicht waren im vorgenannten Fall zwei Richter, die ein Minderheitsvotum (§ 30 Abs. 2 S. 1 BVerfGG) abgaben:

> BVerfGE 85, 69 (77 f.) (Eilversammlungen) (abw. Meinung der Richter *Seibert* und *Henschel*): „§ 14 VersG verpflichtet jeden, der die Absicht hat, eine öffentliche Versammlung unter freiem Himmel oder einen Aufzug zu veranstalten, dies „spätestens 48 Stunden vor der Bekanntgabe" der zuständigen Behörde unter Angabe des Gegenstandes anzumelden. Eine Ausnahme für Eilversammlungen ist nicht vorgesehen. Der Wortlaut der Vorschrift gibt auch keinerlei Ansatz dafür, Eilversammlungen aus ihrem Anwendungsbereich auszunehmen oder die Anmeldefrist für sie zu verkürzen. **Während aus dem Begriff „veranstalten" geschlossen werden kann, dass Spontanversammlungen von der Vorschrift nicht erfasst werden, weil sie keinen Veranstalter haben, sind bei Eilversammlungen alle gesetzlichen Tatbestandsmerkmale erfüllt, sodass sich die fristgebundene Anmeldepflicht auch auf sie erstreckt.** Da dies zu einer unverhältnismäßigen Einschränkung der Versammlungsfreiheit führen würde, ist die Vorschrift verfassungswidrig, soweit sie für Eilversammlungen keine Ausnahme vorsieht oder abweichende Regelungen enthält. **Einer verfassungskonformen Auslegung steht der klare Wortlaut entgegen.**"

6. Verbot des Einzelfallgesetzes (Art. 19 Abs. 1. S. 1 GG)

In Grundrechte eingreifende Gesetze unterliegen gem. Art. 19 Abs. 1 S. 1 GG einer weiteren Beschränkung; sie müssen „allgemein und nicht nur für den Einzelfall gelten". Art. 19 Abs. 1 S. 1 GG verbietet es dem Gesetzgeber, aus einer Reihe gleichartiger Sachverhalte einen Fall herauszugreifen und zum Gegenstand einer Sonderregelung zu machen.[36] Der Zweck der Norm ist unklar; die Begründungen reichen vom Gewaltenteilungsgrundsatz, der die Einzelfallentscheidung grundsätzlich der Exekutive zuweist, bis hin zum Gedanken der Rechtsgleichheit.[37] **63**

„Allgemein" i.S.v. Art. 19 Abs. 1 S. 1 GG ist ein Gesetz mit den Worten des BVerfG dann, „wenn sich wegen der abstrakten Fassung der gesetzlichen Tatbestände nicht absehen lässt, auf wie viele und welche Fälle das Gesetz Anwendung findet, wenn also nicht nur ein einmaliger Eintritt der vorgesehenen Rechtsfolgen möglich ist. Dass der Gesetzgeber eine Anzahl konkreter Fälle vor Augen hat, die er zum Anlass seiner Regelung nimmt, verleiht dieser nicht den Charakter eines Einzelfallgesetzes, wenn sie nach der Art der in Betracht kommenden Sachverhalte geeignet ist, unbestimmt viele weitere Fälle zu regeln. Die abstrakt-generelle Formulierung darf mithin nicht zur Verschleierung einer einzelfallbezogenen Regelung dienen."[38] Allerdings macht das BVerfG eine wichtige Ausnahme: Das Verbot des Art. 19 Abs. 1 S. 1 GG soll nicht eingreifen, wenn der Gesetzgeber einen Sachverhalt regelt, der nur einmalig auftritt.[39] Diese Ausnahme ist einer der **64**

---

35 Vgl. dazu näher *Rüthers*, Rechtstheorie, 1999, Rn. 902 ff.

36 BVerfGE 25, 371 (399) (lex Rheinstahl); 85, 360 (374) (Akademie-Auflösung).

37 Vgl. dazu *Huber*, in: v. Mangoldt/Klein/Starck, Art. 19 Rn. 8 ff.

38 BVerfGE 99, 367 (400) (Montanmitbestimmung).

39 BVerfGE 85, 360 (374) (Akademie-Auflösung).

Gründe dafür, dass das Verbot des Einzelfallgesetzes in der Praxis nahezu bedeutungslos ist. Auch das BVerfG hat bislang keine Verletzung feststellen können.

III. Versammlungsfreiheit in geschlossenen Räumen (Art. 8 Abs. 1 GG)

65 **Fall 2: Parteiversammlung**

Der Vorsitzende der vom Verfassungsschutz als rechtsextremistisch eingestuften N-Partei plante für den 5. Juni 1993 die Durchführung einer Parteiversammlung im Hinterzimmer eines privaten Lokals. Zutritt zu dieser Veranstaltung sollten neben den Parteimitgliedern auch die Presse und alle weiteren interessierten Personen erhalten. Nachdem die zuständige Behörde davon erfahren hatte, verbot sie die Veranstaltung unter Berufung auf § 5 Nr. 4 VersG. Zur Begründung führt sie zutreffenderweise aus, auf allen Versammlungen der letzten Jahre seien Reden gehalten worden, in denen u.a. die Judenverfolgung im Nationalsozialismus geleugnet worden sei. Dagegen sei der Vorsitzende niemals eingeschritten, sondern habe gemeinsam mit seinem Anhang durch Beifall seine Zustimmung bekundet. Auch dieses Mal sei ein Redner eingeladen, der für derartige Äußerungen bekannt und auch einschlägig vorbestraft sei. Daher müsse die Versammlung verboten werden. Der Vorsitzende hält dies für nicht mit seinem Grundrecht aus Art. 8 GG vereinbar. Zu Recht?

§ 5 Nr. 4 VersG: Die Abhaltung einer Versammlung (in geschlossenen Räumen) kann nur im Einzelfall und nur dann verboten werden, wenn (...) Tatsachen festgestellt sind, aus denen sich ergibt, dass der Veranstalter oder sein Anhang Ansichten vertreten oder Äußerungen dulden werden, die ein Verbrechen oder ein von Amts wegen zu verfolgendes Vergehen zum Gegenstand haben.

Hinweis: Die Leugnung der Judenverfolgung ist strafbar nach § 130 Abs. 3 StGB (Volksverhetzung) und von Amts wegen zu verfolgen.

Fall stark abgewandelt nach BVerwG, DVBl. 1999, 1740 ff.

1. Schutzbereich und Eingriff

66 Hinsichtlich der Schutzbereichs- und Eingriffsprüfung gelten für Versammlungen in geschlossenen Räumen keine Besonderheiten. Auch sie sind gem. Art. 8 Abs. 1 GG von der Versammlungsfreiheit erfasst.

2. Rechtfertigung von Eingriffen: „kollidierendes Verfassungsrecht“

67 Auch bei Versammlungen in geschlossenen Räumen sieht das VersG in den §§ 5 ff. VersG Eingriffsmöglichkeiten vor. Eingriffe sind aber nur dann gerechtfertigt, wenn sie von den Schranken des Grundrechts gedeckt werden.

a) Schranken des kollidierenden Verfassungsrechts bei vorbehaltlosen Grundrechten

Art. 8 GG müsste für Versammlungen in geschlossenen Räumen eine Schranke vorsehen. Art. 8 Abs. 2 GG bezieht sich jedoch nach dem eindeutigen Wortlaut nur auf Versammlungen unter freiem Himmel und scheidet daher als Schranke aus. Auch eine analoge Anwendung[40] der Schranken anderer Grundrechte wie etwa des Art. 2 Abs. 1 GG („Schrankenleihe") ist mangels einer planwidrigen Regelungslücke nicht möglich.[41] Art. 8 Abs. 1 GG ist - soweit es Versammlungen in geschlossenen Räumen betrifft - ein sog. **vorbehaltloses Grundrecht**[42]. Vorbehaltlosigkeit bedeutet, dass ein Grundrecht nicht mit einem *geschriebenen* Gesetzesvorbehalt ausgestattet ist. Nach dem Text der Verfassung sind in diesen Fällen Eingriffe generell unzulässig: Vorbehaltlosigkeit bedeutet Schrankenlosigkeit. **68**

aa) Begründung der Schranke des kollidierenden Verfassungsrechts

Über diesen Textbefund hat sich das BVerfG jedoch schon früh hinweg gesetzt. **69** Auch wenn ein Grundrecht keinen Gesetzesvorbehalt aufweise, seien ihm dennoch Schranken gesetzt. Diese ungeschriebenen Schranken ergeben sich aus der **systematischen Auslegung** des Grundgesetzes unter dem Gesichtspunkt der Einheit der Verfassung. Das Grundgesetz enthalte ein grundlegendes Wertesystem, welches aber Konflikte der Grundrechte und anderer Verfassungsgüter untereinander einschließe. Beispielsweise können Versammlungen auch in geschlossenen Räumen die persönliche Ehre oder die Gesundheit anderer verletzen, wenn Beleidigungen geduldet oder Gewalttätigkeiten begangen werden. Auch die persönliche Ehre (Art. 2 Abs. 1 i.V.m. Art. 1 Abs. 1 GG) und die Gesundheit (Art. 2 Abs. 2 S. 1 GG) sind als Grundrechte Dritter Güter von Verfassungsrang. Stehen sich aber zwei verfassungsrechtlich geschützte Güter wie beispielsweise die Versammlungsfreiheit und die persönliche Ehre gegenüber, so liegt eine Kollisionslage vor, die der Auflösung bedarf. Das BVerfG und ihm folgend das überwiegende Schrifttum gehen davon aus, dass vorbehaltlose Grundrechte in derartigen Situationen durch kollidierende Verfassungsgüter begrenzt werden können **(Begrenzung durch „kollidierendes Verfassungsrecht")**. Diese wechselseitige Begrenzung der unterschiedlichen Verfassungsgüter sei logische Folge eines geordneten menschlichen Zusammenlebens, das nicht nur die gegenseitige Rücksichtnahme der Bürger, sondern auch eine funktionierende staatliche Ordnung voraussetze, welche die Effektivität des Grundrechtsschutzes überhaupt erst sicherstelle.[43] Die grundrechtlichen Freiheitsverbürgungen gingen schließlich vom Menschenbild des Grundgesetzes aus, d. h. vom Menschen als eigenverantwortlicher Persönlichkeit, die sich *innerhalb* der sozialen Gemeinschaft frei entfalte.[44] Die Verfassung selbst ziehe daher den vorbehaltlosen Grundrechten Schranken (**„verfassungsimma-**

---

40 Vgl. zu den Voraussetzungen einer Analogie Rn. 497.

41 BVerfGE 30, 173 (192) (Mephisto).

42 Weitere vorbehaltlose Grundrechte sind u.a. Art. 4 Abs. 1, 4 Abs. 3 S. 1, 5 Abs. 3 S. 1 GG.

43 BVerfGE 77, 240 (253) (Herrnburger Bericht); 81, 278 (292) (Bundesflagge).

44 BVerfGE 30, 173 (193) (Mephisto).

nente Schranken“). Nach Ansicht des BVerfG[45] und der überwiegenden Auffassung in der Literatur[46] sind damit auch vorbehaltlose Grundrechte nicht schrankenlos gewährt. Beschränkungen vorbehaltloser Grundrechte sind möglich, wenn sie von der Schranke des kollidierenden Verfassungsrechts, also von einer **staatlichen Verpflichtung zum Handeln**, gedeckt sind.

BVerfGE 28, 243 (260 f.) (Dienstpflichtverweigerung): „Der Wortlaut des Art. 4 Abs. 3 S. 1 GG lässt - für sich allein betrachtet - keinen Raum für eine Interpretation, die die Wirksamkeit des Kriegsdienstverweigerungsrechts bis zum Zeitpunkt der rechtskräftigen Anerkennung hinausschiebt. In der vorbehaltlosen Formulierung und in dem engen sachlichen Zusammenhang mit Gewissensfreiheit und Menschenwürde offenbaren sich das Gewicht und die besondere Bedeutung eines unabdingbaren, nicht einschränkbaren Grundrechts, mit dem dem Schutz des Einzelgewissens Vorrang selbst gegenüber der Pflicht zur Beteiligung an der bewaffneten Landesverteidigung und damit an der Sicherung der staatlichen Existenz eingeräumt wird. Zeitliche Einschränkungen dieses Rechts können deshalb nicht gerechtfertigt werden mit entgegenstehendem einfachen Recht, mit dem bloßen Vorhandensein einer bestimmten Institution oder mit allgemeinen Ordnungs- und Organisationsvorstellungen im Rechtsleben (…). Nicht das System von Normen, Instituten und Institutionen im Range unter der Verfassung bildet den Maßstab für die Auslegung verfassungsrechtlicher Bestimmungen; vielmehr liefern die Letzteren umgekehrt die Grundlagen und den Rahmen, an den die übrigen Rechtsäußerungen und -erscheinungen sich anzupassen haben. **Nur kollidierende Grundrechte Dritter und andere mit Verfassungsrang ausgestattete Rechtswerte sind mit Rücksicht auf die Einheit der Verfassung und die von ihr geschützte gesamte Wertordnung ausnahmsweise im Stande, auch uneinschränkbare Grundrechte in einzelnen Beziehungen zu begrenzen**. Dabei auftretende Konflikte lassen sich nur lösen, indem ermittelt wird, welche Verfassungsbestimmung für die konkret zu entscheidende Frage das höhere Gewicht hat. Die schwächere Norm darf nur so weit zurückgedrängt werden, wie das logisch und systematisch zwingend erscheint; ihr sachlicher Grundwertgehalt muss in jedem Fall respektiert werden.“

BVerfGE 30, 173 (191) (Mephisto): „Andererseits ist das Freiheitsrecht nicht schrankenlos gewährt. Die Freiheitsverbürgung in Art. 5 Abs. 3 S. 1 GG geht wie alle Grundrechte vom Menschenbild des Grundgesetzes aus, d. h. vom Menschen als eigenverantwortlicher Persönlichkeit, die sich innerhalb der sozialen Gemeinschaft frei entfaltet. **Jedoch kommt der Vorbehaltlosigkeit des Grundrechts die Bedeutung zu, dass die Grenzen der Kunstfreiheitsgarantie nur von der Verfassung selbst zu bestimmen sind.** Da die Kunstfreiheit keinen Vorbehalt für den einfachen Gesetzgeber enthält, darf sie weder durch die allgemeine Rechtsordnung noch durch eine unbestimmte Klausel relativiert werden, welche ohne verfassungsrechtlichen Ansatzpunkt und ohne ausreichende rechtsstaatliche Sicherung auf eine Gefährdung der für den Bestand der staatlichen Gemeinschaft notwendigen Güter abhebt. Vielmehr ist ein im Rahmen der Kunstfreiheitsgarantie zu berücksichtigender Konflikt nach Maßgabe der grundgesetzlichen Wertordnung und unter Berücksichtigung der Einheit dieses grundlegenden Wertsystems durch Verfassungsauslegung zu lösen. Als Teil des grundrechtlichen Wertsystems ist die Kunstfreiheit insbesondere der in Art. 1 GG garantierten Würde des Menschen zugeordnet, die als oberster Wert das ganze grundrechtliche Wertsystem beherrscht.“

70 Ganz unproblematisch ist dieser Ansatz des BVerfG nicht. Im Ergebnis führt er dazu, dass die vorbehaltlosen Freiheitsrechte ebenso wie alle anderen Grundrechte dem staatlichen Zugriff unterliegen, obwohl der **Wortlaut** dieser Grundrechte das Gegenteil nahe legt. Auch in systematischer Hinsicht sind Zweifel angebracht: Die

---

45 BVerfGE 28, 243 (260 f.) (Dienstpflichtverweigerung); 30, 173 (193) (Mephisto).

46 Vgl. m.w.N. auch zur Kritik *Sachs*, in: Stern, Staatsrecht, Bd. III/2, § 81, S. 550 ff.

Grundrechte des Grundgesetzes weisen ein ausdifferenziertes Schrankensystem auf. Neben den vorbehaltlosen Grundrechten gibt es Grundrechte mit einfachem und qualifiziertem Gesetzesvorbehalt. Diese Systematik, die den staatlichen Zugriff auf grundrechtliche Freiheiten mit unterschiedlicher Strenge steuern und begrenzen will, wird bei Heranziehung kollidierenden Verfassungsrechts ignoriert. Je großzügiger den vorbehaltlosen Freiheitsrechten mittels kollidierendem Verfassungsrecht Schranken gezogen werden, umso stärker kommt es zu einer **Nivellierung der grundrechtlichen Schrankensystematik**. Zudem erscheint es aus teleologischer Sicht durchaus nachvollziehbar, dem Staat den Zugriff auf so sensible Bereiche wie den Glauben und das Bekenntnis, die Wissenschaft, die Kunst und eben auch Versammlungen in geschlossenen Räumen gänzlich zu verwehren. Erlaubt man dem Staat dagegen Eingriffe auf der Grundlage kollidierenden Verfassungsrechts, eröffnet man auch für die vorbehaltlosen Grundrechte das mit der Verhältnismäßigkeitsprüfung einhergehende Abwägungsprogramm mit seinen geschilderten Problemen und Zufälligkeiten[47]. Dies birgt die Gefahr einer substanziellen Abschwächung des Grundrechtsschutzes in den genannten sensiblen Bereichen. Außerdem täuscht die weite Ausdehnung der Schutzbereiche einen Gewinn an Freiheitssicherung nur vor, wenn zugleich eine Eingriffsrechtfertigung auf Grund kollidierenden Verfassungsrechts „billig zu haben" ist.

Gleichwohl ist dem BVerfG zuzugeben, dass bei der üblicherweise großzügi- 71
gen Auslegung der grundrechtlichen Schutzbereiche auch vorbehaltloser Grundrechte Konflikte nicht ausbleiben, die ein staatliches Eingreifen notwendig erscheinen lassen. Ein beliebtes und gewohnt praxisfernes Beispiel ist der Theaterregisseur, der - unter Berufung auf seine Kunstfreiheit (Art. 5 Abs. 3 S. 1 GG) - seine Shakespeare-Inszenierung mit einem echten Mord krönen möchte. Soll man dies im Hinblick auf die Vorbehaltlosigkeit der Kunstfreiheit wirklich hinnehmen? Verneint man diese Frage, eröffnen sich lediglich zwei Möglichkeiten: Entweder begrenzt man die vorbehaltlosen Grundrechte durch die Schranke des kollidierenden Verfassungsrechts, oder aber man fasst bereits die **Schutzbereiche** der vorbehaltlosen Grundrechte **deutlich enger und präziser**. Für Letzteres spricht entscheidend, dass bereits bei der Auslegung der Schutzbereiche die geschriebenen Schranken im Rahmen der systematischen Auslegung Berücksichtigung finden müssen. Sind solche Schranken aber nicht vorhanden, muss eine Auslegung, die Konflikte mit anderen Grundrechten zum Regelfall werden lässt, bereits deshalb ausscheiden. Das Augenmerk sollte daher darauf gerichtet werden, nur diejenigen Modalitäten dem Schutz vorbehaltloser Grundrechte zu unterstellen, die für einen sachgerechten Schutzumfang strukturell notwendig sind.[48] Der Schutzbereich wird auf das begrenzt, was nach historischer Erfahrung, politischer Überzeugung und rechtlicher Einsicht der Grund für die Gewährleistung ist.[49] Auf die Versammlungsfreiheit in geschlossenen Räumen bezogen könnte dies bedeuten, die Frage nach dem Grund einer derartigen Freiheit zu stellen. Eine Antwort könnte lauten, dass es dem Staat verwehrt sein soll, den Bürgern außerhalb des öffentlichen

---

[47] Vgl. dazu Rn. 55 f.

[48] Grundlegend *F. Müller*, Die Positivität der Grundrechte, 2. Aufl. 1990, S. 98 ff.

[49] *F. Müller*, Die Positivität der Grundrechte, 2. Aufl. 1990, S. 99.

Raums Vorgaben über Art und Inhalt ihrer Zusammenkünfte zu machen. Nicht verwehrt soll es dem Staat dagegen sein, bei Feuer für den Schutz der Versammlungsteilnehmer auch durch Räumung des Versammlungslokals zu sorgen. Und auch ein Recht, für eine Versammlung fremdes Eigentum in Anspruch zu nehmen, wird man Art. 8 Abs. 1 GG nicht entnehmen können. Entsprechend böte Art. 8 Abs. 1 GG nach dieser Lesart nur Schutz vor versammlungsspezifischen Beeinträchtigungen, nicht aber vor Beeinträchtigungen, die nicht auf die Versammlung selbst abzielen. Dieses Beispiel zeigt die Chancen, aber auch die großen Schwierigkeiten einer derartigen Präzisierung der Schutzbereiche. Wohl nicht zuletzt deshalb hat sich in Rechtsprechung und Literatur trotz aller dogmatischen Zweifel die Heranziehung kollidierenden Verfassungsrechts grundsätzlich durchgesetzt.

72 Insgesamt ist bei der Heranziehung von **kollidierendem Verfassungsrecht** zur Begrenzung vorbehaltloser Grundrechte große **Zurückhaltung geboten**. Auch wenn sich die Verfassungsgeber über die Bedeutung der Vorbehaltlosigkeit von Grundrechten möglicherweise nicht ganz im Klaren waren[50], verbietet es sich, ein Handeln gegen Wortlaut und Systematik zur Regel werden zu lassen. Begrenzungen vorbehaltloser Grundrechte auf Grund kollidierenden Verfassungsrechts sollten die Ausnahme bleiben. Entsprechend viel Sorgfalt ist daher auf die Auslegung und Begrenzung der Schutzbereiche zu verwenden.

73 **Hinweis zur Fallbearbeitung:**

In Klausuren und zumeist auch in Hausarbeiten kann heute kollidierendes Verfassungsrecht als Schranke ohne umfassende Begründung und ohne Eingehen auf die Gegenposition herangezogen werden. Man sollte bei der Prüfung der Schranken zunächst die Vorbehaltlosigkeit des Grundrechts feststellen und dann darauf hinweisen, dass gleichwohl Kollisionen des vorbehaltlosen Grundrechts mit anderen gleichrangigen Pflichten aus der Verfassung denkbar sind, die nicht stets zu Gunsten des vorbehaltlosen Grundrechts gelöst werden können. Sofern eine solche Pflicht im Einzelfall besteht - diese ist konkret zu benennen - muss vielmehr ein schonender Ausgleich im Einzelfall gefunden werden.

bb) Begrenzungstaugliches Verfassungsrecht

74 Demnach ist die generelle Möglichkeit, auch vorbehaltlose Grundrechte auf Grund kollidierenden Verfassungsrechts einzuschränken, anerkannt. Nach wie vor ist allerdings unklar, wann eine **Kollisionslage** vorliegt, die der Staat durch Eingriffe auch in vorbehaltlose Grundrechte auflösen darf oder sogar muss. Eine Kollisionslage setzt zwei gegenläufige Verpflichtungen des Staates voraus. Eine solche Verpflichtung folgt stets aus dem vorbehaltlosen Grundrecht; dieses verlangt das **Unterlassen jedes Grundrechtseingriffs**. Auf der Gegenseite muss daher eine Verpflichtung des Staates zum Handeln und zwar zum Handeln durch Grundrechtseingriff stehen. Nur wenn dem vorbehaltlosen Grundrecht, also dem nach dem Wortlaut bestehenden Eingriffsverbot, eine hinreichend **konkrete Pflicht zum Grundrechtseingriff** gegenübersteht, ist eine Kollisionslage gegeben.

---

50 Zur Diskussion über die Schrankenproblematik im Parlamentarischen Rat vgl. *Sachs*, in: Stern, Staatsrecht, Bd. III/2, § 79, S. 268 ff. mit umfangreichen Nachweisen.

Als kollidierendes Verfassungsrecht kommen folglich nur Normen in Betracht, die eine solche hinreichend konkrete Handlungspflicht beinhalten.[51] Solche Handlungspflichten können sich aus **staatlichen Schutzpflichten zu Gunsten der Grundrechte Dritter** ergeben.[52] In diesen Fällen steht der Staat vor der Situation, dass ein Privater Schutz vor Übergriffen eines anderen Privaten fordert. Dieser wiederum beruft sich auf sein Eingriffsabwehrrecht. Soweit die Schutzpflicht in einem solchen Fall tatsächlich einen Eingriff in das Grundrecht des Störers verlangt und der Staat beim Unterlassen eines Eingriffs das Untermaßverbot[53] verletzen würde, muss der Staat diese Kollision mittels eines Eingriffs in das vorbehaltlose Grundrecht des Störers auflösen. 75

Schwieriger ist die Frage zu beurteilen, ob **Staatsstrukturprinzipien und Staatszielbestimmungen** wie etwa das Sozialstaatsgebot (Art. 20 Abs. 1 GG) oder das Umwelt- und Tierschutzgebot (Art. 20a GG) derart konkrete Handlungsgebote zum Grundrechtseingriff beinhalten können. Zwar enthalten auch diese Normen jeweils eine materielle Wertentscheidung der Verfassung zu Gunsten bestimmter Ziele und Grundsätze. Jedoch kommt dem Staat bei der Erfüllung dieser Ziele ein weiter Gestaltungsspielraum zu.[54] Die Staatsstrukturprinzipien und Staatszielbestimmungen stellen dem Staat eine Aufgabe, sagen aber nichts darüber aus, wie diese Aufgabe im Einzelnen zu verwirklichen ist. Insofern kann derartigen Normen jedenfalls im Regelfall ein hinreichend konkreter Auftrag zum Grundrechtseingriff nicht entnommen werden.[55] 76

Sehr zweifelhaft ist, inwieweit aus **bundesstaatlichen Kompetenzvorschriften** (insb. Art. 70 ff. GG), bloßen Ermächtigungsnormen (etwa Art. 12a GG) oder Organisationsregelungen (etwa Art. 115b GG) kollidierendes Verfassungsrecht abgeleitet werden kann. Das BVerfG hat dies in seiner ersten Entscheidung zu kollidierendem Verfassungsrecht bejaht[56] und später in einer Mehrheitsentscheidung erneut bekräftigt[57]. Dieser Rechtsprechung stehen aber gewichtige Einwände entgegen: Kompetenz- und Organisationsnormen bestimmen lediglich, welche Stelle des Staates für einen bestimmten Bereich zuständig ist. Kompetenzen begründen somit Zuständigkeiten, aber **keine Handlungspflichten**; sie enthalten keine materielle Aussage dahingehend, was der Staat in Ausübung seiner Kompetenzen tun muss. Die Art. 73 ff. GG etwa weisen dem Bund bestimmte Gesetzgebungskompetenzen zu. Sie sagen aber nicht, dass der Bund zur Verfolgung der Kompetenz überhaupt handeln oder gar in Grundrechte eingreifen darf und muss. 77

---

51 BVerfGE 52, 283 (298) (Tendenzbetrieb); 59, 231 (262 f.) (Freie Mitarbeiter).

52 *Isensee*, in: HdbStR, Bd. V, § 11, Rn. 4 ff. Ausführlich dazu Rn. 111 ff.

53 Vgl. dazu Rn. 115 ff. und Rn. 16.

54 BVerfGE 18, 257 (273) (Sozialversicherung); 59, 231 (262) (Freie Mitarbeiter).

55 BVerfGE 52, 283 (298) (Tendenzbetrieb); 59, 231 (262 f.) (Freie Mitarbeiter) zum Sozialstaatsprinzip. In BVerfGE 100, 271 (284) (Lohnabstandsklausel) vermag das Sozialstaatsprinzip - allerdings i.V.m. Art. 1 Abs. 1 und Art. 2 Abs. 1 GG - einen Eingriff in die Koalitionsfreiheit (Art. 9 Abs. 3 GG) zu rechtfertigen. Für eine Einschränkung vorbehaltloser Grundrechte durch Staatsstruktur- und Staatszielbestimmungen *Jarass*, in: Jarass/Pieroth, Art. 20 Rn. 111 und Art. 20a Rn. 15 m.w.N. und BVerwG, NJW 1996, 1163 zu Art. 20a GG.

56 BVerfGE 28, 243 (261) (Dienstpflichtverweigerung).

57 BVerfGE 69, 1 (21 f.) (Kriegsdienstverweigerung II).

Zudem ist es widersinnig, aus Bundeskompetenzen kollidierendes Verfassungsrecht abzuleiten. Ist ein Regelungsgegenstand Ländersache und daher im Grundgesetz nicht erwähnt (vgl. Art. 70 Abs. 1 GG), ist er nicht weniger bedeutsam.[58] Außerdem birgt die Ableitung kollidierenden Verfassungsrechts aus Kompetenz- und Organisationsnormen die Gefahr der Beliebigkeit: Nach Art. 74 Abs. 1 GG könnten dann so ungleichgewichtige Dinge wie die öffentliche Fürsorge (Nr. 7), die Kriegsgräber (Nr. 10a) oder die Schienenbahnen (Nr. 23) Grundrechte einschränken. Die vorbehaltlosen Grundrechte hätten damit ihre vom Verfassungsgeber bewusst vorgesehene Sonderstellung verloren und wären faktisch einem einfachen Gesetzesvorbehalt unterworfen. Zu Recht lehnt daher die Mehrheit im Schrifttum die Heranziehung von Kompetenz- und Organisationsnormen als kollidierendes Verfassungsrecht ab.[59]

> BVerfGE 69, 1 (59 ff.) (Kriegsdienstverweigerung II) (abw. Meinung *Böckenförde, Mahrenholz*): „Unser Bedenken gegen diesen verfassungstheoretisch-dogmatischen Ansatz liegt nicht darin, dass in ihm die Frage nach so genannten immanenten Begrenzungen und Schranken vorbehaltlos gewährleisteter Grundrechte gestellt wird. Allerdings ist auch insoweit zu beachten, dass das Grundrecht der Kriegsdienstverweigerung aus Gewissensgründen der verfassungsrechtlich verankerten Pflicht, sich an der bewaffneten Landesverteidigung und damit insoweit an der Sicherung der staatlichen Existenz zu beteiligen, eine unüberwindliche Schranke entgegensetzt. **Wir halten es aber für verfassungsrechtlich unzulässig, solche möglichen Begrenzungen und Schranken der Grundrechte, wie es hier geschieht, aus bundesstaatlichen Kompetenzvorschriften (Art. 73 Nr. 1, 87a GG), bloßen Ermächtigungsnormen (Art. 12a GG) oder Organisationsregelungen (Art. 115b GG) herzuleiten.**
>
> a) **Bundesstaatliche Kompetenzvorschriften haben den Sinn, die Handlungsbereiche von Bund und Ländern gegeneinander abzugrenzen.** Sie legen nicht bestimmte Aufgabenbereiche als notwendige Staatsaufgaben fest, sondern bestimmen, für welche Handlungsbereiche der Bund, sei es ausschließlich, sei es konkurrierend etc. im Verhältnis zu den Ländern zuständig ist. Ihr normativer Gehalt liegt darin, dass in den von ihnen bezeichneten Bereichen das Handeln der Staatsgewalt des Bundes - gegebenenfalls unter näher festgelegten einschränkenden Bedingungen - erlaubt ist. Sie besagen damit auch, dass das Handeln in diesen Bereichen von der innerbundlichen Verfassungsordnung her nicht überhaupt ausgeschlossen ist. Sie erheben Gegenstände möglichen staatlichen Handelns aber nicht zu materiellrechtlichen Handlungsaufträgen, -geboten oder sonstigen „Wert"-Entscheidungen, die anderweitig in der Verfassung festgelegte Modalitäten oder Begrenzungen staatlichen Handelns wieder aufheben oder einschränken. (…)
>
> b) **Werden gleichwohl aus diesen oder anderen Grundgesetzbestimmungen solcher Art über deren unmittelbaren normativen Gehalt hinaus „verfassungsrechtliche Grundentscheidungen" oder „Rechtswerte von verfassungsrechtlichem Rang" entnommen, die die Bedeutung immanenter Grundrechtsschranken erlangen, findet eine unzulässige interpretative Umdeutung dieser Bestimmungen statt.** Die Konsequenzen, die sich aus der anders gerichteten Auffassung des Senats für den Gehalt von Grundrechtsgewährleistungen und das Gefüge einer demokratisch-rechtsstaatlichen Verfassung ergeben können, sind weit tragend:
>
> c) **Im Hinblick auf die Grundrechtsgewährleistung wird zum einen ein sehr breites und unbestimmtes Arsenal möglicher Grundrechtseinschränkungen geschaffen.** Wenn Art. 73 Nr. 1, 87a Abs. 1 GG grundrechtsbeschränkende Rechtswerte oder Grundentschei-

---

58 *Sachs*, VerfR II, Kap. A 9 Rn. 38.

59 *Jarass*, in: Jarass/Pieroth, Vorb. vor Art. 1 Rn. 46 m.w.N.; *Bleckmann*, § 12 Rn. 87 ff..

dungen hergeben, können solche mit der gleichen Logik auch aus den zahlreichen anderen Kompetenzbestimmungen, etwa der Art. 73 bis 75 und auch der Art. 87 Abs. 1, 87b, 105 Abs. 1 GG usw. abgeleitet werden. (...) Zum anderen wird die Geltungskraft verfassungsrechtlicher Grenzfestlegungen für die Ausübung der Staatsgewalt, die in den Grundrechten enthalten sind, nachhaltig verändert. Werden einer Grundrechtsgewährleistung ranggleich andere verfassungsgeschützte Rechtswerte oder Grundentscheidungen in der Form von Kompetenzbestimmungen, Ermächtigungsnormen und Organisationsregelungen gegenübergestellt, so werden in die Verfassung Spannungsverhältnisse hineinverlegt, für deren Auflösung sie keine Maßstäbe enthält. (...) **Die Grundrechte werden zu Abwägungsgesichtspunkten, erscheinen als ein Interesse (...) des Grundrechtsträgers, dem andere Interessen oder Gesichtspunkte gegenüberstehen.** (...) Werden als Gegenposition der Abwägung dabei Kompetenzbestimmungen oder Organisationsregelungen herangezogen, die materiell überhöht werden, kann nahezu jede Grundrechtsbeschränkung im Wege der Verfassungsinterpretation legitimiert werden."

cc) Vorbehalt des Gesetzes bei vorbehaltlosen Grundrechten

Noch nicht beantwortet ist die Frage, ob Eingriffe in vorbehaltlose Grundrechte 78 einer gesetzlichen Grundlage bedürfen. Bei Grundrechten mit Gesetzesvorbehalt ist dies ausdrücklich bestimmt (z.B. Art. 8 Abs. 2, 11 Abs. 2 GG). Eine derartige Bestimmung findet sich für vorbehaltlose Grundrechte naturgemäß nicht. Dennoch gilt der Vorbehalt des Gesetzes auch dort; er leitet sich aus einem **Erst-Recht-Schluss** zu den Grundrechten mit Gesetzesvorbehalt ab[60]: Wenn schon Grundrechte mit Gesetzesvorbehalt (nur) durch den Gesetzgeber beschränkt werden dürfen, so muss dies „erst recht" für die stärker geschützten Grundrechte ohne Vorbehalt gelten. Bei ihnen dürfen die Anforderungen jedenfalls nicht geringer sein als bei den anderen Grundrechten.

dd) Kollidierendes Verfassungsrecht auch bei Grundrechten mit qualifiziertem Gesetzesvorbehalt?

Ungeklärt ist schließlich, ob kollidierendes Verfassungsrecht als Schranke auch 79 bei Grundrechten mit qualifiziertem Gesetzesvorbehalt Anwendung finden kann, wenn der qualifizierte Gesetzesvorbehalt im Einzelfall nicht ausreicht. Ist etwa im Hinblick auf die Meinungsfreiheit des Art. 5 Abs. 1 GG eine Rechtfertigung nach den geschriebenen Schranken des Art. 5 Abs. 2 GG nicht möglich, weil kein allgemeines Gesetz i.S.v. Art. 5 Abs. 2 GG vorliegt und das Gesetz auch nicht dem dort ebenfalls genannten Jugend- bzw. Ehrschutz dient[61], kommt eine Eingriffsrechtfertigung nur bei Heranziehung kollidierenden Verfassungsrechts in Betracht. Bei allen Grundrechten mit qualifiziertem Gesetzesvorbehalt stellt sich daher die Frage, ob neben den ausdrücklichen Schranken kollidierendes Verfassungsrecht Anwendung finden kann. Auf den ersten Blick ist diese Frage zu bejahen. Denn wenn schon vorbehaltlose Grundrechte, also Grundrechte ohne jede ausdrückliche Schranke, durch kollidierendes Verfassungsrecht begrenzt werden können, muss dies erst recht für die schwächer geschützten Grundrechte mit qualifiziertem Ge-

---

60 Vgl. zum Erst-Recht-Schluss *Butzer/Epping*, S. 48. Zum Vorbehalt des Gesetzes s. Rn. 357.
61 Vgl. dazu Rn. 213 ff.

setzesvorbehalt gelten. Andernfalls wären vorbehaltlose Grundrechte stärker zu relativieren als Grundrechte mit qualifiziertem Vorbehalt.[62] Diesen Weg geht auch das BVerfG, wenngleich eine Auseinandersetzung mit der Problematik fehlt.[63] Trotzdem begegnet dieser Ansatz **Bedenken**: Der Verfassungsgeber hat mit der Schaffung qualifizierter Gesetzesvorbehalte gezeigt, dass bestimmte Grundrechte nur unter bestimmten, zumeist eng begrenzten Voraussetzungen eingeschränkt werden sollen. Zieht man hingegen die - in der Rechtsprechungspraxis weite - Schranke des kollidierenden Verfassungsrechts heran, setzt man sich über diese Intention der Verfassung hinweg. Die Befürchtung, eine Beschränkung von Grundrechten durch kollidierendes Verfassungsrecht trage zu einer Relativierung des Grundrechtsschutzes bei, gilt für qualifizierte Grundrechte daher in besonderem Maße. Es erscheint daher gut vertretbar, kollidierendes Verfassungsrecht bei Grundrechten mit qualifiziertem Gesetzesvorbehalt nicht anzuwenden.[64] Gleiches gilt für die Grundrechte mit einfachem Gesetzesvorbehalt; dort stellt sich die Frage auf Grund der umfassenden Einschränkbarkeit in der Praxis freilich nicht.

80 **Hinweis zur Fallbearbeitung:**

Die kollidierenden Handlungspflichten müssen sehr genau und unter Nennung der Normen herausgearbeitet werden. Keinesfalls genügt ein pauschaler Hinweis z.B. auf „Rechtsstaatlichkeit", „Demokratie", „Gerechtigkeit". Auch bei kollidierenden Handlungspflichten, z.B. einer grundrechtlichen Schutzpflicht, genügt nicht ein pauschaler Hinweis auf die kollidierenden Normen. Der im Einzelfall bestehende Konflikt ist vielmehr präzise und ausgehend vom Sachverhalt zu benennen. Vorrang hat zudem eine genaue Auslegung des Schutzbereichs; z.B. schützt nach überwiegender Ansicht die Versammlungsfreiheit keine Versammlung in einem fremden Haus ohne Zustimmung des Eigentümers, sodass sich das Problem kollidierenden Verfassungsrechts gar nicht stellt.

b) Schranken-Schranken

81 Hinsichtlich der Schranken-Schranken, also den weiteren Anforderungen, die an den Staat bei Grundrechtseingriffen zu stellen sind, gelten bei vorbehaltlosen Grundrechten einige Besonderheiten. Vorbehaltlose Grundrechte können zwar durch kollidierendes Verfassungsrecht beschränkt werden, die Beschränkung muss jedoch die Vorbehaltlosigkeit berücksichtigen. Sie darf daher nur soweit gehen, wie es logisch und systematisch zwingend erscheint. Der sachliche Grundwertgehalt der beschränkten Norm muss in jedem Fall respektiert werden.[65] Für dieses Vorgehen der Güterzuordnung hat *Konrad Hesse* den Begriff der **„praktischen Konkordanz"**[66] geprägt. Die Verfassungsgüter sind danach so einander zuzuordnen, dass sie zu optimaler Wirksamkeit gelangen. Keine grundrechtliche Gewähr-

---

62 *Jarass*, in: Jarass/Pieroth, Art. 5 Rn. 65 und Vorb. vor Art. 1 Rn. 47.

63 BVerfGE 66, 116 (136) (Springer/Wallraff); 73, 118 (166) (4. Rundfunkentscheidung [Landesrundfunkgesetz Niedersachsen]).

64 So auch zutreffend *Krings*, Grund und Grenzen grundrechtlicher Schutzansprüche, 2003, S. 293 f.; *Pieroth/Schlink*, Rn. 331.

65 BVerfGE 28, 243 (261) (Dienstpflichtverweigerung).

66 *Hesse*, Rn. 317.

leistung darf mehr als notwendig oder gar gänzlich ihrer Wirksamkeit im Leben des Gemeinwesens beraubt werden.[67] Erforderlich ist daher eine **Verhältnismäßigkeitsprüfung („Übermaßverbot")**, die der Vorbehaltlosigkeit des eingeschränkten Grundrechts und der darin liegenden Wertung der Verfassung, Eingriffe grds. überhaupt nicht zuzulassen, Rechnung trägt. Dabei muss der Unterschied zu den Grundrechten mit Gesetzesvorbehalt stets deutlich werden und sich in einem geringeren Begrenzungspielraum des Staates niederschlagen.

aa) Legitimer Zweck

Eine Besonderheit gilt zunächst für den legitimen Zweck. Legitimer Zweck eines **82**
Eingriffs kann stets bloß die Erfüllung der mit dem Eingriffsabwehrrecht kollidierenden konkreten Handlungspflicht sein. Hat beispielsweise Bürger A in einer Zeitung eine satirische Karikatur veröffentlicht und damit die Ehre des Bürgers B angegriffen, muss der Staat einen Eingriff in die Kunstfreiheit des A auf seine Schutzpflicht für die persönliche Ehre des B aus Art. 2 Abs. 1 GG i.V.m. Art. 1 Abs. 1 GG stützen. Legitimes Ziel des Eingriffs ist allein der Ehrschutz.

bb) Eignung und Erforderlichkeit, Angemessenheit

Während keine Besonderheiten für die Prüfung der Eignung und der Erforderlich- **83**
keit gelten, überprüft das BVerfG bei der **Angemessenheit**, ob der Staat bei seinem Eingriff dem Gebot, die kollidierenden Pflichten im Sinne **praktischer Konkordanz** schonend auszugleichen, gerecht geworden ist. Die weiteren Maßstäbe sind in der Verfassungsrechtsprechung jedoch vage geblieben. In einer Entscheidung ist davon die Rede, dass das vorbehaltlose Grundrecht nur soweit beschränkt werden darf, wie dies logisch und systematisch zwingend erscheint[68]. In anderen Entscheidungen fordert das BVerfG einen verhältnismäßigen Ausgleich der gegenläufigen, gleichermaßen verfassungsrechtlich geschützten Interessen mit dem Ziel ihrer Optimierung.[69] Entnehmen kann man den Entscheidungen immerhin, dass beiden gegenläufigen Positionen wie folgt Rechnung zu tragen ist: Weder darf übermäßig in das vorbehaltlose Grundrecht eingegriffen werden, noch darf die kollidierende Handlungspflicht über Gebühr vernachlässigt werden. Ausgehend davon lassen sich aber durchaus **Maßstäbe für die Fallbearbeitung** finden.

Typischerweise kollidieren das vorbehaltlose Eingriffsabwehrrecht und eine **84**
staatliche Schutzpflicht für die Grundrechte Dritter miteinander. Angesprochen sind damit Dreiecksverhältnisse, in denen ein Bürger dem Staat sein Eingriffsabwehrrecht (im oben genannten Beispiel Bürger A die Kunstfreiheit) und ein anderer Bürger seinen Anspruch auf Schutz (im Beispiel Bürger B den Anspruch auf Schutz seiner Ehre) entgegenhält. Fallgestaltungen, in denen das Eingriffsabwehrrecht mit Staatsstruktur- oder Staatszielbestimmungen kollidiert, sind eher selten.[70] Bei Kollisionen von Abwehrrecht und Schutzpflicht ist im Rahmen der An-

---

67 *Hesse*, Rn. 318.
68 BVerfGE 28, 243 (261) (Dienstpflichtverweigerung).
69 BVerfGE 77, 240 (253) (Herrnburger Bericht); 81, 278 (292) (Bundesflagge).
70 Vgl. dazu Rn. 90.

gemessenheitsprüfung zunächst zu fragen, ob die Schutzpflicht überhaupt einen Eingriff in das vorbehaltlose Freiheitsrecht verlangt. Verlangt im genannten Beispiel also der Schutz der Ehre des B tatsächlich einen Eingriff in die Kunstfreiheit des A? Nur dann liegt tatsächlich eine Kollision zweier Pflichten vor. Die Schutzpflicht verlangt einen Eingriff in das kollidierende Abwehrrecht, wenn der Staat ohne das eingreifende Handeln gegen das **Untermaßverbot** verstoßen würde. Dies ist im Beispiel der Fall, wenn die Ehre des B ohne einen Eingriff in die Kunstfreiheit des A unzumutbar beeinträchtigt wäre. Zugleich muss der Staat sein Handeln aber auf den vom Untermaßverbot geforderten Minimalschutz begrenzen. Der Staat darf also dem Künstler A nicht jegliche Veröffentlichung von Karikaturen in Zeitungen verbieten; er kann aber etwa verlangen, dass B im Kunstwerk unkenntlich gemacht wird. **Mehr als den vom Untermaßverbot mindestens verlangten Schutz darf der Staat nicht gewähren**, weil es sonst an einer Pflichtenkollision und daher an einem Rechtfertigungsgrund fehlen würde. Jedes „Mehr" an Schutz ist vom Grundgesetz nicht gefordert und damit unangemessen.

85 Der Staat darf allerdings **auch nicht weniger** tun, **als es das Untermaßverbot verlangt**. Weiter kann die Schutzpflicht auch unter Hinweis auf das einzuschränkende Grundrecht nicht zurückgedrängt werden. Denn bei der Bestimmung dessen, was das Untermaßverbot konkret fordert, sind Art und Ausmaß der Gefahr für das zu schützende Grundrecht einerseits und das entgegenstehende vorbehaltlose Grundrecht andererseits gegeneinander abzuwägen. [71] Bereits bei der Bestimmung der Reichweite der Schutzpflicht sind folglich alle entgegenstehenden Belange zu berücksichtigen. Das eingriffsabwehrrechtliche Übermaßverbot und das in den Schutzpflichten wurzelnde Untermaßverbot treffen sich daher in einem Punkt, der den schonenden Ausgleich im Sinne praktischer Konkordanz darstellt. Dem Staat kommt bei der Eingriffsrechtfertigung durch kollidierende Grundrechte Dritter **kein Gestaltungsspielraum** zu.[72]

86 Aus dieser **Deckungsgleichheit (Kongruenz) von Übermaß- und Untermaßverbot** folgt weiter, dass es bei Dreiecksverhältnissen für das Ergebnis keine Rolle spielen darf, ob das vorbehaltlose Eingriffsabwehrrecht oder die Schutzpflicht geltend gemacht wird. Beruft sich der eine Bürger auf sein Eingriffsabwehrrecht, ist jeder Eingriff unverhältnismäßig und damit ungerechtfertigt, der über das vom Untermaßverbot gebotene Maß hinausgeht. Beruft sich der andere Bürger hingegen auf seinen Anspruch auf Schutz, bekommt er genau so viel Schutz zugesprochen, wie es das Untermaßverbot gebietet und damit zugleich das Übermaßverbot gerade eben erlaubt. Dies ist zugleich eine entscheidende **Kontrollüberlegung**: Ein Eingriff in ein vorbehaltloses Grundrecht ist nur dann angemessen, wenn der Bürger auf den mit dem Eingriff gebotenen Schutz einen grundrechtlichen und damit gerichtlich durchsetzbaren Anspruch hat. Im genannten Beispiel wäre demnach ein Eingriff in die Kunstfreiheit des A nur dann angemessen, wenn B auf den Eingriff einen grundrechtlichen Anspruch hätte. Würde der Staat den Eingriff

---

[71] Vgl. dazu Rn. 116.

[72] Allerdings kommt dem Staat bei der Bestimmung der Gefahr, die für die Anforderungen der Schutzpflicht maßgeblich ist, ein Einschätzungsspielraum zu, vgl. dazu Rn. 117.

gleichwohl unterlassen, könnte B seinen Anspruch auf Unkenntlichmachung gegebenenfalls mit der Verfassungsbeschwerde geltend machen.

87

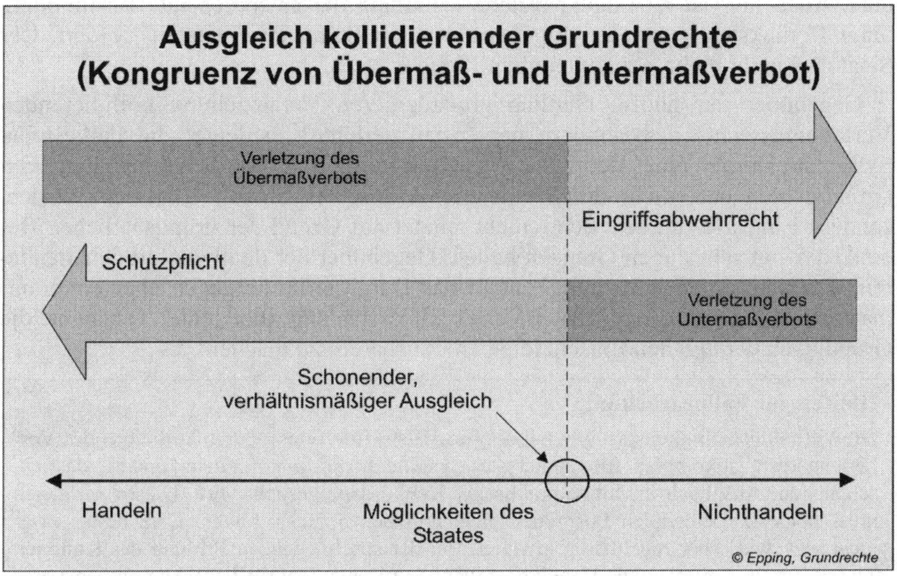

88 Dieses Modell der Kongruenz von Übermaß- und Untermaßverbot gilt **nur für vorbehaltlose Grundrechte**. Nur diesen ist die Wertung der Verfassung zu entnehmen, dass Grundrechtseingriffe stets unzulässig sind und daher die Grenzen für den eingreifenden Staat so eng wie möglich gezogen werden müssen. Bei Grundrechten mit Gesetzesvorbehalt sieht hingegen die Verfassung die Einschränkung im Text vor, sodass hier dem Staat bei der Erfüllung der Schutzpflichten ein weiter Gestaltungsspielraum eröffnet ist. Er muss mindestens dem Untermaßverbot Genüge tun, aber auch wenn er darüber hinausgeht, ist das Übermaßverbot des mit einem Vorbehalt versehenen Grundrechts nicht automatisch verletzt. Untermaß- und Übermaßverbot fallen folglich bei Grundrechten mit Gesetzesvorbehalt nicht zusammen.[73]

89 Für die **praktische Anwendung** bedeutet dies, dass zunächst die Reichweite der mit dem vorbehaltlosen Grundrecht kollidierenden Schutzpflicht, d.h. das diesbezügliche Untermaßverbot zu bestimmen ist. In vorbehaltlose Grundrechte darf und muss der Staat nur in dem Umfang eingreifen, in dem er dazu auch unter Berücksichtigung entgegenstehender Belange verpflichtet ist. Dabei hilft die genannte Kontrollüberlegung weiter: Nur wenn das Gericht bei einer Klage auf Schutz einen Anspruch auf das eingreifende Handeln bejahen würde, kann ein Eingriff in ein vorbehaltloses Grundrecht verfassungsgemäß sein.

---

73 Anders *Hain*, DVBl. 1993, 982 (983 f.). Seine Thesen sind jedoch zu Recht weitgehend auf Ablehnung gestoßen, vgl. nur *Krings*, Grund und Grenzen grundrechtlicher Schutzpflichten, 2003, S. 299 ff. m.w.N.

90 Kommt es ausnahmsweise zu einer Kollision von vorbehaltlosem Grundrecht und **Staatsstruktur- bzw. Staatszielbestimmungen**, ist die Situation nicht anders. Auch hier ist zu fragen, welche Handlung die entsprechende Bestimmung unter Berücksichtigung der entgegenstehenden Belange mindestens fordert. Der Staat darf nicht mehr, aber auch nicht weniger tun.

91 Gegenüber der häufig deutlich großzügigeren Heranziehung kollidierenden Verfassungsrechts insbesondere der Instanzgerichte[74] bedeutet die dargestellte Systematisierung eine deutliche **Verschärfung**. Die Vorbehaltlosigkeit von Grundrechten darf nicht durch eine grenzenlose Abwägung relativiert werden, sondern Eingriffe müssen sich - nicht zuletzt auf Grund der grundsätzlichen Bedenken[75] - in sehr engen Grenzen halten. Gegenüber der deutlich zurückhaltenderen Verfassungsrechtsprechung[76] stellt das Dargestellte hingegen eher eine dogmatische Fundierung dar. Das BVerfG hat es bislang aber leider versäumt, die Grundlagen der eigenen Entscheidungen transparent zu machen.

92 **Hinweis zur Fallbearbeitung:**

Die Verhältnismäßigkeitsprüfung bei der Eingriffsrechtfertigung durch kollidierendes Verfassungsrecht ist komplex. Eingeleitet werden sollte die Prüfung mit dem Hinweis, dass ein schonender Ausgleich im Sinne praktischer Konkordanz gesucht wird. Dieser Ausgleich muss beide kollidierenden Positionen gleichermaßen berücksichtigen. Dies besagt zwar nicht viel, wird aber regelmäßig erwartet. Bei der anschließenden Prüfung des legitimen Zwecks ist die kollidierende Handlungspflicht, etwa eine Schutzpflicht, klar zu benennen. Eignung und Erforderlichkeit sind unproblematisch. Bei der Angemessenheitsprüfung sollte zunächst die konkrete Reichweite der Handlungspflicht - bei Schutzpflichten anhand des Untermaßverbots - unter Berücksichtigung des vorbehaltlosen Freiheitsrechts bestimmt werden. Angemessen ist nur, was die Handlungspflicht zwingend erfordert.

93 **Überblick: Typische Klausurprobleme**

- Unterscheidung Ansammlung / Versammlung / Frage des gemeinsamen Zwecks.
- Anwendung des VersG auf nicht öffentliche Versammlungen (eher verwaltungsrechtliche Problematik).
- Vorfeldmaßnahmen (Kontrollen bei der Anfahrt etc.).
- Maßnahmen nach Auflösung oder Beendigung einer Versammlung.
- Friedlichkeit einer Versammlung.
- Versammlungsfreiheit extremistischer Gruppen.
- Verbot einer Versammlung bei (bloßer) Gefährdung der öffentlichen Ordnung.
- Anmeldepflicht bei Spontan- und Eilversammlungen.

---

[74] Vgl. beispielhaft aus jüngerer Zeit OVG Münster, KirchE 36, 230 ff. und VG Köln, KirchE 34, 342 ff. Dort wurde das Verbot eines Theaterstücks mit dem „besonderen ernsten und stillen Wesen" eines Feiertags gerechtfertigt.

[75] Vgl. dazu Rn. 69.

[76] Vgl. etwa BVerfGE 77, 240 (255) (Herrnburger Bericht); 81, 278 (293) (Bundesflagge).

Kapitel 3: Leben / Körperliche Unversehrtheit (Art. 2 Abs. 2 S. 1 GG)

Literatur zu Art. 2 Abs. 2 S. 1 GG: *Hoerster, Norbert*, Forum: Das „Recht auf Leben" der menschlichen Leibesfrucht - Rechtswirklichkeit oder Verfassungslyrik?, JuS 1995, 192 ff.; *Krebs, Walter*, Freiheitsschutz durch Grundrechte, Jura 1988, 617 ff.; *Kunig, Philip*, Grundrechtlicher Schutz des Lebens, Jura 1991, 415 ff.; *Lorenz, Dieter*, Recht auf Leben und körperliche Unversehrtheit, in: HdbStR, Bd. VI, § 128 (S. 3 ff.).

Literatur zu den Schutzpflichten: *Klein, Eckart*, Grundrechtliche Schutzpflicht des Staates, NJW 1989, 1633 ff.; *Wahl, Rainer / Masing, Johannes*, Schutz durch Eingriff, JZ 1990, 553 ff.

Literatur zur Wesensgehaltsgarantie: *Middendorf, Max*, Zur Wesensgehaltsgarantie der Grundrechte, Jura 2003, 232 ff.

Fallbearbeitungen: *v. Münch, Ingo*, Der praktische Fall - Das Baby von Erlangen, JuS 1997, 248 ff.; *Grote, Rainer / Kraus, Dieter*, Fall 9 (S. 135 ff.).

Leitentscheidungen: BVerfGE 16, 194 ff. (Liquorentnahme); 39, 1 ff. (Schwangerschaftsabbruch I); 46, 160 ff. (Schleyer); 49, 89 ff. (Kalkar I); 53, 30 ff. (Mülheim-Kärlich); 56, 54 ff. (Fluglärm); 77, 170 ff. (Lagerung chemischer Waffen); 88, 203 ff. (Schwangerschaftsabbruch II).

I. Hintergrund

Das Recht auf Leben und körperliche Unversehrtheit, wie es von Art. 2 Abs. 2 S. 1 GG geschützt wird, ist ohne Vorgänger in der deutschen Verfassungsgeschichte. Weder die Paulskirchenverfassung von 1848 noch die Weimarer Reichsverfassung kannten vergleichbare Verbürgungen. Hintergrund für die Aufnahme des Art. 2 Abs. 2 S. 1 GG in das Grundgesetz waren die nationalsozialistischen Verbrechen, wie die „Endlösung der Judenfrage", die „medizinischen" Experimente am lebenden Menschen, Zwangssterilisationen und Folterungen. 94

II. Schutzbereich

Fall 3: Liquorentnahme 95

G war in einem Strafverfahren angeklagt, als Geschäftsführer einer GmbH ein - wirtschaftlich unbedeutendes - Geheimnis verraten zu haben (§ 85 Abs. 1 GmbHG). In der Hauptverhandlung ordnete der Amtsrichter die ärztliche Untersuchung des Angeklagten zur Prüfung seiner Zurechnungsfähigkeit an. Der Gerichtsarzt stellte nach ambulanter Untersuchung einen Verdacht auf Erkrankung des Zentralnervensystems fest; zur Klärung hielt er eine Blutuntersuchung und eine Untersuchung des Liquor (Gehirn- und Rückenmarkflüssigkeit) für notwendig, wozu es eines Einstichs in den Wirbelkanal mit einer langen Hohlnadel entweder im Bereich der oberen Lendenwirbel (Lumbalpunktion) oder im Nacken zwischen Schädel und oberstem Halswirbel (Okzipitalpunktion) bedarf. Da der Beschwerdeführer die Durchführung dieser Untersuchungen verweigerte, ordnete das Gericht auf Grund von § 81a StPO ihre Vornahme an. G legte Beschwerde ein, mit der er geltend machte, eine Liquorentnahme sei ein äußerst schmerzhafter Eingriff; sie sei nicht erforderlich, da seine Zurechnungsfähigkeit erst ein Jahr zuvor auf Grund eingehender Begutachtung bejaht worden sei. Schließlich sei ein solch gewaltsamer Eingriff durchaus geeignet, seine durch übermäßige Arbeit nervlich stark belastete psychische Struktur schwer zu erschüttern. Das Landgericht verwarf die Beschwerde durch Beschluss als unbegründet. G fühlt sich durch die Gerichtsbeschlüsse in seinem Recht auf körperliche Unversehrtheit verletzt und erhebt Verfassungsbeschwerde. Wie wird das BVerfG über die zulässige Beschwerde entscheiden.

Anmerkung: § 81a StPO wurde 1950 eingefügt und beruht auf gesetzlichen Befugnissen, die bereits 1933 eingeführt worden sind (RGBl. I, S. 1000).

81a Abs. 1 StPO: Eine körperliche Untersuchung des Beschuldigten darf zur Feststellung von Tatsachen angeordnet werden, die für das Verfahren von Bedeutung sind. Zu diesem Zweck sind Entnahmen von Blutproben und andere körperliche Eingriffe, die von einem Arzt nach den Regeln der ärztlichen Kunst zu Untersuchungszwecken vorgenommen werden, ohne Einwilligung des Beschuldigten zulässig, wenn kein Nachteil für seine Gesundheit zu befürchten ist.

Abs. 2: Die Anordnung steht dem Richter, bei Gefährdung des Untersuchungserfolges durch Verzögerung auch der Staatsanwaltschaft … zu.

Fall nachgebildet BVerfGE 16, 194 ff. (Liquorentnahme)

1. Sachlicher Schutzbereich: Leben

96 Art. 2 Abs. 2 S. 1 Alt. 1 GG schützt das Leben. Wie das BVerfG hierzu ausgeführt hat, stellt das Leben innerhalb der grundgesetzlichen Ordnung einen Höchstwert dar.[1] Das Grundrecht auf Leben schützt das körperliche Dasein, d.h. die biologisch-physische Existenz.[2]

97 Nicht von Art. 2 Abs. 2 S. 1 GG erfasst wird das Recht zum Sterben. Insoweit besteht keine negative Freiheit als Pendant zur positiven. Vielmehr wird überwiegend die Entscheidung über das eigene Leben als von der allgemeinen Handlungsfreiheit (Art. 2 Abs. 1 GG) mitumfasst angesehen.[3] Relevant wird dieser Gesichtspunkt bei der Frage, ob ein Recht auf Selbstmord besteht. Das Recht auf ein menschenwürdiges Sterben wird durch die Menschenwürdegarantie des Art. 1 Abs. 1 GG geschützt.[4]

2. Sachlicher Schutzbereich: Körperliche Unversehrtheit

98 Körperliche Unversehrtheit meint zunächst die menschliche Gesundheit im biologisch-physiologischen Sinne. Durch Art. 2 Abs. 2 S. 1 Alt. 2 GG wird die **Integrität des Körpers** umfassend geschützt. Auch eine Operation oder ein sonstiger Heileingriff, der zur Gesundung des Patienten vorgenommen wird, beeinträchtigt die körperliche Integrität. Vom Recht auf körperliche Unversehrtheit werden nicht nur Substanzverletzungen erfasst. Geschützt wird auch die **Abwesenheit psychi-**

---

1 BVerfGE 49, 24 (53) (Kontaktsperre-Gesetz).
2 *Jarass*, in: Jarass/Pieroth, Art. 2 Rn. 61.
3 *Jarass*, in: Jarass/Pieroth, Art. 2 Rn. 8; *Kunig*, in: v. Münch/Kunig, Art. 2 Rn. 50.
4 *Kunig*, in: v. Münch/Kunig, Art. 1 Rn. 36.

scher Krankheitszustände. Diese Ausdehnung des Schutzbereichs gebietet bereits die Menschenwürde (Art. 1 Abs. 1 GG), die ebenfalls nicht auf den körperlichen Bereich beschränkt ist. Hierfür spricht auch die Entstehungsgeschichte, da Art. 2 Abs. 2 S. 1 GG vor dem Hintergrund nationalsozialistischen Psychoterrors und seelischer Folterung zu sehen ist. Insoweit hat das BVerfG den Menschen als „Einheit von Leib, Seele und Geist" begriffen[5], bei dem eine genaue Abgrenzung zwischen physiologischen und psychischen Beeinträchtigungen medizinisch nicht möglich ist.

Nicht umfasst von der körperlichen Unversehrtheit ist das Recht auf **psychisches Wohlbefinden**. Es gilt also nicht die sehr weit gefasste Legaldefinition aus der Satzung der Weltgesundheitsorganisation[6]: „Die Gesundheit ist ein Zustand des vollständigen körperlichen, geistigen und sozialen Wohlergehens und nicht nur das Fehlen von Krankheit oder Gebrechen." Würde man den Schutzbereich des Art. 2 Abs. 2 S. 1 Alt. 2 GG hierauf ausdehnen, würde sich als Folge ein universell einsetzbares und damit konturenloses Abwehrrecht ergeben. Denn ein „Unbehagen" oder ein „Unlustgefühl" beim Bürger kann sich bei nahezu allen staatlichen Handlungen einstellen. Auch der Wortlaut würde einem so weiten Schutzbereichsverständnis entgegenstehen, schützt Art. 2 Abs. 2 S. 1 GG doch nur die *körperliche* Unversehrtheit und nicht allgemein die Gesundheit. Aus diesem Grunde ist zumindest erforderlich, dass die Einwirkungen auf den Einzelnen in ihrer Wirkung mit körperlichen Schmerzen vergleichbar sind.[7] Insoweit besteht eine Parallele zum Strafrecht bzw. zum Zivilrecht. Psychische Einwirkungen stellen nur dann eine strafbare Körperverletzung nach § 223 StGB dar, wenn ihnen ein gewisser Krankheitswert zukommt. Nur in diesen Fällen besteht auch ein zivilrechtlicher Schadensersatzanspruch nach § 823 BGB. **99**

3. Persönlicher Schutzbereich

Träger der Grundrechte aus Art. 2 Abs. 2 S. 1 GG ist nur der lebende Mensch, d.h. der gestorbene Mensch wird nicht mehr vom Schutzbereich umfasst. Ihm kommt allein der aus der Menschenwürde abgeleitete postmortale Persönlichkeitsschutz[8] zu. Wann menschliches Leben aufhört, ist nicht einfach zu beurteilen. Nach derzeit herrschender Auffassung ist allein maßgeblich, ob die Hirnströme erloschen sind.[9] Weiterhin fällt auch das werdende Leben (der Nasciturus) in den Schutzbereich. Umstritten ist jedoch, ob bereits die Befruchtung der Eizelle ausreicht.[10] Je- **100**

---

5 BVerfGE 56, 54 (75) (Fluglärm).

6 BGBl. 1974 II, 43 ff.

7 *Schütz*, JuS 1996, 498 (502); offen gelassen von BVerfGE 56, 54 (74) (Fluglärm); nach BVerwG, NJW 1995, 2648 (2649) schützt Art. 2 Abs. 2 S. 1 GG das „allseitige psychische Wohlbefinden des Bürgers".

8 Vgl. dazu Rn. 555 f.

9 *Jarass*, in: Jarass/Pieroth, Art. 2 Rn. 63; *Stern*, in: ders., Staatsrecht, Bd. III/1, § 70, S. 1058.

10 *Murswiek*, in: Sachs, GG, Art. 2 Rn. 145; *Stern*, in: ders., Staatsrecht, Bd. III/1, § 70, S. 1061 f.

denfalls ab dem 14. Tag nach der Empfängnis (Einnistung in die Gebärmutter, Nidation) hat das BVerfG einen objektiv-rechtlichen Schutz anerkannt.[11]

III. Eingriffe

1. Eingriffe in Art. 2 Abs. 2 S. 1 GG

101 Staatliches Handeln kann nach dem klassischen und nach dem erweiterten Eingriffsbegriff[12] als Eingriff in den Schutzbereich des Art. 2 Abs. 2 S. 1 GG qualifiziert werden. Insbesondere kommen als Eingriffe in das Recht auf Leben die Todesstrafe, der finale Rettungsschuss (polizeilicher Todesschuss bei Geiselnahmen), aber auch die fahrlässige Tötung durch Träger von Staatsgewalt in Betracht. Wie bereits beim Schutzbereich angesprochen, liegen Eingriffe in das Recht auf körperliche Unversehrtheit dann vor, wenn die körperliche Integrität verletzt ist. Dies ist der Fall, wenn eine Substanzverletzung vorliegt, sowie bei psychischen Beeinträchtigungen, soweit ihnen ein Krankheitswert zukommt. Ausreichend - aber nicht erforderlich - für einen Eingriff ist es jedenfalls, wenn Schmerzen zugefügt oder empfunden werden.[13] Das BVerfG hat mehrfach bei lediglich geringen (zumutbaren) Beeinträchtigungen einen Eingriff abgelehnt, so etwa bei der Messung von Hirnströmen[14] oder beim Schneiden von Haaren (Haarerlass des Bundesministers der Verteidigung)[15]. Diese Rechtsprechung ist in der Literatur vielfach auf Ablehnung gestoßen: Schließlich handelt es sich bei der Frage der Intensität und der Zumutbarkeit um ein Problem der Verhältnismäßigkeit und damit der verfassungsrechtlichen Rechtfertigung.[16]

2. Grundrechtsverzicht

102 Für den Rechtsinhaber besteht die Möglichkeit, auf sein Grundrecht zu verzichten und dadurch seine Privatautonomie zu verwirklichen („**Grundrechtsverzicht als Grundrechtsgebrauch**“[17]). Beispielsweise kann der Wohnungsinhaber in die polizeiliche Durchsuchung seiner Wohnung einwilligen, auch wenn die nach Art. 13 Abs. 2 GG erforderliche richterliche Durchsuchungsanordnung nicht vorliegt. Durch eine wirksame Einwilligung wird bereits der Eingriff ausgeschlossen; der Grundrechtsverzicht stellt also keine Rechtfertigung - wie beispielsweise im Strafrecht - dar.[18] Allerdings ist der Grundrechtsverzicht nicht in jedem Fall zulässig.

---

[11] BVerfGE 39, 1 (37) (Schwangerschaftsabbruch I).

[12] Vgl. dazu Rn. 347 ff.

[13] *Pieroth/Schlink*, Rn. 395.

[14] BVerfGE 17, 108 (115) (Hirnkammerluftfüllung).

[15] BVerwGE 46, 1 (7).

[16] *Jarass,* in: Jarass/Pieroth, Art. 2 Rn. 66; *Lorenz*, in: HdbStR, Bd. VI, § 128 Rn. 17; *Murswiek,* in: Sachs, GG, Art. 2 Rn. 163; *Pieroth/Schlink*, Rn. 395 f.

[17] *Dürig*, AöR 81 (1956), 117 (152); *Geiger*, NVwZ 1989, 35 (36 f.).

[18] *Jarass,* in: Jarass/Pieroth, Art. 2 Rn. 67; *Pieroth/Schlink*, Rn. 141, 395; nach *Schulze-Fielitz*, in: Dreier, Art. 2 Rn. 32, 36, ist die Einwilligung eine bloße Rechtfertigung des Eingriffs.

Die Grundrechte sollen zwar individuelle Freiheit gegenüber dem Staat sichern; zugleich kommt aber jedenfalls einzelnen Grundrechten wie etwa Art. 5 Abs. 1 GG und Art. 8 Abs. 1 GG eine Aufgabe im Rahmen des demokratischen Willensbildungsprozesses zu. Dementsprechend ist für die Frage nach der Zulässigkeit des Grundrechtsverzichts danach zu differenzieren, welche Aufgabe das jeweilige Grundrecht hat. Dient das einzelne Grundrecht der persönlichen Entfaltungsfreiheit, so spricht eine Vermutung für die Möglichkeit des Verzichts; auf die Menschenwürde (Art. 1 Abs. 1 GG) kann gleichwohl nicht verzichtet werden.[19] Ist die Willensbildung im Staat betroffen, indiziert das die Unzulässigkeit des Verzichts.

Voraussetzung für einen wirksamen Grundrechtsverzicht ist in jedem Fall, dass **103**
dieser **freiwillig** - also ohne Druck oder Täuschung - erfolgt. Darüber hinaus ist eine Betrachtung des Einzelfalles erforderlich. Als Gesichtspunkte sind zu nennen[20]: Schwere und Dauer des Eingriffs, Zwangslage des Verzichtenden, freie Widerruflichkeit oder zukünftige Bindung an den Verzicht. Der Verzicht muss ausreichend konkret sein, damit der Einwilligende die Folgen seines Handelns abschätzen kann. Bei einigen Grundrechten gibt der Wortlaut Aufschluss darüber, ob auf diese zulässigerweise verzichtet werden darf. Art. 6 Abs. 3 GG und Art. 16 Abs. 1 GG sprechen ausdrücklich vom „Handeln gegen den Willen des Betroffenen". Auf der anderen Seite erlegt Art. 6 Abs. 2 GG den Eltern die Pflicht zur Erziehung ihrer Kinder auf. Art. 9 Abs. 3 S. 2 GG verbietet alle Abreden, die das Recht auf Koalitionsfreiheit einschränken.

Liegt ein wirksamer Grundrechtsverzicht vor, schließt dieser die Annahme ei- **104**
nes Grundrechtseingriffs aus. Eine ähnliche Problematik besteht im Strafrecht: Hier ist es umstritten, ob der ärztliche Heileingriff, der mit Einwilligung des Patienten vorgenommen wird, schon keine tatbestandsmäßige Körperverletzung darstellt, oder ob er lediglich gerechtfertigt ist.[21] Diesbezüglich ist allerdings der Unterschied zum Recht auf Leben zu beachten. Bei dem Recht auf Leben ist ein Grundrechtsverzicht nicht möglich. Auch dann, wenn der Betroffene mit seiner Tötung einverstanden ist, liegt ein Eingriff in Art. 2 Abs. 2 S. 1 vor. Insoweit gilt ein **absoluter Lebensschutz**.

IV. Rechtfertigung von Eingriffen

1. Schranken

Art. 2 Abs. 2 S. 1 GG steht unter einem Gesetzesvorbehalt. Nach S. 3 darf in das **105**
Recht auf körperliche Unversehrtheit bzw. in das Recht auf Leben nur auf Grund eines Gesetzes eingegriffen werden.

---

19 Vgl. dazu Rn. 571.

20 Vgl. die Zusammenstellung bei *Pieroth/Schlink*, Rn. 139; *Jarass,* in: Jarass/Pieroth, Vorb. vor Art. 1 Rn. 36.

21 Vgl. dazu die Darstellung der unterschiedlichen Meinungen bei *Eser*, in: Schönke/Schröder, Kommentar zum StGB, 26. Aufl. 2001, § 223 Rn. 12, 37 ff.

2. Schranken-Schranken

106 Als Schranken-Schranke ist zunächst die spezielle Norm des Art. 104 Abs. 1 S. 2 GG[22] zu nennen. Danach kann die körperliche oder seelische Misshandlung Gefangener in keinem Fall gerechtfertigt werden. Eine Rechtfertigung der **Folter** ist deshalb nicht möglich.[23] Durch Art. 102 GG wurde die **Todesstrafe** abgeschafft. Eine Wiedereinführung auf einfachgesetzlicher Grundlage wäre also per se rechtswidrig. Fraglich ist, ob Art. 102 GG auch bei Auslieferungen eingreift, wenn in dem die Auslieferung ersuchenden Staat die Todesstrafe droht. Das BVerfG hat sich diesbezüglich einer Stellungnahme enthalten.[24] Mittlerweile steht aber § 8 des Gesetzes über die Internationale Rechtshilfe in Strafsachen[25] einer Auslieferung entgegen.

107 Der Eingriff in Art. 2 Abs. 2 S. 1 GG muss **verhältnismäßig** sein. Bei einer Abwägung ist zu beachten, dass Eingriffe in Art. 2 Abs. 2 S. 1 GG vielfach zu irreparablen Schäden führen können. Auch weist das Grundrecht auf körperliche Unversehrtheit einen deutlich sichtbaren Menschenwürdegehalt auf, der im Rahmen der Angemessenheitsprüfung zu berücksichtigen ist. Bei besonders intensiven Eingriffen (insbesondere in das Recht auf Leben) ist nach der Wesentlichkeitstheorie[26] ein Parlamentsgesetz erforderlich. Lediglich bei unwesentlichen Beeinträchtigungen der körperlichen Unversehrtheit reicht ein materielles Gesetz aus.

a) Polizeilicher Todesschuss

108 Besondere Probleme wirft der polizeiliche Todesschuss bei Geiselnahmen (finaler Rettungsschuss) auf. Nach dem Wortlaut des Art. 2 Abs. 2 S. 3 GG darf in das Recht auf Leben eingegriffen werden. Ein solcher Eingriff bedeutet hinsichtlich des Lebensschutzes logischerweise den Tod des Betroffenen. Sollte eine gegenwärtige Gefahr für das Leben von Geiseln bestehen, die nicht anders abgewendet werden kann, so wird der polizeiliche Todesschuss für zulässig erachtet.[27] Erforderlich ist aber eine ausreichend bestimmte Rechtsgrundlage, die wegen der Wesentlichkeitstheorie nur in einem Parlamentsgesetz bestehen kann. Die polizeiliche Generalklausel ist jedenfalls nicht ausreichend.[28]

b) Wiedereinführung der Todesstrafe

109 Nicht einheitlich wird die Frage beurteilt, ob die Todesstrafe wieder eingeführt werden kann. Art. 2 Abs. 2 S. 3 GG steht einem Eingriff in das Recht auf Leben nicht entgegen. Art. 102 GG wird zudem nicht von der Ewigkeitsgarantie des

---

22 Vgl. dazu Rn. 611 ff.

23 Vgl. zum Folterverbot und den Aufweichungstendenzen in der Literatur Rn. 613.

24 BVerfGE 60, 348 (354 f.) (Auslieferung II).

25 BGBl. I 1982, 2071.

26 Vgl. dazu Rn. 358.

27 *Jarass,* in: Jarass/Pieroth, Art. 2 Rn. 76; *Kunig,* in: v. Münch/Kunig, Art. 2 Rn. 85; *Pieroth/Schlink*, Rn. 405; *Correll,* in: AK, Art. 2 Abs. 2 Rn. 62; vgl. zur entgegengesetzten Ansicht *Podlech,* in: AK, Art. 2 Abs. 2 Rn. 13 ff.

28 Vgl. *Kutscha,* NVwZ 2004, 801 (803).

Art. 79 Abs. 3 GG umfasst und kann bei entsprechender Mehrheit abgeschafft werden. Teilweise wird bereits dieser Umstand als Argument dafür gesehen, dass nach Abschaffung des Art. 102 GG eine einfachgesetzliche Einführung der Todesstrafe möglich ist.[29] Dagegen spricht, dass Art. 1 Abs. 1 GG betroffen ist. Schließlich wird durch die Verhängung der Todesstrafe der Körper zum bloßen Objekt herabgewürdigt und damit die Personalität des Betroffenen beeinträchtigt. Ferner resultiert aus der Schutzpflicht eine besondere Verpflichtung des Staates, den Einzelnen vor irreparablen Schäden zu bewahren. Diese Schutzpflichten würden verletzt, wenn der Einzelne der unvermeidlichen Gefahr von Fehlurteilen ausgesetzt wäre, ohne dass sie nachträglich korrigiert werden könnten, weil durch ihre Vollstreckung das Grundrecht auf Leben irreparabel beeinträchtigt wäre.[30]

V. Staatliche Schutzpflichten und Schutzrechte

Fall 4: Mobilfunk 110

E ist Eigentümer eines Einfamilienhauses, das er zusammen mit seiner Ehefrau bewohnt. Vor kurzem hat der Mobilfunkbetreiber M auf dem Nachbargrundstück unter Einhaltung aller öffentlich-rechtlichen Vorschriften, insbesondere der des Bau- und Immissionsschutzrechts, eine Mobilfunkanlage mit einem Sendemast errichtet.

E fühlt sich durch die Mobilfunkanlage bedroht. Seit der Errichtung der Anlage leidet er unter innerer Unruhe, schläft schlecht, ist müde und unkonzentriert. Seine Ehefrau ist hingegen völlig beschwerdefrei; ärztliche Untersuchungen bleiben ergebnislos. Gerade dies bestärkt E in seiner Ansicht, die Mobilfunkanlage sei die Ursache seiner Beschwerden. Abhilfe verspricht er sich von einer deutlichen Reduzierung der Sendeleistung der Anlage weit unter das gesetzlich zulässige Maß. Nachdem Verhandlungen mit M erfolglos bleiben, fordert E schließlich die zuständige Behörde auf, mittels einer Anordnung nach § 24 BImSchG die zulässigen Emissionen auf ein deutlich unter den gesetzlichen Grenzwerten liegendes Maß zu reduzieren. Die Behörde lehnt unter Hinweis auf die Rechtslage ein Tätigwerden ab. Der Gesetzgeber habe mit der 26. BImSchV unter Berücksichtigung des wissenschaftlichen Erkenntnisstands hinreichende Vorkehrungen zum Gesundheitsschutz getroffen. Die im Anhang enthaltenen Grenzwerte seien nach intensiver wissenschaftlich begleiteter Diskussion festgesetzt worden. Die ganz überwiegende Mehrheit in der Wissenschaft gehe nach wie vor von deren Aktualität aus. Die danach geltenden Grenzwerte unterschreite die Anlage unproblematisch. Die Behörde bezweifelt zudem die Ursächlichkeit der Mobilfunkanlage für die Probleme des E. Der Anlagentyp sei lange eingeführt und arbeite an anderen Standorten völlig problemlos.

Gegen die ablehnende Haltung der Behörde klagt E vor den Verwaltungsgerichten und wendet sich gegen die „Untätigkeit der Behörde“. Die Behörde und ersatzweise das Gericht müssten jedenfalls umfangreiche wissenschaftliche Gutachten über die Zulänglichkeit der geltenden Strahlenschutzwerte einholen, statt lediglich mit dem geltenden Recht zu argumentieren. Die Klage bleibt jedoch bis in letzter Instanz ohne Erfolg, wobei sich die Gerichte in ihrer Begründung der Behörde anschließen. Auch das Einholen wissenschaftlicher Gutachten über die geltenden Grenzwerte unterbleibt. E erhebt nunmehr form- und fristgerecht Verfassungsbeschwerde zum BVerfG. Hat die Verfassungsbeschwerde Erfolg?

---

29 *Scholz*, in: Maunz/Dürig, Art. 102 Rn. 29 ff.; *Tettinger*, JZ 1978, 128 (131).

30 Vgl. dazu *Pieroth/Schlink*, Rn. 401; im Ergebnis ebenso *Kunig,* in: v. Münch/Kunig, Art. 102 Rn. 18.

> § 24 BImSchG: Die zuständige Behörde kann im Einzelfall die zur Durchführung (…) der auf dieses Gesetz gestützten Rechtsverordnungen erforderlichen Anordnungen treffen.
>
> Bearbeitervermerk: Art. 14 GG ist nicht zu prüfen.
>
> Fall nach BVerfG, NJW 2002, 1638 ff.; vgl. zur zivilrechtlichen Seite BGH, NJW 2004, 1317 ff.

1. Begründung staatlicher Schutzpflichten

111 Traditionellerweise wirken die Grundrechte als Eingriffsverbote gegenüber dem Staat und verfolgen das Ziel, den Einzelnen vor ungerechtfertigten Freiheitsbeschränkungen durch staatliches Handeln zu bewahren. Zur **effektiven Sicherung persönlicher Freiheit** ist die Funktion der Grundrechte als Eingriffsverbote allerdings nicht ausreichend. Denn Bedrohungen persönlicher Freiheit können nicht bloß vom Staat selbst ausgehen, sondern auch von anderen Menschen oder von der Natur. Das Leben ist beispielsweise nicht bloß dem staatlichen Zugriff ausgeliefert. Auch ein Mörder oder eine Naturkatastrophe können das Leben bedrohen, ohne dass sich der Einzelne selbst effektiv dagegen wehren kann. Weiter noch hat der Staat durch das grundsätzliche Verbot der Gewaltanwendung und die Etablierung des staatlichen Gewaltmonopols dem Einzelnen viele Möglichkeiten genommen, seine Rechte effektiv zu verteidigen und durchzusetzen. Ohne ein staatliches, den Rechten des Einzelnen dienendes Handeln wären diese Rechte daher in Gefahr. Geht man aber mit dem BVerfG davon aus, dass die Grundrechte eine **„objektive Wertordnung"** errichten und vom Staat in Folge dessen verlangen, für eine tatsächliche Verwirklichung dieser Wertordnung in allen Lebensbereichen einzutreten, ist die **dogmatische Basis für staatliche Leistungspflichten** geschaffen.[31] Dem staatlichen Gewaltmonopol folgt daher die staatliche Pflicht, Gewalt zu Gunsten der Rechte des Einzelnen im Einzelfall auch tatsächlich anzuwenden.[32] Eine in der Praxis bedeutende Ausprägung der staatlichen Leistungspflichten sind die Schutzpflichten.[33] Sie verlangen vom Staat, für einen effektiven Grundrechtsschutz des Einzelnen auch vor nicht vom Staat ausgehenden Gefahren Sorge zu tragen.[34] Der Staat ist insofern nicht bloß Gegner, sondern auch Garant der Grundrechte.

---

31 BVerfGE 39, 1 (41) (Schwangerschaftsabbruch I). Grundlegend zu dieser Funktion der Grundrechte als auf Verwirklichung angelegte „Prinzipien" *Alexy*, Theorie der Grundrechte, 1994, S. 75 ff.

32 *Klein*, NJW 1989, 1633 (1636).

33 In der Literatur ist gelegentlich versucht worden, die Schutzpflichten aus dem abwehrrechtlichen Gehalt der Grundrechte abzuleiten. Vor allem *Schwabe*, Probleme der Grundrechtsdogmatik, 1977, S. 211 ff. und *ders.*, Die sogenannte Drittwirkung der Grundrechte, 1971, S. 65 ff. ging davon aus, dass der Staat an jedem privaten Handeln insoweit beteiligt sei, als er es durch sein eigenes Nicht-Handeln bzw. Nicht-Verbot zuließe. Ließe der Staat aber ein privates Handeln zu, müsse er es sich wie eigenes Handeln zurechnen lassen. Diese Überlegung, die staatliche Duldung und Grundrechtseingriff gleichsetzt, zieht indes den unmittelbaren Verantwortungsbereich des Staates viel zu weit und ist schon deshalb abzulehnen. Vgl. zur weiteren Kritik *Dietlein*, Die Lehre von den grundrechtlichen Schutzpflichten, 1992, S. 35 ff. m.w.N.

34 BVerfGE 35, 79 (113) (Hochschul-Urteil); 39, 1 (42) (Schwangerschaftsabbruch I).

Wird die Existenz staatlicher Schutzpflichten heute kaum mehr bestritten, ist weithin unklar, ab welcher **Gefährdungsschwelle** die Schutzpflicht aktiviert wird. In der Literatur wird teilweise eine generelle Vorsorgepflicht zur Vermeidung unabgeschirmter Risiken postuliert[35] oder aber die Existenz einer Gefährdungsschwelle, ab der die Schutzpflicht erst einsetzt, gänzlich abgelehnt.[36] Richtigerweise wird man die Gefährdungsschwelle abhängig von **zwei Elementen** bestimmen müssen: Staatlicher Schutz muss vor einem Verhalten Dritter oder auch vor Naturereignissen gewährt werden, die - wenn sie vom Staat ausgingen - als Grundrechtseingriffe zu bewerten wären. Solange also keine **eingriffsadäquate Beeinträchtigung** droht, fehlt der Schutzpflicht ihr Bezugspunkt. Da die Schutzpflicht ferner Grundrechtsbeeinträchtigungen verhindern soll und insofern präventiv wirkt, sind Anforderungen an die **Wahrscheinlichkeit des Eintritts** der eingriffsadäquaten Beeinträchtigung zu stellen. Man würde den Staat gänzlich überfordern, wenn er ständig alle noch so entfernten und hypothetischen Grundrechtsbeeinträchtigungen unter Kontrolle halten müsste. Daher ist - wie im Polizeirecht[37] - die hinreichende Wahrscheinlichkeit eines Schadenseintritts zu fordern.[38] Ob die Wahrscheinlichkeit „hinreichend" ist, ergibt sich aus einer wertenden Betrachtung, in die sowohl Art und Ausmaß der möglichen Beeinträchtigung als auch das Ausmaß der Wahrscheinlichkeit einfließen. 112

Hinweis zur Fallbearbeitung: 113

In der Fallbearbeitung sollte die dogmatische Grundlage der Schutzpflichten kurz erläutert werden, da die Schutzpflichten nur in wenigen Ausnahmefällen dem Verfassungstext unmittelbar zu entnehmen sind. Umfassende Ausführungen werden hier aber allenfalls in Hausarbeiten erwartet, die einen Schwerpunkt auf diesen Bereich legen.

2. *Erfüllung von Schutzpflichten und verfassungsgerichtlicher Prüfungsmaßstab*

Fordert also die Schutzpflichtdimension vom Staat, sich schützend und fördernd vor die einzelnen Grundrechte zu stellen, ist damit allerdings noch keine Aussage über **Art und Umfang der staatlichen Handlungspflicht**, also das „Wie" deren Erfüllung, getroffen. In dieser Beziehung stellen die Grundrechte den Staat vor ein Dilemma: Was sich für den einen Bürger als seine Freiheit bedrohendes Handeln darstellt, bedeutet für den anderen Bürger zugleich eine Entfaltung persönlicher Freiheit. Die Freiheit des einen Bürgers ist also zugleich die Freiheitsbeeinträchtigung des anderen, sodass Schutzpflicht und Eingriffsabwehrrecht miteinander kol- 114

---

35 So für die Legislative *Dietlein*, Die Lehre von den grundrechtlichen Schutzpflichten, 1992, S. 112 ff.

36 *Unruh*, Zur Dogmatik der grundrechtlichen Schutzpflichten, 1996, S. 76 ff; *Isensee*, in: HdbStR, Bd. V, § 111 Rn. 106 ff.

37 Vgl. zum polizeirechtlichen Gefahrenbegriff nur *Schoch*, in: Schmidt-Aßmann, Besonderes Verwaltungsrecht, 12. Aufl. 2003, Kap. 2 Rn. 90.

38 Ähnlich *Murswiek*, Die staatliche Verantwortung für die Risiken der Technik, 1985, S. 149 ff. Die insofern erforderliche Prognose überprüft das BVerfG nur im Hinblick auf ihre Vertretbarkeit, vgl. BVerfGE 88, 203 (262) (Schwangerschaftsabbruch II).

lidieren. In dieser Situation kommt dem Staat die Rolle eines „Schiedsrichters" zu, der die verschiedenen Grundrechtspositionen gegeneinander abgrenzen muss. Diese Erkenntnis ist nicht neu und hat bei der Eingriffsrechtfertigung durch „kollidierendes Verfassungsrecht" bereits eine Rolle gespielt.[39] Aus Sicht der Schutzpflichten ist damit die Frage verbunden, wann der Staat zu einem Handeln oder sogar zu einem Grundrechtseingriff zu Gunsten des einen und zu Lasten des anderen Bürgers berechtigt bzw. verpflichtet ist. Dabei ist die Problematik eine andere als bei den Eingriffsabwehrrechten. Diese verlangen vom Staat ein präzise definiertes Verhalten, das Unterlassen des Eingriffs, und halten für ausnahmsweise zulässige Grundrechtseingriffe mit den Schranken und Schranken-Schranken (insb. Verhältnismäßigkeit) einen relativ klaren Maßstab bereit. Demgegenüber ist den Grundrechten zur Frage einer Handlungspflicht kaum etwas zu entnehmen. Die Maßstäbe für eine Handlungspflicht müssen daher ausgehend von grundrechtlichen Wertungen erst entwickelt werden.

115 Erschwert wird die **Maßstabsbildung** dadurch, dass zur Schutzgewähr im Unterschied zur Eingriffsabwehr regelmäßig viele verschiedene Verhaltensweisen in Betracht kommen. Zu Recht bezeichnet es das BVerfG als „eine höchst komplexe Frage (…), wie eine positive staatliche Schutz- und Handlungspflicht, die erst im Wege der Verfassungsinterpretation aus den in den Grundrechten verkörperten Grundentscheidungen hergeleitet wird, durch aktive gesetzgeberische Maßnahmen zu verwirklichen ist." Je nach der Beurteilung der tatsächlichen Verhältnisse, der konkreten Zielsetzungen, ihrer Priorität sowie der Eignung der denkbaren Mittel und Wege sind stets verschiedene Lösungen möglich.[40] Aus dem weit gehenden Schweigen der Grundrechte zu den Maßstäben der Schutzpflicht einerseits und der Vielfalt der Handlungsmöglichkeiten andererseits zieht das BVerfG die Konsequenz, dass die Entscheidung über die Wahl der Mittel nach dem Grundsatz der **Gewaltenteilung** und dem demokratischen Prinzip in die Verantwortung des vom Volk unmittelbar legitimierten Gesetzgebers gehöre. Die Erfüllung der Schutzpflichten mit den Mitteln des einfachen Rechts könne daher vom BVerfG nur begrenzt nachgeprüft werden.[41] Entsprechend räumt das BVerfG dem Staat bei der Erfüllung seiner Schutzpflichten einen **weiten Einschätzungs-, Wertungs- und Gestaltungsspielraum** ein, dessen Reichweite im Einzelnen von der Eigenart des in Rede stehenden Sachbereichs, den Möglichkeiten, sich ein hinreichend sicheres Urteil zu bilden, und der Bedeutung der auf dem Spiel stehenden Rechtsgüter abhängt.[42] Dementsprechend schuldet der Staat keinen optimalen Maximal-, sondern nur einen angemessenen und wirksamen Minimalschutz.[43] Eine Verletzung von Schutzpflichten kann nur dann in Betracht kommen, wenn das staatliche Handeln hinter dem vom Grundgesetz Gebotenen wesentlich zurückbleibt und der Staat seine Pflichten damit evident verfehlt. Eine **evidente Verfehlung** liegt nach An-

---

39 Vgl. dazu Rn. 67.

40 BVerfGE 56, 54 (81) (Fluglärm).

41 BVerfGE 46, 160 (164) (Schleyer); 56, 54 (81) (Fluglärm); 77, 170 (215) (Lagerung chemischer Waffen); 92, 26 (46) (Zweitregister).

42 BVerfGE 77, 170 (215) (Lagerung chemischer Waffen).

43 BVerfGE 88, 203 (254) (Schwangerschaftsabbruch II).

sicht des BVerfG nur vor, „wenn die öffentliche Gewalt Schutzvorkehrungen entweder überhaupt nicht getroffen hat oder die getroffenen Regelungen und Maßnahmen gänzlich ungeeignet oder völlig unzulänglich sind, das gebotene Schutzziel zu erreichen oder erheblich dahinter zurückbleiben."[44] Seine Grenze findet das staatliche Handeln daher im **Untermaßverbot**.[45]

Was der Staat nach Maßgabe des Untermaßverbots mindestens tun muss, be- **116**
stimmt das BVerfG mittels einer **Abwägung**. Maßgeblich dafür sind

- **Art und Schwere** der Grundrechtsbeeinträchtigung bzw. -gefährdung, wobei es nach der Rechtsprechung des BVerfG auch auf die Wertigkeit des betroffenen Grundrechts ankommen soll[46],
- die **Wahrscheinlichkeit** (Nähe) des Schadenseintritts, wobei mit steigender Schwere einer Grundrechtsgefährdung (z.B. durch Kernenergie) die Anforderungen an die Wahrscheinlichkeit sinken[47],
- Existenz, Art und Wirkung **vorhandener Regelungen**[48] sowie **entgegenstehende Rechtsgüter**, insbesondere die Grundrechte Dritter oder sonstige staatliche Pflichten[49].

Das Untermaßverbot bestimmt sich somit aus einer **Zusammenschau verschiede- 117**
ner Gesichtspunkte und bezeichnet das Maß an Schutz, das der Staat mindestens gewähren muss. Insoweit sind die staatlichen Schutzpflichten voll justiziabel. Erst wenn der Staat die Anforderungen des Untermaßverbots erfüllt hat, setzt sein Gestaltungsspielraum ein. Allerdings sind bei der Bestimmung dessen, was das Untermaßverbot verlangt, wertende und prognostische Gesichtspunkte heranzuziehen. Sowohl die Schwere der drohenden Grundrechtsbeeinträchtigung als auch die Schadenswahrscheinlichkeit - beides zusammen ergibt die Gefahr - erfordern eine Einschätzung. Hier liegt die **Einschätzungsprärogative** bei dem staatlichen Organ, das die Schutzpflicht erfüllen muss.[50] Das Gericht hat bei der Überprüfung die Einschätzungen soweit zu akzeptieren, wie sie nicht evident fehlerhaft und daher unvertretbar sind. Oberhalb der Grenze des Untermaßverbots ist der Staat in seinem Handeln grundsätzlich frei. Er kann sich bei weniger schwer wiegenden Gefährdungen oder bedeutenden entgegenstehenden Belangen begründeterweise auch für ein Nichthandeln entscheiden oder eine Beeinträchtigung des grundrechtlichen Schutzguts durch kompensatorische Maßnahmen ausgleichen. Die Beeinträchtigung kann aber auch derart schwer sein, dass der Staat Schutz durch einen Eingriff in die Grundrechte eines anderen gewähren oder sogar eine ganz

---

[44] BVerfGE 77, 170 (215) (Lagerung chemischer Waffen); 92, 26 (46) (Zweitregister).

[45] BVerfGE 88, 203 (254) (Schwangerschaftsabbruch II). Näher zum Untermaßverbot *Dietlein*, ZG 1995, 131 ff.

[46] In Bezug auf das Leben BVerfGE 46, 160 (164) (Schleyer).

[47] BVerfGE 49, 89 (142) (Kalkar I); 53, 30 (57) (Mülheim-Kärlich).

[48] BVerfGE 49, 89 (142) (Kalkar I).

[49] BVerfGE 88, 203 (254) (Schwangerschaftsabbruch II).

[50] BVerfGE 49, 89 (131) (Kalkar I).

konkrete Schutzmaßnahme ergreifen muss, wenn allein durch diese Maßnahme eine schwer wiegende Gefahr abgewehrt werden kann.[51]

118

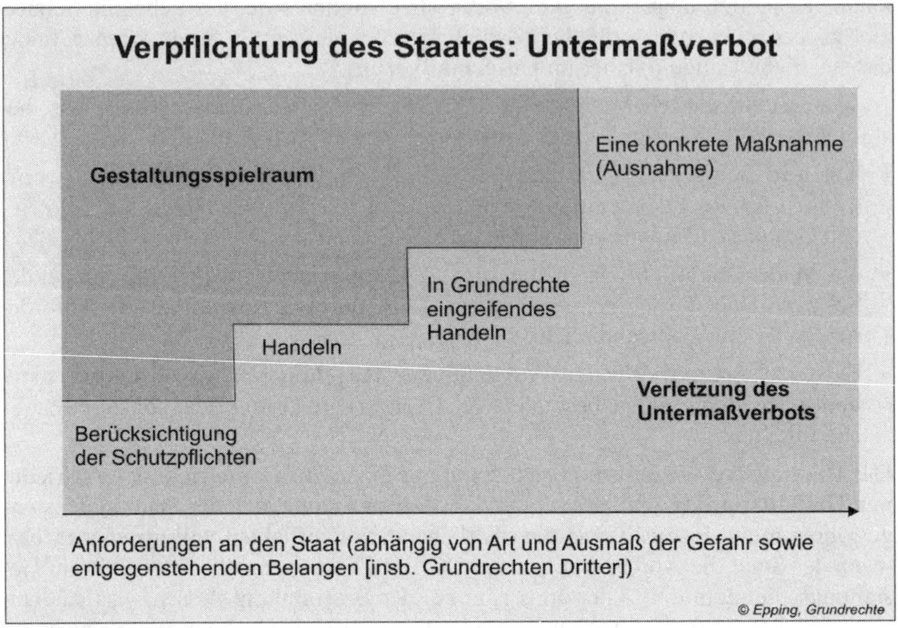

3. Einzelfälle

119 In der Praxis gibt es zahlreiche Beispiele, in denen das BVerfG staatliche Schutzpflichten in verschiedenen Ausprägungen annahm. Bedeutung für die Entwicklung der Schutzpflichten haben vor allem drei Bereiche gewonnen:

120 • In zwei Entscheidungen hat sich das BVerfG mit der Frage befasst, ob bzw. unter welchen Voraussetzungen eine **Abtreibung** legal möglich ist.[52] Denn bei einer Abtreibung wird das Leben des ungeborenen Kindes vernichtet. Auf der anderen Seite steht das allgemeine Persönlichkeitsrecht der Mutter aus Art. 2 Abs. 1 GG i.V.m. Art. 1 Abs. 1 GG. Diese Kollision gegenläufiger Grundrechte muss der Gesetzgeber im Sinne „praktischer Konkordanz" auflösen. Bei der Abwägung ist zu beachten, dass hinsichtlich des ungeborenen Lebens die staatliche Schutzpflicht eingreift, wohingegen es beim Persönlichkeitsrecht der Mutter um die grundrechtliche Abwehrfunktion geht. Um seiner Schutzpflicht gerecht zu werden, hat der Staat vielfältige Möglichkeiten; es besteht ein großer Spielraum. Daher verletzt der vom Gesetzgeber mit den §§ 218 ff. StGB (insbesondere mit der Beratungspflicht) eingeschlagene

---

51 BVerfGE 77, 170 (215) (Lagerung chemischer Waffen).

52 BVerfGE 39, 1 ff. (Schwangerschaftsabbruch I); 88, 203 ff. (Schwangerschaftsabbruch II).

Weg nach Ansicht des BVerfG weder das Grundrecht des Kindes auf Leben, noch das Recht der Mutter auf Selbstbestimmung.[53]

> BVerfGE 88, 203 (254 ff.) (Schwangerschaftsabbruch II): „Der Schutz des Lebens ist nicht in dem Sinne absolut geboten, dass dieses gegenüber jedem anderen Rechtsgut ausnahmslos Vorrang genösse; das zeigt schon Art. 2 Abs. 2 S. 3 GG. Der **Schutzpflicht** ist andererseits nicht dadurch genügt, dass überhaupt Schutzvorkehrungen irgendeiner Art getroffen worden sind. **Ihre Reichweite ist vielmehr im Blick auf die Bedeutung und Schutzbedürftigkeit des zu schützenden Rechtsguts - hier des ungeborenen menschlichen Lebens - einerseits und mit ihm kollidierender Rechtsgüter andererseits zu bestimmen.** Als vom Lebensrecht des Ungeborenen berührte Rechtsgüter kommen dabei - ausgehend vom Anspruch der schwangeren Frau auf Schutz und Achtung ihrer Menschenwürde (Art. 1 Abs. 1 GG) - vor allem ihr Recht auf Leben und körperliche Unversehrtheit (Art. 2 Abs. 2 GG) sowie ihr Persönlichkeitsrecht (Art. 2 Abs. 1 GG) in Betracht.
>
> Art und Umfang des Schutzes im Einzelnen zu bestimmen, ist Aufgabe des Gesetzgebers. Die Verfassung gibt den Schutz als Ziel vor, nicht aber seine Ausgestaltung im Einzelnen. Allerdings hat der Gesetzgeber das Untermaßverbot zu beachten; insofern unterliegt er der verfassungsgerichtlichen Kontrolle. Notwendig ist ein - unter Berücksichtigung entgegenstehender Rechtsgüter - angemessener Schutz; entscheidend ist, dass er als solcher wirksam ist. Die Vorkehrungen, die der Gesetzgeber trifft, müssen für einen angemessenen und wirksamen Schutz ausreichend sein und zudem auf sorgfältigen Tatsachenermittlungen und vertretbaren Einschätzungen beruhen. (...) **Soll das Untermaßverbot nicht verletzt werden, muss die Ausgestaltung des Schutzes durch die Rechtsordnung Mindestanforderungen entsprechen.** (...) Nach dem (...) Dargelegten muss der Staat, um seiner Schutzpflicht für das ungeborene Leben zu genügen, ausreichende Maßnahmen normativer und tatsächlicher Art ergreifen, die dazu führen, dass ein - unter Berücksichtigung entgegenstehender Rechtsgüter - angemessener und als solcher wirksamer Schutz erreicht wird. Dazu bedarf es eines näher zu entwickelnden, Elemente des präventiven wie des repressiven Schutzes miteinander verbindenden Schutzkonzepts. Die Aufstellung und normative Umsetzung eines solchen Schutzkonzepts ist Sache des Gesetzgebers. Nach den bestehenden verfassungsrechtlichen Anforderungen ist er dabei nicht frei, den Schwangerschaftsabbruch über verfassungsrechtlich unbedenkliche Ausnahmetatbestände hinaus als nicht rechtswidrig, also erlaubt, anzusehen. Allerdings kann der Gesetzgeber nach noch näher auszuführenden Maßstäben entscheiden, wie er das grundsätzliche Verbot des Schwangerschaftsabbruchs im Übrigen in den verschiedenen Bereichen der Rechtsordnung zur Wirkung bringt. **Insgesamt muss aber das Schutzkonzept so ausgestaltet sein, dass es geeignet ist, den gebotenen Schutz zu entfalten, und nicht in eine - zeitlich begrenzte - rechtliche Freigabe des Schwangerschaftsabbruchs übergeht oder als solche wirkt.** Der Gesetzgeber muss der Wahl und Ausgestaltung seines Schutzkonzepts die verfassungsrechtlich tragfähige Einschätzung zu Grunde legen, dass er mit ihm den Schutz des ungeborenen Lebens so gewährleisten werde, wie es das Untermaßverbot verlangt. Soweit seinen Entscheidungen zugleich Prognosen über tatsächliche Entwicklungen, insbesondere die Wirkungen seiner Regelung zu Grunde liegen, müssen diese Prognosen verlässlich sein; das BVerfG prüft, ob sie nach Maßgabe der nachfolgenden Kriterien vertretbar sind. (...)"

- Zentrale Bedeutung für die Entwicklung der Schutzpflichten haben zudem die Entscheidungen des BVerfG zum **Umwelt- und Technikrecht**.[54] Häufig hat **121**

53 Vgl. insgesamt *Jarass,* in: Jarass/Pieroth, Art. 2 Rn. 80.

es der Gesetzgeber hier mit Gefahren zu tun, deren Eintrittswahrscheinlichkeit er, wie beispielsweise bei der Atomenergie, nicht abschließend beurteilen kann. In anderen Fällen ist noch nicht einmal bekannt, ob von bestimmten Dingen überhaupt eine Gefahr ausgeht (Beispiele: Gentechnik, Chemie). Das Recht muss in diesen Fällen einen Weg zum Umgang mit dem Ungewissen finden, zugleich aber die Rechte der potenziell betroffenen Bürger wahren. Angesichts dieser Ungewissheiten entwickelte das BVerfG den Grundsatz, dass **Grundrechtsschutz durch Organisation und Verfahren** zu gewährleisten sei. Grundlegend hat sich das BVerfG mit diesen Fragen in der Entscheidung zur Genehmigung des umstrittenen Atomreaktors Mülheim-Kärlich beschäftigt: Das BVerfG leitete in dieser Entscheidung aus der aus Art. 2 Abs. 2 S. 1 GG folgenden Schutzpflicht für das Leben und die körperliche Unversehrtheit ab, dass die Grundrechte nicht bloß auf materiell-, sondern auch auf verfahrensrechtliche Vorschriften einwirken.[55] Gerade dann, wenn Ungewissheiten nicht zu vermeiden sind, sei die Ausgestaltung des Verfahrens besonders wichtig. Es müssen also beispielsweise Vorkehrungen getroffen werden, damit neue Erkenntnisse über Risiken stets Berücksichtigung finden.[56] Dahinter steht die Erkenntnis, dass sich ein effektiver Grundrechtsschutz vielfach nur dann gewährleisten lässt, wenn schon im Vorfeld möglicher Grundrechtseingriffe Vorkehrungen getroffen werden, um die Rechte und Interessen der Betroffenen zu berücksichtigen und Eingriffe zu minimieren. Anhörungs- und Beteiligungsrechte, wie sie etwa das Planfeststellungsverfahren in den §§ 72 ff. VwVfG vorsieht, können daher verfassungsrechtlich geboten sein.[57] Wie stets bei der Erfüllung von Schutzpflichten kommt dem Gesetzgeber auch im verfahrensrechtlichen Bereich ein Einschätzungs- und Gestaltungsspielraum zu.[58]

122 • Ein letzter bedeutender Anwendungsbereich für die Schutzpflichten ist die Einwirkung der Grundrechte auf das **Privatrecht** und die privatrechtlichen Beziehungen zwischen einzelnen Bürgern.[59]

4. Adressaten der Schutzpflicht

123 Adressat der Schutzpflicht ist nach der Rechtsprechung des BVerfG primär der **Gesetzgeber**, der zur Entscheidung über Art und Umfang des Schutzes berufen sei.[60] Daneben sind aber auch die Verwaltung und der **Richter** berufen, den Wertungen der Grundrechte im Einzelfall zur Geltung zu verhelfen.[61] Ist die Erfüllung der staatlichen Schutzpflicht aber mit einem Eingriff in die Grundrechte Dritter

---

54 BVerfGE 49, 89 ff. (Kalkar I); 53, 30 ff. (Mülheim-Kärlich); 77, 381 ff. (Gorleben).
55 BVerfGE 53, 30 (65) (Mülheim-Kärlich).
56 BVerfGE 49, 89 (132) (Kalkar I).
57 Für das atomrechtliche Genehmigungsverfahren BVerfGE 61, 82 (109 ff.) (Sasbach).
58 BVerfGE 77, 381 (405) (Gorleben).
59 Vgl. dazu umfassend Rn. 299 ff.
60 BVerfGE 56, 54 (81) (Fluglärm).
61 BVerfGE 103, 89 (100) (Unterhaltsverzichtsvertrag).

verbunden, so gilt ohne Abstriche der Vorbehalt des Gesetzes[62]. Die Schutzpflichten selbst stellen nicht die erforderliche *gesetzliche* Grundlage zu Eingriffen in die Grundrechte Dritter dar; es bedarf stets eines vor den Schranken des betroffenen Grundrechtes gerechtfertigten Gesetzes.[63] Ein Tätigwerden der Verwaltung bzw. des Richters ohne vorheriges Tätigwerden des Gesetzgebers ist nicht möglich.

5. Objektive Schutzpflicht und subjektives Schutzrecht

Begründen die bisherigen Ausführungen die Existenz einer objektiv-rechtlichen, **124**
an den Staat gerichteten **Schutzpflicht**, ist damit aber noch nichts über das Bestehen eines **korrespondierenden subjektiven Schutzrechts**, also eines Schutzanspruchs des Einzelnen ausgesagt. Zwar ist es im Grundrechtsbereich die Regel, dass staatlichen Pflichten ein entsprechendes subjektives Recht des Einzelnen gegenübersteht. Wie aber lässt sich ein solcher Anspruch dogmatisch begründen? Hilfreich ist dabei die allgemeine Definition des subjektiven Rechts: Ein subjektives Recht ist die Rechtsmacht, die dem Einzelnen von der Rechtsordnung zur Wahrung seiner Interessen verliehen worden ist.[64] Dem steht das objektive Recht gegenüber, dem eine solche Rechtsmacht des Einzelnen nicht zu entnehmen ist. Die Unterscheidung ist deshalb so wichtig, weil nur das subjektive Recht des Einzelnen gegenüber dem Staat - notfalls auf dem Klageweg bis vor das BVerfG - eingefordert werden kann. Bloß objektives Recht berechtigt und verpflichtet hingegen nur den Staat, ohne dass dem Einzelnen diesbezüglich ein Forderungs- oder Klagerecht zukommt. Unter welchen Voraussetzungen kommt aber objektivem Recht auch subjektiv-rechtlicher Gehalt zu? Maßstab der Prüfung ist in diesem Zusammenhang die **Schutznormlehre**[65]. Nach der Schutznormlehre ist erforderlich, dass

- objektiv eine Begünstigung eines Einzelnen vorliegt,
- diese Begünstigung vom Gesetz bezweckt ist und schließlich
- das Gesetz dem Begünstigten die Rechtsmacht zur Durchsetzung verleihen will.

Hinsichtlich der staatlichen Schutzpflichten lassen sich alle drei Elemente der **125**
Schutznormlehre bejahen: Die staatliche Pflicht, dem Einzelnen Schutz zu gewähren, stellt sich für diesen als Begünstigung dar. Diese Begünstigung des Einzelnen ist vom Grundgesetz auch bezweckt, denn Ziel der Grundrechte als objektive Wertordnung ist es gerade, den Grundrechten des Einzelnen tatsächlich zur Wirksamkeit zu verhelfen. Auf den ersten Blick schwieriger ist allein die Frage zu beantworten, ob das Grundgesetz dem Einzelnen auch die Rechtsmacht zur Durchsetzung der Grundrechte verleihen will. Ein erstes Argument für eine solche Rechtsmacht lässt sich Art. 93 Abs. 1 Nr. 4a GG entnehmen, der die Verfassungsbeschwerde bei jeder Verletzung von Grundrechten durch die öffentliche Gewalt

---

62 Vgl. dazu Rn. 357 ff.

63 *Wahl/Masing*, JZ 1990, 553 (553 ff.). Vgl. dazu Rn. 78.

64 *Rüthers*, Rechtstheorie, 1999, Rn. 64.

65 BVerfGE 27, 297 (307) (Wiedergutmachungsbescheid); *Sachs*, VerfR II, Kap. A 4 Rn. 4 f.

eröffnet. Es kommt prozessual also sowohl ein staatliches Handeln (Eingriff) wie auch ein staatliches Unterlassen in Betracht (vgl. etwa auch §§ 92, 94 Abs. 1, 95 Abs. 1 BVerfGG). Dies deutet darauf hin, dass die Grundrechte nicht bloß in ihrer Form als Eingriffsverbote, sondern auch als Schutzpflichten vom Einzelnen geltend gemacht werden können. Hinzu kommt, dass eine Schutzpflicht, der kein entsprechendes Recht des Einzelnen gegenübersteht, kaum effektiv wäre. Würde der Staat gegen die Schutzpflicht verstoßen, hätte er in aller Regel keine Konsequenzen zu fürchten. Sobald aber der Einzelne die Erfüllung der Schutzpflicht selbst einfordern kann, wäre der Staat tatsächlich gehalten, der Pflicht auch nachzukommen. Vor allem dieses aus dem **Sinn und Zweck** heraus abgeleitete Argument spricht für einen subjektiv-rechtlichen **Schutzanspruch** des Einzelnen.[66]

126 **Folge einer Verletzung von Schutzpflichten** ist daher, dass dem einzelnen Bürger unmittelbar aus den Grundrechten ein entsprechender Anspruch gegen den Staat erwächst. Der mit einer solchen Schutzpflicht verbundene grundrechtliche Anspruch ist im Hinblick auf diese Gestaltungsfreiheit allerdings nur darauf gerichtet, dass die öffentliche Gewalt überhaupt Vorkehrungen zum Schutze des Grundrechts trifft, die nicht gänzlich ungeeignet oder völlig unzulänglich sind. Nur unter ganz besonderen Umständen kann sich diese Gestaltungsfreiheit in der Weise verengen, dass allein durch eine bestimmte Maßnahme der Schutzpflicht Genüge getan werden kann.[67]

127 **Hinweis zur Fallbearbeitung:**

Zumindest in Klausuren kann die Existenz von subjektiven Schutzrechten als Gegenstück zu den Schutzpflichten heute vorausgesetzt werden, sodass eine ausführliche Begründung nicht erwartet wird. Es genügt der Hinweis auf die subjektive Seite der Schutzpflicht. In Hausarbeiten kann dagegen durchaus eine umfangreichere Darlegung gefordert sein.

6. Schutzrechte als Beispiele für Leistungsrechte in der Fallbearbeitung

128 In der Fallbearbeitung sind Forderungen des Einzelnen nach Schutz der bei weitem häufigste Anwendungsbereich für gegen den Staat gerichtete Leistungsansprüche aus Freiheitsrechten. Strukturell unterscheiden sich die Ansprüche auf Schutz aber nicht grundlegend von den sonstigen Leistungsrechten. Prüfungsaufbau und -maßstab bei Einrichtungsgarantien und dem Anspruch auf den grundrechtlich gebotenen Mindeststandard entsprechen daher im Wesentlichen den Parametern, die bei Ansprüchen auf Schutz Anwendung finden.

129 Alle Leistungsrechte werden nach einem **zweistufigen Schema** geprüft. In einem ersten Prüfungsschritt ist wie üblich der **Schutzbereich** des Grundrechts festzustellen. In einem zweiten Schritt ist dann zu prüfen, ob ein **Leistungsrecht verletzt** ist. Zunächst muss aus dem betroffenen Grundrecht überhaupt ein Leistungsrecht folgen. Hat man dies bejaht, ist zu untersuchen, ob der Staat seiner

---

66 *Klein*, NJW 1989, 1633 (1637).

67 BVerfGE 77, 170 (215) (Lagerung chemischer Waffen).

Handlungspflicht nachgekommen ist. Prüfungsmaßstab ist daher das **Untermaßverbot.**[68] In Bezug auf einen Schutzanspruch des einen Bürgers gegen ein Handeln eines anderen Bürgers ist zu fragen, ob die Zuordnung der Grundrechtspositionen der Beteiligten einen schonenden Ausgleich im Sinne „praktischer Konkordanz" herbeiführt.[69] Der Staat muss verhindern, dass ein Bürger von seiner Freiheit so weit Gebrauch macht, dass von der Freiheit des anderen Bürgers nichts übrig bleibt und damit das Recht des Stärkeren gilt. Bei Ansprüchen auf das grundrechtlich gebotene Minimum ist zu fragen, ob dieses vom Staat tatsächlich unterschritten wird. Bei der Frage der Verletzung ist allerdings stets darauf zu achten, dass bloß das Untermaßverbot justiziabel ist. Ansonsten besteht ein weiter Gestaltungsspielraum des Staates. Eine Verletzung des Untermaßverbots kann nur dann angenommen werden, wenn ein evidentes Zurückbleiben hinter den Anforderungen des Leistungsrechts vorliegt. Dies ist der Fall, wenn der Staat entweder ganz untätig geblieben ist oder aber das staatliche Handeln offensichtlich nicht ausreicht. Eine **Rechtfertigung einer Verletzung** ist **nicht möglich**, weil alle rechtfertigenden Aspekte bereits bei der Frage der Verletzung berücksichtigt wurden. Die auf Eingriffe bezogenen Grundrechtsschranken finden keine Anwendung.

Hinweis zur Fallbearbeitung: 130

In der Fallbearbeitung ist es schwierig, den weiten Gestaltungsspielraum zur Anwendung zu bringen. Denn in aller Regel enthält der Sachverhalt eine Vielzahl von tatsächlichen Informationen, die der Verfasser rechtlich würdigen und in die Fallbearbeitung einbeziehen soll. Dies kann aber vor allem dann dem Postulat vom Gestaltungsspielraum des Staates entgegenstehen, wenn etwa eine Grundrechtsabwägung umfassend nachvollzogen wird. Gleichwohl wird genau dies vom Verfasser erwartet. Daher sollte in der Fallbearbeitung der Prüfungsmaßstab („Untermaßverbot") als erster Punkt bei der Frage nach einer Verletzung eines Leistungsrechts aufgeworfen werden. Danach ist unter Auswertung des Sachverhalts umfassend auf alle Argumente einzugehen. Am Ende steht dann die Frage, ob unter Berücksichtigung des staatlichen Gestaltungsspielraums tatsächlich von einer evidenten Verfehlung gesprochen werden kann.

---

68 Vgl. dazu Rn. 116.
69 Vgl. dazu Rn. 83 ff.

131

Prüfung eines Leistungsrechts

Ausgangsfrage: Verstößt ein Verhalten gegen ein Grundrecht in seiner Funktion als Leistungsrecht?

1. Stufe: **Schutzbereich**

Betrifft das Verhalten den Schutzbereich des Grundrechts?

In **persönlicher** Hinsicht? Wird der Beschwerdeführer als Person selbst geschützt?

In **sachlicher** Hinsicht? Ist der Schutzgegenstand betroffen?

2. Stufe: **(Eingriff in den Schutzbereich?)**

Aus darstellerischen Gründen kann es sich anbieten, das Vorliegen eines Eingriffs kurz anzuprüfen und abzulehnen.

Verletzung eines Leistungsrechts, z.B. Schutzpflichtverstoß

1) Gewährt das betroffene Grundrecht überhaupt ein entsprechendes Leistungsrecht?

2) Bleibt das staatliche Handeln hinter dem grundrechtlich erforderlichen Handeln evident zurück? Z.B. bei

- Nichthandeln, obwohl schwere Grundrechtsbeeinträchtigungen auftreten,
- fehlerhaftem Ausgleich kollidierender Grundrechte.

Keine Rechtfertigungsmöglichkeit bei Verletzung!

VI. Wesensgehaltsgarantie (Art. 19 Abs. 2 GG)

Nach Art. 19 Abs. 2 GG darf kein Grundrecht in seinem Wesen angetastet werden. 132
Diese Schranke gilt für alle drei Gewalten, nicht hingegen für den verfassungsändernden Gesetzgeber, der jedoch die Ewigkeitsgarantie des Art. 79 Abs. 3 GG zu beachten hat. Was unter dem Begriff „Wesensgehalt" zu verstehen ist, ist unklar. Das BVerfG hat jedenfalls festgestellt, dass der Wesensgehalt nicht mit dem Menschenwürdegehalt gleichzusetzen ist.[70] Auszugehen ist davon, dass der Wesensgehalt für jedes Grundrecht individuell bestimmt werden muss. Nach der **Theorie vom relativen Wesensgehalt** ist der Wesensgehalt nicht nur für jedes Grundrecht, sondern auch bei jedem einzelnen Eingriff zu ermitteln. Hierfür ist eine Gesamtabwägung vorzunehmen, die die öffentlichen und privaten Interessen einbezieht. Wenn in dieser konkreten Abwägung dem beeinträchtigten Grundrecht „das geringere Gewicht für die konkret zu entscheidende Frage beizumessen ist"[71], so ist der Wesensgehalt nicht betroffen. Es wird also eine Verhältnismäßigkeitsprüfung vorgenommen. Dies ist auch der entscheidende Kritikpunkt: Neben der ohnehin vorzunehmenden Verhältnismäßigkeitsprüfung, würde der Wesensgehaltsgarantie keine eigenständige Bedeutung zukommen.

Derartige Unzulänglichkeiten vermeidet die **Theorie vom absoluten Wesensgehalt**, die den Wesensgehalt als eine feste und vom Einzelfall unabhängige Größe ansieht (absolut). Was genau hierdurch geschützt wird, ist unklar und wurde bisher noch nicht bestimmt. Zu einer Verletzung der Wesensgehaltsgarantie ist es demnach auch noch nicht gekommen. *Pieroth/Schlink* fassen die Rechtsprechung des BVerfG so zusammen, „dass vom Grundrecht trotz aller Eingriffe noch etwas bleiben muss".[72] Diese Umschreibung ist ähnlich vage und unbestimmt, wie die üblicherweise verwendeten Begriffe wie Grundsubstanz, Mindestinhalt oder Grundrechtskern. Es ist jedoch nicht nur umstritten, was unter Wesensgehalt zu verstehen ist, sondern auch, wem trotz aller Eingriffe noch etwas bleiben muss. So wird teilweise vertreten, dass **für den jeweiligen Grundrechtsinhaber** der Wesenskern verbleiben muss.[73] Problematisch ist diese Ansicht im Hinblick auf Art. 2 Abs. 2 S. 1 GG. Eingriffe in das Grundrecht auf Leben (z.B. durch den finalen Todesschuss) haben immer den Tod zur Folge; dem Grundrechtsträger verbleibt dann nichts mehr. Dementsprechend stellt die Gegenauffassung auf die **Bedeutung des Grundrechts im Allgemeinen** ab.[74] Eine Beeinträchtigung des Wesensgehalts kommt danach nur in Frage, wenn das jeweilige Grundrecht - und die in ihm enthaltenen Wertentscheidungen und Prinzipien - in der Rechtsordnung seine Bedeutung verlieren würde. Problematisch hieran ist, dass die Grundrechte dadurch ihre Bedeutung als Abwehrrechte des *Einzelnen* gegen den Staat einbüßen 133

---

[70] BVerfG, NJW 2004, 999 (1001) (Großer Lauschangriff); a.A. *Huber*, in: v. Mangoldt/Klein/Starck, Art. 19 Rn. 123 ff.

[71] BVerwGE 47, 330 (358); ebenso *Maunz*, in: Maunz/Dürig, Art. 19 Abs. 2 Rn. 16 ff.

[72] *Pieroth/Schlink*, Rn. 301.

[73] *Denninger*, in: AK, Art. 19 Abs. 2 Rn. 10 f; *Stern*, in: ders., Staatsrecht, Bd. III/2, § 85, S. 865 ff., in diesem Sinne auch BVerfGE 80, 367 (373) (Tagebuch).

[74] *Herzog*, in: FS für Zeidler, 1987, S. 1425; *Jarass*, in: Jarass/Pieroth, Art. 19 Rn. 7.

würden. Dem Betroffenen in der konkreten Situation hilft es nicht weiter, wenn das Grundrecht, das ihm gerade entzogen wurde, anderen Menschen noch zusteht.

134 **Hinweis zur Fallbearbeitung:**
Genauso wie der Wesensgehalt für jedes einzelne Grundrecht zu bestimmen ist, sollte auch bei der Frage, wem der Wesensgehalt zu verbleiben hat, für jedes Grundrecht eine gesonderte Feststellung getroffen werden.[75] Wie bereits daran ersehen werden kann, dass das BVerfG die Wesensgehaltsgarantie noch in keinem Fall verletzt gesehen hat, kommt Art. 19 Abs. 2 GG in der Grundrechtsprüfung keine größere Bedeutung zu. Außer beim Recht auf Leben, dürften die beiden absoluten Theorien zu einheitlichen Ergebnissen führen, sodass auch eine Streitentscheidung entbehrlich wird. In Klausuren braucht die Wesensgehaltsgarantie in der Regel nicht angesprochen zu werden; allenfalls kann in offensichtlichen Fällen kurz darauf hingewiesen werden, dass Art. 19 Abs. 2 GG nicht verletzt wurde, ohne näher auf die Theorien einzugehen.

135 **Überblick: Typische Klausurprobleme**

- Finaler Rettungsschuss.
- Wiedereinführung der Todesstrafe.
- Grundrechtsverzicht (insb. Sterbehilfe).
- Grundrechtsfähigkeit des Nasciturus / Schutz des ungeborenen Lebens durch die Grundrechte.
- Verletzung von Schutzpflichten durch den Staat.

---

[75] *Krebs*, in: v. Münch/Kunig, Art. 19 Rn. 22; *Pieroth/Schlink*, Rn. 303.

Kapitel 4: Die Verfassungsbeschwerde im Überblick

Literatur: *Robbers, Gerhard*, Verfassungsprozessuale Probleme in der öffentlichrechtlichen Arbeit, JuS 1993, 737 ff., 1022 ff.; *Schlaich, Klaus / Korioth, Stefan*, Das Bundesverfassungsgericht, 6. Aufl. 2004, Rn. 194 ff.; *Weber, Hermann*, Beschwerdebefugnis und Rechtswegerschöpfung bei der Rechtssatzverfassungsbeschwerde - BVerfGE 86, 382 (DDR-Bergbau), JuS 1995, 114 ff.; *Zuck, Rüdiger*, Das Recht der Verfassungsbeschwerde, 2. Aufl. 1988.

Literatur zu Art. 19 Abs. 3 GG: *Schoch, Friedrich*, Grundrechtsfähigkeit juristischer Personen, Jura 2001, 201 ff.; *Bleckmann, Albert / Helm, Franziska*, Die Grundrechtsfähigkeit juristischer Personen, DVBl. 1992, 9 ff.; *Kotzur, Markus*, Der Begriff der inländischen juristischen Personen nach Art. 19 Abs. 3 GG im Kontext der EU, DÖV 2001, 192 ff.

Fallbearbeitungen: *Schoch, Friedrich*, insb. Fälle 1 (S. 109 ff.), 3 (S. 159 ff.), 9 (S. 371 ff.); *Jeand'Heur, Bernd / Jorczyk, Volker M.*, Der praktische Fall - „Verbraucherschutz vor Mikrowellen", JuS 1997, 728 ff. (insb. zur Subsidiarität der Verfassungsbeschwerde); *Jeand'Heur, Bernd / Cremer, Wolfram*, Der praktische Fall - „Warnung vor Sekten", JuS 2000, 991 ff.; *Calliess, Christian / Kallmeyer, Axel*, Der praktische Fall - Abwehrrechte und Schutzpflichten aus Grundrechten, JuS 1999, 785 ff.

I. Hintergrund

Jedermann kann mit der Behauptung, durch die öffentliche Gewalt in seinen **136**
Grundrechten verletzt zu sein, Verfassungsbeschwerde erheben - mit diesen Worten eröffnen Art. 93 Abs. 1 Nr. 4a GG, §§ 13 Nr. 8a, 90 ff. BVerfGG jedem den Zugang zum BVerfG. Dahinter steht der Gedanke, dass die praktische **Wirksamkeit der Grundrechte** und grundrechtsgleichen Rechte nur dann zu garantieren ist, wenn jedem Einzelnen zur Verteidigung seiner Rechte hinreichend effektive Rechtsschutzmöglichkeiten zur Verfügung stehen. Rechtsschutz in Bezug auf die Grundrechte wird zwar in erster Linie durch die Fachgerichte der Länder und des Bundes i.S.v. Art. 92 GG gewährt, zu denen der Zugang durch Art. 19 Abs. 4 GG garantiert wird. Um die besondere Bedeutung der Grundrechte und grundrechtsgleichen Rechte herauszuheben, ist mit der Verfassungsbeschwerde aber zusätzlich ein **außerordentlicher Rechtsbehelf** eröffnet. Dieser ist jedoch zwei wesentlichen Einschränkungen unterworfen: Mit der Verfassungsbeschwerde kann gem. Art. 93 Abs. 1 Nr. 4a GG lediglich die Verletzung von Grundrechten oder den im Einzelnen bezeichneten grundrechtsgleichen Rechten gerügt werden. Zudem kommt dem Rechtsschutz durch die Fachgerichte der Vorrang zu: Der Beschwerdeführer muss daher zunächst alle Möglichkeiten fachgerichtlichen Rechtsschutzes in Anspruch nehmen, bevor sich das BVerfG seiner Sache widmet.

137 Historisch hat die Verfassungsbeschwerde in Deutschland in der Paulskirchenverfassung von 1848/1849 ein Vorbild: Deren § 126 lit. g sah ein Klagerecht jedes Staatsbürgers vor dem Reichsgericht bei einer Verletzung der durch die Reichsverfassung gewährten Rechte vor. Dieses Recht stand allerdings unter dem Vorbehalt der näheren Ausgestaltung durch die Reichsgesetzgebung.[1] Die Weimarer Reichsverfassung bot hingegen in Art. 19 WRV keine prozessualen Möglichkeiten für den Einzelnen zur Verteidigung seiner grundrechtlichen Freiheiten gegen den Staat.[2] In der Bundesrepublik gibt es die Verfassungsbeschwerde seit 1951; in diesem Jahr wurde eine entsprechende Vorschrift in das BVerfGG aufgenommen. Die Verankerung der Verfassungsbeschwerde im Grundgesetz erfolgte erst 1969 im Zuge der Notstandsgesetzgebung.

138 Die Verfassungsbeschwerde ist die zahlenmäßig bedeutendste Verfahrensart beim BVerfG; ca. 97 % der 2003 eingegangenen Verfahren sind Verfassungsbeschwerden. Die Erfolgsquote ist dagegen äußerst gering. Von den 4.499 entschiedenen Verfassungsbeschwerden im Jahr 2003 waren nur 81 (= 1,8 %) erfolgreich. Dies liegt noch unter der durchschnittlichen Erfolgsquote der letzten 50 Jahre, die 2,5 % beträgt. Entscheidungen im Verfassungsbeschwerdeverfahren ergehen relativ zeitnah; innerhalb von zwei Geschäftsjahren nach Eingang sind ca. 88 % erledigt.[3]

139 **Hinweis zur Fallbearbeitung:**

Vorab einige Bemerkungen zum Wert von verfassungsprozessualen Aufbauschemata:

- Sie finden in den verschiedenen Lehrbüchern zum Verfassungsprozessrecht geringfügig voneinander abweichende Schemata vor. Das eine „richtige“ Schema gibt es nicht.
- Die Orientierung an Aufbauschemata bringt die Gefahr mit sich, dass einzelne Prüfungspunkte der Zulässigkeit auch dann seitenlang problematisiert werden, wenn diese Voraussetzungen im konkreten Fall ganz unproblematisch sind. Das führt zu einer falschen Schwerpunktbildung in der Arbeit, da dann die in der Regel über die Note entscheidende Begründetheitsprüfung zu kurz kommt. Einige Prüfungspunkte - insbesondere die Fragen des ordnungsgemäßen Antrags, der Frist und des Rechtsschutzbedürfnisses - sind deshalb nur anzusprechen, wenn im Sachverhalt entsprechende Anhaltspunkte ersichtlich sind. In diesem Sinne sollten daher Schemata lediglich als „Checklisten“ Anwendung finden.
- Es ist sinnvoll, das Schema für die Zulässigkeit der Verfassungsbeschwerde nicht einfach auswendig zu lernen, sondern es anhand der relevanten Normen der Art. 93 Abs. 1 Nr. 4a GG, §§ 13 Nr. 8a, 90-95 BVerfGG herauszuarbeiten.

---

1 Vgl. dazu *Kühne*, Die Reichsverfassung der Paulskirche, 2. Aufl. 1998, S. 197 ff.

2 Vgl. dazu *Anschütz,* Die Verfassung des Deutschen Reiches, 14. Aufl. 1933, Art. 19 Anm. 9.

3 Zahlen aus der Jahresstatistik des BVerfG 2003, www.bverfg.de.

II. Zulässigkeit einer Verfassungsbeschwerde

Fall 5: Kiesabbau 140

Die französische K-AG wollte die Chancen ergreifen, die sich nach Öffnung der DDR-Grenze boten, und gründete in Berlin ein Tochterunternehmen - die K-GmbH, die sich dem Kiesabbau widmen sollte. Zu diesem Zweck erwarb die K-GmbH ein Kiesgrundstück, das sich in einer Kieslagerstätte auf dem Gebiet der ehemaligen DDR befindet. Nach einer Regelung im Einigungsvertrag werden Kies und Kiessande im Beitrittsgebiet als bergfreie Bodenschätze behandelt. Sie stehen damit - im Unterschied zur Rechtslage, die nach dem Bundesberggesetz im alten Bundesgebiet galt und weiterhin gilt - nicht im Eigentum des Grundstückseigentümers. Die K-GmbH macht geltend, dass ihr durch die Regelung das Gewinnungsrecht am Kies entzogen werde. Inzwischen habe sich die Treuhandanstalt an sämtlichen Kies- und Kiessandgrundstücken in den neuen Bundesländern das Bergwerkseigentum verleihen lassen. Sie habe sämtliche Kiesbetriebe nach einzelnen Betriebsstätten ausgeschrieben und sei jetzt dabei, die Betriebsstätten zur Ausbeutung zu vergeben. Die K-GmbH wendet sich mit einer Verfassungsbeschwerde unmittelbar gegen die Regelung im Einigungsvertrag und rügt eine Verletzung ihrer Grundrechte. Ist die Verfassungsbeschwerde zulässig?

Fall abgewandelt nach BVerfGE 86, 382 ff. (DDR-Bergbau) und *Weber*, JuS 1995, 114 ff.

Eine Verfassungsbeschwerde ist zulässig, wenn die Sachentscheidungsvoraussetzungen des Art. 93 Abs. 1 Nr. 4a GG und der §§ 13 Nr. 8a, 90 ff. BVerfGG gegeben sind. 141

1. Zuständigkeit des BVerfG

Der Rechtsweg zum BVerfG ist für die Verfassungsbeschwerde nach Art. 93 Abs. 1 Nr. 4a GG, §§ 13 Nr. 8a, 90 ff. BVerfGG eröffnet. 142

Hinweis zur Fallbearbeitung: 143

Zum Teil wortgleiche Vorschriften über die Verfassungsbeschwerde sind sowohl im Grundgesetz wie auch im BVerfGG enthalten. In der Fallbearbeitung stellt sich daher die Frage, auf welche Vorschriften abzustellen ist. Entsprechend dem Anwendungsvorrang des einfachen Rechts gegenüber dem Verfassungsrecht (vgl. auch Art. 94 Abs. 2 S. 1 GG) bietet es sich an, an einer frühen Stelle der Zulässigkeitsprüfung - also im Obersatz oder bei der Prüfung der Zuständigkeit des BVerfG - die vollständige Normenkette (Art. 93 Abs. 1 Nr. 4a GG, §§ 13 Nr. 8a, 90 ff. BVerfGG) zu zitieren und im Folgenden ausschließlich mit den Normen des BVerfGG zu arbeiten. „Richtig", wenngleich etwas umständlich, ist es aber auch, stets Art. 93 Abs. 1 Nr. 4a GG und die einschlägigen Normen des BVerfGG zusammen zu zitieren. Nicht empfehlenswert ist es, ausschließlich auf Art. 93 Abs. 1 Nr. 4a GG abzustellen.

2. Beteiligtenfähigkeit[4]

§ 90 Abs. 1 BVerfGG gewährt „jedermann" das Recht, die Verfassungsbeschwerde zum BVerfG zu erheben. „Jedermann" i.S.d. § 90 Abs. 1 BVerfGG ist derjenige, der Träger der im konkreten Fall in Betracht kommenden Grundrechte (Art. 1- 144

4 Auch: Parteifähigkeit, Beschwerdefähigkeit.

19 GG) oder grundrechtsgleichen Rechte (Art. 20 Abs. 4, 33, 38, 101, 103, 104 GG) ist.[5] Grundrechtsträger sind natürliche und - nach Maßgabe des Art. 19 Abs. 3 GG - juristische Personen.

a) Natürliche Personen

145 Grundsätzlich ist jede natürliche Person Trägerin aller Grundrechte. Einige Grundrechte sind allerdings Deutschen vorbehalten (z.B. Art. 8 Abs. 1, 9 Abs. 1, 11 Abs. 1, 12 Abs. 1 GG etc.), sodass Ausländer insoweit ausgeschlossen sind.[6] Mit dem Begriff der „Deutschen" sind die Deutschen i.S.v. Art. 116 Abs. 1 GG gemeint, also vor allem diejenigen, die die deutsche Staatsangehörigkeit besitzen.

146 Problematisch ist, inwieweit der Nasciturus Träger von Grundrechten ist. Nach der Rechtsprechung des BVerfG ist dies zumindest hinsichtlich der Menschenwürde (Art. 1 Abs. 1 GG), des Rechts auf Leben und körperliche Unversehrtheit (Art. 2 Abs. 2 S. 1 GG) und des in Art. 14 Abs. 1 GG garantierten Erbrechts der Fall.[7] Der Tote ist nicht Träger von Grundrechten; ein „postmortaler Persönlichkeitsschutz" wird allerdings durch Art. 1 Abs. 1 GG gewährleistet.[8]

b) Juristische Personen - die Problematik des Art. 19 Abs. 3 GG

147 Nach ihrer Geschichte sind die Grundrechte in erster Linie individuelle Rechte, Menschen- und Bürgerrechte, die den Schutz konkreter, besonders gefährdeter Bereiche menschlicher Freiheit zum Gegenstand haben.[9] Demgemäß dienen sie vorrangig dem Schutz der Freiheitssphäre des einzelnen Menschen als natürlicher Person gegen Eingriffe der staatlichen Gewalt. Noch in der Weimarer Republik war daher umstritten, ob überhaupt und - wenn ja - in Bezug auf welche Grundrechte juristischen Personen Grundrechtsschutz zukommt.[10] Mit Schaffung des Art. 19 Abs. 3 GG hat der Verfassungsgeber diese Frage positiv beantwortet. Dahinter steht die Überlegung, dass die Bildung und Betätigung juristischer Personen Ausdruck der freien Entfaltung der natürlichen Personen ist, die hinter ihr stehen (sog. „personales Substrat" bzw. „Durchgriffsthese").[11] Daher soll auch die juristische Person eine eigenständige Grundrechtsberechtigung erhalten. Im Parlamentarischen Rat war zunächst geplant, einen detaillierten Katalog all der Grundrechte aufzunehmen, die auch auf juristische Personen Anwendung finden könnten. Da man sich aber auf einen Katalog nicht einigen konnte und die Ausgrenzung einzelner Grundrechte den Abgeordneten willkürlich erschien, fand die heutige Fas-

---

5 Einige Prüfungsschemata sehen vor, an dieser Stelle nur die Frage zu erörtern, ob der Beschwerdeführer überhaupt in Grundrechten oder grundrechtsgleichen Rechten verletzt sein kann, ohne auf die konkret betroffenen Rechte einzugehen. Die folgenden Punkte werden dann erst bei der Beschwerdebefugnis relevant.

6 Vgl. zum Grundrechtsschutz der Ausländer Rn. 540.

7 *Lechner/Zuck*, BVerfGG, 4. Aufl. 1996, § 90 Rn. 13.

8 BVerfGE 30, 173 (194) (Mephisto). Vgl. dazu Rn. 555 f.

9 BVerfGE 50, 290 (337) (Mitbestimmung); 68, 193 (205 f.) (Zahntechniker-Innungen).

10 Vgl. die Ausführungen des Abgeordneten *v. Mangoldt*, zit. nach JöR 1 (1951), S. 180 f.

11 *Stern*, in: ders., Staatsrecht, Bd. III/1, § 71, S. 1097.

sung des Art. 19 Abs. 3 GG Aufnahme in das Grundgesetz.[12] Seinem Wortlaut nach sind inländische juristische Personen dann grundrechtsberechtigt, soweit das jeweilige Grundrecht seinem Wesen nach auf sie anwendbar ist.

aa) „Juristische Personen" i.S.v. Art. 19 Abs. 3 GG

Art. 19 Abs. 3 GG erstreckt die Grundrechtsträgerschaft auf „juristische Perso- **148**
nen". Dem Wortlaut nach fallen alle juristischen Personen unabhängig von ihrer Rechtsform und ihrer Zugehörigkeit zum öffentlichen oder privaten Recht unter Art. 19 Abs. 3 GG. Gleichwohl ist der Geltungsbereich des Art. 19 Abs. 3 GG umstritten. Dieser Streit ist in doppelter Hinsicht bedeutsam: In materieller Hinsicht erlaubt die Grundrechtsfähigkeit die Berufung auf die Grundrechte. Und in prozessualer Hinsicht eröffnet Art. 19 Abs. 3 GG den Zugang zum Verfassungsbeschwerdeverfahren.

Unproblematisch bezieht sich Art. 19 Abs. 3 GG zunächst auf **juristische Per- 149**
sonen des Privatrechts, die sich in privater Hand befinden. Dies entspricht ohne weiteres auch dem Normzweck des Art. 19 Abs. 3 GG: einer juristischen Person, die Ausdruck der Persönlichkeitsentfaltung der hinter ihr stehenden Privaten ist („personales Substrat"), einen eigenständigen Grundrechtsschutz zu gewähren. Unter Art. 19 Abs. 3 GG fallen daher sämtliche Kapitalgesellschaften (z.B. AG und GmbH), die nach den gesellschaftsrechtlichen Regelungen als juristische Personen ausgewiesen sind. Zwar mag gerade bei großen Kapitalgesellschaften ein „personales Substrat" nur noch entfernt erkennbar sein. Es genügt in dieser Hinsicht aber, wenn sich die juristische Person überhaupt auf ein Handeln Privater zurückführen lässt.[13] Der Begriff der „juristischen Person" ist nach ganz überwiegender Ansicht **untechnisch** zu verstehen und bezieht auch bloß teilrechtsfähige Organisationen wie etwa die OHG, die KG und die Erbengemeinschaft ein. Ob darüber hinaus auch nichtrechtsfähige Verbände und Gruppen eingeschlossen sind, solange nur eine gewisse binnenorganisatorische Struktur vorliegt (z.B. Bürgerinitiativen), ist umstritten.[14] Für ihre Einbeziehung mag man die Effektuierung des Grundrechtsschutzes anführen; dagegen spricht aber, dass Art. 19 Abs. 3 GG selbst keine Rechtsfähigkeit - auch nicht in Bezug auf die Grundrechte - herstellen, sondern nur eine vorgefundene Rechtsfähigkeit verstärken will.

Schwieriger ist die Frage zu beurteilen, ob und inwieweit **juristische Personen 150**
des Privatrechts, deren Anteile sich **ganz oder teilweise in öffentlicher Hand** befinden, Grundrechtsträger sind. Der Form nach sind diese juristischen Personen zwar privatrechtlich organisiert; der Sache nach nehmen sie jedoch in vielen - wenn auch nicht allen - Fällen Staatsaufgaben wahr. Ein personales Substrat ist daher umso weniger erkennbar, je stärker sich der Einfluss des Staates auf die juristische Person gestaltet. Gleichermaßen nimmt die Staatsferne und Verselbstständigung gegenüber dem Staat ab. Das BVerfG hat konsequenterweise bislang

---

12 Vgl. zur Entstehungsgeschichte die Zusammenstellung in JöR 1 (1951), S. 180 ff. und *Stern*, in: ders., Staatsrecht, Bd. III/1, § 71, S. 1093 f.

13 *Huber*, in: v. Mangoldt/Klein/Starck, Art. 19 Rn. 255 f.

14 Vgl. *Krebs*, in: v. Münch/Kunig, Art. 19 Rn. 31.

die Grundrechtsträgerschaft insoweit verneint, wie sich ein Unternehmen ganz[15] oder mehrheitlich[16] im Besitz der öffentlichen Hand befindet und öffentliche Aufgaben - häufig der Daseinsvorsorge - wahrnimmt. Problematisch ist diese Rechtsprechung in Bezug auf die nur mehrheitlich der öffentlichen Hand zugehörigen Unternehmen. Denn hinter diesen Unternehmen stehen - wenn auch in der Minderheit - private Anteilseigner, deren Persönlichkeitsentfaltung das Unternehmen möglicherweise dient.[17] Dennoch erscheint die Rechtsprechung des BVerfG prinzipiell überzeugend, wenn man berücksichtigt, dass bei einer staatlichen Mehrheitsbeteiligung die Steuerung des Unternehmens in erster Linie durch den Staat erfolgt. Das private Interesse besteht häufig allein im Schutz des eigenen Anteilseigentums. Dieser Schutz ist ohnehin durch Art. 14 Abs. 1 GG gewährleistet, sodass es einer Grundrechtsberechtigung des Unternehmens nicht bedarf.[18]

151 Keine Grundrechtsträger sind nach ganz überwiegender Meinung die **juristischen Personen des öffentlichen Rechts** (Anstalten, Körperschaften, öffentlich-rechtliche Stiftungen). Eine Ausnahme gilt lediglich, soweit sie sich auf prozessuale Grundrechte berufen (sog. „prozessuale Waffengleichheit", z.B. Verletzung des Rechts auf den gesetzlichen Richter gem. Art. 101 GG oder des Rechts auf Gehör gem. Art. 103 Abs. 1 GG).[19] Der Wortlaut des Art. 19 Abs. 3 GG enthält für den Ausschluss der juristischen Personen des öffentlichen Rechts zwar keinen Anhaltspunkt. Entscheidend dafür sprechen aber die Systematik und vor allem der Sinn und Zweck des Art. 19 Abs. 3 GG, sodass Art. 19 Abs. 3 GG gemeinhin teleologisch reduziert[20] wird:

152 • In **systematischer Hinsicht** spricht gegen die Grundrechtsfähigkeit juristischer Personen, dass innerhalb des Staates regelmäßig nicht Individualrechte, wie sie die Grundrechte darstellen, sondern Kompetenzbestimmungen dafür maßgeblich sind, was ein Staatsteil darf und was nicht.[21] Regelungen über innerstaatliche Kompetenzen werden aber nicht von den Grundrechten, sondern vom Staatsorganisationsrecht getroffen. Die Grundrechte hingegen sollen ihrer Funktion nach die Bürger vor dem Staat schützen. Würde man nun juristischen Personen des öffentlichen Rechts, die ja selbst Teil des Staates sind, Grundrechtsschutz zuerkennen, wären diese Grundrechtsberechtigte und Grundrechtsverpflichtete zugleich.[22] Eine derartige „**Konfusion**" läuft grundsätzlich der Funktion der Grundrechte zuwider. Lediglich in dem seltenen **Ausnahmefall**, in dem Einrichtungen des Staates Grundrechte in einem Be-

---

15 BVerfGE 45, 63 (79 f.) (Stadtwerke Hameln).

16 BVerfG, NJW 1990, 1783 (Hamburger Electricitätswerke AG - HEW). 72 % der Anteile hielt zum Zeitpunkt der Verfassungsbeschwerde die Stadt Hamburg.

17 *Krüger/Sachs*, in: Sachs, GG, Art. 19 Rn. 112. Umfangreiche Erläuterung der Problematik bei *Storr*, Der Staat als Unternehmer, 2001, S. 238 ff. m.w.N.

18 *Storr*, Der Staat als Unternehmer, 2001, S. 245 ff.

19 BVerfGE 61, 82 (104) (Sasbach).

20 *Stern*, in: ders., Staatsrecht, Bd. III/1, § 71, S. 1107.

21 BVerfGE 21, 362 (370 f.) (Sozialversicherungsträger).

22 BVerfGE 15, 256 (262) (Universitäre Selbstverwaltung). Kritisch zu diesem „Konfusionsargument" *Schoch*, Jura 2001, 201 (204): Der Staat sei kein „monolithischer Block".

reich verteidigen, in dem sie **vom Staat unabhängig** sind, kommt ein Grundrechtsschutz daher in Frage.[23] Das setzt voraus, dass es sich um eine eigenständige, vom Staat unabhängige oder jedenfalls distanzierte Einrichtung handelt.[24] Nur in derartigen Ausnahmefällen, in denen eine staatliche Einrichtung vergleichbar einem Privaten der staatlichen Gewalt unterworfen ist und man daher von einer „**grundrechtstypischen Gefährdungslage**"[25] sprechen kann, treten die systematischen Bedenken zurück.

- **Sinn und Zweck**[26] des Art. 19 Abs. 3 GG ist es, juristischen Personen deshalb eine eigene Grundrechtsfähigkeit zuzuerkennen, weil eine juristische Person Ausdruck der Grundrechtsverwirklichung der hinter ihr stehenden Individuen ist und die juristische Person daher ein **personales Substrat** aufweist. Danach kommt eine Grundrechtsfähigkeit juristischer Personen des öffentlichen Rechts grundsätzlich nicht in Frage. Eine juristische Person des öffentlichen Rechts lässt sich nämlich weder auf privates Handeln zurückführen, noch ist sie Ausdruck der Grundrechtsverwirklichung Privater.[27] Es geht regelmäßig allein um die Wahrnehmung öffentlicher Aufgaben im Allgemeininteresse. Damit ist auch der Kreis möglicher Ausnahmen abgesteckt: Juristische Personen des öffentlichen Rechts können sich allenfalls dann auf Grundrechte berufen, wenn sie ausnahmsweise Ausdruck der Grundrechtsverwirklichung Privater sind. 153

Die im Ausnahmefall gegebene Grundrechtsfähigkeit juristischer Personen des öffentlichen Rechts hängt also von **zwei Kriterien** ab, die kumulativ erfüllt sein müssen: Sie müssen zumindest in Bezug auf bestimmte Grundrechte vom Staat hinreichend unabhängig sein und sich insofern in einer grundrechtstypischen Gefährdungslage befinden. Und sie müssen der Sicherung individueller Rechte der hinter ihr stehenden natürlichen Personen dienen und daher ein personales Substrat aufweisen. Das BVerfG ist in dieser Hinsicht allerdings ausgesprochen zurückhaltend. Zumindest teilweise grundrechtsfähig sind nach der bisherigen Rechtsprechung: 154

- **Kirchen und Religionsgemeinschaften** als Körperschaften des öffentlichen Rechts (Art. 140 GG i.V.m. Art. 137 Abs. 5 WRV[28]). Diese sind trotz ihres Status auf Grund des Verbots der Staatskirche gem. Art. 140 GG i.V.m. Art. 137 Abs. 1 WRV nicht in den Staat eingegliedert und dienen der Verwirklichung religiöser Freiheit, sodass sie umfassend grundrechtsfähig sind.[29] 155

---

23 BVerfGE 15, 256 (262) (Universitäre Selbstverwaltung); 31, 314 (322) (2. Rundfunkentscheidung [Umsatzsteuer]).

24 BVerfGE 45, 63 (79) (Stadtwerke Hameln); 61, 82 (103) (Sasbach); 68, 193 (207) (Zahntechniker-Innungen); 75, 192 (197) (Sparkassen).

25 BVerfGE 45, 63 (79) (Stadtwerke Hameln); 61, 82 (105) (Sasbach).

26 Vgl. dazu ausführlich *Bleckmann/Helm*, DVBl. 1992, 9 (10 ff.).

27 BVerfGE 45, 63 (79) (Stadtwerke Hameln).

28 Vgl. dazu Rn. 285.

29 BVerfGE 19, 1 (5) (Religionsgesellschaften); 42, 312 (322) (Inkompatibilität/Kirchliches Amt); 53, 366 (387) (Konfessionelle Krankenhäuser).

156 • **Öffentlich-rechtliche Rundfunkanstalten** sind jedenfalls im Hinblick auf die Rundfunkfreiheit des Art. 5 Abs. 1 S. 2 GG[30] grundrechtsfähig. Darüber hinaus sind die Rundfunkanstalten grundrechtsfähig, soweit ein die Ausübung der Rundfunkfreiheit unterstützendes Verhalten von einem anderen Grundrecht geschützt wird. Das BVerfG hat dies beispielsweise für Art. 10 Abs. 1 GG und partiell Art. 19 Abs. 4 GG bejaht[31], für Art. 2 Abs. 1 GG, Art. 9 Abs. 3 GG und Art. 14 Abs. 1 GG hingegen verneint.[32] Denn die Rundfunkanstalten müssen schon von Verfassungs wegen in Bezug auf das Programm und damit (nur) in Bezug auf Art. 5 Abs. 1 S. 2 GG staatsfern ausgestaltet sein und dienen zudem der Rundfunkfreiheit der Redakteure.

157 • **Universitäten und Fakultäten** sind im Hinblick auf Art. 5 Abs. 3 S. 1 GG grundrechtsfähig. Denn die Universitäten sind im Bereich von Forschung und Lehre und damit (nur) in Bezug auf Art. 5 Abs. 3 S. 1 GG vom Staat unabhängig und dienen zugleich der Verwirklichung der Wissenschaftsfreiheit.[33]

158 • In einer Einzelentscheidung hat das BVerfG schließlich einer **Handwerksinnung** die Grundrechtsfähigkeit zugesprochen, soweit diese Aufgaben reiner Interessenvertretung wahrnimmt.[34] Hinsichtlich der Verallgemeinerung dieser Entscheidung ist allerdings Zurückhaltung geboten.

BVerfGE 68, 193 (205 ff.) (Zahntechniker-Innungen): „Nach ihrer Geschichte und ihrem heutigen Inhalt sind die Grundrechte in erster Linie individuelle Rechte, Menschen- und Bürgerrechte, die den Schutz konkreter, besonders gefährdeter Bereiche menschlicher Freiheit zum Gegenstand haben. Demgemäß dienen sie vorrangig dem Schutz der Freiheitssphäre des einzelnen Menschen als natürlicher Person gegen Eingriffe der staatlichen Gewalt; darüber hinaus sichern sie Voraussetzungen und Möglichkeiten für eine freie Mitwirkung und Mitgestaltung im Gemeinwesen. **Juristische Personen als Grundrechtsinhaber** anzusehen und sie in den Schutzbereich bestimmter materieller Grundrechte einzubeziehen, ist nur dann gerechtfertigt, **wenn** deren **Bildung und Betätigung Ausdruck der freien Entfaltung der privaten natürlichen Personen** ist, insbesondere wenn der „**Durchgriff**" auf die hinter ihnen stehenden Menschen es als sinnvoll und erforderlich erscheinen lässt.

Diese Voraussetzungen sind nach der Rechtsprechung des Bundesverfassungsgerichts bei **juristischen Personen des Privatrechts** vielfach erfüllt. Bei ihnen kann daher grundsätzlich von einer möglichen Grundrechtsfähigkeit ausgegangen und sodann im Einzelfall geprüft werden, ob das mit der Verfassungsbeschwerde geltend gemachte einzelne Grundrecht seinem Wesen nach auf den jeweiligen Beschwerdeführer anwendbar ist. Demgegenüber sind die materiellen Grundrechte und der zu ihrer Verteidigung geschaffene Rechtsbehelf der Verfassungsbeschwerde auf **juristische Personen des öffentlichen Rechts** nach ständiger Rechtsprechung des Bundesverfassungsgerichts grundsätzlich nicht anwendbar. Jedenfalls gilt dies, soweit sie öffentliche Aufgaben erfüllen. Denn die Erfüllung öffentlicher Aufgaben durch ju-

---

30 BVerfGE 31, 314 (322) (2. Rundfunkentscheidung [Umsatzsteuer]); 59, 231 (254) (Freie Mitarbeiter); 78, 101 (102 f.) (Eigentumsrecht von Rundfunkanstalten).

31 BVerfG, NJW 2003, 1787 (1788).

32 BVerfGE 59, 231 (255) (Freie Mitarbeiter); 78, 101 (102) (Eigentumsrecht von Rundfunkanstalten).

33 BVerfGE 15, 256 (262) (Universitäre Selbstverwaltung).

34 BVerfGE 70, 1 (20) (Orthopädietechniker-Innungen); anders aber etwa für die kassenärztlichen Vereinigungen (BVerfGE 62, 354 [369] [Heilfürsorgeansprüche der Soldaten]) und für die Zahntechniker-Innungen (BVerfGE 68, 193 [211 f.] [Zahntechniker-Innungen]).

ristische Personen des öffentlichen Rechts vollzieht sich in aller Regel nicht in Wahrnehmung unabgeleiteter, ursprünglicher Freiheiten, sondern auf Grund von Kompetenzen, die vom positiven Recht zugeordnet und inhaltlich bemessen und begrenzt sind. Die Regelung dieser Beziehungen und die Entscheidung daraus resultierender Konflikte sind nicht Gegenstand der Grundrechte, weil der **unmittelbare Bezug zum Menschen fehlt**. Für den Rechtsschutz im Streitfall bestehen besondere Verfahren. Dagegen kann die Verfassungsbeschwerde als der spezifische Rechtsbehelf des Bürgers gegen den Staat nicht dazu benutzt werden, die Zuständigkeitsordnung im Verhältnis der Hoheitsträger untereinander zu schützen oder für die Einhaltung der gesetzmäßigen Formen bei einer Änderung zu sorgen.

Eine **Ausnahme** von diesen Grundsätzen hat das Bundesverfassungsgericht für solche juristische Personen des öffentlichen Rechts oder ihre Teilgliederungen anerkannt, die von den ihnen durch die Rechtsordnung übertragenen Aufgaben her unmittelbar einem durch bestimmte Grundrechte geschützten Lebensbereich zugeordnet sind oder kraft ihrer Eigenart ihm von vornherein zugehören. Bei diesen Ausnahmen handelt es sich durchweg um juristische Personen des öffentlichen Rechts, die (im Umfang der dargelegten Zuordnung) Bürgern (auch) zur Verwirklichung ihrer individuellen Grundrechte dienen, und die als eigenständige, vom Staat unabhängige oder jedenfalls distanzierte Einrichtungen bestehen. Ihre Tätigkeit betrifft insoweit nicht den Vollzug gesetzlich zugewiesener hoheitlicher Aufgaben, sondern die Ausübung grundrechtlicher Freiheiten. (…)

Die vorstehenden Darlegungen zeigen: Grund der Nicht-Anwendbarkeit der Grundrechte auf juristische Personen des öffentlichen Rechts ist nicht die Rechtsform als solche. Maßgebend ist vielmehr, ob und inwieweit in der Rechtsstellung als juristische Person des öffentlichen Rechts eine Sach- und Rechtslage Ausdruck findet, welche nach dem „Wesen" der Grundrechte deren Anwendung auf juristische Personen entgegensteht. Diese Frage wird sich nicht in einer generellen Formel beantworten lassen. Es kommt namentlich auf die Funktion an, in der eine juristische Person des öffentlichen Rechts von dem beanstandeten Akt der öffentlichen Gewalt betroffen wird. Besteht diese Funktion in der Wahrnehmung gesetzlich zugewiesener und geregelter öffentlicher Aufgaben, so ist die juristische Person zumindest insoweit nicht grundrechtsfähig."

Hinweis zur Fallbearbeitung: 159

Fälle, in denen sich juristische Personen des öffentlichen Rechts auf Grundrechte berufen, sind eher selten. Nur in diesen Fällen ist eine umfangreiche Argumentation in Bezug auf die Grundrechtsfähigkeit gefragt, die von der Systematik („grundrechtstypische Gefährdungslage") und dem Normzweck („personales Substrat") ausgehen sollte. Im Normalfall der juristischen Person des Privatrechts ist deren Grundrechtsfähigkeit nach dem eindeutigen Normtext des Art. 19 Abs. 3 GG unproblematisch. Es sollte daher nur knapp festgestellt werden, dass juristische Personen des Privatrechts - soweit sie sich nicht ausnahmsweise ganz oder teilweise in öffentlicher Hand befinden - von Art. 19 Abs. 3 GG erfasst werden. Auf eine Darstellung der Argumente kann verzichtet werden.

Teile der Literatur[35] und gelegentlich wohl auch das BVerfG[36] behandeln die Problematik der juristischen Personen des öffentlichen Rechts erst beim Folgepunkt der wesensmäßigen Anwendbarkeit. Nach der Entstehungsgeschichte der Norm (s.o.) kann diese Anbindung allerdings nicht überzeugen. Zudem bietet auch der Wortlaut keinen Anhaltspunkt für ein solches Verständnis, was eine saubere Darstellung in der Klausur

35 Etwa *Stern*, in: ders., Staatsrecht, Bd. III/1, § 71, S. 1109; *Pieroth/Schlink*, Rn. 150 ff.; *Schoch*, Jura 2001, 201 (203 f.).

36 I.E. nicht ganz eindeutig BVerfGE 68, 193 (205) (Zahntechniker-Innungen).

ausgesprochen schwierig macht. Nimmt man hingegen den Normtext zum Ausgangspunkt, empfiehlt sich eine Behandlung bereits beim Begriff der „juristischen Person".

bb) „Inländisch" i.S.v. Art. 19 Abs. 3 GG

160 Art. 19 Abs. 3 GG beschränkt die Grundrechtsträgerschaft auf inländische juristische Personen. Eine juristische Person ist inländisch, wenn sie ihren **effektiven Sitz**, d.h. den tatsächlichen Mittelpunkt der Tätigkeit, im Bundesgebiet hat. Nicht maßgeblich ist dagegen der rechtliche Sitz, sodass eine im Ausland rechtlich ansässige Firma in Deutschland Grundrechtsschutz genießt, sobald sie ihren Tätigkeitsmittelpunkt in Deutschland hat. Bei international verflochtenen Unternehmen ist das der Fall, wenn die Mehrheit der Entscheidungen über die Geschäftsführung im Inland fällt.[37] Ob juristische Personen aus dem EU-Bereich kraft Gemeinschaftsrechts wie inländische Vereinigungen zu behandeln sind, ist umstritten.[38]

cc) „ihrem Wesen nach auf diese anwendbar" i.S.v. Art. 19 Abs. 3 GG

161 Sind also juristische Personen ebenso wie natürliche Personen grundsätzlich grundrechtsfähig, heißt dies allerdings nicht, dass sie sich ebenso wie diese auf alle Grundrechte berufen können. Denn Art. 19 Abs. 3 GG begrenzt die Grundrechtsfähigkeit auf diejenigen Grundrechte, die „ihrem Wesen nach" auf juristische Personen anwendbar sind. Dies ist der Fall, wenn die von dem Grundrecht geschützten Tätigkeiten auch von juristischen Personen - d.h. kollektiv - ausgeübt werden können, also **nicht an natürliche Eigenschaften des Menschen anknüpfen**. Beispielsweise hat eine juristische Person ebenso wie eine natürliche Person Eigentum (Art. 14 GG), sie kann ungleich behandelt werden (Art. 3 GG) und eine Meinung äußern (Art. 5 Abs. 1 S. 1 GG). Sie hat aber weder Menschenwürde (Art. 1 Abs. 1 GG), noch Leben oder Gesundheit (Art. 2 Abs. 2 S. 1 GG), sie schließt weder Ehen, noch bekommt sie Kinder (Art. 6 Abs. 1, 2 GG).[39]

3. Prozessfähigkeit[40]

162 Verfassungsbeschwerde kann nur erheben, wer prozessfähig ist. Prozessfähigkeit bedeutet, dass Grundrechte im Verfahren von ihrem Träger selbst geltend gemacht, also Verfahrenshandlungen wie das Stellen von Anträgen selbst oder durch selbst bestimmte Bevollmächtigte vorgenommen werden können. Trotz des Fehlens einer gesetzlichen Regelung im BVerfGG können die Regelungen der sonstigen Prozessordnungen, die regelmäßig an die Geschäftsfähigkeit anknüpfen[41], im

---

[37] *Huber*, in: v. Mangoldt/Klein/Starck, Art. 19 Rn. 313.

[38] Vgl. *Kotzur*, DÖV 2001, 192 ff. Zum Grundrechtsschutz ausländischer juristischer Personen vgl. *Epping*, Die Außenwirtschaftsfreiheit, 1998, S. 180 m.w.N.

[39] Überblick zur Rspr. des BVerfG bei *Schoch*, Jura 2001, 201 (203).

[40] Wird nur geprüft, wenn der Sachverhalt entsprechenden Anlass bietet.

[41] Z.B. §§ 51 ff. ZPO, § 62 VwGO.

Verfassungsprozess nicht ohne weiteres entsprechend angewandt werden.[42] Es kommt vielmehr darauf an, ob der Betreffende hinsichtlich des in Streit stehenden Grundrechts **reif und einsichtsfähig** („grundrechtsmündig") ist.[43] Dies hängt maßgeblich von der Ausgestaltung und Eigenart des jeweiligen Grundrechts sowie von den Wertungen der Rechtsordnung ab: Bei Art. 4 Abs. 1, 2 GG wird beispielsweise auf die Altersgrenze des Gesetzes über die religiöse Kindererziehung zurückgegriffen und Prozessfähigkeit entsprechend der Wahlmöglichkeit des § 5 S. 1 RelKErzG ab 14 Jahren angenommen.[44] Wer prozessunfähig ist, muss durch seine gesetzlichen Vertreter vertreten werden (Minderjährige i.d.R. durch die Eltern, juristische Personen durch ihre Organe oder Vertreter).

4. Beschwerdegegenstand

Gegenstand einer Verfassungsbeschwerde ist gem. § 90 Abs. 1 BVerfGG ein **Akt „öffentlicher Gewalt"**. Darunter fallen alle Handlungen und Unterlassungen (vgl. §§ 92, 95 Abs. 1 BVerfGG) der deutschen Staatsgewalt. Während zumeist Handlungen wie etwa ein Gesetz oder ein Urteil angegriffen werden, steht ein Unterlassen in Rede, wenn ein Beschwerdeführer einen Leistungsanspruch, etwa einen Verstoß gegen eine grundrechtliche Schutzpflicht[45], geltend macht.[46] 163

Taugliche Beschwerdegegenstände sind Akte **aller drei Gewalten**, also der Legislative, Judikative und Exekutive.[47] Als Legislativakte kommen alle gesetzlichen Vorschriften in Betracht. Judikativakte sind alle Gerichtsentscheidungen; darunter fallen die Entscheidungen der Bundes- und Landesgerichte sowie der berufsständischen Gerichte öffentlich-rechtlicher Körperschaften (z.B. das Ehrengericht der Rechtsanwaltskammer). Schließlich können auch Exekutivakte, also Akte der Verwaltung, Gegenstand einer Verfassungsbeschwerde sein. 164

Als Gegenstand einer Verfassungsbeschwerde kommen prinzipiell nur Akte **deutscher öffentlicher Gewalt** in Betracht.[48] Daher sind die Verträge zur Gründung der Europäischen Gemeinschaften ebenso wie alle anderen völkerrechtlichen Verträge keine zulässigen Beschwerdegegenstände. Anders ist dies hingegen bei den jeweiligen Zustimmungsgesetzen (Art. 59 Abs. 2 GG), die als deutsche Gesetze einen tauglichen Beschwerdegegenstand darstellen. 165

Sehr umstritten war schließlich über lange Zeit, ob und wann **Maßnahmen der Europäischen Gemeinschaften**, also etwa Normen des sekundären Gemeinschaftsrechts oder die darauf beruhenden Ausführungshandlungen deutscher Be- 166

---

[42] BVerfGE 1, 87 (88 f.) (Querulant); 19, 93 (100) (Zwangspflegschaft); 28, 243 (254) (Dienstpflichtverweigerung).

[43] BVerfGE 28, 243 (254 f.) (Dienstpflichtverweigerung).

[44] BVerfGE 1, 87 (89) (Querulant). Vgl. dazu Rn. 261.

[45] Vgl. dazu Rn. 110 ff.

[46] BVerfGE 56, 54 (70) (Fluglärm); 77, 170 (214) (Lagerung chemischer Waffen). Vgl. zur Verfassungsbeschwerde bei Schutzpflichtverstößen *Möstl*, DÖV 1998, 1029 ff.

[47] Unter den Begriff der „öffentlichen Gewalt" in Art. 19 Abs. 4 S. 1 GG fällt dagegen nur die Exekutive, vgl. dazu Rn. 857.

[48] BVerfGE 58, 1 (26) (Eurocontrol I).

hörden, Grundrechte und grundrechtsgleiche Rechte verletzen können. Das BVerfG hat sich zunächst für befugt gehalten, sekundäres Gemeinschaftsrecht „solange" am Maßstab der deutschen Grundrechte zu überprüfen, wie das Gemeinschaftsrecht keinen dem Grundgesetz vergleichbaren Grundrechtskatalog enthielt.[49] Damit war die Begrenzung der Verfassungsbeschwerde auf Akte der deutschen öffentlichen Gewalt durchbrochen. 1986 entschied das BVerfG aber in Umkehrung der sog. Solange-I-Rechtsprechung, dass es seine Gerichtsbarkeit hinsichtlich der Anwendung von sekundärem Gemeinschaftsrecht „solange" nicht mehr ausüben werde, wie die Europäischen Gemeinschaften, insbesondere der Europäische Gerichtshof (EuGH), einen wirksamen Schutz der Grundrechte gewährleisten, der dem vom Grundgesetz gebotenen Grundrechtsschutz im Wesentlichen gleich zu achten sei (Solange II).[50] Diese Rechtsprechung gilt bis heute fort: Solange der durch die Rechtsprechung des EuGH entwickelte Grundrechtsschutz nicht *generell* unter das nach dem Grundgesetz erforderliche Niveau absinkt, können sekundäres Gemeinschaftsrecht sowie die entsprechenden deutschen Ausführungshandlungen **nicht Gegenstand einer Verfassungsbeschwerde** sein.[51]

5. Beschwerdebefugnis

167 Gem. § 90 Abs. 1 BVerfGG wird die Verfassungsbeschwerde mit der Behauptung erhoben, in einem seiner Grundrechte oder grundrechtsgleichen Rechte verletzt zu sein. Aus dem Vorbringen des Beschwerdeführers muss sich also die Möglichkeit einer Verletzung von Grundrechten oder grundrechtsgleichen Rechten ergeben. Nicht ausreichend ist hingegen, wenn der Beschwerdeführer lediglich eine Verletzung des einfachen Rechts, zumeist durch ein Gericht, geltend macht; die Rüge muss sich vielmehr gegen eine „Verletzung spezifischen Verfassungsrechts" richten.[52] Darüber hinaus muss der Beschwerdeführer beschwert sein. Dies setzt voraus, dass er selbst, gegenwärtig und unmittelbar von der geltend gemachten Grundrechtsverletzung betroffen ist.

a) Behauptung einer Grundrechtsverletzung

168 Zunächst muss der Beschwerdeführer eine **Verletzung von Grundrechten** oder grundrechtsgleichen Rechten geltend machen, also die **Möglichkeit** einer derartigen Rechtsverletzung hinreichend deutlich werden lassen. Das BVerfG ist in diesem Punkt großzügig: Die Beschwerdebefugnis ist nur dann ausgeschlossen, wenn eine Verletzung von Grundrechten bzw. grundrechtsgleichen Rechten offensichtlich und eindeutig nach jeder Betrachtungsweise ausgeschlossen ist.[53] Dieser wei-

---

[49] BVerfGE 37, 271 (280) (Solange I); siehe zum Verhältnis BVerfG/EuGH auch Rn. 962.

[50] BVerfGE 73, 339 (387) (Solange II).

[51] BVerfGE 102, 147 (164) (Bananenmarktordnung). Vgl. dazu *Nicolaysen/Nowak*, NJW 2001, 1233 ff. und *Nettesheim*, NVwZ 2002, 932 ff.

[52] BVerfGE 18, 85 (92) (Spezifisches Verfassungsrecht). Vgl. *Schlaich/Korioth*, Das Bundesverfassungsgericht, 6. Aufl. 2004, Rn. 221 ff.

[53] BVerfGE 38, 139 (146) (Dienstaufsicht); 52, 303 (327) (Privatliquidation); 94, 49 (84) (Sichere Drittstaaten).

te Maßstab gilt auch dann, wenn ein Verstoß gegen eine Schutzpflicht gerügt wird. Der Beschwerdeführer muss in diesem Fall schlüssig dartun, dass eine Verletzung des Untermaßverbots in Betracht kommt. Er muss also vortragen, dass die öffentliche Gewalt Schutzvorkehrungen entweder überhaupt nicht getroffen hat oder dass die getroffenen Regelungen und Maßnahmen offensichtlich gänzlich ungeeignet oder völlig unzulänglich sind. Will der Beschwerdeführer geltend machen, dass die öffentliche Gewalt ihrer Schutzpflicht allein dadurch genügen kann, dass sie eine ganz bestimmte Maßnahme ergreift, muss er auch dies und die Art der zu ergreifenden Maßnahme schlüssig darlegen.[54]

Hinweis zur Fallbearbeitung: 169

Da die Frage der tatsächlichen Rechtsverletzung erst im Rahmen der Begründetheit geprüft werden darf, empfiehlt sich folgende Vorgehensweise: Eine offensichtliche und daher leicht und rasch zu begründende Ablehnung des Schutzbereichs eines Grundrechts oder des Eingriffs in den Schutzbereich führt zur Unzulässigkeit der Verfassungsbeschwerde.[55] Weiter gehende Erörterungen sollten dagegen erst im Rahmen der Begründetheit erfolgen; die Möglichkeit einer Grundrechtsverletzung ist zu bejahen. Auch Ausführungen zum Prüfungsmaßstab, wie sie vor allem bei Urteilsverfassungsbeschwerden und in den sog. Drittwirkungsfällen[56] erforderlich sind, sollten der Begründetheitsprüfung vorbehalten bleiben. Letzteres ist zwar nicht zwingend[57], vermeidet aber eine die Übersichtlichkeit beeinträchtigende „Wasserkopfbildung" in der Zulässigkeitsprüfung.

b) Beschwer

Weiterhin ist erforderlich, dass der Beschwerdeführer selbst, gegenwärtig und unmittelbar von der möglichen Grundrechtsverletzung betroffen ist. Die folgenden Punkte werfen in der Regel nur bei Verfassungsbeschwerden gegen Gesetze Probleme auf. Sie gelten aber für alle Verfassungsbeschwerden. 170

aa) Eigene Betroffenheit

Durch die Voraussetzung der eigenen Betroffenheit soll eine Popularklage ausgeschlossen werden. Der Antragsteller ist dann selbst betroffen, wenn er der **Adressat** der angegriffenen Maßnahme ist.[58] Dies ist etwa bei den Parteien in einem Gerichtsprozess hinsichtlich der Urteile und Beschlüsse der Fall; das Gleiche gilt für den Adressaten eines Verwaltungsakts. Es genügt aber auch eine faktische Selbstbetroffenheit. Daher ist nicht erforderlich, dass eine Maßnahme im Rechtssinne ausdrücklich an den „Adressaten" gerichtet ist. Problematisch ist gelegentlich, inwieweit Organisationen Grundrechte ihrer Mitglieder geltend machen können. Das BVerfG hat dies abgelehnt und Organisationen auf die eigenen Grundrechte 171

---

54 BVerfGE 77, 170 (215) (Lagerung chemischer Waffen).

55 Beispiel dafür in BVerfGE 80, 137 (150) (Reiten im Walde).

56 Vgl. dazu Rn. 299 ff.

57 Anders etwa *Lechner/Zuck*, BVerfGG, 4. Aufl. 1996, § 90 Rn. 118 und *Gersdorf*, Verfassungsprozeßrecht und Verfassungsmäßigkeitsprüfung, 2000 Rn. 12 ff.

58 BVerfGE 74, 297 (318) (5. Rundfunkentscheidung); 97, 157 (164) (Saarländisches Pressegesetz).

auch dann beschränkt, wenn die Satzung die Vertretung der Mitglieder vorschreibt.[59] Auch eine Prozessstandschaft - also die Geltendmachung eines fremden Rechts im eigenen Namen - ist grundsätzlich unzulässig. Eine Ausnahme macht das BVerfG nur für „Parteien kraft Amtes“ (Insolvenzverwalter, Nachlassverwalter, Testamentsvollstrecker), die aus eigenem Recht handeln.[60]

172 **Hinweis zur Fallbearbeitung:**

Die „Behauptung einer Grundrechtsverletzung“ ist bei jeder Verfassungsbeschwerde zu prüfen. Spätestens an dieser Stelle sollten alle in Betracht kommenden Grundrechte genannt und die eher abwegigen Rechte bereits aussortiert werden. Vor allem in Fallbüchern ist in Anlehnung an das Erfordernis der Möglichkeit einer Grundrechtsverletzung häufig von der „Möglichkeitstheorie“ die Rede. Die Sinnhaftigkeit dieses Ausdrucks mag dahinstehen; er ersetzt in der Fallbearbeitung jedenfalls niemals die Subsumtion unter die Tatbestandsmerkmale des § 90 Abs. 1 BVerfGG.

bb) Gegenwärtige Betroffenheit

173 Die Beschwerdebefugnis erfordert ferner, dass der Beschwerdeführer gegenwärtig (**aktuell**) betroffen ist. Dies ist der Fall, wenn die Beeinträchtigung schon eingetreten ist und noch nicht geendet hat, nicht dagegen aber bei zukünftigen oder vergangenen Beeinträchtigungen. Ausnahmsweise reicht es allerdings aus, dass die **Beeinträchtigung** erst **bevorsteht**, wenn

- die Norm den Beschwerdeführer bereits jetzt zu einer später nicht mehr korrigierbaren Entscheidung zwingt[61],
- sie unmittelbar bevorsteht und nach Lage der Dinge mit Sicherheit zu erwarten ist[62] oder
- es sich um Zustimmungsgesetze zu völkerrechtlichen Verträgen i.S.v. Art. 59 Abs. 2 GG handelt.[63] Damit soll verhindert werden, dass sich die Bundesrepublik Deutschland in verfassungswidriger Weise völkerrechtlich bindet und in die Situation gerät, aus Treue zur Verfassung einen Völkerrechtsbruch begehen zu müssen (Gleiches gilt bei der abstrakten Normenkontrolle). I.d.R. fehlt es aber bei diesen Vertragsgesetzen an der unmittelbaren Betroffenheit.

174 **Vergangene Beeinträchtigungen** betreffen den Beschwerdeführer gegenwärtig, wenn von ihnen weiterhin beeinträchtigende Wirkungen ausgehen[64] oder eine Wiederholungsgefahr besteht.[65]

---

59 BVerfGE 13, 54 (89 f.) (Neugliederung Hessen); 31, 275 (280) (Bearbeiter-Urheberrechte).

60 *Pieroth*, in: Jarass/Pieroth, Art. 93 Rn. 54.

61 BVerfGE 43, 291 (386) (numerus clausus II); 74, 297 (320) (5. Rundfunkentscheidung); 102, 197 (207) (Spielbankengesetz Baden-Württemberg).

62 Beispiel in BVerfGE 26, 246 (251 f.) (Ingenieur): Das Ingenieurgesetz, das den Absolventen bestimmter Ausbildungsgänge verbietet, die Bezeichnung „Ingenieur“ zu führen, betrifft schon die in der Ausbildung Befindlichen gegenwärtig.

63 BVerfGE 1, 396 (411 ff.) (Deutschlandvertrag) zur abstrakten Normenkontrolle.

64 BVerfGE 15, 226 (230) (Entziehung der Verteidigungsbefugnis).

65 BVerfGE 56, 99 (106) (Kommunales Vertretungsverbot NRW).

cc) Unmittelbare Betroffenheit

Ferner muss der Beschwerdeführer unmittelbar betroffen sein. Dies setzt voraus, dass **keine weiteren Vollzugsakte** erforderlich sind, um Rechtswirkungen gegenüber dem Beschwerdeführer zu entfalten. Bei Verfassungsbeschwerden gegen Akte der Judikative und der Exekutive ist dies zumeist unproblematisch. Anders ist das aber bei Verfassungsbeschwerden gegen Gesetze: Setzt ein Gesetz nämlich zu seiner Durchführung einen besonderen Vollzugsakt voraus (z. B. in Gestalt eines Verwaltungsaktes), kann sich die Verfassungsbeschwerde nur gegen diesen Vollzugsakt als den unmittelbaren Eingriff in die Rechte des Einzelnen richten. Der Beschwerdeführer hat zunächst einen gegen den Vollzugsakt gegebenen Rechtsweg zu erschöpfen.[66] Verfassungsbeschwerden gegen Normen, die zum Erlass einer Verordnung, einer Satzung oder eines Verwaltungsakts ermächtigen, sind somit unzulässig. Dagegen ist die unmittelbare Betroffenheit gegeben, wenn das Gesetz keines weiteren Vollzugsakts bedarf („self-executing"). 175

176

Hinweis zur Fallbearbeitung:

Die Prüfung der eigenen, gegenwärtigen und unmittelbaren Betroffenheit sollte sich im Normalfall eher knapp gestalten und nur die problematischen Punkte näher ausführen. Insbesondere bei Verfassungsbeschwerden gegen Verwaltungshandeln und gegen Gerichtsentscheidungen genügt an dieser Stelle häufig die nur einen Satz umfassende Feststellung, dass eigene, gegenwärtige und unmittelbare Betroffenheit gegeben ist.

6. Erschöpfung des Rechtswegs und Grundsatz der Subsidiarität

a) Erschöpfung des Rechtswegs

Gem. § 90 Abs. 2 S. 1 BVerfGG, zu dessen Erlass Art. 94 Abs. 2 S. 2 GG ermächtigt, kann die Verfassungsbeschwerde erst nach Erschöpfung des Rechtswegs erhoben werden. Relevant wird dieser Punkt hauptsächlich bei Verfassungsbeschwerden gegen **Judikativ- und Exekutivakte**. Hier sind Verfassungsbeschwerden grundsätzlich nur gegen letztinstanzliche Gerichtsentscheidungen zulässig. Die Erschöpfung des Rechtswegs verlangt auch, dass der Beschwerdeführer die prozessualen Möglichkeiten nicht versäumt haben darf (z.B. durch Versäumung der Frist zur Einlegung eines statthaften Rechtsbehelfs). 177

Gegen **Legislativakte** gibt es hingegen in der Regel keinen fachgerichtlichen Rechtsschutz, weil kein Rechtsweg gegen Normen besteht (vgl. § 93 Abs. 3 BVerfGG). Die Ausnahmen, in denen ein Rechtsweg gegen Legislativakte besteht, regelt § 47 Abs. 1 VwGO; dieser betrifft Satzungen und bestimmte Rechtsverordnungen nach dem BauGB und nach Maßgabe des jeweiligen Landesrechts weitere unter dem Rang eines Landesgesetzes stehende Rechtsnormen. 178

---

66 BVerfGE 1, 97 (102 f.) (Hinterbliebenenrente).

b) Subsidiarität

179 Eine Verfassungsbeschwerde ist nur zulässig, **wenn die Grundrechtsverletzung auf keinerlei andere Weise hätte beseitigt werden können.**[67] Daher muss der Beschwerdeführer vor Erhebung einer Verfassungsbeschwerde alle zumutbaren Möglichkeiten fachgerichtlichen Rechtsschutzes in Anspruch nehmen. Der vom BVerfG entwickelte Grundsatz der Subsidiarität der Verfassungsbeschwerde dient verschiedenen Zielen[68]: Das BVerfG will zum einen den Vorrang des Grundrechtsschutzes durch die Fachgerichte (Art. 92 GG) sichern. Zum anderen will es bei seiner späteren Anrufung - ggf. durch die Fachgerichte gem. Art. 100 Abs. 1 GG - einen in tatsächlicher und rechtlicher Hinsicht aufbereiteten Fall erhalten. Und schließlich mag die Arbeitsüberlastung des BVerfG eine (entscheidende?) Rolle spielen, auch wenn das BVerfG dies freilich nicht anspricht.

180 Auch wenn der Beschwerdeführer durch ein Gesetz selbst, gegenwärtig und unmittelbar betroffen ist, muss er grundsätzlich den Vollzug oder sonstige Auswirkungen des Gesetzes abwarten oder gar herbeiführen, gegen die Vollzugsmaßnahmen die Gerichte anrufen und auf diesem Weg eine inzidente Normenkontrolle herbeiführen.[69] Allerdings steht der Grundsatz der Subsidiarität unter dem Vorbehalt der Zumutbarkeit: Nicht zumutbar ist es etwa, die Inkaufnahme von straf- und ordnungswidrigkeitenrechtlichen Sanktionen zu verlangen.[70] In Betracht kommt in diesem Fall aber ggf. eine Feststellungsklage gem. § 43 Abs. 1 VwGO.[71] Auch wenn eine einfachere Rechtsschutzmöglichkeit wie etwa das Wahlprüfungsverfahren gem. Art. 41 Abs. 2 GG zur Verfügung steht, ist diese vorrangig zu nutzen.

> BVerfGE 86, 382 (386 f.) (DDR-Bergbau): „Der Zulässigkeit steht jedoch der **Grundsatz der Subsidiarität** der Verfassungsbeschwerde entgegen. Die Bf. können zwar vor den Fachgerichten nicht unmittelbar gegen die angegriffene Regelung Rechtsschutz erlangen. Sie können aber die Fachgerichte zur Sicherung und Durchsetzung der Rechte in Anspruch nehmen, die sie aus der Verfassungswidrigkeit der Regelung herleiten. Zur Herbeiführung einer Vorklärung der tatsächlichen und einfachrechtlichen Lage sind sie gehalten, zunächst - zumindest vorläufigen - Rechtsschutz vor den Fachgerichten zu suchen.
>
> 1. Der in § 90 Abs. 2 BVerfGG zum Ausdruck kommende Grundsatz der Subsidiarität gewährleistet unter anderem, dass dem BVerfG in der Regel nicht nur die abstrakte Rechtsfrage und der Sachvortrag des Bf. unterbreitet werden, sondern auch die Beurteilung der Sach- und Rechtslage durch ein für diese Materie zuständiges Gericht. Der Vorklärung durch die Fachgerichte kommt insbesondere dort Bedeutung zu, wo die Beurteilung der mit der Verfassungsbeschwerde erhobenen Rügen die Prüfung tatsächlicher oder einfachrechtlicher Fragen voraussetzt, für die das Verfahren vor den Fachgerichten besser geeignet ist. **Der Subsidiaritätsgrundsatz stellt sicher, dass dem BVerfG in solchen Fällen infolge der fachgerichtlichen Vorprüfung der Beschwerdepunkte ein bereits eingehend geprüftes Tatsachenmaterial vorliegt und ihm auch die Fallanschauung und die Rechtsauffassung der Fachgerichte vermittelt werden.**“

---

67 Eingehend *Warmke*, Die Subsidiarität der Verfassungsbeschwerde, 1993.

68 BVerfGE 49, 252 (258) (Rechtliches Gehör/Prüfung durch Instanzgerichte); 55, 244 (247) (ModEnG); 69, 122 (125) (KVEG); 74, 69 (75) (LHO).

69 BVerfGE 97, 157 (166) (Saarländisches Pressegesetz).

70 BVerfGE 81, 70 (82 f.) (Rückkehrgebot für Mietwagen).

71 BVerfG, NVwZ 2000, 1407 (1408).

c) Ausnahmen von den Grundsätzen der Rechtswegerschöpfung und der Subsidiarität

Ausnahmsweise werden die Grundsätze der Rechtswegerschöpfung und der Subsidiarität durchbrochen. Das BVerfG kann gem. § 90 Abs. 2 S. 2 BVerfGG[72] sofort entscheiden, wenn **181**

- die Entscheidung von allgemeiner Bedeutung ist, also die Entscheidung beispielsweise die Klärung grundsätzlicher verfassungsrechtlicher Fragen erwarten lässt bzw. Klarheit über die Rechtslage in zahlreichen gleich gelagerten Fällen schafft,[73] oder
- dem Beschwerdeführer ansonsten ein schwerer und unabwendbarer Nachteil entstünde.[74]

7. Allgemeines Rechtsschutzbedürfnis

Bei dem Rechtsschutzbedürfnis handelt es sich um ein allgemeines Institut des Prozessrechts. Es fehlt dann, wenn durch eine Entscheidung des BVerfG die rechtliche Stellung des Antragstellers nicht verbessert werden kann oder wenn ein einfacherer und schnellerer Weg zur Rechtsdurchsetzung gegeben ist. Zu beachten ist, dass nach Berücksichtigung der Rechtswegerschöpfung und Subsidiarität der Punkt „allgemeine Rechtsschutzbedürfnis" nur sehr selten eine eigenständige Bedeutung erlangen und dementsprechend nur bei Anlass geprüft wird.[75] **182**

8. Ordnungsgemäßer Antrag[76]

Die Verfassungsbeschwerde ist gem. § 23 Abs. 1 S. 1 BVerfGG schriftlich zu erheben und gem. §§ 23 Abs. 1 S. 2, 92 BVerfGG substantiiert zu begründen. Ein Telefax reicht nach Ansicht des BVerfG zur schriftlichen Erhebung aus.[77] **183**

9. Frist[78]

Bezüglich der Frist ist gem. § 93 BVerfGG zwischen einer Verfassungsbeschwerde gegen ein Gesetz und sonstigen Verfassungsbeschwerden zu unterscheiden. Bei einer Verfassungsbeschwerde gegen ein Gesetz beträgt die Frist ein Jahr ab In-Kraft-Treten (§ 93 Abs. 3 BVerfGG). Die Frist läuft bei rückwirkenden Gesetzen **184**

---

72 Bei einer Rechtssatz-Verfassungsbeschwerde handelt es sich mangels Rechtsweges um eine entsprechende Anwendung des § 90 Abs. 2 S. 2 BVerfGG, da dieser wegen des engen Zusammenhangs mit S. 1 direkt nur für die Urteils-Verfassungsbeschwerde gilt („ist […] der Rechtsweg zulässig").

73 BVerfGE 84, 90 (116) (Bodenreform I).

74 BVerfGE 106, 225 (231) (Beihilfefähigkeit von Wahlleistungen I).

75 Vgl. allgemein *Pieroth*, in: Jarass/Pieroth, Art. 93 Rn. 66.

76 Wird nur geprüft, wenn der Sachverhalt entsprechenden Anlass bietet.

77 BVerfG, NJW 1996, 2857.

78 Wird nur geprüft, wenn der Sachverhalt entsprechenden Anlass bietet.

ab der Verkündung.[79] Richtet sich die Verfassungsbeschwerde gegen ein gesetzgeberisches Unterlassen, läuft die Frist so lange nicht, wie die Untätigkeit des Gesetzgebers andauert.[80] Bei sonstigen Verfassungsbeschwerden beträgt die Frist einen Monat (§ 93 Abs. 1 BVerfGG). Grundsätzlich beginnt die Frist mit der Zustellung oder formlosen Mitteilung der Entscheidung, wenn diese von Amts wegen vorzunehmen ist (§ 93 Abs. 1 S. 2 BVerfGG). In anderen Fällen beginnt sie mit der Verkündung der Entscheidung, oder, wenn diese nicht zu verkünden ist, mit ihrer sonstigen Bekanntgabe an den Beschwerdeführer (§ 93 Abs. 1 S. 3 BVerfGG).

III. Begründetheit einer Verfassungsbeschwerde

185 Die Verfassungsbeschwerde ist gem. Art. 93 Abs. 1 Nr. 4a GG begründet, wenn der Beschwerdeführer durch den angegriffenen Akt der öffentlichen Gewalt in einem seiner Grundrechte oder grundrechtsgleichen Rechte tatsächlich verletzt ist. Grundsätzlich überprüft das BVerfG in diesem Zusammenhang den angegriffenen Akt **umfassend** auf seine Vereinbarkeit mit dem Grundgesetz. Insbesondere Rechtsnormen werden daher bis in ihre Einzelheiten auf ihre formelle und materielle Verfassungsmäßigkeit hin überprüft. Der Grund dafür ist, dass eine rechtswidrige belastende Norm den Beschwerdeführer zumindest in seinem Grundrecht der allgemeinen Handlungsfreiheit aus Art. 2 Abs. 1 GG verletzt.[81]

186 Besonderheiten gelten für die **Verfassungsbeschwerde gegen Gerichtsurteile**. Denn das BVerfG hat im Gerichtsaufbau insoweit eine Sonderstellung, als jedes gerichtliche Urteil als Akt öffentlicher Gewalt i.S.v. Art. 93 Abs. 1 Nr. 4a GG ein tauglicher Gegenstand einer Verfassungsbeschwerde ist. In allen gerichtlichen Streitigkeiten ist damit das BVerfG faktisch die letzte Instanz. Das BVerfG lehnt es jedoch ab, Urteile umfassend auf ihre Rechtmäßigkeit zu überprüfen. Die Verfassungsbeschwerde gem. Art. 93 Abs. 1 Nr. 4a GG stelle einen außerordentlichen Rechtsbehelf bei Grundrechtsverletzungen dar. Es gehe daher nicht darum, Entscheidungen auf eine Verletzung des einfachen Rechts hin zu überprüfen. Dem BVerfG komme nach den Art. 92, 93 GG **nicht** die Stellung einer **„Superrevisionsinstanz“** zu[82]; die Anwendung des einfachen Rechts sei vielmehr allein Aufgabe der Fachgerichte. Ob daher ein mit der Verfassungsbeschwerde angegriffenes Urteil gegen einfaches Recht verstößt, unterliegt keiner Nachprüfung durch das BVerfG. Eine Urteilsverfassungsbeschwerde ist nur begründet, wenn die ordentlichen Gerichte **„spezifisches Verfassungsrecht“** durch eine fehlerhafte Bestimmung von Reichweite und Grenzen der Grundrechte verletzt haben.[83]

---

79 BVerfGE 64, 367 (376) (Sonderschuloberlehrer).

80 BVerfGE 69, 161 (167) (Gefangenenurlaub).

81 Vgl. dazu Rn. 523.

82 BVerfGE 7, 198 (207) (Lüth); 18, 85 (92) (Spezifisches Verfassungsrecht).

83 Zuletzt BVerfGE 108, 282 (294) (Kopftuch Ludin). Vgl. zum Prüfungsumfang des BVerfG bei zivilgerichtlichen Entscheidungen auch Rn. 324.

IV. Aufbauschema: Zulässigkeit einer Verfassungsbeschwerde

187

Verfassungsbeschwerde

(Art. 93 Abs. 1 Nr. 4a GG; §§ 13 Nr. 8a, 90 ff. BVerfGG)

I. Zuständigkeit des BVerfG

Art. 93 Abs. 1 Nr. 4a GG, §§ 13 Nr. 8a, 90 ff. BVerfGG

II. Parteifähigkeit / Beteiligtenfähigkeit

Jedermann i.S.d. § 90 Abs. 1 BVerfGG ist derjenige, der Träger der im konkreten Fall in Betracht kommenden Grundrechte (Art. 1 - 19 GG) oder grundrechtsgleichen Rechte (Art. 20 Abs. 4, Art. 33, 38, 101, 103, 104 GG) ist.

- Natürliche Personen
  - Einschränkung bei nur Deutschen gewährten Grundrechten
- Juristische Personen (Art. 19 Abs. 3 GG)
  - des Privatrechts, sofern inländisch und Grundrechte dem Wesen nach anwendbar
  - des öffentlichen Rechts nur in Ausnahmefällen

(III. Prozessfähigkeit)

IV. Beschwerdegegenstand

§ 90 Abs. 1 BVerfGG: Akt der öffentlichen Gewalt

- Handeln oder Unterlassen aller drei Gewalten (Legislative, Exekutive, Judikative)

V. Beschwerdebefugnis

- § 90 Abs. 1 BVerfGG: Behauptung einer Grundrechtsverletzung
  - Voraussetzung: Vortrag des Beschwerdeführers ergibt Möglichkeit einer Grundrechtsverletzung
- Eigene, gegenwärtige und unmittelbare Betroffenheit

VI. Erschöpfung des Rechtsweges und Grundsatz der Subsidiarität

- § 90 Abs. 2 S. 1 BVerfGG: Erschöpfung des Rechtswegs
  - i.d.R. kein Rechtsweg gegen Rechtsnormen
- **Subsidiarität**
  - Pflicht zur Nutzung aller sonstigen Rechtsschutzmöglichkeiten
- **Ausnahmen (§ 90 Abs. 2 S. 2 BVerfGG)**
  - Entscheidung von allgemeiner Bedeutung
  - schwerer und unabwendbarer Nachteil

VII. Ordnungsgemäßer Antrag (§§ 23 Abs. 1, 92 BVerfGG), Frist (§ 93 BVerfGG)

Kapitel 5: Kommunikationsgrundrechte (Art. 5 Abs. 1, 2 GG)

Literatur: *Grimm, Dieter*, Die Meinungsfreiheit in der Rechtsprechung des Bundesverfassungsgerichts, NJW 1995, 1697 ff.; *Hoppe, Bernd*, Die „allgemeinen Gesetze" als Schranke der Meinungsfreiheit, JuS 1991, 734 ff.; *Nolte, Martin / Tams, Christian J.*, Der Schutzbereich der Meinungsfreiheit, JA 2002, 259 ff.; *Lerche, Peter*, Aktuelle Grundfragen der Informationsfreiheit, Jura 1995, 561 ff.

Fallbearbeitungen: *Grote, Rainer / Kraus, Dieter*, Fall 7 (S. 103 ff.); *Degenhart, Christoph*, Fälle 1 (S. 30 ff.), 13 (S. 245 ff.); 14 (S. 265 ff.); *Nolte, Martin / Tams, Christian J.*, Grundfälle zu Art. 5 I 1 GG, JuS 2004, 111 ff., 199 ff., 294 ff.; *Schoch, Friedrich*, Fall 4 (S. 159 ff.).

Leitentscheidungen: BVerfGE 7, 198 ff. (Lüth); 20, 162 ff. (Spiegel); 25, 256 ff. (Blinkfüer); 27, 71 ff. (Leipziger Volkszeitung); 73, 118 ff. (4. Rundfunkentscheidung [Landesrundfunkgesetz Niedersachsen]); 93, 266 ff. („Soldaten sind Mörder"); 103, 44 ff. (Gerichtsfernsehen II).

I. Hintergrund

188 Ebenso wie die Versammlungsfreiheit gehören auch die Kommunikationsfreiheiten zum traditionellen Bestand aller deutschen Grundrechtskataloge. Bereits in der Paulskirchenverfassung war die Meinungs- und Pressefreiheit in § 143 verankert. Ihre besondere Bedeutung gewinnen die Kommunikationsfreiheiten aus ihrer Funktion als politische Grundrechte. Eine Demokratie ohne freie Meinungsäußerung und freie Presse ist schlechthin nicht denkbar. Genau wie die Versammlungsfreiheit sind die Kommunikationsgrundrechte daher im Zuge der Demokratisierung erkämpft worden. Konflikte hat es in der Bundesrepublik besonders um die Meinungsfreiheit gegeben. Aus jüngerer Zeit in Erinnerung ist die Entscheidung des BVerfG zu dem als Autoaufkleber verwendeten Tucholsky-Zitat „Soldaten sind Mörder" ebenso wie die Debatte über die Freiheit zur Äußerung rechtsradikaler, volksverhetzender Inhalte (Stichwort: „Auschwitzlüge").

II. Schutzbereich

189 Art. 5 Abs. 1 GG enthält insgesamt vier verschiedene Grundrechte: die Meinungsfreiheit, die Informationsfreiheit, die Pressefreiheit sowie die Rundfunk- und Filmfreiheit.

1. Persönliche Schutzbereiche

Die Grundrechte des Art. 5 Abs. 1 GG enthalten in persönlicher Hinsicht keine Beschränkungen, sondern gelten für jedermann. Damit sind alle natürlichen und gem. Art. 19 Abs. 3 GG[1] auch alle juristischen Personen Träger des Grundrechts. Träger des Grundrechts sind nach der Rechtsprechung des BVerfG schließlich auch die öffentlich-rechtlichen Rundfunkanstalten wie das ZDF oder der WDR. Diese seien unmittelbar dem durch Art. 5 Abs. 1 S. 2 GG geschützten Lebensbereich zugeordnet, sodass ihnen selbst der Grundrechtsschutz zu Gute komme.[2] 190

2. Sachliche Schutzbereiche

Fall 6: Volksverhetzung 191

Journalist J verfasste im Januar 2002 für das „Regensburger Wochenblatt" einen Artikel über die anstehende Referentenwahl in der Stadt Regensburg. Auf der ersten Seite des Anzeigenblatts wies folgender Aufmacher auf den Artikel hin: „Referenten-Entscheidung vor heißer Phase - Kultur: Ein Jude? - Recht: Rosenmeier! - Umwelt: Schörnig?! Der Artikel auf der zweiten Seite beschäftigte sich kritisch mit dem Auswahlverfahren für die Referentenstellen und enthält bezogen auf die Überschrift zudem folgenden Satz: „Er (ein anderer Mitbewerber) soll sich im Assessment etwas besser verkauft haben als der einerseits introvertiert, andererseits durchsetzungsfähig wirkende Külz, ein Jude, der sich in Berlin u.a. durch die Konzeption und Organisation von Ausstellungen einen Namen gemacht hat."

Das Amtsgericht Regensburg verurteilte J wegen Volksverhetzung gemäß § 130 Abs. 1 Nr. 2 StGB zu 100 Tagessätzen zu je 100,- €. Es stützte die Verurteilung ausschließlich auf die Zeile „Kultur: Ein Jude?" in der Überschrift auf der ersten Seite des Anzeigenblatts. Obwohl J bei Abfassung der Schlagzeile bemerkt habe, dass diese Nazi-Jargon darstelle und geeignet sei, zu einer emotional gesteigerten feindseligen Haltung gegen die in Deutschland lebenden Juden aufzustacheln, habe er dies billigend in Kauf genommen. Die Schlagzeile sei geeignet, den öffentlichen Frieden zu stören, weil sie die Menschenwürde anderer dadurch angreife, dass zum Hass gegen Teile der Bevölkerung aufgestachelt werde. Die Schlagzeile könne auch isoliert von dem Text auf der zweiten Seite bewertet werden. Es bestehe kein Zwang, Schlagzeile und Text nur als Gesamtheit zu betrachten. Die Schlagzeile werde im Vorbeigehen gelesen. Sie sei der Aufmacher der Zeitung und ihr Blickfang. Ob der dazugehörige Text gelesen werde, bleibe dem Zufall überlassen. J habe auch den subjektiven Tatbestand des § 130 Abs. 1 Nr. 2 StGB erfüllt. Er sei zwar keinesfalls der rechten Szene zuzurechnen und habe zuvor nie einen in dieser Hinsicht problematischen Artikel geschrieben. Gleichwohl sei seine Einlassung, er habe niemanden angreifen wollen, als Schutzbehauptung zu werten. Das Oberlandesgericht bestätigte in letzter Instanz die Verurteilung des J. Hat die gegen das Urteil gerichtete Verfassungsbeschwerde Erfolg?

§ 130 Abs. 1 Nr. 2 StGB (Volksverhetzung): Wer in einer Weise, die geeignet ist, den öffentlichen Frieden zu stören, (...) die Menschenwürde anderer dadurch angreift, dass er Teile der Bevölkerung beschimpft, böswillig verächtlich macht oder verleumdet, wird (...) bestraft.

Fall leicht abgewandelt nach BVerfG, NJW 2001, 61 ff. (Volksverhetzung)

---

1 Vgl. dazu Rn. 147 ff.

2 BVerfGE 31, 314 (322) (2. Rundfunkentscheidung [Umsatzsteuer]); 59, 231 (254 f.) (Freie Mitarbeiter).

a) Schutzbereich der Meinungsfreiheit (Art. 5 Abs. 1 S. 1 GG)

192 Der Verfassungstext umschreibt die Meinungsfreiheit als „das Recht, seine Meinung in Wort, Schrift und Bild frei zu äußern und zu verbreiten". Zentral für die Bestimmung des Schutzumfangs sind einerseits der Begriff der „Meinung" und andererseits die Begriffe „äußern und verbreiten".

193 Eine **Meinung** ist mit den Worten des BVerfG dadurch geprägt, dass sie ein „Element der Stellungnahme, des Dafürhaltens, des Meinens im Rahmen der geistigen Auseinandersetzung" enthält; „auf den Wert, die Richtigkeit, die Vernünftigkeit der Äußerung kommt es nicht an"[3]. Kurz: Meinung **ist jede wertende Stellungnahme.**[4] Abzugrenzen ist die Meinung deshalb von bloßen **Tatsachen**, denen jedes wertende Element fehlt und die daher nicht in den Schutzbereich der Meinungsfreiheit fallen.[5] Im Gegensatz zu Meinungen sind Tatsachen dem Beweis zugänglich, gibt es also wahre und unwahre Tatsachenbehauptungen. So plausibel und eindeutig diese Unterscheidung auf den ersten Blick aussieht, so schwierig ist die Unterscheidung von Meinung und Tatsache im Einzelfall. Regelmäßig vermischen sich nämlich Tatsachen und Meinungen miteinander und bilden eine unteilbare Äußerung. So dienen Tatsachen regelmäßig dazu, die Richtigkeit bestimmter Meinungen zu belegen. Stellt man in solchen Fällen allein die Meinung, nicht aber die Tatsachenbehauptung unter den Schutz des Art. 5 Abs. 1 S. 1 GG, bleibt der Schutz fragmentarisch und erfüllt das Ziel, den gesamten meinungsgebundenen Kommunikationsprozess zu schützen, nicht. Schließlich liegt häufig bereits in der Auswahl bestimmter Tatsachen und deren Mitteilung eine Bewertung, die Meinung versteckt sich sozusagen hinter der Tatsache. Diese Probleme bei der Definition des Meinungsbegriffs hat auch das BVerfG erkannt: Es nimmt daher an, dass auch eine Tatsachenbehauptung von der Meinungsfreiheit geschützt ist, wenn „sie Voraussetzung der Bildung von Meinungen ist."[6] Vermischen sich also in einer einheitlichen Äußerung Meinungen und Tatsachen untrennbar, so erfasst die Meinungsfreiheit die gesamte Äußerung. Nicht geschützt ist aber nach wie vor die reine Tatsachenmitteilung z.B. im Rahmen statistischer Erhebungen.

194 Zudem nimmt das BVerfG eine Einschränkung des Schutzbereichs vor, indem es „**erwiesen oder bewusst unwahre Tatsachenbehauptung**(en) nicht vom Schutz des Art. 5 Abs. 1 S. 1 umfasst" sieht.[7] Diese könnten - so das BVerfG - zur verfassungsrechtlich geschützten Meinungsbildung nichts beitragen und seien daher nicht schutzwürdig. In der Literatur stößt diese Einschränkung z.T. auf Widerspruch, soweit erwiesen unwahre Tatsachenbehauptungen von vornherein aus dem Schutzbereich ausgeschlossen werden sollen: Die Meinungsfreiheit diene schließlich auch dem Schutz der Freiheit des Irrenden.[8] Dem hat sich das BVerfG zwar

---

3 BVerfGE 65, 1 (41) (Volkszählung).
4 *Sachs*, VerfR II, Kap. B 5 Rn. 3.
5 Gelegentlich umstritten; Nachweise bei *Pieroth/Schlink*, Rn. 552.
6 BVerfGE 65, 1 (41) (Volkszählung).
7 BVerfGE 90, 241 (247) (Auschwitzlüge).
8 *Sachs*, VerfR II, Kap. B 5 Rn. 7; zu den dadurch entstehenden Unsicherheiten vgl. *Huster*, NJW 1996, 487 ff.

bislang nicht angeschlossen. Es legt aber die Hürde des „erwiesen unwahr" sehr hoch; die Unwahrheit muss im Zeitpunkt der Äußerung unzweifelhaft feststehen.[9]

> BVerfGE 90, 241 (247 f.) (Auschwitzlüge): „Gegenstand des grundrechtlichen Schutzes aus Art. 5 Abs. 1 S. 1 GG sind Meinungen. Auf sie bezieht sich die Freiheit der Äußerung und Verbreitung. **Meinungen sind durch die subjektive Beziehung des Einzelnen zum Inhalt seiner Aussage geprägt. Für sie ist das Element der Stellungnahme und des Dafürhaltens kennzeichnend. Insofern lassen sie sich auch nicht als wahr oder unwahr erweisen. Sie genießen den Schutz des Grundrechts, ohne dass es darauf ankommt, ob die Äußerung begründet oder grundlos, emotional oder rational ist, als wertvoll oder wertlos, gefährlich oder harmlos eingeschätzt wird.** Der Schutz des Grundrechts erstreckt sich auch auf die Form der Aussage. Eine Meinungsäußerung verliert den grundrechtlichen Schutz nicht dadurch, dass sie scharf oder verletzend formuliert ist. In dieser Hinsicht kann die Frage nur sein, ob und inwieweit sich nach Maßgabe von Art. 5 Abs. 2 GG Grenzen der Meinungsfreiheit ergeben.
>
> **Tatsachenbehauptungen sind dagegen im strengen Sinn keine Meinungsäußerungen. Im Unterschied zu diesen steht bei ihnen die objektive Beziehung zwischen der Äußerung und der Realität im Vordergrund. Insofern sind sie auch einer Überprüfung auf ihren Wahrheitsgehalt zugänglich.** Tatsachenbehauptungen fallen deswegen aber nicht von vornherein aus dem Schutzbereich von Art. 5 Abs. 1 S. 1 GG heraus. Da sich Meinungen in der Regel auf tatsächliche Annahmen stützen oder zu tatsächlichen Verhältnissen Stellung beziehen, sind sie durch das Grundrecht jedenfalls insoweit geschützt, als sie Voraussetzung für die Bildung von Meinungen sind, welche Art. 5 Abs. 1 GG in seiner Gesamtheit gewährleistet.
>
> Infolgedessen endet der Schutz von Tatsachenbehauptungen erst dort, wo sie zu der verfassungsrechtlich vorausgesetzten Meinungsbildung nichts beitragen können. Unter diesem Gesichtspunkt ist unrichtige Information kein schützenswertes Gut. Das Bundesverfassungsgericht geht deswegen in ständiger Rechtsprechung davon aus, dass die bewusst oder erwiesen unwahre Tatsachenbehauptung nicht vom Schutz der Meinungsfreiheit umfasst wird. Allerdings dürfen die Anforderungen an die Wahrheitspflicht nicht so bemessen werden, dass darunter die Funktion der Meinungsfreiheit leidet und auch zulässige Äußerungen aus Furcht vor Sanktionen unterlassen werden.
>
> **Die Abgrenzung von Meinungsäußerungen und Tatsachenbehauptungen kann freilich schwierig sein, weil beide häufig miteinander verbunden werden und erst gemeinsam den Sinn einer Äußerung ausmachen. In diesem Fall ist eine Trennung der tatsächlichen und der wertenden Bestandteile nur zulässig, wenn dadurch der Sinn der Äußerung nicht verfälscht wird.** Wo das nicht möglich ist, muss die Äußerung im Interesse eines wirksamen Grundrechtsschutzes insgesamt als Meinungsäußerung angesehen und in den Schutzbereich der Meinungsfreiheit einbezogen werden, weil andernfalls eine wesentliche Verkürzung des Grundrechtsschutzes drohte."

Art. 5 Abs. 1 S. 1 GG schützt nicht nur das Haben einer Meinung, sondern auch das Recht, die Meinung in „Wort, Schrift und Bild frei zu äußern und zu verbreiten". Die Meinungsfreiheit ist also genauer gesagt eine **Meinungs*äußerungs*freiheit**. Geschützt ist jede Form der Meinungskundgabe, die angegebenen Modalitäten sind bloß beispielhaft aufgeführt. Eingeschlossen ist auch ein Bestimmungsrecht des Äußernden über Ort und Zeit der Äußerung.[10] **195**

---

9 BVerfGE 99, 185 (197) (Scientology).

10 BVerfGE 93, 266 (289) („Soldaten sind Mörder").

196 Nicht geschützt sind allerdings Äußerungsformen, die über den „geistigen Kampf der Meinungen"[11] hinausgehen und sich wirtschaftlichen Druckes oder Gewalt bedienen. Die Trennlinie hat das BVerfG in den beiden zentralen Entscheidungen „Lüth"[12] und „Blinkfüer"[13] herausgearbeitet:

197 • Im Fall „**Lüth**" hatte ein Hamburger Senatsdirektor mit gleichem Namen öffentlich zum Boykott des Films „Unsterbliche Geliebte" des Regisseurs Veit Harlan aufgerufen. Harlan war an der Produktion des judenfeindlichen NS-Films „Jud Süß" beteiligt gewesen. Diesen öffentlichen Boykottaufruf, der von umfangreichen Hinweisen zur Rolle Harlans im Nationalsozialismus begleitet war, hielt das BVerfG als Teil des Meinungskampfes für zulässig.

198 • Anders entschied das Gericht hingegen im Fall „**Blinkfüer**" im Jahr 1969. Stein des Anstoßes war in diesem Fall die im Raum Hamburg verbreitete gleichnamige Wochenzeitung, in der neben den westdeutschen Fernsehprogrammen auch die Programme der DDR abgedruckt waren. Deshalb forderte der damals einen guten Teil des Hamburger Zeitungsmarktes beherrschende Axel-Springer-Verlag sämtliche Zeitungshändler auf, den Vertrieb von Blinkfüer sofort einzustellen. Es erscheine unbegreiflich, dass sich ein Verlag zum „Abdruck der Ostzonenprogramme für die Verbreitung der Lügen aus Pankow" hergebe. Folge ein Händler diesem Boykottaufruf nicht, so werde man prüfen, ob man zu solchen Händlern die Geschäftsbeziehungen fortsetzen könne. Im Gegensatz zum Lüth-Urteil hielt das BVerfG den Boykottaufruf hier für unzulässig. Es gehe nicht um den freien Meinungskampf, sondern hier werde den betroffenen Zeitungshändlern vielmehr die Möglichkeit genommen, in voller innerer Freiheit zu entscheiden. Damit sei der Schutzbereich der Meinungsäußerungsfreiheit überschritten.

> BVerfGE 25, 256 (265) (Blinkfüer): „Jedoch müssen die Mittel, deren sich der Verrufer zur Durchsetzung der Boykottaufforderung bedient, verfassungsrechtlich zu billigen sein. Ein Boykottaufruf wird durch das Grundrecht der freien Meinungsäußerung dann nicht geschützt, wenn er nicht nur auf geistige Argumente gestützt wird, sich also auf die Überzeugungskraft von Darlegungen, Erklärungen und Erwägungen beschränkt, sondern darüber hinaus sich solcher Mittel bedient, die den Angesprochenen die Möglichkeit nehmen, ihre Entscheidung in voller innerer Freiheit und ohne wirtschaftlichen Druck zu treffen. Dazu gehören insbesondere Androhung oder Ankündigung schwerer Nachteile und Ausnutzung sozialer oder wirtschaftlicher Abhängigkeit, wenn dies dem Boykottaufruf besonderen Nachdruck verleihen soll. Die Freiheit der geistigen Auseinandersetzung ist eine unabdingbare Voraussetzung für das Funktionieren der freiheitlichen Demokratie, weil nur sie die öffentliche Diskussion über Gegenstände von allgemeinem Interesse und staatspolitischer Bedeutung gewährleistet. **Die Ausübung wirtschaftlichen Druckes, der für den Betroffenen schwere Nachteile bewirkt und das Ziel verfolgt, die verfassungsrechtlich gewährleistete Verbreitung von Meinungen und Nachrichten zu verhindern, verletzt die Gleichheit der Chancen beim Prozess der Meinungsbildung. Sie widerspricht auch dem Sinn und dem Wesen des Grundrechts der freien Meinungsäußerung, das den geistigen Kampf der Meinungen gewährleisten soll.**"

[11] BVerfGE 25, 256 (265) (Blinkfüer).
[12] BVerfGE 7, 198 ff. (Lüth).
[13] BVerfGE 25, 256 ff. (Blinkfüer).

Geschützt ist nach Ansicht des BVerfG schließlich auch die sog. **negative Meinungsfreiheit.**[14] Diese gewährleistet das Recht, bestimmte Meinungen nicht zu äußern und zu verbreiten. Diskutiert wurde eine Verletzung im Hinblick auf den auf Zigarettenverpackungen anzubringenden Warnhinweis vor Gesundheitsschäden. Da hier jedoch darauf hingewiesen wird, dass die Warnung von den EG-Gesundheitsministern ausgeht und somit nicht eine eigene, sondern eine fremde Meinung wiedergegeben wird, hielt das BVerfG bereits den Schutzbereich des Art. 5 Abs. 1 S. 1 GG für nicht berührt.[15] **199**

b) Schutzbereich der Informationsfreiheit (Art. 5 Abs. 1 S. 1 GG)

Die Informationsfreiheit schützt das Recht, „sich aus allgemein zugänglichen Quellen ungehindert zu unterrichten". Diese erstmalig im Grundgesetz zu findende Freiheitsgewährleistung stellt eine Reaktion u.a. auf das Verbot des Hörens sog. Feindsender während des zweiten Weltkriegs dar. **200**

Gegenstand der Information und damit maßgeblich für den Schutzumfang ist der Begriff der **„allgemein zugänglichen Quellen"**. Quelle ist zunächst jeder denkbare Träger von Information.[16] Problematisch ist allerdings, wann eine Quelle „allgemein zugänglich" ist. Hier bieten sich im Wesentlichen zwei Auslegungsmöglichkeiten an: Man kann darauf abstellen, ob eine Quelle faktisch allgemein zugänglich ist, also zur allgemeinen Unterrichtung geeignet erscheint. Die Folge dieser Auslegung wäre, dass aus Art. 5 Abs. 1 S. 1 GG ein Anspruch auf Zugänglichmachung derartiger geeigneter Quellen gegenüber dem Staat erwachsen würde. Genau dies widerspricht aber sowohl der systematischen, wie auch der genetischen Auslegung des Art. 5 Abs. 1 S. 1 GG: Art. 5 Abs. 1 S. 1 GG wäre nämlich dann in weitem Umfang ein Leistungsrecht, was dem klar abwehrrechtlichen Charakter der textlich eng verbundenen Meinungsäußerungsfreiheit entgegensteht. Zudem ist Art. 5 Abs. 1 S. 1 GG wie erläutert eine Reaktion auf die Feindsenderregeln des Nationalsozialismus. Es ging darum, dem Staat zu verbieten, vom Urheber für die Allgemeinheit bestimmte Informationen von seinen Bürgern fern zu halten. Dieser beschränkten Zielsetzung hat auch das BVerfG Rechnung getragen: „Allgemein zugänglich ist eine Informationsquelle, wenn sie geeignet und bestimmt ist, der Allgemeinheit, also einem individuell nicht bestimmbaren Personenkreis, Informationen zu verschaffen".[17] Erforderlich ist also die Zweckbestimmung durch den Urheber als „allgemein zugänglich". Wo diese fehlt, wie etwa bei Gerichtsprozessen[18] oder beim Grundbuch[19], ist der Schutzbereich von vornherein nicht eröffnet. „Erst nach der Herstellung der allgemeinen **201**

---

[14] BVerfGE 65, 1 (40) (Volkszählung).

[15] BVerfGE 95, 173 (182) (Warnhinweise für Tabakerzeugnisse); kritisch *di Fabio*, NJW 1997, 2863 f.

[16] *Pieroth/Schlink*, Rn. 562.

[17] BVerfGE 103, 44 (60) (Gerichtsfernsehen II).

[18] Vgl. § 169 S. 2 GVG, generelles Verbot von Ton- und Bildaufnahmen, BVerfGE 103, 44 ff. (Gerichtsfernsehen II).

[19] Hier allerdings umstritten, vgl. § 12 Abs. 1 GBO, berechtigtes Interesse für Einsichtnahme erforderlich, BVerfG, NJW 2001, 503 ff. (Grundbuch).

Zugänglichkeit und nur in ihrem Umfang kann der grundrechtliche Schutzbereich (...) betroffen sein."[20] Nach ihrer Bestimmung durch den Urheber stets allgemein zugänglich sind etwa Radio- und Fernsehübertragungen oder Zeitungen.[21] Seinem begrenzten Schutzumfang entsprechend ist Art. 5 Abs. 1 S. 1 GG bislang eher selten in Erscheinung getreten.

202 Als Handlungsform schützt Art. 5 Abs. 1 S. 1 GG **„sich zu unterrichten"**. Damit ist jede Form der Kenntnisnahme einschließlich der Anwendung der erforderlichen Hilfsmittel gemeint. Geschützt ist daher beispielsweise die Beschaffung und Nutzung einer Satellitenschüssel zum Fernsehempfang.[22]

c) Schutzbereich der Pressefreiheit (Art. 5 Abs. 1 S. 2 GG)

203 **Fall 7: Presseeinsicht ins Grundbuch**

Der H-Verlag gibt das Wirtschaftsmagazin „Wirtschaftswoche" heraus. Er beantragte ohne weitere Darlegungen beim Grundbuchamt, einer Redakteurin Einsicht in bestimmte Grundbuchblätter zu gewähren. Das Amtsgericht wies den Verlag darauf hin, dass Voraussetzung für die Gewährung der Einsicht an einen Vertreter der Presse die Anhörung des in den betreffenden Grundbüchern eingetragenen Eigentümers und die Abwägung der von der Presse wahrgenommenen öffentlichen Interessen mit dem Individualinteresse des Eigentümers sei. Um eine derartige Interessenabwägung vornehmen zu können, wurde die Redakteurin gebeten, die Gründe für die beantragte Grundbucheinsicht mitzuteilen. Dies lehnte sie ab: Zum „berechtigten Interesse" im Sinne des § 12 der Grundbuchordnung (GBO) sei auf den durch Art. 5 GG legitimierten öffentlichen Auftrag der Presse zu verweisen. Die Darlegung eines besonderen berechtigten Interesses führe dazu, dass jegliche Recherchearbeit, die maßgeblich auch auf die Vertraulichkeit im Recherchestadium angewiesen sei, unmöglich gemacht werde. Einem - im Gesetz nicht vorgesehenen und allein auf Richterrecht beruhenden - Anhörungsrecht des Eigentümers vor einer Entscheidung über das Einsichtsbegehren stünden die verfassungsrechtlichen Wertentscheidungen entgegen. Bei Vorabunterrichtung des Grundstückseigentümers erübrige sich die Recherche, weil dieser dadurch über die Recherchen informiert werde. Der zuständige Urkundsbeamte wies den Antrag auf Einsicht daraufhin zurück. Verletzt die ablehnende Entscheidung den H-Verlag in seinen Grundrechten?

§ 12 Abs. 1 GBO: Die Einsicht des Grundbuchs ist jedem gestattet, der ein berechtigtes Interesse darlegt. (...)

Fall nach BVerfG, NJW 2001, 503 ff. (Grundbuch)

204 „Die Pressefreiheit" wird „gewährleistet" - kurz und bündig bekennt sich das Grundgesetz in Art. 5 Abs. 1 S. 2 GG zu diesem für die Demokratie zentralen Grundrecht. Das BVerfG leitet aus diesen wenigen Worten einen umfassenden

[20] BVerfGE 103, 44, 60 (Gerichtsfernsehen II).

[21] Anschauliches Beispiel in BVerfGE 27, 71 ff. (Leipziger Volkszeitung): Dort hatte sich der Beschwerdeführer Anfang der 60er-Jahre die Leipziger Volkszeitung aus der DDR zuschicken lassen; diese war jedoch im Rahmen der westdeutschen Postkontrolle auf Grund ihres angeblich strafbaren Inhaltes von den Zollbehörden eingezogen worden. Das BVerfG nahm hier eine Verletzung der Informationsfreiheit an.

[22] BVerfGE 90, 27 (32 f.) (Parabolantenne I).

Schutz für das Pressewesen und die dort Beschäftigten ab, der von der **Funktion der Presse** in der Demokratie mitbestimmt wird.

> BVerfGE 20, 162 (174 f.) (Spiegel): „**Eine freie, nicht von der öffentlichen Gewalt gelenkte, keiner Zensur unterworfene Presse ist ein Wesenselement des freiheitlichen Staates; insbesondere ist eine freie, regelmäßig erscheinende politische Presse für die moderne Demokratie unentbehrlich.** Soll der Bürger politische Entscheidungen treffen, muss er umfassend informiert sein, aber auch die Meinungen kennen und gegeneinander abwägen können, die andere sich gebildet haben. Die Presse hält diese ständige Diskussion in Gang; sie beschafft die Informationen, nimmt selbst dazu Stellung und wirkt damit als orientierende Kraft in der öffentlichen Auseinandersetzung. In ihr artikuliert sich die öffentliche Meinung; die Argumente klären sich in Rede und Gegenrede, gewinnen deutliche Konturen und erleichtern so dem Bürger Urteil und Entscheidung. In der repräsentativen Demokratie steht die Presse zugleich als ständiges Verbindungs- und Kontrollorgan zwischen dem Volk und seinen gewählten Vertretern in Parlament und Regierung. Sie fasst die in der Gesellschaft und ihren Gruppen unaufhörlich sich neu bildenden Meinungen und Forderungen kritisch zusammen, stellt sie zur Erörterung und trägt sie an die politisch handelnden Staatsorgane heran, die auf diese Weise ihre Entscheidungen auch in Einzelfragen der Tagespolitik ständig am Maßstab der im Volk tatsächlich vertretenen Auffassungen messen können."

Sachlich bestimmt wird der Schutzbereich durch den **Begriff der Presse**. Im **205** allgemeinen Sprachgebrauch erfasst der Begriff alle periodisch erscheinenden Druckschriften, zumeist Zeitungen und Zeitschriften. Der verfassungsrechtliche Pressebegriff geht jedoch über dieses relativ enge Verständnis von Presse deutlich hinaus und erfasst jegliche zur Verbreitung geeigneten und bestimmten Druckerzeugnisse.[23] Maßgeblich ist weder der Inhalt, noch die Form des Druckerzeugnisses - es kommt vielmehr darauf an, dass sich das Erzeugnis an nicht individuell bestimmte Adressaten (Bsp.: Einzeldruck) richtet.[24] Der Grund für diesen weiten Pressebegriff liegt in teleologischen und historischen Erwägungen: Vom Sinn und Zweck des Art. 5 Abs. 1 S. 2 GG her ergibt es wenig Sinn, etwa Bücher aus dem Schutzbereich der Pressefreiheit auszunehmen, obwohl diese gegen staatliche Eingriffe keineswegs weniger anfällig als etwa Zeitungen sind. Auch historisch liegt der Pressefreiheit ein umfassender Pressebegriff zu Grunde: Bereits § 143 der Paulskirchenverfassung bezog die Pressefreiheit auf alle Druckerzeugnisse, vor allem auf Bücher. Dass das Grundgesetz dahinter zurückbleiben will, ist angesichts des Ziels einer umfassenden Schutzgewähr nicht anzunehmen.

Umstritten ist, inwieweit **neue Medien** wie etwa CDs und andere Ton- und Da- **206** tenträger, aber auch Publikationen im Internet von der Pressefreiheit geschützt werden. Verlangt man dem traditionellen Begriff entsprechend ein „Druckerzeugnis", so fallen sämtliche neuen Medien aus dem Schutzbereich heraus. In einer offenen Interpretation des Pressebegriffs kann man aber neben dem Druck auch jede andere Verkörperung genügen lassen, um das Grundrecht der Pressefreiheit eröffnet zu sehen. Will man schließlich auch Publikationen im Internet einbeziehen, so muss man auf das Erfordernis der Verkörperung ganz verzichten, was schwierige Probleme bei der Grenzziehung zur Rundfunkfreiheit aufwirft. Anhaltspunkte bie-

---

23 BVerfGE 95, 28 (35) (Werkszeitungen).

24 *Jarass*, in: Jarass/Pieroth, Art. 5 Rn. 25.

ten hier vor allem systematische und teleologische Erwägungen: In systematischer Hinsicht muss die Abgrenzung zur Rundfunkfreiheit gewahrt bleiben. Sieht man deren Schutzgut in der unkörperlichen Kommunikation durch Wellen, so bietet es sich an, bei der Pressefreiheit als Abgrenzungskriterium eine Verkörperung zu verlangen. Das Internet fiele damit aus dem Schutzbereich der Pressefreiheit heraus; körperliche neue Medien dagegen nicht. Geht man hingegen vom Sinn und Zweck der Pressefreiheit - der Gewährleistung der Massenkommunikation - aus, so muss man feststellen, dass dem auch die neuen Medien dienen und diese daher in den Schutzbereich der Pressefreiheit einzubeziehen sind. Im Ergebnis ist hier vieles offen. Entscheidungen des BVerfG gibt es bislang nicht.

207 Hinsichtlich der möglichen **Betätigungen der Pressefreiheit** wählt das BVerfG ebenfalls einen weiten Ansatz: Geschützt sind sämtliche Verhaltensweisen im Zusammenhang mit der Erzeugung und Verbreitung von Presseprodukten[25], von der Beschaffung der Information bis zur Verbreitung von Nachrichten und Meinungen[26]. Damit sind nahezu alle Betätigungen im Pressewesen von Art. 5 Abs. 1 S. 2 GG erfasst. Zudem hat das BVerfG in seiner Rechtsprechung betont, dass das Grundgesetz auch die Institution der freien Presse gewährleistet. In den Schutzbereich fällt damit alles, was für das Funktionieren der Presse erforderlich ist; das Grundrecht zwingt den Staat ferner zur Schaffung entsprechender Regelungen: Art. 5 Abs. 1 S. 2 GG schützt daher das Redaktionsgeheimnis gegen Durchsuchungen[27] ebenso wie das Zeugnisverweigerungsrecht für Journalisten[28]. Die Pressefreiheit kann schließlich auch als Leistungsrecht gegen den Staat wirken und einen Anspruch auf Zugänglichmachung von Informationen gewährleisten.[29]

208 Sehr umstritten ist schließlich, ob die Pressefreiheit neben der Erzeugung von Presseerzeugnissen auch deren **Inhalt** schützt. Das BVerfG verneint diese Frage in mittlerweile ständiger Rechtsprechung und sieht den Schutz des Meinungsinhalts allein durch die Meinungsfreiheit des Art. 5 Abs. 1 S. 1 GG gewährleistet.[30] Die Pressefreiheit schütze lediglich die Funktion der freien Presse, also die im Pressewesen tätigen Personen in Ausübung ihrer Funktion, das Presseerzeugnis selbst, die institutionell-organisatorischen Voraussetzungen und Rahmenbedingungen sowie die Institution einer freien Presse.[31] Der Meinungsinhalt der Presseerzeugnisse werde hingegen wie jede andere Meinung auch von der Meinungsfreiheit aus Art. 5 Abs. 1 S. 1 GG geschützt. Hinter diesem Konflikt steht die Frage des **systematischen Verhältnisses der Meinungsfreiheit zur Presse-, aber auch zur Rundfunk- und Filmfreiheit**. Aus der Stellung der Pressefreiheit im zweiten Satz des Art. 5 Abs. 1 GG lässt sich durchaus ableiten, dass die Pressefreiheit als lex specialis zur Meinungsfreiheit die Presse umfassend, also auch auf den Inhalt

---

[25] *Sachs*, VerfR II, Kap. B 5 Rn. 30.
[26] BVerfGE 20, 162 (176) (Spiegel).
[27] BVerfGE 20, 162 ff. (Spiegel).
[28] BVerfGE 64, 108 (114 f.) (Chiffreanzeige).
[29] BVerfG, NJW 2001, 503 (504) (Grundbuch).
[30] BVerfGE 85, 1 (11 f.) (Bayer-Aktionäre); 97, 391 (400) (Missbrauchsbezichtigung).
[31] BVerfGE 85, 1 (13) (Bayer-Aktionäre).

bezogen, schützt.[32] Art. 5 Abs. 1 S. 1 GG wäre damit von Art. 5 Abs. 1 S. 2 GG vollständig verdrängt. Das BVerfG sieht die Pressefreiheit hingegen als zusätzliche, neben Art. 5 Abs. 1 S. 1 GG stehende Schutzgewähr, die lediglich pressespezifische Verhaltensweisen einem ergänzenden Schutz unterstellt. Für den Inhalt bleibt es damit beim jedermann zustehenden Schutz aus Art. 5 Abs. 1 S. 1 GG. Im Ergebnis kommen beide Ansichten angesichts der identischen Schrankenregelung des Art. 5 Abs. 2 GG zu einem gleichwertigen Schutz, sodass der Frage lediglich dogmatische Bedeutung zukommt.

BVerfGE 85, 1 (11 f.) (Bayer-Aktionäre): „Zwar handelt es sich bei dem Aufruf, der die umstrittene Äußerung enthält, um ein Druckerzeugnis, das zur Verbreitung geeignet und bestimmt ist und damit nach herrschender Auffassung die Voraussetzung des Pressebegriffs im Sinn von Art. 5 Abs. 1 S. 2 GG erfüllt. Daraus folgt jedoch nicht ohne weiteres, dass dieses Grundrecht auch die einzelne Meinungsäußerung schützt, sobald sie in einem Druckerzeugnis enthalten ist. **Die Pressefreiheit ist weder ein Spezialgrundrecht für drucktechnisch verbreitete Meinungen noch eine auf die Presse gemünzte verstärkende Wiederholung der Meinungsfreiheit.** Wäre es nur darum gegangen sicherzustellen, dass auch die gedruckte Meinung grundrechtlich geschützt ist, so hätte es einer eigenen Garantie der Pressefreiheit nicht bedurft. Vielmehr wäre die Beibehaltung des Mediums „Druck“, das bereits in Art. 143 Abs. 1 S. 1 der Paulskirchen-Verfassung und Art. 118 Abs. 1 der Weimarer Verfassung neben Wort, Schrift und Bild stand, ausreichend gewesen. Auch aus den Debatten im Parlamentarischen Rat ergibt sich, dass der Verzicht auf das Wort „Druck“ im Rahmen der Meinungsfreiheit und die Schaffung einer eigenen Garantie der Pressefreiheit nicht den Sinn haben sollte, gedruckte Äußerungen aus dem Schutzbereich der Meinungsfreiheit auszuschließen und stattdessen dem Schutzbereich der Pressefreiheit zuzuweisen. Das Wort „Druck“ wurde vielmehr nur deswegen aus dem Entwurf gestrichen, weil es nach Auffassung des Parlamentarischen Rats bereits im Tatbestandsmerkmal „Schrift“ enthalten war (vgl. JöR N.F. 1, S. 80 ff.).

Während die in einem Presseerzeugnis enthaltene Meinungsäußerung bereits durch Art. 5 Abs. 1 S. 1 GG geschützt ist, geht es bei der besonderen Garantie der Pressefreiheit um die einzelne Meinungsäußerungen übersteigende Bedeutung der Presse für die freie individuelle und öffentliche Meinungsbildung, die Art. 5 Abs. 1 GG gewährleisten will. **Daher bezieht sich der Schutz von Art. 5 Abs. 1 S. 2 GG vor allem auf die Voraussetzungen, die gegeben sein müssen, damit die Presse ihre Aufgabe im Kommunikationsprozess erfüllen kann.** Das ist gemeint, wenn das Bundesverfassungsgericht von einem weiten Pressebegriff gesprochen und festgestellt hat, das Grundrecht schütze die institutionelle Eigenständigkeit der Presse von der Beschaffung der Information bis zur Verbreitung der Nachricht und der Meinung. Wenn es bei dieser Gelegenheit heißt, die institutionelle Sicherung der Presse schließe das subjektive öffentliche Recht der im Pressewesen tätigen Personen ein, ihre Meinung in der ihnen geeignet erscheinenden Form ebenso frei und ungehindert zu äußern wie jeder andere Bürger, so waren damit nicht einzelne Äußerungen in der Presse gemeint. Vielmehr hat das Bundesverfassungsgericht auf der Grundlage dieser Formulierung die Verfassungsmäßigkeit eines Landesgesetzes geprüft, das der Regierung das Recht einräumte, Redakteuren unter bestimmten Voraussetzungen die Berufsausübung zu untersagen.

Der Schutzbereich der Pressefreiheit ist daher berührt, wenn es um **die im Pressewesen tätigen Personen in Ausübung ihrer Funktion, um ein Presseerzeugnis selbst, um seine institutionell-organisatorischen Voraussetzungen und Rahmenbedingungen sowie um die Institution einer freien Presse überhaupt geht.** Handelt es sich dagegen um die Frage, ob eine bestimmte Äußerung erlaubt war oder nicht, insbesondere ob ein Dritter eine für ihn nachteilige Äußerung hinzunehmen hat, ist ungeachtet des Verbreitungsmediums Art. 5

[32] So *Bethge*, in: Sachs, GG, Art. 5 Rn. 47.

Abs. 1 S. 1 GG einschlägig. Dementsprechend hat das Bundesverfassungsgericht auch bisher schon die Zulässigkeit von Meinungsäußerungen in Büchern oder Flugblättern, also Publikationen, die nach allgemeiner Auffassung dem Pressebegriff unterfallen, am Grundrecht der Meinungsfreiheit gemessen."

d) Schutzbereich der Rundfunk- und Filmfreiheit (Art. 5 Abs. 1 S. 2 GG)

209 Mit der Gewährleistung der Rundfunkfreiheit öffnet sich das Grundgesetz gegenüber der damals neuartigen Technologie der Übermittlung von Inhalten durch physikalische Wellen. **Rundfunk** ist jede Veranstaltung und Verbreitung von Darbietungen aller Art für einen unbestimmten Personenkreis mit Hilfe elektrischer Schwingungen.[33] Erfasst ist also sowohl der drahtgebundene wie auch der drahtlose Rundfunk, der Hörfunk wie auch der Fernsehfunk.[34] Ähnliche Probleme wie bei der Pressefreiheit stellen sich bei der Rundfunkfreiheit im Bezug auf die neuen Medien: Zur Abgrenzung zur Pressefreiheit bietet es sich an, alle elektronisch übertragenen, nicht verkörperten Inhalte von der Rundfunkfreiheit erfasst zu sehen. Damit unterfiele auch das Internet - jedenfalls das WWW -, nicht aber der E-mail-Verkehr als Form der individuellen Kommunikation, der Rundfunkfreiheit.[35]

210 Wenig Bedeutung hat bislang die Filmfreiheit des Art. 5 Abs. 1 S. 2 GG gewonnen. Ihre Aufnahme in das Grundgesetz verdankt die Filmfreiheit der „Wochenschau", die früher - vor dem Fernsehzeitalter - eine wesentliche Quelle aktueller politischer Information darstellte. **Film** ist jede Übermittlung von Gedankeninhalten durch Bilderreihen, die zur Projektierung bestimmt sind.[36] Auf die Aufzeichnungsart kommt es nicht an, sodass grundsätzlich auch Videofilme und DVDs der Filmfreiheit unterfallen. Streitig ist aber, ob für den privaten Gebrauch angebotene Videos und DVDs, die nicht zur allgemeinen Vorführung bestimmt sind, von der Filmfreiheit geschützt sind.[37]

211 Hinsichtlich der **Betätigungsformen** gilt im Wesentlichen das zur Pressefreiheit Gesagte. Auch hier unterfällt der Inhalt lediglich dem Schutz des Art. 5 Abs. 1 S. 1 GG. Besonderheiten sind allerdings bei der Rundfunkfreiheit insofern zu berücksichtigen, als die Anzahl der Frequenzen (bislang) begrenzt ist und der Rundfunk im deutschen dualen System teils öffentlich-rechtlich, teils privatrechtlich organisiert ist. Diesen Dualismus hält das BVerfG für zulässig. Zudem betrachtet das BVerfG Art. 5 Abs. 1 S. 2 GG als sog. „normgeprägtes Grundrecht", dessen Gehalt der Gesetzgeber ausgestalten muss.[38] So verlangt das

---

[33] *Jarass*, in: Jarass/Pieroth, Art. 5 Rn. 36.

[34] BVerfGE 12, 205 (226) (1. Rundfunkentscheidung [Deutschland-Fernsehen]).

[35] Eingehend zur Frage, ob das Internet Rundfunk i.S.v. Art. 5 Abs. 1 S. 2 GG ist, *Peine*, in: FS für Folz, 2003, S. 257 ff.

[36] *Pieroth/Schlink*, Rn. 580.

[37] *Sachs*, VerfR II, Kap. B 5 Rn. 51, hält die Pressefreiheit für einschlägig.

[38] BVerfGE 57, 295 (319) (3. Rundfunkentscheidung [FRAG/Saarländisches Rundfunkgesetz]). Vgl. dazu Rn. 390 ff.

BVerfG von den (Landes-) Gesetzgebern, Regelungen zu schaffen, die einen Meinungspluralismus auch im privaten Rundfunk sicherstellen.[39]

III. Eingriffe

Eingriffe in die Freiheiten des Art. 5 Abs. 1 GG sind in vielfältiger Hinsicht denkbar: In Art. 5 Abs. 1 S. 1 GG wird durch jedes Verbot und jede Behinderung einer Meinungsäußerung eingegriffen. Die Presse- und Rundfunkfreiheit wird durch jede Beeinträchtigung der Arbeit von Presse und Rundfunk verkürzt. Eingriffe in die Informationsfreiheit liegen in jeder Behinderung des Zugangs zu allgemein zugänglichen Informationen. **212**

IV. Rechtfertigung von Eingriffen

1. Die Schranken des Art. 5 Abs. 2 GG

Die Grundrechte des Art. 5 Abs. 1 GG sind nicht schrankenlos gewährleistet, sondern „finden ihre Schranken in den Vorschriften der allgemeinen Gesetze, den gesetzlichen Bestimmungen zum Schutze der Jugend und in dem Recht der persönlichen Ehre“. Art. 5 Abs. 2 GG knüpft damit Beschränkungen an bestimmte materielle Voraussetzungen, namentlich besondere Zielsetzungen. Es handelt sich bei Art. 5 Abs. 2 GG um einen **qualifizierten Gesetzesvorbehalt**, also einen Gesetzesvorbehalt, der Eingriffe des Gesetzgebers an besondere Qualifikationen bindet.[40] Einen weiteren qualifizierten Gesetzesvorbehalt enthält Art. 17a Abs. 1 GG. **213**

a) „Allgemeine Gesetze“

Zentralbegriff der Schrankenregelung des Art. 5 Abs. 2 GG ist der Begriff der „allgemeinen Gesetze“. Der Begriff stammt aus der Weimarer Zeit; bereits in Art. 118 Abs. 1 WRV fand die Meinungsfreiheit hier ihre Schranke. Für das Ausmaß der möglichen Einschränkungen ist die Auslegung des Wortes „allgemein“ entscheidend: **214**

Orientiert man sich streng am Wortlaut, könnte man all jene Gesetze für „allgemein“ halten, die für alle gleichermaßen gelten und nicht bloß einen Einzelfall regeln (abstrakt-generelle Regelungen). Dieser Auslegung steht allerdings ein zwingendes systematisches Argument entgegen: Das Verbot des Einzelfallgesetzes enthält bereits Art. 19 Abs. 1 S. 1 GG, sodass Art. 5 Abs. 2 GG bei dieser Auslegung faktisch kein qualifizierter, sondern ein einfacher Gesetzesvorbehalt wäre. Dem Wort „allgemein“ käme keinerlei begrenzende Funktion mehr zu. **215**

---

39 BVerfGE 97, 228 (257 f.) (Kurzberichterstattung). Vgl. dazu auch *Bethge*, in: Sachs, GG, Art. 5 Rn. 90 ff.

40 Anders der einfache Gesetzesvorbehalt z.B. des Art. 8 Abs. 2 GG, vgl. dazu Rn. 41, 44.

216 Das BVerfG hat deshalb auf Grund teleologischer und vor allem historischer Erwägungen schon 1958 eine andere, inhaltsbezogene Auslegung gewählt.[41] Es knüpft dabei an die zu Art. 118 Abs. 1 WRV vertretenen Auffassungen[42] an: die Abwägungslehre und die Sonderrechtslehre. Nach der **Abwägungslehre** sind all diejenigen Gesetze „allgemein" i.S.v. Art. 5 Abs. 2 GG, die einem höheren „Allgemeininteresse" dienen und deshalb auf Grund des von ihnen geschützten höherwertigen Rechtsgutes den Vorrang vor den Freiheiten des Art. 5 Abs. 1 GG verdienen. Kern der Abwägungslehre ist folglich eine Verhältnismäßigkeitsprüfung. Daraus leitet sich auch die Kritik der Abwägungslehre ab: Anders als zur Weimarer Zeit stellt die Überprüfung der Verhältnismäßigkeit heute ein konstitutives Element jeder Grundrechtsprüfung dar, sodass das Wort „allgemein" wiederum keine eigenständige begrenzende Funktion aufwiese.

217 Dieser Kritik begegnet die **Sonderrechtslehre**, die nach dem Ziel des einschränkenden Gesetzes fragt und insofern eine „allgemeine" Zielsetzung erfordert. Hintergrund ist, dass die Freiheiten des Art. 5 Abs. 1 GG nicht von der Beachtung der allgemeinen Rechtsordnung freistellen, sondern lediglich Sonderrecht gegen die Kommunikationsfreiheiten verhindern sollen. Die Sonderrechtslehre existiert in zwei Varianten: „Allgemein" ist ein Gesetz nach der ersten Variante, wenn es sich nicht gegen eine Meinung als solche, also gegen einen bestimmten Meinungsinhalt richtet. Das Gesetz muss also inhaltlich neutral sein („Meinungsneutralität der allgemeinen Gesetze"). Nach der zweiten Variante ist ein Gesetz nur dann allgemein, wenn es sich nicht gezielt gegen die Freiheiten des Art. 5 Abs. 1 GG richtet, sondern Betätigungen „allgemein" und unabhängig davon betrifft, ob der Schutzbereich des Art. 5 Abs. 1 GG betroffen ist oder nicht.

218 All diese aus der Weimarer Zeit historisch überlieferten Auslegungsansätze hat das BVerfG zu einer Formel verbunden, die es seit dem Lüth-Urteil mit nur geringfügigen Veränderungen immer wieder zur Anwendung bringt: **Allgemein** sind Gesetze dann, „wenn sie sich weder gegen die Meinungsfreiheit an sich noch gegen bestimmte Meinungen richten, sondern dem Schutz eines schlechthin, ohne Rücksicht auf eine bestimmte Meinung, zu schützenden Rechtsguts dienen"[43].

> BVerfGE 7, 198 (209 f.) (Lüth): „Der Begriff des „allgemeinen" Gesetzes war von Anfang an umstritten. Es mag dahinstehen, ob der Begriff nur infolge eines Redaktionsversehens in den Artikel 118 der Reichsverfassung von 1919 gelangt ist. **Jedenfalls ist er bereits während der Geltungsdauer dieser Verfassung dahin ausgelegt worden, dass darunter alle Gesetze zu verstehen sind, die „nicht eine Meinung als solche verbieten, die sich nicht gegen die Äußerung der Meinung als solche richten", die vielmehr „dem Schutze eines schlechthin, ohne Rücksicht auf eine bestimmte Meinung, zu schützenden Rechtsguts dienen", dem Schutze eines Gemeinschaftswerts, der gegenüber der Betätigung der Meinungsfreiheit den Vorrang hat.** (…)
>
> Die - so verstandene- Meinungsäußerung ist als solche, d.h. in ihrer rein geistigen Wirkung, frei; wenn aber durch sie ein gesetzlich geschütztes Rechtsgut eines anderen beeinträch-

41 BVerfGE 7, 198 (209 f.) (Lüth).

42 Anschaulich dazu *Anschütz,* Die Verfassung des Deutschen Reiches, 14. Aufl. 1933, Art. 118 Anm. 3 f.

43 So zuletzt BVerfGE 97, 125 (146) (Caroline von Monaco I).

> tigt wird, dessen Schutz gegenüber der Meinungsfreiheit den Vorrang verdient, so wird dieser Eingriff nicht dadurch erlaubt, dass er mittels einer Meinungsäußerung begangen wird. Es wird deshalb eine „Güterabwägung" erforderlich: Das Recht zur Meinungsäußerung muss zurücktreten, wenn schutzwürdige Interessen eines anderen von höherem Rang durch die Betätigung der Meinungsfreiheit verletzt würden. Ob solche überwiegenden Interessen anderer vorliegen, ist auf Grund aller Umstände des Falles zu ermitteln."

219

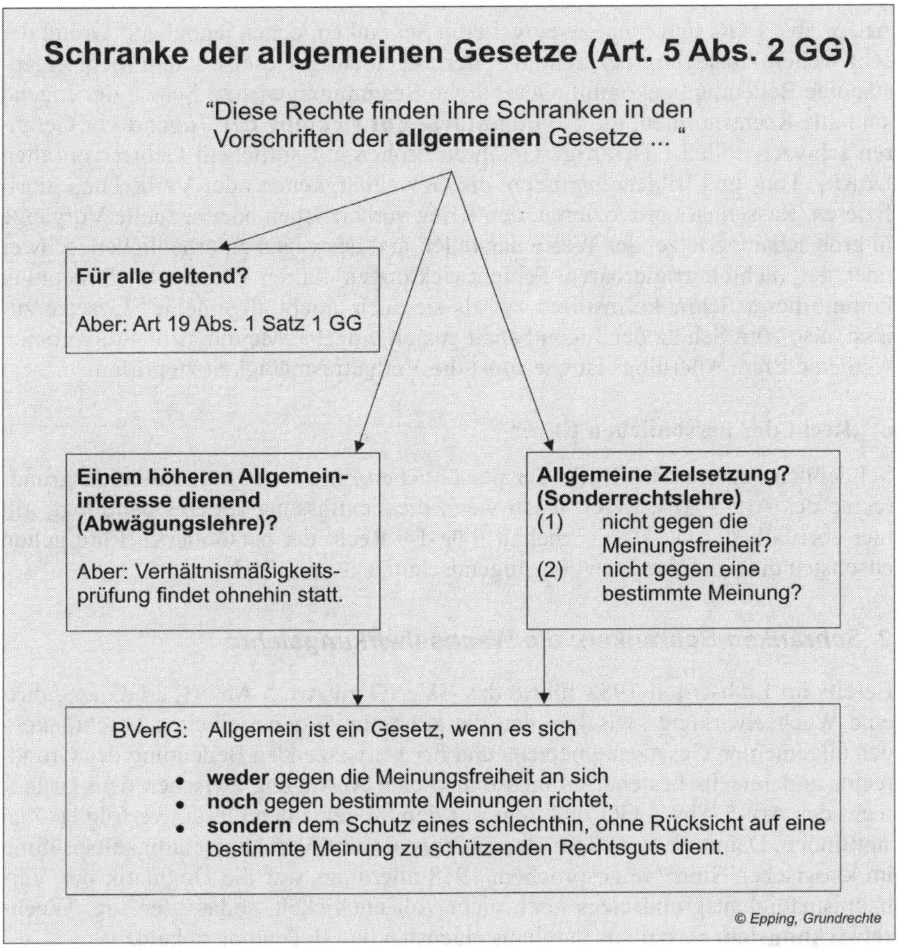

Entscheidendes Kriterium in der Rechtsprechung ist dabei der **Rechtsgüterschutz**. Verbietet der Staat etwa die Leugnung des Holocausts als Volksverhetzung (§ 130 Abs. 3 StGB), so stellt dies streng genommen klassisches Sonderrecht sowohl gegen die Meinungsfreiheit an sich, als auch gegen einen bestimmten Meinungsinhalt dar. Dennoch hat das BVerfG § 130 StGB für verfassungsmäßig gehalten und maßgeblich darauf abgestellt, dass nicht die Meinung um ihrer selbst Willen verboten werde. Das auch im Wortlaut des § 130 StGB zum Ausdruck kommende Ziel sei vielmehr „der Schutz der Menschlichkeit". Dieses Ziel des 220

Rechtsgüterschutzes sei legitim und könne eine Beschränkung der Meinungsfreiheit rechtfertigen.[44] In der Literatur wird diese Rechtsprechung z.T. sehr kritisch gesehen.[45] Faktisch kommt damit der qualifizierte Gesetzesvorbehalt des Art. 5 Abs. 2 GG einem einfachen Gesetzesvorbehalt sehr nahe.

b) „Gesetzliche Bestimmungen zum Schutze der Jugend"

221 Art. 5 Abs. 1 GG unterliegt zwei weiteren Schranken, denen jedoch auf Grund der sehr weiten Auslegung der Schranke der allgemeinen Gesetze kaum mehr eigenständige Bedeutung zukommt. Gesetzliche Bestimmungen zum Schutz der Jugend sind alle Rechtsnormen, die die **ungestörte Entwicklung der Jugend** vor Gefahren schützen sollen. „Derartige Gefahren drohen auf sittlichem Gebiet von allen Druck-, Ton- und Bilderzeugnissen, die Gewalttätigkeiten oder Verbrechen glorifizieren, Rassenhass provozieren, den Krieg verherrlichen oder sexuelle Vorgänge in grob schamverletzender Weise darstellen und deswegen zu erheblichen, schwer oder gar nicht korrigierbaren Fehlentwicklungen führen können."[46] Bedeutung kommt dieser Schranke insofern zu, als sie auch „nicht-allgemeine" Gesetze zulässt, also zum Schutz der Jugend auch gezielt einzelne Meinungsinhalte verboten werden dürfen. Allerdings ist wie sonst die Verhältnismäßigkeit zu prüfen.

c) „Recht der persönlichen Ehre"

222 Schließlich begrenzt das Recht der persönlichen Ehre die Kommunikationsgrundrechte des Art. 5 Abs. 1 GG. Auch wenn die Textfassung anderes nahe legt, gilt hier ebenfalls der Gesetzesvorbehalt. Für das Recht der persönlichen Ehre gelten ansonsten die Ausführungen zum Jugendschutz entsprechend.

2. Schranken-Schranken: die Wechselwirkungslehre

223 Bereits im Lüth-Urteil 1958 führte das BVerfG zu Art. 5 Abs. 1, 2 GG aus, dass eine Wechselwirkung zwischen den die Kommunikationsfreiheiten beschränkenden allgemeinen Gesetzen einerseits und der wertsetzenden Bedeutung des Grundrechts andererseits bestehe. Es müsse also eine Abwägung zwischen dem Grundrecht des Art. 5 Abs. 1 GG und dem mit dem allgemeinen Gesetz verfolgten Ziel stattfinden. Damit ist de facto nichts anderes als eine Verhältnismäßigkeitsprüfung im klassischen Sinn[47] angesprochen. 1958 allerdings war die Dogmatik des Verhältnismäßigkeitsgrundsatzes noch nicht voll entwickelt, sodass der sog. **Wechselwirkungslehre**[48] damals durchaus eigenständige Bedeutung zukam.

---

[44] BVerfGE 90, 241 (251) (Auschwitzlüge).

[45] Dazu *Bethge*, in: Sachs, GG, Art. 5 Rn. 142 ff. und *Hoppe*, JuS 1991, 734 (737 f.).

[46] BVerfGE 30, 336 (347) (Jugendschutz vor Nacktkultur).

[47] Vgl. dazu Rn. 46 ff.

[48] Gelegentlich spöttisch als „Schaukeltheorie" umschrieben.

BVerfGE 7, 198 (208 f.) (Lüth): „Aus dieser grundlegenden Bedeutung der Meinungsäußerungsfreiheit für den freiheitlich-demokratischen Staat ergibt sich, dass es vom Standpunkt dieses Verfassungssystems aus nicht folgerichtig wäre, die sachliche Reichweite gerade dieses Grundrechts jeder Relativierung durch einfaches Gesetz (und damit zwangsläufig durch die Rechtsprechung der die Gesetze auslegenden Gerichte) zu überlassen. Es gilt vielmehr im Prinzip auch hier, was oben allgemein über das Verhältnis der Grundrechte zur Privatrechtsordnung ausgeführt wurde: **die allgemeinen Gesetze müssen in ihrer das Grundrecht beschränkenden Wirkung ihrerseits im Lichte der Bedeutung dieses Grundrechts gesehen und so interpretiert werden, dass der besondere Wertgehalt dieses Rechts, der in der freiheitlichen Demokratie zu einer grundsätzlichen Vermutung für die Freiheit der Rede in allen Bereichen, namentlich aber im öffentlichen Leben, führen muss, auf jeden Fall gewahrt bleibt**. Die gegenseitige Beziehung zwischen Grundrecht und „allgemeinem Gesetz" ist also nicht als einseitige Beschränkung der Geltungskraft des Grundrechts durch die „allgemeinen Gesetze" aufzufassen; es findet vielmehr eine Wechselwirkung in dem Sinne statt, dass die „allgemeinen Gesetze" zwar dem Wortlaut nach dem Grundrecht Schranken setzen, ihrerseits aber aus der Erkenntnis der wertsetzenden Bedeutung dieses Grundrechts im freiheitlichen demokratischen Staat ausgelegt und so in ihrer das Grundrecht begrenzenden Wirkung selbst wieder eingeschränkt werden müssen."

Heute ist die Wechselwirkungslehre weitgehend im allgemeinen Verhältnismäßigkeitsgrundsatz aufgegangen.[49] Dennoch weist die Verhältnismäßigkeitsprüfung bei Art. 5 Abs. 1 GG Besonderheiten gegenüber anderen Grundrechten auf, die auch heute noch mit dem Begriff der Wechselwirkungslehre umschrieben werden. **224**

Steht ein Eingriff in die Meinungsfreiheit zur Diskussion, so geht das BVerfG von drei Ebenen[50] aus, auf denen Art. 5 Abs. 1 S. 1 GG jeweils Bedeutung gewinnt. Zunächst ist Art. 5 Abs. 1 S. 1 GG beim Verständnis der Äußerung zu beachten, die zu dem Eingriff Anlass gegeben hat. Auf dieser **„Sinn- oder Deutungsebene"** ist die Äußerung selbst zurückhaltend auszulegen. Dabei sind etwa der Anlass der Äußerung, der Ort, die Zeit, die Adressaten und die möglichen verschiedenen Bedeutungen heranzuziehen. In einer erhitzten Diskussion mit Rede und Gegenrede mag etwa eine scharfe Äußerung, die isoliert als ehrverletzend gesehen werden könnte, im Kontext bereits auf der Deutungsebene als harmlos angesehen werden. Das BVerfG jedenfalls untersucht Äußerungen stets darauf, ob auch ein Verständnis möglich und ggf. sogar nahe liegend ist, dass für Beschränkungen von vornherein keinen Anlass gibt. So war etwa bei der Äußerung „Soldaten sind Mörder" isoliert betrachtet eine Wertung als Ehrverletzung der Bundeswehrsoldaten durchaus möglich. Zu berücksichtigen war jedoch auch der Kontext, also in einem Beispiel die Einbeziehung der Äußerung in ein Flugblatt, das sich mit dem Krieg allgemein und ohne jeden Bezug zur Bundeswehr beschäftigte. Eine isolierte Betrachtung des Satzes hielt das BVerfG in diesem Fall für sinnentstellend und angesichts der Bedeutung des Art. 5 Abs. 1 GG für unzulässig.[51] **225**

Auf der zweiten **„Normauslegungsebene"** ist die in die Kommunikationsfreiheiten eingreifende Norm selbst grundrechtsbezogen auszulegen. Das BVerfG geht hier von einer Vermutung zu Gunsten der Meinungsfreiheit aus und hält dem- **226**

49 *Sachs*, VerfR II, Kap. B 5 Rn. 64.

50 Dazu insgesamt: *Grimm*, NJW 1995, 1697 (1700 ff.).

51 BVerfGE 93, 266 (297 ff.) („Soldaten sind Mörder").

entsprechend überhöhte Anforderungen an die Zulässigkeit von Kritik oder die Sorgfaltspflicht bei Tatsachenmitteilungen für generell ausgeschlossen.[52] Jede Norm muss daher ohne Rückgriff auf den Einzelfall so ausgelegt werden, dass überhöhte Anforderungen nicht begründet werden.

227 Wesentliche Bedeutung kommt schließlich der dritten „**Normanwendungsebene**" zu. Auf dieser Ebene wird im Einzelfall geprüft, ob die konkrete Normanwendung die Kollision zwischen dem Kommunikationsgrundrecht und dem kollidierenden Interesse zutreffend aufgelöst hat. Auf dieser Ebene findet also die bekannte einzelfallbezogene Abwägung statt, bei der die Wertigkeit der jeweiligen Rechtsgüter und das Maß ihrer Betroffenheit ins Verhältnis gesetzt werden.

228 **Hinweis zur Fallbearbeitung:**

In der Fallbearbeitung stellt die Wechselwirkungslehre den Bearbeiter gelegentlich vor schwierige Aufbaufragen, insbesondere dann, wenn mehrere der drei Ebenen Anlass zu Ausführungen bieten. Entsprechend der Bedeutung der Wechselwirkungslehre als Ausprägung des Verhältnismäßigkeitsgrundsatzes kann der Begriff in der Einleitung der Verhältnismäßigkeitsprüfung genannt und kurz (!) erläutert werden. Die eigentliche Prüfung der drei Ebenen sollte hingegen zweckmäßigerweise direkt in die Angemessenheitsprüfung hinsichtlich des Gesetzes (Normauslegungsebene) bzw. hinsichtlich des Einzelakts (Deutungsebene, Normanwendungsebene) integriert werden. Dabei ist eine schematische Trennung der Ebenen nicht notwendig; es sollte aber deutlich werden, dass sowohl der Sinngehalt der Äußerung wie auch die generelle und konkrete Zielrichtung der Norm anhand der „Wechselwirkung" mit Art. 5 Abs. 1 GG untersucht werden.[53]

3. Zensurverbot

229 Art. 5 Abs. 1 S. 3 GG verbietet darüber hinaus einen Eingriff explizit: die Zensur. Zensur meint lediglich die **Vor- bzw. Präventivzensur**. Als Vor- oder Präventivzensur werden einschränkende Maßnahmen vor der Herstellung oder Verbreitung eines Geisteswerkes, insbesondere das Abhängigmachen von behördlicher Vorprüfung oder Genehmigung seines Inhalts (Verbot mit Erlaubnisvorbehalt), bezeichnet. Nicht erfasst ist hingegen die Nachzensur: Ist ein Werk an die Öffentlichkeit gelangt, gilt die Schrankenregelung des Art. 5 Abs. 2 GG, die bei einer Geltung des Art. 5 Abs. 1 S. 3 GG auch für die Nachzensur gegenstandslos wäre. Die Beschränkung des Art. 5 Abs. 1 S. 3 GG auf die Vorzensur wird überdies durch die Entstehungsgeschichte bestätigt: Die gleich lautende Bestimmung des Art. 118 Abs. 2 S. 1 WRV beschränkte sich nach der damals überwiegenden Ansicht im Schrifttum ebenfalls auf die Vorzensur, wovon der Verfassungsgeber nicht abweichen wollte.[54] Art. 5 Abs. 1 S. 3 GG gilt absolut, ist also insbesondere nicht den Schranken des Art. 5 Abs. 2 GG unterworfen.

---

52 BVerfGE 42, 163 (170 f.) (Echternach).

53 Beispiel für eine Prüfung der Wechselwirkungslehre bei *Schoch*, Fall 1, (S. 180 ff.).

54 BVerfGE 33, 52 (71 ff.) (Zensur).

V. Grundrechtskonkurrenzen

Insbesondere die Kommunikationsfreiheiten treffen in der Praxis häufig mit anderen Grundrechten zusammen. Nach welchem Grundrecht aber bemisst sich in solchen Fällen der Grundrechtsschutz?[55] 230

Beispiel 1: Auf einer Versammlung i.S.v. Art. 8 Abs. 1 GG hält ein Teilnehmer ein Plakat mit der Aufschrift „Müller ist ein Faschist" in die Höhe. Die zuständige Behörde beschlagnahmt das Plakat.

In diesem Fall könnte auf den ersten Blick sowohl die Versammlungsfreiheit des Art. 8 Abs. 1 GG als auch die Meinungsfreiheit des Art. 5 Abs. 1 GG betroffen sein. Jedoch schützt die Versammlungsfreiheit nur versammlungsspezifische Betätigungen. Das Äußern einer Meinung mittels eines Plakates ist jedoch nicht versammlungsspezifisch.[56] Somit ist bereits der Schutzbereich des Art. 8 Abs. 1 GG nicht berührt, sodass Art. 5 Abs. 1 S. 1 GG allein zum Tragen kommt. Konkurrenzfragen stellen sich hier nicht; die **Abgrenzung** findet vielmehr **auf der Ebene der Schutzbereiche** statt. 231

Beispiel 2: A ruft mittels eines Plakats mit der Aufschrift „Müller ist ein Faschist" zu einer Versammlung auf. Die zuständige Behörde beschlagnahmt das Plakat.

Anders als im Ausgangsfall richtet sich hier der staatliche Eingriff unmittelbar gegen die Vorbereitung einer Versammlung, also mithin gegen eine versammlungsspezifische Betätigung. Art. 8 Abs. 1 GG ist damit betroffen. Gleichzeitig wird das Äußern der Meinung, „Müller ist ein Faschist", unterdrückt. Auch die Meinungsfreiheit des Art. 5 Abs. 1 S. 1 GG ist daher berührt. Da beide Grundrechte vollkommen **unterschiedliche Schutzbereiche** haben, kommen sie in einem solchen Fall **nebeneinander** zur Anwendung.[57] Ein Verfassungsverstoß liegt schon dann vor, wenn nur ein Grundrecht verletzt ist. 232

Beispiel 3: Auf einer Versammlung i.S.v. Art. 8 Abs. 1 GG hält ein Teilnehmer ein künstlerisch gestaltetes Plakat in die Höhe, das Müller in Gesellschaft von NS-Tätern zeigt. Die zuständige Behörde beschlagnahmt das Plakat.

In diesem Fall kommen - Art. 8 Abs. 1 GG scheidet wie in Beispiel 1 aus - einerseits die Meinungsfreiheit (Art. 5 Abs. 1 S. 1 GG) und andererseits die Kunstfreiheit (Art. 5 Abs. 3 S. 1 GG) in Betracht. Tatbestandlich sind beide Freiheiten einschlägig. Anders als in Beispiel 2, wo die einschlägigen Grundrechte völlig unterschiedliche Schutzgüter haben, schützen hier sowohl die Meinungs- wie auch die Kunstfreiheit das Recht, eine bestimmte Aussage öffentlich zu präsentieren. Die **Schutzbereiche überschneiden sich** daher. Kommt es zu sachlichen Überschneidungen der Schutzbereiche, stellt sich stets die Frage nach der **Spezialität**[58] eines Grundrechts. Spezialität liegt regelmäßig dann vor, wenn zwei Normen einen identischen Sachverhalt erfassen, eine der beiden Norm aber hinsichtlich des 233

---

55 Ausführlich zu Grundrechtskonkurrenzen *Heß*, Grundrechtskonkurrenzen, 2000. Zu Konkurrenzen im öffentlichen Recht allgemein *Butzer/Epping*, S. 17 ff.

56 Vgl. dazu Rn. 33.

57 BVerfGE 82, 236 (258) (Schubart).

58 Dazu *Butzer/Epping*, S. 20 f. mit Beispielen.

geregelten Sachverhalts mindestens eine zusätzliche Anforderung enthält. Im Beispielsfall schützen Meinungs- und Kunstfreiheit das Äußern einer Meinung. Die Kunstfreiheit (Art. 5 Abs. 3 S. 1 GG) enthält jedoch das zusätzliche Merkmal der „Kunst". Sie ist damit lex specialis zur Meinungsfreiheit (Art. 5 Abs. 1 S. 1 GG) und kommt als speziellere Norm allein zur Anwendung.[59]

234 **Überblick: Typische Klausurprobleme**

- Abgrenzung Tatsachen / Meinungen.
- Schranke der allgemeinen Gesetze.
- Wechselwirkungslehre.
- Meinungsfreiheit Rechtsextremer, Verfassungsmäßigkeit entsprechender Strafnormen.
- Pressefreiheit und Informantenschutz.
- Reichweite der Pressefreiheit (Schutz der Erzeugnisse, der Vertriebswege etc.).
- Mittelbare Drittwirkung der Meinungsfreiheit / zivilrechtliche Beleidigungsklagen.
- Verhältnis der Kommunikationsfreiheiten zueinander (insb. Abgrenzung der Pressefreiheit zur Meinungsfreiheit) und zu anderen Grundrechten.

---

59 BVerfGE 30, 173 (200) (Mephisto); 81, 278 (291) (Bundesflagge). Zu weiteren Konkurrenzen vgl. *Jarass*, in: Jarass/Pieroth, Art. 5 Rn. 105.

Kapitel 6: Kunst- und Wissenschaftsfreiheit (Art. 5 Abs. 3 GG)

Literatur: *Henschel, Johann Friedrich*, Die Kunstfreiheit in der Rechtsprechung des BVerfG, NJW 1990, 1937 ff.

Fallbearbeitungen: *Grote, Rainer / Kraus, Dieter*, Fälle 6 (S. 87 ff.), 8 (S. 119 ff.); *Schoch, Friedrich*, Fall 4 (S. 195 ff.).

Leitentscheidungen zur Kunstfreiheit: BVerfGE 30, 173 ff. (Mephisto); 67, 213 ff. (Anachronistischer Zug); 81, 278 ff. (Bundesflagge); 83, 130 (Josephine Mutzenbacher).

Leitentscheidungen zur Wissenschaftsfreiheit: BVerfGE 35, 79 ff. (Hochschul-Urteil); 90, 1 ff. (Jugendgefährdende Schriften).

I. Hintergrund

Die Freiheit von Kunst- und Wissenschaft gehört zwar nicht zu den klassischen 235 Freiheitsrechten. Dennoch kann die Wissenschaftsfreiheit in Deutschland auf eine lange Tradition zurückblicken: Bereits § 152 der Paulskirchenverfassung enthielt die Feststellung: „Die Wissenschaft und ihre Lehre ist frei.“ Diese frühe Verankerung mag auch auf eine besondere Sensibilität des Verfassungsgebers auf Grund der Zusammensetzung des Paulskirchenparlaments zurückzuführen sein: Unter den 586 Abgeordneten waren 106 Professoren (daher der Begriff: „Parlament der Professoren“). Zudem hat die wissenschaftliche, aufklärerische Denkweise maßgeblich zur Demokratisierung und Verfassungsentwicklung beigetragen. Die Kunstfreiheit hingegen hat ihren Ursprung in der Weimarer Zeit. Art. 142 WRV erklärte in einer der heutigen Textfassung sehr ähnlichen Formulierung die Kunst für frei und sah zudem einen diesbezüglichen Schutzauftrag vor.

II. Schutzbereich der Kunstfreiheit (Art. 5 Abs. 3 S. 1 GG)

Fall 8: Pornografie als Kunst? 236

Der Buchhändler B stellt in seinem Schaufenster einen Roman mit dem Titel „Josephine Mutzenbacher - Die Lebensgeschichte einer wienerischen Dirne, von ihr selbst erzählt“ aus. Das Werk erschien ohne Autorenangabe zunächst um die Jahrhundertwende in Wien. Seit kurzer Zeit ist das Werk nun erstmals in Deutschland erhältlich. In ihm wird in sehr deutlicher Sprache das sexuelle Leben der Protagonistin ausgiebig und in allen Einzelheiten beleuchtet. Dabei werden Elemente der wienerischen Vulgärsprache verwendet; insgesamt trägt das Werk deutlich pornografische Züge. Die zuständige Behörde untersagt B daraufhin den Vertrieb des Buches unter Hinweis auf die §§ 6 Nr. 2 und 3; 3 Abs. 1 Nr. 2 GjSM; 11 NSOG. Der Roman sei pornografisch und zudem offensichtlich schwer jugendgefährdend, indem er die Prostitution verherrliche und in vulgärer Art und Weise sexuelle Ausschweifungen wiedergebe. B sieht in der Untersagung einen Verstoß gegen seine Grundrechte. Auch wenn der Roman pornografische Züge trage, sei er doch Kunst. Der Staat dürfe sich nicht anmaßen, in diesem Bereich die Aufsicht zu führen. Verletzt die Untersagung Grundrechte des B?

§ 1 GjSM

(1) Schriften, die geeignet sind, Kinder und Jugendliche sittlich zu gefährden, sind in eine Liste aufzunehmen. Dazu zählen vor allem unsittliche, verrohend wirkende, zu Gewalttätigkeit, Verbrechen oder Rassenhass anreizende sowie den Krieg verherrlichende Schriften. Die Aufnahme ist bekannt zu machen.

(2) Eine Schrift darf nicht in die Liste aufgenommen werden, (...)

2. wenn sie der Kunst oder der Wissenschaft, der Forschung oder der Lehre dient, (...)

§ 3 Abs. 1 GjSM

Eine Schrift, deren Aufnahme in die Liste bekannt gemacht ist, darf nicht (...)

2. an einem Ort, der Kindern oder Jugendlichen zugänglich ist oder von ihnen eingesehen werden kann, ausgestellt, angeschlagen, vorgeführt oder sonst zugänglich gemacht werden (...)

§ 6 GjSM

Den Beschränkungen der §§ 3 bis 5 unterliegen, ohne dass es einer Aufnahme in die Liste und einer Bekanntmachung bedarf, (...)

2. pornografische Schriften (§ 184 StGB),

3. sonstige Schriften, die offensichtlich geeignet sind, Kinder oder Jugendliche sittlich schwer zu gefährden.

§ 11 NSOG

Die Verwaltungsbehörden und die Polizei können die notwendigen Maßnahmen treffen, um eine Gefahr abzuwehren (...)

Fall abgewandelt und vereinfacht nach BVerfGE 83, 130 ff. (Josephine Mutzenbacher)

237 Ihrem Wortlaut nach („Die Kunst ist frei“) ist die Kunstfreiheit als objektive Gewährleistung formuliert; sie gewährt aber auch ein individuelles Freiheitsrecht.[1]

1. Persönlicher Schutzbereich der Kunstfreiheit

238 Dem Wortlaut nach enthält die Kunstfreiheit keine besonderen Beschränkungen, sodass sich jedermann auf dieses Grundrecht berufen kann. Das BVerfG zieht den persönlichen Schutzbereich weit: Auf die Kunstfreiheit kann sich nicht bloß der Künstler selbst berufen. Auch diejenigen, denen eine „unentbehrliche Mittlerfunktion zwischen Künstler und Publikum“ zukommt, werden vom Schutz des Art. 5 Abs. 3 S. 1 GG erfasst.[2] Dies betrifft z.B. den Verleger eines Buches, ohne dessen Mitwirkung das Werk keine Wirkung in der Öffentlichkeit entfalten kann.

2. Sachlicher Schutzbereich der Kunstfreiheit

239 Zentral für den sachlichen Schutzumfang der Kunstfreiheit ist die Bestimmung des **Kunstbegriffs**. Problematisch ist dabei, dass das Grundgesetz hier an einen Begriff anknüpft, über dessen Gehalt auch im außerrechtlichen Bereich keine Einigkeit besteht. Angesichts der notwendigen Offenheit des Kunstbegriffs für neue Werkformen ist eine allgemein gültige Definition von Kunst möglicherweise so-

---

1 BVerfGE 67, 213 (224) (Anachronistischer Zug).

2 BVerfGE 30, 173 (191) (Mephisto).

gar ganz unmöglich. Für den rechtlichen Bereich kann hingegen auf eine Definition nicht verzichtet werden. Andernfalls könnte die Rechtsanwendung nicht feststellen, auf welche Bereiche Art. 5 Abs. 3 S. 1 GG Anwendung findet.[3]

Das BVerfG hat sich daher stets um eine Definition bemüht, die den Begriff einerseits handhabbar macht, andererseits aber auch die notwendige Offenheit gewährleistet. In seiner ersten Entscheidung zur Kunstfreiheit führt das BVerfG aus: „Das Wesentliche der künstlerischen Betätigung ist die freie schöpferische Gestaltung, in der Eindrücke, Erfahrungen, Erlebnisse des Künstlers durch das Medium einer bestimmten Formensprache zu unmittelbarer Anschauung gebracht werden."[4] Zentrale Elemente dieses **„materialen Kunstbegriffs"** sind also die freie schöpferische Gestaltung einerseits und die Formensprache andererseits. 1984 erweiterte das BVerfG die Definition der Kunst um zwei weitere Begriffe: Das Wesentliche der Kunst könne auch darin liegen, „dass bei formaler, typologischer Betrachtung die Gattungsanforderungen eines bestimmten Werktyps erfüllt sind", legt man „einen eher **formalen Kunstbegriff** zu Grunde, der nur an die Tätigkeit und die Ergebnisse etwa des Malens, Bildhauens, Dichtens anknüpft".[5] Danach kommt es also auf die Zuordnung des Werkes zu einer klassischen Kunstform an. Denkbar sei schließlich auch ein **„offener Kunstbegriff"**, dessen Zentralelement die „Mannigfaltigkeit ihres Aussagegehalts" ist, also die Möglichkeit „der Darstellung im Wege einer fortgesetzten Interpretation immer weiter reichende Bedeutungen zu entnehmen, sodass sich eine praktisch unerschöpfliche, vielstufige Informationsvermittlung ergibt"[6]. Eine Entscheidung hinsichtlich des „richtigen" Kunstbegriffs hat das BVerfG bislang nicht getroffen; es verwendet alle drei Kunstbegriffe nebeneinander. Von indizieller Bedeutung für die Einordnung als Kunst ist zudem die Anerkennung des Werkes durch einen in Kunstfragen erfahrenen Dritten[7] ebenso wie die Einstufung des Werkes durch den Urheber selbst[8]. **240**

BVerfGE 67, 213 (226 f.) (Anachronistischer Zug): „Das Bundesverfassungsgericht hat als wesentlich für die künstlerische Betätigung „die freie schöpferische Gestaltung" betont, „in der Eindrücke, Erfahrungen, Erlebnisse des Künstlers durch das Medium einer bestimmten Formensprache zu unmittelbarer Anschauung gebracht werden". Alle künstlerische Tätigkeit sei ein Ineinander von bewussten und unbewussten Vorgängen, die rational nicht aufzulösen seien. Beim künstlerischen Schaffen wirkten Intuition, Fantasie und Kunstverstand zusammen; es sei primär nicht Mitteilung, sondern Ausdruck, und zwar unmittelbarster Ausdruck der individuellen Persönlichkeit des Künstlers. Ähnliche Versuche materialer, wertbezogener Umschreibungen in der Literatur betonen ebenfalls die Merkmale des Schöpferischen, des Ausdruckes persönlichen Erlebnisses, der Formgebung sowie der kommunikativen Sinnvermittlung. (…) Sieht man das Wesentliche eines Kunstwerkes darin, dass bei formaler, typologischer Betrachtung die Gattungsanforderungen eines bestimmten Werktyps erfüllt sind, legt man also einen eher formalen Kunstbegriff zu Grunde, der nur an die Tätigkeit und

---

3 Anders aber teilweise *Hoffmann*, NJW 1985, 237 (238).

4 BVerfGE 30, 173 (188 f.) (Mephisto).

5 BVerfGE 67, 213 (226 f.) (Anachronistischer Zug).

6 BVerfGE 67, 213 (226) (Anachronistischer Zug).

7 *Wendt*, in: v. Münch/Kunig, Art. 5 Rn. 92.

8 *Sachs*, VerfR II, Kap. B 5 Rn. 77; ansatzweise auch VG Berlin, NJW 1995, 2650 (2652) („Wrapped Reichstag").

die Ergebnisse etwa des Malens, Bildhauens, Dichtens anknüpft, so kann dem „Anachronistischen Zug" die Kunstwerkeigenschaft ebenfalls nicht abgesprochen werden. (...) Auch wenn man das kennzeichnende Merkmal einer künstlerischen Äußerung darin sieht, dass es wegen der Mannigfaltigkeit ihres Aussagegehalts möglich ist, der Darstellung im Wege einer fortgesetzten Interpretation immer weiterreichende Bedeutungen zu entnehmen, sodass sich eine praktisch unerschöpfliche, vielstufige Informationsvermittlung ergibt, ist dieses Merkmal beim „Anachronistischen Zug" erfüllt.(...)."

241 Der Umfang der Gewährleistung schließt den **Werkbereich** und den **Wirkbereich** ein.[9] Während der Werkbereich die künstlerische Betätigung selbst, also den Prozess der Kunsterzeugung, meint, fallen in den Wirkbereich alle Handlungen, die der Öffentlichkeit Zugang zu dem Kunstwerk verschaffen. Vor allem der Wirkbereich ist auf Grund der Öffentlichkeitswirkung konfliktträchtig, gleichzeitig aber für den effektiven Schutz der Kunst bedeutsam. Die Kunstfreiheit wird damit zu einer umfassenden künstlerischen Betätigungsfreiheit, was im Hinblick auf die Vorbehaltlosigkeit des Art. 5 Abs. 3 S. 1 GG nicht unproblematisch ist.

242 Trotz dieser auf den ersten Blick eindeutigen Bestimmung des Schutzbereichs stellt sich hinsichtlich der geschützten Betätigungsformen eine Vielzahl ungelöster Fragen. Probleme tauchen vor allem dann auf, wenn unter Verweis auf die Kunstfreiheit ein **Dispens von allgemeinen Bestimmungen** der Rechtsordnung, die ohne besonderen Bezug auf den Inhalt der Kunst gelten, verlangt wird. Fällt es also in den Schutzbereich der Kunstfreiheit, fremdes Eigentum mit künstlerischen Figuren zu besprühen?[10] Oder ist der Staat verpflichtet, den Verkauf von Kunst von der Umsatzsteuer frei zu stellen?[11] Betrifft es schließlich den Schutzbereich, die Anfertigung von Kunstwerken im Straßenraum an eine straßenrechtliche Sondernutzungserlaubnis zu knüpfen?[12] Diese Fragen stellen sich vor allem deshalb in besonderer Schärfe, weil Art. 5 Abs. 3 S. 1 GG vorbehaltlos gewährleistet ist und Eingriffe nur ausnahmsweise durch kollidierendes Verfassungsrecht gerechtfertigt werden können. Dehnt man aber den Schutzbereich der Kunstfreiheit so weit aus, dass sich Konflikte mit der allgemeinen Rechtsordnung häufen, werden Eingriffe zur Regel, was der Systematik des Art. 5 Abs. 3 S. 1 GG zuwiderläuft. Im Hinblick darauf ist eine präzisere und engere Fassung des grundrechtlichen Schutzbereichs etwa auf den Schutz lediglich vor inhaltsbezogenen, den „Wert" von Kunst beurteilenden Eingriffen durchaus bedenkenswert.[13]

III. Schutzbereich der Wissenschaftsfreiheit (Art. 5 Abs. 3 S. 1 GG)

243 Wie die Kunstfreiheit ist auch die Wissenschaftsfreiheit mit den Worten „Wissenschaft, Forschung und Lehre sind frei" als objektive Grundsatznorm formuliert.

---

9 BVerfGE 30, 173 (189) (Mephisto).

10 Dagegen BVerfG, NJW 1984, 1293 (1294) (Naegeli); a.A. *Sachs*, VerfR II, Kap. B 5 Rn. 81.

11 Verneinend BVerfGE 36, 321 (332) (Schallplatten).

12 Bejahend BVerwGE 84, 71 (74) (Scherenschnitte).

13 Ein anderer umfassender Versuch der Präzisierung findet sich bei *F. Müller*, Freiheit der Kunst als Problem der Grundrechtsdogmatik, 1969.

Gleichwohl wird der Wissenschaftsfreiheit ebenfalls ein individuelles Freiheitsrecht entnommen. Aber auch der objektive Gehalt des Grundrechts spielt in der Rechtsprechung des BVerfG eine wichtige Rolle.[14]

Fall 9: Zuchtforschung 244

Die Medizinische Hochschule Hannover, öffentlich-rechtliche Hochschule gem. § 1 Abs. 1 S. 1 i.V.m. § 2 Nr. 8 NHG, plant ein Forschungsprojekt, bei dem Katzen derart gezüchtet werden, dass sie in enge quadratische Gefäße hineinpassen. Das Projekt soll entsprechende Erbanlagen erzeugen und so die Anpassungsfähigkeit des tierischen Organismus an extreme Lebensbedingungen belegen. Den Zuchttieren und vor allem ihren Nachkommen entstehen durch das Projekt jedoch erhebliche Qualen. Daher steht dem Projekt § 11b Abs. 1 TierSchG entgegen, der sog. Qualzüchtungen verbietet. Die Hochschule beantragt bei der zuständigen Behörde dennoch eine Erlaubnis, die unter Hinweis auf die genannte Vorschrift abgelehnt wird. Nach Erschöpfung des Rechtswegs erhebt die Medizinische Hochschule Verfassungsbeschwerde. Wird diese Erfolg haben?

§ 11b Abs. 1 TierSchG: Es ist verboten, Wirbeltiere zu züchten oder durch bio- oder gentechnische Maßnahmen zu verändern, wenn damit gerechnet werden muss, dass bei der Nachzucht, den bio- oder gentechnisch veränderten Tieren selbst oder deren Nachkommen erblich bedingt Körperteile oder Organe für den artgemäßen Gebrauch fehlen oder untauglich oder umgestaltet sind und hierdurch Schmerzen, Leiden oder Schäden auftreten.

1. Persönlicher Schutzbereich der Wissenschaftsfreiheit

In persönlicher Hinsicht schützt Art. 5 Abs. 3 S. 1 GG jeden, „der im Bereich von 245
Wissenschaft, Forschung und Lehre tätig ist“[15]. Dies sind alle Wissenschaftler, vor allem Hochschullehrer, aber auch Assistenten und Studenten[16]. Erforderlich ist jeweils eine eigene wissenschaftliche Tätigkeit; eine bloße Mittler-, Hilfs- oder Finanzierungsfunktion reicht nicht aus.[17] Auch juristische Personen können sich gem. Art. 19 Abs. 3 GG auf die Wissenschaftsfreiheit berufen, soweit sie selbst wissenschaftliche Tätigkeit veranlassen. Die Wissenschaftsfreiheit steht darüber hinaus auch den öffentlich-rechtlich verfassten Hochschulen zu.[18]

2. Sachlicher Schutzbereich der Wissenschaftsfreiheit

Das BVerfG definiert **Wissenschaft** als Tätigkeit, die „nach Inhalt und Form als 246
ernsthafter planmäßiger Versuch zur Ermittlung der Wahrheit anzusehen ist“[19]. „Ernsthaft“ in diesem Sinn bedeutet, dass Wissenschaft von einem gewissen Kenntnisstand ausgeht und diesen pflegt.[20] Das Merkmal „planmäßig“ knüpft an ein Vorgehen nach einer nachvollziehbaren Gesetzmäßigkeit, einer Methode, an.[21]

---

14 BVerfGE 35, 79 (Ls. 1 und 2) (Hochschul-Urteil).
15 BVerfGE 47, 327 (367) (Hessisches Universitätsgesetz).
16 BVerfGE 55, 37 (67 f.) (Bremer Modell).
17 *Pernice*, in: Dreier, Art. 5 Abs. 3 Rn. 28.
18 BVerfGE 15, 256 (262) (Universitäre Selbstverwaltung), vgl. dazu Rn. 154.
19 BVerfGE 35, 79 (112) (Hochschul-Urteil); 47, 327 (367) (Hessisches Universitätsgesetz).
20 *Pieroth/Schlink*, Rn. 621.
21 *Pernice*, in: Dreier, Art. 5 Abs. 3 Rn. 23.

„Versuch zur Ermittlung der Wahrheit" meint schließlich die kritische Distanz zur eigenen These[22], d.h. die Bereitschaft, auch eigene Ergebnisse kritisch erneut in Frage zu stellen. Das BVerfG ist bei der Anwendung oben genannter Definition großzügig. Nicht schon Einseitigkeiten, Lücken oder sonstige Mängel führen zum Ausschluss aus dem Schutzbereich, sondern der Anspruch auf Wissenschaftlichkeit muss systematisch verfehlt werden.[23]

BVerfGE 90, 1 (12 f.) (Jugendgefährdende Schriften): „Art. 5 Abs. 3 S. 1 GG schützt aber nicht eine bestimmte Auffassung von Wissenschaft oder eine bestimmte Wissenschaftstheorie. Das wäre mit der prinzipiellen Unvollständigkeit und Unabgeschlossenheit unvereinbar, die der Wissenschaft trotz des für sie konstitutiven Wahrheitsbezugs eignet. **Der Schutz dieses Grundrechts hängt weder von der Richtigkeit der Methoden und Ergebnisse ab noch von der Stichhaltigkeit der Argumentation und Beweisführung oder der Vollständigkeit der Gesichtspunkte und Belege, die einem wissenschaftlichen Werk zu Grunde liegen. Über gute und schlechte Wissenschaft, Wahrheit oder Unwahrheit von Ergebnissen kann nur wissenschaftlich geurteilt werden; Auffassungen, die sich in der wissenschaftlichen Diskussion durchgesetzt haben, bleiben der Revision und dem Wandel unterworfen.** Die Wissenschaftsfreiheit schützt daher auch Mindermeinungen sowie Forschungsansätze und -ergebnisse, die sich als irrig oder fehlerhaft erweisen. Ebenso genießt unorthodoxes oder intuitives Vorgehen den Schutz des Grundrechts. Voraussetzung ist nur, dass es sich dabei um Wissenschaft handelt; darunter fällt alles, was nach Inhalt und Form als ernsthafter Versuch zur Ermittlung von Wahrheit anzusehen ist.

Aus der Offenheit und Wandelbarkeit von Wissenschaft, von der der Wissenschaftsbegriff des Grundgesetzes ausgeht, folgt aber nicht, dass eine Veröffentlichung schon deshalb als wissenschaftlich zu gelten hat, weil ihr Autor sie als wissenschaftlich ansieht oder bezeichnet. Denn die Einordnung unter die Wissenschaftsfreiheit, die nicht dem Vorbehalt des Art. 5 Abs. 2 GG unterliegt, kann nicht allein von der Beurteilung desjenigen abhängen, der das Grundrecht für sich in Anspruch nimmt. Soweit es auf die Zulässigkeit einer Beschränkung zum Zwecke des Jugendschutzes oder eines anderen verfassungsrechtlich geschützten Gutes ankommt, sind vielmehr auch Behörden und Gerichte zu der Prüfung befugt, ob ein Werk die Merkmale des - weit zu verstehenden - Wissenschaftsbegriffs erfüllt.

Einem Werk kann allerdings nicht schon deshalb die Wissenschaftlichkeit abgesprochen werden, weil es Einseitigkeiten und Lücken aufweist oder gegenteilige Auffassungen unzureichend berücksichtigt. All das mag ein Werk als fehlerhaft im Sinn der Selbstdefinition wissenschaftlicher Standards durch die Wissenschaft ausweisen. Dem Bereich der Wissenschaft ist es erst dann entzogen, wenn es den Anspruch von Wissenschaftlichkeit nicht nur im Einzelnen oder nach der Definition bestimmter Schulen, sondern systematisch verfehlt. Das ist insbesondere dann der Fall, wenn es nicht auf Wahrheitserkenntnis gerichtet ist, sondern vorgefassten Meinungen oder Ergebnissen lediglich den Anschein wissenschaftlicher Gewinnung oder Nachweisbarkeit verleiht. Dafür kann die systematische Ausblendung von Fakten, Quellen, Ansichten und Ergebnissen, die die Auffassung des Autors in Frage stellen, ein Indiz sein. Dagegen genügt es nicht, dass einem Werk in innerwissenschaftlichen Kontroversen zwischen verschiedenen inhaltlichen oder methodischen Richtungen die Wissenschaftlichkeit bestritten wird."

247 Neben der Wissenschaft erwähnt das Grundgesetz **Forschung und Lehre**. Wissenschaft ist dabei der gemeinsame Oberbegriff. Dieser bringt den engen Bezug von Forschung und Lehre im Sinne von Humboldts zum Ausdruck. „For-

---

22 *Pernice*, in: Dreier, Art. 5 Abs. 3 Rn. 22.

23 BVerfGE 90, 1 (13) (Jugendgefährdende Schriften).

schung als „die geistige Tätigkeit mit dem Ziele, in methodischer, systematischer und nachprüfbarer Weise neue Erkenntnisse zu gewinnen“[24] bewirkt angesichts immer neuer Fragestellungen den Fortschritt der Wissenschaft; zugleich ist sie die notwendige Voraussetzung, um den Charakter der Lehre als der wissenschaftlich fundierten Übermittlung der durch die Forschung gewonnenen Erkenntnisse zu gewährleisten. Andererseits befruchtet das in der Lehre stattfindende wissenschaftliche Gespräch wiederum die Forschungsarbeit.[25]

Zur **Freiheit der Forschung** gehören - so das BVerfG - insbesondere die Wahl 248
der „Fragestellung und die Grundsätze der Methodik sowie die Bewertung des Forschungsergebnisses und seine Verbreitung“[26]. Aber auch sämtliche anderen forschenden Tätigkeiten fallen in den Schutzbereich der Forschungsfreiheit, sodass die Forschungsfreiheit eine bereichsspezifische Betätigungsfreiheit gewährt. Ohne Bedeutung ist dabei, ob die Forschung an der Universität, in der Industrie oder privat stattfindet. Auch Drittmittel- und Auftragsforschung werden von Art. 5 Abs. 3 S. 1 GG geschützt.[27] Von der Forschungsfreiheit sollen schließlich auch die Mitwirkungsrechte des Hochschullehrers an der Hochschule erfasst sein.[28]

Die **Freiheit der Lehre** meint „insbesondere deren Inhalt, den methodischen 249
Ansatz und das Recht auf Äußerung von wissenschaftlichen Lehrmeinungen“[29]. Darunter fällt sowohl das Recht, über den Inhalt und Ablauf von Lehrveranstaltungen selbst zu bestimmen, wie auch das Recht, über den Inhalt von Prüfungen zu entscheiden.[30] Lehre meint den Unterricht mit wissenschaftlichem Anspruch. Schulunterricht ist daher keine Lehre i.S.v. Art. 5 Abs. 3 S. 1 GG.

Hinsichtlich der Schutzbereichsbestimmung stellen sich bei der ebenfalls vor- 250
behaltlos gewährten Wissenschaftsfreiheit ähnliche Probleme wie bei der Kunstfreiheit. Fällt es beispielsweise in den Schutzbereich, im Rahmen der Forschung auf fremdes Eigentum oder das Leben zuzugreifen? Ist also mit anderen Worten die Wahl des individuellen Forschungsobjekts stets Teil des Schutzumfangs? In der Praxis spielen diese Fragen bei der Wissenschaftsfreiheit jedoch bislang eine weit geringere Rolle. Dies könnte sich im Hinblick auf die moderne Bio- und Gentechnik allerdings demnächst ändern.

Art. 5 Abs. 3 S. 1 GG enthält zudem eine bedeutende **leistungsrechtliche** 251
Komponente: Der Staat muss dafür sorgen, dass sich im öffentlichen Hochschulbetrieb das Grundrecht der Wissenschaftsfreiheit ungehindert entfalten kann. Das

24 Bundesbericht Forschung III, BT-Drs. V/4335, S. 4.

25 BVerfGE 35, 79 (112) (Hochschul-Urteil).

26 BVerfGE 35, 79 (112) (Hochschul-Urteil); vgl. dazu auch die einfachrechtliche Umschreibung in § 4 Abs. 2 HRG.

27 *Pernice*, in: Dreier, Art. 5 Abs. 3 Rn. 25.

28 BVerfGE 51, 369 (379) (Auflösungsgesetz).

29 BVerfGE 35, 79 (112 f.) (Hochschul-Urteil); vgl. dazu § 4 Abs. 3 HRG.

30 *Pernice*, in: Dreier, Art. 5 Abs. 3 Rn. 26 m.w.N.

BVerfG leitet aus Art. 5 Abs. 3 S. 1 GG in dieser Hinsicht äußerst detaillierte Vorgaben beispielsweise für die Zusammensetzung von Hochschulgremien ab.[31]

IV. Eingriffe

252 Eingriffe in die Freiheiten liegen in jeder Beeinträchtigung von künstlerischen bzw. wissenschaftlichen Betätigungen. In Frage kommen Verbote von Veröffentlichungen und Darbietungen ebenso wie Vorgaben, etwa die gesellschaftlichen Folgen wissenschaftlicher Erkenntnisse mitzubedenken.

V. Rechtfertigung von Eingriffen: kollidierendes Verfassungsrecht

253 Art. 5 Abs. 3 GG enthält lediglich für die Freiheit der Lehre eine Schranke in Art. 5 Abs. 3 S. 2 GG (sog. **Treueklausel**). Der Inhalt der Aussage, die Freiheit der Lehre entbinde nicht von der Treue zur Verfassung, ist nicht ganz einfach zu bestimmen. Gemeint ist wohl die Pflicht, im Rahmen von Lehrveranstaltungen Loyalität gegenüber der freiheitlich-demokratischen Grundordnung[32] zu wahren. Dennoch bleibt für Art. 5 Abs. 3 S. 2 GG nur ein schmaler Anwendungsbereich: Einerseits werden politische Meinungsäußerungen ohnehin nicht von der Wissenschaftsfreiheit geschützt. Andererseits muss im Rahmen der Lehre sachliche Kritik an der Verfassung zulässig sein.[33] Lediglich dann also, wenn wissenschaftliche Lehre zum Kampf gegen das Grundgesetz missbraucht wird, ermächtigt die Schranke des Art. 5 Abs. 3 S. 2 GG den Staat zu Eingriffen. Freilich gilt auch hier der Vorbehalt des Gesetzes. Eingriffe können also nicht unmittelbar auf Art. 5 Abs. 3 S. 2 GG gestützt werden.

254 Darüber hinaus sind die Freiheiten des Art. 5 Abs. 3 S. 2 GG vorbehaltlos gewährt. Insbesondere scheidet ein Rückgriff auf die Schranken des Art. 5 Abs. 2 GG auf Grund von Wortlaut und Systematik der Vorschrift aus.[34] In Ausnahmefällen kann aber **kollidierendes Verfassungsrecht** den Gesetzgeber zu Eingriffen ermächtigen.[35] Insbesondere bei der Kunstfreiheit kommt es immer wieder zu Kollisionen mit den Schutzpflichten des Staates für die Jugend (Art. 2 Abs. 1 GG i.V.m. Art. 1 Abs. 1 GG, Art. 5 Abs. 2 GG, Art. 6 Abs. 2 S. 1 GG), die persönliche Ehre (Art. 2 Abs. 1 GG i.V.m. Art. 1 Abs. 1 GG, Art. 5 Abs. 2 GG), oder im Extremfall auch die Menschenwürde (Art. 1 Abs. 1 GG)[36], die zu Einschränkungen führen. Bei der Wissenschaftsfreiheit sind Kollisionen eher selten.

---

[31] BVerfGE 35, 79 (122 ff.) (Hochschul-Urteil); kritisch zu diesen dem Wortlaut und der Systematik schwerlich zu entnehmenden Vorgaben das Minderheitenvotum (S. 147 ff.).

[32] Zum Begriff BVerfGE 39, 334 (347) (Extremistenbeschluss).

[33] *Jarass*, in: Jarass/Pieroth, Art. 5 Rn. 133.

[34] BVerfGE 30, 173 (191 f.) (Mephisto).

[35] Vgl. dazu Rn. 67 ff.

[36] Beispiel in BVerfGE 75, 369 ff. (Strauß-Karikatur); dort hatte eine Zeitschrift *Strauß* u.a. als Schwein beim Sex dargestellt. Das BVerfG sah die Menschenwürde von *Strauß* verletzt

VI. Konkurrenzen

Die Freiheiten des Art. 5 Abs. 3 S. 1 GG konkurrieren regelmäßig insbesondere mit der Meinungsfreiheit des Art. 5 Abs. 1 S. 1 GG; in diesem Verhältnis sind sie lex specialis.[37] **255**

256

Überblick: Typische Klausurprobleme

- Schutzbereichsbestimmung der Kunstfreiheit, Einbeziehung von Verwertungshandlungen.
- Baurechtliche / straßenrechtliche Genehmigungen (z.B. bei Straßenmalerei).
- Beeinträchtigung fremder Grundrechte zur künstlerischen Betätigung.
- Kunstfreiheit und Jugendschutz (z.B. bei Pornografie), Ehrschutz.
- Grundrechtsberechtigung bei der Wissenschaftsfreiheit.
- Schranke des kollidierenden Verfassungsrechts.

(Franz-Josef Strauß war u.a. Vorsitzender der CSU, Bundesverteidigungsminister, Kanzlerkandidat der CDU/CSU im Jahr 1980 und langjähriger bayerischer Ministerpräsident.).

37 Vgl. dazu Rn. 230 ff. und *Jarass*, in: Jarass/Pieroth, Art. 5 Rn. 105, 120, auch zu weiteren Konkurrenzfragen.

Kapitel 7: Religions-, Weltanschauungs- und Gewissensfreiheit (Art. 4 GG)

Literatur: *Kluth, Winfried*, Die Grundrechte des Art. 4 GG, Jura 1993, 137 ff.; *Lenz, Sebastian*, Schutzbereich und Schranken der Religionsfreiheit, VR 2003, 226 ff.; *Pieroth, Bodo / Görisch, Christoph*, Was ist eine „Religionsgemeinschaft"?, JuS 2002, 937 ff.

Literatur zur Drittwirkungsproblematik: *Canaris, Claus-Wilhelm*, Grundrechte und Privatrecht, AcP 184 (1984), 201 ff.; *Oldiges, Martin*, Neue Aspekte der Grundrechtsgeltung im Privatrecht, in: FS für Friauf, 1996, S. 281 ff.

Fallbearbeitungen: *Grote, Rainer / Kraus, Dieter*, Fälle 5 (S. 65 ff.), 6 (S. 87 ff.), 10 (S. 153 ff.); *Degenhart, Christoph*, Fall 12 (S. 223 ff.); *Stock, Martin*, Öffentliches Recht: Ein Lehrer als Bhagwan-Fan, JuS 1989, 654 ff.

Leitentscheidungen zur Religionsfreiheit: BVerfGE 24, 236 ff. ([Aktion] Rumpelkammer); 32, 98 ff. (Gesundbeter); 83, 341 ff. (Bahá'í); 93, 1 ff. (Kruzifix); 105, 279 ff. (Sektenwarnung); 108, 282 ff. (Kopftuch Ludin).

Leitentscheidungen zur Gewissensfreiheit: BVerfGE 28, 243 ff. (Dienstpflichtverweigerung); 69, 1 ff. (Kriegsdienstverweigerung II); BVerwGE 105, 73 ff. (Teilnahme an Tierversuchen).

Leitentscheidungen zur Drittwirkung: BVerfGE 7, 198 ff. (Lüth); 25, 256 ff. (Blinkfüer); 81, 242 ff. (Handelsvertreter).

I. Hintergrund

257 Die Forderung nach religiöser Freiheit gehört zu den ältesten Freiheitsrechten überhaupt. Seit Beginn der Reformation Anfang des 16. Jahrhunderts führte die Glaubensspaltung in Europa immer wieder zu kriegerischen Auseinandersetzungen, die ihren Höhepunkt schließlich im 30-jährigen Krieg (1618-1648) fanden. Bis dahin war die religiöse Freiheit in Deutschland für den Einzelnen in keiner Weise gewährleistet. Beispielhaft für den Umgang mit der Religion war der Augsburger Religionsfriede von 1555, der u.a. bestimmte, dass die Untertanen dem Bekenntnis des Landesherren folgen müssen. 1648 enthielt der Westfälische Frieden einen ersten Ansatz religiöser Freiheit: Die Landesherren sollten das Bekenntnis ihrer Untertanen grds. dulden. Friedrich II „der Große" verankerte schließlich Mitte des 18. Jahrhunderts die Religionsfreiheit in Preußen; das 1794 nach seinem Tod in Kraft getretene preußische Allgemeine Landrecht (ALR) sicherte den Bürgern die „vollkommene Glaubens- und Gewissensfreiheit" zu. Auch die Paulskirchenverfassung enthielt mit den §§ 144 ff. umfängliche Gewährleistungen religiöser Freiheit ebenso wie eine Garantie der Gewissensfreiheit. Ohne historisches Vorbild ist hingegen die Weltanschauungsfreiheit, die im Grundgesetz das erste Mal zu finden ist.

II. Religions- und Weltanschauungsfreiheit (Art. 4 Abs. 1, 2 GG)

Fall 10: Kopftuch 258

Die aus dem Iran stammende Muslima M lebt seit Jahren in der Bundesrepublik und ist deutsche Staatsangehörige. Gerade hat sie ihr Lehramtsstudium erfolgreich abgeschlossen und eine Stelle als Lehrerin an einer Realschule angetreten. Sie ist deshalb ordnungsgemäß zur Landesbeamtin ernannt worden. Kurze Zeit nachdem M ihre Lehrtätigkeit aufgenommen hat, kommt es an der Schule zu Beschwerden von Eltern und Schülern. Grund dafür ist, dass M während des Unterrichts ein Kopftuch trägt. In den Beschwerden wird das Erscheinungsbild der M als „reaktionär“ und „fundamentalistisch“ angeprangert. Dies stelle eine nicht akzeptable Beeinflussung der Schüler dar. Schließlich handele es sich um eine deutsche Schule. Die Schulleitung versucht ohne Erfolg, M in Gesprächen zu einem Verzicht auf das Kopftuch zu bewegen. Daraufhin untersagt das Schulamt der M in formell ordnungsgemäßer Weise, während des Unterrichts ein Kopftuch zu tragen. Der Bescheid ist auf das vom Landtag neu erlassene „Gesetz zur religiösen Entfaltungsfreiheit in Schulen“ gestützt. Dessen § 2 verbietet den Lehrpersonen das Tragen von Kopftüchern aus religiösen Gründen im Unterricht. M ist empört und sieht sich in ihren Grundrechten verletzt. Schließlich gebiete ihr ihre Religion, die Haare zu verhüllen. Auch fühlt sie sich ungerecht behandelt, da die Ordensschwester, die den Religionsunterricht abhält, in ihrer Nonnentracht lehren darf. Nach Erschöpfung des Rechtswegs erhebt M Verfassungsbeschwerde zum BVerfG. Hat die Verfassungsbeschwerde Aussicht auf Erfolg?

§ 2 Gesetz zur religiösen Entfaltungsfreiheit in Schulen (RelEntfG)

(1) Lehrkräfte an öffentlichen Schulen dürfen in der Schule keine politischen, religiösen, weltanschaulichen oder ähnliche äußeren Bekundungen abgeben, die geeignet sind, die Neutralität des Landes gegenüber Schülern und Eltern oder den politischen, religiösen oder weltanschaulichen Frieden zu stören. Insbesondere ist ein äußeres Verhalten unzulässig, welches bei Schülern oder Eltern den Eindruck hervorrufen kann, dass eine Lehrkraft gegen die Menschenwürde, die Gleichberechtigung der Menschen nach Art. 3 des Grundgesetzes, die Freiheitsgrundrechte oder die freiheitlich-demokratische Grundordnung auftritt.

(2) Die Darstellung christlicher und abendländischer Bildungs- und Kulturwerte oder Traditionen entspricht dem Erziehungsauftrag nach der Landesverfassung und widerspricht nicht dem Verhaltensgebot nach Absatz 1.

(3) Das religiöse Neutralitätsgebot des Abs. 1 gilt nicht im Religionsunterricht nach Art. 18 S. 1 der Landesverfassung.

§ 61 Landesbeamtengesetz (LBG)

(1) Der Beamte dient dem ganzen Volk, nicht einer Partei. Er hat seine Aufgaben unparteiisch und gerecht zu erfüllen und sein Amt zum Wohle der Allgemeinheit zu führen.

(2) Der Beamte muss sich durch sein gesamtes Verhalten zu der freiheitlichen demokratischen Grundordnung im Sinne des Grundgesetzes bekennen und für deren Erhaltung eintreten.

(3) Der Beamte hat bei der politischen Betätigung diejenige Mäßigung und Zurückhaltung zu wahren, die sich aus seiner Stellung gegenüber der Gesamtheit und aus der Rücksicht auf die Pflicht seines Amtes ergibt.

§ 62 LBG

Der Beamte hat sich mit voller Hingabe seinem Beruf zu widmen. Er hat sein Amt uneigennützig nach bestem Gewissen zu verwalten. Sein Verhalten innerhalb und außerhalb des Dienstes muss der Achtung und dem Vertrauen gerecht werden, die sein Beruf erfordert.

Fall nachgebildet BVerwG, NJW 2002, 3344 ff., und BVerfGE 108, 282 ff.

Art. 4 GG behandelt in seinen ersten zwei Absätzen die Freiheit des religiösen und 259
weltanschaulichen Bekenntnisses. Die Vorschriften dürfen allerdings nicht isoliert betrachtet werden. In **Art. 140 GG i.V.m. den Art. 136 ff. WRV** enthält das

Grundgesetz weitere religionsbezogene Bestimmungen. Diese wörtlich aus der Weimarer Reichsverfassung übernommenen Artikel werden durch Art. 140 GG in das Grundgesetz **inkorporiert**. Der Grund für diese ungewöhnliche Technik liegt in tief gehenden Meinungsverschiedenheiten im Parlamentarischen Rat über das Verhältnis von Kirche und Staat.[1] In der Übernahme der WRV-Vorschriften wurde schließlich ein - nicht gänzlich widerspruchsfreier - Kompromiss gefunden, mit dem alle Seiten leben konnten.

1. Schutzbereich der Religions- und Weltanschauungsfreiheit

a) Persönlicher Schutzbereich der Religions- und Weltanschauungsfreiheit

260 Art. 4 Abs. 1, 2 GG enthält in persönlicher Hinsicht keine Beschränkung, sondern ist als Menschenrecht bzw. Jedermann-Grundrecht formuliert. Jede natürliche Person kann sich daher auf Art. 4 Abs. 1, 2 GG in Form der individuellen Religions- und Weltanschauungsfreiheit berufen.

261 Gerade im Hinblick auf Art. 4 Abs. 1, 2 GG taucht häufig die Frage auf, ob und inwieweit sich **Kinder und Jugendliche** auf Grundrechte berufen können. Gibt es mit anderen Worten ein Mindestalter, mit dessen Erreichen die „**Grundrechtsmündigkeit**" eintritt? Im Grundgesetz selbst ist dazu nichts geregelt. Der Begriff lehnt sich daher an die Regeln zur Geschäftsfähigkeit des BGB an und meint die materiellrechtliche Fähigkeit zur selbstständigen Wahrnehmung von Grundrechten. Zweifelhaft ist aber, ob ein solches generelles Erfordernis einer „Grundrechtsmündigkeit" anzuerkennen ist. Im Wesentlichen sind drei unterschiedliche Problemkreise auseinander zu halten[2]:

262
- **Gegenüber dem Staat** sind Minderjährige stets grundrechtsberechtigt. Will der Staat in Grundrechte von Minderjährigen eingreifen, gelten keinerlei Besonderheiten.

263
- **Gegenüber den Eltern** kann sich der Minderjährige nicht auf Grundrechte berufen, da diese nur im Verhältnis Staat-Bürger unmittelbar gelten. Allerdings muss der Staat sicherstellen, dass die Kinder entsprechend ihrer persönlichen Entwicklung ihre Religionsfreiheit wahrnehmen können. In Erfüllung seiner Schutzpflichten[3] hat der Staat etwa Regelungen über die Kindererziehung geschaffen, die das Verhältnis von Eltern und Kindern ausgestalten. Ein Beispiel enthält das Gesetz über die religiöse Kindererziehung (RelKErzG), das in § 5 S. 1 das alleinige Entscheidungsrecht in religiösen Fragen dem Kind ab einem Alter von 14 Jahren überträgt.

264
- **Im Prozess** vor dem BVerfG gelten die Grundsätze über die Prozessfähigkeit, wobei auch Minderjährige prozessfähig sein können, wenn sie in Bezug auf das jeweilige Grundrecht reif und einsichtsfähig sind.[4] Gelegentlich sieht in-

---

1 Vgl. JöR 1 (1951), S. 899 ff.
2 Anschaulich dazu *Pieroth/Schlink*, Rn. 123 ff.
3 Vgl. dazu Rn. 110 ff.
4 Vgl. dazu Rn. 162.

sofern das einfache Recht - wie etwa § 5 S. 1 RelKErzG - für die Wahrnehmung eines Grundrecht eine bestimmte Altersgrenze vor, die dann auch für den Verfassungsprozess gilt.[5]

Inwieweit können sich aber **juristische Personen** i.S.d. Art. 19 Abs. 3 GG[6] auf Art. 4 Abs. 1, 2 GG berufen? Erforderlich ist gem. Art. 19 Abs. 3 GG, dass Art. 4 Abs. 1, 2 GG wesensmäßig auch auf juristische Personen anwendbar ist.[7] Die wesensmäßige Anwendbarkeit könnte man mit dem Argument verneinen, bei einem Glauben oder einer Weltanschauung handele es sich um psychische Phänomene, die unmittelbar an natürliche Eigenschaften des Menschen anknüpfen. Einen eigenen Glauben kann eine juristische Person naturgemäß nicht haben. Dennoch kann aber eine juristische Person einen religiös motivierten Zweck verfolgen. Soweit daher die Zweckbestimmung einer juristischen Person religiös oder weltanschaulich motiviert ist, fällt sie gem. Art. 4 Abs. 1, 2 GG i.V.m. Art. 19 Abs. 3 GG in den Schutzbereich.[8] Art. 4 Abs. 1, 2 GG i.V.m. Art. 19 Abs. 3 GG gewährleistet also auch die kollektive Religions- und Weltanschauungsfreiheit. 265

In der Literatur umstritten ist allerdings, inwieweit Art. 19 Abs. 3 GG überhaupt zur Anwendung gelangt. Art. 4 Abs. 1, 2 GG enthalte - so wird argumentiert - unmittelbar eine Garantie der kollektiven Religions- und Weltanschauungsfreiheit, sodass es eines Rückgriffs auf Art. 19 Abs. 3 GG nicht bedürfe.[9] Diese Konstruktion eines „**Doppelgrundrechts**" ist aber nicht zweifelsfrei: Vieles spricht dafür, Art. 19 Abs. 3 GG als eine spezielle Regelung dafür anzusehen, ob und inwieweit sich juristische Personen auf Grundrechte berufen können. Für eine Sonderstellung des Art. 4 Abs. 1, 2 GG enthalten weder der Wortlaut noch die Systematik irgendeinen Anhaltspunkt.[10] 266

267

Hinweis zur Fallbearbeitung:

In der Fallbearbeitung ist es regelmäßig unerheblich, ob die Grundrechtsberechtigung unmittelbar aus Art. 4 Abs. 1, 2 GG oder Art. 4 Abs. 1, 2 GG i.V.m. Art. 19 Abs. 3 GG folgt. Das Problem sollte daher lediglich sehr knapp erwähnt werden, ohne dass eine Entscheidung in der Sache erfolgt. Keinesfalls sollten hier lange Ausführungen gemacht werden. Diese Regel gilt im Übrigen allgemein für Streitfragen, auf die es zur Falllösung nicht ankommt.

Ableiten lässt sich aus Art. 140 GG i.V.m. Art. 137 WRV hingegen eine **Sonderstellung der Religions- und Weltanschauungsgemeinschaften**[11]. Aus diesen Vorschriften lässt sich unmittelbar, d.h. ohne Rückgriff auf Art. 19 Abs. 3 GG, eine Grundrechtsberechtigung der Religions- und Weltanschauungsgemeinschaften ableiten. Wichtig ist dabei, dass die Organisationsform keine Rolle spielt. Auch 268

---

5 BVerfGE 1, 87 (89) (Querulant).

6 Vgl. dazu Rn. 147 ff.

7 Vgl. dazu Rn. 161.

8 BVerfGE 53, 366 (383) (Konfessionelle Krankenhäuser); 70, 138 (160) (Loyalitätspflicht).

9 *Jarass*, in: Jarass/Pieroth, Art. 4 Rn. 19; unklar BVerfGE 102, 370 (383) (Körperschaftsstatus der Zeugen Jehovas).

10 Vgl. zur ähnlichen Problematik bei Art. 9 GG Rn. 755 f.

11 Vgl. zum Staatskirchenrecht Rn. 283 ff.

die gem. Art. 140 GG i.V.m. Art. 137 WRV als Körperschaften des öffentlichen Rechts organisierten Religionsgemeinschaften können sich auf Grundrechte berufen. Zur Begründung führt das BVerfG[12] aus, dass die Regelung des Art. 140 GG i.V.m. Art. 137 Abs. 5 WRV die Religionsgemeinschaften nicht in den Staat eingliedern soll. Die öffentlich-rechtlich organisierten Kirchen sind also weder Teil des Staates, noch nehmen sie vom Staat abgeleitete Aufgaben wahr. Sie existieren nicht kraft staatlicher Errichtung, sondern aus eigenem Recht und mit originären Aufgaben. Diese Aufgaben nehmen sie innerhalb des grundrechtlich geschützten Lebensbereichs der Religionsfreiheit wahr. Die Zuerkennung des Status einer Körperschaft des öffentlichen Rechts stellt insofern eine Privilegierung dar, die die Kirchen nicht hindern soll, als „jedermann" eigene Rechte gegen den Staat geltend zu machen. Daher sind alle Religions- und Weltanschauungsgemeinschaften unabhängig von ihrem Status gem. Art. 140 GG i.V.m. Art. 137 WRV universell grundrechtsfähig.[13]

b) Sachlicher Schutzbereich der Religions- und Weltanschauungsfreiheit

aa) Begriffe: Religion und Weltanschauung

269 In sachlicher Hinsicht bestimmen zunächst die Begriffe der Religion und der Weltanschauung den Schutzbereich. Beide Begriffe stehen in einem Ausschließlichkeitsverhältnis: Sie haben zwar gemeinsam, dass sie metaphysische Erklärungsmodelle für die Existenz der Welt und der in ihr lebenden Menschen bezeichnen. Während sich die **Religion** jedoch auf einen Gottesbezug stützt, kommen **Weltanschauungen** ohne Rückgriff auf transzendente Modelle aus.[14] Diese Definitionen weisen bereits deutlich auf ein Zentralelement der religionsbezogenen Vorschriften des Grundgesetzes hin: die inhaltliche Neutralität. Religionen sind daher nicht bloß die traditionellen christlichen Kirchen, sondern auch ausländische Glaubensrichtungen wie der Islam und häufig auch die sog. Sekten.[15] Ob eine Religion vorliegt, ist zuweilen schwierig zu bestimmen. Das BVerfG legt dabei objektive Kriterien an und lässt die Selbsteinstufung einer Gemeinschaft als Religion nicht genügen. Maßgeblich sei vielmehr, dass „es sich auch tatsächlich, nach geistigem Gehalt und äußerem Erscheinungsbild, um eine Religion und Religionsgemeinschaft" handele.[16] Nicht entscheidend sind die zahlenmäßige Stärke und soziale Relevanz einer Vereinigung.[17] In der Praxis tauchen insbesondere bei „Scientology" immer wieder Probleme auf, die vor allem aus der umfangreichen wirtschaftlichen Betätigung dieser Vereinigung herrühren.[18]

---

12 BVerfGE 18, 385 (386) (Teilung einer Kirchengemeinde); 42, 312 (321) (Inkompatibilität/Kirchliches Amt).

13 Vgl. allgemein zur Grundrechtsberechtigung juristischer Personen Rn. 147 ff.

14 *Sachs*, VerfR II, Kap. B 4 Rn. 5.

15 BVerfGE 83, 341 (353) (Bahá'í) zur gleichnamigen Glaubensrichtung.

16 BVerfGE 83, 341 (353) (Bahá'í).

17 BVerfGE 32, 98 (106) (Gesundbeter).

18 Vgl. BVerwGE 105, 313 (318 ff.); *Diringer*, Scientology, 2003.

bb) Reichweite des Schutzes: einheitlicher Schutzbereich?

Die Reichweite des Schutzes legt Art. 4 Abs. 1, 2 GG in drei unterschiedlichen, auf Religion und Weltanschauung bezogenen Gewährleistungen fest: Art. 4 Abs. 1 GG garantiert die Freiheit des Glaubens und des Bekenntnisses. Die **Glaubensfreiheit** schützt dabei die Freiheit, sich einem religiösen oder weltanschaulichen Glauben anzuschließen (forum internum), während die **Bekenntnisfreiheit** die Freiheit, diesen Glauben bzw. die Weltanschauung beispielsweise in Form religiöser oder weltanschaulicher Meinungsäußerung nach außen kund zu tun (forum externum), gewährleistet.[19] Art. 4 Abs. 2 GG umfasst schließlich die **Freiheit der Religionsausübung** als der Freiheit, ungestört religiöse Gebräuche und kultische Handlungen auszuüben. **270**

Das BVerfG ist jedoch bereits 1968 über den Verfassungstext deutlich hinausgegangen und hat einen **einheitlichen Schutzbereich** des Art. 4 Abs. 1, 2 GG in Form einer umfassenden Religions- und Weltanschauungsfreiheit angenommen.[20] Die Gewährleistung der Glaubens- und Bekenntnisfreiheit des Art. 4 Abs. 1 GG enthalte bereits das Grundrecht der ungestörten Religionsausübung.[21] Dieser Begriff umfasse mindestens seit der Weimarer Reichsverfassung neben der Freiheit des Glaubens und des Bekennens nach außen auch die Freiheit des kultischen Handelns. Daher gehe die textlich in Art. 4 Abs. 2 GG enthaltene Religionsausübungsfreiheit in der Glaubens- und Bekenntnisfreiheit des Art. 4 Abs. 1 GG auf. Über den Verfassungstext hinaus enthalte Art. 4 Abs. 1, 2 GG zudem ein „Recht des Einzelnen, sein gesamtes Verhalten an den Lehren seines Glaubens auszurichten und seiner inneren Glaubensüberzeugung gemäß zu handeln".[22] Glaubensgeleitete Handlungen müssten ferner nicht auf imperativen Glaubenssätzen beruhen. Es genüge, wenn der Glaube eine bestimmte Handlung als das beste und adäquate Mittel erscheinen lasse, um die Lebenslage der Glaubenshaltung entsprechend zu bewältigen.[23] Die damit entstehende **religiöse Handlungsfreiheit**, die etwa auch eine Altkleidersammlung aus religiösen Motiven erfasst[24], begründet das BVerfG mit der Bedeutung der Religionsfreiheit für die Menschenwürde und die freie Selbstbestimmung des Einzelnen; beides gebiete eine „extensive Auslegung". **271**

> BVerfGE 32, 98 (106) (Gesundbeter): „In einem Staat, in dem die menschliche Würde oberster Wert ist, und in dem der freien Selbstbestimmung des Einzelnen zugleich ein gemeinschaftsbildender Wert zuerkannt wird, gewährt die Glaubensfreiheit dem Einzelnen einen von staatlichen Eingriffen freien Rechtsraum, in dem er sich die Lebensform zu geben vermag, die seiner Überzeugung entspricht. **Insofern ist die Glaubensfreiheit mehr als religiöse Toleranz, d. h. bloße Duldung religiöser Bekenntnisse oder irreligiöser Überzeugungen. Sie umfasst daher nicht nur die (innere) Freiheit zu glauben oder nicht zu glauben, sondern auch die äußere Freiheit, den Glauben zu manifestieren, zu bekennen und zu verbreiten. Dazu gehört auch das Recht des Einzelnen, sein gesamtes**

---

19 *Mager*, in: v. Münch/Kunig, Art. 4 Rn. 9; *Sachs*, VerfR II, Kap. B 4 Rn. 2.
20 BVerfGE 12, 1 (4) (Tabak-Missionierung).
21 BVerfGE 24, 236 (245) ([Aktion] Rumpelkammer).
22 BVerfGE 32, 98 (106) (Gesundbeter).
23 BVerfGE 32, 98 (106,107) (Gesundbeter).
24 BVerfGE 24, 236 ff. ([Aktion] Rumpelkammer).

Verhalten an den Lehren seines Glaubens auszurichten und seiner inneren Glaubensüberzeugung gemäß zu handeln. Dabei sind nicht nur Überzeugungen, die auf imperativen Glaubenssätzen beruhen, durch die Glaubensfreiheit geschützt. Vielmehr umspannt sie auch religiöse Überzeugungen, die für eine konkrete Lebenssituation eine ausschließlich religiöse Reaktion zwar nicht zwingend fordern, diese Reaktion aber für das beste und adäquate Mittel halten, um die Lebenslage nach der Glaubenshaltung zu bewältigen. Andernfalls würde das Grundrecht der Glaubensfreiheit sich nicht voll entfalten können."

272 In der Literatur[25] ist diese Ausdehnung des Schutzbereichs über den Wortlaut hinaus umstritten: Einerseits negiert das BVerfG damit die gravierenden Bedeutungsunterschiede, die zwischen ursprünglich religiösem Verhalten wie etwa dem Gebet, dem Gottesdienst oder der Prozession und sonstigem religiös begründeten Verhalten wie etwa einem Verkaufsstand für religiöse Schriften in der Fußgängerzone bestehen, wenn es all diese Verhaltensweisen unter identischen Schutz stellt. Andererseits entstehen in Folge der großzügigen Schutzbereichsbestimmung zahllose Konflikte zwischen der Religionsfreiheit und der allgemeinen Rechtsordnung. Die Religionsfreiheit wird damit zu einem Grundrecht, das beständig nach Ausnahmen von allgemein geltenden Regeln verlangt. Insofern spricht vieles für eine Beschränkung des Schutzbereichs auf die dem Verfassungstext unmittelbar zu entnehmenden Freiheiten.[26]

cc) Negative Freiheiten?

273 Ein weiteres allgemeines Problem, das vor allem bei Art. 4 Abs. 1, 2 GG und Art. 9 GG[27] relevant wird, ist die Frage nach der Anerkennung sog. negativer Freiheiten. Damit ist das Recht gemeint, die gewährte Freiheit gerade nicht zu betätigen, also - am Beispiel des Art. 4 Abs. 1, 2 GG - keinen Glauben zu haben, einen Glauben nicht zu bekennen bzw. seine Religion nicht auszuüben. Das BVerfG leitet - im Einklang mit weiten Teilen des Schrifttums - die negativen Freiheiten mittels eines **Umkehrschlusses** aus den nach dem Wortlaut gewährten positiven Freiheiten ab.[28] Die generelle Anerkennung einer negativen Seite der Freiheitsrechte ist nicht unproblematisch[29]: Deutlich wird dies vor allem dann, wenn - wie beim Kruzifixurteil ansatzweise geschehen - die positive und die negative Seite eines Freiheitsrechts miteinander kollidieren und so die im Verfassungstext in keiner Weise verankerte negative Seite zu Einschränkungen der positiven Seite führt.

274 Über die Problematik der Ableitung negativer Freiheiten aus Art. 4 Abs. 1, 2 GG hinaus gibt es im Grundgesetz aber auch explizit benannte negative religiöse Freiheiten: Diese finden sich in Art. 7 Abs. 2 und 3 S. 3; 140 GG i.V.m. Art. 136 Abs. 3, 4; 141 WRV.

---

25 Kritisch v.a. *Muckel*, in: Friauf/Höfling, Art. 4 Rn. 4 m.w.N.

26 Vgl. dazu *Lenz*, VR 2003, 226 (226 ff.); *Muckel*, Religiöse Freiheit und staatliche Letztentscheidung, 1997, S. 125 ff.

27 Vgl. dazu Rn. 755. Vgl. zur negativen Bewegungsfreiheit Rn. 608 f.

28 Vgl. BVerfGE 93, 1 (15) (Kruzifix); *Starck*, in: v. Mangoldt/Klein/Starck, Art. 4 Rn. 22 ff.

29 Kritik bei *Hellermann*, Die sogenannte negative Seite der Freiheitsrechte, 1993, S. 130 ff.

> BVerfGE 93, 1 (15 f.) (Kruzifix): „Art. 4 Abs. 1 GG schützt die Glaubensfreiheit. Die Entscheidung für oder gegen einen Glauben ist danach Sache des Einzelnen, nicht des Staates. Der Staat darf ihm einen Glauben oder eine Religion weder vorschreiben noch verbieten. Zur Glaubensfreiheit gehört aber nicht nur die Freiheit, einen Glauben zu haben, sondern auch die Freiheit, nach den eigenen Glaubensüberzeugungen zu leben und zu handeln. Insbesondere gewährleistet die Glaubensfreiheit die Teilnahme an den kultischen Handlungen, die ein Glaube vorschreibt oder in denen er Ausdruck findet. **Dem entspricht umgekehrt die Freiheit, kultischen Handlungen eines nicht geteilten Glaubens fernzubleiben. Diese Freiheit bezieht sich ebenfalls auf die Symbole, in denen ein Glaube oder eine Religion sich darstellt. Art. 4 Abs. 1 GG überlässt es dem Einzelnen zu entscheiden, welche religiösen Symbole er anerkennt und verehrt und welche er ablehnt.** Zwar hat er in einer Gesellschaft, die unterschiedlichen Glaubensüberzeugungen Raum gibt, kein Recht darauf, von fremden Glaubensbekundungen, kultischen Handlungen und religiösen Symbolen verschont zu bleiben. Davon zu unterscheiden ist aber eine vom Staat geschaffene Lage, in der der Einzelne ohne Ausweichmöglichkeiten dem Einfluss eines bestimmten Glaubens, den Handlungen, in denen dieser sich manifestiert, und den Symbolen, in denen er sich darstellt, ausgesetzt ist. Insofern entfaltet Art. 4 Abs. 1 GG seine freiheitssichernde Wirkung gerade in Lebensbereichen, die nicht der gesellschaftlichen Selbstorganisation überlassen, sondern vom Staat in Vorsorge genommen worden sind. Dem trägt auch Art. 140 GG in Verbindung mit Art. 136 Abs. 4 WRV dadurch Rechnung, dass er ausdrücklich verbietet, jemanden zur Teilnahme an religiösen Übungen zu zwingen."

2. Eingriffe

Eingriffe in den Schutzbereich der Religions- und Weltanschauungsfreiheit bestehen vor allem in Ge- und Verboten, die nachteilige Rechtsfolgen an einen Glauben oder ein Bekenntnis knüpfen. Auch allgemein bestehende Pflichten wie etwa die Schulpflicht können in die Religions- und Weltanschauungsfreiheit eingreifen, wenn diese, etwa beim gemeinsamen Schulsport von Jungen und Mädchen[30], einen Verstoß gegen Regeln des Glaubens verlangen. Auch sind faktische Beeinträchtigungen, etwa durch staatliche Warnungen vor Jugendsekten[31], denkbar. 275

3. Rechtfertigung von Eingriffen

a) Schranken

Art. 4 Abs. 1, 2 GG selbst enthält nach seinem Wortlaut keinen Gesetzesvorbehalt; die Religions- und Weltanschauungsfreiheit ist **vorbehaltlos** gewährt. 276

Allerdings findet sich in **Art. 140 GG i.V.m. Art. 136 Abs. 1 WRV** der Satz, 277
dass die bürgerlichen und staatsbürgerlichen Rechte und Pflichten durch die Ausübung der Religionsfreiheit weder bedingt noch beschränkt werden. Unter bürgerlichen und staatsbürgerlichen Rechten und Pflichten sind alle Rechtspositionen im bürgerlichen und öffentlichen Recht zu verstehen.[32] Das könnte bedeuten, dass die für alle gleichermaßen geltenden und nicht religionsspezifischen Pflichten der

30 Vgl. dazu BVerwGE 94, 82 ff.

31 BVerfGE 105, 279 ff. (Sektenwarnung). Vgl. dazu Rn. 348 ff.

32 *Morlok*, in: Dreier, Art. 136 WRV / Art. 140 Rn. 15.

Freiheit der Religionsausübung vorgehen sollen und diese mithin in Form eines **Vorbehalts des allgemeinen Gesetzes** beschränken. Während „Sonderrecht“ gegen die Religionsausübungsfreiheit ähnlich wie bei Art. 5 Abs. 2 GG hinsichtlich der Meinungsfreiheit[33] ausgeschlossen wäre, blieben sonstige Einschränkungen nach Art. 136 Abs. 1 WRV möglich. In Art. 136 Abs. 1 WRV ist zwar lediglich von der „Freiheit der Religionsausübung“ die Rede, während Art. 4 Abs. 1, 2 GG auch die Glaubens-, Bekenntnis- und die Weltanschauungsfreiheit schützt. Versteht man aber Art. 4 Abs. 1, 2 GG mit dem BVerfG als Grundrecht mit einheitlichem Schutzbereich, muss man die Schranke aus Art. 136 Abs. 1 WRV mangels selbstständiger Einzelgewährleistungen auf den ganzen Schutzbereich beziehen.[34]

278 Obwohl Art. 140 GG i.V.m. Art. 136 Abs. 1 WRV („Pflichten“) als Schranke der Religions- und Weltanschauungsfreiheit formuliert ist, hat das BVerfG dennoch dessen Anwendung bislang stets abgelehnt: Das Gericht stützt sich dabei im Wesentlichen auf systematische und teleologische Erwägungen: Art. 136 Abs. 1 WRV befinde sich im Bereich des Titels XI - Übergangs- und Schlussbestimmungen - und nicht im Grundrechtsteil.[35] Gewöhnlich seien Grundrechtsgewährleistungen und ihre Schranken aber in ein und demselben Bereich und sogar Artikel zu finden. Art. 140 GG i.V.m. Art. 136 Abs. 1 WRV stehe entgegen dieser Schrankensystematik im Bereich von Übergangsbestimmungen, die sich zudem in ihrer Mehrzahl mit staatskirchenrechtlichen Fragen befassen. Daraus ergebe sich ein Vorrang des Art. 4 GG bzw. eine Überlagerung des Art. 140 GG i.V.m. Art. 136 Abs. 1 WRV.[36] Weiter beruft sich das BVerfG auf den Normzweck des Art. 4 GG, der nach dem Prinzip der Einheit der Verfassung[37] die Annahme eines Gesetzesvorbehalts untersage: Die Tragweite des Grundrechts der Religionsfreiheit sowie dessen Bedeutung und inneres Gewicht im Zusammenhang der grundgesetzlichen Ordnung sprächen für eine schrankenlose Gewährleistung aller religiösen Freiheiten; schließlich sei hinsichtlich der Entstehungsgeschichte zu bedenken, dass Art. 4 Abs. 1, 2 GG im Wesentlichen Art. 135 WRV entspreche, der unter dem Gesetzesvorbehalt des Art. 135 S. 3 WRV gestanden habe.[38] Diesen Vorbehalt haben die Verfassungsgeber jedoch in voller Absicht nicht in das GG übernommen, sondern Art. 4 GG vorbehaltlos gewährt. Ein zunächst als Art. 4 Abs. 2 S. 2 GG geplanter Gesetzesvorbehalt wurde im Parlamentarischen Rat wieder gestrichen.[39]

---

[33] Vgl. dazu Rn. 214 ff.

[34] Dies entspricht dem Vorgehen bei Art. 12 Abs. 1 GG. Vgl. dazu Rn. 355.

[35] BVerfGE 33, 23 (30 f.) (Eidesverweigerung aus Glaubensgründen); *Morlok*, in: Dreier, Art. 136 WRV / Art. 140 Rn. 1; *Fehlau*, JuS 1993, 441 (446); *Janz/Rademacher*, NVwZ 1999, 706 (709).

[36] BVerfGE 33, 23 (31) (Eidesverweigerung aus Glaubensgründen). Die Entscheidung erging zwar zu Art. 136 Abs. 4 WRV; die Ausführungen des BVerfG sind jedoch ausdrücklich auch auf Art. 136 Abs. 1 WRV bezogen. Anders als das BVerwG (DVBl. 2001, 485 [487]) überlegt, gibt es für eine unterschiedliche Behandlung der Abs. 1 und 4 des Art. 136 WRV keinerlei Grund.

[37] Vgl. dazu *Butzer/Epping*, S. 38.

[38] BVerfGE 33, 23 (29 ff.) (Eidesverweigerung aus Glaubensgründen).

[39] JöR 1 (1951), S. 74 f.

Das BVerfG greift daher bei Art. 4 Abs. 1, 2 GG auf **kollidierendes Verfassungsrecht** zurück, um Beschränkungen der Religions- und Weltanschauungsfreiheit zu ermöglichen.[40] 279

> BVerfGE 33, 23 (30 f.) (Eidesverweigerung aus Glaubensgründen): „**Das vom Grundgesetz gewährleistete Recht der Glaubensfreiheit wird weder durch die allgemeine Rechtsordnung noch durch eine unbestimmte Güterabwägungsklausel relativiert.** Seine Grenzen dürfen nur von der Verfassung selbst, d. h. nach Maßgabe der grundgesetzlichen Wertordnung und unter Berücksichtigung der Einheit dieses grundlegenden Wertsystems gezogen werden. Insbesondere schließt die enge Beziehung der Glaubensfreiheit zur Menschenwürde als dem obersten Wert im System der Grundrechte es aus, Betätigungen und Verhaltensweisen, die aus einer bestimmten Glaubenshaltung fließen, ohne weiteres den Sanktionen zu unterwerfen, die der Staat für ein solches Verhalten - unabhängig von seiner glaubensmäßigen Motivierung - vorsieht. Kennzeichnend für einen Staat, der die Menschenwürde zum obersten Verfassungswert erklärt und der Glaubens- und Gewissensfreiheit ohne Gesetzesvorbehalt und unverwirkbar garantiert, ist vielmehr, dass er auch Außenseitern und Sektierern die ungestörte Entfaltung ihrer Persönlichkeit gemäß ihren subjektiven Glaubensüberzeugungen gestattet, solange sie nicht in Widerspruch zu anderen Wertentscheidungen der Verfassung geraten und aus ihrem Verhalten deshalb fühlbare Beeinträchtigungen für das Gemeinwesen oder die Grundrechte anderer erwachsen.
>
> **Eine Begrenzung folgt insbesondere nicht aus Art. 136 WRV in Verbindung mit Art. 140 GG.** Das Verhältnis, in dem diese aus der Weimarer Reichsverfassung in das Grundgesetz übernommene Bestimmung heute zum Grundrecht der Glaubensfreiheit steht, rechtfertigt nicht den im angefochtenen Beschluss des Oberlandesgerichts zu Art. 136 Abs. 4 WRV gezogenen Umkehrschluss, jedermann dürfe im Rahmen der geltenden Gesetze zur Benutzung einer nicht religiösen Eidesform gezwungen werden. Der Grundgesetzgeber hat die Glaubens- und Gewissensfreiheit aus dem Zusammenhang der Kirchenartikel der Weimarer Reichsverfassung gelöst und ohne jeden Gesetzesvorbehalt in den an der Spitze der Verfassung stehenden Katalog unmittelbar verbindlicher Grundrechte aufgenommen. Art. **136 WRV ist deshalb im Lichte der gegenüber früher (vgl. Art. 135 WRV) erheblich verstärkten Tragweite des Grundrechts der Glaubens- und Gewissensfreiheit auszulegen; er wird nach Bedeutung und innerem Gewicht im Zusammenhang der grundgesetzlichen Ordnung von Art. 4 Abs. 1 GG überlagert.** Welche staatsbürgerlichen Pflichten im Sinne des Art. 136 Abs. 1 WRV gegenüber dem Freiheitsrecht des Art. 4 Abs. 1 GG mit staatlichem Zwang durchgesetzt werden dürfen, lässt sich unter der Herrschaft des Grundgesetzes nur nach Maßgabe der in Art. 4 Abs. 1 GG getroffenen Wertentscheidung feststellen.“

Im Schrifttum[41] wird diesen Überlegungen widersprochen, und auch das BVerwG ist in einer jüngeren Entscheidung[42] zu einem gegenteiligen Ergebnis gekommen: Gegen die vom BVerfG angeführte **Überlagerung** spricht vor allem, dass auch nach Ansicht des BVerfG die aus der WRV gem. Art. 140 GG übernommenen Artikel vollgültiges Verfassungsrecht der Bundesrepublik Deutschland geworden sind[43]. Daher stehen die übernommenen Artikel gegenüber den anderen 280

---

40 Zuletzt BVerfGE 108, 282 (299) (Kopftuch Ludin).

41 *Jarass*, in: Jarass/Pieroth, Art. 4 Rn. 31; *Lenz*, VR 2003, 226 (229 ff.); *Mager*, in: v. Münch/Kunig, Art. 4 Rn. 48; *Muckel*, in: Friauf/Höfling, Art. 4 Rn. 47 f.; *Ehlers*, in: Sachs, GG, Art. 140 Rn. 4; *Starck*, in: v. Mangoldt/Klein/Starck, Art. 4 Rn. 76, alle m.w.N.

42 BVerwG, DVBl. 2001, 485 (487).

43 BVerfGE 19, 206 (219) (Kirchenbausteuer); *Jarass*, in: Jarass/Pieroth, Art. 4 Rn. 31; *Muckel*, in: Friauf/Höfling, Art. 4 Rn. 47.

Artikeln nicht auf einer Stufe minderen Ranges. Die Annahme einer Überlagerung läuft hingegen auf eine faktische Außerkraftsetzung des Art. 140 GG i.V.m. Art. 136 Abs. 1 WRV hinaus[44]; ein solches Ergebnis ist aber mit der Systematik des Grundgesetzes nicht zu vereinbaren. In teleologischer Hinsicht ist zudem zu beachten, dass die Annahme eines umfassenden einheitlichen Schutzbereichs des Art. 4 Abs. 1, 2 GG zu zahllosen Konflikten zwischen religiöser Betätigung und allgemeiner Rechtsordnung führt. Ein Gesetzesvorbehalt erlaubt es dem Staat hier, die unterschiedlichen Interessen und Rechtspositionen zu einem Ausgleich zu führen, ohne dass auf kollidierendes Verfassungsrecht zurückgegriffen werden muss. Der Verweis auf die Entstehungsgeschichte ist schließlich ungeeignet, die Funktion des Art. 136 Abs. 1 WRV als Schranke zu widerlegen: Denn der Verfassungsgeber hat die weite Schutzbereichsauslegung durch das BVerfG weder gewollt, noch vorhergesehen, sodass die historischen Überlegungen hinsichtlich der Schranken schon aus diesem Grund keine zentrale Rolle spielen dürfen.[45]

b) Schranken-Schranken

281 Bei der Prüfung der Verhältnismäßigkeit gelten bei Art. 4 Abs. 1, 2 GG keine Besonderheiten. Greift man mit dem BVerfG auf kollidierendes Verfassungsrecht zurück, muss im Einzelfall ein schonender Ausgleich zwischen den kollidierenden Verfassungspositionen im Sinne „**praktischer Konkordanz**"[46] gefunden werden. Aber auch wenn man Art. 136 Abs. 1 WRV als Schranke betrachtet, ist dieser entsprechend der bei Art. 5 Abs. 1 GG geltenden Wechselwirkungslehre[47] nicht in der Lage, das Grundrecht des Art. 4 Abs. 1, 2 GG einseitig zu begrenzen, sondern es muss ebenfalls ein schonender Ausgleich gesucht werden.[48]

282

Überblick: Typische Klausurprobleme

- Schutzbereichsbestimmung: Begriff der Religion, Religionsfreiheit als Handlungsfreiheit?, wirtschaftliche Betätigung (Scientology).
- Religionsfreiheit und allgemeine Rechtsordnung (Schächten, Kirchenglockengeläut, Ruf des Muezzins).
- Neutralität des Staates (Kruzifix, Kopftuch etc.).
- Warnungen vor Sekten (Eingriffsproblematik).
- Art. 140 GG i.V.m. Art. 136 Abs. 1 WRV als Schranke?
- Abwägungsfragen im Einzelfall, „praktische Konkordanz".

---

44 *Ehlers*, in: Sachs, GG, Art. 140 Rn. 5.

45 *Jarass*, in: Jarass/Pieroth, Art. 4 Rn. 31.

46 Vgl. dazu Rn. 81 ff.

47 Vgl. dazu Rn. 223 f.

48 *Starck*, in: v. Mangoldt/Klein/Starck, Art. 4 Rn. 77 und i.E. auch BVerwG, DVBl. 2001, 485 (487).

III. Exkurs: Staatskirchenrecht (Art. 140 GG i.V.m. Art. 137 ff. WRV)

Auch wenn das Staatskirchenrecht, das im Grundgesetz im Wesentlichen in den Art. 140 GG i.V.m. Art. 137 ff. WRV zu finden ist, nicht zu den Grundrechten gehört, sind Grundkenntnisse für die Falllösung unverzichtbar. Kern der staatskirchenrechtlichen Bestimmungen ist Art. 140 GG i.V.m. Art. 137 Abs. 1 WRV: „Es besteht keine Staatskirche." Trotzdem realisiert das Grundgesetz **keine strikte Trennung von Kirche und Staat**, sondern sieht Kirche und Staat in einem Kooperationsverhältnis („hinkende Trennung"). Deutlich wird dies beispielsweise in Art. 140 GG i.V.m. Art. 137 Abs. 5, 6 WRV. Auch in der Praxis hat sich besonders im sozialen Bereich eine umfassende Zusammenarbeit herausgebildet. **283**

Dennoch darf die Kooperation nicht zu einer Verschmelzung von Kirche und Staat bzw. zu einer Einmischung des Staates in kirchliche Angelegenheiten führen. Verfassungsrechtlich sind daher die organisatorische Trennung, sowie eine strikte **Neutralität** vorgeschrieben. Der Staat darf sich also nicht mit den Inhalten von Religionsgemeinschaften identifizieren („Gebot der **Nichtidentifikation**") und muss alle Religionsgemeinschaften vollständig gleich behandeln („Gebot der **Gleichbehandlung**", vgl. auch Art. 3 Abs. 3 S. 1 GG). Vor Einmischung des Staates schützt die Kirchen Art. 140 GG i.V.m. Art. 137 Abs. 3 WRV, aus dessen Wortlaut ein umfassendes Selbstbestimmungsrecht abgeleitet wird. **284**

> BVerfGE 93, 1 (16 f.) (Kruzifix): „**Aus der Glaubensfreiheit des Art. 4 Abs. 1 GG folgt (...) der Grundsatz staatlicher Neutralität gegenüber den unterschiedlichen Religionen und Bekenntnissen.** Der Staat, in dem Anhänger unterschiedlicher oder gar gegensätzlicher religiöser und weltanschaulicher Überzeugungen zusammenleben, kann die friedliche Koexistenz nur gewährleisten, wenn er selber in Glaubensfragen Neutralität bewahrt. Er darf daher den religiösen Frieden in einer Gesellschaft nicht von sich aus gefährden. Dieses Gebot findet seine Grundlage nicht nur in Art. 4 Abs. 1 GG, sondern auch in Art. 3 Abs. 3, Art. 33 Abs. 1 sowie Art. 140 GG in Verbindung mit Art. 136 Abs. 1 und 4 und Art. 137 Abs. 1 WRV. Sie verwehren die Einführung staatskirchlicher Rechtsformen und untersagen die Privilegierung bestimmter Bekenntnisse ebenso wie die Ausgrenzung Andersgläubiger."

Von Bedeutung ist schließlich die Vorschrift des Art. 140 GG i.V.m. Art. 137 Abs. 5 S. 2 WRV, die es neben den großen Kirchen weiteren Religionsgesellschaften ermöglicht, **als Körperschaften des öffentlichen Rechts** anerkannt zu werden. An diese Vorschrift knüpfen sich zahlreiche Streitfragen; problematisch ist vor allem, welche Anforderungen an eine „Religionsgesellschaft" zu stellen sind.[49] Ausdrücklich im Text genannt ist das Kriterium der „Gewähr der Dauer". Eine Religionsgemeinschaft, die Körperschaft des öffentlichen Rechts werden will, muss durch ihre Verfassung und die Zahl ihrer Mitglieder die prognostische Einschätzung stützen, dass sie auch in Zukunft dauerhaft bestehen wird. Über den Text hinaus hält das BVerfG weiter das Kriterium der Rechtstreue für erforderlich: „Eine Religionsgemeinschaft, die Körperschaft des öffentlichen Rechts werden will (Art. 140 GG i.V.m. Art. 137 Abs. 5 Satz 2 WRV), muss rechtstreu sein. **285**

---

[49] Vgl. dazu zuletzt BVerfGE 102, 370 ff. (Körperschaftsstatus der Zeugen Jehovas); vgl. zu dieser Entscheidung *Muckel*, Jura 2001, 456 ff.

Sie muss die Gewähr dafür bieten, dass sie das geltende Recht beachten, insbesondere die ihr übertragene Hoheitsgewalt nur in Einklang mit den verfassungsrechtlichen und sonstigen gesetzlichen Bindungen ausüben wird. Sie muss außerdem die Gewähr dafür bieten, dass ihr künftiges Verhalten die in Art. 79 Abs. 3 GG umschriebenen fundamentalen Verfassungsprinzipien, die dem staatlichen Schutz anvertrauten Grundrechte Dritter sowie die Grundprinzipien des freiheitlichen Religions- und Staatskirchenrechts des Grundgesetzes nicht gefährdet."[50] Einer darüber hinausgehende Loyalität zum Staat, wie sie noch das BVerwG als notwendig erachtet hatte[51] - verlangt das Grundgesetz nach Ansicht des BVerfG dagegen nicht.[52]

IV. Gewissensfreiheit (Art. 4 Abs. 1, 3 GG)

286

Fall 11: Gewissensnot am Arbeitsplatz

Der überzeugte deutsche Pazifist P arbeitet seit vielen Jahren bei einem Unternehmen der Metallindustrie. Im Zuge einer Erweiterung der Produktpalette stellt das Unternehmen seit kurzer Zeit auch Bauteile für Waffen her, die an andere Unternehmen verkauft werden. Nach dem Dienstplan soll auch P gelegentlich in der Waffenproduktion eingesetzt werden. Er weigert sich jedoch unter Hinweis darauf, dass sein Gewissen ihm eine solche Tätigkeit nicht erlaube. Die Mitwirkung bei der Herstellung von Waffen stürze ihn in derartige Gewissensnöte, dass er damit nicht leben könne. An den Tagen, an denen P in der Waffenproduktion arbeiten soll, erscheint er zwar im Betrieb, bleibt aber gänzlich untätig. Daraufhin kündigt das Unternehmen dem P unter Hinweis auf § 626 Abs. 1 BGB fristlos. Ein wichtiger Grund zur fristlosen Kündigung i.S.v. § 626 Abs. 1 BGB sei auf Grund der Arbeitsverweigerung vorhanden. Die von P gegen die Kündigung angestrengte Klage bleibt in allen Instanzen erfolglos, wobei die Gerichte ausführen, Gewissensnot sei kein Grund zur Arbeitsverweigerung. Nunmehr erhebt P Verfassungsbeschwerde gegen die klageabweisenden Gerichtsentscheidungen. Mit Erfolg?

§ 315 Abs. 1 BGB: Soll die Leistung durch einen der Vertragschließenden bestimmt werden, so ist im Zweifel anzunehmen, dass die Bestimmung nach billigem Ermessen zu treffen ist.

§ 626 Abs. 1 BGB: Das Dienstverhältnis kann von jedem Vertragsteil aus wichtigem Grund ohne Einhaltung einer Kündigungsfrist gekündigt werden, wenn Tatsachen vorliegen, auf Grund derer dem Kündigenden unter Berücksichtigung aller Umstände des Einzelfalles und unter Abwägung der Interessen beider Vertragsteile die Fortsetzung des Dienstverhältnisses bis zum Ablauf der Kündigungsfrist (...) nicht zugemutet werden kann.

Fall nachgebildet BAG, AP Nr. 1 zu § 611 BGB

287

Die Gewissensfreiheit regelt das Grundgesetz in Art. 4 Abs. 1, 3 GG. Während Art. 4 Abs. 1 GG die Gewissensfreiheit allgemein unter Schutz stellt, enthält Art. 4 Abs. 3 GG eine Sonderregelung, die die Kriegsdienstverweigerung betrifft.

---

50 BVerfGE 102, 370 (Ls. 1) (Körperschaftsstatus der Zeugen Jehovas).

51 BVerwGE 105, 117 (125 ff.).

52 BVerfGE 102, 370 (Ls. 2) (Körperschaftsstatus der Zeugen Jehovas).

1. Schutzbereich der Gewissensfreiheit

a) Persönlicher Schutzbereich

Art. 4 Abs. 1, 3 GG enthält nach seinem Wortlaut ein Jedermann-Grundrecht. Da der Begriff des „Gewissens" an natürliche Eigenschaften des Menschen anknüpft, ist die Gewissensfreiheit wesensmäßig nicht auf juristische Personen anwendbar (Art. 19 Abs. 3 GG).[53] **288**

b) Sachlicher Schutzbereich

Art. 4 Abs. 1, 3 GG schützt die Freiheit des „Gewissens". Unter Gewissen wird die vom Einzelnen als unbedingt verpflichtend erlebte Empfindung für das sittlich Gebotene, das Gute und Böse, verstanden.[54] Anknüpfungspunkt in der Praxis ist zumeist die **Gewissensentscheidung**; diese definiert das BVerfG als „jede ernste sittliche, d. h. an den Kategorien von „Gut" und „Böse" orientierte Entscheidung, die der Einzelne in einer bestimmten Lage als für sich bindend und unbedingt verpflichtend innerlich erfährt, sodass er gegen sie nicht ohne ernste Gewissensnot handeln könnte."[55] **289**

Der Schutzumfang der Gewissensfreiheit ist nicht eindeutig geklärt. Umstritten ist, ob neben der Bildung eines Gewissens auch jedes **gewissensgeleitete Handeln** unter Schutz gestellt wird. Problematisch ist dies vor allem deshalb, weil die Verfassung damit jedem Einzelnen die Freiheit einräumen würde, sich unter Berufung auf die eigenen subjektiven und zudem gerichtlich kaum überprüfbaren Maßstäbe über die allgemein geltenden Regeln hinweg zu setzen. Die allgemeine Geltung der Rechtsordnung wäre gefährdet. Andererseits aber wäre eine Gewissensfreiheit, die nur das Haben einer Gewissensüberzeugung, nicht aber das entsprechende Handeln schützt, bedeutungslos. Das BVerfG löst dieses Dilemma in der Weise, dass es zwar einerseits den Schutzbereich - dem Vorgehen bei der Religions- und Weltanschauungsfreiheit entsprechend - auch auf das gewissensgeleitete Handeln erstreckt.[56] Andererseits aber stellt das BVerfG an das Vorliegen einer Gewissensentscheidung hohe Anforderungen.[57] Auch kann es zulässig sein, denjenigen, der sich auf sein Gewissen beruft, auf gewissensneutrale Handlungsalternativen zu verweisen.[58] **290**

Art. 4 Abs. 3 GG enthält gegenüber dem Grundrecht aus Art. 4 Abs. 1 GG eine Spezialregelung, die die **Kriegsdienstverweigerung** aus Gewissensgründen garantiert. Nach dem Wortlaut erfasst die Vorschrift zwar nur den „Kriegsdienst mit der Waffe"; darunter fallen aber auch kriegsunterstützende Dienste, bei denen ggf. Waffen zu Verteidigungszwecken eingesetzt werden (z.B. Sanitätsdienst).[59] An die Gewissensentscheidung stellt das BVerfG auch hier recht hohe Anforderun- **291**

---

53 BVerfG, NJW 1990, 241 (241) (Lohnfortzahlung).

54 *Sachs*, VerfR II, Kap. B 4 Rn. 51.

55 BVerfGE 12, 45 (Ls. 2) (Kriegsdienstverweigerung I).

56 BVerfGE 78, 391 (395) (Dienstflucht).

57 Z.B. BVerfG, NJW 1993, 455 (455 f.) zur Verweigerung der Steuerzahlung.

58 Dazu *Jarass*, in: Jarass/Pieroth, Art. 4 Rn. 48.

59 *Pieroth/Schlink*, Rn. 526.

gen; erforderlich ist, dass das Gewissen das „Töten im Kriege schlechthin“ nicht zulasse.[60] Eine situationsbedingte Verweigerung („das Töten nur in einem bestimmten Krieg“) ist daher von Art. 4 Abs. 3 GG nicht geschützt.

2. Eingriffe

292 Eingriffe in die Gewissensfreiheit liegen vor, wenn der Staat den Einzelnen zu einem Handeln entgegen seinem Gewissen zwingt. Die Rechtsprechung des BVerfG verlangt allerdings von demjenigen, der sich auf sein Gewissen beruft, selbst zur Vermeidung von Eingriffen beizutragen, indem er den gewissensbelastenden Situationen ausweicht bzw. selbst Alternativen anbietet.[61] Beruft sich etwa eine Studentin auf ihre Gewissensfreiheit, um im Biologiestudium keine Tierversuche vornehmen zu müssen, so ist sie nach der Rechtsprechung gehalten, selbst Alternativen aufzuzeigen und anderweitige gleichwertige Leistungen zu erbringen.[62]

293 Ein Eingriff in Art. 4 Abs. 3 GG ist schließlich jeder Zwang zum Kriegsdienst. Ein mittelbarer Eingriff ist auch in der Verpflichtung zu einem zivilen Ersatzdienst für Kriegsdienstverweigerer zu sehen, da so ein Druck hin zum Kriegsdienst ausgeübt wird.

3. Rechtfertigung von Eingriffen

a) Schranken

294 Die Gewissensfreiheit ist vorbehaltlos gewährt. Zumindest dann, wenn man mit dem überwiegenden Schrifttum[63] die Gewissensfreiheit als eigenständiges Grundrecht betrachtet, kommt auch ein Rückgriff auf Art. 140 GG i.V.m. Art. 136 Abs. 1 WRV nicht in Betracht. Als Schranke bleibt lediglich die Heranziehung **kollidierenden Verfassungsrechts**.

295 Ob dies auch für Art. 4 Abs. 3 S. 1 GG gilt, ist zweifelhaft. Das BVerfG hat zwar in zwei Entscheidungen die Heranziehung zum Kriegsdienst trotz entgegenstehender Gewissensentscheidung als verfassungsmäßig anerkannt und sich insoweit auf die aus diversen Verfassungsnormen abgeleitete „Wehrfähigkeit des Staates“ als kollidierendes Verfassungsrecht gestützt.[64] Diese Entscheidungen sind jedoch nicht zweifelsfrei: Die Rechtsprechung des BVerfG neigt dazu, das Grundrecht inhaltlich vollends zu entwerten, wenn jede Gewissensentscheidung unter dem Vorbehalt der Wehrfähigkeit des Staates steht. Nach dem Verfassungstext jedenfalls setzt die Gewissensentscheidung des Einzelnen „Grenzen für Ausbau und Organisation der militärischen Landesverteidigung, nicht umgekehrt“.[65]

---

60 BVerfGE 12, 45 (57) (Kriegsdienstverweigerung I).

61 BVerfGE 32, 98 (106 f.) (Gesundbeter).

62 BVerwGE 105, 73 (87) (Teilnahme an Tierversuchen).

63 Zu anderen Ansätzen *Jarass*, in: Jarass/Pieroth, Art. 4 Rn. 44 m.w.N.

64 BVerfGE 28, 243 (261) (Dienstpflichtverweigerung); 69, 1 (21 f.) (Kriegsdienstverweigerung II). Vgl. zur Kritik am kollidierenden Verfassungsrecht Rn. 70 ff.

65 BVerfGE 69, 1 (65) (Kriegsdienstverweigerung II, abw. Meinung *Böckenförde, Mahrenholz*).

Art. 4 Abs. 3 S. 1 GG ist weiteren Beschränkungen unterworfen: **Art. 12a Abs. 2 GG** erlaubt ausdrücklich die Einführung eines zivilen Ersatzdienstes. Zudem enthält **Art. 4 Abs. 3 S. 2 GG** eine Ermächtigung an den Gesetzgeber, „das Nähere" hinsichtlich der Kriegsdienstverweigerung zu „regeln". In diesem sog. Regelungsvorbehalt ist allerdings kein Gesetzesvorbehalt im klassischen Sinn zu sehen, der zu Eingriffen ermächtigt. Vielmehr darf der Gesetzgeber lediglich das Verfahren der Kriegsdienstverweigerung ausgestalten („regeln"); der Schutzumfang des Art. 4 Abs. 3 S. 1 GG darf dabei aber nicht verkürzt werden. Allerdings lässt sich diese Aussage nicht verallgemeinern: Das BVerfG stützt beispielsweise in seiner Rechtsprechung zur Berufsfreiheit (Art. 12 Abs. 1 GG) durchaus gravierende Eingriffe auf den Regelungsvorbehalt des Art. 12 Abs. 1 S. 2 GG, den es als einfachen Gesetzesvorbehalt interpretiert.[66] 296

BVerfGE 28, 243 (259 f.) (Dienstpflichtverweigerung): **„Normen, die im Range unter der Verfassung stehen, könnten diesen Zwang nicht rechtfertigen, wenn der sachliche Gehalt des Grundrechts dadurch angetastet würde.** Denn der Gesetzgeber darf ein Grundrecht nicht durch einfaches Gesetz in seinem sachlichen Gehalt einschränken. Daran ändert auch die Ermächtigung zur näheren Regelung nichts. Sie rechtfertigt nur ein Anerkennungsverfahren als solches. Denn Art. 4 Abs. 3 S. 1 GG respektiert nicht jede Verweigerung des Kriegsdienstes, sondern nur die auf einer Gewissensentscheidung beruhende. Nach der Intention des Grundgesetzes durfte der Gesetzgeber also ein Anerkennungsverfahren vorsehen; verpflichtet war er dazu allerdings nicht. Er wäre deshalb auch nicht gehindert, das Anerkennungsverfahren zu beseitigen, wenn dringende praktische Gründe dafür sprächen (...)

Ist daher das Anerkennungsverfahren als solches durch Art. 4 Abs. 3 S. 2 GG gedeckt, so gilt nicht ohne weiteres dasselbe für eine Regelung, die die Wirkung der Anerkennung auf die Zeit nach deren Rechtskraft beschränkt. Wäre eine solche Bestimmung nicht mit dem Inhalt des in Art. 4 Abs. 3 S. 1 GG gewährten Freiheitsrechts vereinbar, würde sie das Grundrecht selbst einschränken und damit nicht mehr nur eine „nähere Regelung" enthalten."

b) Schranken-Schranken

Wie bei allen Grundrechten müssen sich Eingriffe am Verhältnismäßigkeitsgrundsatz messen lassen. Bei Art. 4 Abs. 1, 3 GG ist hier eine besonders gründliche Prüfung angebracht, da zumindest ein gravierender Verstoß gegen eine Gewissensentscheidung leicht in den Bereich der - generell unantastbaren[67] - Menschenwürdegarantie des Art. 1 Abs. 1 GG gelangt. 297

298 **Überblick: Typische Klausurprobleme**

- Schutzbereichsbestimmung: Begriff des Gewissens; Reichweite des Schutzes.
- Eingriffe und Handlungsalternativen; Drittwirkung (insb. bei Arbeitsverweigerung aus Gewissensgründen, Tierversuchen im Studium).
- Schranke des kollidierenden Verfassungsrechts.

---

66 *Jarass*, in: Jarass/Pieroth, Art. 12 Rn. 19 m.w.N. Vgl. dazu Rn. 356.

67 Vgl. dazu Rn. 572 f.

V. Grundrechte in Privatrechtsbeziehungen: „Drittwirkung"

299 Grundrechte sind Rechte des Einzelnen gegenüber dem Staat; sie dienen dem Bürger dazu, Übergriffe des Staates in seine persönliche Freiheit abzuwehren. Unter dieser Prämisse sind Grundrechte erkämpft worden, und diese Funktion legt das Grundgesetz in Art. 1 Abs. 3 GG eindeutig fest.

1. Unmittelbare Drittwirkung?

300 Diese an sich so eindeutige Aussage ist jedoch seit der Einführung des Grundgesetzes immer wieder kritisiert und eine unmittelbare Drittwirkung (auch: Horizontalwirkung) der Grundrechte auch innerhalb von Privatrechtsbeziehungen gefordert worden. Dies hätte zur Folge, dass nicht bloß der Staat die Grundrechte beachten muss, sondern auch jeder Bürger in seinem täglichen Handeln die Grundrechte anderer als unmittelbar geltende Rechtsnormen erfährt. Jeder Bürger wäre also beispielsweise an den besonderen Gleichheitssatz (Art. 3 Abs. 3 S. 1 GG) gebunden und dürfte daher im Geschäftsverkehr einen Niedersachsen nicht einem Bayern vorziehen. Er müsste sich religiös gegenüber anderen neutral verhalten, und als Arbeitgeber müsste er die Berufswahlfreiheit (Art. 12 Abs. 1 S. 1 GG) aller Arbeitssuchenden beachten.

301 Gefordert wurde eine solche unmittelbare Drittwirkung vor allem vom Bundesarbeitsgericht (BAG) in seiner Frühzeit auf Grund **teleologischer Erwägungen**[68]: Grundrechte sollen die Freiheit des Einzelnen gegenüber ungerechtfertigten Beschränkungen sicherstellen, die immer dann zu befürchten sind, wenn ein Machtungleichgewicht besteht. Typischerweise besteht ein solches zwar zwischen dem Staat mit seinen Zwangsmitteln und den Bürgern. Jedoch kann ein Ungleichgewicht vor allem auf Grund wirtschaftlicher Macht auch zwischen Privaten entstehen. Für den Einzelnen, der sich in einer unterlegenen Position befindet, ist es im Ergebnis gleichgültig, ob er einem übermächtigen Staat oder einem übermächtigen Privaten gegenübersteht. Argumentiert man rein ergebnisorientiert, spricht vieles für eine unmittelbare Bindung auch Privater an die Grundrechte.

302 Diese auf den ersten Blick einleuchtende Argumentation steht jedoch mit dem Grundgesetz nicht in Einklang: Hinsichtlich der Reichweite der Grundrechtsbindung bestimmt **Art. 1 Abs. 3 GG**, dass Gesetzgebung, vollziehende Gewalt und Rechtsprechung gebunden sind. Private sind hingegen nicht erwähnt. Zudem enthält das Grundgesetz mit den Art. 9 Abs. 3 S. 2 GG, Art. 20 Abs. 4 GG und Art. 48 Abs. 1, 2 GG Vorschriften, die ausdrücklich eine unmittelbare Drittwirkung anordnen und auch Private untereinander unmittelbar berechtigen und verpflichten. Insofern liegt bei **systematischer Auslegung** der Umkehrschluss (argumentum e contrario[69]) nahe, dass in allen anderen Fällen eine solche Wirkung nicht eintreten soll. Hinzu kommt, dass Grundrechte nach **Sinn und Zweck** Abwehrrechte des Einzelnen gegenüber dem Staat sind. Grundrechte begrenzen

---

68 BAGE 1, 185 (193); 7, 256 (260).

69 Vgl. zu dieser Argumentationsfigur *Butzer/Epping*, S. 47.

als „negative Kompetenznormen“[70] staatliche Macht dem Einzelnen gegenüber. Im Gegensatz zu staatlicher Macht ist private Macht jedoch immer auch grundrechtlich geschützte Freiheitsentfaltung. Bei Anerkennung einer unmittelbaren Wirkung käme den Grundrechten daher im Privatrechtsverkehr stets eine freiheitsbeschränkende Wirkung zu, die im Gegensatz zu der freiheitssichernden Funktion stünde. Dass eine derartige Freiheitsbeschränkung bezweckt ist, lässt sich aus dem Grundgesetz nicht ablesen. Schließlich bestätigt auch die **historische Auslegung** die Ablehnung einer unmittelbaren Drittwirkung: Bereits in den Art. 118 Abs. 1 S. 2, 159 S. 2 WRV war eine unmittelbare Drittwirkung angeordnet, die schon damals als „bemerkenswerte Ausnahmen“ angesehen wurden.[71] An diesen Ausnahmecharakter will der dem Art. 159 WRV im Wesentlichen entsprechende Art. 9 Abs. 3 S. 2 GG offenbar anknüpfen, was den oben genannten Umkehrschluss bestätigt. Das Argument der Vergleichbarkeit der Interessenlage kann daher eine unmittelbare Drittwirkung nicht begründen. Über dieses Ergebnis besteht heute nahezu Einigkeit.

2. *Mittelbare Drittwirkung (Privatrechtswirkung)*

Dennoch sollen Grundrechte im Privatrechtsverkehr nicht völlig ohne Wirkung **303** bleiben. Literatur und Rechtsprechung gehen daher heute von einer sog. mittelbaren Drittwirkung der Grundrechte aus. Gemeint ist damit, dass zwar Private nicht unmittelbar an die Grundrechte gebunden sein sollen. Dennoch aber sollen die Grundrechte in Privatrechtsbeziehungen insofern „mittelbar“ wirken, als sowohl der Gesetzgeber bei der Schaffung von Privatrecht als auch die Zivilgerichte bei der Entscheidung von Privatrechtsstreitigkeiten die Grundrechte beachten müssen. Der Begriff der mittelbaren Drittwirkung darf daher nicht missverstanden werden. Mittelbar durch die Grundrechte gebunden sind lediglich Private; die Bindung des Gesetzgebers bzw. der Gerichte ist gem. Art. 1 Abs. 3 GG wie auch sonst eine unmittelbare. Insofern lässt sich die mittelbare Drittwirkung präziser als **Privatrechtswirkung** beschreiben; gleichwohl hat sich der Begriff der mittelbaren Drittwirkung durchgesetzt.

Begründen lässt sich diese mittelbare Drittwirkung damit, dass die Grundrechte **304** nicht bloß Abwehrrechte des Einzelnen gegen den Staat sind, sondern darüber hinaus auch eine **objektive Wertordnung**[72] bilden. Diese Wertordnung gilt als Grundentscheidung der Verfassung für alle Rechtsbereiche und damit auch für das Privatrecht. Deshalb - so das BVerfG - müssen alle bürgerlich-rechtlichen Vorschriften im Geist der Verfassung ausgelegt werden. Dies gilt insbesondere bei unbestimmten Rechtsbegriffen und Generalklauseln, die insofern „**Einfallstore**“ für die Grundrechte darstellen, ist aber nicht auf diese beschränkt.[73] Ein Beispiel für eine solche

---

70 *Hesse*, Rn. 291.

71 *Anschütz,* Die Verfassung des Deutschen Reiches, 14. Aufl. 1933, Art. 118 Anm. 5 und Art. 159 Anm. 1.

72 BVerfGE 6, 32 (40) (Elfes); 7, 198 (205) (Lüth); 25, 256 (263) (Blinkfüer); 39, 1 (41) (Schwangerschaftsabbruch I). Vgl. dazu Rn. 15.

73 BVerfGE 7, 198 (205 f.) (Lüth).

„mittelbare Drittwirkung“ ist der Begriff des Verstoßes gegen die „guten Sitten“ des § 138 Abs. 1 BGB. Wann ein solcher Verstoß vorliegt, was also als sittenwidrig i.S.v. § 138 Abs. 1 BGB zu gelten hat und ein Rechtsgeschäft nichtig macht, bestimmt sich damit auch nach Maßgabe der Grundrechte. Eine für das BVerfG relevante Grundrechtsverletzung liegt vor, wenn die Zivilgerichte die objektiv-rechtlichen Vorgaben des Grundgesetzes bei der Auslegung missachten und dadurch den Gehalt einer Grundrechtsnorm als objektiv-rechtlicher Norm verkennen.[74] Hingegen überprüft das BVerfG nicht, ob das bürgerliche Recht richtig angewendet worden ist. Dessen Auslegung und Anwendung verbleibt vielmehr originäre Aufgabe der Zivilgerichte selbst. Das BVerfG ist keine „Superrevisionsinstanz“.

BVerfGE 7, 198 (204 ff.) (Lüth): „Die grundsätzliche Frage, ob Grundrechtsnormen auf das bürgerliche Recht einwirken und wie diese Wirkung im Einzelnen gedacht werden müsse, ist umstritten. Die äußersten Positionen in diesem Streit liegen einerseits in der These, dass die Grundrechte ausschließlich gegen den Staat gerichtet seien, andererseits in der Auffassung, dass die Grundrechte oder doch einige und jedenfalls die wichtigsten von ihnen auch im Privatrechtsverkehr gegen jedermann gälten. Die bisherige Rechtsprechung des Bundesverfassungsgerichts kann weder für die eine noch für die andere dieser extremen Auffassungen in Anspruch genommen werden; die Folgerungen, die das Bundesarbeitsgericht in dieser Hinsicht zieht, gehen zu weit. Auch jetzt besteht kein Anlass, die Streitfrage der so genannten „Drittwirkung“ der Grundrechte in vollem Umfang zu erörtern. Zur Gewinnung eines sachgerechten Ergebnisses genügt Folgendes:

Ohne Zweifel sind die Grundrechte in erster Linie dazu bestimmt, die Freiheitssphäre des Einzelnen vor Eingriffen der öffentlichen Gewalt zu sichern; sie sind Abwehrrechte des Bürgers gegen den Staat. Das ergibt sich aus der geistesgeschichtlichen Entwicklung der Grundrechtsidee wie aus den geschichtlichen Vorgängen, die zur Aufnahme von Grundrechten in die Verfassungen der einzelnen Staaten geführt haben. Diesen Sinn haben auch die Grundrechte des Grundgesetzes, das mit der Voranstellung des Grundrechtsabschnitts den Vorrang des Menschen und seiner Würde gegenüber der Macht des Staates betonen wollte. Dem entspricht es, dass der Gesetzgeber den besonderen Rechtsbehelf zur Wahrung dieser Rechte, die Verfassungsbeschwerde, nur gegen Akte der öffentlichen Gewalt gewährt hat.

Ebenso richtig ist aber, dass das Grundgesetz, das keine wertneutrale Ordnung sein will, in seinem Grundrechtsabschnitt auch eine objektive Wertordnung aufgerichtet hat und dass gerade hierin eine prinzipielle Verstärkung der Geltungskraft der Grundrechte zum Ausdruck kommt. Dieses Wertsystem, das seinen Mittelpunkt in der innerhalb der sozialen Gemeinschaft sich frei entfaltenden menschlichen Persönlichkeit und ihrer Würde findet, muss als verfassungsrechtliche Grundentscheidung für alle Bereiche des Rechts gelten; Gesetzgebung, Verwaltung und Rechtsprechung empfangen von ihm Richtlinien und Impulse. So beeinflusst es selbstverständlich auch das bürgerliche Recht; keine bürgerlich-rechtliche Vorschrift darf in Widerspruch zu ihm stehen, jede muss in seinem Geiste ausgelegt werden.

Der Rechtsgehalt der Grundrechte als objektiver Normen entfaltet sich im Privatrecht durch das Medium der dieses Rechtsgebiet unmittelbar beherrschenden Vorschriften. Wie neues Recht im Einklang mit dem grundrechtlichen Wertsystem stehen muss, so wird bestehendes älteres Recht inhaltlich auf dieses Wertsystem ausgerichtet; von ihm her fließt ihm ein spezifisch verfassungsrechtlicher Gehalt zu, der fortan seine Auslegung bestimmt. **Ein Streit zwischen Privaten über Rechte und Pflichten aus solchen grundrechtlich beeinflussten Verhaltensnormen des bürgerlichen Rechts bleibt materiell und prozessual ein bürgerlicher Rechtsstreit. Ausgelegt und angewendet wird bürgerliches Recht, wenn auch seine Auslegung dem öffentlichen Recht, der Verfassung, zu folgen hat.** Der Einfluss grundrechtli-

---

[74] BVerfGE 7, 198 (206 f.) (Lüth).

cher Wertmaßstäbe wird sich vor allem bei denjenigen Vorschriften des Privatrechts geltend machen, die zwingendes Recht enthalten und so einen Teil des ordre public - im weiten Sinne - bilden, d. h. der Prinzipien, die aus Gründen des gemeinen Wohls auch für die Gestaltung der Rechtsbeziehungen zwischen den Einzelnen verbindlich sein sollen und deshalb der Herrschaft des Privatwillens entzogen sind. Diese Bestimmungen haben nach ihrem Zweck eine nahe Verwandtschaft mit dem öffentlichen Recht, dem sie sich ergänzend anfügen. Das muss sie in besonderem Maße dem Einfluss des Verfassungsrechts aussetzen. Der Rechtsprechung bieten sich zur Realisierung dieses Einflusses vor allem die „Generalklauseln“, die, wie § 826 BGB, zur Beurteilung menschlichen Verhaltens auf außer-zivilrechtliche, ja zunächst überhaupt außerrechtliche Maßstäbe, wie die **„guten Sitten“**, verweisen. **Denn bei der Entscheidung darüber, was diese sozialen Gebote jeweils im Einzelfall fordern, muss in erster Linie von der Gesamtheit der Wertvorstellungen ausgegangen werden, die das Volk in einem bestimmten Zeitpunkt seiner geistig-kulturellen Entwicklung erreicht und in seiner Verfassung fixiert hat. Deshalb sind mit Recht die Generalklauseln als die „Einbruchstellen“ der Grundrechte in das bürgerliche Recht bezeichnet worden.**“

Hinsichtlich dieser Grundlagen besteht heute nahezu Einigkeit. Dennoch gehört **305**
die Frage der mittelbaren Drittwirkung nach wie vor zu einem der umstrittensten und schwierigsten Bereiche der Grundrechtsdogmatik. Eine dogmatisch konsistente und gleichzeitig praktikable Lösung des Problems ist bis heute nicht durchgängig gelungen. Die Streitigkeiten konzentrieren sich dabei im Wesentlichen auf drei Fragestellungen:

- Genügt der Hinweis auf die „objektive Wertordnung“, um die mittelbare Drittwirkung zu begründen, oder bedarf es einer weiteren Begründung?
- Wirken die Grundrechte im Bereich des Privatrechts auch als Eingriffsabwehrrechte?
- Wie wirken sich die Bindungen, die die mittelbare Drittwirkung für den Privatrechtsanwender (die Zivilgerichte) mit sich bringt, auf den Prüfungsumfang des BVerfG aus?

a) Begründung der mittelbaren Drittwirkung: Schutzpflicht

Auf eine nähere dogmatische Begründung der mittelbaren Drittwirkung der **306**
Grundrechte auf Privatrechtsbeziehungen über seine Ausführungen im Lüth-Urteil[75] hinaus hat das BVerfG bislang zumeist verzichtet. Wird das Gericht als „Schiedsrichter“ in zivilrechtlichen Streitfällen angerufen, beschränkt es sich im Wesentlichen auf die Wiederholung der Ausführungen im Lüth-Urteil.[76]

Demgegenüber gibt es in der Literatur seit Anfang der 80er-Jahre Bemühungen, **307**
die Drittwirkungslehre auf dogmatisch festere Beine zu stellen.[77] Ausgangspunkt der Überlegungen ist die aus der objektiven Seite der Grundrechte folgende **Schutzpflicht des Staates**.[78] Wenn es mit den Worten des BVerfG Aufgabe des Staates ist, sich „schützend und fördernd“ für die Verwirklichung der Grundrechte

75 BVerfGE 7, 198 ff. (Lüth).

76 Aus jüngerer Zeit BVerfGE 95, 28 (37) (Werkszeitungen); 97, 391 (401) (Missbrauchsbezichtigung); 101, 361 (388) (Caroline von Monaco II); 102, 347 (362) (Schockwerbung I).

77 Grundlegend *Canaris*, AcP 184 (1984), 201 (225 ff.).

78 Näher dazu Rn. 110 ff.

einzusetzen[79], muss dieses Postulat **auch in Bezug auf Privatrechtsbeziehungen** gelten. Insofern verlangt die Schutzpflicht von Trägern staatlicher Gewalt, die tatsächliche Wirksamkeit der Grundrechte auch innerhalb von Privatrechtsbeziehungen zu sichern und zu gewährleisten. Adressat ist also der Staat als Ganzes. Die Schutzpflicht trifft damit vorrangig den Gesetzgeber bei der Schaffung des Zivilrechts.[80] Er muss dabei die Freiheitssphären der einzelnen Bürger in einer Weise gegeneinander abgrenzen, dass sich individuelle Freiheit auch im privaten Bereich entfalten kann. Die Schutzpflicht trifft aber auch den Zivilrichter, der zur Entscheidung konkreter Streitigkeiten berufen ist. Auch er muss bei seiner Entscheidung darauf achten, dass im privatrechtlichen Bereich persönliche Freiheit tatsächlich erhalten bleibt. Dabei gibt das Grundgesetz selbst aber nicht vor, wie die Freiheitssphären im Einzelnen abzugrenzen sind; die Ausbildung entsprechender Maßstäbe ist Sache des Staates als Gesetzgeber bzw. Richter. Daher verbleibt dem Staat stets ein **Gestaltungsspielraum** in Bezug auf den Ausgleich der kollidierenden Rechte und Interessen; das staatliche (Nicht-)Handeln findet seine Grenze lediglich im sog. **„Untermaßverbot"**[81]. Dieses ist nur dann verletzt, wenn das staatliche Verhalten den erforderlichen Mindestschutz grundlegend und evident verfehlt. Wie also im Einzelfall ein Privatrechtsstreit zu entscheiden ist, folgt nicht aus den Grundrechten unmittelbar. Die Erfüllung der staatlichen Schutzpflicht ist eine Sache des einfachen Rechts und seiner Anwendung und Auslegung.[82]

308 Der staatlichen Schutzpflicht korrespondiert ein **Schutzanspruch des Einzelnen**; sie vermittelt jedem Bürger daher ein subjektives Recht auf Schutz.[83] Angesichts des staatlichen Gestaltungsspielraums wird sich dieser Schutzanspruch aber nur in ganz seltenen Einzelfällen zu einem Anspruch auf ganz bestimmte Maßnahmen verdichten; nämlich dann, wenn das Untermaßverbot nur eine Handlungsmöglichkeit offen lässt, die den grundrechtlichen Vorgaben genügt.

309 Insgesamt verdient der Ansatz, die Einwirkung der Grundrechte auf das Zivilrecht anhand der staatlichen Schutzpflicht zu begründen, Zustimmung. Denn in der Tat handelt es sich bei Drittwirkungsfällen um Konstellationen, in denen ein Privater vor staatlichen Gerichten um Schutz vor dem Verhalten eines anderen Privaten nachsucht. Insofern lässt sich die Dogmatik der staatlichen Schutzpflichten nutzbringend heranziehen. Deutlich wird dies beispielhaft in den beiden bereits im Zusammenhang mit Art. 5 Abs. 1 GG erläuterten Entscheidungen des BVerfG in den Fällen **„Lüth"** und **„Blinkfüer"**:[84] In der Lüth-Entscheidung hatten die Zivilgerichte dem Beschwerdeführer den Boykottaufruf gegen Veit Harlan untersagt. Insofern konnte man in dem Verbot durch die Zivilgerichte durchaus einen klassischen Grundrechtseingriff sehen, ohne dass ein Rückgriff auf die Schutzpflichten erforderlich war. Ganz anders war die Situation hingegen im Fall „Blinkfüer". Hier hatten die vom Herausgeber der gleichnamigen Zeitschrift angerufenen

---

[79] BVerfGE 35, 79 (113) (Hochschul-Urteil); 39, 1 (42) (Schwangerschaftsabbruch I).
[80] *Oeter*, AöR 119 (1994), 529 (537 f.).
[81] BVerfGE 88, 203 (254) (Schwangerschaftsabbruch II).
[82] Vgl. BVerfGE 54, 129 (139) (Kunstkritik); *Canaris*, AcP 184 (1984), 201 (227).
[83] Dazu *Dietlein*, Die Lehre von den grundrechtlichen Schutzpflichten, 1992, S. 133 ff.
[84] BVerfGE 7, 198 ff. (Lüth); 25, 256 ff. (Blinkfüer). Vgl. zum Sachverhalt Rn. 196.

Zivilgerichte eine Untersagung des vom Springer-Verlag ausgehenden Boykottaufrufs abgelehnt und den Boykott für zulässig gehalten. Gegen diese Entscheidungen hatte der Blinkfüer-Herausgeber schließlich Verfassungsbeschwerde erhoben. Dieser Fall macht deutlich, dass es jedenfalls in dieser Konstellation um den Schutz eines Privaten (hier des Blinkfüer-Herausgebers) vor Übergriffen eines anderen Privaten (hier des Springer-Verlags) geht. Diesen Schutz hatten die Zivilgerichte verweigert, worin das BVerfG einen Verstoß gegen Grundrechte erblickte.[85] Liegt aber zumindest insoweit die Grundrechtsverletzung in einer mangelnden Schutzgewähr durch den Staat, so liegt es nahe, den Einfluss der Grundrechte im Privatrecht und auf Privatrechtsbeziehungen insgesamt als Ausprägung der grundrechtlichen Schutzpflichten zu sehen.

Gegenüber der Begründung des BVerfG stellt die Begründung mittels der staatlichen Schutzpflichten eine **Präzisierung**, nicht aber einen Gegensatz dar. Denn die Schutzpflichten sind spezielle Ausprägungen der objektiv-rechtlichen Funktion der Grundrechte, die auch - was das BVerfG nie in Abrede gestellt hat[86] - einen subjektiv-rechtlichen Gehalt aufweisen. Dass aber die Einwirkung der Grundrechte auf das Privatrecht aus der objektiven Seite der Grundrechte folgt, hat das BVerfG seit dem Lüth-Urteil in ständiger Rechtsprechung angenommen. In jüngerer Zeit hat zudem auch das BVerfG wiederholt die Privatrechtswirkung der Grundrechte mittels der staatlichen Schutzpflichten begründet, ohne diesen neuen Gesichtspunkt allerdings in Bezug zur bisherigen Rechtsprechung zu setzen.[87] **310**

BVerfGE 81, 242 (252 ff.) (Handelsvertreter): „Das Grundgesetz will keine wertneutrale Ordnung sein, sondern hat in seinem Grundrechtsabschnitt objektive Grundentscheidungen getroffen, die für alle Bereiche des Rechts, also auch für das Zivilrecht, gelten. Keine bürgerlichrechtliche Vorschrift darf in Widerspruch zu den Prinzipien stehen, die in den Grundrechten zum Ausdruck kommen. Das gilt vor allem für diejenigen Vorschriften des Privatrechts, die zwingendes Recht enthalten und damit der Privatautonomie Schranken setzen.

Solche Schranken sind unentbehrlich, weil Privatautonomie auf dem Prinzip der Selbstbestimmung beruht, also voraussetzt, dass auch die Bedingungen freier Selbstbestimmung tatsächlich gegeben sind. Hat einer der Vertragsteile ein so starkes Übergewicht, dass er vertragliche Regelungen faktisch einseitig setzen kann, bewirkt dies für den anderen Vertragsteil Fremdbestimmung. Wo es an einem annähernden Kräftegleichgewicht der Beteiligten fehlt, ist mit den Mitteln des Vertragsrechts allein kein sachgerechter Ausgleich der Interessen zu gewährleisten. Wenn bei einer solchen Sachlage über grundrechtlich verbürgte Positionen verfügt wird, müssen staatliche Regelungen ausgleichend eingreifen, um den Grundrechtsschutz zu sichern. Gesetzliche Vorschriften, die sozialem und wirtschaftlichem Ungleichgewicht entgegenwirken, verwirklichen hier die objektiven Grundentscheidungen des Grundrechtsabschnitts und damit zugleich das grundgesetzliche Sozialstaatsprinzip (Art. 20 Abs. 1, 28 Abs. 1 GG).

Der Verfassung lässt sich nicht unmittelbar entnehmen, wann Ungleichgewichtslagen so schwer wiegen, dass die Vertragsfreiheit durch zwingendes Gesetzesrecht begrenzt oder ergänzt werden muss. Auch lassen sich die Merkmale, an denen etwa erforderliche

---

85 Zu diesen Entscheidungen vgl. *Oeter*, AöR 119 (1994), 529 (535 f.).

86 BVerfGE 7, 198 (206 f.) (Lüth); 89, 214 (229 f.) (Bürgschaftsverträge).

87 BVerfGE 81, 242 (255) (Handelsvertreter); 97, 169 (175 f.) (Kleinbetriebsklausel I); 99, 185 (194) (Scientology); 103, 89 (100) (Unterhaltsverzichtsvertrag). Eingehende Analyse der Rspr. des BVerfG bei *Ruffert*, Vorrang der Verfassung und Eigenständigkeit des Privatrechts, 2001, S. 146 ff.

Schutzvorschriften ansetzen können, nur typisierend erfassen. Dem Gesetzgeber steht dabei ein besonders weiter Beurteilungs- und Gestaltungsraum zur Verfügung. Allerdings darf er offensichtlichen Fehlentwicklungen nicht tatenlos zusehen. Er muss dann aber beachten, dass jede Begrenzung der Vertragsfreiheit zum Schutze des einen Teils gleichzeitig in die Freiheit des anderen Teils eingreift. Wird die Zulässigkeit von Vertragsklauseln mit Rücksicht auf die Berufsfreiheit der für einen Unternehmer tätigen Vertragspartner eingeschränkt, bewirkt das einen Eingriff in die Freiheit der Berufsausübung des Unternehmers. Der Gesetzgeber muss diesen konkurrierenden Grundrechtspositionen ausgewogen Rechnung tragen. Auch insoweit besitzt er eine weite Gestaltungsfreiheit.

Selbst wenn der Gesetzgeber davon absieht, zwingendes Vertragsrecht für bestimmte Lebensbereiche oder für spezielle Vertragsformen zu schaffen, bedeutet das keineswegs, dass die Vertragspraxis dem freien Spiel der Kräfte unbegrenzt ausgesetzt wäre. Vielmehr greifen dann ergänzend solche zivilrechtlichen Generalklauseln ein, die als Übermaßverbote wirken, vor allem die §§ 138, 242, 315 BGB. Gerade bei der Konkretisierung und Anwendung dieser Generalklauseln sind die Grundrechte zu beachten. **Der entsprechende Schutzauftrag der Verfassung richtet sich hier an den Richter, der den objektiven Grundentscheidungen der Grundrechte in Fällen gestörter Vertragsparität mit den Mitteln des Zivilrechts Geltung zu verschaffen hat** und diese Aufgabe auch auf vielfältige Weise wahrnimmt."

b) Privatrecht und Eingriffsabwehr?

311 Ausgehend von der Begründung der Drittwirkung mittels der staatlichen Schutzpflichten stellt sich allerdings die Frage, ob die Grundrechte im Bereich des Privatrechts auch in ihrer klassischen Funktion als Eingriffsabwehrrechte wirken. Greift also etwa der Zivilrichter, der in einem Urteil die Wiederholung einer Meinungsäußerung untersagt oder auf Grund einer solchen Äußerung Schadensersatz zuspricht, in die Meinungsfreiheit ein, sodass er dem begünstigten Bürger „Schutz durch Eingriff"[88] zu Teil werden lässt? Und inwieweit stellen Normen des Privatrechts Eingriffe in Grundrechte dar, die sich an der abwehrrechtliche Seite der Grundrechte messen lassen müssen? Art. 1 Abs. 3 GG, der die Bindung aller staatlichen Gewalt an die Grundrechte statuiert, beantwortet diese Frage jedenfalls nicht.[89] Denn Art. 1 Abs. 3 GG trifft keine Aussage darüber, welcher Art diese Bindung ist, ob also eine Bindung an die Grundrechte als Eingriffsabwehrrechte oder (nur) an die Grundrechte in ihrer Ausprägung als Ansprüche auf staatlichen Schutz gegeben ist.

312 In praktischer Hinsicht ist diese Frage nicht ohne Bedeutung: Grundrechts*eingriffe* sind immer nur dann zulässig, wenn sie sich auf eine Grundrechtsschranke stützen können und im Hinblick auf ein staatlicherseits verfolgtes Ziel verhältnismäßig sind. Ein Gestaltungsspielraum kommt dem Staat nicht zu; es erfolgt vielmehr eine umfassende Prüfung durch das BVerfG. Umgekehrt kommt dem Staat bei der Erfüllung von Schutzpflichten ein weiter Gestaltungsspielraum zu.[90] Vorrangig ist es seine Aufgabe, die jeweils betroffenen Grundrechte einander zuzuordnen und zu einem schonenden Ausgleich im Sinne „praktischer Konkordanz"

---

88 So der Titel eines Aufsatzes von *Wahl/Masing*, JZ 1990, 553 ff.

89 A.A. *Ruffert*, Vorrang der Verfassung und Eigenständigkeit des Privatrechts, 2001, S. 90.

90 Vgl. dazu Rn. 114 ff.

zu bringen. Eine Überprüfung durch das BVerfG erfolgt nur im Hinblick darauf, ob der Staat das Untermaßverbot verletzt hat („**Evidenzkontrolle**“).

313

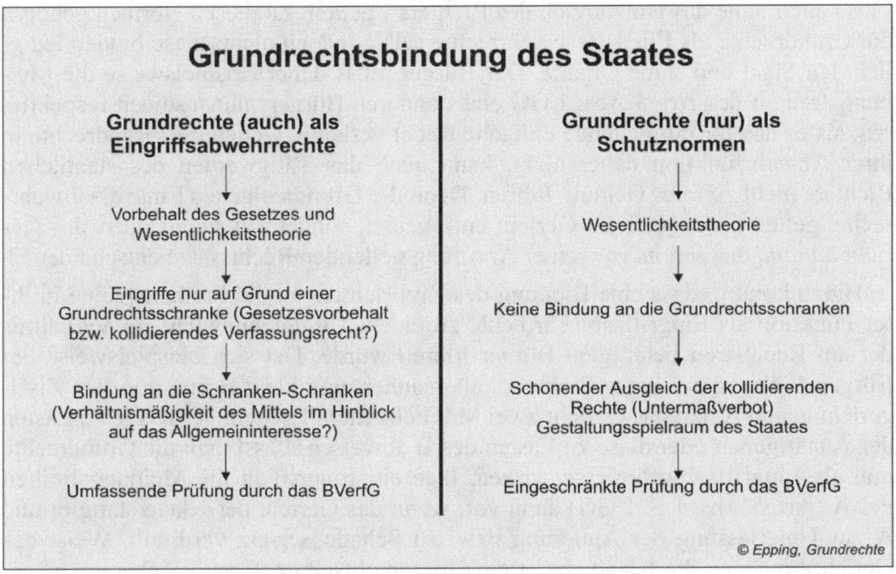

Erschwert wird eine Antwort auf diese Frage dadurch, dass die Rechtsprechung 314
des BVerfG zuweilen undeutlich ist und eine explizite Befassung bislang vermieden hat. Zur Beantwortung dieser Frage wird weithin zwischen dem Zivilrichter und dem Zivilrechtsgesetzgeber unterschieden.

aa) Eingriffe durch den Zivilrichter

Grundrechtseingriffe durch den Zivilrichter sind in zweierlei Hinsicht denkbar. 315
Einerseits kann der Zivilrichter Grundrechte bzw. grundrechtsgleiche Rechte (insb. **Art. 101, 103 GG**) dadurch verletzen, dass er im Prozess selbst prozessrechtliche Fehler begeht. Ist dies der Fall, liegt ein Eingriff in Grundrechte vor, ohne dass sich die Frage der Eingriffsabwehr im Privatrecht stellt. Denn der Richter wirkt insoweit als klassischer Anwender der öffentlich-rechtlichen Normen des Prozessrechts.[91] Entsprechend wirken diese Grundrechte auch nicht zwischen dem Kläger und dem Beklagten, sondern ausschließlich im Verhältnis von Kläger und Beklagtem zum Richter. Gleiches gilt für die Gleichheitsrechte des **Art. 3 GG**. Auch an diese ist der Zivilrichter in ihrer klassischen Funktion gebunden.

Andererseits kann der Richter in seinem Urteil die Freiheit der Parteien mate- 316
riell verkürzen. Er kann beispielsweise zum Unterlassen einer Äußerung oder wegen einer bereits getätigten Äußerung zur Zahlung von Schadensersatz verurteilen. Auf den ersten Blick liegt darin eine Verkürzung der Grundrechte der unterlegenen Partei. Gleichwohl vermag die Ansicht, dass es sich insoweit um einen Grund-

91 BVerfGE 52, 203 (207) (Fristgebundener Schriftsatz).

rechtseingriff handelt[92], nicht zu überzeugen. Denn der Zivilrichter entscheidet stets ausschließlich anhand der Rechtsnormen, die zwischen den Parteien ohnehin - also auch ohne das Hinzutreten des Richters - gelten. Zu diesen Normen gehören die Grundrechte als Eingriffsabwehrrechte selbst jedoch nicht; diese binden lediglich den Staat und seine Organe. Der Bürger muss daher beispielsweise die Meinungsfreiheit des Art. 5 Abs. 1 GG eines anderen Bürgers nur insoweit respektieren, als es das für ihn geltende einfache Recht verlangt. Gelten die Grundrechte in ihrer Abwehrfunktion daher nicht, kann auch das Tätigwerden des staatlichen Richters nicht zu ihrer Geltung führen. Denn die Grundrechte als Eingriffsabwehrrechte gelten nicht, weil ein Gericht entscheidet, sondern vielmehr muss das Gericht *anhand* der bereits *vor* seiner Anrufung geltenden Rechtssätze entscheiden.[93]

317 Hinzu kommt, dass eine Bindung des Zivilrichters an die Freiheitsrechte in ihrer Funktion als Eingriffsabwehrrechte zu einem **Ungleichgewicht** im Verhältnis der am Rechtstreit beteiligten Bürger führen würde. Hat sich beispielsweise der Bürger A über den Bürger B abwertend geäußert und klagt B nun vor dem Zivilgericht gegen A, hat das Gericht zwei Möglichkeiten: Es kann der Klage zu Lasten des A stattgeben oder diese zu Lasten des B abweisen. Lässt man die Grundrechte nun als Eingriffsabwehrrechte wirken, läge ein Eingriff in die Meinungsfreiheit des A (Art. 5 Abs. 1 S. 1 GG) dann vor, wenn das Gericht der Klage stattgibt und A zur Unterlassung der Äußerung bzw. zu Schadensersatz verurteilt. Weist das Gericht hingegen die Klage ab, ist ein Grundrechtseingriff von vornherein ausgeschlossen. Denn das Gericht hat durch eigenes Handeln keine Verkürzung eines Grundrechts bewirkt, sondern lediglich B den geforderten Schutz verweigert.[94] Entsprechend unterschiedlich wären daher die Anforderungen, die die Grundrechte an die unterschiedlichen Entscheidungsmöglichkeiten stellen: Weist das Gericht die Klage ab, besteht nur die Bindung an die Schutzpflicht mit ihrem weiten Gestaltungsspielraum. Verurteilt das Gericht hingegen, wäre eine umfassende Bindung an Grundrechte mit ihren Schranken (hier des qualifizierten Gesetzesvorbehalts des Art. 5 Abs. 2 GG) und Schranken-Schranken (Verhältnismäßigkeitsgrundsatz) die Folge. Eine Verurteilung wäre für das Gericht also weit schwieriger zu begründen als eine Abweisung der Klage. Dieser Befund widerspricht aber eindeutig der Gleichrangigkeit der Grundrechtspositionen von A und B. Beide sind nicht an die Grundrechte des jeweils anderen gebunden; in ihrem Verhältnis untereinander stehen die Meinungsfreiheit des A und das Persönlichkeitsinteresse des B auf einer Stufe. Entsprechend dürfen sich auch die verfassungsrechtlichen Anforderungen an den Staat bei der Schlichtung ihres privatrechtlichen Streits nicht danach unterscheiden, wie der Tenor des Urteils ausfällt.

---

92 *Alexy*, Theorie der Grundrechte, 1994, S. 486 f.; *Höfling*, Vertragsfreiheit, 1991, S. 54.

93 *Stern*, in: ders., Staatsrecht, Bd. III/1, § 76, S. 1551; *Bleckmann*, § 10 Rn. 75; *Hermes*, NJW 1990, 1764 (1765).

94 Zu dieser Konstallation deutlich *Oeter*, AöR 119 (1994), 529 (536).

318

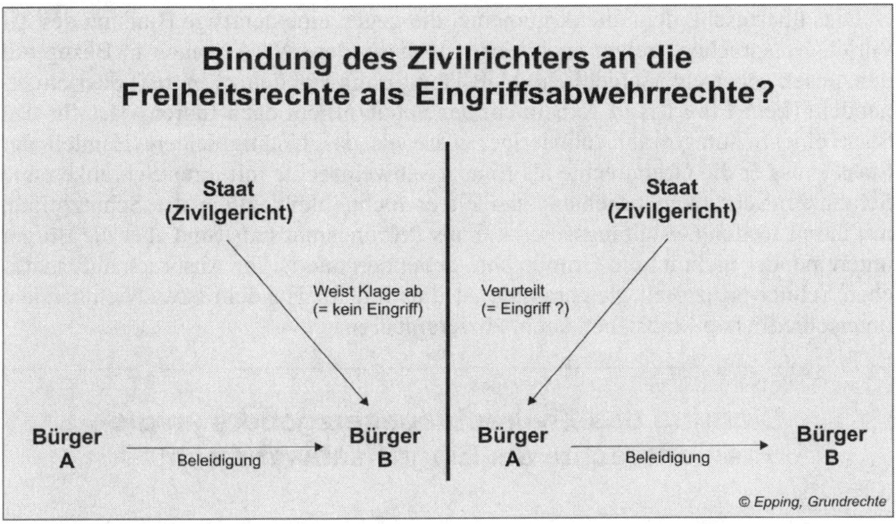

Gegenüber dem Zivilrichter wirken die Grundrechte daher nach wohl überwiegender Meinung nicht in ihrer Funktion als Eingriffsabwehrrechte, sondern ausschließlich in ihrer Funktion als Schutzpflichten.[95] Auch die Rechtsprechung des BVerfG hat es bislang abgelehnt, die Grundrechte innerhalb privatrechtlicher Streitigkeiten als Eingriffsabwehrrechte wirken zu lassen, auch wenn die Wortwahl gelegentlich nicht ganz eindeutig ist.[96] 319

bb) Eingriffe durch den Zivilrechtsgesetzgeber?

Genau umgekehrt verfährt das überwiegende Schrifttum hingegen bei der Frage, ob der Zivilrechtsgesetzgeber an die Grundrechte als Eingriffsabwehrrechte gebunden ist.[97] Hauptargument der Befürworter einer solchen Bindung ist, dass es dem Gesetzgeber in hohem Maße freistehe, ob er Konflikte mit privat- oder öffentlich-rechtlichen Normen regele. Daher müsse die Bindung jeweils identisch sein, sodass die Grundrechte stets als Eingriffsabwehrrechte wirken. So verfährt zumeist auch das BVerfG, wenn es zivilrechtliche Normen an den Schrankenregelungen der jeweils betroffenen Grundrechte misst.[98] 320

---

95 *Stern*, in: ders., Staatsrecht, Bd. III/1, § 76, S. 1582 m.w.N. Anders aber etwa *Alexy*, Theorie der Grundrechte, 1994, S. 486 f. und *Hellermann*, Die sogenannte negative Seite der Freiheitsrechte, 1993, S. 212 m.w.N. in Fn. 37.

96 Vgl. nur BVerfGE 7, 198 (204 ff.) (Lüth); 34, 269 (280) (Soraya); 42, 143 (147 ff.) (Deutschland-Magazin); 101, 361 (381) (Caroline von Monaco II).

97 *Pieroth/Schlink*, Rn. 178; *Canaris*, AcP 184 (1984), 201 (212 f.); *Röthel*, JuS 2001, 424 (425).

98 Vgl. nur BVerfGE 7, 198 (211) (Lüth); 97, 127 (146) (Caroline von Monaco I); 102, 347 (360) (Schockwerbung). Weitere umfangreiche Nachweise bei *Ruffert*, Vorrang der Verfassung und Eigenständigkeit des Privatrechts, 2001, S. 90 mit Fn. 11. Anders aber explizit BVerfGE 97, 169 (175 f.) (Kleinbetriebsklausel I).

321 Dies überrascht, denn die Argumente, die gegen eine derartige Bindung des Zivilrichters sprechen, gelten auch hier.[99] Insbesondere würden auch in Bezug auf den Gesetzgeber unterschiedliche Maßstäbe für ein Handeln (Eingriff) oder Nichthandeln (kein Eingriff) in Anbetracht der Schutzpflicht dazu führen, dass für den Staat eine Schutzgewähr schwieriger wäre als das Untätigbleiben. Handelt der Staat, muss er die Grundrechte als Eingriffsabwehrrechte mit ihren Schranken und Schranken-Schranken beachten; handelt er nicht, bleibt allein die Schutzpflicht mit ihrem weiten Gestaltungsspielraum als Prüfungsmaßstab. Sind aber die Bürger untereinander nicht an die Grundrechte gebunden und ist ihr Anspruch auf staatlichen Schutz prinzipiell gleichrangig, ist dies mit für Handeln bzw. Nichthandeln unterschiedlichen Maßstäben kaum zu vereinbaren.

322

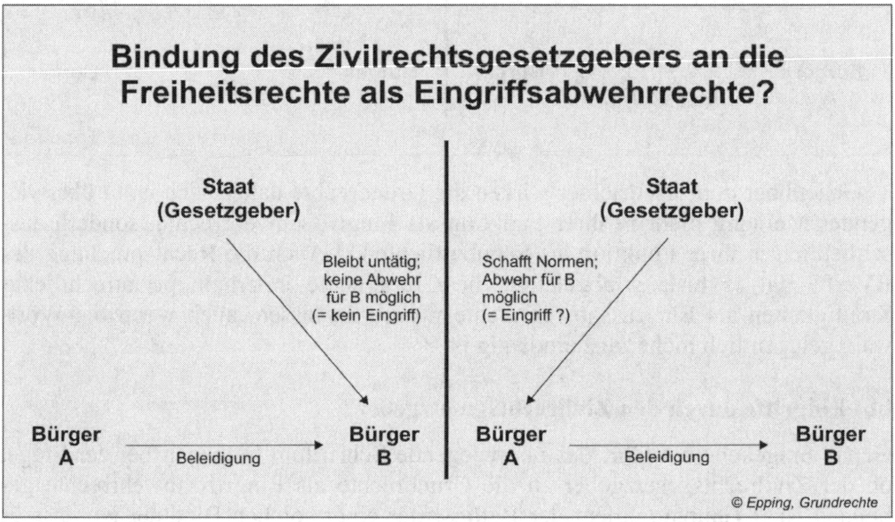

323 Zudem bestehen zwischen dem Privatrecht und dem öffentlichen Recht, für das die Grundrechte unstreitig als Eingriffsabwehrrechte gelten, gravierende Unterschiede[100]: Während das Privatrecht dem Ausgleich der Rechte und Interessen der Bürger untereinander und damit im Gleichordnungsverhältnis dient, verfolgt das öffentliche Recht jedenfalls vorrangig einen Ausgleich zwischen Privatinteresse und Allgemeinwohl auf der Basis eines Über-Unterordnungsverhältnisses Staat-Bürger. Zwar kommt es häufig vor, dass auch öffentlich-rechtliche Normen dazu bestimmt sind, dem Privatinteresse zu dienen. Es bleibt aber der Unterschied, dass das öffentliche Recht den Staat als solchen unmittelbar berechtigt und verpflichtet[101], während das Privatrecht auf die Aktivierung durch Private angewiesen

---

99 Deutlich *Hellermann*, Die sogenannte negative Seite der Freiheitsrechte, 1993, S. 206, der allerdings andere Konsequenzen zieht. Wie hier *Oldiges*, in: FS für Friauf, 1996, S. 300 ff.

100 Zur Unterscheidung von öffentlichem Recht und Privatrecht grundlegend *Ehlers*, Verwaltung in Privatrechtsform, 1984, S. 30 ff.

101 Sog. modifizierte oder materielle Subjektstheorie, vgl. dazu *Ehlers*, in: Schoch/Schmidt-Aßmann/Pietzner, VwGO, Kommentar, Loseblattwerk, § 40 Rn. 235 ff.

bleibt. Der Staat könnte daher gestützt auf das (öffentlich-rechtliche) Polizeirecht einem Bürger verleumdende Äußerungen verbieten, ohne dass der Verleumdete mitwirken muss. Es ist dem Staat aber nicht möglich, den Verleumder zivilrechtlich zu Schadensersatz zu verurteilen, solange der Verleumdete nicht aktiv wird und Klage erhebt. Das **Privatrecht** ist damit **Ausdruck der Privatautonomie**[102] in einem verrechtlichten Staat, der die Selbstjustiz verboten und an ihrer Stelle das Privatrecht mit seinen Rechtsschutzmöglichkeiten bereitgestellt hat. Umgekehrt ist das öffentliche Recht Ausdruck des staatlichen Handelns im Allgemeininteresse. Dass Privatrecht und öffentliches Recht nicht hinreichend unterschiedlich wirken, lässt sich daher kaum vertreten. Insofern spricht einiges dafür, die Wirkung der Grundrechte als Eingriffsabwehrrechte im Zivilrecht insgesamt abzulehnen. Warum in Bezug auf denselben Regelungsgegenstand abhängig vom jeweils handelnden Staatsorgan - Richter oder Gesetzgeber - unterschiedliche Maßstäbe gelten sollen, ist kaum zu erklären. Die weitere Diskussion bleibt abzuwarten.

c) Umfang der verfassungsgerichtlichen Prüfung

Ausgehend von der Begründung der Drittwirkung mittels der staatlichen Schutz- **324**
pflichten lassen sich zwanglos die Bindungen, denen der über einen Rechtsstreit zwischen Privaten entscheidende Zivilrichter unterliegt, herausarbeiten: **Basis der zivilrichterlichen Entscheidung ist das Privatrecht**, sodass der Rechtsstreit zunächst ausschließlich anhand der privatrechtlichen Normen entschieden wird. Bei der Anwendung und Auslegung dieser Normen muss der Zivilrichter allerdings die ihn treffende **Schutzpflichten bezüglich der Grundrechte** der beteiligten Parteien beachten. Dies gilt besonders bei den schon ihrer Natur nach ausfüllungsbedürftigen Generalklauseln (z.B. §§ 138, 242, 823, 826, 1004 BGB); es gilt aber auch für alle anderen Zivilrechtsnormen, solange sie dem Richter überhaupt einen Auslegungsspielraum lassen. Immer dann ist die Aktualisierung der Schutzpflicht durch den Richter gefordert. Nur bei Zivilrechtsnormen, die einer die Grundrechte angemessen beachtenden Auslegung keinerlei Raum bieten, kann der Richter selbst der Schutzpflicht nicht nachkommen, sondern muss die Entscheidung des Gesetzgebers respektieren.[103] Wenn er allerdings die Überzeugung der Verfassungswidrigkeit einer solchen Norm gewinnt, muss er das Verfahren aussetzen und die entsprechenden Bestimmungen dem BVerfG gem. Art. 100 Abs. 1 GG (konkrete Normenkontrolle) vorlegen.

Der **Zivilrichter** muss bei seiner Entscheidung im Rahmen seiner **Gesetzesan- 325**
wendung die entgegenstehenden **Grundrechtspositionen gegeneinander abwägen** und zu einem schonenden Ausgleich bringen. Dabei kommt ihm - wie allen staatlichen Organen bei der Erfüllung von Schutzpflichten - ein Gestaltungsspielraum zu; Gewichtung, Zuordnung und Abwägung der beteiligten Grundrechte sind daher zunächst Sache des zur Entscheidung des Rechtsstreits berufenen Richters.

---

[102] *Ehlers*, Verwaltung in Privatrechtsform, 1984, S. 50.

[103] Zur Gesetzesbindung des Zivilrichters vgl. *Röthel*, JuS 2001, 424 (427 ff.).

326 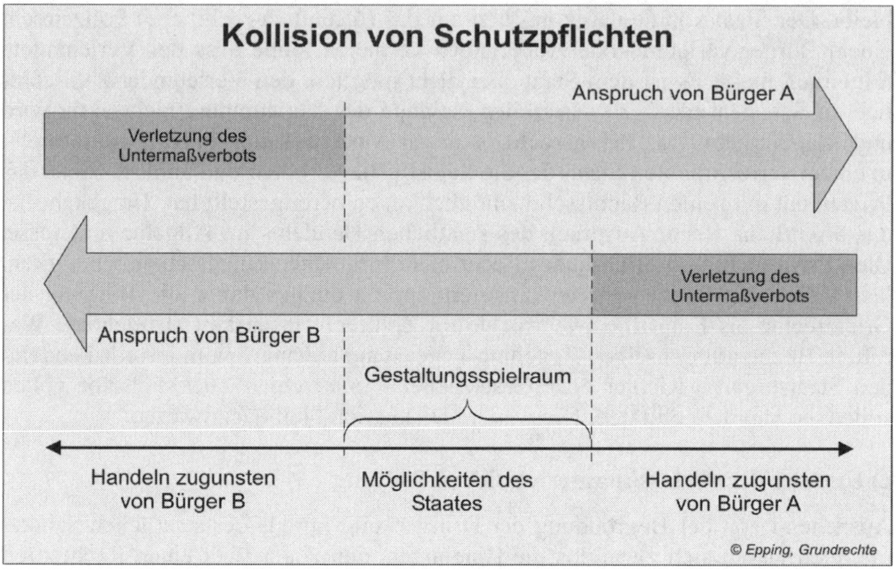

327 Aus dieser Stellung des Zivilrichters lässt sich der **Umfang der Überprüfung** von zivilgerichtlichen Entscheidungen durch das BVerfG ableiten. Angesichts des Gestaltungsspielraums, der dem Zivilrichter bei der Zuordnung und Abwägung der beteiligten Grundrechte zukommt, kann die Überprüfung durch das BVerfG keine umfassende sein. Urteile werden also nicht umfassend auf ihre Rechtmäßigkeit hin überprüft, sondern lediglich im Hinblick darauf, ob die Grundrechte der Parteien im Rahmen der Gesetzesanwendung hinreichende Beachtung gefunden haben. Denn die Prüfungsbefugnis reicht nicht weiter als der Einfluss der Grundrechte auf das Privatrecht.[104] Das Gericht trägt insoweit dem Gestaltungsspielraum der Gerichte bei der Erfüllung der Schutzpflicht Rechnung, wenn es nicht seine eigene Abwägung der betroffenen Grundrechtspositionen an die Stelle der Abwägung des Zivilgerichts setzt, sondern nur überprüft, ob das Zivilgericht eine **in Bezug auf die Grundrechte vertretbare Entscheidung** getroffen hat. Dies ist dann nicht der Fall, wenn die Entscheidung auf einer grundsätzlich unrichtigen Anschauung von der Bedeutung eines Grundrechts, insbesondere vom Umfang seines Schutzbereichs, beruht, die Zivilgerichte also die Bedeutung der Grundrechte für die Entscheidung nicht erkannt oder grundsätzlich verkannt haben.[105] Eine umfassende Nachprüfung erfolgt ganz ausnahmsweise hingegen dann, wenn das „Untermaßverbot" den Gestaltungsspielraum des Staates auf eine bestimmte Form der Schutzgewähr verengt.[106]

---

[104] BVerfGE 95, 28 (37) (Werkszeitungen). So auch schon *Klein*, NJW 1989, 1633 (1640).

[105] BVerfGE 18, 85 (93) (Spezifisches Verfassungsrecht); 89, 214 (230) (Bürgschaftsverträge); 101, 361 (388) (Caroline von Monaco II).

[106] Beispiel dafür in BVerfGE 35, 202 ff. (Lebach).

In der Literatur findet sich dazu der Hinweis, der eingeschränkte Prüfungsumfang des BVerfG folge - wie auch sonst bei Urteilsverfassungsbeschwerden[107] - schon daraus, dass das BVerfG keine „Superrevisionsinstanz" darstelle und sich folglich auf die Prüfung „spezifischen Verfassungsrechts" zu beschränken habe.[108] Auch diese aus der funktionalen Stellung des BVerfG im Verfassungsgefüge folgende Argumentation ist nicht falsch, greift aber zu kurz. Denn wie das BVerfG zutreffend ausführt, reicht seine eigene Prüfungsbefugnis bereits in materieller Hinsicht nicht weiter als der Einfluss der Grundrechte auf das Privatrecht.[109] Ist der Einfluss der Grundrechte auf das Privatrecht aber insoweit beschränkt, als den staatlichen Organen ein Gestaltungsspielraum verbleibt, hat dies auch die Rechtsprechung zu berücksichtigen. **328**

> BVerfGE 95, 28 (36 f.) (Werkszeitungen): „Der Umstand, dass das Landesarbeitsgericht einen privatrechtlichen Streit zu entscheiden hatte, für den das Betriebsverfassungsgesetz maßgeblich war, entband es nicht von der Verpflichtung, dieses Grundrecht zu berücksichtigen. Auslegung und Anwendung des Betriebsverfassungsgesetzes sind zwar Sache der Arbeitsgerichte. Wirkt sich die einschlägige betriebsverfassungsrechtliche Norm oder ihre Anwendung im Einzelfall jedoch beschränkend auf eine grundrechtlich geschützte Tätigkeit aus, so haben die Arbeitsgerichte der Bedeutung und Tragweite des betroffenen Grundrechts bei der Rechtsanwendung Rechnung zu tragen. **Das verlangt eine Abwägung der grundrechtlichen Belange einerseits und des gesetzlich geschützten Rechtsguts andererseits**, die grundsätzlich im Rahmen der auslegungsfähigen Tatbestandsmerkmale des einschlägigen Gesetzes stattfindet und bei der die Umstände des konkreten Falles zu berücksichtigen sind. **Die Beachtung dieser Grundsätze kann vom Bundesverfassungsgericht nachgeprüft werden. Dabei reicht seine Kontrollbefugnis gegenüber den Zivilgerichten aber nicht weiter als der Einfluss der Grundrechte auf das Privatrecht**. Da der Rechtsstreit ungeachtet des grundrechtlichen Einflusses ein privatrechtlicher bleibt, prüft es nur nach, ob die wertsetzende Bedeutung des betroffenen Grundrechts bei der Auslegung und Anwendung des einfachen Rechts ausreichend beachtet worden ist. Daran fehlt es insbesondere, wenn das Zivilgericht den grundrechtlichen Einfluss überhaupt nicht berücksichtigt oder unzutreffend eingeschätzt hat und die Entscheidung auf der Verkennung des Grundrechtseinflusses beruht. (...) Der Ausgleich widerstreitender Rechtspositionen ist verfassungsrechtlich regelmäßig nicht festgelegt. Er obliegt dem Gesetzgeber, der dabei beträchtlichen Gestaltungsspielraum besitzt. Aber auch für den gesetzesanwendenden Richter bleibt in der Regel ein Interpretationsspielraum, zumal wenn das Gesetz das umstrittene Problem - wie hier - nicht ausdrücklich geregelt hat, sodass zur Lösung des Falles auf allgemeine Grundsätze zurückgegriffen werden muss. Ein übersehener Abwägungsgesichtspunkt ist unter diesen Umständen regelmäßig ergebnisrelevant."

Nichts anderes gilt für den **Gesetzgeber bei der Schaffung von Privatrecht**, wenn man mit dem hier verfolgten Ansatz dessen Bindung an die Grundrechte als Eingriffsabwehrrechte ablehnt. Auch Normen des Privatrechts sind folglich nur daraufhin zu überprüfen, ob bei ihrer Schaffung die Grundrechte hinreichende Beachtung gefunden haben, ob also der Gesetzgeber seiner Schutzpflicht genügt hat. Eine umfassende Prüfung anhand von Schranken und Schranken-Schranken (Ver- **329**

---

[107] Vgl. dazu Rn. 186.

[108] *Canaris*, AcP 184 (1984), 201 (212 f.).

[109] BVerfGE 95, 28 (37) (Werkszeitungen).

hältnismäßigkeitsgrundsatz) findet nicht statt.[110] Die klassische dreistufige Grundrechtsprüfung (Schutzbereich - Eingriff - Rechtfertigung) weicht einer **zweistufigen Prüfung** (Schutzbereich - Verstoß gegen die Schutzpflicht?).[111] Nimmt man hingegen eine Bindung des Privatrechtsgesetzgebers an die Grundrechte als Abwehrrechte an, werden Privatrechtsnormen wie jede andere Rechtsnorm auch umfassend auf ihre Verfassungsmäßigkeit hin überprüft.

330 **Hinweis zur Fallbearbeitung:**

Eine durchweg befriedigende Lösung der Drittwirkungsproblematik ist Literatur und Rechtsprechung bis heute nicht gelungen. Manche Werke, die sich mit dieser Frage beschäftigen, spiegeln eine „Scheinlogik" vor, die der Problematik nicht gerecht wird. Auch dieses Buch vermag nicht alle Probleme zu lösen, bemüht sich jedoch um eine Verdeutlichung der Schwierigkeiten und der möglichen Argumente. In der Fallbearbeitung kommt es glücklicherweise auf die dogmatischen Schwierigkeiten nur selten an. Dennoch ist die „richtige" Darstellung von Drittwirkungsfragen schwierig. Unterschieden werden muss zwischen zwei Konstellationen:

- Steht eine **Privatrechtsnorm** zur Prüfung, sollte diese umfassend anhand des klassischen Schemas (Schutzbereich - Eingriff - Rechtfertigung) auf ihre Verfassungsmäßigkeit hin überprüft werden. Auf der Eingriffsebene kann dann - insbesondere bei Hausarbeiten - die Frage aufgeworfen werden, ob die Grundrechte in Bezug auf die Privatrechtsnorm überhaupt als Eingriffsabwehrrechte wirken. Aus heutiger Sicht muss aber trotz der dargestellten dogmatischen Bedenken empfohlen werden, diese Frage im Hinblick auf die wahrscheinlichen Erwartungen des Korrektors mit der überwiegenden Ansicht im Schrifttum zu bejahen.
- Richtet sich der Bürger mit einer Verfassungsbeschwerde gegen eine **zivilgerichtliche Entscheidung**, so sollte als erster Punkt der Begründetheitsprüfung[112] der Prüfungsmaßstab des BVerfG erarbeitet werden, der aus der eingeschränkten Grundrechtswirkung im Zivilrechtsstreit folgt. Hier ist also knapp zur Frage der Drittwirkung Stellung zu nehmen. Es genügt zumeist eine kurze Erläuterung der „mittelbaren Drittwirkung" und ihrer Folgen für die Falllösung. Auf die „unmittelbare Drittwirkung" braucht i.d.R. nicht näher eingegangen zu werden. Auch vertiefte Ausführungen zur Dogmatik sind zumeist entbehrlich; ein Hinweis auf die Schutzpflicht ist aber im Hinblick auf die folgenden Punkte sehr sinnvoll. In Hausarbeiten kann eine ausführlichere Darstellung gefragt sein. Hat man erarbeitet, dass die aus der Schutzpflicht folgende Bindung des Staates diesem einen weiten Gestaltungsspielraum bei dem Ausgleich der Grundrechte Privater lässt, folgt daraus zwingend der eingeschränkte Prüfungsmaßstab des BVerfG: Dieser ist - wie erläutert - bei zivilrechtlichen Streitigkeiten darauf beschränkt, die hinreichende Beachtung der Grundrechte zu kontrollieren, erlaubt aber keine umfassende Überprüfung der Entscheidung.

---

[110] So auch BVerfGE 89, 276 (286) (§ 611a BGB); 97, 169 (175 f.) (Kleinbetriebsklausel I). Anders aber etwa BVerfGE 63, 88 (109) (Versorgungsausgleich II).

[111] Vgl. dazu Rn. 128 ff.

[112] Gelegentlich wird vorgeschlagen, Prüfungsmaßstab und Drittwirkung bereits bei der Zulässigkeitsprüfung unter dem Punkt „Beschwerdebefugnis" abzuhandeln, vgl. *Gersdorf*, Verfassungsprozeßrecht und Verfassungsmäßigkeitsprüfung, 2000, Rn. 13 f., 35. Dies ist ebenso möglich, birgt aber die Gefahr einer „Wasserkopfbildung" im Bereich der Zulässigkeit. Zudem werden diese Fragen üblicherweise der Begründetheit zugeordnet, vgl. *Benda/Klein*, Verfassungsprozeßrecht, 2. Aufl. 2001, Rn. 651.

Die entscheidende Weichenstellung erfolgt dann bei der Prüfung des „Eingriffs“: Wendet sich der Bürger gegen ein klageabweisendes Urteil, welches ihm den geforderten Schutz verwehrt, liegt schon per definitionem kein staatlicher Eingriff vor. Zu klären ist dann, ob der Staat unzulässigerweise seiner Schutzpflicht nicht nachgekommen ist. Ist dies der Fall, verletzt das Nichthandeln - die Klageabweisung - Grundrechte des Beschwerdeführers, ohne dass Überlegungen hinsichtlich einer Rechtfertigung anzustellen sind.

Wendet sich der Bürger gegen eine Verurteilung, könnte man ausgehend vom üblichen Eingriffsbegriff theoretisch einen Eingriff annehmen, der entsprechend dem üblichen Schema rechtfertigungsbedürftig wäre. Unterschiede zu sonstigen Urteilsverfassungsbeschwerden ergeben sich dann nicht. Dies gilt allerdings nur dann, wenn man - entgegen der hier vertretenen und wohl herrschenden Konzeption - eine Bindung des Zivilrichters an die Grundrechte auch in ihrer Form als Eingriffsabwehrrechte annimmt. Verneint man dies hingegen, ist bei der „Eingriffs“-Prüfung wiederum zu fragen, ob die Verurteilung mit den staatlichen Schutzpflichten in Einklang steht. Auch hier ist dann nur zu überprüfen, ob die Abwägung und Zuordnung der Grundrechte durch den Zivilrichter auf einer verfassungsmäßigen Rechtsgrundlage beruht und im Sinne „praktischer Konkordanz“ den gebotenen Ausgleich vornimmt. Die Prüfung ist also wiederum zweistufig. Aus Sicht der Verfasser ist dieser Weg vorzugswürdig.

Kapitel 8: Berufsfreiheit (Art. 12 GG)

Literatur: *Breuer, Rüdiger*, Freiheit des Berufs, in: HdbStR, Bd. VI, § 147 (S. 877 ff.); *Gusy, Christoph*, Verwaltung durch Information - Empfehlungen und Warnungen als Mittel des Verwaltungshandelns, NJW 2000, 977 ff.; *Huber, Peter M.*, Die Informationstätigkeit der öffentlichen Hand - ein grundrechtliches Sonderregime aus Karlsruhe?, JZ 2003, 290 ff.; *Kimms, Frank*, Das Grundrecht der Berufsfreiheit in der Fallbearbeitung, JuS 2001, 664 ff.; *Schoch, Friedrich*, Staatliche Informationspolitik und Berufsfreiheit, DVBl. 1991, 667 ff.; *Wehr, Matthias*, Grundfälle zum Vorrang und Vorbehalt des Gesetzes, JuS 1997, 231 ff., 419 ff.

Fallbearbeitungen: *Frotscher, Werner*, Öffentliches Recht: Altershöchstgrenze für Notare, JuS 2000, L 21 ff.; *Grote, Rainer / Kraus, Dieter*, Fall 13 (S. 205 ff.); *Degenhart, Christoph*, Fall 4 (S. 72 ff.); *Schoch, Friedrich*, Fall 1 (S. 109 ff.).

Leitentscheidungen zur Berufsfreiheit: BVerfGE 7, 377 ff. (Apotheken-Urteil); 9, 338 ff. (Hebammenaltersgrenze); 11, 30 ff. (Kassenarzt-Urteil); 84, 34 ff. (Gerichtliche Prüfungskontrolle).

Leitentscheidungen zum erweiterten Eingriffsbegriff: BVerfGE 105, 279 ff. (Sektenwarnung), letztinstanzliche Entscheidung BVerwG, NJW 1991, 1770 ff.; BVerfGE 105, 252 ff. (Glykolwarnung), letztinstanzliche Entscheidungen BVerwGE 87, 37 ff. und JZ 1991, 624 ff.

I. Hintergrund

331 Bereits in der (nie in Kraft getretenen) Paulskirchenverfassung fand sich mit dem § 158 eine dem Art. 12 Abs. 1 GG vergleichbare Bestimmung. Dort hieß es: „Es steht einem Jeden frei, seinen Beruf zu wählen und sich für denselben auszubilden, wie und wo er will“. Dagegen enthielt die Weimarer Reichsverfassung keinen Schutz der Berufsfreiheit. In Art. 157 WRV wurde lediglich die Arbeitskraft unter den Schutz des Reiches gestellt. Allerdings fand auch die sittliche Pflicht des Einzelnen zur Arbeit zum Wohle der Gesamtheit ihren Niederschlag in Art. 163 Abs. 1 WRV, ebenso wie das Recht auf Arbeit in Abs. 2. Jedoch bestand weder eine Rechtspflicht zur Arbeit, noch ein aus Abs. 2 ableitbares einklagbares Recht gegen den Staat auf Arbeit. Das Grundgesetz hat auf derartige Programmsätze verzichtet und schützt mit seinem Art. 12 Abs. 1 auch denjenigen, der ohne Beruf bleiben will (negative Berufsfreiheit).[1]

332 Hintergrund für die Verbote von Arbeitszwang und Zwangsarbeit durch Art. 12 Abs. 2 und Abs. 3 GG ist die nationalsozialistische Arbeitsorganisation, die den Bürger in seinem Freiraum stark eingeengt und den Zwang zur Arbeit als Mittel

---

1 Vgl. dazu Rn. 338 ff.

der Disziplinierung eingesetzt hatte. Vor derartigen Maßnahmen zur Herabwürdigung der Persönlichkeit soll der Einzelne nunmehr geschützt werden.[2]

II. Schutz der Berufsfreiheit (Art. 12 Abs. 1 GG)

Fall 12: Apothekenfall 333

Der Apotheker A beantragt die nach § 1 bayerisches ApothekenG erforderliche Genehmigung für die Eröffnung einer Apotheke im bayerischen Traunstein. Die zuständige Behörde versagt jedoch die begehrte Genehmigung und begründet die Ablehnung des Antrags des Beschwerdeführers sowohl aus Art. 3 Abs. 1 lit. a als auch aus Art. 3 Abs. 1 lit. b bayerisches ApothekenG: Die Errichtung der beantragten Apotheke liege nicht im öffentlichen Interesse. Vom Nachbarort aus seien etwa 6000 Menschen mit Arzneimitteln zu versorgen. Dafür genüge die eine vorhandene Apotheke völlig. Deshalb sei die wirtschaftliche Grundlage der neuen Apotheke nicht gesichert. Der Antragsteller müsse im eigenen Interesse davor bewahrt werden, eine nicht lebensfähige Apotheke zu errichten. Schließlich würde die wirtschaftliche Grundlage der bereits bestehenden Apotheke durch die Neuzulassung so weit beeinträchtigt werden, dass die Voraussetzungen für einen ordnungsmäßigen Apothekenbetrieb nicht mehr gewährleistet seien. Wirtschaftlich schlecht fundierte Apotheken seien leichter geneigt, Arzneimittel ohne ärztliche Verschreibung abzugeben und bei der Abgabe von Opiaten eine gesetzlich unzulässige Großzügigkeit walten zu lassen. Der Apotheker A ist dagegen der Ansicht, dass § 3 Abs. 1 ApothekenG wegen Verstoßes gegen Art. 12 GG nichtig ist. Nach erfolglosem Durchlaufen des Rechtsweges hat A Verfassungsbeschwerde erhoben. Wie wird das BVerfG über die zulässige Verfassungsbeschwerde entscheiden?

§ 3 Abs. 1 ApothekenG: Für eine neu zu errichtende Apotheke darf die Betriebserlaubnis nur erteilt werden, wenn

a) die Errichtung der Apotheke zur Sicherung der Versorgung der Bevölkerung mit Arzneimitteln im öffentlichen Interesse liegt und

b) anzunehmen ist, dass ihre wirtschaftliche Grundlage gesichert ist und durch sie die wirtschaftliche Grundlage der benachbarten Apotheken nicht soweit beeinträchtigt wird, dass die Voraussetzungen für den ordnungsgemäßen Apothekenbetrieb nicht mehr gewährleistet sind.

Fall nach BVerfGE 7, 377 ff. (Apotheken-Urteil)

1. Schutzbereich

a) Persönlicher Schutzbereich

In persönlicher Hinsicht werden von Art. 12 Abs. 1 GG nur Deutsche erfasst. Es 334
handelt sich also um ein „Deutschengrundrecht".[3] Dagegen gelten die Abs. 2 und 3 für jedermann, eine Beschränkung auf die in Abs. 1 genannten Deutschen liegt nicht vor. Da die Berufsfreiheit nicht an die natürlichen Eigenschaften des Menschen anknüpft, kann sie auch kollektiv betätigt werden, sodass sich juristische Personen (gem. Art. 19 Abs. 3 GG) auf dieses Grundrecht berufen können.[4]

---

[2] Vgl. zum entstehungsgeschichtlichen Hintergrund BVerfGE 74, 102 (116 ff.) (Erziehungsmaßregeln).

[3] Vgl. zum Schutz der Berufsfreiheit der EU-Bürger durch Art. 2 Abs. 1 GG Rn. 540 ff.

[4] Vgl. dazu Rn. 147 ff.

b) Sachlicher Schutzbereich

335 Geschützt werden durch Art. 12 Abs. 1 GG zunächst die Wahl eines Berufes, sowie seine Ausübung. **Beruf** ist jede auf Dauer angelegte, der Schaffung und Erhaltung einer Lebensgrundlage dienende Tätigkeit.[5] Unerheblich ist, ob die Tätigkeit selbstständig oder unselbstständig erfolgt oder vornehmlich im öffentlichen Dienst ausgeübt wird. Auch Doppel- und Nebenberufe werden von Art. 12 Abs. 1 GG erfasst. Nicht als Beruf zu werten sind dagegen Tätigkeiten der Privatsphäre, wie z.B. die Ausübung eines Hobbys, da sie nicht der Sicherung der Lebensgrundlage dienen. Das Merkmal „auf Dauer" ist nicht zu eng aufzufassen. Ausreichend sind bereits Gelegenheits- und Ferienjobs; ausgeschieden werden lediglich Beschäftigungen, die sich auf einen einmaligen Erwerbsakt beschränken.

336 Umstritten ist dagegen, ob als zusätzliches Merkmal hinzukommen muss, dass die Tätigkeit **nicht generell verboten** ist[6] oder dass sie nicht sozial- oder gemeinschädlich[7] sein darf. Mit einer Verengung des Schutzbereichs nur auf erlaubte Tätigkeiten hätte es aber der Gesetzgeber in der Hand, bereits den Schutzbereich durch allgemeine Gesetze zu beschränken, mit der Folge, dass die gesetzgeberische Maßnahme nicht mehr am Maßstab des Art. 12 Abs. 1 GG zu messen wäre. Ob dies anders ist, wenn man als Schutzbereichsbegrenzung nur solche Verbote heranzieht, die sich nicht gegen den Beruf als solchen richten, sondern bloß gegen einzelne Handlungen unabhängig von ihrer beruflichen Vornahme (beispielsweise wären Taschendieb und Rauschgifthändler dann nicht als Beruf i.S.d. Art. 12 Abs. 1 GG anzusehen), ist eher zweifelhaft. Gerade bei Tätigkeiten, die nur aus einer bestimmten Handlung bzw. aus wenigen Handlungen bestehen, bestünde dann die Unsicherheit, ob lediglich eine einzelne Handlung oder aber der Beruf als Bündelung verschiedener Handlungen verboten ist. Gleichwohl sind Verbote, die unabhängig von der beruflichen Betätigung gelten, zumeist nicht an Art. 12 Abs. 1 GG zu messen. Derartige Verbote weisen in aller Regel keine berufsregelnde Tendenz auf, sodass kein Eingriff in die Berufsfreiheit vorliegt.[8] Auch das Merkmal der Sozial- oder Gemeinschädlichkeit ist Bedenken ausgesetzt, ist dieses Kriterium doch viel zu vage, um dem Schutzbereich der Berufsfreiheit eine feste Kontur zu geben. Deshalb sollte insgesamt auf weiter gehende Einschränkungen des Schutzbereichs verzichtet werden.[9]

aa) Einheitlicher Schutzbereich

337 Art. 12 Abs. 1 GG spricht in seinem S. 1 zunächst von der Freiheit, einen Beruf zu wählen. S. 2 erwähnt anschließend die Berufsausübung. Fraglich ist deshalb, in welchem Verhältnis Berufswahl und Berufsausübung zueinander stehen. Zu bedenken ist, dass sich Aspekte der Wahl eines Berufes und seiner Ausübung nicht

---

5 BVerfGE 7, 377 (397) (Apotheken-Urteil); 97, 228 (252) (Kurzberichterstattung).

6 BVerwGE 87, 37 (40 f.); so wohl im Ergebnis *Pieroth/Schlink*, Rn. 810; a.A. BVerwGE 96, 293 (296 f.); Bedenken auch bei *Sachs*, VerfR II, Kap. B 12 Rn. 4.

7 BVerwGE 22, 286 (289).

8 Vgl. dazu Rn. 354.

9 *Kimms*, JuS 2001, 664 (665); vgl. auch *Jarass*, in: Jarass/Pieroth, Art. 12 Rn. 7.

klar voneinander trennen lassen. Schließlich wird durch die Ausübung eines Berufes jedes Mal seine Wahl bestätigt. Andererseits betreffen Aspekte der Ausübung auch die Berufswahl; wenn nämlich bestimmte Vorschriften bestehen, wie der Beruf auszuüben ist, so wirken sich diese ggf. auch auf die Ausbildung bzw. auf die Wahl aus. Für den Einzelnen stellt sich dann die Frage, ob er die entsprechenden Voraussetzungen erreichen kann, um den von ihm gewünschten Beruf überhaupt ergreifen zu können. Deshalb gewährleistet Art. 12 Abs. 1 GG einen **einheitlichen Schutzbereich der Berufsfreiheit**. Weiterer (praktischer) Vorteil dieses einheitlichen Grundrechts der Berufsfreiheit ist, dass der Regelungsvorbehalt, den Art. 12 Abs. 1 S. 2 GG nur für die Berufsausübung formuliert, auch auf die Berufswahl anzuwenden ist, die nach dem Wortlaut an sich unbeschränkt gewährleistet ist und ohne diesen Kunstgriff nur durch kollidierendes Verfassungsrecht einzuschränken wäre. Dementsprechend umfasst der Schutzbereich der Berufsfreiheit die Berufsausübung und die Berufswahl, also den Beruf in allen seinen Aspekten bis hin zu seiner Beendigung. Dies ist seit dem Apotheken-Urteil des BVerfG aus dem Jahr 1958 nahezu einhellige Auffassung.[10]

Wie bereits gezeigt ist die Wahl eines Berufes für den Einzelnen frei, d.h. es **338**
bleibt jedem selbst überlassen, welchen Beruf er ergreift. Diese Freiheit wäre aber unvollkommen, wenn es einen Zwang gäbe, irgendeinen Beruf zu ergreifen. Die Weimarer Reichsverfassung hat zwar keinen allgemeinen Zwang zur Arbeit statuiert, es aber in Art. 163 als die „sittliche Pflicht eines jeden bezeichnet, die geistigen und körperlichen Kräfte so zu betätigen, wie es das Wohl der Gesamtheit erfordert". Demgegenüber schützt nach überwiegender Ansicht Art. 12 Abs. 1 GG auch die **negative Berufsfreiheit**, also die Freiheit, keinen Beruf zu ergreifen.[11]

Die Freiheit der **Berufswahl** schützt die Entscheidung des Einzelnen, über- **339**
haupt einen Beruf zu ergreifen oder auf einen Beruf zu verzichten. Weiterhin gehören hierzu die Wahl eines bestimmten Berufes, sowie der Entschluss, den Beruf zu wechseln. Der Schutz der **Berufsausübung** umfasst die gesamte berufliche Tätigkeit. Hierzu zählen insb. Form, Mittel, Umfang sowie Inhalt der Betätigung.[12]

bb) Weitere Schutzbereichsgewährleistungen

Art. 12 GG schützt die **Wahl des Arbeitsplatzes**: Unter Arbeitsplatz ist der räum- **340**
liche Ort, also der berufliche Umkreis der Betätigung zu verstehen. Da die Arbeitsplatzfreiheit nicht nur für Arbeitnehmer, sondern auch für Selbstständige gewährleistet ist, wird auch die berufliche Freizügigkeit und damit die Niederlassungsfreiheit geschützt.[13]

Art. 12 Abs. 1 S. 1 GG spricht zwar nur von der freien **Wahl der Ausbildungs-** **341**
stätte. Jedoch geht das BVerfG davon aus, dass allgemein ein „Abwehrrecht ge-

---

10 A.A. *Lücke*, Die Berufsfreiheit, 1994; *Hufen*, NJW 1994, 2913 (2917).

11 BVerfGE 58, 358 (364) (Bewährungsauflagen); 68, 256 (267) (Leistungsfähigkeit bei Unterhaltspflicht). Vgl. zu den negativen Freiheiten Rn. 273 f., 647 ff.

12 Vgl. im Einzelnen mit Hinweisen zur Rspr. des BVerfG *Jarass*, in: Jarass/Pieroth, Art. 12 Rn. 8.

13 Vgl. im Einzelnen *Jarass*, in: Jarass/Pieroth, Art. 12 Rn. 9.

gen Freiheitsbeschränkungen im Ausbildungswesen" gewährleistet wird.[14] Ein allgemeines Recht auf Ausbildung lässt sich - wie auch ein Recht auf Bereitstellung eines Arbeitsplatzes eigener Wahl - aus Art. 12 Abs. 1 GG dagegen nicht ableiten.

342 Umstritten ist, ob die **Wettbewerbsfreiheit** ebenfalls durch Art. 12 Abs. 1 GG geschützt ist, oder ob lediglich die allgemeine Handlungsfreiheit (Art. 2 Abs. 1 GG[15]) einen entsprechenden Schutz bietet. Die Wettbewerbsfreiheit soll das Verhalten im Wettbewerb und insbesondere die Konkurrenz mit anderen Wettbewerbern erfassen. Nach überwiegender Auffassung in Rechtsprechung und Literatur gehört es zur Berufsausübung dazu, am Markt aufzutreten und mit anderen in Konkurrenz zu treten.[16] Das Bemühen um den Verkauf von Waren und Dienstleistungen ist untrennbar mit der Berufsausübung verknüpft, da die Berufsausübung nicht um ihrer selbst willen erfolgt, sondern von den Verkaufsmöglichkeiten mitbestimmt wird. Durch Art. 12 Abs. 1 GG wird der Einzelne zwar nicht vor der Zulassung von Konkurrenz sowie hinsichtlich der Erhaltung eines bestimmten Geschäftsumfangs geschützt. Jedoch ist der Schutzbereich dann einschlägig, wenn der Staat das Verhalten der Unternehmer im Wettbewerb regelt, etwa durch die Begünstigung von Konkurrenten, und hierdurch eine Verzerrung des Wettbewerbs eintritt.

343 Nicht abschließend geklärt ist weiterhin die Einwirkung des Art. 12 Abs. 1 GG auf die wirtschaftliche Betätigung des Staates („**Staat als Unternehmer**"): Nach einer Ansicht, die die Lösung auf der **Schutzbereichsebene** sucht, gilt der Grundsatz, dass Art. 12 Abs. 1 GG nicht eine bestimmte Stellung am Markt schützt und dementsprechend nicht gegenüber staatlicher Konkurrenz in Stellung gebracht werden kann. Insoweit erfolgt eine Gleichstellung von privater und staatlicher Konkurrenz.[17] Eine Ausnahme wird allerdings dann anerkannt, wenn der Wettbewerb durch die staatliche Konkurrenz unmöglich gemacht oder unzumutbar eingeschränkt wird, insbesondere wenn eine unerlaubte (faktische) Monopolstellung des staatlichen Wettbewerbers entsteht.[18] Nach der gegenteiligen Auffassung, die das Problem auf **Eingriffsebene** behandelt, können private und staatliche Unternehmen nicht gleichgestellt werden. Art. 12 Abs. 1 GG schütze einen vom Staat unbeeinflussten Wettbewerb. Dementsprechend werde der Schutzbereich von staatlicher Wirtschaftsbetätigung immer betroffen. Ob ein Eingriff vorliege,

---

14 BVerfGE 33, 303 (329) (numerus clausus I).

15 Für die grundsätzliche Anwendung von Art. 2 Abs. 1 BVerwGE 30, 191 (198); 60, 154 (159); 65, 167 (174); für Art. 12 GG: BVerwGE 39, 329 (336); offen gelassen von BVerwGE 71, 183 (189, 192).

16 Zuletzt BVerfGE 105, 252 (265 f.) (Glykol); *Pieroth/Schlink*, Rn. 814; allgemein zur Wettbewerbsfreiheit *Jarass*, in: Jarass/Pieroth, Art. 12 Rn. 15.

17 BVerwG, NJW 1995, 2938 (2939); BVerwGE 39, 329 (336 f.); *Breuer*, in: HdbStR, Bd. VI, § 148 Rn. 58.

18 *Pieroth/Hartmann*, DVBl. 2002, 421 ff. (m.w.N. in Fn. 19). Darüber hinaus soll Art. 12 Abs. 1 GG dann beeinträchtigt sein, wenn die staatliche Betätigung gegen einfachgesetzliche Bindungen verstößt und deshalb rechtswidrig ist (vgl. *Pieroth/Hartmann*, DVBl. 2002, 421 [427]). Hiergegen sprechen allerdings grundrechtsdogmatische Erwägungen. Die Rechtmäßigkeit staatlichen Handelns entscheidet nicht über das Vorliegen eines Eingriffs, sondern gehört zur Rechtfertigungsebene.

bestimme sich nach den herkömmlichen Kriterien der Intensität und Intention.[19] Da diese Kriterien in der praktischen Anwendung vornehmlich dann erfüllt sind, wenn der Wettbewerb unzumutbar eingeschränkt oder unmöglich gemacht wird, kommen die beiden Ansichten im Wesentlichen zu den selben Ergebnissen.

cc) Berufliche Ausübung von Staatsfunktionen und Verhältnis zu Art. 33 GG

Auch Berufe des öffentlichen Dienstes, sowie staatlich gebundene Berufe (z.B. 344
Notar, Schornsteinfeger, TÜV) sind „Berufe" im Sinne des Art. 12 Abs. 1 GG.[20] Dementsprechend findet Art. 12 GG weiterhin Anwendung, wird jedoch ggf. durch die Spezialvorschrift des Art. 33 GG überlagert und modifiziert. Dies hat zur Folge, dass Sonderregelungen für den öffentlichen Dienst geschaffen werden können, die einen weiter gehenden Eingriff in die Berufsfreiheit ermöglichen. Für die staatlich gebundenen Berufe, bei denen der Staat dem Berufsinhaber einzelne öffentliche Aufgaben übertragen hat, soll in Anlehnung an Art. 33 Abs. 4 und 5 GG Ähnliches gelten. Nach der Rechtsprechung des BVerfG hängen die Regelungsmöglichkeiten des Gesetzgebers von der Nähe des Berufs zum öffentlichen Dienst ab.[21] Gerechtfertigt werden die Einschränkungsmöglichkeiten mit der Organisationsgewalt des Staates für den jeweiligen Bereich.

2. Eingriffe

Die Frage danach, ob ein Eingriff in den Schutzbereich eines bestimmten Grund- 345
rechts vorliegt, ist in mehrfacher Hinsicht bedeutsam. Ein staatliches Verhalten ist im Hinblick auf die abwehrrechtliche Funktion der Grundrechte nur dann rechtfertigungsbedürftig, wenn es einen Eingriff in ein Grundrecht darstellt. Nur für Eingriffe gilt der Vorbehalt des Gesetzes (Art. 20 Abs. 3 GG). Dabei ist zwischen dem klassischen und dem erweiterten Eingriffsbegriff zu unterscheiden.

346

Fall 13: Glykolwarnung

Im Sommer 1985 stellten die Lebensmittelüberwachungsbehörden fest, dass zahlreiche im Bundesgebiet verkaufte Weine mit Diethylenglykol (DEG) versetzt waren, einem Mittel, das als Frostschutzmittel und chemisches Lösungsmittel verwendet wird. Daraufhin gab der Bundesminister für Jugend, Familie und Gesundheit (BMJFG) eine Liste DEG-haltiger Weine heraus. Sie trug auf der ersten Seite folgenden Vermerk: „Wichtige Hinweise: Die in der Liste aufgeführten Untersuchungsergebnisse beziehen sich lediglich auf den jeweils untersuchten Wein. Es kann also Wein gleicher Bezeichnung und Aufmachung desselben Abfüllers im Verkehr sein, der nicht mit DEG versetzt ist. Aus der Angabe einer Lagebezeichnung bei den in dieser Liste aufgeführten deutschen Weinen darf nicht geschlossen werden, dass alle Weine

---

19 *Ehlers*, JZ 1990, 1089 (1096); *Jarass,* in: Jarass/Pieroth, Art. 12 Rn. 16; *Storr*, Der Staat als Unternehmer, 2001, S. 160 ff. (insb. S. 162 f.; 169 ff.); ähnlich auch *Sachs,* VerfR II, Kap. B 12 Rn. 30, der anmerkt, dass es „bei wirtschaftlicher Betätigung der öffentlichen Rechtsträger gerade nicht um gleichberechtigte Freiheitsbetätigung geht." Noch strenger *Cremer*, DÖV 2003, 921 (925 ff.), der jede wirtschaftliche Betätigung des Staates als Grundrechtseingriff wertet.

20 Vgl. *Jarass*, in: Jarass/Pieroth, Art. 12 Rn. 6 m.w.N.

21 BVerfGE 73, 280 (292 ff.) (Zulassung von Notaren); 301 (315 ff.) (Öffentlich bestellter Vermessungsingenieur [Hessen]), kritisch *Tettinger*, in: Sachs, GG, Art. 12 Rn. 39 ff.

dieser Lage DEG enthalten können. Nur wenn auf dem Etikett neben der Lagebezeichnung auch der in der Liste angegebene Name des Abfüllers und die in der Liste angegebene Amtliche Prüfungsnummer stehen, handelt es sich um Wein, bei dessen Untersuchung DEG festgestellt worden ist."

In die Liste ist eine Auslese des deutschen Abfüllers A aufgenommen worden. Durch die Nennung seines Namens in der Liste befürchtet A einen drastischen Umsatzeinbruch hinsichtlich solcher Weine, die kein DEG enthalten, da der Verbraucher nicht differenziere. Deshalb hat A am 5.11.1985 Klage mit dem Ziel erhoben, dem BMJFG die Aufnahme des genannten Weines in die Liste zu untersagen. Schließlich werde er durch die Liste in seiner beruflichen Betätigung beschränkt. Nach erfolglosem Durchlaufen des Rechtswegs hat A Verfassungsbeschwerde erhoben. Wie wird das BVerfG über die zulässige Beschwerde entscheiden?

Fall nach BVerwG, NJW 1991, 1766 ff. und BVerfGE 105, 252 ff. (Glykolwarnung)

a) Klassischer Eingriffsbegriff

347 Der klassische Eingriffsbegriff hat vier Voraussetzungen:

- **Finalität:** Finalität bedeutet, dass die Beeinträchtigung des grundrechtlichen Schutzbereichs durch das staatliche Handeln gerade bezweckt ist. Hieran fehlt es bei einer bloß unbeabsichtigten Folge eines auf ganz andere Ziele gerichteten Staatshandelns,
- **Unmittelbarkeit:** Unmittelbar ist eine Grundrechtsbeeinträchtigung, wenn sie dem staatlichen Handeln ohne Zwischenursachen folgt. Nicht ausreichend ist es daher, wenn der Erfolg erst durch Zwischenursachen vermittelt wird.
- **Rechtsakt:** Der Rechtsakt ist gekennzeichnet durch rechtliche (Gesetz, Verwaltungsakt, Urteil) und nicht bloß tatsächliche Wirkung.
- **Imperativität:** Das staatliche Handeln muss auf eine verbindliche Anordnung gerichtet sein bzw. nötigenfalls mit Befehl und Zwang durchgesetzt werden. Hieran fehlt es beispielsweise bei einer bloßen Bitte.

BVerfGE 105, 279 (299 f.) (Sektenwarnung): „Die Verwendung der Attribute „destruktiv" und „pseudoreligiös" und die Erhebung des Vorwurfs der Mitgliedermanipulation beeinträchtigen danach das durch Art. 4 Abs. 1 und 2 GG garantierte Recht der Beschwerdeführer auf eine in religiös-weltanschaulicher Hinsicht neutral und zurückhaltend erfolgende Behandlung. Die Merkmale eines Grundrechtseingriffs im herkömmlichen Sinne werden damit allerdings nicht erfüllt. Danach wird unter einem Grundrechtseingriff im Allgemeinen ein **rechtsförmiger Vorgang** verstanden, der **unmittelbar** und **gezielt (final)** durch ein vom Staat verfügtes, erforderlichenfalls **zwangsweise** durchzusetzendes Ge- oder Verbot, also imperativ, zu einer Verkürzung grundrechtlicher Freiheiten führt. Keines dieser Merkmale liegt bei den Äußerungen vor, die hier zu beurteilen sind."

b) Erweiterter Eingriffsbegriff

348 Der klassische Eingriffsbegriff ist jedoch zu eng. Schließlich können die Grundrechte auch durch faktisch-mittelbare Auswirkungen staatlichen Handelns beeinträchtigt werden. In weiten Bereichen würde der Bürger andernfalls gegenüber dem Staat schutzlos gestellt. Deshalb werden durch den erweiterten Eingriffsbe-

griff alle vier genannten Kriterien des klassischen Eingriffsbegriffs ausgeweitet.[22] Grundsätzlich kann danach in jedem staatlichen Handeln ein Eingriff liegen.

349

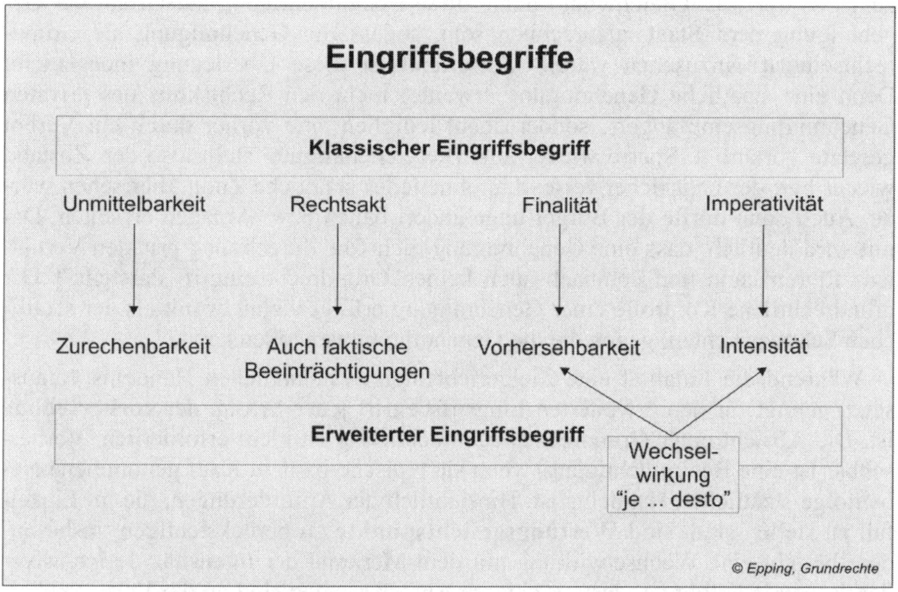

Die grundrechtliche Beeinträchtigung muss dem Staat **zurechenbar** sein. Dieses Merkmal tritt an die Stelle der Unmittelbarkeit. Die Wirkung - also die Beeinträchtigung - muss von einem der öffentlichen Gewalt zurechenbaren Verhalten ausgehen.[23] Der Erfolg ist dem Staat jedenfalls dann zurechenbar, wenn er ohne wesentliche Zwischenursachen eintritt, d.h. dass keine selbstständigen Zwischenschritte vorliegen. Klassisches Beispiel für diese Art der Unmittelbarkeit ist die Pistolenkugel, die der Polizist auf einen flüchtenden Räuber abfeuert und dabei versehentlich einen Passanten trifft. Aber auch dann, wenn ein Dritter dazwischentritt, kann die Zurechenbarkeit geben sein, solange der Dritte an das staatliche Handeln anknüpft und keinen neuen eigenständigen Steuerungsprozess in Gang setzt.[24] Ein besonderes Problem der Zurechnung stellt sich bei **staatlichen Genehmigungen privaten Verhaltens**. Beispiele hierfür sind die Baugenehmigung (vgl. § 75 BauO Nds.) oder die immissionsschutzrechtliche Genehmigung (vgl. § 4 Abs. 1 BImSchG). Die Genehmigung selbst beeinträchtigt keine Grundrechte; 350

---

22 Demgegenüber möchte die Lehre vom funktionellen Schutzbereich den Schutzbereich der einzelnen Grundrechte eingriffsbezogen bestimmen anhand der Frage: Erfasst der Schutzzweck des Grundrechts auch den konkreten (mittelbaren) Eingriff? (Vgl. dazu *Albers,* DVBl. 1996, 233 [236]). Beispielsweise ließe sich im Hinblick auf die Wettbewerbsfreiheit der Schutzbereich des Art. 12 Abs. 1 GG dahingehend interpretieren, dass er nur vor *bestimmter rechtswidriger* staatlicher Wirtschaftsbetätigung schützt. In diese Richtung weist auch die Entscheidung BVerfGE 105, 252 (272 f.) (Glykol). Im Ergebnis hebt dies die strikte Trennung von Schutzbereich und Eingriffsrechtfertigung auf. Vgl. *Huber*, JZ 2003, 290 (293 f.).

23 BVerfGE 66, 39 (60) (Nachrüstung).

24 Zur mitverursachten Grundrechtsbeeinträchtigung *Sachs,* VerfR II, Kap. A 8 Rn. 28 ff.

die Beeinträchtigung beispielsweise der Nachbarn geht allein von dem auf Grund der Genehmigung errichteten Bau bzw. der errichteten Anlage und damit von einem Privaten aus. Gleichwohl könnte diese Beeinträchtigung auf Grund der Genehmigung dem Staat zuzurechnen sein, sodass die Genehmigung als Grundrechtseingriff anzusehen wäre.[25] Zutreffend ist diese Überlegung indes nicht: Denn eine staatliche Genehmigung erweitert nicht den Rechtskreis des privaten Genehmigungsempfängers, sondern hebt lediglich eine vorher durch ein Verbot gesetzte vorläufige Sperre wieder auf. Die Genehmigung stellt also den Zustand wieder her, der natürlicherweise, d.h. ohne jedes staatliche Zutun, herrschen würde. Auch dann dürfte der Bürger ungehindert bauen bzw. Anlagen errichten. Damit wird deutlich, dass eine Genehmigung nicht zur Zurechnung privaten Verhaltens führen kann und demnach auch keinen Grundrechtseingriff darstellt.[26] Die grundrechtliche Kontrolle einer Genehmigung erfolgt vielmehr mittels der staatlichen Schutzpflichten, gegen die die Genehmigung verstoßen kann.[27]

351 Während die Finalität eine Zielgerichtetheit des staatlichen Handelns voraussetzt, genügt für den erweiterten Eingriffsbegriff jeder Erfolg, der **vorhersehbar** ist. Die Absicht einer Grundrechtsbeeinträchtigung ist nicht erforderlich. Vorhersehbar ist eine Beeinträchtigung, wenn sie typische bzw. in Kauf genommene Nebenfolge staatlichen Handelns ist. Hinsichtlich der Anforderungen, die im Einzelfall zu stellen sind, sind **Wertungsgesichtspunkte** zu berücksichtigen; insbesondere besteht eine Wechselwirkung mit dem Merkmal der Intensität: Je intensiver der drohende Erfolg ist, desto geringere Anforderungen sind an die Vorhersehbarkeit zu stellen. Vergleichbar ist dieses Merkmal mit der aus dem Strafrecht bekannten Vorsatzform des dolus eventualis. Vorhersehbar ist es z.B., wenn eine Behörde die Qualität verschiedener Produkte vergleicht und damit in Kauf nimmt, dass die Verbraucher die schlechter bewerteten Produkte nicht mehr erwerben.

352 Die Grundrechtsbeeinträchtigung kann (mittelbar) durch Rechtsakt, aber auch durch **Realakt** erfolgen.

353 Das Merkmal der **Intensität** der Grundrechtsbeeinträchtigung tritt an die Stelle der Imperativität. Eine Beeinträchtigung ist dann besonders intensiv, wenn durch die Folgen des hoheitlichen Handelns der Einzelne besonders schwer und unzumutbar betroffen wird, sodass die Beeinträchtigung mit einem klassischen Grundrechtseingriff durch Gebot oder Verbot vergleichbar ist. Bei der Beurteilung des Einzelfalles sind **Wertungen** anzustellen; insbesondere ist die Zielgerichtetheit der Maßnahme zu berücksichtigen: Eine beabsichtigte faktische Beeinträchtigung stellt auch dann einen Eingriff dar, wenn sie nur geringfügige Folgen hat.

> BVerfGE 105, 279 (300 f.) (Sektenwarnung): „Die Kennzeichnung der Osho-Bewegung und der ihr zugehörigen Gemeinschaften als „destruktiv“ und „pseudoreligiös“ und die Behauptung, diese Gemeinschaften manipulierten - weitgehend unter Ausschluss der Öffentlich-

---

25 In diese Richtung etwa BVerwGE 32, 173 (178); 36, 248 (249).

26 BVerfG, NJW 1998, 3264 (3265). Zustimmend *Krings*, Grund und Grenzen grundrechtlicher Schutzansprüche, 2003, S. 126 ff. und *Dietlein*, Die Lehre von den grundrechtlichen Schutzpflichten, 1992, S. 93 ff., beide m.w.N.

27 Vgl. dazu Rn. 111 ff.

keit - ihre Mitglieder, erfolgten nicht rechtsförmig, sondern waren in Parlamentsantworten enthalten und außerhalb des Parlaments Gegenstand von Rede- und Diskussionsbeiträgen. **Sie waren auch nicht unmittelbar an die Organisationen der Osho-Bewegung und ihre Mitglieder adressiert, sondern wollten Parlament und Öffentlichkeit über die Gruppen dieser Bewegung, ihre Ziele und Aktivitäten unterrichten.** Weiter war es nicht Zweck der Äußerungen, den angesprochenen Gemeinschaften und ihren Anhängern Nachteile zuzufügen; beabsichtigt war vielmehr nur, Parlament, Öffentlichkeit und hier vor allem den interessierten und betroffenen Bürgerinnen und Bürgern die Risiken aufzuzeigen, die nach Auffassung der Bundesregierung mit der Mitgliedschaft in einer der Osho-Bewegung angehörenden Gruppierung verbunden sein konnten. Nachteilige Rückwirkungen auf die einzelne Gemeinschaft wurden allerdings in Kauf genommen.

Sofern sie eintraten, beruhten sie aber nicht auf einem erforderlichenfalls zwangsweise durchsetzbaren staatlichen Ge- oder Verbot, sondern darauf, dass der Einzelne aus der ihm zugegangenen Information Konsequenzen zog und der betreffenden Gruppe fernblieb, aus ihr austrat, auf Angehörige oder andere Personen einwirkte, sich ebenso zu verhalten, oder davon absah, die Gemeinschaft (weiter) finanziell zu unterstützen. Dies hindert jedoch nicht, Äußerungen der vorliegenden Art an Art. 4 Abs. 1 und 2 GG zu messen. Das Grundgesetz hat den Schutz vor Grundrechtsbeeinträchtigungen nicht an den Begriff des Eingriffs gebunden oder diesen inhaltlich vorgegeben. Die genannten Äußerungen hatten in Bezug auf die Beschwerdeführer eine **mittelbar faktische Wirkung**. Als Beeinträchtigungen des Grundrechts aus Art. 4 Abs. 1 und 2 GG sind aber auch sie von Verfassungs wegen nur dann nicht zu beanstanden, wenn sie sich verfassungsrechtlich hinreichend rechtfertigen lassen."

c) Objektiv berufsregelnde Tendenz als Eingriffsvoraussetzung

Bei Art. 12 GG ist auf eine Besonderheit zu achten. Soweit nicht ein klassischer **354**
Eingriff vorliegt, kommt es nach ständiger Rechtsprechung des BVerfG darauf an, ob das zu untersuchende hoheitliche Verhalten eine objektiv berufsregelnde Tendenz aufweist.[28] Erforderlich ist, dass es dem Staat gerade um die Regelung der Berufsfreiheit geht. Damit wird das eigentlich nur für den klassischen Eingriff geltende Kriterium der Finalität auf alle Eingriffe ausgedehnt. Darüber hinaus ist Voraussetzung für einen Eingriff in Art. 12 GG eine besondere Nähe zur Berufsfreiheit. Ansonsten ist - soweit nicht speziellere Grundrechte eingreifen - die allgemeine Handlungsfreiheit des Art. 2 Abs. 1 GG einschlägig. Beispielsweise fehlt es an einer berufsregelnden Tendenz dann, wenn bestimmte Pflichten an eine Tätigkeit geknüpft werden, unabhängig davon, ob diese Tätigkeit beruflich oder privat ausgeübt wird, wie etwa bei urheberrechtlichen Vergütungsansprüchen[29] oder bei Vorschriften des Straßenverkehrs.

BVerfGE 95, 267 (302) (Altschulden): „Art. 12 Abs. 1 GG gewährleistet die Freiheit der beruflichen Betätigung. Der Schutz dieses Grundrechts ist einerseits umfassend angelegt, wie die Erwähnung von Berufswahl, Wahl von Ausbildungsstätte und Arbeitsplatz und Berufsausübung zeigt. **Andererseits schützt es aber nur vor solchen Beeinträchtigungen, die gerade auf die berufliche Betätigung bezogen sind.** Es genügt also nicht, dass eine Rechtsnorm oder ihre Anwendung unter bestimmten Umständen Rückwirkungen auf die Berufstä-

---

[28] Vgl. BVerfGE 95, 267 (302) (Altschulden) m.w.N.; vgl. allgemein *Jarass*, in: Jarass/Pieroth, Art. 12 Rn. 12 ff.; kritisch zu dieser Rspr. *J. Ipsen*, Rn. 619 ff.; *Epping*, Die Außenwirtschaftsfreiheit, 1998, S. 68 ff.

[29] BVerfGE 31, 255 (265) (Tonbandvervielfältigung).

tigkeit entfaltet. Das ist bei vielen Normen der Fall. Ein Eingriff in das Grundrecht der Berufsfreiheit liegt vielmehr erst dann vor, wenn die Norm, auf die die Maßnahme gestützt ist, berufsregelnde Tendenz hat. Das heißt allerdings nicht, dass die Berufstätigkeit unmittelbar betroffen sein muss. Es kann vielmehr auch vorkommen, dass eine Norm die Berufstätigkeit selbst unberührt lässt, aber im Blick auf den Beruf die Rahmenbedingungen verändert, unter denen er ausgeübt werden kann. In diesem Fall ist der Berufsbezug ebenfalls gegeben. Das gilt auch für gesetzlich auferlegte Geldleistungspflichten. Sie berühren Art. 12 Abs. 1 GG dann, wenn sie infolge ihrer Gestaltung in einem **engen Zusammenhang mit der Ausübung eines Berufs stehen und objektiv eine berufsregelnde Tendenz** haben."

3. Rechtfertigung von Eingriffen

a) Schranken

355 Art. 12 Abs. 1 GG unterscheidet zwischen der Berufswahlfreiheit und der Berufsausübungsfreiheit. Nach dem Wortlaut des Abs. 1 GG ist nur letztere einschränkbar. Jedoch enthält Art. 12 Abs. 1 GG das einheitliche Grundrecht der Berufsfreiheit, was zur Folge hat, dass der Regelungsvorbehalt des Abs. 1 S. 2 GG auf die Berufswahlfreiheit auszudehnen ist. Auch die Wahl von Arbeitsplatz und Ausbildungsstätte unterfallen dieser Einschränkungsmöglichkeit.[30]

356 Nach dem Wortlaut des Art. 12 Abs. 1 S. 2 GG kann die Berufsausübung *geregelt* werden (sog. **Regelungsvorbehalt**). Wenn das GG an anderer Stelle - beispielsweise in Art. 4 Abs. 3 S. 2, 12a Abs. 2 S. 3, 104 Abs. 2 S. 4 GG von „regeln" spricht, ist damit im Wesentlichen eine Verfahrensgestaltung gemeint.[31] Dafür, dass bei Art. 12 Abs. 1 GG der Begriff *regeln* umfassender zu verstehen ist, spricht nicht nur der Wille des Verfassungsgebers. Auch die Konfliktträchtigkeit der Berufsfreiheit erfordert den Erlass materieller Regelungen. In seinem Apothekenurteil hat das BVerfG festgestellt, dass der Gesetzgeber nur die im Wesen des Grundrechts selbst angelegten Grenzen näher bestimmen, nicht dagegen quasi „von außen" her den sachlichen Gehalt einengen darf.[32] Mittlerweile behandelt das BVerfG den Regelungsvorbehalt allerdings **wie einen qualifizierten Gesetzesvorbehalt**; seine im Apothekenurteil geäußerte Zurückhaltung hat das BVerfG aufgegeben.[33] Lediglich im Rahmen des Zitiergebots gem. Art. 19 Abs. 1 S. 2 GG wird der Regelungsvorbehalt bedeutsam, da dieser nach seinem klaren Wortlaut nicht als Einschränkung im Sinne des Art. 19 Abs. 1 S. 2 GG angesehen werden kann. Dementsprechend findet das Zitiergebot keine Anwendung.[34] Wenn man auf den materiellen Gehalt des Regelungsvorbehalts abstellt, ist dieses Ergebnis aber zweifelhaft.

---

30 *Pieroth/Schlink*, Rn. 808; für die Wahl der Ausbildungsstätte BVerfGE 33, 303 (336) (numerus clausus I).

31 Vgl. dazu Rn. 296.

32 BVerfGE 7, 377 (404) (Apotheken-Urteil).

33 Vgl. BVerfGE 54, 224 (234) (Mitteilungsrechte); 54, 237 (246) (Sozietätsverbot für Anwaltsnotare I).

34 *Jarass*, in: Jarass/Pieroth, Art. 19 Rn. 4; vgl. zum Zitiergebot Rn. 645 ff.

b) Schranken-Schranken

aa) Vorbehalt des Gesetzes und Parlamentsvorbehalt

Aus dem Rechtsstaatsprinzip (Art. 20 Abs. 3 i.V.m. Art. 28 Abs. 1 GG) und aus den Grundrechten ergibt sich der **Vorbehalt des Gesetzes**.[35] Dieser besagt, dass staatliches Handeln, das in **Freiheit und Eigentum**, also in Grundrechte des Einzelnen eingreift, auf ein Gesetz zurückzuführen sein muss. Sinn und Zweck des Vorbehalts des Gesetzes ist es, staatliches Handeln voraussehbar und berechenbar zu machen sowie im Interesse der Gleichmäßigkeit willkürliches Handeln auszuschließen. Der Vorbehalt des Gesetzes weist folglich eine individualschützende Funktion auf. Zu unterscheiden vom Vorbehalt des Gesetzes ist der **Parlamentsvorbehalt**, der bestimmt, wann eine Entscheidung des Parlaments erforderlich ist. Der Parlamentsvorbehalt dient der Sicherung der Kompetenz des Parlaments, indem er gewährleistet, dass grundlegende Entscheidungen durch das Parlament getroffen werden bzw. auf das Parlament zurückzuführen sind (Demokratieprinzip, Art. 20 Abs. 1 GG).[36] Der Grund dafür, dem Parlament die Entscheidung über bestimmte Fragen vorzubehalten, ist seine besondere Legitimation durch die direkte Wahl durch die Bürger (Art. 38 Abs. 1 S. 1 GG). 357

Ob der Parlamentsvorbehalt eingreift, bestimmt sich nach der **Wesentlichkeitstheorie**[37]. Wesentlich sind alle Entscheidungen, die für die Verwirklichung der Grundrechte von besonderer Bedeutung sind, also gesteigerte Grundrechtsrelevanz aufweisen. Dies ist z.B. der Fall, wenn die Entscheidungen Maßnahmen betreffen, ohne die der Grundrechtsgebrauch unmöglich ist oder beträchtlich erschwert wird oder von denen eine erhebliche Gefahr für die grundrechtlich gesicherte Freiheit ausgeht.[38] Nach der Wesentlichkeitstheorie bestimmt sich auch die Regelungsdichte, d.h. wie detailliert der Parlamentsgesetzgeber eine Materie erfassen muss. Darüber hinaus kann sich der Vorbehalt des Gesetzes zum Parlamentsvorbehalt verdichten, wenn nämlich erforderlich ist, dass der Gesetzgeber eine Materie durch ein förmliches Gesetz (im Gegensatz zu bloß materiellen Gesetzen wie Verordnungen oder Satzungen) selbst regelt. Dementsprechend ist nach der Wesentlichkeitstheorie darauf abzustellen, wie bedeutend die Maßnahme ist: Je wesentlicher die Entscheidung für die Allgemeinheit bzw. den Bürger ist, desto mehr ist der Gesetzgeber gehalten, die Entscheidung selbst zu treffen und der Exekutive durch ein Parlamentsgesetz umfassende Handlungsvorgaben zu machen. 358

Nach dem oben Gesagten besteht daher kein Totalvorbehalt. Nicht jegliches staatliches Handeln bedarf einer gesetzlichen Ermächtigung. Auf die **Leistungsverwaltung** bezogen heißt das, dass der Vorbehalt des Gesetzes nur dann Anwendung findet, wenn durch eine Leistungsgewährung in grundrechtliche Positionen eingegriffen wird. Dies ist beispielsweise der Fall, wenn der Staat durch Subventi- 359

---

[35] Gelegentlich wird missverständlicherweise der Begriff „Gesetzesvorbehalt" gebraucht; dieser bezeichnet jedoch eine Grundrechtsschranke (z.B. „einfacher Gesetzesvorbehalt").

[36] *Wehr*, JuS 1997, 419 (420).

[37] BVerfGE 47, 46 (79) (Sexualkundeunterricht); 49, 89 (127) (Kalkar I); 80, 124 (132) (Postzeitungsdienst); 108, 282 (311 f.) (Kopftuch Ludin).

[38] BVerfGE 80, 124 (132) (Postzeitungsdienst).

onierung die Verdrängung bestimmter Unternehmen vom Markt bezweckt. Unabhängig davon findet der Parlamentvorbehalt Anwendung, wenn eine Leistung wesentlich für die Grundrechtsverwirklichung ist und sich also nachhaltig auf den Gebrauch von Grundrechten auswirkt. Beispielsweise kann durch Pressesubventionen die Gefahr bestehen, dass eine Abhängigkeit der Presse von staatlichen Leistungen eintritt und die Presse in ihrer Kritikbereitschaft gehemmt wird.[39] Entsprechende Subventionen dürfen allenfalls auf der Grundlage eines Parlamentsgesetzes gewährt werden. Ein solches Parlamentsgesetz ist auch der Haushaltsplan, der gem. Art. 110 Abs. 2 S. 1 GG durch Haushaltsgesetz festgestellt wird.[40]

360 Problematisch ist, ob der Vorbehalt des Gesetzes bei einem Eingriff nach dem **erweiterten Eingriffsbegriff** Anwendung findet. Bei diesem besteht die Besonderheit, dass Eingriffe auch faktischer Natur sein können. Auch müssen sie nicht final, d.h. zielgerichtet, sein. Insoweit kann es zu Grundrechtseingriffen kommen, die im Zeitpunkt des Erlasses eines Gesetzes weder im Einzelnen vorhersehbar waren noch auf Grund der Vielgestaltigkeit der Lebenssituationen vollständig erfasst werden können. Folge hiervon wäre die Notwendigkeit des Erlasses eines umfassenden Gesetzes, welches durch seine Unbestimmtheit kaum zur Rechtssicherheit beitragen kann. Entsprechende Bedenken hat bereits das BVerwG in den Warnfällen (Warnung vor Glykolwein[41] oder vor Jugendsekten[42]) geäußert, daraus allerdings nicht den Schluss gezogen, dass für den erweiterten Eingriffsbegriff der Vorbehalt des Gesetzes nicht gilt. Da es in den oben genannten Warnfällen im Zeitpunkt der Warnung[43] an einer gesetzlichen Grundlage gefehlt hat, hat das BVerwG Art. 65 GG entnommen, dass die Kompetenz zur Staatsleitung auch zu derartigen Warnungen ermächtigt. Diese Rechtsprechung wurde nunmehr vom BVerfG gebilligt.[44] Dagegen wurden schwer wiegende Bedenken erhoben. Denn es besteht der Grundsatz, dass nicht von der Aufgabenzuweisung auf die Eingriffsbefugnis geschlossen werden darf.[45] Damit ein Gesetz als Ermächtigungsgrundlage dienen kann, muss es einen Tatbestand und eine Rechtsfolge aufweisen. An beidem fehlt es den Kompetenznormen. Dementsprechend weist Art. 65 GG der Bundesregierung allgemeine Kompetenzen zu, ein Eingriff in die Grundrechte Dritter kann darauf jedoch nicht gestützt werden.[46] Ganz in letzterem Sinne hat das BVerwG entschieden, dass eine

---

39 BVerfGE 80, 124 (132) (Postzeitungsdienst).

40 BVerwGE 6, 282 (287 f.); BVerwG, NVwZ 1998, 273 (273 f.); vgl. näher zur Problematik der Subventionen *Ossenbühl*, in: Erichsen/Ehlers, Allgemeines Verwaltungsrecht, 12. Aufl. 2002, § 9 Rn. 15 f.; *Wehr*, JuS 1997, 419 (421).

41 BVerwGE 87, 37 ff. und BVerwG, JZ 1991, 624 ff.

42 BVerwG, NJW 1991, 1770 ff.

43 Durch § 8 S. 2 ProdSG gibt es mittlerweile eine Ermächtigungsnorm für Produktwarnungen für die Bundesverwaltung. Auf Landesebene kann auf die polizeirechtliche Generalklausel zurückgegriffen werden (vgl. z.B. § 11 NSOG).

44 BVerfGE 105, 252 ff. (Glykolwarnung); 105, 279 ff. (Sektenwarnung). Zu beachten ist, dass das BVerfG in den Glykolwarnfällen einen Eingriff in Art. 12 GG abgelehnt hat, da der Staat im Rahmen der Kompenzordnung ausschließlich marktbezogene Informationen verbreitet habe. Dementsprechend gelte der Vorbehalt des Gesetzes nicht (vgl. oben Fn. 22).

45 *Wehr*, JuS 1997, 419 (420).

46 Vgl. dazu *Gusy*, NJW 2000, 977 ff.; *Lege*, DVBl. 1999, 569 ff.; *Schoch*, DVBl. 1991, 667 ff.

Kompetenznorm nicht ausreicht, um mittels staatlicher Subventionen private Vereinigungen zu unterstützen und ihnen dadurch die Möglichkeit zu verschaffen, gegen Jugendsekten zu agieren.[47]

Die Rechtsprechung von BVerwG und BVerfG kann so zusammengefasst werden, dass auch hinsichtlich des erweiterten Eingriffsbegriffs der Vorbehalt des Gesetzes gilt[48], die Anforderungen an das ermächtigende Gesetz jedoch situationsbezogen sind und in Ausnahmefällen auch eine Kompetenznorm genügen kann. **361**

BVerfGE 105, 279 (303 ff.) (Sektenwarnung): „Wegen der zum Teil unterschiedlichen Gründe für die Ausweitung des Grundrechtsschutzes einerseits und des Gesetzesvorbehalts andererseits ist es nicht selbstverständlich, dass der Gesetzesvorbehalt zwangsläufig mit der Ausweitung des Schutzes auf faktisch-mittelbare Beeinträchtigungen von Grundrechten in jeder Hinsicht mitgewachsen ist. **Die Anforderungen an eine gesetzliche Ermächtigung werden dadurch mitbestimmt, ob diese dazu beitragen kann, die im Rechtsstaats- und im Demokratieprinzip wurzelnden Anliegen des Gesetzesvorbehalts zu erfüllen**. Dies hängt auch von den hierauf bezogenen Erkenntnis- und Handlungsmöglichkeiten des Gesetzgebers ab. Der Sachbereich muss staatlicher Normierung zugänglich sein. Ob und inwieweit das der Fall ist, lässt sich nur im Blick auf den jeweiligen Sachbereich und auf die Eigenart des betroffenen Regelungsgegenstandes beurteilen.

Die Aufgabe staatlichen Handelns kann der Gesetzgeber ohne weiteres normativ festlegen. Ebenso kann er die Voraussetzungen gezielter und unmittelbarer Eingriffe normieren. Für die faktisch-mittelbaren Wirkungen staatlichen Handelns gilt dies regelmäßig nicht. Hier liegt die Beeinträchtigung nicht in einem staatlicherseits geforderten Verhalten des Normadressaten, sondern in den Wirkungen staatlichen Handelns für einen Dritten, die insbesondere vom Verhalten anderer Personen abhängen. Die Beeinträchtigung entsteht aus einem komplexen Geschehensablauf, bei dem Folgen grundrechtserheblich werden, die indirekt mit dem eingesetzten Mittel oder dem verwirklichten Zweck zusammenhängen. **Derartige faktisch-mittelbare Wirkungen entziehen sich typischerweise einer Normierung**.

(bb) So liegt es jedenfalls bei einer Informationstätigkeit der Regierung, die auf Grund der Reaktionen der Bürger zu mittelbar-faktischen Grundrechtsbeeinträchtigungen führt. Die Voraussetzungen dieser Tätigkeit lassen sich gesetzlich sinnvoll nicht regeln. Ist eine Aufgabe der Regierung zum Informationshandeln gegeben, steht damit im Hinblick auf die Vielgestaltigkeit und Veränderlichkeit der in Betracht kommenden Lebenssachverhalte in aller Regel nicht im Vorhinein fest, aus welchen Anlässen es zu welchem Informationshandeln der Regierung kommen wird. Die Themen denkbarer staatlicher Informationstätigkeit betreffen praktisch alle Lebensbereiche. Dementsprechend vielfältig sind die Zwecke staatlichen Informationshandelns. Die Art und Weise des staatlichen Vorgehens werden durch den konkreten Anlass der Äußerung bestimmt, der oft kurzfristig entsteht, sich unter Umständen schnell wieder ändert und deshalb vielfach ebenfalls nicht prognostiziert werden kann. Ungewiss sind auch und vor allem die Wirkungen und weiteren Folgen der staatlichen Informationstätigkeit für den Bürger. Ob und welche nachteiligen Konsequenzen diese Tätigkeit im Einzelfall für den Grundrechtsträger hat, hängt im Allgemeinen von einer Vielzahl unterschiedlichster Faktoren und deren Zusammenwirken ab. Häufig ist hierfür das Verhalten Dritter ausschlaggebend, das, weil es auf deren freier Entscheidung beruht, regelmäßig nicht abschätzbar ist und hinsichtlich seiner Folgen nur schwer kalkuliert werden kann.

Weder die rechtsstaatliche, grundrechtsschützende und den Rechtsschutz gewährleistende noch die demokratische Funktion des Gesetzesvorbehalts fordert unter diesen Umständen eine über die Aufgabenzuweisung hinausgehende gesetzliche Ermächtigung.

---

[47] BVerwG, NJW 1992, 2496 (2499).

[48] A.A. *Cremer*, JuS 2003, 747 (750); vgl. allgemein *Huber*, JZ 2003, 290 (294 f.).

Gegenstand und Modalitäten staatlichen Informationshandelns sind so vielgestaltig, dass sie angesichts der eingeschränkten Erkenntnis- und Handlungsmöglichkeiten des Gesetzgebers allenfalls in allgemein gehaltenen Formeln und Generalklauseln gefasst werden könnten. Ein Gewinn an Messbarkeit und Berechenbarkeit staatlichen Handelns ist für den Bürger auf diesem Wege regelmäßig nicht zu erreichen oder nur in einer Weise, die den Erfordernissen staatlicher Informationstätigkeit nicht gerecht wird. Gleiches gilt für das Ziel, die Entscheidung grundsätzlicher, insbesondere für die Verwirklichung der Grundrechte wesentlicher Fragen aus Gründen der demokratischen Legitimation wenigstens in den Grundzügen dem parlamentarischen Gesetzgeber vorzubehalten. **Angesichts der zwangsläufig weiten und unbestimmten Fassung einer einfachgesetzlichen Ermächtigung zum Informationshandeln der Regierung wäre mit einer solchen Ermächtigung eine Entscheidung zur Sache in Wirklichkeit nicht verbunden.**"

bb) Verhältnismäßigkeit

(1) Ermittlung der Eingriffsstufe

362 Das BVerfG trägt dem Wortlaut des Art. 12 Abs. 1 GG dadurch Rechnung, dass es die Voraussetzungen einer verfassungsrechtlichen Rechtfertigung der Eingriffe unterschiedlich beurteilt. Ansonsten würde durch die Konstruktion eines einheitlichen Schutzbereiches der „Berufsfreiheit" überspielt, dass gemäß Art. 12 Abs. 1 S. 2 GG ausdrücklich nur die Berufsausübung, nicht jedoch die Wahl des Berufes geregelt werden kann. Zudem ist zu berücksichtigen, dass der Betroffene umso stärker in seinen Rechten eingeschränkt wird, je stärker die Berufswahlfreiheit betroffen ist. Es besteht ein Unterschied, ob der Einzelne bereits daran gehindert wird, seinen Wunsch-Beruf zu ergreifen, oder ob er lediglich - etwa durch eine Hygienevorschrift - in der Ausübung des von ihm gewählten Berufes eingeschränkt wird. Um den unterschiedlichen Eingriffsintensitäten gerecht zu werden, hat das BVerfG in seinem „Apotheken-Urteil" die sog. **Drei-Stufen-Theorie** entwickelt. Danach ist zu unterscheiden, ob ein Eingriff in die Berufsausübung vorliegt oder die Berufswahl betroffen ist, wobei in letzten Fall wiederum zwischen subjektiven und objektiven Zulassungsvoraussetzungen zu unterscheiden ist.

BVerfGE 7, 377 (402 f.) (Apotheken-Urteil): „So ist Art. 12 Abs. 1 ein **einheitliches Grundrecht** (der „Berufsfreiheit") jedenfalls in dem Sinn, dass der Regelungsvorbehalt des S. 2 sich „dem Grunde nach" sowohl auf die Berufsausübung wie auf die Berufswahl erstreckt. **Das heißt jedoch nicht, dass die Befugnisse des Gesetzgebers hinsichtlich jeder dieser „Phasen" der Berufstätigkeit inhaltlich gleich weit gehen. Denn es bleibt stets der im Wortlaut des Art. 12 Abs. 1 deutlich zum Ausdruck kommende Wille der Verfassung zu beachten, dass die Berufswahl „frei" sein soll, die Berufsausübung geregelt werden darf.** Dem entspricht nur eine Auslegung, die annimmt, dass die Regelungsbefugnis die beiden „Phasen" nicht in gleicher sachlicher Intensität erfasst, dass der Gesetzgeber vielmehr umso stärker beschränkt ist, je mehr er in die Freiheit der Berufswahl eingreift. Diese Auslegung entspricht auch den Grundauffassungen der Verfassung und dem von ihr vorausgesetzten Menschenbild. Die Berufswahl soll ein Akt der Selbstbestimmung, des freien Willensentschlusses des Einzelnen, sein; sie muss von Eingriffen der öffentlichen Gewalt möglichst unberührt bleiben. Durch die Berufsausübung greift der Einzelne unmittelbar in das soziale Leben ein; hier können ihm im Interesse der andern und der Gesamtheit Beschränkungen auferlegt werden."

Hinweis zur Fallbearbeitung: 363

Teilweise wird die Prüfung der Eingriffsstufe bereits bei der Frage vorgenommen, ob überhaupt ein Eingriff besteht.[49] Dieser Aufbau ist allerdings nicht empfehlenswert, weil es für die Frage, *ob* überhaupt ein Eingriff vorliegt, nicht auf die Eingriffsstufe ankommt. Das BVerfG und ihm folgend ein Teil der Literatur nehmen die Prüfung im Rahmen der Eingriffsrechtfertigung vor.[50] Dann reicht es bei dem Gliederungspunkt „Eingriff" aus, einen Eingriff in den Schutzbereich festzustellen, ohne näher auf die Differenzierung zwischen Berufsausübung und -wahl einzugehen. Der vorzugswürdige Standpunkt für die folgenden Erläuterungen ist innerhalb der Verhältnismäßigkeitsprüfung bei der Frage, ob ein legitimer Zweck besteht. Möglich ist auch eine Erläuterung im Rahmen der Angemessenheitsprüfung. Lediglich aus didaktischen Gründen wird hier die Ermittlung der Stufe vorangestellt.

(2) Berufsausübung

Die Berufsausübung („Wie" der beruflichen Tätigkeit) umfasst die Modalitäten (Art und Weise), in denen sich die berufliche Tätigkeit vollzieht. Entscheidend ist, dass der Einzelne durch die entsprechende hoheitliche Regelung weder davon abgehalten wird, den Beruf zu ergreifen, noch dazu gezwungen wird, den Beruf aufzugeben. 364

Beispiele: Festsetzung von Ladenschlusszeiten[51]; Werbeverbot für Rechtsanwälte[52].

(3) Berufswahl

Von der Berufsausübung ist die Berufswahl zu unterscheiden. Die Berufswahl betrifft das „Ob" der beruflichen Tätigkeit, d.h. ob der Einzelne das Recht hat, einen bestimmten Beruf auszuwählen. 365

(a) Subjektive Zulassungsvoraussetzungen

Eine subjektive Zulassungsvoraussetzung liegt dann vor, wenn dem Betroffenen der Zugang zu der von ihm angestrebten beruflichen Betätigung aus Gründen erschwert oder unmöglich gemacht wird, die in seiner Person zu finden sind. Nach der Rechtsprechung des BVerfG kommt es hingegen nicht darauf an, ob er die Erfüllung der Voraussetzungen beeinflussen kann.[53] Hier sind insbesondere persönliche Eigenschaften und Fertigkeiten sowie Ausbildungserfordernisse zu nennen. 366

Beispiele: Erfordernis eines bestimmten Lebensalters[54]; Erfordernis des zweiten Staatsexamens für den Beruf des Richters (§ 5 DRiG) bzw. des Rechtsanwalts (§ 4 BRAO).

---

[49] In diesem Sinne *Kimms*, JuS 2001, 664 (667, Fn. 60); *Pieroth/Schlink*, Rn. 825 ff.

[50] *Jarass*, in: Jarass/Pieroth, Art. 12 Rn. 24 ff.

[51] BVerfGE 13, 237 ff (Ladenschlussgesetz II); BVerfG, NJW 2004, 2363 ff.

[52] BVerfGE 76, 196 ff. (Werbeverbot für Anwälte); 82, 18 ff. (Berufsbezeichnung).

[53] BVerfGE 9, 338 (345) (Hebammenaltersgrenze).

[54] BVerfGE 9, 338 ff. (Hebammenaltersgrenze); BVerfGE 64, 72 (82) (Prüfingenieure); BVerfG, NJW 1998, 1776 ff. (Kassenärzte).

(b) Objektive Zulassungsvoraussetzungen

367 Eine hoheitliche Maßnahme stellt dann eine objektive Zulassungsvoraussetzung dar, wenn der Zugang zu einem bestimmten Beruf an Voraussetzungen geknüpft wird, die außerhalb der Person des Berufswilligen liegen und von seinen persönlichen Eigenschaften wie der Qualifikation unabhängig sind. In diese Kategorie gehören die Verwaltungsmonopole wie etwa das Spielbankmonopol.

Beispiele: Bedürfnisklauseln für Taxen (§ 13 Abs. 4 PBefG)[55]; Spielbankmonopol[56]; absoluter numerus clausus, der einen Studiengang bundesweit für längere Zeit sperrt[57].

368

> **Hinweis zur Fallbearbeitung:**
> Für die Beantwortung der Frage, ob eine Berufsausübungs- oder eine Berufswahlregelung vorliegt, ist die genaue Definition des jeweiligen Berufes erforderlich. Vielfach ist es jedoch nicht ganz einfach zu beurteilen, welches der ausgeübte oder angestrebte Beruf ist. Denn häufig ist nicht sofort ersichtlich, ob es sich bei der im Streit stehenden Tätigkeit um einen eigenständigen Beruf handelt oder ob die jeweilige Tätigkeit nur Bestandteil eines umfassenderen oder Erweiterung eines anderen Berufes ist. Beispielsweise könnte die Tätigkeit als Kassenarzt einen eigenständigen Beruf darstellen, aber auch unter die allgemeine Berufsbezeichnung „Arzt" zu subsumieren sein.[58] Auch die Eröffnung einer zweiten Apotheke stellt keinen eigenständigen Beruf dar.[59] Als Faustformel sollte deshalb danach gefragt werden, ob der Einzelne durch seine Tätigkeit in besonderer Weise aus dem Kreis der Angehörigen des Berufs herausgehoben wird, sodass seine Tätigkeit als eigenständiger Beruf anzusehen ist. Ein Kriterium kann dabei sein, ob die Berufsausübung bestimmte Qualifikationen erfordert.[60]

(4) Berufsbildfixierung

369 Problematisch ist die Einordnung von sog. Berufsbildfixierungen. Dabei werden bestimmte Betätigungen als typisch für einen bestimmten Beruf festgelegt und andere Betätigungen als untypisch ausgeschlossen. Für denjenigen, der sich in seinem Beruf auf die typischen Betätigungen beschränkt, stellt sich die Fixierung als eine Ausübungsregelung dar, während die Fixierung für denjenigen, der sich aus den typischen und atypischen Verhaltensweisen einen Beruf zusammenstellen will, eine Berufswahlregelung bedeutet. Die Berufsbildfixierung ist den drei Stufen zuzuordnen, je nach dem wie sich die gesetzliche Regelung auswirkt.[61]

Als **Beispiel** für eine Berufsbildfixierung ist die Anlage A zur Handwerksordnung zu nennen, durch die die Handwerker auf die dort verzeichneten Zweige beschränkt werden.[62]

---

[55] BVerfGE 11, 168 ff. (Taxi-Beschluss); BVerwGE 79, 208 ff.

[56] BVerfG, NVwZ 2001, 790 ff.

[57] BVerfGE 33, 303 (337 f.) (numerus clausus I).

[58] Nach Ansicht des BVerfG gibt es den Beruf „Kassenarzt" nicht (vgl. BVerfGE 11, 30 [41] [Kassenarzt-Urteil]); a.A. *Scholz*, in: Maunz/Dürig, Art. 12 Rn. 265.

[59] BVerfGE 17, 232 (241) (Mehrbetrieb von Apotheken).

[60] Vgl. zu dieser Problematik *Kimms*, JuS 2001, 664 (665).

[61] *Kimms*, JuS 2001, 664 (668 f.); *Pieroth/Schlink*, Rn. 836; *Tettinger*, in: Sachs, GG, Art. 12 Rn. 52 ff.

[62] Vgl. zur Verfassungsmäßigkeit BVerfGE 13, 97 (117) (Handwerksordnung).

Als eine Berufsbildfixierung stellt es sich auch dar, wenn der Gesetzgeber bestimmte Berufe zusammenfasst oder aber für unvereinbar erklärt (Inkompatibilitätsregelungen).

Hinweis zur Fallbearbeitung: 370

In neuerer Zeit wird die „Drei-Stufen-Theorie" vom BVerfG in seinen Entscheidungen nicht mehr genannt. Hieraus wird teilweise der Schluss gezogen, dass diese Theorie aufgegeben wurde. Bei der „Drei-Stufen-Theorie" handelt es sich aber lediglich um eine Systematisierung der Verhältnismäßigkeitsprüfung, die das BVerfG sehr wohl beibehalten hat, auch wenn diese spezielle Bezeichnung nicht mehr auftaucht.[63] Der Terminus sollte deshalb weiterhin verwendet werden.

cc) Prüfung der Verhältnismäßigkeit

Das in den Schutzbereich der Berufsfreiheit eingreifende hoheitliche Verhalten ist 371
nur dann von den Einschränkungsmöglichkeiten gedeckt, wenn es verhältnismäßig ist. Bei diesem Prüfungspunkt wirkt sich die Drei-Stufen-Theorie des BVerfG aus. Die besonderen Anforderungen, die im Rahmen der Verhältnismäßigkeitsprüfung vor allem an den **legitimen Zweck** zu stellen sind, hängen davon ab, auf welcher Stufe ein Eingriff in die Berufsfreiheit erfolgt ist. Je nachdem, ob die Berufsausübung betroffen oder die Berufswahl (subjektiv oder objektiv) eingeschränkt wird, ergeben sich verschiedene Voraussetzungen. Diese Differenzierung hat ihren Ursprung in der Struktur des Grundrechts der Berufsfreiheit. Dem Wortlaut des Art. 12 Abs. 1 S. 2 GG nach besteht lediglich ein Regelungsvorbehalt hinsichtlich der Berufsausübung. Bei strenger Wortlautinterpretation wäre demnach die Berufswahl nur zum Schutz kollidierender Verfassungsgüter einschränkbar. Da aber Art. 12 GG die Berufsfreiheit in all ihren Aspekten als einheitliches Grundrecht verbürgt, gilt der Regelungsvorbehalt des Art. 12 Abs. 1 S. 2 GG für das gesamte Grundrecht, also auch für die Berufswahl. Dem Wortlaut trägt das BVerfG dadurch Rechnung, dass die Voraussetzungen für die Rechtfertigung eines Eingriffs steigen, je stärker in die Berufsfreiheit eingegriffen wird. Auch in der Sache ist dieses Vorgehen berechtigt: Schließlich hat eine Beschränkung der Berufswahl in den allermeisten Fällen für den Einzelnen wesentlich gravierendere Auswirkungen als eine Regelung der Berufsausübung.

---

[63] Vgl. z.B. BVerfG, NJW 1996, 709 (711); ebenso das BVerwG, DVBl. 1995, 47 (49); in diesem Sinne auch *Kimms*, JuS 2001, 664 (669); für einen Verzicht auf die Stufentheorie plädiert *J. Ipsen,* JuS 1990, 634 ff.

372

Drei-Stufen-Theorie

Berufsausübung	Berufswahl	
(1. Stufe)	**Subjektive Zulassungs-voraussetzungen** (2. Stufe)	**Objektive Zulassungs-voraussetzungen** (3. Stufe)
• **Zweck:** Schutz eines Gemeinschaftsgutes • Geeignetheit • Erforderlichkeit • Angemessenheit ⇒ "klassische Verhältnismäßigkeitsprüfung"	• **Zweck:** Schutz eines besonders wichtigen Gemeinschaftsgutes • Geeignetheit • Erforderlichkeit • Angemessenheit	• **Zweck:** Abwehr schwerer nachweisbarer bzw. höchstwahrscheinlicher Gefahren zum Schutz eines überragend wichtigen Gemeinschaftsgutes • Geeignetheit • zwingende Erforderlichkeit • Angemessenheit

© *Epping, Grundrechte*

373 Bei einem Eingriff in die Freiheit der **Berufsausübung** (erste Stufe) findet eine ganz normale Verhältnismäßigkeitsprüfung statt. Ausreichend ist jeder legitime Zweck. Anschließend wird geprüft, ob das eingesetzte Mittel zur Zweckerreichung geeignet, erforderlich und angemessen ist.

374 Werden **subjektive Zulassungsvoraussetzungen** aufgestellt, d.h. liegt ein Eingriff auf der zweiten Stufe vor, so muss dieser Eingriff dem Schutz eines besonders wichtigen Gemeinschaftsguts dienen. Als besonders wichtige Gemeinschaftsgüter wurden vom BVerfG etwa anerkannt: die Sicherheit der Energieversorgung[64], die geordnete Steuerrechtspflege[65], der Rechtsfrieden[66]. Für die Erforderlichkeit gilt eine Besonderheit. Zu prüfen ist, ob ein Eingriff auf der ersten Stufe zur Zweckerreichung ausreichend ist, da ein Eingriff in die Freiheit der Berufsausübung grundsätzlich als ein milderes Mittel angesehen wird.

375 Eingriffe in die Berufswahl, die auf **objektiven Zulassungsvoraussetzungen** beruhen, stellen für den Einzelnen besonders intensive Einschränkungen dar. Schließlich hängt der Berufszugang hier von Faktoren ab, die von den Eigenschaften der Person und ihren Einflussmöglichkeiten völlig unabhängig sind. Dementsprechend dürfen objektive Zulassungsvoraussetzungen nur zur Abwehr schwerer nachweisbarer bzw. höchstwahrscheinlicher Gefahren zum Schutz eines überragend wichtigen Gemeinschaftsguts dienen. Entsprechende Schutzgüter sind bei-

64 BVerfGE 30, 292 (323 f.) (Erdölbevorratung).
65 BVerfGE 59, 302 (316 f.) (Lohnbuchhaltung).
66 BVerfGE 73, 301 (316) (Öffentlich bestellter Vermessungsingenieur [Hessen]).

spielsweise die Sicherung der Volksgesundheit[67], der Volksernährung[68], die Funktionsfähigkeit der Universitäten[69] und der Rechtspflege[70]. Darüber hinaus muss die objektive Zulassungsvoraussetzung zwingend erforderlich sein, wobei sich die Erforderlichkeit auch auf den Eingriff auf der dritten Stufe beziehen muss, d.h. eine Regelung auf einer niedrigeren Stufe darf nicht in gleichem Maße Erfolg versprechend sein. Die erste und zweite Stufe sind also als mildere Mittel anzusehen.

376

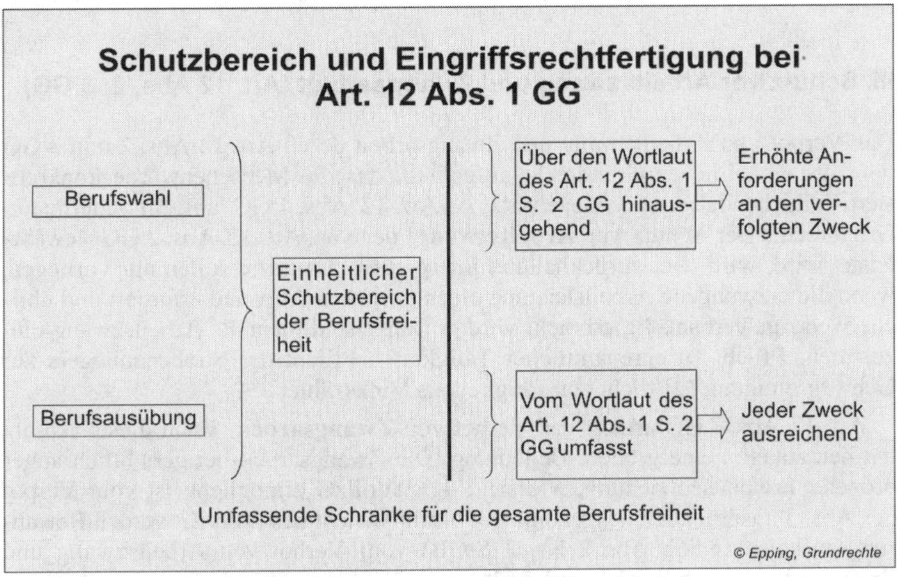

377

Hinweis zur Fallbearbeitung:

Es kann Sachverhalte geben, bei denen Eingriffsstufe und Eingriffsintensität auseinander fallen, d.h. ein Eingriff auf einer niederen Stufe den Einschränkungen der höheren Stufe nahe kommt. Exemplarisch ist das Problem der Kassenarztzulassung zu nennen.[71] Nach Ansicht des BVerfG ist die Tätigkeit des Kassenarztes kein eigenständiger Beruf, sondern ist unter den Oberbegriff „Arzt" zu subsumieren. Folglich stellt die Verweigerung der Zulassung als Kassenarzt für einen Arzt eine Berufsausübungsregelung dar. Schließlich bleibt es ihm unbenommen, sich auf Privatpatienten zu beschränken. Faktisch ist der Arzt aber gehindert, sich niederzulassen, da er ohne Kassenzulassung wirtschaftlich nicht existieren kann. Somit entspricht die Berufsausübungsregelung in ihrer Intensität einer objektiven Zulassungsvoraussetzung. In derartigen Fällen wendet das BVerfG die Stufentheorie nicht einfach schematisch an, sondern stellt auf die Voraussetzungen ab, die für die höhere Stufe gelten würden.[72]

---

67 BVerfGE 7, 377 (414) (Apotheken-Urteil).

68 BVerfGE 25, 1 (16) (Mühlengesetz).

69 BVerfGE 33, 303 (339) (numerus clausus I); 66, 155 (179) (Hochschule Hannover).

70 BVerfGE 93, 213 (235 f.) (DDR-Rechtsanwälte).

71 BVerfGE 11, 30 ff. (Kassenarzt-Urteil).

72 *J. Ipsen*, Rn. 632, sieht hierin die Abkehr von der „Stufentheorie".

> BVerfGE 11, 30 (43 f.) (Kassenarzt-Urteil): „Kann (…) der frei praktizierende Arzt in aller Regel seinen Beruf wirtschaftlich gesehen ohne Kassenzulassung nicht erfolgreich ausüben, so kommt die Wirkung der jetzigen Regelung, die die Zulassung von einer schematischen Verhältniszahl abhängig macht, auf die der Arzt keinen Einfluss hat, einer „objektiven Zulassungsvoraussetzung“ in Gestalt einer Bedürfnisklausel nahe. (…) Sie ist deshalb nur gerechtfertigt, wenn sie durch besonders wichtige Interessen der Allgemeinheit gefordert wird, die anders nicht geschützt werden können.“

III. Schutz vor Arbeitszwang und Zwangsarbeit (Art. 12 Abs. 2, 3 GG)

378 Das Verbot von Arbeitszwang und Zwangsarbeit durch Art. 12 Abs. 2 und 3 GG wird als einheitliches Grundrecht aufgefasst, das die Menschenwürde konkretisiert.[73] Es handelt es im Gegensatz zu Art. 12 Abs. 1 GG um ein Jedermann-Grundrecht. Der Schutz vor **Arbeitszwang**, der von Art. 12 Abs. 2 GG gewährleistet wird, wird eher zurückhaltend interpretiert. Eingriffe sollen nur vorliegen, wenn die erzwungene Arbeitsleistung einen gewissen Aufwand erfordert und üblicherweise gewerbsmäßig erbracht wird.[74] Daher sind nicht als Arbeitszwang einzustufen: Pflicht zu ehrenamtlicher Tätigkeit[75], Pflicht des Straßenanliegers zur Gehwegreinigung[76], Pflicht zur Tätigkeit als Volkszähler[77].

379 Art. 12 Abs. 3 GG erfasst das Verbot von **Zwangsarbeit**. Auch dieser Absatz hat heutzutage keine größere Bedeutung. Die Zwangsarbeit bei gerichtlich angeordneter Freiheitsentziehung, wie sie § 41 StVollzG ermöglicht, ist vom Verbot des Abs. 3 ausdrücklich ausgenommen. Nach Ansicht des BVerfG werden Bewährungsauflagen (§ 56b Abs. 2 Nr. 3 StGB) vom Verbot von Arbeitszwang und Zwangsarbeit ebenfalls nicht erfasst.[78]

380 **Überblick: Typische Klausurprobleme**

- Drei-Stufen-Lehre.
- Altersgrenzen (beispielsweise für Hebammen und Notare).
- Numerus clausus.
- Berufswahlregelungen durch Kontingentierungen: Taxikonzessionen, Kassenarztzulassung etc.
- Wirtschaftliche Betätigung des Staates (eher verwaltungsrechtliche Problematik).
- Staatliche Berufsbildfestlegung.
- Gewerberechtliche Regelungen (Meisterzwang, Ladenschluss).
- Staatliche Produktwarnungen (problematisch ist bei diesen Fällen meistens die Eingriffsqualität und die gesetzliche Ermächtigung für solche Warnungen).

---

[73] BVerfGE 74, 102 (120) (Erziehungsmaßregeln); *Jarass*, in: Jarass/Pieroth, Art. 12 Rn. 88.
[74] *Pieroth/Schlink*, Rn. 867.
[75] VGH München E 7, 77 (80).
[76] BVerwGE 22, 26 ff.
[77] VGH München, NJW 1987, 2538 (2539).
[78] BVerfGE 83, 119 (125 ff.) (Bewährungsauflagen gemeinnützige Leistungen).

Kapitel 9: Eigentum und Erbrecht (Art. 14 GG)

Literatur: *Ehlers, Dirk*, Eigentumsschutz, Sozialbindung und Enteignung bei der Nutzung von Boden und Umwelt, VVDStRL 51 (1992), 211 ff.; *Heintschel v. Heinegg, Wolff / Haltern, Ulrich R.*, Keine Angst vor Art. 14 GG!, JuS 1993, 121 ff., 213 ff.; *Lege, Joachim*, Enteignung als Güterbeschaffungsvorgang, NJW 1993, 2565 ff.; *Papier, Hans-Jürgen*, Die Weiterentwicklung der Rechtsprechung zur Eigentumsgarantie des Art. 14 GG, DVBl. 2000, 1398 ff.

Fallbearbeitungen: *Degenhart, Christoph*, Fälle 5 (S. 91 ff.), 16 (S. 303 ff.); *Grote, Rainer / Kraus, Dieter*, Fall 14 (S. 223 ff.); *Schoch, Friedrich*, Fall 9 (S. 371 ff.).

Leitentscheidungen: BVerfGE 24, 367 ff. (Hamburgisches Deichordnungsgesetz); 58, 137 ff. (Pflichtexemplar); 58, 300 ff. (Nassauskiesung); 74, 264 ff. (Boxberg); 93, 121 ff. (Einheitswerte II); 95, 1 ff. (Südumfahrung Stendal); 100, 226 ff. (Denkmalschutz); 102, 1 ff. (Altlasten).

I. Hintergrund

Die Gewährleistung des privaten Eigentums gehört zu den klassischen Freiheits- 381
rechten. In Deutschland finden sich eigentumsbezogene Garantien bereits in den §§ 164 f. der Paulskirchenverfassung. Unmittelbarer Vorläufer des Art. 14 GG hinsichtlich Inhalt und Formulierung ist Art. 153 WRV, der dem heutigen Art. 14 GG sehr ähnelt. Eine Garantie des Erbrechts findet sich in Deutschland erstmals in Art. 154 WRV. In der Rechtsprechung des BVerfG hat Art. 14 GG lange Zeit jedenfalls in dogmatischer Hinsicht eher geringe Bedeutung erlangt. Erst im sog. Nassauskiesungsbeschluss von 1981[1] beschäftigte sich das BVerfG grundlegend mit der Struktur des Art. 14 GG. Seitdem hat es einige weitere Entscheidungen zu Art. 14 GG gegeben, die diesem Grundrecht insgesamt eine im Vergleich zu anderen Grundrechten klare und relativ unumstrittene Struktur verleihen. Es gilt daher, diese Struktur zu verstehen. Die verbreitete „Angst“ vor Art. 14 GG in der Fallbearbeitung ist dann unbegründet.

II. Strukturelle Grundbegriffe: Einrichtungsgarantien im GG

382

Fall 14: Naturschutzgebiet

Auf dem Gebiet der niedersächsischen Gemeinde G liegt ein See, an dessen Ufer sich über die Jahre umfangreiche Schilf- und Röhrichtbestände entwickelt haben. An den Schilfgürtel schließen sich ausgedehnte Feuchtwiesen an. Sowohl im Schilf als auch in den Feuchtwiesen leben zahlreiche bedrohte Tier- und Pflanzenarten. Eigentümer eines Großteils der Wiesen und des Ufers ist seit kurzem der Großbauer B. Er möchte seinen Betrieb weiter vergrößern

---

1 BVerfGE 58, 300 ff. (Nassauskiesung).

und plant, die Feuchtwiesen in Weideland für sein Vieh umzuwandeln. Dafür müssten die Wiesen entwässert werden. Zudem will er einen Teil des Schilfs beseitigen, um eine Tränke für die Tiere herzustellen. Als die zuständige Behörde davon erfährt, erlässt sie unverzüglich eine formell rechtmäßige Verordnung nach den §§ 24, 30 NaturschutzG Nds., die das gesamte Gebiet zum Naturschutzgebiet erklärt und jegliche Veränderung und Nutzung untersagt. Ausnahmen sieht die Verordnung nicht vor. In der Begründung heißt es in der Sache zutreffend, Ausnahmeregelungen liefen auf Grund der besonderen Empfindlichkeit des Gebietes dem Schutzzweck zuwider. Bauer B ist darüber empört. Die Naturschutzverordnung beraube ihn seines Eigentums, das er nun nicht mehr nutzen könne und das für ihn völlig wertlos sei. Jedenfalls aber könne ihm sein Eigentum nicht entschädigungslos entzogen werden. Nach erfolgloser Beschreitung des Rechtswegs erhebt B Verfassungsbeschwerde zum BVerfG. Ist die zulässige Verfassungsbeschwerde begründet?

§ 24 Abs. 1 Nr. 1 NaturschutzG Nds.: Gebiete, in denen Natur und Landschaft ganz oder teilweise besonderen Schutzes bedürfen, weil sie schutzbedürftigen Arten oder Lebensgemeinschaften wild wachsender Pflanzen oder wild lebender Tiere eine Lebensstätte bieten oder künftig bieten sollen, (...) kann die obere Naturschutzbehörde durch Verordnung zu Naturschutzgebieten erklären.

§ 50 NaturschutzG Nds.

(1) Werden Eigentümern (...) durch (...) Maßnahmen auf Grund dieses Gesetzes Beschränkungen ihrer Nutzungsrechte oder Pflichten in einem Ausmaß auferlegt, das über die Sozialbindung des Eigentums (Art. 14 Abs. 2 GG) hinausgeht, so haben sie Anspruch auf Entschädigung. Diese muss die Vermögensnachteile, die durch die Maßnahme verursacht werden, angemessen ausgleichen.

(2) Eine Entschädigung ist insbesondere zu gewähren, soweit infolge von Verboten oder Geboten nach den §§ 24 bis 29 (...)

1. bisher rechtmäßige Grundstücksnutzungen aufgegeben oder eingeschränkt werden müssen,

2. Aufwendungen an Wert verlieren, die für beabsichtigte bisher rechtmäßige Grundstücksnutzungen in schutzwürdigem Vertrauen darauf gemacht wurden, dass diese rechtmäßig bleiben, oder

3. die Lasten und Bewirtschaftungskosten von Grundstücken auch in absehbarer Zukunft nicht durch deren Erträge und sonstige Vorteile ausgeglichen werden können

und hierdurch die Betriebe oder sonstigen wirtschaftlichen Einheiten, zu denen die Grundstücke gehören, unvermeidlich und nicht nur unwesentlich beeinträchtigt werden.

§ 51 NaturschutzG Nds.

(1) Zur Entschädigung nach § 50 ist das Land verpflichtet (...)

(3) Ist einem Eigentümer nicht mehr zuzumuten, ein Grundstück zu behalten, so kann er die Übernahme des Grundstücks verlangen. (...)

Fall angelehnt an BVerwGE 94, 1 ff.

1. Art. 14 GG als Einrichtungsgarantie

383 Art. 14 GG enthält mit den Gewährleistungen des Eigentums und des Erbrechts zwei unterschiedliche, gleichwohl aufeinander bezogene Gewährleistungen. Betrachtet man den Verfassungstext, fällt zunächst die lediglich objektive, an den Staat gerichtete Formulierung auf: Der Staat muss Eigentum und Erbrecht gewährleisten, also die entsprechenden Rechtsinstitute schaffen. Art. 14 Abs. 1 GG wirkt somit als Einrichtungs- bzw. Institutsgarantie[2]. Der mit dieser Institutsgarantie be-

---

2 Hinsichtlich der Begrifflichkeiten gibt es einige Verwirrung; die Begriffe Einrichtungsgarantie, Institutsgarantie und institutionelle Garantie werden zuweilen synonym gebraucht. Richtigerweise stellt der Begriff der Einrichtungsgarantie den Oberbegriff für sämtliche an den Staat gerichtete Verpflichtungen zur Schaffung bzw. Erhaltung bestimmter Normbereiche

gründeten Verpflichtung ist der Staat u.a. mit den §§ 903 ff. BGB (Eigentum an Sachen) und den §§ 1922 ff. BGB (Erbrecht) nachgekommen.

Der **Begriff der Einrichtungsgarantie** stammt aus der Zeit der Weimarer Republik; die WRV kannte eine Vielzahl von Einrichtungsgarantien.[3] Das Grundgesetz hingegen ist in der Anzahl, vor allem aber in der Wirkung derartiger Garantien deutlich zurückhaltender: Die Einrichtungsgarantien des Grundgesetzes garantieren nicht den status quo einer Einrichtung[4] - also etwa die gesamte Eigentumsordnung zum Zeitpunkt des In-Kraft-Tretens des Grundgesetzes -, sondern lediglich einen Grundbestand an Normen, die die wesentlichen Grundstrukturen sicherstellen. Beispielsweise stellt es ein Wesensmerkmal des Eigentums dar, dass der Eigentümer frei darüber verfügen darf. Würde also jede Eigentumsnutzung an eine staatliche Zustimmung geknüpft, wäre dieses Wesensmerkmal nicht mehr gegeben und die Institutsgarantie verletzt. Dies bedeutet aber zugleich, dass der Gesetzgeber durchaus Änderungen vornehmen darf, solange er die wesentlichen Strukturen unangetastet lässt. Einrichtungsgarantien wenden sich also an den Gesetzgeber und verlangen die Schaffung von Normen; gleichzeitig hat der Gesetzgeber aber bei der ihm obliegenden **Ausgestaltung** einen gewissen Spielraum, solange er die wesensentscheidenden Grundstrukturen beachtet. **384**

Verstößt der Gesetzgeber gegen die Einrichtungsgarantie, indem er etwa neues Eigentum für die Zukunft gänzlich abschafft oder es in seiner Substanz aushöhlt, so ist Art. 14 Abs. 1 GG verletzt. Eine solche Verletzung kann jedermann mit der Verfassungsbeschwerde geltend machen. Obwohl also die Einrichtungsgarantie als objektives Verfassungsrecht zunächst nur den Staat verpflichtet, beinhaltet sie zugleich einen individuellen Anspruch, also ein **subjektives Recht**[5] auf die Existenz von Eigentum und Erbrecht mitsamt ihrer Wesensmerkmale. Art. 14 Abs. 1 GG wirkt in diesen Fällen als **Leistungsrecht**, das den Gesetzgeber zur Schaffung und zum Erhalt des grundlegenden Normbestands, dem verfassungsrechtlich garantierten Minimum, hinsichtlich Eigentum und Erbrecht zwingt. **385**

Auch wenn Einrichtungsgarantien im GG relativ selten sind, so ist Art. 14 GG dennoch nicht das einzige Grundrecht mit einer solchen Wirkung. Allgemein wird auch den Art. 6, 7 GG und zumeist auch Art. 9 GG derartige Wirkung zugesprochen. Umstritten ist hingegen, ob weiteren Grundrechten wie etwa Art. 5 Abs. 1 S. 2 GG (Garantie des Instituts der freien Presse?) oder Art. 5 Abs. 3 S. 1 GG (Institutionelle Garantie der Universität?) entnommen werden können. Letzteres hätte allerdings zur Folge, dass der Gesetzgeber mit der „Einrichtung“, also der Schaf- **386**

---

dar. Unterbegriffe sind die Begriffe der Institutsgarantie und der institutionellen Garantie. Während die Institutsgarantie privatrechtliche „Institute“ garantiert, richten sich institutionelle Garantien auf die Schaffung und Erhaltung öffentlich-rechtlicher Einrichtungen. Daher handelt es sich bei Art. 14 GG um eine Institutsgarantie. Ein Beispiel für eine institutionelle Garantie stellt Art. 28 Abs. 2 GG (Garantie der kommunalen Selbstverwaltung) dar.

3 Vgl. zur Geschichte umfassend *Mager*, Einrichtungsgarantien, 2003, S. 96 ff.

4 Die Garantien der WRV wurden hingegen als Status-quo-Garantien gelesen, vgl. *Sachs*, VerfR II, Kap. A 4 Rn. 53.

5 Vgl. dazu Rn. 124 ff.

fung der jeweiligen Rechtsnormen zugleich zumindest partiell über den Schutzbereich verfügen könnte. Insofern ist hier Zurückhaltung angebracht.

2. Art. 14 GG als Abwehrrecht

387 Bei der Wirkung des Art. 14 GG als Einrichtungsgarantie ist das BVerfG nicht stehen geblieben. In ständiger Rechtsprechung entnimmt das BVerfG dem Art. 14 GG ein **Abwehrrecht**. In dieser Funktion schützt Art. 14 Abs. 1 GG also den Einzelnen vor dem Entzug bzw. vor der Beeinträchtigung konkreter, bereits vorhandener Eigentums- oder Erblasserpositionen. Begründen lässt sich diese Auslegung des Art. 14 Abs. 1 GG über den Wortlaut hinaus vor allem mit systematischen und historischen Erwägungen: Art. 14 GG steht im Grundrechtsteil, und Grundrechte sind typischerweise Abwehrrechte des Einzelnen gegen den Staat. Art. 14 GG ist somit ein Grundrecht mit - streng zu trennenden - Grundrechtswirkungen. Einerseits wirkt es als Einrichtungsgarantie, andererseits als individuelles Abwehrrecht. Hinzu tritt schließlich die bekannte Funktion als Recht auf Schutz.

BVerfGE 24, 367 (389 f.) (Hamburgisches Deichordnungsgesetz): **„Art. 14 Abs. 1 S. 1 GG gewährleistet das Privateigentum sowohl als Rechtsinstitut wie auch in seiner konkreten Gestalt in der Hand des einzelnen Eigentümers. Das Eigentum ist ein elementares Grundrecht**, das in einem inneren Zusammenhang mit der Garantie der persönlichen Freiheit steht. Ihm kommt im Gesamtgefüge der Grundrechte die Aufgabe zu, dem Träger des Grundrechts einen Freiheitsraum im vermögensrechtlichen Bereich sicherzustellen und ihm damit eine eigenverantwortliche Gestaltung des Lebens zu ermöglichen. Die Garantie des Eigentums als Rechtseinrichtung dient der Sicherung dieses Grundrechts. Das Grundrecht des Einzelnen setzt das Rechtsinstitut „Eigentum" voraus; es wäre nicht wirksam gewährleistet, wenn der Gesetzgeber an die Stelle des Privateigentums etwas setzen könnte, was den Namen „Eigentum" nicht mehr verdient.

Die Institutsgarantie sichert einen Grundbestand von Normen, die als Eigentum im Sinne dieser Grundrechtsbestimmung bezeichnet werden. Inhalt und Funktion des Eigentums sind dabei der Anpassung an die gesellschaftlichen und wirtschaftlichen Verhältnisse fähig und bedürftig; es ist Sache des Gesetzgebers, Inhalt und Schranken des Eigentums unter Beachtung der grundlegenden verfassungsrechtlichen Wertentscheidung zu bestimmen (Art. 14 Abs. 1 S. 2 GG). Die Institutsgarantie verbietet jedoch, dass solche Sachbereiche der Privatrechtsordnung entzogen werden, die zum elementaren Bestand grundrechtlich geschützter Betätigung im vermögensrechtlichen Bereich gehören, und damit der durch das Grundrecht geschützte Freiheitsbereich aufgehoben oder wesentlich geschmälert wird. (…)

Eigentum ist eine Form der Sachherrschaft und damit der umfassende Begriff für die vielfältig denkbaren sachenrechtlichen Beziehungen. Diese Sachherrschaft kann nach den verschiedensten Gesichtspunkten und Anschauungen ausgestaltet werden. Das Eigentum bürgerlichen Rechts ist durch seine Privatnützigkeit und grundsätzliche Verfügungsfähigkeit gekennzeichnet."

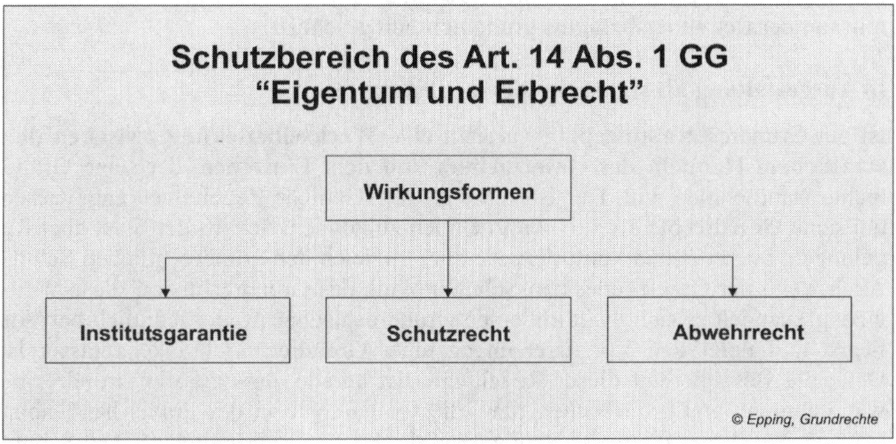 388

3. Art. 14 GG als Beispiel für ein „normgeprägtes Grundrecht“

a) Normprägung von Grundrechten

Art. 14 GG weist darüber hinaus ebenso wie etwa Art. 6 Abs. 1 GG und Art. 9 Abs. 1 GG eine weitere Besonderheit auf: Mit den Begriffen „Eigentum“ und „Erbrecht“ werden **Einrichtungen** geschützt, **die nicht von Natur aus existieren, sondern von der Rechtsordnung erst begründet werden**.[6] Eine bestimmte, vom Menschen geschaffene Art der Güterzuweisung bzw. der Verfügungsbefugnis, genießt also grundrechtlichen Schutz. Beginnen kann dieser Schutz jedoch erst mit der Schaffung der Normen, die bestimmen, was im Einzelnen unter „Eigentum“ und „Erbrecht“ zu verstehen ist. Denn ohne diese Normen des einfachen Rechts mangelt es an einem Maßstab, zumal das Grundgesetz selbst keine weitere Inhaltsbestimmung vornimmt. Daher prägen die einfachrechtlichen Normen den Umfang des Schutzes, indem sie den Inhalt der Rechtsbegriffe „Eigentum“, bzw. „Erbrecht“ festlegen. Bei Grundrechten, deren Schutzbereich nicht an von Natur aus gegebenen Sachverhalten, sondern an rechtliche Begriffe anknüpft, handelt es sich folglich um normgeprägte, genauer durch das einfache Recht erst begründete Grundrechte. Deutlich wird dies bei Art. 14 Abs. 1 S. 2 GG, der festlegt, dass „Inhalt und Schranken (…) durch die Gesetze“ bestimmt werden. Legt der Gesetzgeber etwa fest, dass privates Grundeigentum von Dritten unter bestimmten Umständen betreten werden darf[7], bestimmt er zugleich den Inhalt des Eigentums und 389

---

6 *Lübbe-Wolff*, Die Grundrechte als Eingriffsabwehrrechte, 1988, S. 75 ff., spricht insofern anschaulich von „natürlichen Freiheiten“ im Gegensatz zu „staatlich konstituierten Freiheiten (Rechtspositionen)“.

7 Z.B. in NRW: § 49 Landschaftsgesetz (LG NRW) bezüglich des Betretens von Grundstücken in der freien Landschaft. Ein anderes Beispiel stellen die sog. Hammerschlags- und Leiterrechte für Reparaturen am eigenen Grundstück vom Nachbargrundstück aus dar, wie sie sich z.B. aus den §§ 47 f. Nachbarrechtsgesetz Nds. und den §§ 24 f. NachbG NRW ergeben.

damit den grundrechtlichen Schutzbereich. Zukünftig ist also nur noch Eigentum mitsamt der Betretungsbefugnis grundrechtlich geschützt.

b) Ausgestaltung als staatliche Normprägung

390 Ist ein Grundrecht normgeprägt, besteht eine **Wechselbeziehung zwischen dem staatlichem Handeln des Gesetzgebers und dem Einzelnen**, der seine Grundrechte wahrnehmen will. Der Einzelne ist auf staatliche Regelungen angewiesen, um seine Grundrechte effektiv wahrnehmen zu können. Schafft der Staat aber Regelungen, begrenzt und konturiert er damit zugleich den grundrechtlichen Schutz. Auch wenn der Gesetzgeber den Schutzumfang des Grundrechts auf diese Weise einengt, handelt es sich nicht um einen Grundrechtseingriff, der lediglich bei Vorliegen und unter den Voraussetzungen einer Grundrechtsschranke zulässig ist. Denn die Besonderheit dieser Regelungen ist gerade, dass sie die Grundrechtswahrnehmung erst ermöglichen bzw. die Grundrechte in der Praxis handhabbar machen. Für dieses staatliche Handeln auf der Ebene des grundrechtlichen Schutzbereichs hat sich daher der Begriff der „**Ausgestaltung**" in Abgrenzung zum „Eingriff" eingebürgert. Ausgestaltung meint jedes gesetzgeberische Handeln, mit dem der Staat bei normgeprägten Grundrechten zur Schutzbereichsbestimmung tätig wird, ohne dass er in den materiellen Gehalt des Grundrechts eingreift.

391 Die genaue Abgrenzung von Ausgestaltung und Eingriff ist schwierig.[8] Ausgangspunkt einer solchen Abgrenzung ist der Sinn und Zweck der normgeprägten Grundrechte: Dieser liegt in der **Gewährleistung von Freiheit im Rechtsleben**, also von **Autonomie**. Es geht darum, Kompetenzen des Einzelnen für die Selbstgestaltung von Rechtsbeziehungen zu schaffen.[9] Handelt der Staat also mit dem Ziel der Einrichtung und Abgrenzung verschiedener privater Rechtssphären und somit in Erfüllung seiner grundrechtlichen Einrichtungspflicht, liegt eine Ausgestaltung vor. Dabei unterliegt Autonomie im Recht jedoch notwendigerweise Grenzen. Unternimmt es der Gesetzgeber im Rahmen seiner Rechtssetzung, diese Grenzen zu formulieren, indem er beispielsweise zum Schutz des typischerweise schwächeren Teils Inhaltsvorgaben für die Vertragsgestaltung macht, liegt immer noch eine Ausgestaltung vor. Anders stellt sich die Situation dar, wenn der Gesetzgeber Recht zur Verfolgung von Allgemeinwohlzielen schafft, die mit der Abgrenzung verschiedener Rechtssphären nicht mehr unmittelbar in Verbindung stehen. Ein Beispiel dafür sind etwa die Vorschriften des Vereinsrechts, die die Gründung von Vereinen im Hinblick auf die öffentliche Sicherheit begrenzen. Hier geht es nicht darum, die Befugnisse verschiedener Privater ins Verhältnis zueinander zu setzen und damit die Autonomiesphären gegeneinander abzugrenzen, sondern darum, dem Allgemeininteresse der öffentlichen Sicherheit zur Geltung zu verhelfen. Mit einer solchen Regelung bewegt sich der Gesetzgeber nicht mehr innerhalb des Rechtsinstituts „Vereinigung", sondern trägt an das Rechtsinstitut

---

8 Beispielhaft zeigen sich die Unsicherheiten der Rspr. des BVerfG in BVerfGE 84, 212 (223, 226, 228) (Aussperrung), wo zunächst von einem Eingriff, dann von einer Ausgestaltung und schließlich in Orientierung an der Eingriffsprüfung von den Grundrechtsschranken die Rede ist.

9 *Mager*, Einrichtungsgarantien, 2003, S. 435.

„von außen" Gemeinwohlbelange heran. Diese Verfolgung von Gemeinwohlbelangen ist als Grundrechtseingriff zu bezeichnen, der nur unter den Voraussetzungen einer Schrankenregelung gerechtfertigt werden kann.

In der Praxis wird eine **Abgrenzung** von Ausgestaltung und Eingriff häufig **nach der Rechtsnatur der jeweiligen Vorschrift** vorzunehmen sein. Die vom Grundgesetz garantierten Einrichtungen Ehe, Vereinigung, Eigentum und Erbrecht sind sämtlich Einrichtungen des Privatrechts. Begründung und Begrenzung erfolgen daher üblicherweise durch Privatrecht, dessen Regelungsgegenstand die Rechtsverhältnisse der einzelnen Personen zueinander, und zwar auf der Grundlage ihrer Gleichberechtigung und Selbstbestimmung, sind. Dem steht das öffentliche Recht gegenüber, das die Beziehungen des Staates und seiner Institutionen untereinander bzw. zu den Bürgern ordnet. In der Regel wird damit das Privatrecht ausgestaltender Natur sein, während das öffentliche Recht, soweit es Belastungen mit sich bringt, als Eingriff anzusehen ist. Im Hinblick auf Art. 14 Abs. 1 GG ist dies aber nach der Rechtsprechung des BVerfG[10] bloß ein Anhaltspunkt. **392**

Die Ausgestaltung hat zur Folge, dass das jeweilige **Grundrecht** in seiner abwehrrechtlichen Funktion - soweit es der Ausgestaltung bedarf - nur **nach Maßgabe des einfachen Rechts** gilt. Dies erscheint angesichts der Normenhierarchie zunächst befremdlich, ist aber die zwingende Folge der Abhängigkeit einzelner Grundrechte von gesetzgeberischem Handeln. Eigentum i.S.v. Art. 14 Abs. 1 GG ist daher nur das, was der Gesetzgeber mittels des einfachen Rechts dem Einzelnen als Eigentum zugewiesen hat. Das ausgestaltende Gesetz ist aber - und hier besteht eine Gemeinsamkeit mit einem in Grundrechte eingreifenden Schrankengesetz - im Licht des Grundgesetzes und insbesondere der ausgestalteten Grundrechtsnorm auszulegen. In diesem Sinne sind etwa die Regelungen des BGB-Vereinsrechts Ausgestaltungen der in Art. 9 Abs. 1 GG gewährleisteten Vereinigungsfreiheit.[11] Sie sind notwendige Voraussetzungen einer praktisch wirksamen Vereinigungsfreiheit. Die Freiheit, sich *rechtsverbindlich* in Vereinigungen zusammenzuschließen, besteht nur insoweit, wie das Vereinsrecht solche Möglichkeiten bereitstellt. Bei der Auslegung des Vereinsrechts sind jedoch die Wertungen des Art. 9 Abs. 1 GG zu beachten. Keine Ausgestaltung, sondern Eingriff stellt hingegen beispielsweise das staatliche Verbot gegenüber einem Verein dar, einen Vorstand zu wählen, weil hier der natürliche Gehalt des Art. 9 Abs. 1 GG betroffen ist. **393**

> BVerfG, NJW 2001, 2617 (2617): „Nach Art. 9 Abs. 1 GG haben alle Deutschen das Recht, Vereine und Gesellschaften zu bilden. Die Vereinigungsfreiheit vermittelt nach der Rechtsprechung des Bundesverfassungsgerichts nicht nur das Recht, sich mit anderen zu jedem verfassungsmäßig erlaubten Zweck zusammenzuschließen und solchen Vereinigungen beizutreten. Neben diesem positiven Gehalt wird auch das Recht geschützt, aus privatrechtlichen Vereinigungen auszutreten oder diesen von vorneherein fernzubleiben (…). Art. 9 Abs. 1 GG schützt die Vereinigungsfreiheit allerdings nicht schrankenlos, und die Gewährung der Vereinigungsfreiheit kann nicht bedeuten, dass jede staatliche Regelung der Organisation und Willensbildung von Vereinigungen ausgeschlossen ist. **Vereinigungsfreiheit ist in mehr oder minder großem Umfang auf Regelungen angewiesen, welche die freien Zusammen-**

---

[10] Vgl. BVerfGE 58, 300 (336) (Nassauskiesung) und ausführlich Rn. 413 ff.

[11] Vgl. dazu Rn. 780.

schlüsse und ihr Leben in die allgemeine Rechtsordnung einfügen, die Sicherheit des Rechtsverkehrs gewährleisten, Rechte der Mitglieder sichern und den schutzbedürftigen Belangen Dritter oder auch öffentlichen Interessen Rechnung tragen. Demgemäß ist mit der verfassungsrechtlichen Garantie der Vereinigungsfreiheit seit jeher die Notwendigkeit einer gesetzlichen Ausgestaltung dieser Freiheit verbunden, ohne die sie praktische Wirksamkeit nicht entfalten könnte."

c) Grenzen der Ausgestaltung

394 Bei der Ausgestaltung des grundrechtlichen Schutzbereichs hat der Gesetzgeber allerdings Grenzen zu beachten. Zwar kommt ihm grundsätzlich ein Gestaltungsspielraum zu; er muss aber sein Handeln am Schutzgut des jeweiligen Grundrechts ausrichten. Bei der Ausgestaltung muss er die **Grundstrukturen des jeweiligen Grundrechts** beachten und sein Handeln am **Ziel** der Schaffung und Erhaltung von **Privatautonomie** ausrichten. So ist das gesetzgeberische Handeln im Bereich des Art. 14 Abs. 1 GG etwa daran zu messen, ob gegen Wesensmerkmale der Institutsgarantie (etwa der grds. freien Verfügungsbefugnis beim Eigentum und der Privatnützigkeit) verstoßen worden ist. Zudem ist der Gesetzgeber gehalten, gegenläufige Interessen schonend auszugleichen.[12] Umstritten ist allerdings, ob der ausgestaltende Gesetzgeber an den Verhältnismäßigkeitsgrundsatz gebunden ist. Das BVerfG hat zu dieser Frage bisher nicht explizit Stellung bezogen, den Verhältnismäßigkeitsgrundsatz aber gleichwohl in einigen Entscheidungen als Prüfungsmaßstab herangezogen.[13] Die Richtigkeit dieser Rechtsprechung erscheint allerdings zweifelhaft. Denn der **Verhältnismäßigkeitsgrundsatz** ist eng mit dem Begriff des „Eingriffs" verbunden, zu dessen Rechtfertigung verschiedene kollidierende Rechtspositionen gegeneinander abgewogen werden. Dabei nimmt das BVerfG eine umfassende Kontrolle vor. Dies ist kaum mit dem weiten Gestaltungsspielraum des ausgestaltenden Gesetzgebers in Einklang zu bringen, der auf Grund der textlichen Knappheit der Verfassung zwingend ist. Verhältnismäßigkeitserwägungen können daher jedenfalls keine derart entscheidende Rolle spielen, wie dies bei Grundrechtseingriffen der Fall ist.[14] Auf Grund des stets zu wahrenden Gestaltungsspielraums sollte auf die Anwendung des Verhältnismäßigkeitsgrundsatzes vielmehr ganz verzichtet werden.

BVerfG, NJW 2001, 2617 (2617 f.): „Dieses Ausgestaltungserfordernis gehört einschließlich der Bindungen, denen der ausgestaltende Gesetzgeber unterliegt, zum Inhalt des Art. 9 Abs. 1 GG. Bei der Ausgestaltung des Art. 9 Abs. 1 GG ist der Gesetzgeber nicht an die überkommenen Rechtsformen und Normenkomplexe des Vereins- und Gesellschaftsrechts gebunden. **Bestehende Ausgestaltungen haben keinen Verfassungsrang. Auf der anderen Seite darf der Gesetzgeber die Ausgestaltung nicht nach seinem Belieben vornehmen. Diese hat sich vielmehr an dem Schutzgut des Art. 9 Abs. 1 GG zu orientieren**; sie muss auf einen Ausgleich gerichtet sein, der geeignet ist, freie Assoziation und Selbstbestimmung der Vereinigungen unter Berücksichtigung der Notwendigkeit eines

---

12 BVerfGE 50, 290 (355) (Mitbestimmung).

13 Vgl. BVerfGE 50, 290 (361) (Mitbestimmung); 60, 329 (339) (Versorgungsausgleich II); 99, 341 (352) (Testierausschluss Taubstummer).

14 *Gellermann*, Grundrechte im einfachgesetzlichen Gewande, 2000, S. 331 ff. m.w.N.

geordneten Vereinslebens und der schutzbedürftigen sonstigen Belange zu ermöglichen und zu erhalten. Der Gesetzgeber hat daher eine hinreichende Vielfalt von Rechtsformen zur Verfügung zu stellen, die den verschiedenen Typen von Vereinigungen angemessen sind und deren Wahl deshalb zumutbar ist. Er hat die Grundlagen für das Leben in diesen Rechtsformen so zu gestalten, dass seine Regelung die Funktionsfähigkeit der Vereinigungen, im Besonderen ihrer Organe, gewährleistet. Was darüber hinaus ausgestaltender gesetzlicher Regelung zugänglich und bedürftig ist, lässt sich nicht abschließend und generell festlegen. Insofern sind für den Umfang und die Dichte einer erforderlichen Regelung der jeweilige Sachbereich sowie die Ordnungs- und Schutznotwendigkeiten maßgebend, die sich aus ihm ergeben; in jedem Fall muss jedoch das Prinzip freier Assoziation und Selbstbestimmung grundsätzlich gewahrt bleiben (...)."

d) Verhältnis von Ausgestaltung und Eingriff

Ungeklärt ist ferner die Frage, ob eine **verfassungswidrige**, weil gegen die Grundstrukturen des Grundrechts verstoßende **Ausgestaltung als Grundrechtseingriff** zu behandeln ist und damit möglicherweise - gestützt auf eine Grundrechtsschranke, etwa einen Gesetzesvorbehalt - zu rechtfertigen ist.[15] Das BVerfG hat sich zu dieser Frage insgesamt nicht klar geäußert. In einer Entscheidung zum Kurzarbeitergeld finden sich aber Ausführungen, die ein solches Umschlagen einer verfassungswidrigen Ausgestaltung in einen eventuell zu rechtfertigenden Eingriff als möglich erscheinen lassen.[16] Dem steht die klare Rechtsprechung des BVerfG zu Art. 14 Abs. 1 GG gegenüber: Eine verfassungswidrige Inhaltsbestimmung (=Ausgestaltung) kann danach niemals als Enteignung zu rechtfertigen sein; ein Umschlagen einer Inhaltsbestimmung in eine Enteignung ist ausgeschlossen.[17] 395

Die Möglichkeit eines „**Umschlagens**" einer verfassungswidrigen Ausgestaltung in einen rechtfertigungsfähigen Eingriff **ist abzulehnen**: Grundrechtseingriffe liegen nur dann vor, wenn der Staat eine bereits bestehende grundrechtliche Position eines Einzelnen verkürzt. Diese Situation besteht im Bereich der Ausgestaltung nicht; die Sachlage ist hier gerade dadurch geprägt, dass grundrechtliche Positionen vom Staat erst begründet bzw. konkretisiert werden und werden müssen. Insofern sind Ausgestaltung und Eingriff zwei völlig unterschiedliche Handlungsformen.[18] Ein Umschlagen der Ausgestaltung in einen Eingriff kann daher nicht erfolgen. Ist eine Ausgestaltung verfassungswidrig, kann sie nicht auf der Grundlage einer Grundrechtsschranke gerechtfertigt werden.[19] 396

e) Ausgestaltung und Umgestaltung

Ausgestaltungsrechte des Gesetzgebers bestehen bei allen normgeprägten Grundrechten. Davon streng zu trennen ist hingegen die Frage, inwieweit bestehende Ausgestaltungen am Grundrechtsschutz teilnehmen, ob also m.a.W. **Umgestal-** 397

---

15 So etwa *Pieroth/Schlink*, Rn. 649, in Bezug auf Art. 6 GG.

16 BVerfGE 92, 365 (394 f., 403) (Kurzarbeitergeld).

17 BVerfGE 58, 300 (331 f.) (Nassauskiesung). Vgl. dazu Rn. 420 ff.

18 Anders aber *Bumke*, Der Grundrechtsvorbehalt, 1998, S. 104 f.

19 So auch *Gellermann*, Grundrechte im einfachgesetzlichen Gewande, 2000, S. 364 ff., insb. S. 371, und *Butzer*, RdA 1994, 375 (381).

tungen des bestehenden Rechts als Grundrechtseingriffe zu bezeichnen sind. Grundsätzlich gilt, dass dies nicht der Fall ist.[20] **Bestehende Ausgestaltungen haben keinen Verfassungsrang.** Ändert also der Gesetzgeber das Vereinsrecht insofern, als dass Beschlüsse zukünftig immer einer Zwei-Drittel-Mehrheit statt einer einfachen Mehrheit bedürfen (vgl. § 32 BGB), greift er damit nicht in das Grundrecht des Art. 9 Abs. 1 GG ein, auch wenn die Neuregelung auf einen bereits bestehenden Verein Anwendung findet und für diesen die Willensbildung erschwert. Gleiches gilt für Ausgestaltungen der Ehe, des Vertragsrechts, des Koalitionsrechts oder des Rechtsschutzsystems.

398 **Anders** ist dies jedenfalls nach der Rechtsprechung des BVerfG im Bereich des **Art. 14 Abs. 1 GG**: Hier nimmt zwar nicht die gesetzliche Ausgestaltung selbst, wohl aber die konkrete Eigentums- oder Erbrechtsposition, und zwar mit dem jeweiligen Inhalt, am Grundrechtsschutz teil. Will der Gesetzgeber den Inhalt des Eigentums dergestalt ändern, dass auch bestehende Eigentumspositionen verändert werden, liegt in Bezug auf bereits bestehende Positionen ein Grundrechtseingriff und nicht mehr eine bloße Ausgestaltung vor. Insofern weist Art. 14 Abs. 1 GG eine Besonderheit gegenüber den anderen normgeprägten Grundrechten auf, bei denen regelmäßig keine in ihrem Bestand geschützten Positionen entstehen. Nur Art. 14 Abs. 1 GG enthält also eine beschränkte **Bestandsgarantie.**[21] Zur Begründung dieser Rechtsprechung mag man Vertrauensschutzgesichtspunkte anführen.

> BVerfGE 58, 300 (335 f.) (Nassauskiesung): „Das Grundgesetz hat dem Gesetzgeber den Auftrag zugewiesen, eine Eigentumsordnung zu schaffen, die sowohl den privaten Interessen des Einzelnen als auch denen der Allgemeinheit gerecht wird. Ihm obliegt hierbei eine doppelte Aufgabe: Einerseits muss er im Privatrecht, die für den Rechtsverkehr und die Rechtsbeziehungen der Bürger untereinander maßgeblichen Vorschriften schaffen (zum Beispiel für die Übertragung oder Belastung von Eigentum, das Nachbarrecht sowie das Ersatzrecht bei Beeinträchtigung des Eigentums durch Dritte); andererseits hat er den Belangen der Allgemeinheit - in die vor allem jeder Grundstückseigentümer eingebunden ist - in den (meist) öffentlich-rechtlichen Regelungen Rechnung zu tragen. Werden die bürgerlich-rechtlichen Rechtsbeziehungen üblicherweise mit dem Begriff des subjektiven Privatrechts umschrieben, so wirken bei der Bestimmung der verfassungsrechtlichen Rechtsstellung des Eigentümers bürgerliches Recht und öffentlich-rechtliche Gesetze gleichrangig zusammen. Die bürgerlichrechtliche Eigentumsordnung ist keine abschließende Regelung von Inhalt und Schranken des Eigentums. Den privatrechtlichen Eigentumsvorschriften kommt im Rahmen des Art. 14 GG auch kein Vorrang vor den öffentlich-rechtlichen Vorschriften zu, die eigentumsrechtliche Regelungen treffen.
>
> **Welche Befugnisse einem Eigentümer in einem bestimmten Zeitpunkt konkret zustehen, ergibt sich vielmehr aus der Zusammenschau aller in diesem Zeitpunkt geltenden, die Eigentümerstellung regelnden gesetzlichen Vorschriften.** Ergibt sich hierbei, dass der Eigentümer eine bestimmte Befugnis nicht hat, so gehört diese nicht zu seinem Eigentumsrecht. Wie der Gesetzgeber ihren Ausschluss herbeiführt, ist lediglich eine Frage der Gesetzestechnik. Definiert er die Rechtsstellung zunächst umfassend, um in einer weiteren Vorschrift bestimmte Herrschaftsbefugnisse von ihr auszunehmen, so ist dem Betroffenen von

---

20 BVerfGE 50, 290 (355) (Mitbestimmung); 97, 169 (175 f.) (Kleinbetriebsklausel I). Anders etwa *Lübbe-Wolff*, Die Grundrechte als Eingriffsabwehrrechte, 1988, S. 150 f.

21 BVerfGE 58, 300 (351) (Nassauskiesung); 78, 58 (75) (Weingesetz). Skeptisch dazu *Gellermann*, Grundrechte im einfachgesetzlichen Gewande, 2000, S. 408 ff. m.w.N.

vornherein nur eine in dieser Weise eingeschränkte Rechtsposition eingeräumt. **Aus der Gesamtheit der verfassungsmäßigen Gesetze, die den Inhalt des Eigentums bestimmen, ergeben sich somit Gegenstand und Umfang des durch Art. 14 Abs. 1 S. 1 GG gewährleisteten Bestandsschutzes** (…)“

III. Schutzbereich

1. Persönliche Schutzbereiche der Freiheiten des Art. 14 GG

Art. 14 GG enthält keine besonderen Anforderungen hinsichtlich der Grundrechtsberechtigten; es ist daher ein Jedermann-Grundrecht. Gem. Art. 19 Abs. 3 GG können sich auch juristische Personen des Privatrechts auf Art. 14 GG berufen. Anderes gilt hingegen für das Eigentum juristischer Personen des öffentlichen Rechts; hier hat das BVerfG den Satz geprägt, dass Art. 14 GG das Eigentum Privater, nicht aber das Privateigentum an sich unter Schutz stellt.[22] **399**

2. Sachliche Schutzbereiche der Freiheiten des Art. 14 GG

a) Eigentum

Der Schutzbereich des Art. 14 GG hängt wesentlich von der Definition des Begriffs des „Eigentums“ ab. Dabei ist der **verfassungsrechtliche Begriff des Eigentums** nicht deckungsgleich mit dem umgangssprachlichen Eigentumsbegriffs, der sich im Wesentlichen auf das Eigentum an beweglichen und unbeweglichen Sachen beschränkt. Der verfassungsrechtliche Begriff orientiert sich hingegen an Sinn und Zweck der Gewährleistung, dem Einzelnen „einen Freiraum im vermögensrechtlichen Bereich [zu] erhalten und dem Einzelnen damit die Entfaltung und eigenverantwortliche Lebensgestaltung [zu] ermöglichen“.[23] Er umfasst daher alle vermögenswerten Rechte, die dem Berechtigten ebenso ausschließlich wie Eigentum an einer Sache durch die Rechtsordnung zur privaten Nutzung und zur eigenen Verfügung zugeordnet sind.[24] Auf den ersten Blick erscheint diese Definition zirkelschlüssig, wenn „Eigentum“ mit „wie Eigentum an einer Sache“ definiert wird. Dies rührt allerdings daher, dass das Sacheigentum dem Verfassungsgeber als typisches Beispiel einer Eigentumsposition vor Augen stand und alle weiteren Positionen in Folge dessen in etwa dem Sacheigentum vergleichbar sein müssen. Eigentum i.S.v. Art. 14 GG sind daher neben dem Sacheigentum beispielsweise auch Urheberrechte[25], Aktien[26], Warenzeichen[27], Vorkaufsrechte[28] und Forderun- **400**

---

22 BVerfGE 61, 82 (108 f.) (Sasbach). Vgl. dazu Rn. 151 ff.
23 BVerfGE 51, 193 (218) (Schloßberg).
24 BVerfGE 78, 58 (71) (Weingesetz).
25 BVerfGE 31, 229 (Ls. 1) (Schulbuchprivileg).
26 BVerfGE 14, 263 (276 ff.) (Feldmühle-Urteil).
27 BVerfGE 51, 193 (216 ff.) (Schloßberg).
28 BVerfGE 83, 201 (Ls. 2) (Vorkaufsrecht).

gen[29], nicht aber bloße Chancen und Hoffnungen. Umstritten ist, ob auch der Besitz Eigentum i.S.v. Art. 14 Abs. 1 GG darstellt.[30]

401 Der Schutz des Eigentums erstreckt sich allerdings lediglich auf die einzelnen vermögenswerten Rechtspositionen, **nicht** aber auf das **Vermögen** als Ganzes.[31] Das Vermögen ist lediglich die Summe der einzelnen von Art. 14 GG geschützten Positionen, ist aber als Ganzes von der Rechtsordnung nicht als Position definiert. Dies hat bedeutende praktische Konsequenzen: Legt der Staat dem Einzelnen eine Geldleistungspflicht, z.B. eine Steuer, auf, liegt darin kein Eingriff in das Eigentumsgrundrecht[32]: Denn der Staat greift mit einer Steuer nicht auf konkrete vermögenswerte Rechtspositionen zu, sondern er belastet das Vermögen als Ganzes. Es bleibt dem Bürger selbst überlassen, mit welchen Mitteln er die Geldleistungspflicht erfüllt. Leider hat das BVerfG diese klare und eindeutige Aussage mehrfach relativiert, indem es einen Verstoß gegen die Eigentumsgarantie annimmt, wenn „die Geldleistungspflichten den Betroffenen übermäßig belasten und seine Vermögensverhältnisse grundlegend beeinträchtigen, d.h. eine erdrosselnde Wirkung ausüben".[33] Einerseits ist diese Formulierung sehr unklar, und andererseits ist dogmatisch kaum nachzuvollziehen, wie eine Belastung des nicht von Art. 14 GG geschützten Vermögens zu einem Eingriff in Art. 14 GG führen soll, wenn nur eine gewisse Intensität erreicht ist. Weitere Unsicherheiten fügt die - vereinzelt gebliebene - Entscheidung zur Vermögenssteuer hinzu, in der der Schutz des Art. 14 GG implizit auf das ganze Vermögen erstreckt wird, ohne dass dies aber deutlich ausgesprochen wird.[34] Rechtlich notwendig ist ein Schutz des Vermögens nach Art. 14 GG nicht, denn jeder staatliche Zugriff auf das Vermögen des Einzelnen ist jedenfalls am Grundrecht des Art. 2 Abs. 1 GG zu messen.

402 Unsicher ist weiterhin, ob Art. 14 Abs. 1 GG auch das - zivilrechtlich lange anerkannte - **Recht am eingerichteten und ausgeübten Gewerbebetrieb** unter Schutz stellt. Darunter versteht man die Gesamtheit dessen, was den wirtschaftlichen Wert des konkreten Betriebes, d.h. des auf den Erwerb ausgerichteten Unternehmens ausmacht, also die Gesamtheit der sachlichen, persönlichen und sonstigen Mittel, die in der Hand des Betriebsinhabers zusammengefasst sind.[35] Das

---

[29] BVerfGE 45, 142 (179) (Rückwirkende Verordnung). Achtung, Forderungen sind jedenfalls nach h.M. kein „sonstiges Recht" i.S.v. § 823 Abs. 1 BGB, da es ihnen in zivilrechtlicher Hinsicht an einer hinreichenden Vergleichbarkeit mit dem Eigentum fehlen soll, vgl. *Wagner*, in: Münchener Kommentar zum BGB, Bd. 5, 4. Aufl. 2004, § 823 Rn. 154 f. m.w.N.

[30] Dafür: BVerfGE 89, 1 (5) (Besitzrecht des Mieters). Ebenso umstritten ist im Zivilrecht, ob der Besitz ein „sonstiges Recht" i.S.v. § 823 Abs. 1 BGB darstellt, vgl. *Wagner*, in: Münchener Kommentar zum BGB, Bd. 5, 4. Aufl. 2004, § 823 Rn. 151 ff. m.w.N.

[31] BVerfGE 4, 7 (17) (Investitionshilfe), zuletzt BVerfGE 91, 207 (220) (Bremer Hafengebühren); 95, 267 (300) (Altschulden); *Bryde*, in: v. Münch/Kunig, Art. 14 Rn. 23. A.A. z.B. *Leisner*, in: HdbStR, Bd. VI, § 149 Rn. 124 ff. m.w.N.

[32] BVerfGE 95, 267 (300) (Altschulden); 96, 375 (397) (Sterilisation).

[33] BVerfGE 78, 232 (243) (Altershilfe für Landwirte).

[34] BVerfGE 93, 121 (137) (Einheitswerte II); vgl. dazu auch das sehr lesenswerte Minderheitsvotum von *Böckenförde* im Anschluss (149 ff.).

[35] *Papier*, in: Maunz/Dürig, Art. 14 Rn. 95; *Epping*, Die Außenwirtschaftsfreiheit, 1998, S. 74 ff.

BVerfG ist dieser Frage bisher ausgewichen[36], hat aber im Nassauskiesungsbeschluss ausgeführt, der Schutz des Gewerbebetriebes könne jedenfalls nicht weiter reichen als der Schutz seiner Grundlagen.[37] Geschützt sind nach Ansicht des BVerfG daher nur die einzelnen Eigentumspositionen, nicht aber der Gewerbebetrieb als Ganzes. Mit dem Normzweck des Art. 14 GG, dem Einzelnen einen Freiraum im wirtschaftlichen Bereich zu sichern, steht das nicht unbedingt in Einklang: Denn ein Gewerbebetrieb als Ganzes hat durchaus einen höheren Wert als dessen Einzelteile, weil Erwerbschancen ebenfalls in die Bewertung einfließen. Allerdings meint der Begriff „Eigentum" die einzelne, dem Einzelnen konkret zugeordnete vermögenswerte Rechtsposition, während der Gewerbebetrieb eine Summe verschiedener Rechtspositionen darstellt, die auch Erwerbschancen und Hoffnungen einschließt. Zudem hat der Gesetzgeber, der den Inhalt des Eigentums definieren soll (Art. 14 Abs. 1 S. 2 GG), den Gewerbebetrieb gerade nicht als eigenständige Position festgelegt. Daher ist es konsequent, den eingerichteten und ausgeübten Gewerbebetrieb als solchen nicht dem Schutz des Art. 14 Abs. 1 GG zu unterstellen, sondern nur dessen einzelne Bestandteile.[38]

Im Einzelnen problematisch ist schließlich, inwieweit **öffentlich-rechtliche Positionen** am Schutz des Art. 14 Abs. 1 GG teilhaben. Diese Frage wird besonders im Bereich der Sozialversicherung und bei staatlichen Subventionen relevant. Das BVerfG orientiert sich an der oben genannten allgemeinen Definition und fragt auch hinsichtlich öffentlich-rechtlicher Positionen, ob die eingeräumte Rechtsstellung der eines Sacheigentümers entspricht, ob sie ihm also „nach Art eines Ausschließlichkeitsrechts zugeordnet ist".[39] Dies ist laut BVerfG der Fall, wenn sich die öffentlichrechtliche Position als ein Äquivalent eigener Leistung des Berechtigten darstellt. Ein frühes Beispiel aus der Rechtsprechung sind etwa Versichertenrenten aus der gesetzlichen Rentenversicherung.[40] Hier stehen die eingezahlten Beiträge dem damit erworbenen Leistungsanspruch gegenüber, auch wenn nach dem sog. Umlageverfahren der gesetzlichen Rentenversicherung die Beiträge nicht angespart, sondern unmittelbar für die Rentenzahlungen an die nicht mehr erwerbstätige Generation verwendet werden. Die eigene Leistung des Berechtigten muss nicht in Beiträgen liegen; sie kann auch in Form von Tätigkeiten erbracht werden. Demgegenüber fällt eine öffentlich-rechtliche Position nicht unter Art. 14 GG, wenn sie überwiegend oder ganz auf staatlicher Gewährung beruht.[41] **403**

Diese auf den ersten Blick klare Unterscheidung führt in der Praxis zu einer Fülle von Zweifelsfragen: Staatliche Leistungen beruhen sehr häufig sowohl auf **404**

---

36 Zuletzt etwa offen gelassen in BVerfGE 84, 212 (232) (Aussperrung); 96, 375 (397) (Sterilisation); 105, 252 (278) (Glykolwarnung).

37 BVerfGE 58, 300 (353) (Nassauskiesung).

38 A.A. z.B.: *Leisner*, in: HdbStR, Bd. VI, § 149 Rn. 108 ff.

39 BVerfGE 69, 272 (300) (Sozialversicherungsrechtliche Eigentumspositionen); 72, 175 (195) (Wohnungsfürsorge).

40 BVerfGE 53, 257 (290 ff.) (Versorgungsausgleich I).

41 Z.B. BVerfGE 48, 403 (413) (Wohnungsbauprämie). Weitere Beispiele sind die Sozialhilfe (Sozialgeld) und die Arbeitslosenhilfe (Arbeitslosengeld II), nicht aber das beitragsfinanzierte Arbeitslosengeld (Arbeitslosengeld I).

eigener Leistung wie auch auf staatlichen Zuschüssen. Wie also ist in diesen Fällen zu entscheiden? Das BVerfG will diese Positionen nur dann vom Schutz des Art. 14 GG ausnehmen, wenn der staatliche Zuschuss klar überwiegt; der von Art. 14 GG gewährte Schutz soll aber mit zunehmenden Staatsleistungen abnehmen.[42] Ein weiteres Beispiel für die praktischen Schwierigkeiten bietet etwa das System der Hinterbliebenenrenten: Während die Rentenzahlungen an sich dem Schutz des Art. 14 GG unterfallen, ist dies bei den Hinterbliebenenrenten, also der Fortsetzung der Rentenzahlung an die Hinterbliebenen nach dem Tod des ehemaligen Beitragszahlers, nach der Rechtsprechung des BVerfG anders[43]: Denn hier liegt keine unmittelbare Eigenleistung der Hinterbliebenen vor. Die Liste der Zweifelsfälle lässt sich beliebig fortsetzen.[44]

405 Weitere Schwierigkeiten bereitet die relativ neue Rechtsprechung des BVerfG zu Ansprüchen aus der **Sozialversicherung**. Hier fügt das BVerfG den genannten Kriterien ein weiteres hinzu: Die öffentlich-rechtliche Position muss der **Existenzsicherung** des Einzelnen dienen.[45] Rechtlich ist diese Einschränkung problematisch, denn privatrechtliche Rechtspositionen unterfallen dem Schutz von Art. 14 GG unabhängig davon, ob sie existenzsichernde Funktion haben. Der „Notgroschen" ist also ebenso geschützt wie die Ferienvilla am Starnberger See. Warum also soll für öffentlich-rechtliche Positionen anderes gelten?[46] Der sachliche Grund für diese Rechtsprechung liegt wohl darin, dass das BVerfG dem Gesetzgeber im Bereich der Sozialversicherung nicht zu enge Fesseln anlegen will. Angesichts der ungeheuren Summen, die in Deutschland jedes Jahr in die soziale Sicherung fließen[47], könnte eine strikte Rechtsprechung schnell die finanzielle Handlungsfähigkeit des Staats untergraben.

BVerfGE 69, 272 (299 ff.) (Sozialversicherungsrechtliche Eigentumspositionen): „Die verfassungsrechtliche Beurteilung hängt davon ab, ob diese Rechtspositionen die konstituierenden Merkmale des durch Art. 14 GG geschützten Eigentums aufweisen. Dabei ist für die Beantwortung der Frage, welche sozialversicherungsrechtlichen Leistungsansprüche als Eigentum im Sinne des Art. 14 GG anzusehen sind, auf den Zweck und die Funktion der Eigentumsgarantie unter Berücksichtigung ihrer Bedeutung im Gesamtgefüge der Verfassung zurückzugreifen. Ihr kommt die Aufgabe zu, dem Träger des Grundrechts einen Freiheitsraum im vermögensrechtlichen Bereich zu sichern und ihm damit eine eigenverantwortliche Gestaltung des Lebens zu ermöglichen.

Voraussetzung für einen Eigentumsschutz sozialversicherungsrechtlicher Positionen ist eine vermögenswerte Rechtsposition, die nach Art eines Ausschließlichkeitsrechts dem Rechtsträger als privatnützig zugeordnet ist; diese genießt den Schutz der Eigentumsgarantie dann, wenn sie auf nicht unerheblichen Eigenleistungen des Versicherten beruht und zudem der Sicherung seiner Existenz dient. Liegen diese Voraussetzungen nicht vor, dann kommt bei gesetzlichen Eingriffen in sozialversicherungsrechtliche Positionen zwar ein

42 BVerfGE 53, 257 (291 f.) (Versorgungsausgleich I).

43 BVerfGE 97, 271 (284 f.) (Hinterbliebenenrenten).

44 Vgl. beispielsweise *Bryde*, in: v. Münch/Kunig, Art. 14 Rn. 66.

45 BVerfGE 69, 272 (300) (Sozialversicherungsrechtliche Eigentumspositionen).

46 So kritisch *Sachs,* VerfR II, Kap. B 14 Rn. 13.

47 Im Jahr 2002 betrug das deutsche Sozialbudget ca. 685,1 Mrd. €; vgl. Bundesministerium für Gesundheit und soziale Sicherung, Sozialbudget 2002, Tab. I-1.

Schutz durch andere Grundrechte, nicht aber aus Art. 14 GG in Betracht. Ein darüber hinausgehender Schutz durch die Eigentumsgarantie würde ihrer Aufgabe im Gesamtgefüge der Verfassung nicht mehr gerecht.

Der sozialversicherungsrechtlichen Position muss weiterhin eine **nicht unerhebliche Eigenleistung des Versicherten** zu Grunde liegen. Der Eigentumsschutz beruht dabei wesentlich darauf, dass die in Betracht kommende Rechtsposition durch die persönliche Arbeitsleistung des Versicherten, wie diese vor allem in den einkommensbezogenen Eigenleistungen Ausdruck findet, mitbestimmt ist. Dieser Zusammenhang mit der eigenen Leistung ist als besonderer Schutzgrund für die Eigentümerposition anerkannt. Der Annahme einer nicht unerheblichen Eigenleistung steht es nicht entgegen, wenn die Rechtsposition auch oder überwiegend auf staatlicher Gewährung beruht; dies schließt den Eigentumsschutz ebenso wenig von vornherein aus wie bei Sachgütern, die mit Hilfe von Subventionen oder Steuererleichterungen erworben wurden. Der Umfang der Eigenleistung ist vor allem für die weitere Frage wesentlich, inwieweit der Gesetzgeber Inhalt und Schranken einer unter die Eigentumsgarantie fallenden Position regeln kann.

Konstituierendes Merkmal für den Eigentumsschutz einer sozialversicherungsrechtlichen Position ist schließlich, dass sie **der Existenzsicherung der Berechtigten zu dienen bestimmt** ist. Schon vor der Entscheidung des Bundesverfassungsgerichts vom 28. Februar 1980 (BVerfGE 53, 257, Versorgungsausgleich I) hatte die Richterin *Rupp-v. Brünneck* darauf hingewiesen, dass sich die Eigentumsgarantie auch auf solche öffentlich-rechtlichen Berechtigungen erstrecken müsse, auf die der Bürger in seiner wirtschaftlichen Existenz zunehmend angewiesen sei. Diesen Gedanken hat das Bundesverfassungsgericht in der genannten Entscheidung mit dem Bemerken aufgenommen, die große Mehrzahl der Staatsbürger in der heutigen Gesellschaft erlange ihre wirtschaftliche Existenzsicherung weniger durch privates Sachvermögen als durch den Arbeitsertrag und die daran anknüpfende solidarisch getragene Daseinsvorsorge, die historisch von jeher eng mit dem Eigentumsgedanken verknüpft gewesen sei. Das ist nicht auf Versichertenrenten beschränkt. Auch andere sozialversicherungsrechtliche Positionen können für die große Mehrzahl der Bevölkerung eine wichtige Grundlage ihrer Daseinssicherung sein, insbesondere dann, wenn sich eine wesentliche, durch lange Zeiträume gewährte Leistung so verfestigt hat, dass die Versicherten sie zu ihrer existenziellen Versorgung rechnen können. Es würde zu einem mit dem Schutz des Eigentums im sozialen Rechtsstaat schwerlich zu vereinbarenden Funktionsverlust der Eigentumsgarantie führen, wenn sie - sofern die anderen konstituierenden Merkmale des Eigentums vorliegen - solche vermögensrechtlichen Positionen nicht umfasste. Dabei kann es nicht darauf ankommen, ob ein Grundrechtsträger nach seinem Vermögensstand individuell mehr oder weniger auf den Bezug einer sozialversicherungsrechtlichen Leistung angewiesen ist. Es geht vielmehr um die objektive Feststellung, ob eine öffentlich-rechtliche Leistung ihrer Zielsetzung nach der Existenzsicherung der Berechtigten zu dienen bestimmt ist. Nicht das Bedürfnis des Einzelnen, sondern der Umstand ist entscheidend, dass eine Position der großen Mehrzahl der Staatsbürger zur existenziellen Sicherung dient."

Hinweis zur Fallbearbeitung: 406

Gerade in diesem Bereich zeigt die Vielzahl von Fallgestaltungen, dass das Auswendiglernen von Einzelfällen keinen Erfolg verspricht. In der Fallbearbeitung ist daher stets von der allgemeinen Definition des verfassungsrechtlichen Eigentums auszugehen und unter die einzelnen Merkmale zu subsumieren. Dabei ist es hilfreich, sich stets den Sinn und Zweck des Art. 14 GG vor Augen zu führen: dem Einzelnen einen Freiheitsraum im vermögensrechtlichen Bereich zu sichern und ihm damit eine eigenverantwortliche Gestaltung des Lebens zu ermöglichen.

b) Umfang des Schutzes

407 Art. 14 GG schützt ferner nicht lediglich den **Bestand** des Eigentums, also die Inhaberschaft einer Rechtsposition, sondern auch deren **Nutzung**.[48] Umstritten ist aber, inwieweit die nicht wirtschaftliche Nutzung, etwa das private Fahren mit dem eigenen Auto Art. 14 GG unterfällt. Teilweise wird hier eine Spezialität anderer Freiheitsrechte, ggf. wohl auch des Art. 2 Abs. 1 GG, angenommen[49], teilweise schon der Schutzbereich des Art. 14 GG nicht für einschlägig gehalten.[50]

c) Abgrenzungsfragen

408 Gelegentlich schwierig ist schließlich die Abgrenzung des Art. 14 GG gegenüber Art. 12 GG. Das BVerfG hat dazu folgende **Faustformel** geprägt: „Für die Abgrenzung zu Art. 12 Abs. 1 GG ist maßgeblich, dass Art. 14 Abs. 1 S. 1 GG das Erworbene, das Ergebnis einer Betätigung schützt, Art. 12 Abs. 1 GG dagegen den Erwerb, die Betätigung selbst."[51] Kurz: **Art. 12 Abs. 1 GG schützt den Erwerb, Art. 14 GG das Erworbene.** Diese Unterscheidung folgt aus der unterschiedlichen Schutzrichtung beider Grundrechte: Während Art. 12 Abs. 1 GG eine spezielle Handlungsfreiheit für die berufliche Betätigung darstellt, schützt Art. 14 GG die einzelnen vermögenswerten Eigentumspositionen als Grundlage der weiteren und durch andere Grundrechte geschützten freien Entfaltung der Persönlichkeit.

> BVerfGE 30, 292 (334 f.) (Erdölbevorratung): „Die Frage, unter welchen Voraussetzungen eine Regelung der Berufsausübung auch die Eigentumsgarantie berühren kann, ist noch nicht allgemein entschieden. Sie ist grundsätzlich unter dem Gesichtspunkt zu beurteilen, welche Freiheitsbereiche von beiden Grundrechten geschützt werden. Wie das Bundesverfassungsgericht (…) ausgeführt hat, schützt Art. 12 Abs. 1 GG die Freiheit des Bürgers, jede Tätigkeit, für die er sich geeignet glaubt, als Beruf zu ergreifen, d. h. zur Grundlage seiner Lebensführung zu machen und damit seinen Beitrag zur gesellschaftlichen Gesamtleistung selbst zu bestimmen. Das Grundrecht der Berufsfreiheit ist also in erster Linie persönlichkeitsbezogen. Es konkretisiert das Grundrecht auf freie Entfaltung der Persönlichkeit im Bereich der individuellen Leistung und Existenzerhaltung. Das Grundrecht der Berufsfreiheit ist in hohem Maße „zukunftsgerichtet". Dem Eigentum kommt im Gefüge der Grundrechte die Aufgabe zu, dem Träger des Grundrechts einen Freiheitsraum im vermögensrechtlichen Bereich sicherzustellen und ihm damit eine eigenverantwortliche Gestaltung des Lebens zu ermöglichen. Die Gewährleistung des Eigentums ergänzt insoweit die Handlungs- und Gestaltungsfreiheit, indem sie dem Einzelnen vor allem den durch eigene Arbeit und Leistung erworbenen Bestand an vermögenswerten Gütern anerkennt. Mit dieser „objektbezogenen" Gewährleistungsfunktion schützt Art. 14 Abs. 1 GG jedoch nur Rechtspositionen, die einem Rechtssubjekt bereits zustehen, insbesondere schützt er keine Chancen und Verdienstmöglichkeiten. Daraus folgt auch die grundsätzliche Abgrenzung zu Art. 12 Abs. 1 GG: **Art. 14 Abs. 1 GG schützt das Erworbene, das Ergebnis der Betätigung, Art. 12 Abs. 1 GG dagegen den Erwerb, die Betätigung selbst**. Greift somit ein Akt der öffentlichen Gewalt eher in die Freiheit der individuellen Erwerbs- und Leistungstätigkeit ein, so ist der Schutzbereich

---

48 *Jarass*, in: Jarass/Pieroth, Art. 14 Rn. 19.

49 Ähnlich *Jarass*, in: Jarass/Pieroth, Art. 14 Rn. 5.

50 *Sachs*, VerfR II, Kap. B 14 Rn. 14; *Pieroth/Schlink*, Rn. 915 f.

51 BVerfGE 30, 292 (335) (Erdölbevorratung); 88, 366 (377) (Tierzuchtgesetz II).

des Art. 12 Abs. 1 GG berührt; begrenzt er mehr die Innehabung und Verwendung vorhandener Vermögensgüter, so kommt der Schutz des Art. 14 GG in Betracht."

d) Erbrecht

Wie das Eigentumsrecht ist auch das Erbrecht sowohl Institutsgarantie als auch Abwehrrecht.[52] Das Erbrecht beinhaltet die Möglichkeit, über sein Eigentum auch über den Tod hinaus zu verfügen. Es verlängert daher die Eigentumsgarantie in zeitlicher Hinsicht. **409**

In seiner Form als **Institutsgarantie** schützt Art. 14 GG die wesentlichen Grundstrukturen des Erbrechts in der Form, die die §§ 1922 ff. BGB vorsehen. Wie beim Eigentum sind jedoch lediglich die grundlegenden Wesensmerkmale staatlicher Veränderung entzogen; im Detail hat der Gesetzgeber eine weit reichende Gestaltungsfreiheit. Unabänderlich sind damit u.a. die grundsätzliche Testierfreiheit ebenso wie das Prinzip der gesetzlichen Privaterbfolge[53], die sich an den bürgerlich-rechtlichen Verwandtschaftsbeziehungen orientiert. Eine Regelung, nach der im Fall eines fehlenden oder ungültigen Testaments der Staat stets gesetzlicher Erbe wäre, wäre mit Art. 14 GG nicht zu vereinbaren. **410**

Als **Abwehrrecht** schützt Art. 14 GG in erster Linie die Testierfreiheit des Erblassers, dessen Freiheitsraum Art. 14 GG sichern will. Aber auch der begünstigte Erbe ist vom Schutz des Art. 14 GG erfasst. Nach dem Tod des Erblassers kann er gestützt auf Art. 14 GG sein Erbrecht geltend machen. Andernfalls - so das BVerfG - würde der Grundrechtsschutz mit dem Tod des Erblassers erlöschen und damit weitgehend entwertet werden.[54] Insofern ist etwa die an den Erwerb der Erbmasse anknüpfende Erbschaftssteuer an der Garantie des Erbrechts aus Art. 14 GG zu messen.[55] **411**

IV. Eingriffe

Eingriffe in die Grundrechte des Art. 14 Abs. 1 S. 1 GG sieht das Grundgesetz in doppelter Hinsicht vor. Art. 14 Abs. 1 S. 2 GG legt fest, dass **Inhalt und Schranken** von Eigentum und Erbrecht durch die Gesetze bestimmt werden. Art. 14 Abs. 3 GG trifft eine Sonderregelung hinsichtlich der **Enteignung**. Ohne praktische Bedeutung ist die Möglichkeit der **Sozialisierung** (Art. 15 GG). Weitere Eingriffsermächtigungen enthält das Grundgesetz nicht. **412**

---

52 BVerfGE 91, 346 (358) (Ertragswertabfindung); 99, 341 (350) (Testierausschluss Taubstummer).

53 BVerfGE 91, 346 (358) (Ertragswertabfindung).

54 BVerfGE 91, 346 (360) (Ertragswertabfindung).

55 BVerfGE 97, 1 (6 f.) (Erbschaftsbesteuerung).

1. Inhalts- und Schrankenbestimmungen (Art. 14 Abs. 1 S. 2 GG)

413 Die Eingriffsberechtigung des Art. 14 Abs. 1 S. 2 GG ermöglicht es dem Gesetzgeber, Inhalt und Schranken von Eigentum und Erbrecht zu bestimmen. Der Begriff der Inhalts- und Schrankenbestimmung erfasst alle rechtlichen Regelungen, mit denen der Gesetzgeber Eigentum und Erbrecht im Rahmen seiner Ausgestaltungsbefugnis **abstrakt-generell** definiert.[56]

414 Dass Art. 14 Abs. 1 S. 2 GG dem Gesetzgeber die **Inhaltsbestimmung** auferlegt, ist die logische Konsequenz der Einstufung des Art. 14 Abs. 1 S. 1 GG als normgeprägtes Grundrecht[57]. Mittels einer Inhaltsbestimmung nimmt der Gesetzgeber die Ausgestaltung der Rechtsbegriffe Eigentum und Erbrecht **für die Zukunft** vor und bestimmt damit zugleich den zukünftigen Schutzbereich des Grundrechts aus Art. 14 Abs. 1 S. 1 GG. Legt also der Gesetzgeber heute beispielsweise fest, dass Grundeigentum zukünftig nur mit der Maßgabe erworben werden kann, dass der Neueigentümer etwa den Wuchs bestimmter seltener Pflanzen darauf duldet, so bestimmt er damit zugleich den Inhalt des Schutzbereichs der individuellen Eigentumsgarantie für alle zukünftigen Eigentümer.

415 Gleichzeitig stellt aber die Festlegung dessen, was zukünftig Eigentum bzw. Erbrecht sein soll, häufig eine Beschränkung bereits bestehender Rechte dar. Sieht also im obigen Beispiel der Gesetzgeber vor, dass nicht bloß Neueigentümer, sondern alle Eigentümer bestimmte Pflanzen dulden müssen, bedeutet dies für alle bisherigen Eigentümer eine Beschränkung ihrer Rechtsposition, die eine Duldungspflicht nicht vorsah. Die Inhaltsbestimmung für zukünftige Neueigentümer stellt sich für die **bisherigen Eigentümer** als **Schrankenbestimmung** dar. Aus dieser Doppelwirkung einer Neubestimmung des Eigentums ergibt sich die Bezeichnung in Art. 14 Abs. 1 S. 2 GG als „Inhalts- und Schrankenbestimmung".[58]

416

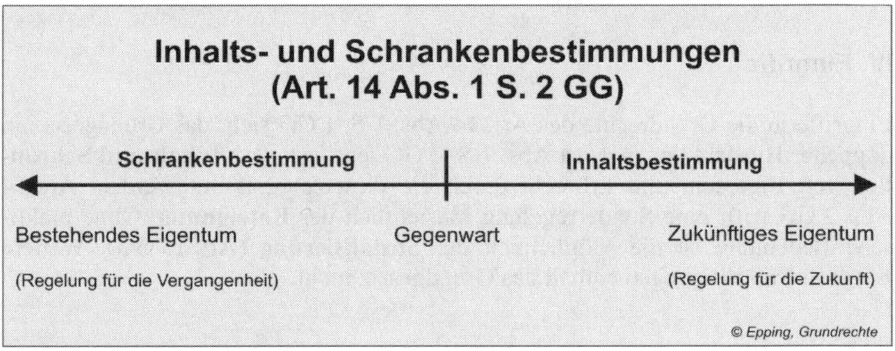

---

56 BVerfGE 52, 1 (27) (Kleingarten).

57 Vgl. dazu Rn. 389 ff.

58 Wie hier auch z.B. BVerfGE 52, 1 (27) (Kleingarten); 72, 66 (76 f.) (Flughafen Salzburg); *Sachs*, VerfR II, Kap. B 14 Rn. 24 ff. und *Ehlers*, VVDStRL 51 (1992), 211 (225); anders aber etwa *Wendt*, in: Sachs, GG, Art. 14 Rn. 55 und deutlich ablehnend *Gellermann*, Grundrechte im einfachgesetzlichen Gewande, 2000, S. 276 ff.

Auch wenn demnach Inhalts- und Schrankenbestimmungen häufig zusammenfallen, weil bestehendes und zukünftiges Eigentum zugleich betroffen sind, ist dies jedoch keineswegs zwingend. Es steht dem Gesetzgeber frei, bei einer Regelung bestehende Eigentumspositionen gänzlich unangetastet zu lassen. In diesem Fall stellt sich die Regelung lediglich als Inhaltsbestimmung ohne eine Beeinträchtigung bestehenden Eigentums, also ohne Eingriffscharakter, dar. **417**

Aus dieser im Einzelfall unterschiedlichen Wirkung ergibt sich auch der verfassungsrechtliche **Prüfungsmaßstab**: Schrankenbestimmungen sind als Eingriffe in bestehende Rechte vorrangig am Abwehrrecht aus Art. 14 Abs. 1 S. 1 GG, daneben zugleich an der Institutsgarantie zu messen. Reine Inhaltsbestimmungen aber, die bestehende Rechtspositionen gänzlich unangetastet lassen, sind ausschließlich am Maßstab der Institutsgarantie zu überprüfen. **418**

In der Praxis erfolgen **Eingriffe** in Eigentum und Erbrecht jedoch nicht lediglich durch den Gesetzgeber. Auch die **Verwaltung** und die **Gerichte** greifen durchaus in von Art. 14 GG geschützte Rechtspositionen ein. Droht beispielsweise ein Haus einzustürzen, kann die Verwaltung - gestützt auf Bauordnungsrecht - anordnen, dass zur Abwehr der Gefahr die Nutzung des Hauses gänzlich unterbleiben muss. Hier hat der Gesetzgeber mit den entsprechenden Vorschriften des Bauordnungsrechts lediglich den Rahmen festgelegt, in dem die Verwaltung zum Handeln berechtigt ist, also eine gesetzliche Grundlage für Eingriffe im Einzelfall geschaffen. Diese gesetzliche Grundlage stellt in diesem Fall die Inhalts- und Schrankenbestimmung dar. Wie detailliert die gesetzliche Regelung sein muss, ergibt sich wie auch sonst aus dem rechtsstaatlichen Bestimmtheitsgebot und - für den Bereich des Parlaments - der Wesentlichkeitstheorie[59]. Keinesfalls verlangt Art. 14 GG aber, dass der Gesetzgeber jede Kleinigkeit selbst regeln muss. Die Ausfüllung der Inhalts- und Schrankenbestimmungen im Einzelfall darf also der Verwaltung überlassen werden. In dieser Hinsicht weist Art. 14 GG keinerlei Besonderheiten auf. Gegenüber bestehenden Eigentumspositionen kommt Art. 14 Abs. 1 S. 2 GG in seiner **Wirkung** einem **einfachen Gesetzesvorbehalt** gleich.[60] **419**

2. Enteignungen (Art. 14 Abs. 3 GG)

Abzugrenzen ist die Inhalts- und Schrankenbestimmung, d.h. die abstrakt-generelle Festlegung des Eigentumsinhalts durch den Gesetzgeber, von der Enteignung (Art. 14 Abs. 3 GG). Nach jahrelangem Streit um die richtige Abgrenzung hat das BVerfG im Nassauskiesungsbeschluss 1981 eine klare Linie gezogen.[61] **420**

---

59 Vgl. dazu Rn. 358 f.

60 So auch deutlich *Sachs*, VerfR II, Kap. B 14 Rn. 31.

61 BVerfGE 58, 300 ff. (Nassauskiesung); vorher sehr ähnlich auch schon BVerfGE 52, 1 (27) (Kleingarten).

a) Enteignung nach alter Rechtsprechung des BGH / BVerwG

421 **Vor 1981** hatten sich vor allem der Bundesgerichtshof (BGH)[62] und das Bundesverwaltungsgericht (BVerwG)[63] im Rahmen von Entschädigungsprozessen mit der Abgrenzungsfrage beschäftigt. Bedeutsam ist die Abgrenzung deshalb, weil die Enteignung nur unter strengen formellen und materiellen Voraussetzungen zulässig ist und zudem zwingend eine Entschädigungspflicht nach sich zieht (vgl. Art. 14 Abs. 3 GG). Hinsichtlich der Inhalts- und Schrankenbestimmungen sieht das Grundgesetz hingegen keine besonderen Anforderungen vor. Aus diesem Textbefund zogen der BGH und das BVerwG eine auf den ersten Blick nahe liegende Konsequenz: Da die Enteignung an hohe Hürden geknüpft und zwingend mit einer Entschädigung verbunden ist, stellt sie also offenbar einen besonders schwer wiegenden Eingriff dar. Die Inhalts- und Schrankenbestimmung ohne besondere Anforderungen aus Art. 14 Abs. 1 S. 2 GG ist demgegenüber die mildere Eingriffsvariante. BGH und BVerwG leiteten daraus ab, dass alle schwer wiegenden Eingriffe in das Eigentum als Enteignungen anzusehen und an die Voraussetzungen des Art. 14 Abs. 3 GG geknüpft sein sollten. Leichtere Eingriffe hingegen sollten nur an Art. 14 Abs. 1 S. 2 GG zu messen sein. BGH und BVerwG prägten in diesem Zusammenhang den Begriff der „Enteignungsschwelle". Eine Eigentumsbeeinträchtigung überschreite die Schwelle zur Enteignung dann, wenn sie sich als besonders schwer wiegend, unzumutbar bzw. als Sonderopfer besonderen Ausmaßes darstelle.[64] Die **Abgrenzung** zwischen Enteignung und Inhalts- und Schrankenbestimmung erfolgte also nach einem **materiellen Kriterium**: der **Eingriffsintensität**. Im Zuge dieser Rechtsprechung dehnte vor allem der BGH den Enteignungsbegriff und damit die Pflicht des Staates, Eingriffe in das Eigentum gem. Art. 14 Abs. 3 S. 2 GG zu entschädigen, immer weiter aus.

422

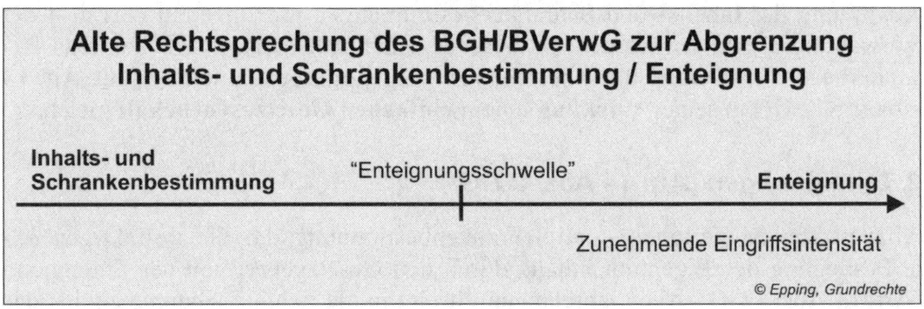

b) Enteignung nach Rechtsprechung des BVerfG

423 Dieser an materiellen Kriterien orientierten Unterscheidung ist das BVerfG 1981 mit deutlichen Worten entgegen getreten und hat zugleich der Verfassung einen wesentlich engeren Enteignungsbegriff entnommen. Nach der **Rechtsprechung**

---

62 Etwa BGHZ 6, 270 (278 ff.).

63 Etwa BVerwGE 5, 143 (145 f.); 19, 94 (99).

64 BVerwGE 5, 143 (145), auch „Schwellentheorie" oder „Sonderopfertheorie" genannt.

des BVerfG erfolgt die Abgrenzung nunmehr nach **formellen Kriterien**[65]: Enteignung ist nach heute weitgehend anerkannter Ansicht des BVerfG nur der vollständige oder teilweise Entzug konkreter vermögenswerter Rechtspositionen durch gezielten hoheitlichen Rechtsakt zur Erfüllung öffentlicher Aufgaben. Während also Inhalts- und Schrankenbestimmungen den Eigentumsinhalt abstrakt und generell festlegen, wird dem Eigentümer mit einer Enteignung eine konkrete Eigentumsposition ganz oder teilweise entzogen. Die weiteren Anforderungen des BVerfG ergeben sich unmittelbar aus dem Grundgesetz: Die Entziehung darf gem. Art. 14 Abs. 3 S. 1 GG nur der Erfüllung öffentlicher Aufgaben dienen und muss zudem durch oder auf Grund eines Gesetzes erfolgen (Art. 14 Abs. 3 S. 2 GG). Nach dieser Rechtsprechung ist also nicht mehr die Schwere des Eingriffs, sondern vielmehr dessen Form und Zweckrichtung maßgeblich. Im Einzelnen:

- **Vollständiger oder teilweiser Entzug** meint die Entziehung einer Eigentumsposition dergestalt, dass der bisherige Eigentümer seine Rechtsstellung verliert. Regelmäßig ist damit zugleich die Übertragung der Position auf einen neuen Eigentümer verbunden, wenngleich jedenfalls das BVerfG dies nicht für zwingend hält und es insbesondere ablehnt, die **Enteignung als Güterbeschaffungsvorgang** zu begreifen.[66] Dabei gibt es gute Gründe, dem BVerfG in dieser Frage zu widersprechen: Denn insbesondere die Koppelung der Enteignung an eine obligatorische Entschädigung in Art. 14 Abs. 3 GG zeigt, dass sich die Enteignung in gewisser Weise als ein Sonderopfer darstellt, welches der Einzelne mit der Übertragung des Eigentums an den Staat zum Wohl der Allgemeinheit erbringt. In der Praxis gibt es jedoch Fälle, in denen eine Entziehung des Eigentums keineswegs ein derartiges Sonderopfer ist. Wichtigstes Beispiel sind die Vorschriften über den Verfall und die Einziehung nach den §§ 73, 74 StGB für durch Straftaten erlangte Gegenstände bzw. für das Tatwerkzeug.[67] Folgte man streng der Definition des BVerfG, müsste hier eine Enteignungsentschädigung gezahlt werden, was ersichtlich absurde Züge annehmen würde. Versteht man den Entzug jedoch als staatlichen Güterbeschaffungsvorgang, so lassen sich derartige Fälle unproblematisch von einer Enteignung unterscheiden. Denn ein Güterbeschaffungsvorgang liegt nur dann vor, wenn der Staat die enteignete Position zu Gunsten eines konkreten Gemeinwohlprojekts verwenden will und es ihm daher gerade um den Erhalt der Sache selbst geht.[68] 424

  Zu Abgrenzungsschwierigkeiten führt die Tatsache, dass auch der **teilweise Entzug** einer konkreten Position eine Enteignung darstellen kann. Auch hier ist zu berücksichtigen, dass es auf den Entzug einer *formalen* Position ankommt. Zu fragen ist also, ob eine rechtlich selbstständige oder jedenfalls verselbstständigungsfähige Rechtsposition entzogen wird, also vom Vollrecht 425

---

65 Auch „Trennungstheorie" genannt.

66 BVerfGE 24, 367 (394) (Hamburgisches Deichordnungsgesetz); 83, 201 (211) (Vorkaufsrecht). A.A. *Lege*, NJW 1993, 2565 (2567).

67 Weitere Beispiele bei *Sachs,* VerfR II, Kap. B 14 Rn. 21 a.E.

68 *Lege*, NJW 1993, 2565 (2567). Ähnlich *Ehlers*, VVdStRL 51 (1992), 211 (239 f.).

ein Teil rechtlich abgetrennt wird.[69] Eindeutig ist dies etwa dann der Fall, wenn nicht das ganze Grundstück, sondern lediglich ein Stück davon entzogen wird. Eine teilweise Enteignung soll aber auch dann vorliegen, wenn eine Dienstbarkeit begründet wird oder eine sonstige dingliche Belastung erfolgt.[70] Nutzungs- oder Verfügungsbeschränkungen entziehen hingegen keine verselbstständigten Positionen und sind deshalb nicht als Enteignungen anzusehen.[71]

426 • **Konkrete vermögenswerte Rechtspositionen** sind alle Positionen, die Eigentum i.S.v. Art. 14 Abs. 1 S. 1 GG (s.o.) darstellen.

427 • Der Entzug muss ferner durch gezielten hoheitlichen Rechtsakt erfolgen. Hoheitliche Rechtsakte sind alle rechtserheblichen Maßnahmen auf dem Gebiet des öffentlichen Rechts; dieses Merkmal bereitet kaum Probleme. Entscheidend ist aber, dass der Rechtsakt auch gezielt (**final**) sein muss. Dies ist nur dann der Fall, wenn die Maßnahme auf den Entzug der Rechtsposition gerichtet ist und ihn folglich gerade bezweckt. Es genügt nicht, dass sich der Entzug als unbeabsichtigte Nebenfolge des Verwaltungshandelns darstellt.[72]

428 • Schließlich muss die Enteignung zur **Erfüllung öffentlicher Aufgaben** erfolgen. Gemeint ist damit, dass der Staat ein Allgemeinwohlinteresse verfolgen muss. Die Enteignung aus (nur) privaten Interessen ist damit unzulässig[73] bzw. kann ggf. eine Inhalts- und Schrankenbestimmung darstellen[74].

> BVerfGE 58, 300 (330 ff.) (Nassauskiesung): „Bei der Prüfung der Regelung am Maßstab des Grundgesetzes ist davon auszugehen, **dass der Gesetzgeber im Rahmen des Art. 14 GG in dreifacher Weise eigentumsrechtlich relevante Vorschriften erlassen kann**. Das Eigentum als Zuordnung eines Rechtsgutes an einen Rechtsträger bedarf, um im Rechtsleben praktikabel zu sein, notwendigerweise der rechtlichen Ausformung. Demgemäß ist das Grundgesetz in Art. 14 Abs. 1 S. 2 GG dem Gesetzgeber die Aufgabe übertragen, den **Inhalt und die Schranken des Eigentums** zu bestimmen. Solche Normen legen generell und abstrakt die Rechte und Pflichten des Eigentümers fest, bestimmen also den „Inhalt" des Eigentums. Der Gesetzgeber schafft damit auf der Ebene des objektiven Rechts diejenigen Rechtssätze, die die Rechtsstellung des Eigentümers begründen und ausformen; sie können privatrechtlicher und öffentlich-rechtlicher Natur sein. Weiter hat der Gesetzgeber nach Art. 14 Abs. 3 S. 2 GG die Möglichkeit, durch Gesetz einem bestimmten oder bestimmbaren Personenkreis konkrete Eigentumsrechte zu entziehen, die auf Grund der allgemein geltenden Gesetze im Sinne des Art. 14 Abs. 1 S. 2 GG rechtmäßig erworben worden sind. Schließlich kann der Gesetzgeber - ebenfalls nach Art. 14 Abs. 3 S. 2 GG - der Exekutive die Ermächtigung erteilen, konkretes Eigentum Einzelner zu entziehen. Die Enteignung auf Grund Gesetzes (**Administrativent-**

69 *Maurer*, Allgemeines Verwaltungsrecht, 14. Aufl. 2002, § 27 Rn. 47.

70 BVerfGE 45, 297 (339) (Öffentliche Last); 56, 249 (260) (Gondelbahn).

71 Z.B. BVerwGE 94, 1 (3 ff.).

72 Z.B.: Ein Polizist zerstört versehentlich bei einem Einsatz einen privaten PKW.

73 BVerfGE 74, 264 (284 f.) (Boxberg).

74 Beispiele in BVerfGE 49, 220 (225) (Zwangsversteigerung III); 104, 1 (9) (Baulandumlegung). Die Entziehung einzelner Grundstücke nach den §§ 45 ff. BauGB zur Neuordnung eines Baugebiets im Interesse der Eigentümer ist daher eine Inhalts- und Schrankenbestimmung. Gleiches gilt für die Zwangsversteigerung zur Befriedigung privater Schuldner.

eignung) erfordert einen behördlichen Vollzugsakt, der - anders als die **Legalenteignung** - mit Rechtsmitteln angefochten werden kann."

429

Rechtsprechung des BVerfG zur Abgrenzung Inhalts- und Schrankenbestimmung / Enteignung

Inhalts- und Schrankenbestimmung	**Enteignung**
• Rechtliche Regelungen	• Vollständiger oder teilweiser Entzug
• mit denen der Gesetzgeber	• konkreter Eigentumspositionen
• Inhalt und Schranken des Eigentums	• durch gezielten hoheitlichen Rechtsakt
• abstrakt und generell festlegt	• zur Erfüllung öffentlicher Aufgaben

Also: Abgrenzung allein nach Ziel und Form

© Epping, Grundrechte

c) Gründe für die neue Rechtsprechung

430 Die Gründe für die neue Rechtsprechung des BVerfG liegen zunächst in der **Struktur des Art. 14 GG** als normgeprägtes Grundrecht: Mittels der Inhalts- und Schrankenbestimmung des Art. 14 Abs. 1 S. 2 GG kommt der Gesetzgeber seinem Auftrag nach und begründet und gestaltet das Eigentum abstrakt und generell. Etwas gänzlich Anderes ist es hingegen, wenn der Gesetzgeber im Einzelfall auf konkrete Eigentumspositionen zugreift und diese dem Eigentümer zur Erfüllung öffentlicher Aufgaben entzieht. Selbst eine Inhalts- und Schrankenbestimmung, die besonders gravierende Einschnitte in bestehende Eigentumspositionen mit sich bringt, kann niemals zum Entzug der konkreten Eigentumsposition im obigen Sinne führen. Sie kann allenfalls unverhältnismäßig stark in bestehende Rechte eingreifen und in diesem Fall verfassungswidrig und nichtig sein. Zu einer Enteignung wird sie gleichwohl nicht. Daher kann eine abstrakt-generell wirkende Inhalts- und Schrankenbestimmung schon logisch nicht in eine auf konkrete Rechtspositionen im Einzelfall bezogene Enteignung umschlagen.

431 Der wesentliche Grund für die neue Rechtsprechung liegt jedoch in den zahllosen **Rechtsunsicherheiten** der Rechtsprechung des BGH begründet, die das Grundrecht aus Art. 14 Abs. 1 S. 1 GG auszuhöhlen drohte und seine Wirkung allmählich von einer **Bestandsgarantie** hin zu einer **Wertgarantie** des Eigentums veränderte. Denn die am materiellen Kriterium der Schwere des Eingriffs orientierte Rechtsprechung des BGH brachte es mit sich, dass sich der Gesetzgeber auf Grund der unklaren Abgrenzung zwischen der Inhalts- und Schrankenbestimmung auf der einen und der Enteignung auf der anderen Seite bei Erlass eines Gesetzes häufig nicht sicher sein konnte, welche materielle Schwere die Gerichte einem

Eingriff beimessen würden. Der Gesetzgeber wusste also weder, ob er die Formerfordernisse des Art. 14 Abs. 3 GG einhalten musste, noch ob eine Entschädigung erforderlich war. Die gleiche Unsicherheit traf aber auch den von Eigentumseingriffen betroffenen Bürger. Auch er konnte kaum abschätzen, ob nun eine Enteignung, die zur Entschädigung verpflichtete, oder lediglich eine Inhalts- und Schrankenbestimmung vorlag. Diese Rechtsunsicherheit milderte der BGH schließlich dadurch ab, dass er neben der im Grundgesetz vorgesehenen Enteignungsentschädigung die Rechtsinstitute des enteignenden[75] und vor allem des enteignungsgleichen[76] Eingriffs entwickelte.[77] Letzteres Rechtsinstitut ermöglichte es dem Bürger, für alle Fälle von rechtswidrigen Eigentumsbeeinträchtigungen eine Entschädigung zu verlangen, und zwar unabhängig davon, ob diese gesetzlich vorgesehen war oder nicht. Der Bürger hatte damit ein **Wahlrecht**: Hielt er eine Eigentumsbeeinträchtigung für rechtswidrig, konnte er entweder gegen die Beeinträchtigung selbst auf dem Verwaltungsrechtsweg vorgehen (Primärrechtsschutz), oder aber auf dem Zivilrechtsweg eine Entschädigung verlangen (Sekundärrechtsschutz). Beide Möglichkeiten waren gleichrangig; der Bürger war nicht gehalten, sich zunächst um eine Beseitigung der Eigentumsbeeinträchtigung zu bemühen. Er konnte eine rechtswidrige Eigentumsbeeinträchtigung **„dulden und liquidieren"** und damit seine grundrechtliche Position de facto „verkaufen". Das grundrechtliche Ziel, dem Einzelnen das Eigentum in seinem Bestand als Grundlage persönlicher Freiheitsentfaltung zu erhalten, wurde hingegen zunehmend verfehlt. Aus der Eigentums*bestands*garantie wurde nach und nach eine Eigentums*wert*garantie - entgegen der Intention des Grundgesetzes, das nur in Art. 14 Abs. 3 S. 2 GG für die Enteignung ausnahmsweise die Bestandsgarantie durch eine Wertgarantie ersetzt.

432 Diese Problematik schafft die **Rechtsprechung des BVerfG** aus der Welt: Indem es eine Abgrenzung zwischen Inhalts- und Schrankenbestimmung und Enteignung nach formalen Kriterien annimmt, muss sich der Gesetzgeber bei Erlass des Gesetzes eindeutig entscheiden: Will er enteignen, muss er ein Gesetz erlassen, dass entweder selbst unmittelbar die Eigentumsposition gegen eine zugleich im Einzelnen festgesetzte Entschädigung entzieht (Legalenteignung), oder aber er muss die Verwaltung zu Enteignungen „auf Grund eines Gesetzes" (Art. 14 Abs. 3 S. 2 GG, Administrativenteignung) ermächtigen.[78] Im letzteren Fall muss die Verwaltung in der Einzelfallentscheidung zugleich die Entschädigung im Detail regeln; ist dies nicht der Fall, ist die Enteignung schon deshalb verfassungswidrig. Für den Bürger ist so **Rechtssicherheit** geschaffen. Er kann auf Grund der Form und der Zielrichtung des Eigentumseingriffs eindeutig sehen, ob eine Enteignung oder eine Inhalts- und Schrankenbestimmung vorliegt. Hinzu kommt weiter, dass das BVerfG dem Wahlrecht zwischen Primär- und Sekundärrechtsschutz eine eindeutige Absage erteilt und einen **Vorrang des Primärrechtsschutzes** als von der

---

[75] BGH, NJW 1965, 1907 ff.

[76] BGHZ 6, 270 (290 ff.).

[77] Vgl. dazu im Detail z.B. die übersichtliche Darstellung bei *Maurer*, Allgemeines Verwaltungsrecht, 14. Aufl. 2002, § 27.

[78] Diese strikte Gesetzesbindung einer Entschädigung hat zudem den Vorteil, dass das Budgetrecht des Parlaments gewahrt wird, vgl. dazu Rn. 444.

Verfassung vorgeschrieben ansieht[79]: Hält der Bürger eine Eigentumsbeeinträchtigung - gleich welcher Art - für rechtswidrig, muss er diese unmittelbar vor den Verwaltungsgerichten angreifen. Eine Entschädigung kann der Bürger hingegen nur dann verlangen, wenn diese gesetzlich vorgesehen ist (vgl. Art. 14 Abs. 3 S. 2 GG).

BVerfGE 58, 300 (323 f.) (Nassauskiesung): „**Die Eigentumsgarantie schützt den konkreten Bestand in der Hand des einzelnen Eigentümers**. Dieser braucht eine Entziehung seiner verfassungsrechtlich geschützten Rechtsstellung nur hinzunehmen, wenn der Eingriff in jeder Hinsicht den in Art. 14 Abs. 3 GG normierten Voraussetzungen entspricht. In einem solchen Fall tritt an die Stelle der Bestandsgarantie eine Wertgarantie, die sich auf Gewährung einer vom Gesetzgeber dem Grunde nach zu bestimmenden Entschädigung richtet. Dagegen ist die vom Grundgesetz vorgesehene Folge einer verfassungswidrigen „Enteignung" die Aufhebung des Eingriffsaktes.

Mit der Eröffnung des Rechtswegs zu den Verwaltungsgerichten hat das Grundgesetz dem von einer solchen Maßnahme Betroffenen mithin die Möglichkeit gegeben, den Verwaltungsakt selbst zu Fall zu bringen, wenn das zu Grunde liegende Gesetz wegen Fehlens einer Entschädigungsregelung oder auch aus anderem Grund nichtig ist. Dabei steht ihm als letztes Mittel die Verfassungsbeschwerde zur Verfügung, wenn die Verwaltungsgerichte sich seinem Vortrag, es handele sich um eine verfassungswidrige Enteignungsnorm, nicht anschließen. Für die Entscheidungskompetenz der ordentlichen Gerichte in Verfahren nach Art. 14 Abs. 3 S. 4 GG ergeben sich aus dieser Rechtslage folgende Konsequenzen: Sieht der Bürger in der gegen ihn gerichteten Maßnahme eine Enteignung, so kann er eine Entschädigung nur einklagen, wenn hierfür eine gesetzliche Anspruchsgrundlage vorhanden ist. Fehlt sie, so muss er sich bei den Verwaltungsgerichten um die Aufhebung des Eingriffsaktes bemühen. Er kann aber nicht unter Verzicht auf die Anfechtung eine ihm vom Gesetz nicht zugebilligte Entschädigung beanspruchen; mangels gesetzlicher Grundlage können die Gerichte auch keine Entschädigung zusprechen.

Der Betroffene hat hiernach kein Wahlrecht, ob er sich gegen eine wegen Fehlens der gesetzlichen Entschädigungsregelung rechtswidrige „Enteignung" zur Wehr setzen oder unmittelbar eine Entschädigung verlangen will. Lässt er den Eingriffsakt unanfechtbar werden, so verfällt seine Entschädigungsklage der Abweisung. Wer von den ihm durch das Grundgesetz eingeräumten Möglichkeiten, sein Recht auf Herstellung des verfassungsmäßigen Zustandes zu wahren, keinen Gebrauch macht, kann wegen eines etwaigen, von ihm selbst herbeigeführten Rechtsverlustes nicht anschließend von der öffentlichen Hand Geldersatz verlangen."

Hinweis zur Fallbearbeitung: 433

Die Unterscheidung, ob eine Inhalts- und Schrankenbestimmung oder eine Enteignung vorliegt, wird streng genommen erst auf der Rechtfertigungsebene relevant, da an die unterschiedlichen Eingriffsarten unterschiedliche Rechtfertigungsvoraussetzungen geknüpft sind. Nur der Übersichtlichkeit der Darstellung halber erfolgt hier die Erläuterung der Eingriffsarten unmittelbar beim Eingriff. In der Fallbearbeitung empfiehlt es sich jedoch, bei der Eingriffsprüfung nur kurz klarzustellen, dass überhaupt Eigentum i.S.v. Art. 14 Abs. 1 S. 1 GG beeinträchtigt ist und die Frage nach der Art des Eingriffs erst bei der Rechtfertigung des Eingriffs anzusprechen.[80]

---

79 BVerfGE 58, 300 (323) (Nassauskiesung).

80 So auch das sehr lesenswerte Fallbeispiel bei *Schoch*, Fall 9, S. 371 (382 ff.).

3. Sozialisierung (Art. 15 GG)

434 Möglich ist nach dem Grundgesetz ferner die Vergesellschaftung (Sozialisierung) von Grund und Boden, Naturschätzen und Produktionsmitteln. Vergesellschaftung meint, dass die genannten Güter in Gemeineigentum überführt und damit privater Verfügungsmacht entzogen werden. Die Sozialisierung stellt sich insofern als besondere Form der Enteignung dar (vgl. Art. 15 S. 2 GG). Praktische Bedeutung hat Art. 15 GG in der Bundesrepublik nicht erlangt. Die Vorschrift belegt aber, dass das Grundgesetz hinsichtlich der Wirtschaftsordnung grundsätzlich neutral[81] ausgerichtet ist und sowohl die Gemein- wie auch die Privatwirtschaft erlaubt, soweit nicht gegen sonstige Grundrechte verstoßen wird. Art. 15 GG enthält allerdings keinen Sozialisierungsauftrag und steht Privatisierungen nicht entgegen.[82]

V. Rechtfertigung von Eingriffen

435 Unter welchen Voraussetzungen ein Eingriff in das Grundrecht des Art. 14 GG gerechtfertigt ist, hängt davon ab, ob eine Inhalts- und Schrankenbestimmung, eine Enteignung oder - kaum anzunehmen - gar eine Sozialisierung vorliegt.

1. Rechtfertigung von Inhalts- und Schrankenbestimmungen

436 Liegt eine Inhalts- und Schrankenbestimmung i.S.v. Art. 14 Abs. 1 S. 2 GG vor, die in vorhandenes Eigentum eingreift, gelten für deren Rechtfertigung die bekannten Voraussetzungen: Das zu Grunde liegende Gesetz muss formell und materiell der Verfassung entsprechen sowie ggf. auch in der konkreten Anwendung nicht gegen Verfassungsrecht verstoßen. Wichtig ist vor allem die Bindung des Eingriffs an den Verhältnismäßigkeitsgrundsatz: Die Inhalts- und Schrankenbestimmung muss einem legitimen Zweck dienen sowie geeignet, erforderlich und angemessen sein. Besonderheiten weist Art. 14 GG dabei vor allem hinsichtlich der Angemessenheit von Eingriffen auf.

a) Sozialbindung des Eigentums (Art. 14 Abs. 2 GG)

437 „Eigentum verpflichtet. Sein Gebrauch soll zugleich dem Wohle der Allgemeinheit dienen" - mit diesen Worten umschreibt das Grundgesetz die Pflicht des Gesetzgebers, bei der Festlegung von Inhalt und Schranken des Eigentums das Allgemeinwohl mitzubedenken. Das Grundgesetz enthält mit Art. 14 Abs. 2 GG eine **Absage an einen unbeschränkten Gebrauch des Eigentumsgrundrechts** und fordert stattdessen eine Bindung der Eigentümerbefugnisse an die Bedürfnisse der Allgemeinheit. Art. 14 Abs. 2 GG stellt sich damit als Ausprägung des Sozialstaatsgebots (Art. 20 Abs. 1 GG) dar.[83] Es ist Aufgabe des Gesetzgebers, in die-

---

[81] BVerfGE 4, 7 (17 f.) (Investitionshilfe); 7, 377 (400) (Apotheken-Urteil); vgl. zu Art. 15 GG auch die Materialien zu seiner Entstehung in JöR 1 (1951), S. 154 ff. (insb. Fn. 34).

[82] BVerfGE 12, 354 (364) (Volkswagenprivatisierung).

[83] BVerfGE 25, 112 (117) (Nds. Deichgesetz).

sem Spannungsfeld zwischen individueller Freiheit und dem Gebot einer sozial gerechten Eigentumsordnung zu ausgeglichenen Lösungen zu kommen.

> BVerfGE 72, 66 (77 f.) (Flughafen Salzburg): „Bei der Erfüllung des ihm in Art. 14 Abs. 1 S. 2 GG erteilten Auftrags, Inhalt und Schranken des Eigentums zu bestimmen, muss der Gesetzgeber beiden Elementen des im Grundgesetz angelegten Verhältnisses von verfassungsrechtlich garantierter Rechtsstellung und dem Gebot einer sozialgerechten Eigentumsordnung in gleicher Weise Rechnung tragen; **er muss die schutzwürdigen Interessen der Beteiligten in einen gerechten Ausgleich und ein ausgewogenes Verhältnis bringen. Eine einseitige Bevorzugung oder Benachteiligung steht mit den verfassungsrechtlichen Vorstellungen eines sozialgebundenen Privateigentums nicht in Einklang. Dem entspricht die Bindung des Gesetzgebers an den verfassungsrechtlichen Grundsatz der Verhältnismäßigkeit**. Das Wohl der Allgemeinheit ist nicht nur Grund, sondern auch Grenze für die dem Eigentümer aufzuerlegenden Beschränkungen. Um vor der Verfassung Bestand zu haben, müssen sie vom geregelten Sachbereich her geboten und auch in ihrer Ausgestaltung sachgerecht sein. Einschränkungen der Eigentümerbefugnisse dürfen nicht weiter gehen, als der Schutzzweck reicht, dem die Regelung dient. In jedem Fall fordert die verfassungsrechtliche Gewährleistung die Erhaltung der Substanz des Eigentums und die Beachtung des Gleichheitsgebots des Art. 3 Abs. 1 GG."

Art. 14 Abs. 2 GG selbst enthält allerdings **keine Ermächtigung** zur Einschränkung des Eigentumsgrundrechts; diese ist vielmehr in Art. 14 Abs. 1 S. 2 GG enthalten. Demgegenüber wird Art. 14 Abs. 2 GG bei der Verhältnismäßigkeitsprüfung relevant: Im Rahmen der **Abwägung** kommt der Sozialbindung die Funktion zu, das Gewicht sozialer Belange als Grund für Beschränkungen des Eigentums zu stärken und folglich sozial motivierte Einschränkungen unter erleichterten Voraussetzungen zu rechtfertigen. Jedoch muss immer ein Ausgleich gefunden werden, der auch die individuelle Freiheit des Eigentümers hinreichend berücksichtigt.[84] Je stärker also der soziale Bezug des Eigentumsobjekts ist, umso eher sind Einschränkungen gerechtfertigt. Umgekehrt nehmen die Anforderungen an die Rechtfertigung mit steigender Wichtigkeit des Eigentums für die Sicherung der persönlichen Freiheit des Eigentümers zu.[85] **438**

> BVerfGE 70, 191 (201) (Fischereirechte): „Die Grenzen der Gestaltungsbefugnis des Gesetzgebers sind nicht für alle Sachbereiche gleich und auch nicht ein für alle Mal starr festgelegt. **Die Reichweite des Schutzes der Eigentumsgarantie bemisst sich zum einen danach, welche Befugnisse einem Eigentümer zum Zeitpunkt der gesetzgeberischen Maßnahme konkret zustehen. Zum andern ist die Befugnis des Gesetzgebers zur Inhalts- und Schrankenbestimmung umso weiter, je mehr das Eigentumsobjekt in einem sozialen Bezug und einer sozialen Funktion steht**. Soweit es um die Funktion des Eigentums als Element der Sicherung der persönlichen Freiheit des Einzelnen geht, genießt es einen besonders ausgeprägten Schutz; soweit der Nichteigentümer seinerseits der Nutzung des Eigentumsobjekts zu seiner Freiheitssicherung und verantwortlichen Lebensgestaltung bedarf, umfasst das grundgesetzliche Gebot einer am Gemeinwohl orientierten Nutzung die Pflicht zur Rücksichtnahme auf den Nichteigentümer. Veränderte wirtschaftliche und gesellschaftliche Verhältnisse können zu einer Verschiebung der Maßstäbe führen."

---

84 BVerfGE 25, 112 (117) (Nds. Deichgesetz); 72, 66 (77 f.) (Flughafen Salzburg); 100, 226 (240) (Denkmalschutz).

85 BVerfGE 70, 191 (201) (Fischereirechte).

b) Situationsgebundenheit des (Grund-)Eigentums

439 Ein weiterer **Maßstab für die Angemessenheitsprüfung** ist die sog. Situationsgebundenheit des Eigentums, die die Rechtsprechung als Ausprägung der Sozialbindung (Art. 14 Abs. 2 GG) bei Beschränkungen des Grundeigentums heranzieht. Der Begriff entstammt der alten Entschädigungsrechtsprechung des BGH[86], er wird aber auch in der jüngeren Rechtsprechung der Verwaltungsgerichte regelmäßig verwendet.[87] Das BVerfG selbst verwendet den Begriff zwar nur zurückhaltend[88]; in der Sache aber gibt es wohl keine Differenzen[89]: Situationsgebundenheit des Eigentums meint, dass der Gesetzgeber - will er Inhalt und Schranken des Eigentums festlegen - bestimmte Voraussetzungen vorfindet. Dazu gehören bei Grundstücken insbesondere die **Lage im Raum, die Beschaffenheit und die Umweltbeziehungen**. Grundeigentum wird durch seine konkrete Situation geprägt. Der Prägung des Grundeigentums kann sich der Gesetzgeber auf zwei Arten nähern: Entweder kann er ohne Rücksicht auf die bestehende Situation Regelungen schaffen, die unter Umständen zu einer völlig neuen Prägung des Eigentums führen. Er kann aber auch an die vorgefundene Situation anknüpfen und situationsgebundene Regelungen schaffen. Anschauliche Beispiele liefert das Naturschutzrecht: Der Gesetzgeber könnte die Umwandlung aller Grundstücke in einem bestimmten Gebiet in Sümpfe anordnen, auch wenn sämtliche Grundstücke bisher als Wälder genutzt werden und Sümpfe natürlicherweise in der Region nicht vorkommen. Der Gesetzgeber könnte aber auch bestehende Sümpfe unter strengen Schutz stellen oder die Renaturierung bestehender, aber degradierter Sumpfflächen anordnen. Während der Gesetzgeber im ersten Fall unabhängig von bestehenden Gegebenheiten rechtliche Regelungen trifft, nimmt er im zweiten Fall bestehende Umweltfaktoren zum Anlass einer Regelung.[90] Dieses unterschiedliche Vorgehen weist unterschiedliche Anforderungen an die Rechtfertigung von Eingriffen auf: Knüpft ein Eingriff an bestehende Umweltbeziehungen an und zeichnet die Situationsgebundenheit des Eigentums nach, ist die Rechtfertigungslast gemindert. Umgekehrt wird die Last umso höher, je stärker Eingriffe umgestaltenden Charakter tragen und sich nicht an bestehenden Gegebenheiten orientieren.

c) Bestehende Rechte: Vertrauensschutz und Übergangsregelungen

440 Aus der besonderen Normstruktur des Art. 14 GG ergibt sich, dass Inhaltsbestimmungen des Eigentums für die Zukunft gleichzeitig als Schrankenbestimmungen für bestehende Eigentumspositionen wirken und in bestehende Eigentumspositionen eingreifen können. Für die Betroffenen sind derartige Eingriffe vor allem dann problematisch, wenn sie berechtigterweise auf den Bestand einer Position vertraut haben. Auf derartiges, möglicherweise über Jahre entstandenes **schutzwürdiges Vertrauen** muss der Gesetzgeber auch dann Rücksicht nehmen, wenn eine In-

86 Vgl. BGHZ 23, 30 (35); 90, 4 (15).
87 Vgl. BVerwGE 84, 361 (371); 94, 1 (4).
88 Etwa BVerfGE 74, 264 (280) (Boxberg).
89 Vgl. BVerfGE 21, 73 (82 f.) (Grundstücksverkehrsgesetz); 52, 1 (32 f.) (Kleingarten).
90 Dazu *Lege*, JZ 1994, 431 (438 f.).

halts- und Schrankenbestimmung durch Allgemeinwohlbelange grundsätzlich gerechtfertigt erscheint. Dies gebietet auch das aus dem Rechtsstaatsprinzip abgeleitete Vertrauensschutzprinzip. Keinen Vertrauensschutz genießen allerdings illegale Nutzungen wie etwa die unerlaubte Ausbeutung von Bodenschätzen. Liegt schutzwürdiges Vertrauen hinsichtlich von einer Neuregelung betroffener Eigentumspositionen vor, besteht eine erhöhte Rechtfertigungslast des Gesetzgebers. Die von ihm verfolgten Allgemeinwohlbelange müssen besonders schwer wiegend sein, um die Vertrauensschutzgesichtspunkte zu überwiegen.[91]

Dem Gesetzgeber bietet sich allerdings ein **Ausweg** an, der in der Praxis auch **441**
regelmäßig beschritten wird: Er kann **Übergangsregelungen** schaffen, die bestehende Positionen entweder von der Neuregelung ausnehmen[92] oder aber die Belastungen etwa durch eine stufenweise Einführung etc. verringern. Übergangsregelungen für Alteigentümer verringern die Rechtfertigungslast des Gesetzgebers, und zwar umso stärker, je umfassender er bestehende Rechtspositionen verschont.

BVerfGE 83, 201 (212 f.) (Vorkaufsrecht): „Der Gesetzgeber darf nicht nur nach Art. 14 Abs. 1 S. 2 GG Eigentumsrechten einen neuen Inhalt geben. Ebenso wie er neue Rechte einführen darf, kann er auch das Entstehen von Rechten, die nach bisherigem Recht möglich waren, für die Zukunft ausschließen. Es ist ihm auch nicht ausnahmslos verwehrt, die nach altem Recht begründeten Rechte der Neuregelung anzugleichen, selbst wenn dabei die bisher mit dem Recht verbundenen Befugnisse eingeschränkt werden; die Eigentumsgarantie gebietet insoweit nicht, einmal ausgestaltete Rechtspositionen für alle Zukunft in ihrem Inhalt unangetastet zu lassen. **Selbst die völlige Beseitigung bisher bestehender, durch die Eigentumsgarantie geschützter Rechtspositionen kann unter bestimmten Voraussetzungen zulässig sein.**

Der Gesetzgeber unterliegt dabei jedoch **besonderen verfassungsrechtlichen Schranken**. Voraussetzung der Zulässigkeit eines Eingriffs in bestehende Rechtspositionen durch eine gesetzliche Neuregelung ist zunächst, dass die Neuregelung als solche, unabhängig von der Frage der Beseitigung oder Einschränkung bestehender Rechtspositionen, verfassungsmäßig ist. Der Eingriff in die nach früherem Recht entstandenen Rechte muss darüber hinaus durch Gründe des öffentlichen Interesses unter Berücksichtigung des Grundsatzes der Verhältnismäßigkeit gerechtfertigt sein. Die Gründe des öffentlichen Interesses, die für einen solchen Eingriff sprechen, müssen so schwer wiegend sein, dass sie Vorrang haben vor dem Vertrauen des Bürgers auf den Fortbestand seines Rechts, das durch die Bestandsgarantie des Art. 14 Abs. 1 S. 1 GG gesichert wird. Auch das Ausmaß des zulässigen Eingriffs hängt vom Gewicht des dahinter stehenden öffentlichen Interesses ab.

Selbst wenn Art. 14 Abs. 3 GG nicht unmittelbar eingreift, ist das darin zum Ausdruck kommende Gewicht des Eigentumsschutzes bei der vorzunehmenden Abwägung zu beachten, da sich der Eingriff für den Betroffenen wie eine (Teil- oder Voll-)Enteignung auswirkt. Der Gesetzgeber muss danach die Umgestaltung oder Beseitigung eines Rechts zwar nicht durchweg mit einer Entschädigungs- oder Übergangsregelung abmildern. Die völlige, übergangs- und ersatzlose Beseitigung einer Rechtsposition kann jedoch nur unter besonderen Voraussetzungen in Betracht kommen. Durch das bloße Bedürfnis nach Rechtseinheit im Zuge einer Neuregelung wird sie nicht gerechtfertigt."

[91] Vgl. zum allgemeinen Rückwirkungsverbot *Jarass*, in: Jarass/Pieroth, Art. 20 Rn. 67 ff.

[92] In diesem Fall fehlt es bereits an einem Eingriff, vgl. Rn. 417.

d) Die „ausgleichspflichtige Inhalts- und Schrankenbestimmung“

442 Schließlich gibt es regelmäßig Fallgestaltungen, in denen sich eine Maßnahme trotz aller Übergangsregelungen als unverhältnismäßig darstellt oder aber Übergangsregelungen mit dem Regelungsziel vollkommen unvereinbar sind. Besonders häufig sind solche Fälle im Bau-, Denkmalschutz- und Naturschutzrecht. Gerade die beiden letzteren Rechtsbereiche enthalten Vorschriften[93], nach denen empfindliche Auflagen für Erhalt und Nutzung des Eigentums gemacht werden können. So gibt es etwa Erhaltungsauflagen für denkmalgeschützte Gebäude und Naturschutzgebiete, deren finanzielle Lasten für den Eigentümer den Nutzwert des Eigentums weit übersteigen. Auch eine vollständige Nutzungsuntersagung ist möglich und kommt in der Praxis nicht selten vor. Im Extremfall bleibt in den genannten Fällen zwar das Eigentum als **formale Position unangetastet**; der wirtschaftliche Wert des Eigentums, die Verfügungs- und die Nutzungsbefugnis werden hingegen komplett aufgehoben. Das Eigentum verbleibt quasi als „**leere Hülle**“ ohne jeden wirtschaftlichen oder praktischen Wert und wird im Gegenteil sogar zur Belastung. Dennoch stellen solche Fälle **keine Enteignung**[94], auch keine teilweise Enteignung, dar, da es am Entzug der konkreten verselbstständigten Position fehlt[95]: Das Eigentum verbleibt schließlich in der Hand des Eigentümers. Entsprechend besteht keine Entschädigungspflicht nach Art. 14 Abs. 3 S. 2 GG.

443 Auch wenn es sich also in diesen Fällen um Inhalts- und Schrankenbestimmungen handelt, genügen regelmäßig weder die Sozialbindung des Eigentums (Art. 14 Abs. 2 GG) noch der Verweis auf dessen Situationsgebundenheit, um die Belastungen zu rechtfertigen, die sich für den Einzelnen als übermäßig darstellen. Diese Problematik hat auch das BVerfG gesehen: Ausgangspunkt der sog. **Pflichtexemplarentscheidung**[96] war eine Regelung im hessischen Landespressegesetz, die die unentgeltliche Ablieferung von Pflichtexemplaren an im Einzelnen bezeichnete hessische Landesbibliotheken vorsah.[97] Gegen diese Ablieferungspflicht klagte ein Verleger, der äußerst aufwändige und teure Nachdrucke alter Schriften in sehr

---

93 Z.B. § 6 DenkmalschutzG Nds., §§ 24 ff, 29 NaturschutzG Nds.

94 Anders war dies nach der alten Rspr. des BGH, die hier eine Enteignung auf Grund der Schwere des Eingriffs annahm. Auch wenn diese Rspr. längst überholt und mit der ständigen Rspr. des BVerfG in keiner Weise zu vereinbaren ist, halten in der Literatur manche Autoren (z.B. *Wendt*, in: Sachs, GG, Art. 14 Rn. 150a, *Pieroth/Schlink*, Rn. 923 und *Maurer*, Allgemeines Verwaltungsrecht, 14. Aufl. 2002, § 27 Rn. 48) daran fest, dass in schweren Fällen die Inhalts- und Schrankenbestimmung in eine Enteignung umschlagen soll. Diese Ansicht ist entschieden abzulehnen: Sie steht mit dem formalen Enteignungsbegriff nicht in Einklang, lässt die überwundenen Rechtsunsicherheiten wieder aufleben und führt gegenüber der neuen Rspr. des BVerfG (vgl. etwa BVerfGE 100, 226 [240 ff.] [Denkmalschutz]) auch zu keinem Gewinn an Gerechtigkeit im Einzelfall.

95 BVerfGE 100, 226 (240) (Denkmalschutz).

96 BVerfGE 58, 137 ff. (Pflichtexemplar).

97 Die Ablieferungspflicht stellt keine Enteignung, sondern eine Inhalts- und Schrankenbestimmung dar. Denn dem Verleger werden nicht konkrete Eigentumspositionen entzogen, sondern es wird an das Verlegen von Druckwerken eine allgemeine Ablieferungspflicht geknüpft. Welche konkreten Stücke der Verleger den Bibliotheken übereignet, bleibt ihm selbst überlassen, vgl. BVerfGE 58, 137 (145) (Pflichtexemplar).

kleinen Auflagen produzierte. Angesichts der kleinen Auflage und der hohen finanziellen Belastung sah er die Regelung als unverhältnismäßig an. Dem schloss sich das BVerfG an und stellte fest, „dass bei wertvollen Druckwerken mit niedriger Auflage eine kostenlose Pflichtablieferung die Grenzen verhältnismäßiger und noch zumutbarer inhaltlicher Festlegung des Verlegereigentums überschreitet".[98] Daraus leitete insbesondere das BVerwG im Umkehrschluss ab, dass eine Entschädigung in derartigen Fällen eigentlich unverhältnismäßiger Inhalts- und Schrankenbestimmungen zur Verhältnismäßigkeit des Eingriffs führen könne.[99] Damit war die ausgleichspflichtige Inhalts- und Schrankenbestimmung entstanden. Die Zahlung des Ausgleichs mindert die Belastung für den Eigentümer und stellt in Folge dessen die ohne Ausgleich fehlende **Verhältnismäßigkeit** des Eingriffs erst her. Praktisch erlangten ausgleichspflichtige Inhalts- und Schrankenbestimmungen in den Folgejahren eine erhebliche Bedeutung. Insbesondere im Naturschutzrecht sind finanzielle Ausgleichszahlungen für gravierende Beschränkungen heute die Regel. Streng zu trennen ist die Zahlung eines Ausgleichs für eine ansonsten unverhältnismäßige Inhalts- und Schrankenbestimmung von der Enteignungsentschädigung: Während der Ausgleich seinen **Ursprung in Art. 14 Abs. 1 S. 2 GG** findet, wird die Enteignungsentschädigung auf Grund von Art. 14 Abs. 3 GG gewährt. Dies darf keinesfalls verwechselt werden.

Das BVerfG hat diese Rechtsprechung des BVerwG 1999 in der **Denkmalschutzentscheidung** bestätigt, zugleich aber auch die **Grenzen ausgleichspflichtiger Inhalts- und Schrankenbestimmungen** aufgezeigt[100]: Die Entscheidung betraf bestimmte Normen des rheinland-pfälzischen Denkmalschutzgesetzes, die bei einer Unterschutzstellung im Einzelfall zu gravierenden finanziellen Belastungen bei minimalen Nutzungsmöglichkeiten führen konnten. Eine Entschädigungsmöglichkeit sah das Gesetz nur in Form einer sog. salvatorischen Klausel[101] vor, die eine mögliche Entschädigung in wenig bestimmter Form der Verwaltung überließ. Das BVerfG akzeptierte in dieser Entscheidung erstmals explizit die ausgleichspflichtige Inhalts- und Schrankenbestimmung als Ergänzung seiner bisherigen Rechtsprechung. Sieht der Gesetzgeber einen finanziellen Ausgleich vor, kann dies zur Rechtfertigung eines ansonsten unverhältnismäßigen Eingriffs führen. Allerdings zog das BVerfG zugleich eine wichtige Grenze: Die Festsetzung der konkret zu leistenden Entschädigung muss zeitgleich mit dem Eingriff erfolgen[102] und zudem im Gesetz seine eindeutige Grundlage finden. Hingegen kann eine **Entschädigung nicht ohne gesetzliche Grundlage** gewährt werden, die im 444

---

[98] BVerfGE 58, 137 (150) (Pflichtexemplar).

[99] U.A. BVerwGE 77, 295 (297 f.); 84, 361 (367 f.); 94, 1 (5 ff.). Vgl. dazu *Maurer*, Allgemeines Verwaltungsrecht, 14. Aufl. 2002, § 27 Rn. 79 ff. m.w.N.

[100] BVerfGE 100, 226 ff. (Denkmalschutz).

[101] § 31 Abs. 1 Denkmalschutzgesetz: „Kann auf Grund einer auf diesem Gesetz beruhenden Maßnahme die bisher rechtmäßig ausgeübte Nutzung eines Gegenstandes nicht mehr fortgesetzt werden und wird hierdurch die wirtschaftliche Nutzbarkeit insgesamt erheblich beschränkt, so hat das Land eine angemessene Entschädigung zu leisten. Das Gleiche gilt, wenn die Maßnahme in sonstiger Weise enteignend wirkt."

[102] Eine Ausnahme aus praktischen Gründen enthält BVerfGE 102, 1 (24) (Altlasten).

Einzelnen die Voraussetzungen der Entschädigungspflicht festlegt.[103] Salvatorische Klauseln sind, da sie auf Grund ihrer Unbestimmtheit diesen Anforderungen nicht genügen, unzulässig. Vorrangig ist zudem weiterhin die **Bestandsgarantie des Eigentums**: Der Gesetzgeber muss sich zunächst bemühen, ohne Ausgleich unverhältnismäßige Maßnahmen gänzlich zu vermeiden und Dispens- bzw. Übergangsregelungen bereitzustellen, bevor er als letztes Mittel zur Entschädigung greift.[104] Schließlich stellt das BVerfG fest, in Fällen, in denen das Eigentum tatsächlich gänzlich ausgehöhlt werde, könne sich die Enteignung nach Art. 14 Abs. 3 GG als milderes Mittel darstellen.[105] In derartigen Fällen wäre die Inhalts- und Schrankenbestimmung also bereits nicht erforderlich.

BVerfGE 100, 226 (245 f.) (Denkmalschutz): „**Ausgleichsregelungen im Anwendungsbereich des Art. 14 Abs. 1 S. 2 GG müssen den folgenden Anforderungen entsprechen:**

aa) Sie bedürfen einer **gesetzlichen Grundlage**. Inhalt und Schranken des Eigentums zu bestimmen, ist grundsätzlich Sache des Gesetzgebers. Er ist gehalten, die verfassungsrechtlichen Grenzen inhaltsbestimmender Gesetze zu wahren, und darf, wenn er ein zwingendes Verbot ausspricht, nicht darauf vertrauen, dass die Verwaltung oder die Gerichte Verletzungen der Eigentumsgarantie gegebenenfalls durch ausgleichende Vorkehrungen oder Geldleistungen vermeiden. Soweit kompensatorische Entschädigungsansprüche begründet werden sollen, kann dies ohnehin, auch mit Rücksicht auf das Budgetrecht des Parlaments, nur durch ein Gesetz geschehen.

bb) **Ausgleichsregelungen, die den Grundsatz der Verhältnismäßigkeit in besonderen Härtefällen wahren sollen, sind unzulänglich, wenn sie sich darauf beschränken, dem Betroffenen einen Entschädigungsanspruch in Geld zuzubilligen.** Die Bestandsgarantie des Art. 14 Abs. 1 S. 1 GG verlangt, dass **in erster Linie Vorkehrungen getroffen werden, die eine unverhältnismäßige Belastung des Eigentümers real vermeiden** und die Privatnützigkeit des Eigentums so weit wie möglich erhalten. Als Instrumente stehen dem Gesetzgeber hierfür Übergangsregelungen, Ausnahme- und Befreiungsvorschriften sowie der Einsatz sonstiger administrativer und technischer Vorkehrungen zur Verfügung. Ist ein solcher Ausgleich im Einzelfall nicht oder nur mit unverhältnismäßigem Aufwand möglich, kann für diesen Fall ein finanzieller Ausgleich in Betracht kommen, oder es kann geboten sein, dem Eigentümer einen Anspruch auf Übernahme durch die öffentliche Hand zum Verkehrswert einzuräumen.

cc) Wie der Gesetzgeber auf normativer Ebene mit der Bestimmung von Inhalt und Schranken des Eigentums auch Voraussetzungen, Art und Umfang des Ausgleichs sonst unverhältnismäßiger Belastungen zu regeln hat, **muss die Verwaltung bei der Aktualisierung der Eigentumsbeschränkung zugleich über den gegebenenfalls erforderlichen Ausgleich zumindest dem Grunde nach entscheiden**. Ein Eigentümer, der einen ihn in seinem Grundrecht aus Art. 14 Abs. 1 S. 1 GG beeinträchtigenden Verwaltungsakt für unverhältnismäßig hält, muss ihn im Verwaltungsrechtsweg anfechten. Lässt er ihn bestandskräftig werden, so kann er eine Entschädigung auch als Ausgleich im Rahmen von Art. 14 Abs. 1 S. 2 GG nicht mehr einfordern. Der Betroffene muss sich daher entscheiden, ob er den die Eigentumsbeschränkung aktualisierenden Eingriffsakt hinnehmen oder anfechten will. Diese Entscheidung kann er sinnvoll nur treffen, wenn er weiß, ob ihm ein Ausgleich zusteht. Es ist dem Betroffe-

---

[103] BVerfGE 100, 226 (245) (Denkmalschutz); vgl. auch schon BVerfGE 79, 174 (192) (Straßenverkehrslärm).

[104] BVerfGE 100, 226 (245 f.) (Denkmalschutz); vgl. dazu *Epping*, Die Außenwirtschaftsfreiheit, 1998, S. 510 f.

[105] BVerfGE 100, 226 (243) (Denkmalschutz).

nen nicht zuzumuten, einen Verwaltungsakt, den er für unvereinbar mit der Eigentumsgarantie des Grundgesetzes hält, in der unsicheren Erwartung eines nachträglich in einem anderen Verfahren zu bewilligenden Ausgleichs bestandskräftig werden zu lassen. Auch die Verwaltungsgerichte müssen, um die Rechtmäßigkeit eines in Eigentumspositionen eingreifenden Verwaltungsaktes abschließend beurteilen zu können, wissen, ob und in welcher Weise eine anderenfalls unzumutbare Belastung ausgeglichen wird. Der Gesetzgeber hat seine materiellrechtlichen Ausgleichsregelungen deshalb durch verwaltungsverfahrensrechtliche Vorschriften zu ergänzen, die sicherstellen, dass mit einem die Eigentumsbeschränkung aktualisierenden Verwaltungsakt zugleich über einen dem belasteten Eigentümer gegebenenfalls zu gewährenden Ausgleich entschieden wird; bei finanzieller Kompensation ist zumindest dem Grunde nach über das Bestehen des Anspruchs zu entscheiden."

2. Rechtfertigung von Enteignungen

Fall 15: Enteignung für Arbeitsplätze 445

Im Jahr 2000 erließ die Gemeinde Boxberg (Baden-Württemberg) einen Bebauungsplan „Sondergebiet Prüfgelände". Mit dessen Festsetzungen sollten die bauplanungsrechtlichen Voraussetzungen geschaffen werden, um der Firma Daimler-Chrysler AG die Anlage eines Geländes zu Prüf-, Mess- und Erprobungszwecken für Kraftfahrzeuge auf einer bisher land- und forstwirtschaftlich genutzten Fläche von 614 ha zu ermöglichen. Wie in den Begründungen zu dem Bebauungsplan unter Bezugnahme auf ein Strukturgutachten näher dargelegt, ist der Wirtschaftsraum der Gemeinde landwirtschaftlich geprägt und strukturschwach. Von dem Prüfgelände versprach sich die Gemeinde eine erhebliche Anzahl neuer Arbeitsplätze sowie eine Verbesserung ihrer Steuereinnahmen. Bereits während des Bebauungsplanverfahrens erwarb die Firma Daimler-Chrysler AG in landwirtschaftliche Grundstücke innerhalb des von dem Bebauungsplan erfassten Gebietes. Ein vollständiger freihändiger Grunderwerb scheiterte daran, dass ein einzelner Grundeigentümer (G) nicht zum Verkauf seiner landwirtschaftlich genutzten Grundstücke bereit war. Diese Grundstücke waren für die Planverwirklichung jedoch unentbehrlich. Daher enteignete die Gemeinde Boxberg im Jahr 2001 nach erfolglosen Vermittlungsversuchen zwischen G und Daimler-Chrysler die Grundstücke auf Grundlage der §§ 85 Abs. 1 Nr. 1, 86 Abs. 1 Nr. 1, 87 Abs. 1, 93 Abs. 1 BauGB in formell rechtmäßiger Weise und setzte zugleich eine angemessene Entschädigung fest. Zur Begründung führte die Gemeinde aus, der Bebauungsplan lasse sich ohne Zugriff auf die Grundstücke des G nicht realisieren. Zudem erfordere das Wohl der Allgemeinheit die Enteignung, da nur so neue Arbeitsplätze geschaffen und die Wirtschaftskraft der Gemeinde erhöht werden könnten.

G ist über die Enteignung empört. Insbesondere missfällt ihm, dass mit der Daimler-Chrysler AG ein privates Unternehmen von der Enteignung profitiert. Nicht das Allgemeinwohl, sondern private Kapitalinteressen seien für die Enteignung maßgeblich. Die Gemeinde Boxberg habe sich zum Handlanger von Daimler-Chrysler gemacht. G erhebt eine zulässige Verfassungsbeschwerde zum BVerfG. Ist die Verfassungsbeschwerde begründet?

§ 85 Abs. 1 Nr. 1 BauGB: Nach diesem Gesetzbuch kann nur enteignet werden, um entsprechend den Festsetzungen des Bebauungsplans ein Grundstück zu nutzen oder eine solche Nutzung vorzubereiten (…).

§ 86 Abs. 1 Nr. 1 BauGB: Durch Enteignung können das Eigentum an Grundstücken entzogen (…) werden (…).

§ 87 Abs. 1 BauGB: Die Enteignung ist im einzelnen Fall nur zulässig, wenn das Wohl der Allgemeinheit sie erfordert und der Enteignungszweck auf andere zumutbare Weise nicht erreicht werden kann.

§ 93 Abs. 1 BauGB: Für die Enteignung ist Entschädigung zu leisten.

Fall stark vereinfacht nach BVerfGE 74, 264 ff. (Boxberg)

446 Die Anforderungen an eine Enteignung ergeben sich im Wesentlichen unmittelbar aus Art. 14 Abs. 3 GG: Danach muss die Enteignung durch oder auf Grund eines Gesetzes zum Wohle der Allgemeinheit gegen Zahlung einer angemessenen Entschädigung erfolgen.

a) „Durch Gesetz oder auf Grund eines Gesetzes" (Art. 14 Abs. 3 S. 2 GG)

447 Enteignungen unterliegen als Eingriffe in das Eigentumsgrundrecht wie alle Grundrechtseingriffe dem Vorbehalt des Gesetzes[106]. Dabei erlaubt das Grundgesetz sowohl die sog. **Administrativenteignung** („auf Grund eines Gesetzes") wie auch die **Legalenteignung**[107] („durch Gesetz"). Enteignungen bedürfen also in jedem Fall einer gesetzlichen Grundlage, die hinreichend bestimmt die Einzelheiten regeln muss.

448 Besonderheiten gelten für die Legalenteignung[108]: Diese ist nach der Rechtsprechung des BVerfG trotz der Gleichstellung in Art. 14 Abs. 3 S. 2 GG nur ausnahmsweise zulässig.[109] Denn bei einer Enteignung durch Gesetz sind die Rechtsschutzmöglichkeiten des Bürgers drastisch verkürzt, was im Hinblick auf Art. 19 Abs. 4; 14 Abs. 1 S. 1 GG problematisch ist. Zudem stellt die konkrete Entscheidung im Einzelfall im Sinne der Gewaltenteilung eine typische Verwaltungsaufgabe dar, die nicht ohne zwingende Gründe in die Hände des Gesetzgebers gelegt werden darf (vgl. Art. 19 Abs. 1 S. 1 GG). Auf Grund systematischer und teleologischer Erwägungen wird Art. 14 Abs. 3 S. 2 GG also einschränkend ausgelegt.

b) „zum Wohle der Allgemeinheit" (Art. 14 Abs. 3 S. 1 GG)

449 Enteignungen sind ferner nur zum Wohl der Allgemeinheit zulässig. Erforderlich ist ein legitimes Allgemeinwohlinteresse; im Hinblick darauf muss der Eingriff im Einzelfall verhältnismäßig sein. Probleme entstehen hier regelmäßig, wenn Enteignungen zu Gunsten Privater erfolgen: Erforderlich ist in derartigen Fällen, dass ein konkretes Allgemeinwohlinteresse ggf. auch als mittelbare Folge - das von der Enteignung begünstigte Unternehmen schafft etwa neue Arbeitsplätze - erkennbar bleibt. Zudem muss das die Enteignung gestattende Gesetz diesen Allgemeinwohlzweck hinreichend deutlich umschreiben, ein Verfahren zu dessen Ermittlung vorsehen und Sicherungen treffen, dass das Ziel auch wirklich erreicht wird.[110]

450 Erforderlich ist stets eine **Verhältnismäßigkeitsprüfung** im Hinblick auf das angestrebte Allgemeinwohlinteresse; die Enteignung als der intensivste Eingriff in das Eigentumsgrundrecht darf stets nur als letztes Mittel in Betracht gezogen wer-

---

106 Vgl. dazu Rn. 357 ff.

107 Auch: Legislativenteignung.

108 Als Legalenteignung gelten zudem auch gesetzliche Regelungen, die eine so genannte „enteignungsrechtliche Vorwirkung" entfalten, also Vorschriften, die zwar nicht konkret eine Enteignung vornehmen, gleichwohl aber bereits abschließend die Zulässigkeit der Enteignung einzelner Grundstücke regeln, vgl. dazu BVerfGE 95, 1 (21 f.) (Südumfahrung Stendal) als Beispiel für eine „Legalplanung".

109 BVerfGE 45, 297 (332 ff.) (Öffentliche Last); 95, 1 (22) (Südumfahrung Stendal).

110 BVerfGE 74, 264 (Ls. 2) (Boxberg).

den. Daher muss sich der Staat beispielsweise zunächst um einen freihändigen Erwerb benötigter Grundstücke bzw. um alternative Planungen bemühen.

BVerfGE 74, 264 (285 f.) (Boxberg): „**Eine Enteignung zu Gunsten Privater, bei der Eigentum zwangsweise von einem Staatsbürger auf den anderen übertragen werden soll, die nur mittelbar dem Gemeinwohl dient und die in erhöhtem Maße der Gefahr des Missbrauchs zu Lasten des Schwächeren ausgesetzt ist, wirft jedoch besondere verfassungsrechtliche Probleme auf.** Gerade hier muss sich die Verantwortung bewähren, welche die Verfassung dem parlamentarisch-demokratischen Gesetzgeber für die Regelung der Eigentumsordnung auferlegt. Dieser hat - wie das Bundesverfassungsgericht bereits in der Gondelbahn-Entscheidung ausgeführt hat - gesetzlich festzulegen, für welche Vorhaben unter welchen Voraussetzungen und für welche Zwecke eine Enteignung zulässig sein soll. Bei Enteignungen zu Gunsten eines Privaten darf nicht außer Acht bleiben, dass dieser - anders als ein Träger öffentlicher Verwaltung, der unmittelbar staatliche Aufgaben erfüllt und dabei allen rechtlichen Bindungen unterworfen ist, denen der Staat bei seiner Tätigkeit unterliegt - im Regelfall eigene Interessen unter Nutzung der ihm von der Rechtsordnung verliehenen Privatautonomie verfolgt. Ob und für welche Vorhaben eine solche Enteignung statthaft sein soll, hat der Gesetzgeber unzweideutig zu entscheiden. Auch muss - soll zu Gunsten eines Privaten enteignet werden - gewährleistet sein, dass der im Allgemeininteresse liegende Zweck der Maßnahme erreicht und dauerhaft gesichert wird; nur dann fordert das allgemeine Wohl die Enteignung. Ist bereits der Geschäftsgegenstand des privaten Unternehmens dem allgemein anerkannten Bereich der Daseinsvorsorge zuzuordnen, wie es bei Verkehrs- oder Versorgungsbetrieben der Fall sein kann, genügt es, wenn hinreichende Vorkehrungen dafür getroffen sind, dass die selbst gestellte „öffentliche" Aufgabe ordnungsgemäß erfüllt wird. Kann sich der Nutzen für das allgemeine Wohl demgegenüber nicht aus dem Unternehmensgegenstand selbst, sondern - wie hier - nur als mittelbare Folge der Unternehmenstätigkeit ergeben, reichen solche Vorkehrungen nicht aus. Dann müssen besondere Anforderungen an die gesetzliche Konkretisierung des nur mittelbar erfüllten und daher nicht von vornherein handgreiflichen Enteignungszwecks gestellt werden.

Gerade bei dieser Sachlage gebietet Art. 14 Abs. 3 S. 2 GG eine so genaue gesetzliche Beschreibung des Enteignungszwecks, dass die Entscheidung über die Zulässigkeit der Enteignung insoweit nicht in die Hand der Verwaltung gegeben wird. **Es bedarf darüber hinaus differenzierter materiell- und verfahrensrechtlicher Regelungen, die sicherstellen, dass den Grundsätzen der Verhältnismäßigkeit und der Gleichheit vor dem Gesetz im Interessendreieck Gemeinwohl-Enteigneter-Begünstigter im Einzelfall Rechnung getragen und insbesondere die Erforderlichkeit der Enteignung sorgfältig geprüft wird. Schließlich ist unabdingbar, dass der Gemeinwohlbezug der werbenden Tätigkeit des Unternehmens kein bloßer tatsächlicher Reflex bleibt, sondern auf Dauer garantiert ist.** Dazu ist eine gesetzlich vorgesehene effektive rechtliche Bindung des begünstigten Privaten an das Gemeinwohlziel notwendig."

c) „das Art und Ausmaß der Entschädigung regelt" (Art. 14 Abs. 3 S. 2 GG)

Enteignungen sind schließlich ausnahmslos nur gegen Entschädigung zulässig, die das Enteignungen zulassende Gesetz selbst vorsehen muss (sog. **Junktimklausel**, Art. 14 Abs. 3 S. 2 GG). Fehlt eine solche Regelung, ist das Gesetz nichtig und die Enteignung verfassungswidrig. Eine Entschädigung darf hingegen nicht ohne gesetzliche Grundlage unter Rückgriff auf Art. 14 Abs. 3 GG unmittelbar gewährt werden; der Bürger muss sich vielmehr gegen die Enteignung selbst zur Wehr set- **451** zen.[111] Die Junktimklausel dient drei unterschiedlichen Zielen: Erstens soll der Bürger davor geschützt werden, sein Eigentum zu verlieren, ohne dass die Entschädigungsfrage eindeutig geklärt ist. Zweitens dient die Regelung dem Schutz des Gesetzgebers, dem die Junktimklausel bewusst machen soll, dass hier ein haushaltsrelevantes Enteignungsgesetz zur Debatte steht.[112] Und schließlich soll sie die Haushaltshoheit des Gesetzgebers sichern, indem eigenmächtige Entschädigungsfestsetzungen der Verwaltungsbehörden unterbunden werden.[113]

d) Höhe der Entschädigung (Art. 14 Abs. 3 S. 3 GG)

452 Das Grundgesetz trifft in Art. 14 Abs. 3 S. 3 GG ferner eine Regelung über die Höhe der zu gewährenden Entschädigung. Diese ist „in gerechter Abwägung der Interessen der Allgemeinheit und der Beteiligten zu bestimmen". Entschädigung ist schon nach dem Wortlaut weder Schadens- noch Wertersatz, also nicht zwangsläufig Ersatz in voller Höhe des durch die Enteignung erlittenen Schadens bzw. des Grundstückswertes. Geht man mit dem BVerfG allerdings davon aus, dass sich die Bestandsgarantie des Art. 14 Abs. 1 S. 1 GG in eine Wertgarantie verwandelt, muss die Entschädigung **im Regelfall** gleichwohl den Wertverlust ersetzen und sich daher am **Marktwert** orientieren. In begründeten Ausnahmefällen kann davon allerdings abgewichen werden.[114]

> BVerfGE 24, 367 (420 f.) (Hamburgisches Deichordnungsgesetz): „Während Art. 153 Abs. 2 S. 2 der Weimarer Reichsverfassung eine „angemessene" Entschädigung gebot, ist die Entschädigung nach Art. 14 Abs. 3 S. 3 GG unter gerechter Abwägung der Interessen der Allgemeinheit und der Beteiligten zu bestimmen. Das Reichsgericht hat die Vorschrift der Weimarer Reichsverfassung dahin ausgelegt, dass zwar kein Schadensersatz, aber doch „volle Entschädigung" gewährt werden müsse; es hat es auch abgelehnt, das Allgemeinwohl als Bemessungsfaktor für die Angemessenheit der Entschädigung gelten zu lassen. Demgegenüber gebietet Art. 14 Abs. 3 S. 3 GG eine Interessenabwägung. Die Maßstäbe für die Bestimmung der Enteignungsentschädigung sind einerseits die Interessen der Beteiligten und andererseits die Interessen der Allgemeinheit; sie sind in gerechter Weise gegeneinander abzuwägen. **Die Enteignungsentschädigung soll das Ergebnis eines Interessenausgleichs sein und nicht die einseitige Anerkennung der Interessen des Betroffenen, aber auch nicht allein die der Allgemeinheit darstellen.** Das Abwägungsgebot des Art. 14 Abs. 3 S. 3 GG ermöglicht es dem Gesetzgeber - zwingt ihn unter Umständen aber auch - auf situationsbedingte Besonderheiten des Sachverhalts und die Zeitumstände Rücksicht zu nehmen und damit zu einer im Zeitpunkt der Enteignung gerechten Entschädigung zu kommen. Eine starre, allein am Marktwert orientierte Entschädigung ist somit dem Grundgesetz fremd. **Es trifft auch nicht zu, dass den Enteigneten durch die Entschädigung stets das „volle Äquivalent für das Genommene gegeben werden muss". Der Gesetzgeber kann je nach den Umständen vollen Ersatz, aber auch eine darunter liegende Entschädigung bestimmen.**"

---

[111] BVerfGE 58, 300 (323) (Nassauskiesung). Der BGH hat aber die Möglichkeit eröffnet, in Anlehnung an die §§ 74, 75 der Einleitung zum Allgemeinen Preußischen Landrecht (EALR) bei enteignenden bzw. enteignungsgleichen Eingriffen eine Entschädigung zu erlangen (vgl. BGHZ 90, 17 ff.; 91, 20 ff.; *Arnauld*, VerwArch 2002, 394 ff.; *Sproll*, JuS 1996, 125 ff.).

[112] Das Zitiergebot (Art. 19 Abs. 1 S. 2 GG) gilt für Art. 14 GG nicht, vgl. dazu Rn. 645 ff.

[113] Dazu *Maurer*, Allgemeines Verwaltungsrecht, 14. Aufl. 2002, § 27 Rn. 62.

[114] Beispiele bei BVerfGE 24, 367 (Ls. 11, 421) (Hamburgisches Deichordnungsgesetz); 46, 268 (285) (Bayerisches Bodenreformgesetz).

3. Rechtfertigung von Sozialisierungen

Sozialisierungen gem. Art. 15 GG sind bislang nicht vorgekommen; daher ist deren Rechtfertigung in der Praxis (und in der Fallbearbeitung) noch nie relevant geworden.[115] **453**

454

Überblick: Typische Klausurprobleme

- Begriff des „Eigentums" (Besitz, Vermögen, Gewerbebetrieb, öffentlich-rechtliche Positionen).
- Institutsgarantie.
- Abgrenzung Enteignung / Inhalts- und Schrankenbestimmung.
- Teilweise Enteignung.
- Angemessenheit von Inhalts- und Schrankenbestimmungen (insb. Ausgleichspflicht).
- Abgrenzung zu Art. 12 Abs. 1 GG / wirtschaftliche Betätigungsfreiheit.
- Steuern / Abgaben - „erdrosselnde Wirkung".
- Salvatorische Klauseln (Denkmalschutz).

---

115 Vgl. zu den theoretischen Problemen z.B. *Sachs*, VerfR II, Kap. B 14 Rn. 47 ff.

455

Prüfungsaufbau: Art. 14 GG
- Teil I -

A. Verletzung von Art. 14 Abs. 1 GG als Abwehrrecht

I. Schutzbereich

1) persönlich

- jedermann, auch juristische Personen (Art. 19 Abs. 3 GG)

2) sachlich

- Eigentums- / Erbrechtspositionen nach geltendem Recht

II. Eingriff

- Werden bestehende Eigentums- / Erbrechtspositionen verkürzt? (Abgrenzung Enteignung / Inhalts- und Schrankenbestimmung erst auf der Rechtfertigungsebene)

III. Rechtfertigung

1) Schranken

a) Enteignung gem. Art. 14 Abs. 3 GG (nur Eigentum)?
Enteignung = "vollständiger oder teilweiser Entzug konkreter vermögenswerter Rechtspositionen durch gezielten hoheitlichen Rechtsakt zur Erfüllung öffentlicher Aufgaben"

b) Inhalts- und Schrankenbestimmung gem. Art. 14 Abs. 1 S. 2 GG (ISB)?
ISB = "alle rechtlichen Regelungen, mit denen der Gesetzgeber Eigentum abstrakt- generell definiert"

456

Prüfungsaufbau: Art. 14 GG
- Teil II -

2) Schranken-Schranken

a) Formelle Verfassungsmäßigkeit des Gesetzes

b) Materielle Verfassungsmäßigkeit des Gesetzes (je nach Klausurschwerpunkt)

Bei Enteignungen

aa) "Durch Gesetz oder auf Grund eines Gesetzes" (Art. 14 Abs. 3 S. 2 GG)
bb) "das Art und Ausmaß der Entschädigung regelt" (Art. 14 Abs. 3 S. 2 GG)
cc) Höhe der Entschädigung (Art. 14 Abs. 3 S. 3 GG)
dd) "zum Wohle der Allgemeinheit" (Art. 14 Abs. 3 S. 1 GG)
ee) Verhältnismäßigkeit
- Legitimer Zweck (wie dd)
- Eignung
- Erforderlichkeit
- Angemessenheit

Bei ISB

Verhältnismäßigkeitsprüfung
- Legitimer Zweck
- Eignung
- Erforderlichkeit
- Angemessenheit
  - Sozialbindung (Art. 14 Abs. 2 GG)
  - Situationsgebundenheit (Grundeigentum)
  - Bestehende Rechte / Vertrauensschutz
  - Ausgleichspflicht?

c) Verfassungsmäßigkeit des Einzelakts
(Je nach Schwerpunkt der Klausur können die umfangreichen Ausführungen zur Enteignung bzw. zur ISB auch erst an dieser Stelle erforderlich sein.)

B. Verletzung von Art. 14 Abs. 1 GG als Institutsgarantie
Hat der Gesetzgeber bei der Normsetzung die Grundstrukturen des Eigentums/Erbrechts missachtet bzw. fehlt eine Normsetzung ganz? (Nur zu prüfen, wenn der Sachverhalt dafür eindeutige Anhaltspunkte gibt [sehr selten]!)

Kapitel 10: Ehe, Familie, Schule (Art. 6, 7 GG)

Literatur: *Kingreen, Thorsten,* Das Grundrecht von Ehe und Familie, Jura 1997, 401 ff.; *Friauf, Karl Heinrich,* Verfassungsgarantie und sozialer Wandel - das Beispiel von Ehe und Familie, NJW 1986, 2595 ff.; *Pieroth, Bodo,* Erziehungsauftrag und Erziehungsmaßstab der Schule im freiheitlichen Verfassungsstaat, DVBl. 1994, 949 ff.; *Jarass, Hans D.,* Zum Grundrecht auf Bildung und Ausbildung, DÖV 1995, 674 ff.; *Oebbecke, Janbernd,* Reichweite und Voraussetzungen der grundgesetzlichen Garantie des Religionsunterrichts, DVBl. 1996, 336 ff.

Fallbearbeitungen: *Grote, Rainer / Kraus, Dieter,* Fall 10 (S. 153 ff.).

Leitentscheidungen: BVerfGE 6, 55 ff. (Steuersplitting); 47, 46 ff. (Sexualkundeunterricht); 59, 360 ff. (Schülerberater); 74, 244 ff. (Religionsunterrichtsteilnahme Konfessionsfremder); 76, 1 ff. (Familiennachzug); 92, 158 ff. (Adoption II); 99, 216 ff. (Familienlastenausgleich); 105, 313 ff. (Lebenspartnerschaftsgesetz).

I. Hintergrund

457 Die Grundrechte der Art. 6, 7 GG sind im Vergleich zu anderen Bestimmungen des Grundgesetzes eher ungewöhnlich. Sie enthalten eine Mischung aus Freiheits- und Gleichheitsrechten einerseits sowie aus Abwehr-, Leistungs- und Verfahrensrechten andererseits. Teilweise bleiben die Art. 6, 7 GG sehr allgemein, teilweise treffen sie detaillierte Regelungen, die eher dem besonderen Verwaltungsrecht anzugehören scheinen (Art. 7 Abs. 4 GG). Diese Besonderheiten sind vor allem bei Art. 7 GG tief gehenden Meinungsverschiedenheiten im Parlamentarischen Rat über Fragen der Religion, der Erziehung und der Schule geschuldet. Gerade bei den Regelungsbereichen der Art. 6, 7 GG - Ehe, Familie, Schule - trafen sehr verschiedene Wertvorstellungen aufeinander, deren Ausgleich der Parlamentarische Rat in langwierigen Verhandlungen suchte und deren Brisanz noch heute nachwirkt. Die aktuellen Kontroversen um homosexuelle Partnerschaften (Stichwort: Lebenspartnerschaftsgesetz), um die Frage staatlicher Kinderbetreuung sowie um die Stellung von Ehe und Familie im Sozial- und vor allem im Steuerrecht (Stichwort: Ehegattensplitting) zeigen, dass sich trotz aller gesellschaftlichen Veränderungen gerade in diesem Bereich höchst unterschiedliche Anschauungen gehalten haben. Dies macht die rechtliche Gestaltung dieser Lebensbereiche nach wie vor äußerst schwierig. Die Regelungen des Grundgesetzes knüpfen dabei an die Regelungen der WRV an. Diese enthielt in den Art. 119-122 zahlreiche Vorschriften über Ehe, Familie und Jugend sowie in den Art. 143-149 detaillierte Regelungen über das öffentliche Schulwesen. Regelungen insbesondere über die Schule waren aber auch bereits in der Paulskirchenverfassung enthalten, die in den §§ 153 ff. entsprechende Vorgaben machte.

Die Regelungen der Art. 6 und 7 GG weisen zahlreiche Berührungspunkte auf; ihre Bedeutung haben manche Bestimmungen erst aus dem Zusammenwirken mit weiteren Vorschriften gewonnen. Deshalb verknüpft die folgende Darstellung beide Grundrechte zum Teil miteinander. **458**

II. Die Grundrechte des Art. 6 GG

Art. 6 GG enthält in seinen fünf Absätzen Regelungen, die den persönlichen Lebensbereich betreffen und die sehr unterschiedliche Wirkungen entfalten. **459**

1. Schutz von Ehe und Familie (Art. 6 Abs. 1 GG)

Art. 6 Abs. 1 GG stellt Ehe und Familie unter den besonderen Schutz des Staates. **460**
Dabei fällt zunächst die objektive Formulierung auf: Art. 6 Abs. 1 GG begründet nach seinem Wortlaut einen Schutzauftrag an den Staat. Von subjektiven Rechten des Einzelnen ist nicht die Rede. Dennoch wirkt Art. 6 Abs. 1 GG nach der Rechtsprechung des BVerfG in **drei Richtungen**: als Institutsgarantie, als wertentscheidende Grundsatznorm für das gesamte Ehe- und Familienrecht und als klassisches Grundrecht zur Abwehr staatlicher Eingriffe.[1]

a) Art. 6 Abs. 1 GG als Institutsgarantie

Genauso wie Art. 14 GG knüpft Art. 6 Abs. 1 GG mit dem Begriff der „**Ehe**" an **461**
einen **Rechtsbegriff** an. Denn die Ehe, die mit verschiedenen rechtlichen Bindungen einhergeht, ist mehr als das natürlicherweise mögliche Zusammenleben von Mann und Frau. Eine Ehe ohne eine entsprechende Anerkennung und Ausgestaltung ist daher nicht denkbar. Könnte aber eine solche Anerkennung und Ausgestaltung nicht auch von den Kirchen und damit nicht (allein) vom Staat ausgehen? Dagegen spricht einerseits, dass die Kirchen, die kein Teil des Staates sind, keine rechtlichen Bindungen schaffen können. Wenn aber andererseits der Staat an eine kirchliche Ehe dennoch rechtliche Folgen anknüpfen würde, käme er automatisch mit der ihm obliegenden Neutralitätspflicht[2] in Konflikt. Ohne ein staatliches Rechtsinstitut der Ehe ist daher ein diesbezüglicher Grundrechtsschutz nicht möglich, sodass Art. 6 Abs. 1 GG in Bezug auf die Ehe ein **normgeprägtes Grundrecht**[3] darstellt. Der staatliche Schutz der Ehe muss daher mit der Einrichtung des Rechtsinstituts beginnen, sodass Art. 6 Abs. 1 GG - entsprechend Art. 14 Abs. 1 S. 1 GG für Eigentum und Erbrecht[4] - eine Institutsgarantie der Ehe enthält. Bei der Einrichtung kommt dem Gesetzgeber, der den Inhalt der Ehe bestimmen muss, ein erheblicher **Gestaltungsspielraum** zu, der allerdings nicht von der Beachtung der wesentlichen Strukturmerkmale der Ehe entbindet.[5] Diese - weitgehend dem

---

1 BVerfGE 31, 58 (68) (Spanier-Beschluss), 80, 81 (92) (Volljährigenadoption I).
2 Vgl. zur Neutralitätspflicht im Hinblick auf Religionsgemeinschaften Rn. 284.
3 Vgl. dazu Rn. 389 ff.
4 Vgl. dazu Rn. 383 ff.
5 BVerfGE 105, 313 (345) (Lebenspartnerschaftsgesetz).

historisch überkommenen Ehebegriff entnommenen - **Strukturmerkmale** umfassen das freiwillige und auf unbestimmte Dauer angelegte Zusammenleben zweier Personen verschiedenen Geschlechts unter Mitwirkung des Staates.[6] Die Institutsgarantie verbietet es damit dem Gesetzgeber etwa, die Vielehe, die Ehe auf Zeit oder die Ehe gleichgeschlechtlicher Partner zuzulassen. Auch wenn der Inhalt der Ehe dem gesellschaftlichen Wandel unterliegt, liegen diese grundlegenden Strukturprinzipien als verfassungsrechtliches Minimum fest.[7]

462 Der Begriff der „**Familie**" erfordert grds. nicht die Schaffung rechtlicher Instrumente; insbesondere existierte und existiert in der Rechtsordnung kein umfassendes Institut der Familie. Daher lässt sich der verfassungsrechtliche Familienbegriff primär unter Rückgriff auf die soziale Wirklichkeit bestimmen[8], womit der Familienbegriff nicht für alle Zeiten festliegt. Ein Anschauungswandel in der Gesellschaft kann zum Wandel des verfassungsrechtlichen Familienbegriffs führen, sodass zwischen Verfassungsrecht und Gesellschaft eine Wechselwirkung besteht. Nach heutigem Stand ist Familie in erster Linie die Kleinfamilie, die aus Eltern und Kindern besteht. Aber auch Alleinerziehende, also ein Elternteil mit Kind, bilden ebenso eine Familie wie die Pflegefamilie, bei der verwandtschaftliche Beziehungen ganz fehlen.[9] Kurz: **„Familie ist, wo Kinder sind"**. Inwieweit Art. 6 Abs. 1 GG eine Institutsgarantie enthält, ist auf Grund der Wandelbarkeit des Begriffs nicht ganz einfach zu bestimmen. Größtenteils wird sie mit dem Inhalt angenommen, dass die wesentlichen familienrechtlichen Regelungen, z.B. die gegenseitigen Einstandspflichten, von Art. 6 Abs. 1 GG garantiert werden.[10]

463 Auch wenn das Grundgesetz „Ehe und Familie" jedenfalls dem Wortlaut nach in einen Zusammenhang stellt, ist der Schutz der Ehe schließlich nicht davon abhängig, dass Kinder vorhanden sind. Umgekehrt genießt auch das unverheiratete Paar mit Kindern als Familie den Schutz des Art. 6 Abs. 1 GG. Obwohl „Ehe und Familie" historisch durchaus als Einheit zu verstehen waren, zeigt sich in der Annahme zweier unabhängiger Schutzgegenstände der gesellschaftliche **Wandel** in aller Deutlichkeit.[11]

b) Art. 6 Abs. 1 GG als „wertentscheidende Grundsatznorm"

464 Eine weitere Ausprägung der objektiv-rechtlichen Seite des Art. 6 Abs. 1 GG ist dessen Wirkung als wertentscheidende Grundsatznorm. Darunter versteht das BVerfG den Auftrag an den Staat, Ehe und Familie einen besonderen staatlichen Schutz zu gewähren, was der allgemein anerkannten Schutzpflichtdimension der Grundrechte entspricht. Die **Schutzpflicht** verlangt vom Staat einerseits, alles zu unterlassen, was Ehe und Familie schädigen oder sonst beeinträchtigen kann, und

---

6 BVerfGE 105, 313 (345) (Lebenspartnerschaftsgesetz).

7 BVerfGE 10, 59 (66) (Elterliche Gewalt); *Friauf*, NJW 1986, 2595 (2600).

8 *Sachs*, VerfR II, Kap. B 6 Rn. 12.

9 BVerfGE 68, 176 (187) (§ 1632 Abs. 4 BGB/Pflegefamilie).

10 Vgl. *Coester-Waltjen*, in: v. Münch/Kunig, Art. 6 Rn. 15 m.w.N.

11 Zum sozialen Wandel von Ehe und Familie vgl. den Fünften Familienbericht der Bundesregierung, BT-Drs. 12/7560, S. 104 ff.

andererseits, Ehe und Familie durch geeignete Maßnahmen zu fördern.[12] Zur Erfüllung des Auftrags kommt dem Staat ein weiter Gestaltungsspielraum zu; der Schutzauftrag erreicht nicht das Maß an Verbindlichkeit, das der Institutsgarantie oder auch dem Freiheitsrecht zu Eigen ist. Der zur Berücksichtigung familiärer Bindungen verpflichtende Schutzauftrag des Staates wirkt jedoch auf die gesamte die Familie betreffende Rechtsordnung ein, mag sie zu Eingriffen ermächtigen, zu Leistung und Teilhabe berechtigen oder zum Handeln, Dulden oder Unterlassen verpflichten.[13] Dies gilt insbesondere auch im Sozial- und Steuerrecht. Auch wenn sich dem Schutzauftrag regelmäßig keine Pflicht zu konkreten Maßnahmen entnehmen lässt, hat das BVerfG aber gerade in diesem Bereich dem Gesetzgeber immer wieder sehr detaillierte und kostenintensive Vorgaben gemacht, die weit in den Gestaltungsspielraum des Gesetzgebers hineinreichen und damit Fragen der Gewaltenteilung aufwerfen.[14]

Art. 6 Abs. 1 GG enthält - entgegen mancher Stimmen in der Literatur[15] - je- **465**
doch **kein Diskriminierungsgebot**[16], also kein Gebot, andere Lebensformen gegenüber der Ehe zu benachteiligen und der Ehe einen Exklusivschutz zuzugestehen. Der Gesetzgeber ist gem. Art. 6 Abs. 1 GG („besonderer" Schutz) zwar zu einem solchen Exklusivschutz berechtigt, nicht jedoch verpflichtet.[17] Es kann daher grds. weitere Rechtsinstitute wie etwa die eingetragene Lebenspartnerschaft für homosexuelle Paare schaffen, ohne in Art. 6 Abs. 1 GG einzugreifen. Allerdings endet die Freiheit des Gesetzgebers dort, wo weitere Rechtsinstitute in Konkurrenz zur Ehe treten und diese auszuhöhlen drohen. Auf verfassungsrechtliche Probleme würde es deshalb stoßen, ein Rechtsinstitut mit gleichen Rechten, aber geringeren Pflichten als die Ehe zu schaffen.[18] Bei der Lebenspartnerschaft homosexueller Paare besteht die Gefahr der Aushöhlung der Ehe allerdings nicht, denn homosexuellen Paaren steht die Ehe schon per Definition nicht offen, sodass ein Konkurrenzverhältnis nicht bestehen kann.

c) Art. 6 Abs. 1 GG als Abwehrrecht

Schließlich wirkt Art. 6 Abs. 1 GG über seinen Wortlaut hinaus als klassisches **466**
Abwehrrecht gegen Eingriffe des Staates.[19] Begründen lässt sich dies einerseits mit der Stellung des Art. 6 Abs. 1 GG im Grundrechtsteil, andererseits aber auch mit der Bedeutung des Schutzes der Privatsphäre von Ehe und Familie vor staatlichem Zugriff. Die Wirkungen des Art. 6 Abs. 1 GG sind vielfältig. So schützt Art. 6 Abs. 1 GG die individuelle Eheschließungsfreiheit als der Freiheit des Zu-

---

12 BVerfGE 76, 1 (49) (Familiennachzug); 80, 81 (93) (Volljährigenadoption I).

13 BVerfGE 80, 81 (93) (Volljährigenadoption I).

14 Umfangreiche, sehr konkrete Vorgaben machen BVerfGE 99, 216 ff. (Familienlastenausgleich) für das Steuerrecht und BVerfGE 103, 271 ff. (Pflegeversicherung IV). Kritisch zum letzten Urteil *Ruland*, NJW 2001, 1673 ff.

15 Vgl. *Burgi*, Der Staat 2000, 487 ff.

16 Auch als Abstandsgebot oder Nivellierungsverbot bezeichnet.

17 BVerfGE 105, 313 (348 ff.) (Lebenspartnerschaftsgesetz).

18 BVerfGE 105, 313 (350 f.) (Lebenspartnerschaftsgesetz).

19 So schon BVerfGE 6, 55 (71) (Steuersplitting).

gangs zur Ehe ebenso wie die Freiheit, eine Familie zu gründen.[20] Geschützt sind ferner das eheliche und das familiäre Zusammenleben.[21] Der abwehrrechtliche Gehalt reicht allerdings zunächst nur soweit, wie Art. 6 Abs. 1 GG selbst einen „natürlichen" Schutzgehalt umfasst und insoweit rechtlicher Ausgestaltung nicht bedarf.[22] Dies trifft für den Schutz der Familie in tatsächlicher Hinsicht, aber auch für das tatsächliche eheliche Zusammenleben zu. Soweit das Grundrecht des Art. 6 Abs. 1 GG aber auf rechtliche Konstituierung und Ausgestaltung des Schutzbereichs angewiesen ist, kann eine abwehrrechtliche Wirkung erst nach Schaffung und im Hinblick auf die so ausgestalteten Rechtspositionen einsetzen.

467 Art. 6 Abs. 1 GG wirkt darüber hinaus nach überwiegender Ansicht als **besonderer Gleichheitssatz**[23]: Dem Staat ist es daher grds. verwehrt, rechtliche Nachteile an Ehe und Familie zu knüpfen. Jegliche Benachteiligung von Ehe und Familie ist verboten, wenn sie nicht durch zwingende Sachgründe gerechtfertigt ist.[24] Ganz unumstritten ist diese Funktion angesichts des Wortlautes des Art. 6 Abs. 1 GG, der keinerlei gleichheitsrechtliche Anklänge enthält, allerdings nicht.[25] Auch die Rechtsprechung des BVerfG ist keineswegs einheitlich und greift immer wieder vorrangig auf Art. 3 Abs. 1 GG zurück, in dessen Rahmen sie dann den Gehalt des Art. 6 Abs. 1 GG berücksichtigt.[26] Angesichts der eindeutigen Anordnung der Gleichheitsrechte in Art. 3 GG erscheint aus dogmatischer Sicht der letztere Weg vorzugswürdig, wenngleich die Frage praktisch bedeutungslos ist.

> BVerfGE 6, 55 (71 ff.) (Steuersplitting): „**Art. 6 Abs. 1 GG ist eine wertentscheidende Grundsatznorm. Er stellt Ehe und Familie als die Keimzelle jeder menschlichen Gemeinschaft, deren Bedeutung mit keiner anderen menschlichen Bindung verglichen werden kann, unter den besonderen Schutz der staatlichen Ordnung.** Es handelt sich dabei zunächst um eine Bestimmung im Sinne der klassischen Grundrechte, die angesichts der Erfahrungen in der Zeit der nationalsozialistischen Herrschaft dem Schutz der spezifischen Privatsphäre von Ehe und Familie vor äußerem Zwang durch den Staat dienen soll. In Abkehr von der Allstaatlichkeit des Nationalsozialismus bekennt sich das Grundgesetz auch für diesen Lebensbereich zur Eigenständigkeit und Selbstverantwortlichkeit des Menschen. Unbestritten umschließt das verfassungsrechtliche Bekenntnis zu Ehe und Familie zugleich die Gewährleistung beider Lebensordnungen, enthält also eine so genannte **Instituts- oder Einrichtungsgarantie**. In dieser Eigenschaft sichert er Ehe und Familie lediglich in ihrer wesentlichen Struktur, sodass insoweit seine juristische Wirkungskraft in der Rechtswirklichkeit nur darin besteht, einen Normenkern des Ehe- und Familienrechts verfassungsrechtlich zu gewährleisten. (…)

---

20 BVerfGE 31, 58 (67) (Spanier-Beschluss).

21 BVerfGE 76, 1 (42) (Familiennachzug).

22 Dazu *Gellermann*, Grundrechte im einfachgesetzlichen Gewande, 2000, S. 126 ff. Dies klingt auch in der Verfassungsrechtsprechung an, vgl. nur BVerfGE 31, 58 (69) (Spanier-Beschluss); 36, 146 (161 f.) (Eheverbot der Geschlechtsgemeinschaft). Zur Frage der Ausgestaltung vgl. Rn. 390 ff.

23 Vgl. dazu Rn. 743 f.

24 BVerfGE 76, 1 (72 f.) (Familiennachzug); 99, 216 (232) (Familienlastenausgleich).

25 *Kingreen*, Jura 1997, 401 (406 f.) m.w.N.

26 Zuletzt BVerfGE 87, 1 (36) (Trümmerfrauen).

Aus dieser Funktion des Art. 6 Abs. 1 GG als einer wertentscheidenden Grundsatznorm ergeben sich die rechtlichen Grenzen für die Freiheit des gesetzgeberischen Ermessens. Wie jede Verfassungsnorm ist Art. 6 Abs. 1 GG nur insoweit den Gesetzgeber aktuell bindendes Recht, als seine Fassung bestimmt genug ist, eine Norm niederen Ranges daran zu messen. Hier ergibt sich das Maß der Bestimmtheit aus dem Begriff des „Schützens"; er bedeutet seinem Wortsinn nach die Förderung des Schutzgutes, die Abwehr von Störungen oder Schädigungen und vor allem den Verzicht des Staates auf eigene störende Eingriffe. Der in Art. 6 Abs. 1 GG statuierte besondere Schutz der staatlichen Ordnung für Ehe und Familie umschließt hiernach zweierlei: positiv die Aufgabe für den Staat, Ehe und Familie nicht nur vor Beeinträchtigungen durch andere Kräfte zu bewahren, sondern auch durch geeignete Maßnahmen zu fördern, negativ das Verbot für den Staat selbst, die Ehe zu schädigen oder sonst zu beeinträchtigen. Es kann dahingestellt bleiben, ob auch bei Erfüllung der positiven Schutzfunktion des Art. 6 Abs. 1 GG Fälle denkbar sind, in denen seine Fassung bestimmt genug ist, um eine Norm niederen Ranges daran zu messen. Jedenfalls verbietet er mit Bestimmtheit - negativ - eine Beeinträchtigung von Ehe und Familie durch störende Eingriffe des Staates selbst, ist also insoweit aktuelles Verfassungsrecht."

468

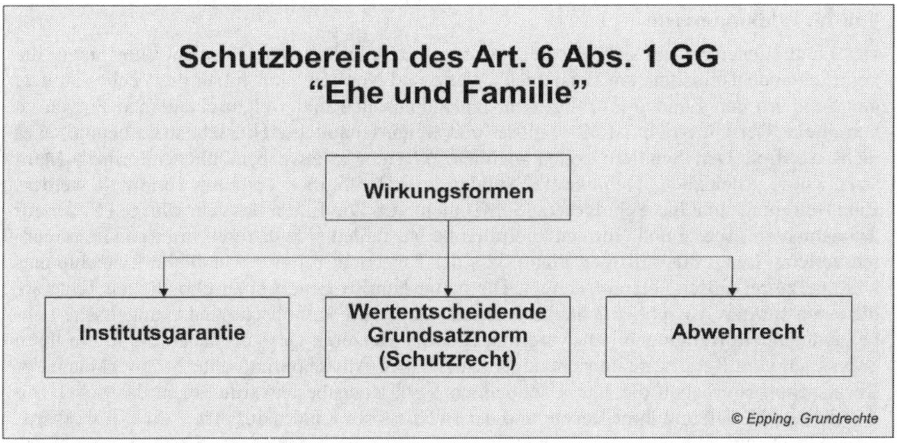

Hinweis zur Fallbearbeitung: 469

In der Fallbearbeitung empfiehlt es sich, ebenso wie das BVerfG die drei verschiedenen Wirkungsformen des Art. 6 Abs. 1 GG getrennt zu prüfen. Während Eingriffe in individuelle Freiheiten am Abwehrrecht zu messen sind, sind unter den Prüfungspunkten Institutsgarantie und wertentscheidende Grundsatznorm staatliche Gestaltungen auf ihren Einfluss auf die Ehe bzw. Familie hin zu überprüfen.

d) Eingriffe

Eingriffe in die abwehrrechtliche Funktion des Art. 6 Abs. 1 GG liegen vor allem 470 in der Beeinträchtigung von bestehenden Ehen und Familien. Abzugrenzen sind Eingriffe von staatlichen **Ausgestaltungen** der Ehe.[27] Soweit der Staat seiner Ausgestaltungsbefugnis nachkommt und damit die Ehe im Rechtssinn erst schafft und konturiert, greift er nicht in Art. 6 Abs. 1 GG ein. Dies gilt auch für staatliche

[27] Vgl. zur Abgrenzung von Eingriff und Ausgestaltung allgemein Rn. 391 f.

Umgestaltungen bestehender Normierungen des Eherechts. Ausgestaltendes Handeln ist allein an der Institutsgarantie des Art. 6 Abs. 1 GG zu messen, wobei eine fehlerhafte, weil die Grundstrukturen der überkommenen Ehe missachtende Ausgestaltung einen Verfassungsverstoß darstellt.[28] Die Verweigerung von Schutz und Förderung kann schließlich gegen Art. 6 Abs. 1 GG als wertentscheidende Grundsatznorm verstoßen.[29]

e) Rechtfertigung von Eingriffen

471 Art. 6 Abs. 1 GG enthält keinen Gesetzesvorbehalt. Eingriffe sind daher nur auf Grund kollidierenden Verfassungsrechts zu rechtfertigen.[30] Die Rechtsprechung des BVerfG ist zuweilen undeutlich.[31]

2. Erziehungsrecht der Eltern (Art. 6 Abs. 2 GG)

472 **Fall 16: Ethikunterricht**

Das Land Niedersachsen sieht für Schüler, die am Religionsunterricht nicht teilnehmen, die verpflichtende Teilnahme am Ersatzfach „Werte und Normen" vor. Inhalt des Faches ist u.a., den Schülern den Zugang zu religiösen, philosophischen und weltanschaulichen Fragen zu vermitteln. Der Unterricht ist in religiöser und weltanschaulicher Hinsicht strikt neutral, aber nicht wertfrei. Den Schülern sollen vielmehr Werte wie etwa persönliche Freiheit, Menschenwürde, Gleichheit, Demokratie, Solidarität und religiöse Toleranz vermittelt werden. Eine Befreiung sieht das Schulgesetz (SchG) nicht vor. Die Eltern des zehnjährigen S, der zur Teilnahme an „Werte und Normen" verpflichtet ist, fühlen sich dadurch in ihren Grundrechten verletzt. Ihnen missfällt vor allem, dass der Unterricht religionskundliche Elemente enthält und zu religiöser Toleranz erzieht. Die ganze Familie gehört einer christlichen Sekte an, die einen strikten Ausschließlichkeitsanspruch vertritt; die katholische und evangelische Lehre sowie andere Religionen halten sie hingegen für Ketzerei. Deshalb haben die Eltern ihren Sohn auch vom Religionsunterricht abgemeldet. Nach Ausschöpfung aller Möglichkeiten des Rechtsschutzes erheben die Eltern schließlich Verfassungsbeschwerde gegen das SchG, mit der sie eine Verletzung ihrer Rechte und der Rechte ihres Kindes aus Art. 2 Abs. 1, 4 Abs. 1, 2, 6 Abs. 2 und 7 Abs. 2 GG rügen. Hat die Verfassungsbeschwerde Aussicht auf Erfolg? Gleichheitsrechte sind nicht zu prüfen.

§ 128 SchG Nds.

(1) Wer nicht am Religionsunterricht teilnimmt, ist stattdessen zur Teilnahme am Unterricht Werte und Normen verpflichtet. (...)

(2) Im Fach Werte und Normen sind religionskundliche Kenntnisse, das Verständnis für die in der Gesellschaft wirksamen Wertvorstellungen und Normen und der Zugang zu philosophischen, weltanschaulichen und religiösen Fragen zu vermitteln.

Fall nach BVerwGE 107, 75 ff.

---

[28] Eine Ausgestaltung kann nicht in einen Eingriff umschlagen, vgl. dazu Rn. 395.

[29] BVerfGE 6, 55 (76) (Steuersplitting).

[30] Vgl. zum kollidierenden Verfassungsrecht Rn. 67 ff.

[31] Rechtfertigung von Freiheitsbeschränkungen eines Ehepartners „gewissermaßen aus der Natur der Sache", BVerfGE 42, 95 (100) (Ehegattenbesuch in Untersuchungshaft).

Art. 6 Abs. 2 GG weist den Eltern das Recht, zugleich aber auch die Pflicht zu, für Pflege und Erziehung ihrer Kinder zu sorgen. Damit ergibt sich die erste Besonderheit bereits aus dem Wortlaut: Indem Art. 6 Abs. 2 GG ausdrücklich **Pflichten** nicht nur für den Staat, sondern **für Private**, die Eltern, begründet, kommt ihm zugleich eine freiheitssichernde wie auch eine freiheitsbeschränkende Funktion zu. Ebenso wie Art. 6 Abs. 1 GG wirkt das Grundrecht in verschiedene Richtungen, wobei allerdings eine derart ausdifferenzierte Abgrenzung der einzelnen Wirkformen wie bei Art. 6 Abs. 1 GG nicht besteht. Die Funktion als Abwehrrecht steht klar im Vordergrund. 473

a) Schutzbereich

Art. 6 Abs. 2 GG garantiert das Recht der Eltern, für Pflege und Erziehung ihrer Kinder zu sorgen. **Erziehung** meint dabei die Anleitung der geistig-seelischen Persönlichkeitsentwicklung, die Vermittlung von Kenntnissen und Werthaltungen.[32] **Pflege** hingegen ist die tatsächliche Sorge für das Kind und sein körperliches und geistiges Wohlbefinden. Art. 6 Abs. 2 GG weist beide Aufgaben den Eltern als „natürliche Aufgaben" zu. Sie sollen Pflege und Erziehung nach eigenen Vorstellungen frei und grds. mit Vorrang vor anderen Erziehungsträgern gestalten können. Art. 6 Abs. 2 GG schützt folglich die freie Entscheidung der Eltern darüber, wie sie ihrer Elternverantwortung gerecht werden wollen.[33] Eingriffe in diesen Bereich können Eltern unter Berufung auf Art. 6 Abs. 2 GG abwehren. In zeitlicher Hinsicht erlischt das Grundrecht mit der Volljährigkeit des Kindes.[34] 474

In sachlicher Hinsicht wird der Schutzbereich indes dadurch begrenzt, dass die Regelungen über das Elternrecht keinen Selbstzweck darstellen. Pflege und Erziehung sind den Eltern vielmehr deshalb übertragen, weil dies im Regelfall dem Kindeswohl am Besten dient. Diese Begrenzung kommt implizit in Art. 6 Abs. 2 S. 2 GG zum Ausdruck; der Staat soll überwachen, ob die Eltern das **Kindeswohl** tatsächlich achten. Das BVerfG bezeichnet das Elternrecht daher als **„treuhänderische Freiheit"**[35], die die Eltern für ihre Kinder wahrnehmen. Keinen Schutz bietet Art. 6 Abs. 2 GG folglich gegen Handlungen, die das Kindeswohl missachten und die deshalb nicht als „Pflege und Erziehung" anzusehen sind.[36] Das BVerfG hat etwa die Verpflichtung der Eltern zur „Rechtstreue" als sachliche Grenze des Grundrechts aus Art. 6 Abs. 2 GG genannt.[37] Schon vom Schutzbereich her scheidet daher etwa die Erziehung der Kinder zu Straftaten aus. 475

BVerfGE 59, 360 (376 f.) (Schülerberater): „Art. 6 Abs. 2 S. 1 GG garantiert den Eltern das Recht auf Pflege und Erziehung ihrer Kinder. Die Erziehung des Kindes ist damit primär in die Verantwortung der Eltern gelegt, wobei dieses „natürliche Recht" den Eltern nicht vom Staate verliehen worden ist, sondern von diesem als vorgegebenes Recht anerkannt wird. **Die**

32 *Sachs,* VerfR II, Kap. B 6 Rn. 28.
33 BVerfGE 47, 46 (70) (Sexualkundeunterricht).
34 BVerfGE 59, 360 (382) (Schülerberater).
35 BVerfGE 59, 360 (376) (Schülerberater).
36 BVerfGE 24, 119 (Ls. 3) (Adoption I); 103, 89 (107) (Unterhaltsverzichtsvertrag).
37 BVerfGE 99, 145 (156 f.) (Gegenläufige Kindesrückführungsanträge).

> **Eltern können grundsätzlich frei von staatlichen Einflüssen und Eingriffen nach eigenen Vorstellungen darüber entscheiden, wie sie die Pflege und Erziehung ihrer Kinder gestalten und damit ihrer Elternverantwortung gerecht werden wollen. Das Elternrecht unterscheidet sich von den anderen Freiheitsrechten des Grundrechtskatalogs wesentlich dadurch, dass es keine Freiheit im Sinne einer Selbstbestimmung der Eltern, sondern zum Schutze des Kindes gewährt.** Es beruht auf dem Grundgedanken, dass in aller Regel Eltern das Wohl des Kindes mehr am Herzen liegt als irgendeiner anderen Person oder Institution. Das Elternrecht ist Freiheitsrecht im Verhältnis zum Staat, der in das Erziehungsrecht der Eltern grundsätzlich nur eingreifen darf, wenn das dem Staat nach Art. 6 Abs. 2 S. 2 GG zukommende Wächteramt dies gebietet. In der Beziehung zum Kind muss das Kindeswohl die oberste Richtschnur der elterlichen Pflege und Erziehung sein. Art. 6 Abs. 2 S. 1 GG statuiert - dies kommt deutlich im Wortlaut der Vorschrift zum Ausdruck - Grundrecht und Grundpflicht zugleich. Man hat das Elternrecht daher ein fiduziarisches Recht, ein dienendes Grundrecht, eine im echten Sinne anvertraute **treuhänderische Freiheit** genannt."

476 Für die Wirkung des Art. 6 Abs. 2 GG als Abwehrrecht kommt ferner der Grundrechtsberechtigung, also dem **persönlichen Schutzbereich**, eine besondere Bedeutung zu: Nach dem Verfassungswortlaut sind die **Eltern**, und zwar jeder Elternteil[38], Träger des Grundrechts. Wer zu den „Eltern" gehört, obliegt im Einzelnen **gesetzlicher Ausgestaltung**. Grundrechtsberechtigt sind jedenfalls die leiblichen Eltern.[39] Inwieweit weitere Personen als Eltern anzusehen sind, richtet sich nach den einschlägigen gesetzlichen Regelungen v.a. in den §§ 1591 ff. BGB.

477 Weiterhin wirkt Art. 6 Abs. 2 GG nicht bloß als klassisches Abwehrrecht, sondern auch als **Institutsgarantie der elterlichen Sorge**.[40] Folglich ist es Aufgabe und Pflicht des Staates, sorgerechtliche Regelungen mit Wirkung vor allem auch gegenüber Dritten zu schaffen. Dabei schützt Art. 6 Abs. 2 GG - dem Wesen einer Institutsgarantie entsprechend[41] - nicht den Gesamtbestand an sorgerechtlichen Regelungen. Dem Gesetzgeber kommt ein weiter Gestaltungsspielraum zu. Dennoch darf er aber die wesentlichen Strukturen des Sorgerechts, ohne die elterliche Verantwortung nicht ausgeübt werden kann, nicht antasten.[42] Seinen Gestaltungsspielraum hat der Gesetzgeber mit den Regelungen der §§ 1626 ff. BGB genutzt.

478 Schließlich folgt aus Art. 6 Abs. 2 GG eine staatliche **Schutzpflicht**, die sich besonders im verfahrensrechtlichen Bereich auswirkt. Art. 6 Abs. 2 GG verpflichtet den Gesetzgeber, Grundrechtsschutz durch Organisation und Verfahren in den Bereichen Pflege und Erziehung sicherzustellen und so die Elternrechte zu wahren. Der Gesetzgeber muss daher etwa Anhörungs- und Beteiligungsrechte der Eltern im familiengerichtlichen Verfahren[43] und im schulischen Bereich[44] vorsehen.

---

38 BVerfGE 47, 46 (76) (Sexualkundeunterricht).

39 BVerfGE 92, 158 (178) (Adoption II).

40 *Sachs,* VerfR II, Kap. B 6 Rn. 39.

41 Vgl. dazu Rn. 383 ff.

42 BVerfGE 84, 168 (180) (Sorgerecht für nichteheliche Kinder).

43 BVerfGE 55, 171 (179) (Sorgerecht); 92, 158 (179 ff.) (Adoption II); 99, 145 (162 f.) (Gegenläufige Kindesrückführungsanträge). Vgl. zur praktischen Gestaltung im familiengerichtlichen Verfahren insb. die §§ 50 ff. FGG.

b) Eingriffe

Eingriffe in das Elternrecht sind in verschiedener Weise denkbar: So kann das Elternrecht etwa durch Adoption gänzlich aufgehoben werden. Vor allem der nach § 1666a BGB mögliche vollständige Ausschluss von der elterlichen Sorge stellt den empfindlichsten Eingriff in das Elternrecht dar. Daneben kommen Beeinträchtigungen etwa durch eine den Vorstellungen der Eltern zuwiderlaufende schulische Erziehung[45] ebenso in Betracht wie durch die Möglichkeit eines Schülers, in der Schule eine von den Eltern unabhängige Schülerberatung zu besuchen[46]. 479

Von den Eingriffen streng zu trennen ist die **Ausgestaltung** durch den Gesetzgeber. Wie auch Art. 6 Abs. 1 GG verlangt Art. 6 Abs. 2 GG danach, dass der Staat das Verhältnis des Kindes zu seinen Eltern in rechtlicher Hinsicht ausformt. Regelungen, die - mit Rücksicht auf das Kindeswohl - Rechte von Kindern und Eltern gegeneinander abgrenzen, sind keine Eingriffe und folglich vor Art. 6 Abs. 2 GG nicht rechtfertigungsbedürftig. Ein Beispiel für eine solche Regelung ist das Verbot entwürdigender und gewaltsamer Erziehungsmaßnahmen (§ 1631 Abs. 2 BGB).[47] Keine Eingriffe sind auch Regelungen, die die zunehmende Selbstständigkeit des Kindes bei zunehmendem Alter berücksichtigen und zugleich das Elternrecht begrenzen.[48] Denkbar wäre es zwar, diese Regelungen als Eingriffe zu charakterisieren. Dem steht allerdings entgegen, dass die zunehmende Selbstständigkeit des Kindes naturgegeben ist[49] und daher Maßnahmen, die diese Selbstständigkeit beschneiden, kaum dem Kindeswohl dienen können. Zudem fehlt den Eltern angesichts des im Vordergrund stehenden Kindeswohls die eigenständige Rechtsposition gegenüber dem Kind. Das BVerfG verneint daher bereits den Eingriffscharakter.[50] Solche ausgestaltenden Regelungen sind nur daraufhin zu überprüfen, ob sie dem Kindeswohl entsprechen.[51] 480

c) Rechtfertigung von Eingriffen

aa) Art. 6 Abs. 2 S. 2 GG (Wächteramt des Staates)

Eine **Schranke** für das elterliche Erziehungsrecht ergibt sich zunächst aus Art. 6 Abs. 2 S. 2 GG, der dem Staat ein **Wächteramt** zuweist. Der Staat muss dafür sorgen, dass die Eltern ihrer Aufgabe, die Kinder zu pflegen und zu erziehen, auch tatsächlich nachkommen. Begründen lässt sich diese Pflicht in zweifacher Hin- 481

---

44 So etwa vor der Einführung der Sexualerziehung (BVerfGE 47, 46 [76] [Sexualkundeunterricht]) oder dem Verweis eines behinderten Schülers auf die Sonderschule (BVerfGE 96, 288 [309] [Integrative Beschulung]).

45 Zuletzt BVerfGE 98, 218 (252 f.) (Rechtschreibreform).

46 BVerfGE 59, 360 (383 ff.) (Schülerberater).

47 *Pieroth*, in: Jarass/Pieroth, Art. 6 Rn. 36.

48 Beispiele sind etwa das RelKErzG sowie aus dem BGB die §§ 1303 Abs. 2, 3 (Ehefähigkeit), 1671 Abs. 1, 2 Nr. 1 (Sorgerechtsübertragung), 1684 Abs. 1 (Umgangsrecht), 1746 Abs. 1 S. 3 (Adoption), 2229 Abs. 1, 2 (Testierfähigkeit).

49 *Sachs,* VerfR II, Kap. B 6 Rn. 36.

50 BVerfGE 59, 360 (382) (Schülerberater).

51 Zur Frage, ob die Ausgestaltung verhältnismäßig sein muss, vgl. Rn. 394.

sicht: Es besteht ein legitimes öffentliches Interesse des Staates am Wohlergehen des Nachwuchses; zudem verpflichten die Grundrechte des Kindes aus Art. 1 Abs. 1 GG und Art. 2 Abs. 1 GG den Staat, zu seinem Schutz tätig zu werden.[52]

482 Art. 6 Abs. 2 S. 2 GG ermächtigt und verpflichtet daher den Staat, der elterlichen Erziehung über die Ausgestaltung hinaus Grenzen zu setzen; gleichzeitig ist der Staat dabei aber an **Schranken-Schranken** gebunden: Denn alle staatlichen Maßnahmen müssen sich am Normzweck des Art. 6 Abs. 2 GG orientieren; sie müssen folglich dem **Kindeswohl** dienen. Dennoch darf der Staat den Elternwillen nicht völlig missachten und dem Kind auch dann eine bestmögliche Förderung zu Teil werden lassen, wenn die Eltern dies ablehnen.[53] Dies stünde mit der Regel des Art. 6 Abs. 2 S. 1 GG, wonach die Erziehung „zuvörderst" den Eltern obliegt, nicht in Einklang. Es muss folglich ein schonender Ausgleich gesucht werden. Staatliche Maßnahmen unterliegen zudem wie alle Grundrechtseingriffe dem Vorbehalt des Gesetzes. Art. 6 Abs. 2 S. 2 GG entspricht in seiner Wirkung daher einem **qualifizierten Gesetzesvorbehalt**.

483 Eine weitere Schranken-Schranke stellt der **Verhältnismäßigkeitsgrundsatz** dar. Auf Grund des in Art. 6 Abs. 2 S. 1 GG garantierten Vorrangs der elterlichen Erziehung darf der Staat nur eingreifen, wenn und soweit es das Kindeswohl zwingend erfordert.

> BVerfGE 24, 119 (143 ff.) (Adoption I): „**Die Eltern haben das Recht, die Pflege und Erziehung ihrer Kinder nach ihren eigenen Vorstellungen frei zu gestalten und genießen insoweit, vorbehaltlich des Art. 7 GG, Vorrang vor anderen Erziehungsträgern. Dieser Grundrechtsschutz darf aber nur für ein Handeln in Anspruch genommen werden, das bei weitester Anerkennung der Selbstverantwortlichkeit der Eltern noch als Pflege und Erziehung gewertet werden kann, nicht aber für das Gegenteil: die Vernachlässigung des Kindes.** Die Verfassung macht dies durch die Verknüpfung des Rechts zur Pflege und Erziehung mit der Pflicht zu dieser Tätigkeit deutlich. Diese Pflichtbindung unterscheidet das Elternrecht von allen anderen Grundrechten; sie ist auch anderer Art als die Sozialgebundenheit des Eigentums (vgl. Art. 14 Abs. 2 GG). In Art. 6 Abs. 2 S. 1 GG sind Recht und Pflicht von vornherein unlöslich miteinander verbunden; die Pflicht ist nicht eine das Recht begrenzende Schranke, sondern ein wesensbestimmender Bestandteil dieses „Elternrechts", das insoweit treffender als „Elternverantwortung" bezeichnet werden kann. Art. 6 Abs. 2 S. 1 GG schützt danach die freie Entscheidung der Eltern darüber, wie sie dieser natürlichen Verantwortung gerecht werden wollen; er schützt nicht diejenigen Eltern, die sich dieser Verantwortung entziehen.
>
> **Wenn Eltern in dieser Weise versagen, greift das Wächteramt des Staates nach Art. 6 Abs. 2 S. 2 GG ein; der Staat ist nicht nur berechtigt, sondern auch verpflichtet, die Pflege und Erziehung des Kindes sicherzustellen.** Diese Verpflichtung des Staates folgt nicht allein aus dem legitimen Interesse der staatlichen Gemeinschaft an der Erziehung des Nachwuchses, aus sozialstaatlichen Erwägungen oder etwa aus allgemeinen Gesichtspunkten der öffentlichen Ordnung; sie ergibt sich in erster Linie daraus, dass das Kind als Grundrechtsträger selbst Anspruch auf den Schutz des Staates hat. Das Kind ist ein Wesen mit eigener Menschenwürde und dem eigenen Recht auf Entfaltung seiner Persönlichkeit im Sinne der Art. 1 Abs. 1 und Art. 2 Abs. 1 GG. (…) In diesem Sinne bildet das Wohl des Kindes den

---

[52] BVerfGE 24, 119 (Ls. 4 und 144) (Adoption I); 103, 89 (107) (Unterhaltsverzichtsvertrag). Zur Schutzpflicht allgemein vgl. Rn. 110 ff.

[53] BVerfGE 60, 79 (94) (Sorgerechtsentzug).

Richtpunkt für den Auftrag des Staates gemäß Art. 6 Abs. 2 S. 2 GG. **Dies bedeutet nicht, dass jedes Versagen oder jede Nachlässigkeit den Staat berechtigt, die Eltern von der Pflege und Erziehung auszuschalten oder gar selbst diese Aufgabe zu übernehmen; vielmehr muss er stets dem grundsätzlichen Vorrang der Eltern Rechnung tragen. Zudem gilt auch hier der Grundsatz der Verhältnismäßigkeit.** Art und Ausmaß des Eingriffs bestimmen sich nach dem Ausmaß des Versagens der Eltern und danach, was im Interesse des Kindes geboten ist. Der Staat muss daher nach Möglichkeit zunächst versuchen, durch helfende, unterstützende, auf Herstellung oder Wiederherstellung eines verantwortungsgerechten Verhaltens der natürlichen Eltern gerichtete Maßnahmen sein Ziel zu erreichen."

Schließlich begrenzt **Art. 6 Abs. 3 GG** den besonders intensiven Eingriff der **Trennung der Kinder von ihren Eltern** und bindet ihn an besondere strenge Voraussetzungen[54]: Es muss ein Versagen der Erziehungsberechtigten oder aber die Gefahr der Verwahrlosung gegeben sein. Trennung meint die Herauslösung der Kinder aus dem Familienverband mit dem Ziel der Begründung eines staatlichen Erziehungseinflusses wegen elterlichen Erziehungsversagens.[55] Keine Trennung stellen damit etwa Umgangsregelungen[56] oder Maßnahmen der Ausländerbehörde, die den Familiennachzug beschränken[57], dar. **484**

bb) Art. 7 Abs. 1 GG (Schulaufsicht des Staates)

Eine Schranke des elterlichen Erziehungsrechts aus Art. 6 Abs. 2 S. 1 GG folgt schließlich aus Art. 7 Abs. 1 GG. Diese Vorschrift stellt die Schule unter die Aufsicht des Staates und ist seinem Wortlaut zu Folge eine **organisationsrechtliche Bestimmung**. Art. 7 Abs. 1 GG ist kein Grundrecht, das dem Einzelnen subjektive Rechte vermittelt. **485**

Das BVerfG hat der Bestimmung über ihren Wortlaut hinaus dennoch weit reichende Bedeutung verliehen und ihr - unter Zustimmung der Literatur[58] - eine **umfassende Berechtigung und Verpflichtung des Staates** entnommen, das Schulwesen zu planen und zu organisieren sowie eigene Erziehungsziele zu setzen.[59] Art. 7 Abs. 1 GG erlaubt es dem Staat sowohl, das Schulsystem organisatorisch zu gliedern, wie auch Ausbildungsgänge und Bildungsziele im Einzelnen festzulegen. Insbesondere deckt Art. 7 Abs. 1 GG auch Vorgaben für den Inhalt der schulischen Erziehung ab.[60] Schulen i.S.v. Art. 7 Abs. 1 GG sind allerdings lediglich die Einrichtungen, die auf gewisse Dauer angelegt sind und ein zusammenhängendes Unterrichtsprogramm bieten.[61] Daher sind etwa Kindergärten und **486**

---

54 Zur Funktion des Art. 6 Abs. 3 GG als Schranken-Schranke BVerfGE 60, 79 (91) (Sorgerechtsentzug); 76, 1 (48) (Familiennachzug).

55 BVerfGE 76, 1 (48) (Familiennachzug); a.A. *Pieroth*, in: Jarass/Pieroth, Art. 6 Rn. 41 (jede Herauslösung ohne Rücksicht auf das Ziel genügt).

56 BVerfGE 31, 194 (201) (Verkehrsrecht des nichtsorgeberechtigten Elternteils).

57 BVerfGE 76, 1 (48) (Familiennachzug).

58 Z.B. *Robbers*, in: von Mangoldt/Klein/Starck, Art. 6 Rn. 79; *Gröschner*, in: Dreier, Art. 7 Rn. 39; *Hemmrich*, in: v. Münch/Kunig, Art. 7 Rn. 14a.

59 BVerfGE 34, 165 (181) (Förderstufe); 47, 46 (71 f. (Sexualkundeunterricht); 93, 1 (21 f.) (Kruzifix).

60 BVerfGE 26, 228 (238) (Sorsum).

61 *Pieroth*, in: Jarass/Pieroth, Art. 7 Rn. 2.

Volkshochschulen keine Schulen i.S.v. Art. 7 Abs. 1 GG. Auch die Hochschulen fallen nicht unter Art. 7 Abs. 1 GG.[62]

487 Praktische Bedeutung gewinnt Art. 7 Abs. 1 GG vor allem als **Schranke anderer Grundrechte**, insbesondere der Grundrechte aus Art. 2 Abs. 1 GG (ggf. i.V.m. Art. 1 Abs. 1) (Persönlichkeitsrechte der Schüler)[63], 4 Abs. 1, 2 GG (religiöse Inhalte)[64], 5 Abs. 1 S. 2 GG (Schulfunk)[65], 6 Abs. 2 S. 1 GG (schulische Erziehungsmaßnahmen)[66] und 12 Abs. 1 GG (Oberstufe, Berufsschule)[67]. In der Praxis des BVerfG wurde Art. 7 Abs. 1 GG zudem als Schranke der kommunalen Selbstverwaltung (Art. 28 Abs. 2 GG) herangezogen.[68] Begründen lässt sich diese - dem Wortlaut nicht zu entnehmende - Schrankenfunktion damit, dass Art. 7 Abs. 1 GG einen Gestaltungsauftrag hinsichtlich des Schulwesens an den Staat richtet. Will der Staat diesen Gestaltungsauftrag wahrnehmen, sind Konflikte mit Grundrechten von Eltern und Schülern unvermeidlich. Die systematische und teleologische Auslegung ergibt also die Schrankenfunktion des Art. 7 Abs. 1 GG.

488 Allerdings wirkt Art. 7 Abs. 1 GG insbesondere gegenüber dem elterlichen Erziehungsrecht nicht in unbeschränkter Weise. Vielmehr sind - wie auch sonst bei der Kollision verschiedener Verfassungsgüter - **Schranken-Schranken** zu beachten: Die kollidierenden Verfassungsrechtsgüter müssen im Sinne **praktischer Konkordanz**[69] zu einem schonenden Ausgleich gebracht werden. Zu diesem Zweck ist eine Verhältnismäßigkeitsprüfung vorzunehmen. Das BVerfG hat hier allgemein gültige Maßstäbe entwickelt, anhand derer es Eingriffe in das elterliche Erziehungsrecht prüft: Ausgangspunkt ist, dass das **Erziehungsrecht der Eltern und das der Schule grundsätzlich gleichberechtigt** nebeneinander stehen[70] und beide eine **gemeinsame Erziehungsaufgabe** wahrnehmen[71]. Keinem der beiden Rechte kommt daher von vornherein der Vorrang zu; auch darf die Schule unabhängig von den Eltern eigene Erziehungsziele setzen. Erziehungsmaßnahmen sind aber immer daran zu messen, ob sie dem Wohl des Kindes dienen. Für den Bereich der individuellen Erziehung folgt daraus nach Ansicht des BVerfG ein grundsätzlicher Vorrang des Elternrechts.[72] Anderes gilt hingegen für die Wissensvermittlung, die traditionelle Aufgabe der Schule ist. Regelmäßig sind hier die besonders ausgebildeten Lehrkräfte in höherem Maße kompetent als die Eltern. Zudem ist ein Eingriff durch die bloße Wissensvermittlung minimal, weil damit weder eine Indoktrination noch eine weiter gehende Lenkung stattfindet. Soweit es also um Wissensvermittlung geht, hat das Recht aus Art. 7 Abs. 1 GG gegen-

---

62 BVerfGE 37, 314 (320) (Private Fachhochschulen).
63 BVerfGE 47, 46 (73) (Sexualkundeunterricht).
64 BVerfGE 93, 1 (21) (Kruzifix).
65 BVerfGE 83, 238 (340) (6. Rundfunkentscheidung [Nordrhein-Westfalen-Urteil]).
66 BVerfGE 47, 46 (71 f.) (Sexualkundeunterricht).
67 BVerfGE 58, 257 (272 f.) (Schulentlassung).
68 BVerfGE 26, 228 (238) (Sorsum).
69 Vgl. dazu Rn. 81 ff.
70 BVerfGE 47, 46 (72) (Sexualkundeunterricht).
71 BVerfGE 34, 165 (183) (Förderstufe).
72 BVerfGE 47, 46 (76 f.) (Sexualkundeunterricht).

über Art. 6 Abs. 2 S. 1 GG grundsätzlich den Vorrang.[73] Kein Vorrang ist schließlich im Bereich der wertorientierten Erziehung auszumachen, wobei - unter Berücksichtigung der staatlichen Neutralitätspflicht - durchaus religiöse und wertorientierte Bezüge vom Staat eingebracht werden dürfen.[74]

BVerfGE 47, 46 (71 f.) (Sexualkundeunterricht): „**Der Bildungs- und Erziehungsauftrag des Staates hat bundesverfassungsrechtlich seine Grundlage in Art. 7 Abs. 1 GG**. Wie das Bundesverfassungsgericht ausgeführt hat, umfasst die in Art. 7 Abs. 1 GG statuierte Schulaufsicht des Staates jedenfalls die Befugnis zur Planung und Organisation des Schulwesens mit dem Ziel, ein Schulsystem zu gewährleisten, das allen jungen Bürgern gemäß ihren Fähigkeiten die dem heutigen gesellschaftlichen Leben entsprechenden Bildungsmöglichkeiten eröffnet. Zu diesem staatlichen Gestaltungsbereich gehört nicht nur die organisatorische Gliederung der Schule, sondern auch die inhaltliche Festlegung der Ausbildungsgänge und der Unterrichtsziele. **Der Staat kann daher in der Schule grundsätzlich unabhängig von den Eltern eigene Erziehungsziele verfolgen**. Der allgemeine Auftrag der Schule zur Bildung und Erziehung der Kinder ist dem Elternrecht nicht nach-, sondern gleichgeordnet. Weder dem Elternrecht noch dem Erziehungsauftrag des Staates kommt ein absoluter Vorrang zu. **Entgegen einer mitunter im Schrifttum vertretenen Auffassung ist der Lehr- und Erziehungsauftrag der Schule auch nicht darauf beschränkt, nur Wissensstoff zu vermitteln. Dieser Auftrag des Staates, den Art. 7 Abs. 1 GG voraussetzt, hat vielmehr auch zum Inhalt, das einzelne Kind zu einem selbstverantwortlichen Mitglied der Gesellschaft heranzubilden**. Die Aufgaben der Schule liegen daher auch auf erzieherischem Gebiet."

3. Mutterschutz (Art. 6 Abs. 4 GG)

Art. 6 Abs. 4 GG ist eines der wenigen Grundrechte, die unmittelbar als **Anspruchsnorm** formuliert sind. 489 Mit der staatlichen Verpflichtung, Schutz und Fürsorge für Mütter zu organisieren, korrespondiert folglich ein Anspruch der Mütter auf Leistungen. Allerdings - und das ist die typische Schwäche aller grundrechtlichen Leistungsansprüche - besteht nur im absoluten Ausnahmefall ein Anspruch auf eine konkrete Leistung. Normalerweise besteht ein weiter Gestaltungsspielraum des Gesetzgebers.[75] Art. 6 Abs. 4 GG wirkt zudem als Diskriminierungsverbot zu Lasten von Müttern, das es etwa verbietet, an eine Schwangerschaft rechtliche Nachteile zu knüpfen.[76]

4. Nichteheliche Kinder (Art. 6 Abs. 5 GG)

Auch Art. 6 Abs. 5 GG enthält einen Auftrag an den Staat: Er soll für die Gleich- 490 stellung der nichtehelichen mit den ehelichen Kindern sorgen. Art. 6 Abs. 5 GG stellt zudem einen **besonderen Gleichheitssatz** dar.[77] Hinsichtlich der Umsetzung der Forderung des Art. 6 Abs. 5 GG ist der Gesetzgeber lange zögerlich verfahren,

---

73 BVerfGE 47, 46 (75) (Sexualkundeunterricht).

74 BVerfGE 41, 29 (44 f.) (Simultanschule); 93, 1 (21 f.) (Kruzifix).

75 BVerfGE 60, 68 (76) (Mutterschutz); vgl. zum Gestaltungsspielraum Rn. 115.

76 BVerfGE 44, 211 (215) (Schwangerschaft kein Eignungsmangel). Vgl. zu weiteren Einzelheiten die Darstellung bei *Sachs*, VerfR II, Kap. B 6 Rn. 52 ff.

77 BVerfGE 25, 167 (Ls. 1) (Nichtehelichkeit).

sodass sich das BVerfG mehrfach genötigt sah, in verfassungsrechtlich problematischer Weise als „Ersatzgesetzgeber“ aus der Verfassung unmittelbar geltendes Recht abzuleiten.[78] Die größten Missstände sind mittlerweile aber beseitigt.[79]

III. Die Grundrechte des Art. 7 GG

491 Art. 7 GG enthält in seinen sechs Absätzen verschiedene Regelungen, die einige grundsätzliche Fragen des Schulwesens klären und die nur vereinzelt als subjektive Rechte wirken. Die Gesetzgebungskompetenz für das Schulwesen liegt gem. Art. 70 GG bei den Ländern, an die sich die Vorgaben folglich richten.

1. Religionsunterricht (Art. 7 Abs. 2, 3 GG)

492 „Der Religionsunterricht ist in den öffentlichen Schulen (...) ordentliches Lehrfach.“ Mit dieser Bestimmung bestätigt Art. 7 Abs. 3 S. 1 GG das grundgesetzliche Modell der **Kooperation von Kirche und Staat**[80]. Gleichzeitig legt Art. 7 Abs. 3 S. 2 GG die Verantwortung der Religionsgemeinschaften für die Inhalte des Unterrichts fest. Die staatliche Verantwortung beschränkt sich lediglich auf die allgemeine Schulaufsicht. Der Staat darf hingegen angesichts seiner u.a. aus Art. 4 Abs. 1, 2 GG und Art. 140 GG i.V.m. Art. 137 Abs. 1 WRV abzuleitenden religiösen und weltanschaulichen **Neutralitätspflicht** keine Inhalte vorgeben. Daher ist er auf die Kooperation der Religionsgemeinschaften angewiesen, wenn er Religionsunterricht anbieten will. Umgekehrt ergibt sich aus Art. 7 Abs. 3 S. 2 GG ein Abwehrrecht der Religionsgesellschaften gegen einen staatlicherseits mit eigenen Inhaltsfestlegungen erteilten „Religionsunterricht“.

493 Religionsunterricht i.S.v. Art. 7 Abs. 3 S. 1 GG ist die **Vermittlung der Glaubenssätze** der jeweiligen Religionsgemeinschaft als bestehende Wahrheit.[81] Religionskundliche Veranstaltungen, bei denen vergleichende Betrachtung und Information im Vordergrund stehen, sind somit nicht als Religionsunterricht einzuordnen. „Zugespitzt: Religionsunterricht erteilt, wer nicht nur sagt, was geglaubt wird, sondern was geglaubt werden soll.“[82]

a) Art. 7 Abs. 3 S. 1 GG als Grundrecht?

494 Inwieweit Art. 7 Abs. 3 S. 1 GG **subjektive Leistungsrechte** der Religionsgemeinschaften einerseits und der Eltern und Schüler andererseits **auf Einrichtung von Religionsunterricht** begründet, ist bislang nicht abschließend entschieden. Art. 7 Abs. 3 S. 1 GG enthält nach seinem Wortlaut lediglich die Feststellung, der Religionsunterricht sei an den öffentlichen Schulen ordentliches Lehrfach. Der

---

78 Sehr deutlich: BVerfGE 25, 167 (Ls. 1 und 182 ff.) (Nichtehelichkeit).

79 Vgl. die Neuregelung des Erbrechts Ende 1997 mit der Aufhebung der §§ 1934a-e BGB.

80 Vgl. dazu Rn. 283 f.

81 BVerfGE 74, 244 (252) (Religionsunterrichtsteilnahme Konfessionsfremder).

82 *Oebbecke*, DVBl. 1996, 336 (341).

Staat wird dementsprechend zur Einrichtung von Religionsunterricht verpflichtet, sodass Art. 7 Abs. 3 S. 1 GG eine **Einrichtungsgarantie** (institutionelle Garantie) enthält.[83] Institutionelle Garantien sind jedoch Verfassungsvorschriften, die jedenfalls nicht in erster Linie auf die Gewährung subjektiver Rechte, sondern auf die objektiv-rechtliche Garantie bestimmter Rechtsinstitute abzielen.[84] Dennoch können institutionelle Garantien subjektive Rechte vermitteln[85]; in diesem Fall hat der Einzelne einen einklagbaren Anspruch auf die Einrichtung von Religionsunterricht. Insbesondere im Zusammenhang mit der Einführung des Faches Lebensgestaltung-Ethik-Religionskunde (LER) in Brandenburg als für alle Schüler verbindliches Lehrfach an Stelle des Religionsunterrichts war die Bedeutung des Art. 7 Abs. 3 S. 1 GG Gegenstand heftiger Kontroversen.[86] Mit Annahme des vom BVerfG unterbreiteten Kompromissvorschlags ist der Konflikt jedoch entschärft.[87]

b) Grenzen des Art. 7 Abs. 3 S. 1 GG: Art. 141 GG

Eine Grenze findet die Verpflichtung zum Angebot von Religionsunterricht in der **495**
sog. **Bremer Klausel** des Art. 141 GG, die den territorialen Geltungsbereich des Art. 7 Abs. 3 S. 1 GG begrenzt. Art. 141 GG gilt unstreitig für Bremen und Berlin. Die Anwendbarkeit auf die neuen Bundesländer ist umstritten.[88]

c) Bestimmungsrecht der Erziehungsberechtigten (Art. 7 Abs. 2 GG)

Grundrechtliche Wirkung entfaltet Art. 7 Abs. 2 GG, der das Bestimmungsrecht **496**
der Erziehungsberechtigten über die Teilnahme ihrer Kinder am Religionsunterricht garantiert. Art. 7 Abs. 2 GG ist lex specialis zu Art. 4 Abs. 1, 2; 6 Abs. 2 S. 1 und 7 Abs. 1 GG. Das Recht endet, wenn das Kind religionsmündig wird.[89]

Diskutiert wird zuweilen eine **analoge Anwendung des Art. 7 Abs. 2 GG** auf **497**
weitere wertorientierte Unterrichtsfächer wie etwa Ethik, für die das Grundgesetz keine vergleichbare Regelung enthält.[90] Voraussetzung für eine Analogie ist eine planwidrige Regelungslücke bei vergleichbarer Interessenlage[91]:

- Eine **planwidrige Regelungslücke** lässt sich trotz der bewusst vorgesehenen Ausnahmestellung des Religionsunterrichts ggf. damit bejahen, dass wertorientierte Fächer neben dem Religionsunterricht erst in den 70er-Jahren aufka-

---

83 *Gröschner*, in: Dreier, Art. 7 Rn. 83; *Robbers*, in: v. Mangoldt/Klein/Starck, Art. 7 Rn. 118; *Hemmrich*, in: v. Münch/Kunig, Art. 7 Rn. 23. Zu Einrichtungsgarantien vgl. Rn. 383 ff.

84 *Anschütz,* Die Verfassung des Deutschen Reiches, 14. Aufl. 1933, Vor Art. 109 Anm. 8.

85 Vgl. zu den Voraussetzungen eines subjektiven Rechts Rn. 124.

86 Vgl. dazu *Schmitt-Kammler*, in: Sachs, GG, Art. 7 Rn. 44 und *Robbers*, in: v. Mangoldt/Klein/Starck, Art. 7 Rn. 122 ff. jeweils m.w.N.

87 Vgl. dazu BVerfGE 104, 305 ff. („LER"-Schlichtungsvorschlag) mit Anmerkungen auch zur Möglichkeit eines Vergleichs vor dem BVerfG von *Schmidt*, NVwZ 2002, 925 ff.

88 Vgl. zu Art. 141 GG im Zusammenhang mit der LER-Debatte insb. *Heckel*, ZevKR 44 (1999), 147 ff.; *Lörler*, ZRP 1996, 121 ff. *Pieroth/Kingreen*, in: Gedächtnisschrift für Jeand'Heur, 1999; *Starck*, in: FS für Listl, 1999, S. 391 ff., alle m.w.N.

89 Vgl. dazu Rn. 366.

90 Dafür *Maunz*, in: Maunz/Dürig, Art. 7 Rn. 52a; *Lörler*, ZRP 1996, 121 (124).

91 *Butzer/Epping*, S. 45 f.

men und der Verfassungsgeber im Jahr 1949 entsprechend keine Regelung treffen konnte. Regelungslücken können nämlich durch Änderung der tatsächlichen Verhältnisse auch dann entstehen, wenn eine Regelung ursprünglich abschließenden Charakter hatte.[92]

- Jedoch müsste zudem die von Art. 7 Abs. 2 GG geregelte **Interessenlage** mit dem vorliegenden Problem **vergleichbar** sein. Art. 7 Abs. 2 GG trägt der Tatsache Rechnung, dass Religionsunterricht gem. Art. 7 Abs. 3 S. 2 GG bekenntnisgebundener Unterricht, also Glaubensvermittlung und -betätigung in der Schule ist. Damit stellt der Religionsunterricht die Ausnahme zu den sonstigen Unterrichtsfächern dar, in denen der Stoff neutral im Sinne fehlender Identifikation des Staates mit einzelnen Inhalten vermittelt werden muss. Art. 7 Abs. 2 GG trägt insofern der Situation Rechnung, dass einerseits Glaubensbetätigung als ordentliches Lehrfach zulässig ist, andererseits aber kein staatlicher Zwang zu derartigen religiösen Handlungen erzeugt werden darf. Sonstiger wertorientierter Unterricht muss hingegen religiös und weltanschaulich neutral[93] sein. Die beim Religionsunterricht auftretende Konfliktlage stellt sich daher gerade nicht. Eine Analogiebildung scheidet aus.[94]

498 Für die **Lehrer** ergibt sich ein Recht zur Verweigerung von Religionsunterricht aus **Art. 7 Abs. 3 S. 3 GG.**

2. Privatschulfreiheit (Art. 7 Abs. 4, 5 GG)

499 Art. 7 Abs. 4 GG enthält die sog. Privatschulfreiheit. Danach ist jedermann berechtigt, Privatschulen zu gründen und zu betreiben. Zu unterscheiden sind zwei unterschiedliche Arten von Privatschulen: die Ersatz- und die Ergänzungsschulen. Während Ersatzschulen an Stelle der öffentlichen Schulen besucht werden, bieten Ergänzungsschulen lediglich ein komplementäres Angebot. Art. 7 Abs. 4 S. 1 GG schützt sowohl die Ersatz- wie auch die Ergänzungsschulen, während Art. 7 Abs. 4 S. 2-4 GG nur für Ersatzschulen gelten. Sonderregelungen gelten für private Volksschulen (Art. 7 Abs. 5 GG).

500 Art. 7 Abs. 4 GG wirkt als Freiheitsrecht in zwei Richtungen: Einerseits gewährleistet er das Recht, eine Privatschule zu gründen und dafür ggf. eine Genehmigung zu erhalten. Andererseits schützt Art. 7 Abs. 4 GG vor Eingriffen in das schulische Konzept. Eine **Schranke** stellt hier die staatliche Schulaufsicht aus **Art. 7 Abs. 1 GG** dar, die auch Privatschulen erfasst. Der Staat muss jedoch bei Eingriffen die Privatschulfreiheit auch hinsichtlich der Bildungsinhalte beachten.

501 Darüber hinaus soll Art. 7 Abs. 4 GG nach der Rechtsprechung des BVerfG einen **Anspruch auf Schutz und Förderung** des Privatschulwesens gewähren.[95] Allerdings hat auch hier der Gesetzgeber einen weiten Gestaltungsspielraum; eine

---

92 BVerfGE 82, 6 (12) (Nichteheliche Lebensgemeinschaft).

93 Vgl. dazu Rn. 283 f.

94 So i.E. auch BVerwGE 107, 75 (80 ff.); *Gröschner*, in: Dreier, Art. 7 Rn. 82; *Hemmrich*, in: v. Münch/Kunig, Art. 7 Rn. 22.

95 BVerfGE 75, 40 (62) (Privatschulfinanzierung I).

konkrete Handlungspflicht wird erst dann ausgelöst, wenn das Privatschulwesen in seinem Bestand bedroht ist. Namentlich ein verfassungsunmittelbarer Anspruch auf Zuschüsse zum Unterhalt, wie ihn das BVerwG einmal angenommen hat[96], ist Art. 7 Abs. 4 GG damit nicht zu entnehmen. Jedoch muss der Gesetzgeber die rechtlichen Voraussetzungen für die Gründung von Privatschulen schaffen. Art. 7 Abs. 4 GG enthält eine entsprechende **institutionelle Garantie**.[97]

BVerfGE 27, 195 (200 f.) (Hessische Privatschulen): „**Art. 7 Abs. 4 S. 1 GG will die Freiheit im Schulwesen verwirklichen; er gewährleistet jedermann das Grundrecht, Privatschulen zu errichten.** Das Recht zur Errichtung von Privatschulen als Ersatz für öffentliche Schulen (Ersatzschulen) ist jedoch durch den Vorbehalt staatlicher Genehmigung beschränkt (Art. 7 Abs. 4 S. 2 GG); ein Anspruch auf Erteilung der Genehmigung ist nur unter den in Art. 7 Abs. 4 S. 3 und Abs. 5 GG aufgeführten Voraussetzungen verfassungsverbürgt. Mit dieser Gründungsfreiheit verbindet Art. 7 Abs. 4 S. 1 GG zugleich eine Garantie der Privatschule als Institution, die der Privatschule verfassungskräftig eine ihrer Eigenart entsprechende Verwirklichung sichert. Der dem staatlichen Einfluss damit entzogene Bereich ist dadurch gekennzeichnet, dass in der Privatschule ein eigenverantwortlich geprägter und gestalteter Unterricht erteilt wird, insbesondere soweit er die Erziehungsziele, die weltanschauliche Basis, die Lehrmethode und Lehrinhalte betrifft. **Diese Gewährleistung bedeutet die Absage an ein staatliches Schulmonopol und ist zugleich eine Wertentscheidung, die eine Benachteiligung gleichwertiger Ersatzschulen gegenüber den entsprechenden staatlichen Schulen allein wegen ihrer andersartigen Erziehungsformen und -inhalte verbietet.** Dieses Offensein des Staates für die Vielfalt der Formen und Inhalte, in denen Schule sich darstellen kann, entspricht den Wertvorstellungen der freiheitlichen demokratischen Grundordnung, die sich zur Würde des Menschen und zur religiösen und weltanschaulichen Neutralität bekennt. **Das Grundrecht der Privatschulfreiheit bedeutet allerdings nicht, dass die Privatschule eine staatsfreie Schule ist.** Ebenso wie die Weimarer Reichsverfassung bekennt sich das Grundgesetz, jedoch mit verstärkten Garantien, zu dem „System der begrenzten Unterrichtsfreiheit“ der Privatschulen. Denn die Länder haben nicht nur die Gesetzgebungszuständigkeit für das Privatschulwesen; nach Art. 7 Abs. 1 GG unterstehen die Privatschulen auch ihrer Schulaufsicht. Die staatliche Schulaufsicht nach Art. 7 Abs. 1 GG ist aber bei den Privatschulen ebenso wenig wie bei den öffentlichen Schulen ein umfassendes staatliches Bestimmungsrecht über die Schulen; vielmehr ist sie insbesondere durch Art. 6 Abs. 2 und Art. 7 Abs. 3 S. 2 GG modifiziert.“

Überblick: Typische Klausurprobleme **502**

- Erziehungsrecht der Eltern (Schutzbereich, Schranken).
- Grundrechte in der Schule / Schranke des Art. 7 Abs. 1 GG.
- Religionsunterricht, LER.
- Abwehrrechtlicher Gehalt des Schutzes von Ehe und Familie (Art. 6 Abs. 1 GG).
- Ehe, Familie und Steuerrecht (Leistungsansprüche, Gleichheitssatz).
- Schutz nichtehelicher und gleichgeschlechtlicher Lebensgemeinschaften (Diskriminierungsgebot?).

---

[96] BVerwGE 70, 290 (292 f.).

[97] BVerfGE 75, 40 (62) (Privatschulfinanzierung I). Einen vertieften Überblick über das Privatschulwesen gibt *Sachs*, VerfR II, Kap. B 7 Rn. 23 ff.

Kapitel 11: Allgemeine Handlungsfreiheit (Art. 2 Abs. 1 GG)

Literatur: *Degenhart, Christoph*, Die allgemeine Handlungsfreiheit des Art. 2 Abs. 1 GG, JuS 1990, 161 ff.; *Duttge, Gunnar*, Freiheit für alle oder allgemeine Handlungsfreiheit?, NJW 1997, 3353 ff.; *Pieroth, Bodo*, Der Wert der Auffangfunktion des Art. 2 Abs. 1 GG, AöR 115 (1990), 33 ff.; *Bauer, Hartmut / Kahl, Wolfgang*, Europäische Unionsbürger als Träger von Deutschen-Grundrechten, JZ 1995, 1077 ff.

Fallbearbeitungen: *Grote, Rainer / Kraus, Dieter*, Fall 1 (S. 1 ff.); *Schoch, Friedrich*, Fall 6 (S. 259 ff.).

Leitentscheidungen: BVerfGE 6, 32 ff. (Elfes); 54, 143 ff. (Taubenfütterungsverbot); 80, 137 ff. (Reiten im Walde); 90, 145 ff. (Cannabis); 97, 332 ff. (Kindergartenbeiträge); 104, 337 ff. (Schächterlaubnis) zum Grundrechtsschutz für Ausländer.

I. Hintergrund

503 Die Gewährleistung einer „allgemeinen Handlungsfreiheit“, also der Freiheit des Einzelnen zu tun und zu lassen, was er will, stellt in der deutschen Verfassungstradition ein Novum dar. Gleichwohl kann man die Handlungsfreiheit zu den ältesten Grundrechtsgarantien überhaupt zählen: So bestimmte schon die erste französische Verfassung von 1791 in ihrem Art. 4: „La liberté consiste à pouvoir faire tout ce qui ne nuit pas à autrui.“[1] In Deutschland verzichteten die Vorläufer des Grundgesetzes auf eine solche Generalklausel und enthielten stattdessen eine Fülle von Einzelgewährleistungen. Diese konnten naturgemäß den Umfang einer allgemeinen Handlungsfreiheit nicht erreichen, sodass sich bald Schutzlücken auftaten. Es verwundert daher nicht, dass in der Weimarer Zeit intensiv darüber diskutiert wurde, ob man nicht Art. 114 WRV, der die Freiheit der Person garantierte, als umfassende Handlungsfreiheit auslegen könnte. Aus diesen Erfahrungen haben die Verfassungsgeber die Konsequenzen gezogen und eine allgemeine Handlungsfreiheit in das Grundgesetz aufgenommen.

II. Schutzbereich

504 **Fall 17: Recht auf Rausch?**

Der Jurastudent J hat während eines Auslandssemesters in den Niederlanden die Freuden des gelegentlichen Cannabiskonsums kennen gelernt. Zurück in Deutschland steht er vor einem Dilemma: Einerseits möchte er gern auch weiterhin Cannabis konsumieren; andererseits möchte er seinen späteren beruflichen Erfolg nicht in Gefahr bringen. Denn der Verkehr mit

1 „Freiheit besteht darin, alles tun zu können, was andere nicht beeinträchtigt.“

Cannabis und auch der Besitz sind gem. § 29 Abs. 1 Nrn. 1, 3 BtMG strafbar. J sieht in dieser Strafvorschrift und dem zu Grunde liegenden Verbot jedes Besitzes und Verkehrs mit Cannabis eine Verletzung seines Rechts auf Rausch. Daher erhebt er unmittelbar Verfassungsbeschwerde zum BVerfG. Die Gründe, die dem Verbot von Cannabis zu Grunde gelegen hätten, seien wissenschaftlich widerlegt. Das Verbot von Cannabis sei ungeeignet, den Drogenkonsum zu vermindern. Cannabis sei ohnehin überall problemlos erhältlich. Ein Verbot sei jedenfalls nicht erforderlich. Cannabis sei keineswegs eine „Einstiegsdroge", deren Konsum zumeist auch den Konsum harter Drogen nach sich ziehe. Dies belegten aktuelle Untersuchungen, nach denen ca. ein Drittel aller Jugendlichen bereits ein- oder mehrmals Cannabisprodukte konsumiert hätten. Cannabis mache zudem nicht körperlich abhängig. Eine psychische Abhängigkeit trete bei nur gelegentlichem Konsum ebenfalls nicht auf. Bei nur gelegentlichem Gebrauch seien schließlich die Gesundheitsgefahren jedenfalls weniger schwer wiegend als bei Alkohol. Die Bundesregierung verteidigt hingegen das strafbewehrte Verbot von Cannabis: Immerhin ca. fünf Prozent der Cannabiskonsumenten wechselten zu harten Drogen. Zudem sei die Gefahr einer psychischen Abhängigkeit bei labilen Personen durchaus gegeben. Schließlich sei der Cannabiskonsum eine Gefahr für den Straßenverkehr. Hat die Verfassungsbeschwerde Aussicht auf Erfolg?

Hinweis: Wird die Zulässigkeit verneint, ist die Begründetheit hilfsgutachterlich zu prüfen. Auf das Problem der Verfristung der Verfassungsbeschwerde (§ 93 Abs. 3 BVerfGG) und auf Gleichheitsrechte ist nicht einzugehen.

§ 29 BtMG

(1) Mit Freiheitsstrafe bis zu fünf Jahren oder mit Geldstrafe wird bestraft, wer

1. Betäubungsmittel unerlaubt anbaut, herstellt, mit ihnen Handel treibt, sie, ohne Handel zu treiben, einführt, ausführt, veräußert, abgibt, sonst in den Verkehr bringt, erwirbt oder sich in sonstiger Weise verschafft, (...)
3. Betäubungsmittel besitzt, ohne zugleich im Besitz einer schriftlichen Erlaubnis für den Erwerb zu sein (...)

(5) Das Gericht kann von einer Bestrafung nach den Absätzen 1, 2 und 4 absehen, wenn der Täter die Betäubungsmittel lediglich zum Eigenverbrauch in geringer Menge anbaut, herstellt, einführt, ausführt, durchführt, erwirbt, sich in sonstiger Weise verschafft oder besitzt.

Fall nach BVerfGE 90, 145 ff. (Cannabis)

1. Persönlicher Schutzbereich

Art. 2 Abs. 1 GG gewährt ein Jedermann-Grundrecht. Gem. Art. 19 Abs. 3 GG ist **505** Art. 2 Abs. 1 GG zudem auf juristische Personen wesensmäßig anwendbar, weil das Grundrecht in seiner Auslegung durch das BVerfG nicht an natürliche Eigenschaften des Menschen anknüpft.[2]

2. Sachlicher Schutzbereich

a) Ausgangspunkt: Wortlaut des Art. 2 Abs. 1 GG

Nach seinem Wortlaut schützt Art. 2 Abs. 1 GG die **freie Entfaltung der Persönlichkeit**; von allgemeiner Handlungsfreiheit ist nicht die Rede. Im Gegenteil lässt **506** der recht vage formulierte Wortlaut auch engere Deutungen des Art. 2 Abs. 1 GG zu. Vorgeschlagen wurde in der Frühzeit des Grundgesetzes die Beschränkung des

2 Vgl. dazu allgemein Rn. 147 ff. (insb. Rn. 161).

Schutzes auf besonders wichtige Elemente der Persönlichkeitsentfaltung, mithin auf einen Kernbereich („Persönlichkeitskerntheorie").[3] Und auch wenn man den Schutzbereich nicht derart eng ziehen möchte, könnte man dessen Umfang auf das beschränken, was für die Persönlichkeitsentfaltung von „erheblicher Bedeutung" ist.[4] Danach wäre der Schutz des Art. 2 Abs. 1 GG auf das Verhalten in der engeren persönlichen, freilich nicht auf rein geistige und sittliche Entfaltung beschränkten Lebenssphäre begrenzt.[5] Der Wortlaut jedenfalls ist hinsichtlich all dieser Auslegungsmöglichkeiten offen.

b) Die Weichenstellung des Elfes-Urteils

507 Das BVerfG hat sich jedoch bereits im Elfes-Urteil[6] auf die weitest mögliche Auslegung des Art. 2 Abs. 1 GG als umfassende „allgemeine Handlungsfreiheit" festgelegt. Dem Urteil lag der Fall des ehemaligen Stadtdirektors von Mönchengladbach, *Wilhelm Elfes*, zu Grunde, dem die Passbehörde im Jahr 1953 die Verlängerung seines Reisepasses verweigert hatte. *Elfes* war Mitglied im „Bund der Deutschen", der die Politik Adenauers, insbesondere die Westintegration und die sich abzeichnende Wiederbewaffnung, bekämpfte, weil er darin eine Gefahr für die Wiedervereinigung sah. *Elfes* hatte im Rahmen seiner Tätigkeit für den Bund u.a. eine „Gesamtdeutsche Erklärung" unterschrieben, der auch Vertreter aus Ostblockstaaten beigetreten waren. Zudem hatte er an Kongressveranstaltungen in Ostberlin und Budapest teilgenommen. Die zuständige Behörde sah deshalb äußere Belange der Bundesrepublik gefährdet. Vor dem BVerfG unterlag *Elfes* zwar in der Sache. Nachdem das BVerfG jedoch die Ableitung der „Ausreisefreiheit aus Art. 11 Abs. 1 GG[7] abgelehnt hatte, nutzte das Gericht die Gelegenheit für eine genaue Bestimmung des Schutzbereichs und der Schranken des Art. 2 Abs. 1 GG im Sinne einer allgemeinen Handlungsfreiheit.

c) Gründe für eine „allgemeine Handlungsfreiheit"

508 Das BVerfG stützt seine Annahme vor allem auf zwei **systematische Erwägungen**: Die Persönlichkeitskerntheorie sei schon deshalb abzulehnen, weil bei einem Blick auf die Schranken des Art. 2 Abs. 1 GG nicht verständlich sei, wie die Entfaltung innerhalb des Kernbereichs der Persönlichkeit gegen das Sittengesetz oder die verfassungsmäßige Ordnung verstoßen könne.[8] Diese umfassenden Schranken legten vielmehr nahe, dass das „Individuum als Mitglied der Gemeinschaft" geschützt sei, was über eine Betätigung bloß im Kernbereich deutlich hinausgehe. Das BVerfG bezieht also die **Grundrechtsschranken** in die Auslegung ein und

---

3 *Peters*, BayVBl. 1965, 37 ff.

4 BVerfGE 80, 137 (166) (Reiten im Walde, abw. Meinung *Grimm*); *Duttge*, NJW 1997, 3353 (3354).

5 *Hesse*, Rn. 428.

6 BVerfGE 6, 32 ff. (Elfes).

7 Vgl. dazu Rn. 631.

8 BVerfGE 6, 32 (35) (Elfes).

zieht den Schutzbereich weit.[9] Ein weiteres Argument gewinnt das BVerfG aus einer Gesamtbetrachtung des Grundrechtsteils des Grundgesetzes: Dieses enthalte mit den verschiedenen speziellen Freiheitsrechten und ihren unterschiedlichen Schranken ein **abgestuftes System des Grundrechtsschutzes**, dessen Basis Art. 2 Abs. 1 GG darstelle.[10] Bereiche, die nach geschichtlicher Erfahrung besonders dem Zugriff der öffentlichen Gewalt ausgesetzt sind, seien durch besondere Bestimmungen stärker geschützt, als es Art. 2 Abs. 1 GG für jedes menschliche Verhalten vorsehe. Art. 2 Abs. 1 GG ist nach dieser Betrachtung das „Haupt- oder Muttergrundrecht", aus dem sich weitere spezielle Freiheitsrechte ableiten. Ein deutlicher Beleg für die Richtigkeit dieser Annahme ist nicht zuletzt die prominente Stellung des Art. 2 Abs. 1 GG vor allen anderen Freiheitsrechten.

Diese systematischen Argumente treffen sicherlich zu, gehen allerdings am **509**
Kern des Problems ein wenig vorbei. Der Streit um die richtige Schutzbereichsauslegung ist in erster Linie ein Streit um den **Sinn und Zweck** des Art. 2 Abs. 1 GG im Grundrechtsgefüge. Folgt man der Auffassung des BVerfG, das jedes menschliche Tun und Unterlassen als von Art. 2 Abs. 1 GG geschützt ansieht, schützt Art. 2 Abs. 1 GG vor jeglicher staatlicher Beeinträchtigung persönlicher Freiheit. Der Bürger kann folglich jeden belastenden Hoheitsakt mit der Behauptung, in seinem Grundrecht aus Art. 2 Abs. 1 GG verletzt zu sein, mittels einer Verfassungsbeschwerde (Art. 93 Abs. 1 Nr. 4a GG) einer verfassungsgerichtlichen Kontrolle zuführen.

Für Eingriffe in die persönliche Freiheit gilt der aus dem Rechtsstaatsprinzip **510**
(Art. 20 Abs. 2, 3 GG) abgeleitete **Vorbehalt des Gesetzes**. Eingriffe in Freiheit und Eigentum bedürfen also stets einer gesetzlichen Grundlage, auch wenn der Eingriff auf den ersten Blick noch so banal aussehen mag.[11] Der Vorbehalt des Gesetzes hat auf Grund seiner ursprünglichen Ableitung aus dem ausschließlich an den Staat gerichteten Rechtsstaatsprinzip jedoch eine natürliche Schwäche: Er stellt lediglich objektives Verfassungsrecht dar, welches dem Einzelnen zunächst keine subjektiven Rechte vermittelt. Selbst wenn der Staat gegen den Vorbehalt des Gesetzes verstößt und ohne gesetzliche Grundlage in die persönliche Freiheit des Einzelnen eingreift, ist damit noch keine Aussage darüber getroffen, ob und wie sich der Einzelne dagegen wehren kann. Verstöße gegen (nur) objektives Recht können im deutschen Rechtssystem, welches bis auf wenige Ausnahmen auf dem Schutz subjektiver, individueller Rechte beruht, grds. nicht gerügt werden. Dieser Grundsatz gilt auch im Verfassungsrecht; der Einzelne kann gem. Art. 93 Abs. 1 Nr. 4a GG lediglich die Verletzung der Grundrechte und einiger weniger grundrechtsgleicher Rechte mittels der Verfassungsbeschwerde rügen.

---

9 Die Argumentation ist hier spiegelbildlich der bei vorbehaltlosen Grundrechten: Dort ist tendenziell eine enge Schutzbereichsauslegung geboten, weil eine Einschränkung nur ausnahmsweise durch kollidierendes Verfassungsrecht gerechtfertigt werden kann (vgl. Rn. 71).

10 BVerfGE 6, 32 (37) (Elfes).

11 Beispiel etwa BVerfGE 54, 143 ff. (Taubenfütterungsverbot): Das ordnungsbehördliche Verbot des Taubenfütterns stellt einen Eingriff in Art. 2 Abs. 1 GG dar.

511 Die Verknüpfung zwischen dem objektiv-rechtlichen Vorbehalt des Gesetzes und dem Rechtsschutz des Einzelnen folgert das BVerfG daraus, dass jede staatliche Beeinträchtigung persönlicher Freiheit in Art. 2 Abs. 1 GG eingreift, sodass der grundrechtliche Schutz vor staatlichen Eingriffen lückenlos ist. Jede Beeinträchtigung kann daher mit der Behauptung, im Grundrecht aus Art. 2 Abs. 1 GG verletzt zu sein (Art. 93 Abs. 1 Nr. 4a GG), einer Verfassungsbeschwerde zugeführt werden. Fehlt die gesetzliche Grundlage und liegt damit ein Verstoß gegen den objektiv-rechtlichen Vorbehalt des Gesetzes vor, so verletzt der Eingriff zugleich das subjektive Grundrecht aus Art. 2 Abs. 1 GG. Erst Art. 2 Abs. 1 GG in seiner weiten Auslegung führt daher zu einem **effektiven Schutz persönlicher Freiheit** vor staatlicher Beschränkung.

512 Zugleich geht das BVerfG noch einen Schritt weiter, indem es die Schranke der „verfassungsmäßigen Ordnung" (Art. 2 Abs. 1 GG) als **„Vorbehalt des in jeder Hinsicht formell und materiell verfassungsmäßigen - insbesondere verhältnismäßigen - Gesetzes"** versteht.[12] Eingriffe in Art. 2 Abs. 1 GG - und auch in alle speziellen Freiheitsrechte - dürfen nur durch ein Gesetz erfolgen, das in jeder Beziehung mit der Verfassung in Einklang steht. Der Bürger kann sich also nicht bloß gegen materiell verfassungswidrige, beispielsweise unverhältnismäßige Beschränkungen seiner Freiheit wehren, sondern auch gegen nur in formeller Hinsicht verfassungswidrige Eingriffe. Damit wird das gesamte formelle Verfassungsrecht, insbesondere die Bestimmungen über das Gesetzgebungsverfahren, die Gesetzgebungs- und die Verwaltungskompetenzen (Art. 70 ff. GG), verfassungsbeschwerdefähig, sobald nur irgendeine Freiheitsbeschränkung gegeben ist. Hat also etwa der Bundesgesetzgeber ein belastendes Gesetz erlassen, für das nicht dem Bund, sondern den Ländern die Gesetzgebungskompetenz zukommt, kann dieses mit der Verfassungsbeschwerde erfolgreich angegriffen werden, auch wenn das Gesetz in materieller Hinsicht vollständig zweifelsfrei ist. Da hilft es auch nicht, dass die Länder eventuell im Bundesrat zugestimmt haben und dass die Länder ein gleich lautendes Gesetz verabschieden dürften, welches die gleiche Belastung herbeiführen würde. Auch Fehler im Gesetzgebungsverfahren können die Angreifbarkeit im Verfassungsbeschwerdeverfahren nach sich ziehen. Zugleich kann der Beschwerdeführer in materieller Hinsicht nach der Rechtsprechung des BVerfG sogar die Verletzung von Grundrechten Dritter rügen.[13]

513 Diese Wirkung haben die speziellen Freiheitsrechte auf Grund des umfassenden Prüfungsumfangs bei der Verfassungsbeschwerde zwar unbestrittenerweise. Sie gelten jedoch bloß für relativ überschaubare Lebensbereiche. Die Anerkennung der allgemeinen Handlungsfreiheit macht hingegen jede Belastung der Verfassungsbeschwerde mit umfassender Prüfung der Verfassungsmäßigkeit zugänglich.

514 Genau diese Wirkungen des Art. 2 Abs. 1 GG werden von den wenigen Kritikern des BVerfG angegriffen. Zugespitzt formuliert hat dies Richter *Grimm* in sei-

---

12 BVerfGE 6, 32 (41) (Elfes); 9, 83 (88) (Eingriffsfreiheit); 80, 137 (153) (Reiten im Walde).

13 BVerfGE 61, 82 (112 f.) (Sasbach); 85, 191 (205 f.) (Nachtarbeitsverbot); offen gelassen in BVerfGE 96, 375 (398) (Sterilisation). Skeptisch dazu *Kube*, JuS 2003, 461 (463).

ner abweichenden Meinung zum „**Reiten-im-Walde-Beschluss**" des BVerfG[14]. Die Beschwerdeführer wandten sich in diesem Verfahren gegen eine Bestimmung des nordrhein-westfälischen Landschaftsgesetzes, welche das Reiten im Wald auf ausgewiesene Reitwege beschränkt, und sahen sich in Art. 2 Abs. 1 GG verletzt. Einigkeit bestand im entscheidenden Senat des BVerfG darin, dass die Verfassungsbeschwerde abgewiesen werden sollte. Während aber die Mehrheit von sechs Richtern der bisherigen Linie treu blieb und einen - allerdings gerechtfertigten - Eingriff in Art. 2 Abs. 1 GG annahm, hielt *Grimm* schon den Schutzbereich des Art. 2 Abs. 1 GG für nicht einschlägig. Die Kritik hat zum Ausgangspunkt, dass Art. 2 Abs. 1 GG in der Auslegung des BVerfG jede auch noch so banale menschliche Betätigung schütze. Dies führe im Ergebnis zu einer **Banalisierung des Grundrechtsschutzes** selbst.[15] Absurd werde es, wenn Art. 2 Abs. 1 GG auch sozialschädliche Verhaltensweisen wie den Drogenkonsum und sogar den Mord unter Schutz stelle.[16] Zudem werde etwas versprochen, was im Ergebnis nicht einzuhalten sei: Denn die weiten Schranken des Art. 2 Abs. 1 GG führten dazu, dass der weite Schutzbereich doch stets eingeschränkt werden könne und in der Praxis auch eingeschränkt werde. Vor allem aber der unbeschränkte Zugang zur Verfassungsbeschwerde gegen belastende staatliche Maßnahmen stößt auf Widerspruch: Art. 2 Abs. 1 GG verwandele sich von einer allgemeinen Freiheitsgarantie in das Recht, vom Staat nicht rechtswidrig an der Betätigung des eigenen Willens gehindert zu werden, wenn jeder Verstoß gegen objektives Verfassungsrecht angegriffen werden könne.[17] Grundrechte stellten aber lediglich punktuelle Gewährleistungen gegen einzelne gravierende Freiheitsbeeinträchtigungen dar; sie garantierten nicht das Recht, zu tun und zu lassen, was man wolle.[18] Von *Grimm* nicht genannt wird schließlich die wohl auch eine Rolle spielende Überlastung des BVerfG, die den unzähligen Verfassungsbeschwerdeverfahren geschuldet ist und durchaus auch als Folge der Elfes-Rechtsprechung gesehen werden kann.[19]

Dennoch ist die Kritik kaum auf Zustimmung gestoßen: Dies liegt vor allem **515**
daran, dass eine Bestimmung dessen, was dem engeren Lebensbereich bzw. dem Persönlichkeitskern zugehörig sein soll, nicht gelungen ist. Nach welchem Maßstab soll zwischen Relevanz und Irrelevanz eines Verhaltens unterschieden werden? Alle Abgrenzungsversuche, die sich etwa an den speziellen Freiheitsrechten orientieren, haben letztlich etwas Willkürliches an sich und können nicht überzeugen. Und auch die kritisierte umfassende Absicherung des objektiven Verfassungsrechts, vor allem des Vorbehalts des Gesetzes, über Art. 2 Abs. 1 GG stellt für den Verfassungsrechtsschutz eine wesentliche Grundlage dar.[20] Der Vorbehalt des Gesetzes wäre jedenfalls weithin wertlos, wenn Verstöße vom Bürger außer-

---

14 BVerfGE 80, 137 ff. (Reiten im Walde).

15 BVerfGE 80, 137 (168) (Reiten im Walde, abw. Meinung *Grimm*).

16 *Duttge*, NJW 1997, 3353 (3354).

17 BVerfGE 80, 137 (167) (Reiten im Walde, abw. Meinung *Grimm*).

18 *Hesse*, Rn. 428.

19 Vgl. dazu Rn. 138.

20 *Kunig*, in: v. Münch/Kunig, Art. 2 Rn. 15.

halb der Geltung spezieller Freiheitsrechte nicht angegriffen werden könnten. Dies stünde im krassen Gegensatz zu seiner freiheitssichernden Funktion.[21]

516 Schließlich bestätigt die **historisch-genetische Auslegung** die Position des BVerfG: Im Parlamentarischen Rat wurde der Begriff der „allgemeinen Handlungsfreiheit" zur Beschreibung des Art. 2 Abs. 1 GG gebraucht.[22] Zudem waren sprachliche Gründe ausschlaggebend, die ursprünglich vorgesehene Fassung („Jeder kann tun und lassen, was er will.") durch die geltende Fassung zu ersetzen.[23]

d) Umfang des Schutzes

517 Art. 2 Abs. 1 GG schützt daher die Freiheit, zu tun und zu lassen, was man will. Der Begriff der „allgemeinen Handlungsfreiheit" erfasst diese umfassende Freiheit nur unzureichend; zutreffend wird daher auch von einer **„allgemeinen Verhaltensfreiheit"** gesprochen.[24] Art. 2 Abs. 1 GG schützt jedes menschliche Verhalten, die Ausreisefreiheit[25] beispielsweise ebenso wie das Taubenfüttern[26], den Cannabiskonsum[27], das Motorradfahren ohne Helm[28] und die Freiheit, von Steuern[29] und Abgaben[30] verschont zu bleiben.

> BVerfGE 6, 32 (36 f.) (Elfes): „Das Bundesverfassungsgericht hat (...) offen gelassen, ob unter den Begriff der freien Entfaltung der Persönlichkeit die menschliche Handlungsfreiheit im weitesten Sinne zu verstehen sei oder ob Art. 2 Abs. 1 GG sich auf den Schutz eines Mindestmaßes dieser Handlungsfreiheit beschränke, ohne das der Mensch seine Wesensanlage als geistig-sittliche Person überhaupt nicht entfalten kann.
>
> **Das Grundgesetz kann mit der „freien Entfaltung der Persönlichkeit" nicht nur die Entfaltung innerhalb jenes Kernbereichs der Persönlichkeit gemeint haben, der das Wesen des Menschen als geistig-sittliche Person ausmacht**, denn es wäre nicht verständlich, wie die Entfaltung innerhalb dieses Kernbereichs gegen das Sittengesetz, die Rechte anderer oder sogar gegen die verfassungsmäßige Ordnung einer freiheitlichen Demokratie sollte verstoßen können. (...) Es waren nicht rechtliche Erwägungen, sondern sprachliche Gründe, die den Gesetzgeber bewogen haben, die ursprüngliche Fassung „Jeder kann tun und lassen was er will" durch die jetzige Fassung zu ersetzen. (...)
>
> **Neben der allgemeinen Handlungsfreiheit, die Art. 2 Abs. 1 GG gewährleistet, hat das Grundgesetz die Freiheit menschlicher Betätigung für bestimmte Lebensbereiche, die nach den geschichtlichen Erfahrungen dem Zugriff der öffentlichen Gewalt besonders ausgesetzt sind, durch besondere Grundrechtsbestimmungen geschützt**; bei ihnen hat die Verfassung durch abgestufte Gesetzesvorbehalte abgegrenzt, in welchem Umfang in den jeweiligen Grundrechtsbereich eingegriffen werden kann. Soweit nicht solche besonderen Lebensbereiche grundrechtlich geschützt sind, kann sich der Einzelne bei Eingriffen der öffentlichen Gewalt in seine Freiheit auf Art. 2 Abs. 1 GG berufen."

---

21 *Pieroth*, AöR 115 (1990), 33 (38 f.).
22 Näher dazu BVerfGE 6, 32 (38 ff.) (Elfes) m.w.N.
23 Vgl. *v. Mangoldt*, Parlamentarischer Rat, 42. Sitzung des Hauptausschusses, S. 533.
24 *Sachs*, VerfR II, Kap. B 2 Rn. 5.
25 BVerfGE 6, 32 (36) (Elfes).
26 BVerfGE 54, 143 (144) (Taubenfütterungsverbot).
27 BVerfGE 90, 145 (171) (Cannabis).
28 BVerfGE 59, 275 (278) (Schutzhelmpflicht).
29 BVerfGE 87, 153 (169) (Grundfreibetrag).
30 BVerfGE 97, 332 (340 f.) (Kindergartenbeiträge).

BVerfGE 80, 137 (152 ff.) (Reiten im Walde): „**Nach den in der Rechtsprechung des Bundesverfassungsgerichts entwickelten Grundsätzen gewährleistet Art. 2 Abs. 1 GG die allgemeine Handlungsfreiheit im umfassenden Sinne. Geschützt ist damit nicht nur ein begrenzter Bereich der Persönlichkeitsentfaltung, sondern jede Form menschlichen Handelns ohne Rücksicht darauf, welches Gewicht der Betätigung für die Persönlichkeitsentfaltung zukommt.** Abgesehen von einem absolut geschützten Kernbereich privater Lebensgestaltung, welcher der Einwirkung der öffentlichen Gewalt entzogen ist, ist die allgemeine Handlungsfreiheit allerdings nur in den Schranken des zweiten Halbsatzes von Art. 2 Abs. 1 GG gewährleistet und steht damit insbesondere unter dem Vorbehalt der verfassungsmäßigen (Rechts-)Ordnung. Stützt sich ein die Handlungsfreiheit berührender Akt der öffentlichen Gewalt auf eine Rechtsnorm, so kann mit der Verfassungsbeschwerde unter Berufung auf Art. 2 Abs. 1 GG zur Nachprüfung gestellt werden, ob diese Norm zur verfassungsmäßigen Ordnung gehört, das heißt formell und materiell mit den Normen der Verfassung in Einklang steht. Danach ist die Norm nicht nur materiell an Art. 2 Abs. 1 GG zu messen, sondern sie ist auch auf ihre Verfassungsmäßigkeit in sonstiger Hinsicht zu untersuchen. Insoweit ist insbesondere auch zu prüfen, ob die Regelung den Kompetenzvorschriften der Verfassung entspricht. Sofern es sich um eine landesrechtliche Norm handelt, ist neben den Kompetenzfragen im Hinblick auf Art. 31 GG zusätzlich zu prüfen, ob die landesrechtliche Norm inhaltlich mit (seinerseits kompetenzgemäß erlassenem) Bundesrecht - auch mit Bundesrahmenrecht - vereinbar ist. In materieller Hinsicht bietet der Grundsatz der Verhältnismäßigkeit den Maßstab, nach dem die allgemeine Handlungsfreiheit eingeschränkt werden darf. Sofern eine bestehende Befugnis nachträglich beseitigt wird, muss der nach dem Rechtsstaatsgrundsatz gebotene Vertrauensschutz gewahrt bleiben. Darüber hinaus muss den Anforderungen genügt sein, die sich aus dem Grundsatz des Vorbehalts des Gesetzes ergeben.

Gegen die dargelegte Rechtsprechung des Bundesverfassungsgerichts sind in der Literatur bis in die Gegenwart Bedenken erhoben worden. (…) Eine Einengung des Schutzbereichs von Art. 2 Abs. 1 GG, abweichend von der bisherigen Rechtsprechung, ist jedoch nicht gerechtfertigt. Ihr stünde nicht nur die Entstehungsgeschichte der Grundrechtsnorm entgegen. **Der umfassende Schutz menschlicher Handlungsfreiheit erfüllt neben den benannten Freiheitsrechten auch eine wertvolle Funktion in der Freiheitssicherung, denn trotz der weiten Beschränkungsmöglichkeiten gewährleistet das Grundrecht nach den dargelegten Maßstäben einen Schutz von substanziellem Gewicht. Jeder Versuch einer wertenden Einschränkung des Schutzbereichs würde danach zu einem Verlust des Freiheitsraums für den Bürger führen**, der nicht schon deshalb geboten sein kann, weil andere Grundrechte einen engeren und qualitativ abgehobenen Schutzbereich haben, und für den auch sonst keine zwingenden Gründe ersichtlich sind. Eine Einschränkung etwa auf die Gewährleistung einer engeren, persönlichen, wenn auch nicht auf rein geistige und sittliche Entfaltung beschränkten, Lebenssphäre oder nach ähnlichen Kriterien würde überdies schwierige, in der Praxis kaum befriedigend lösbare Abgrenzungsprobleme mit sich bringen.“

Hinweis zur Fallbearbeitung: **518**

Auch wenn der Streit um die Auslegung des Art. 2 Abs. 1 GG andauert, ist in der Fallbearbeitung Zurückhaltung geboten. Eine umfangreiche, mit Argumenten versehene Darstellung ist - wie immer - nur dann gefragt, wenn es für die Lösung des konkreten Falles darauf ankommt. Im Wesentlichen wird Art. 2 Abs. 1 GG in vier Konstellationen relevant:

- Neben Art. 2 Abs. 1 GG ist zumindest ein weiteres Freiheitsrecht vom Schutzbereich her betroffen. Art. 2 Abs. 1 GG tritt als Auffanggrundrecht in diesen Fällen unstreitig als subsidiär zurück.[31] Ausführungen zum Schutzbereich sind gänzlich überflüssig.

- Neben Art. 2 Abs. 1 GG ist kein weiteres Freiheitsrecht betroffen; das Verhalten, in das eingegriffen wird, ist aber für die Entfaltung der Persönlichkeit von großer Bedeutung. In diesen Fällen kommen die verschiedenen Auffassungen über den Umfang des Schutzes zu demselben Ergebnis: Der Schutzbereich des Art. 2 Abs. 1 GG ist einschlägig. Die Frage des „richtigen" Schutzbereichs sollte daher nur kurz angerissen, aber keinesfalls vertieft werden.
- Neben Art. 2 Abs. 1 GG ist kein weiteres Freiheitsrecht einschlägig; zudem gehört das von einem Eingriff betroffene Verhalten nicht zur engeren Lebenssphäre. Nur in diesen (in der Fallbearbeitung eher seltenen) Fällen ist Art. 2 Abs. 1 GG eingehend mittels der verschiedenen Auslegungsmethoden zu untersuchen.
- Streng zu unterscheiden ist Art. 2 Abs. 1 GG in der Form der allgemeinen Handlungsfreiheit vom allgemeinen Persönlichkeitsrecht (Art. 2 Abs. 1 GG i.V.m. Art. 1 Abs. 1 GG). Dieses wird heute als selbstständiges Grundrecht betrachtet.[32]

2. Die Vertragsfreiheit als besondere Ausprägung der allgemeinen Handlungsfreiheit

519 Als auch in rechtlicher Hinsicht mit grundlegenden Besonderheiten ausgestattete Freiheit stellt schließlich die Vertragsfreiheit eine Ausprägung der allgemeinen Handlungsfreiheit des Art. 2 Abs. 1 GG dar. Ziel der Vertragsfreiheit ist die Schaffung von **Privatautonomie** als der Selbstbestimmung des Einzelnen im Rechtsleben.[33] Darunter fällt primär das Recht, Verträge grundsätzlich so abzuschließen, wie es der Einzelne wünscht.[34] Denn maßgebliches Instrument zur Verwirklichung freien und eigenverantwortlichen Handelns in Beziehung zu anderen ist der Vertrag, mit dem die Vertragspartner selbst bestimmen, wie ihre individuellen Interessen zueinander in rechtlich bindender Form zu einem angemessenen Ausgleich gebracht werden. Wechselseitige Bindung und Freiheitsausübung finden im Vertrag ihre Konkretisierung.[35] Zur Gewährleistung der Privatautonomie durch die Vertragsfreiheit gehört aber auch, dass der Staat auf das tatsächliche Bestehen von Vertragsfreiheit hinwirkt, indem er durch geeignete Regelungen verhindert, dass Verträge auf Grund eines wirtschaftlichen oder sozialen Machtgefälles zwischen Privaten zu einem Instrument der Fremdbestimmung werden.[36]

520 Abgeleitet wird die Vertragsfreiheit üblicherweise aus Art. 2 Abs. 1 GG, nachdem eine explizite Gewährleistung, wie sie etwa Art. 152 WRV enthielt, im Grundgesetz nicht mehr zu finden ist. Aber auch andere Grundrechte enthalten Elemente der Vertragsfreiheit: Berufsbezogene Vereinbarungen - also insbeson-

---

31 Vgl. dazu Rn. 534 ff.
32 Vgl. dazu Rn. 600.
33 BVerfGE 89, 214 (231) (Bürgschaftsverträge).
34 BVerfGE 95, 267 (303 f.) (Altschulden).
35 BVerfGE 103, 89 (100) (Unterhaltsverzichtsvertrag).
36 BVerfGE 81, 242 (255) (Handelsvertreter); 89, 214 (232) (Bürgschaftsverträge).

dere das Arbeitsvertragsrecht - tragen Bezüge zu Art. 12 Abs. 1 GG in sich[37], die Veräußerung von Eigentum ist Teil der von Art. 14 Abs. 1 GG gewährleisteten freien Verfügungsbefugnis, und auch die Ehe ist rechtlich gesehen ein Vertrag, der der insoweit spezielleren Gewährleistung des Art. 6 Abs. 1 GG unterfällt.[38] Auch das BVerfG erkennt diese vielfältigen Ableitungen der Vertragsfreiheit an, wenn es Art. 2 Abs. 1 GG nur als Grundlage ansieht, soweit die Vertragsfreiheit nicht durch speziellere Grundrechtsbestimmungen garantiert ist.[39]

Ihre rechtliche Besonderheit gewinnt die Vertragsfreiheit daraus, dass sie eben- **521**
so wie etwa die Art. 6 Abs. 1, 14 Abs. 1 GG ein **normgeprägtes Grundrecht**[40] darstellt. Denn Vertragsfreiheit kann nur dann bestehen, wenn der Staat mit der Schaffung eines Vertragsrechts die rechtlichen Möglichkeiten zum Abschluss von Verträgen bereitstellt. Ohne ein Vertragsrecht bestünde als natürliche Freiheit nur die Möglichkeit, bloße Verabredungen zu treffen, denen aber keinerlei rechtliche Bindungskraft zukäme. Zum Vertrag werden solche Verabredungen erst dann, wenn ihnen der Staat rechtliche Verbindlichkeit zuerkennt. Die rechtliche Bindungskraft von Verträgen, die entscheidender Bestandteil der Vertragsfreiheit ist, ist daher von einer entsprechenden staatlichen Rechtsetzung und Rechtsdurchsetzung abhängig. Entsprechend wird die Vertragsfreiheit zutreffend und in Anknüpfung an Art. 152 WRV[41] als **Institutsgarantie**[42] angesehen.[43]

Als vollständig normgeprägtes Grundrecht erfordert die Vertragsfreiheit die **522**
Ausgestaltung durch den Gesetzgeber.[44] Einerseits verpflichtet Art. 2 Abs. 1 GG den Gesetzgeber, ein Vertragsrecht zu schaffen, mittels dessen sich die Privatautonomie überhaupt erst entfalten kann.[45] Andererseits hat der Gesetzgeber im Rahmen der Ausgestaltung die objektiv-rechtlichen Wertungen der Grundrechte zu beachten. Bei der Ausgestaltung ist er daher keineswegs gänzlich frei. Er muss im Rahmen seines weiten Ausgestaltungsspielraums die praktische Verwirklichung persönlicher Freiheit anstreben und dabei für einen schonenden Ausgleich gegenläufiger Grundrechtspositionen der Beteiligten sorgen („praktische Konkordanz“[46]). Da alle Beteiligten des Zivilrechtsverkehrs den Schutz des Art. 2 Abs. 1 GG genießen und sich gleichermaßen auf die grundrechtliche Gewährleistung ihrer Privatautonomie berufen können, darf nicht nur das Recht des Stärkeren gelten. Die kollidierenden Grundrechtspositionen sind in ihrer Wechselwirkung zu sehen und so zu begrenzen, dass sie für alle Beteiligten möglichst weitgehend

---

37 *Breuer*, in: HdbStR, Bd. VI, § 147 Rn. 63.

38 Weitere Beispiele bei *Höfling*, Vertragsfreiheit, 1991, S. 9 ff.

39 BVerfGE 8, 274 (328) (Preisgesetz); 70, 115 (123) (AGB); ebenso *Epping*, Die Außenwirtschaftsfreiheit, 1998, S. 150.

40 Vgl. dazu Rn. 389.

41 *Anschütz,* Die Verfassung des Deutschen Reiches, 14. Aufl. 1933, Art. 152 Anm. 2.

42 Vgl. dazu Rn. 383 ff.

43 *Höfling*, Vertragsfreiheit, 1991, S. 25 ff.; *Lübbe-Wolff*, Die Grundrechte als Eingriffsabwehrrechte, 1988, S. 81.

44 Vgl. dazu Rn. 390 ff.

45 BVerfGE 89, 214 (232) (Bürgschaftsverträge).

46 Vgl. dazu Rn. 81 ff.

wirksam werden.[47] Verfehlt der Gesetzgeber diesen Maßstab, ist die Ausgestaltung verfassungswidrig.

> BVerfGE 89, 214 (231 f.) (Bürgschaftsverträge): „Nach der ständigen Rechtsprechung des Bundesverfassungsgerichts ist die Gestaltung der Rechtsverhältnisse durch den Einzelnen nach seinem Willen ein Teil der allgemeinen Handlungsfreiheit. **Art. 2 Abs. 1 GG gewährleistet die Privatautonomie als „Selbstbestimmung des Einzelnen im Rechtsleben"**.
>
> **Die Privatautonomie ist notwendigerweise begrenzt und bedarf der rechtlichen Ausgestaltung. Privatrechtsordnungen bestehen deshalb aus einem differenzierten System aufeinander abgestimmter Regelungen und Gestaltungsmittel, die sich in die verfassungsmäßige Ordnung einfügen müssen. Dies bedeutet jedoch nicht, dass die Privatautonomie zur beliebigen Disposition des Gesetzgebers stünde** und ihre grundrechtliche Gewährleistung infolgedessen leer liefe. Vielmehr ist der Gesetzgeber bei der gebotenen Ausgestaltung an die objektiv-rechtlichen Vorgaben der Grundrechte gebunden. Er muss der Selbstbestimmung des Einzelnen im Rechtsleben einen angemessenen Betätigungsraum eröffnen. Nach ihrem Regelungsgegenstand ist die Privatautonomie notwendigerweise auf staatliche Durchsetzung angewiesen. Ihre Gewährleistung denkt die justizielle Realisierung gleichsam mit und begründet daher die Pflicht des Gesetzgebers, rechtsgeschäftliche Gestaltungsmittel zur Verfügung zu stellen, die als rechtsverbindlich zu behandeln sind und auch im Streitfall durchsetzbare Rechtspositionen begründen.
>
> b) **Mit der Pflicht zur Ausgestaltung der Privatrechtsordnung stellt sich dem Gesetzgeber ein Problem praktischer Konkordanz**. Am Zivilrechtsverkehr nehmen gleichrangige Grundrechtsträger teil, die unterschiedliche Interessen und vielfach gegenläufige Ziele verfolgen. Da alle Beteiligten des Zivilrechtsverkehrs den Schutz des Art. 2 Abs. 1 GG genießen und sich gleichermaßen auf die grundrechtliche Gewährleistung ihrer Privatautonomie berufen können, darf nicht nur das Recht des Stärkeren gelten. **Die kollidierenden Grundrechtspositionen sind in ihrer Wechselwirkung zu sehen und so zu begrenzen, dass sie für alle Beteiligten möglichst weitgehend wirksam werden.**
>
> **Im Vertragsrecht ergibt sich der sachgerechte Interessenausgleich aus dem übereinstimmenden Willen der Vertragspartner**. Beide binden sich und nehmen damit zugleich ihre individuelle Handlungsfreiheit wahr. Hat einer der Vertragsteile ein so starkes Übergewicht, dass er den Vertragsinhalt faktisch einseitig bestimmen kann, bewirkt dies für den anderen Vertragsteil Fremdbestimmung. (...) Handelt es sich (...) um eine typisierbare Fallgestaltung, die eine strukturelle Unterlegenheit des einen Vertragsteils erkennen lässt, und sind die Folgen des Vertrages für den unterlegenen Vertragsteil ungewöhnlich belastend, so muss die Zivilrechtsordnung darauf reagieren und Korrekturen ermöglichen. Das folgt aus der grundrechtlichen Gewährleistung der Privatautonomie (Art. 2 Abs. 1 GG) und dem Sozialstaatsprinzip (Art. 20 Abs. 1, 28 Abs. 1 GG)."

III. Eingriffe

523 Eingriffe in Art. 2 Abs. 1 GG liegen in jeder Beeinträchtigung der persönlichen Freiheit, also in **jedem belastenden Hoheitsakt**. In Betracht kommen Gebote, etwas zu tun ebenso wie Verbote, die ein Unterlassen fordern. Eingriffe in Art. 2 Abs. 1 GG sollen aber auch darin liegen, dass einmal gewährte Rechtspositionen

[47] BVerfGE 89, 214 (232) (Bürgschaftsverträge); 97, 169 (176) (Kleinbetriebsklausel I).

wieder entzogen werden.[48] Ein Eingriff soll schließlich auch in der Begründung einer Zwangsmitgliedschaft, beispielsweise in einer Handwerkskammer oder IHK, ebenso wie in deren anschließender Betätigung liegen.[49]

Angesichts der Weite des Schutzbereichs ist allerdings problematisch, ob der erweiterte **Eingriffsbegriff**[50] - ein Eingriff ist jede Verkürzung des Schutzbereichs - auch für Art. 2 Abs. 1 GG in vollem Umfang beibehalten werden kann. Überlegt wird gelegentlich, abweichend von den anderen Grundrechten einen Eingriff in Art. 2 Abs. 1 GG nur dann anzunehmen, wenn der Eingriff durch Rechtsakt - also nicht bloß faktisch - erfolgt und zudem final an den Betroffenen - nicht etwa an einen Dritten - gerichtet ist.[51] Dies käme einer Rückkehr zum klassischen, weithin als zu eng befundenen Eingriffsbegriff bei Art. 2 Abs. 1 GG gleich. **524**

Auch wenn man nicht so weit gehen und stattdessen den weiten Eingriffsbegriff beibehalten möchte, ist aber dennoch sehr sorgfältig zwischen Grundrechtseingriffen und bloßen Belästigungen („**Bagatellen**") zu unterscheiden, wie dies etwa auch bei Art. 12 Abs. 1 GG erforderlich ist. Andernfalls würde der durch Art. 2 Abs. 1 GG abgesicherte Vorbehalt des Gesetzes auf jedes Staatshandeln ausgewietet, welches Rückwirkungen auf das Verhalten des Einzelnen haben kann. Damit aber wäre der Staat in seiner Handlungsfähigkeit stark beeinträchtigt. Daher liegt ein Eingriff in Art. 2 Abs. 1 GG - ebenso wie in andere Grundrechte - nur dann vor, wenn eine Beeinträchtigung ein gewisses Maß an Intensität aufweist oder aber intendiert, d.h. in seiner Grundrechtswirkung beabsichtigt ist.[52] Der Unterschied zu den anderen Grundrechten ist lediglich, dass die Abgrenzung zwischen bloßen Belästigungen und Eingriffen bei Art. 2 Abs. 1 GG eher relevant wird, als bei den speziellen Freiheitsrechten mit ihren enger gefassten Schutzbereichen. **525**

Bei der **Vertragsfreiheit** tritt wie bei allen normgeprägten Grundrechten das Problem der **Abgrenzung von Eingriff und Ausgestaltung** auf.[53] Die Rechtsprechung des BVerfG ist auch hier undeutlich. In einer jüngeren Entscheidung hat das BVerfG es als Eingriff bezeichnet, wenn auf bestehende Vertragsverhältnisse zugegriffen wird.[54] Lediglich eine Ausgestaltung soll hingegen vorliegen, wenn das Vertragsrecht an sich und ohne Zugriff auf den Gehalt bestehender Verträge verändert wird. Die Rechtsprechung ist in dieser Frage wenig ergiebig. **526**

---

48 Beispiel in BVerfGE 51, 77 (89) (Personalrat): Die Abberufung aus dem Personalrat hebt eine einmal gewährte Rechtsposition - die Mitgliedschaft - auf und stellt einen Eingriff dar.

49 Vgl. zur negativen Vereinigungsfreiheit Rn. 769 ff.

50 Vgl. dazu Rn. 348 ff.

51 *Höfling*, in: Friauf/Höfling, Art. 2 Rn. 62; *Pieroth/Schlink*, Rn. 380.

52 Vgl. dazu Rn. 348 ff.

53 Den Versuch einer Abgrenzung im Rahmen der Vertragsfreiheit unternimmt *Höfling*, Vertragsfreiheit, 1991, S. 34 ff. Vgl. dazu allgemein Rn. 390 f.

54 BVerfGE 97, 169 (175 f.) (Kleinbetriebsklausel I).

IV. Rechtfertigung von Eingriffen

1. Schranken

527 Art. 2 Abs. 1 GG enthält nach seinem Wortlaut drei unterschiedliche Schranken, die sog. **Schrankentrias**: Im Einzelnen sind dies die verfassungsmäßige Ordnung, die Rechte anderer und das Sittengesetz.

a) „Verfassungsmäßige Ordnung"

528 Zentrale Bedeutung kommt der Schranke der verfassungsmäßigen Ordnung zu, hinsichtlich deren Bedeutung sich das BVerfG bereits im Elfes-Urteil festgelegt hat: Zur „verfassungsmäßigen Ordnung" i.S.v. Art. 2 Abs. 1 GG gehört danach die allgemeine Rechtsordnung, d.h. alle Rechtsnormen, die formell und materiell mit der Verfassung in Einklang stehen.[55] Damit stellt sich die Schranke der verfassungsmäßigen Ordnung als **einfacher Gesetzesvorbehalt** dar.

529 Diese Auslegung ist angesichts des **Wortlauts** des Art. 2 Abs. 1 GG nicht zwingend. Denkbar ist auch eine engere Auslegung, wie sie etwa für den identischen Begriff der „verfassungsmäßigen Ordnung" in Art. 9 Abs. 2 GG[56] verwendet wird. „Verfassungsmäßige Ordnung" i.S.v. Art. 9 Abs. 2 GG meint - jedenfalls wenn man dem BVerfG folgt - die freiheitlich-demokratische Grundordnung[57] und erfasst nur die elementaren Verfassungsgrundsätze, wie sie etwa in Art. 79 Abs. 3 GG genannt sind. Dieses engere Verständnis ist mit der **Systematik** des Art. 2 Abs. 1 GG als allgemeiner Handlungsfreiheit allerdings nicht vereinbar: Denn angesichts der Weite des Schutzbereichs sind Kollisionen zwischen individueller Handlungsfreiheit und berechtigten Gemeinschaftsinteressen die Regel. Daher bedarf es also auch einer entsprechend umfassenden Schranke, um individuelle Rechte und Interessen untereinander sowie gegenüber Gemeinschaftsanliegen abzuwägen.[58] Zudem stellt Art. 2 Abs. 1 GG als Haupt- bzw. Muttergrundrecht die Basis aller speziellen Freiheitsrechte dar. Diese sind teilweise mit einem einfachen Gesetzesvorbehalt ausgestattet (vgl. nur Art. 8 Abs. 1, 2; 10 Abs. 1, 2 GG). Dass Art. 2 Abs. 1 GG aber einen weiter gehenden Schutz bieten soll als die speziellen Freiheitsrechte, ist mit dem Verständnis als Muttergrundrecht kaum zu vereinbaren.

---

55 BVerfGE 6, 32 (38) (Elfes); 80, 137 (153) (Reiten im Walde).

56 Vgl. dazu Rn. 782.

57 BVerfGE 80, 244 (254) (Vereinsverbot). A.A. *Jarass*, in: Jarass/Pieroth, Art. 9 Rn. 17.

58 Dieses Argument hat einen gewissen Hang zum Zirkelschluss. Denn einerseits wird der Schutzbereich mit Blick auf die „umfassenden Schranken" weit gefasst, andererseits aber wird der weite Umfang der Schranken wiederum mit der Weite des Schutzbereichs und den daraus folgenden Begrenzungsnotwendigkeiten begründet. Die Argumentation anhand der Schranken kann daher die Auslegung des Art. 2 Abs. 1 GG durch das BVerfG und die h.M. nicht allein tragen.

Folgt man daher dem BVerfG hinsichtlich der weiten Schutzbereichsauslegung, ist die ebenfalls weite Auslegung der Schranke der „verfassungsmäßigen Ordnung" nahe liegend.[59] **530**

> BVerfGE 6, 32 (36 ff.) (Elfes): „Wird (...) in Art. 2 Abs. 1 GG mit der freien Entfaltung der Persönlichkeit die allgemeine Handlungsfreiheit gewährleistet, die - soweit sie nicht Rechte anderer verletzt oder gegen das Sittengesetz verstößt - nur an die **verfassungsmäßige Ordnung gebunden ist, so kann unter diesem Begriff nur die allgemeine Rechtsordnung verstanden werden, die die materiellen und formellen Normen der Verfassung zu beachten hat**, also eine verfassungsmäßige Rechtsordnung sein muss. (...)
>
> **Dieses Ergebnis kann nicht mit dem Hinweis darauf entkräftet werden, dass „verfassungsmäßige Ordnung" in anderen Bestimmungen des Grundgesetzes unzweifelhaft etwas anderes bedeute, der Begriff aber überall denselben Inhalt haben müsse.** Die Auslegung hängt vielmehr von der Funktion ab, die der Begriff innerhalb der jeweiligen Norm zu erfüllen hat. Die Analyse der gesetzlichen Tatbestände, in denen der Begriff vorkommt, ergibt, dass er stets einen Kreis von Normen umschreibt, an die der jeweilige Normadressat gebunden sein soll. Daraus erhellt ohne weiteres, dass der Umfang des jeweils die verfassungsmäßige Ordnung darstellenden Normenkomplexes, dem diese Bindungswirkung zukommt, nicht für jeden der - unter sich ganz ungleichartigen - Normadressaten der gleiche sein kann. Während also z. B. sicherlich der Gesetzgeber an die Verfassung schlechthin gebunden ist (Art. 20 Abs. 3 GG), kann es in anderem Zusammenhang - z. B. in Art. 9 GG, § 90a StGB geboten sein, den Begriff „verfassungsmäßige Ordnung" auf gewisse elementare Grundsätze der Verfassung zu beschränken; der Bürger aber wird in seiner allgemeinen Handlungsfreiheit legitim eingeschränkt nicht nur durch die Verfassung oder gar nur durch „elementare Verfassungsgrundsätze", sondern durch jede formell und materiell verfassungsmäßige Rechtsnorm. (...)
>
> **In der Literatur wird häufig der Einwand erhoben, bei dieser Auffassung werde das Grundrecht des Art. 2 Abs. 1 GG „leer laufen"**, da es unter den allgemeinen Gesetzesvorbehalt gestellt werde. Dabei wird jedoch übersehen, dass die Gesetzgebungsgewalt nach dem Grundgesetz stärkeren Beschränkungen unterliegt als unter der Geltung der Reichsverfassung von 1919. Damals waren nicht nur zahlreiche Grundrechte durch den allgemeinen Gesetzesvorbehalt, dem jedes verfassungsmäßig erlassene Gesetz entsprach, tatsächlich „leer laufend"; der Gesetzgeber konnte durch ein mit der verfassungsändernden Mehrheit erlassenes Gesetz auch im Einzelfall eine ihm entgegenstehende verfassungsrechtliche Schranke jederzeit überwinden. Demgegenüber hat das Grundgesetz eine wertgebundene Ordnung aufgerichtet, die die öffentliche Gewalt begrenzt. Durch diese Ordnung soll die Eigenständigkeit, die Selbstverantwortlichkeit und die Würde des Menschen in der staatlichen Gemeinschaft gesichert werden. Die obersten Prinzipien dieser Wertordnung sind gegen Verfassungsänderungen geschützt (Art. 1, 20, 79 Abs. 3 GG). Verfassungsdurchbrechungen sind ausgeschlossen; die Verfassungsgerichtsbarkeit überwacht die Bindung des Gesetzgebers an die Maßstäbe der Verfassung. Gesetze sind nicht schon dann „verfassungsmäßig", wenn sie formell ordnungsmäßig ergangen sind. Sie müssen auch materiell in Einklang mit den obersten Grundwerten der freiheitlichen demokratischen Grundordnung als der verfassungsrechtlichen Wertordnung stehen, aber auch den ungeschriebenen elementaren Verfassungsgrundsätzen und den Grundentscheidungen des Grundgesetzes entsprechen, vornehmlich dem Grundsatz der Rechtsstaatlichkeit und dem Sozialstaatsprinzip. Vor allem dürfen die Gesetze daher die Würde des Menschen nicht verletzen, die im Grundgesetz der oberste Wert ist (...).
>
> Aus dem Gesagten ergibt sich, dass eine Rechtsnorm, nur wenn sie allen diesen Anforderungen entspricht, aber auch immer dann zum Bestandteil der „verfassungsmäßigen Ordnung" wird und somit den Bereich der allgemeinen Handlungsfähigkeit des Bürgers wirksam be-

---

59 Zutreffend: *Kunig*, in: v. Münch/Kunig, Art. 2 Rn. 22.

schränkt. **Verfahrensrechtlich bedeutet das: Jedermann kann im Wege der Verfassungsbeschwerde geltend machen, ein seine Handlungsfreiheit beschränkendes Gesetz gehöre nicht zur verfassungsmäßigen Ordnung, weil es (formell oder inhaltlich) gegen einzelne Verfassungsbestimmungen oder allgemeine Verfassungsgrundsätze verstoße; deshalb werde sein Grundrecht aus Art. 2 Abs. 1 GG verletzt.**“

b) „Rechte anderer“

531 Unter den Rechten anderer sind alle subjektiven Rechte des Einzelnen zu verstehen, unabhängig davon, ob sie sich aus Verfassungsrecht oder einfachem Recht herleiten.[60] Neben der umfassenden Schranke der verfassungsmäßigen Ordnung, also allen formell und materiell verfassungsmäßigen Rechtsnormen, kommt den „Rechten anderer“ keine eigenständige Bedeutung mehr zu. Diese sind vielmehr selbst Teil der „verfassungsmäßigen Ordnung“.

c) „Sittengesetz“

532 Aus dem gleichen Grund bedeutungslos ist das „Sittengesetz“. Soweit Sittenregeln positiviert sind, sind sie ebenfalls Teil der verfassungsmäßigen Ordnung und von dieser Schranke erfasst. Eigenständige Bedeutung könnte dem „Sittengesetz“ also nur dann zukommen, wenn auch ungeschriebene Sittenregeln, also etwa öffentliche **Anschauungen von Moral und Sitte**, als Schranke des Art. 2 Abs. 1 GG wirken könnten. Dies ist allerdings schon mit dem ausnahmslos geltenden Vorbehalt des Gesetzes nicht zu vereinbaren. Hinzu kommt ferner, dass sich der Begriff des „Sittengesetzes“ jeder rechtsstaatlichen Kriterien genügenden Definition entzieht: So stellte das BVerfG 1957 lapidar fest: „Gleichgeschlechtliche Betätigung verstößt eindeutig gegen das Sittengesetz.“[61] 1993 hingegen sah das BVerfG in einer Kammerentscheidung gleichgeschlechtliche Partnerschaften als vom Schutz des Art. 2 Abs. 1 GG erfasst an.[62] Derart wandelbare „allgemeine“ Anschauungen sind zur unmittelbaren Begrenzung von Grundrechten aus rechtsstaatlichen Gründen ungeeignet und bedürfen stets einer Positivierung.

2. Schranken-Schranken

533 Art. 2 Abs. 1 GG enthält keine besonderen Schranken-Schranken, sodass es bei den allgemeinen Regeln bleibt: Das einschränkende Gesetz muss formell und materiell verfassungsmäßig sein und vor allem den Verhältnismäßigkeitsgrundsatz wahren. Dieser stellt bei Art. 2 Abs. 1 GG ebenso wie bei den meisten anderen Grundrechten die eigentliche Schranken-Schranke dar. Der einfache Gesetzesvorbehalt ist also in Wahrheit ein **Vorbehalt des verhältnismäßigen Gesetzes**.

---

60 *Kunig*, in: v. Münch/Kunig, Art. 2 Rn. 19.
61 BVerfGE 6, 389 (434) (Homosexuelle).
62 BVerfG, NJW 1993, 3058 (3058 f.).

V. Konkurrenzen

1. Subsidiarität des Art. 2 Abs. 1 GG

534 Versteht man Art. 2 Abs. 1 GG als „allgemeine Handlungsfreiheit", die durch jeden belastenden Hoheitsakt betroffen ist, ist das Zusammentreffen des Art. 2 Abs. 1 GG mit speziellen Freiheitsrechten eher die Regel als die Ausnahme. Jede Beeinträchtigung eines speziellen Freiheitsrechts stellt zugleich eine Beeinträchtigung des Art. 2 Abs. 1 GG dar. Daraus ergibt sich bereits das Konkurrenzverhältnis in diesen Fällen: Die **besonderen Freiheitsrechte** gehen Art. 2 Abs. 1 GG im Wege der **Spezialität** vor; Art. 2 Abs. 1 GG tritt als subsidiär zurück und stellt kein eigenständiges Element der Prüfung dar.[63] Art. 2 Abs. 1 GG kommt nur dann zum Tragen, wenn kein spezielles Freiheitsrecht betroffen ist.[64]

535 Auf Grund dieser Wirkung wird Art. 2 Abs. 1 GG häufig als „**Auffanggrundrecht**" bezeichnet. Diese Bezeichnung ist in der Sache durchaus zutreffend. Sie darf aber keinesfalls derart missverstanden werden, dass Art. 2 Abs. 1 GG ein Grundrecht minderer Güte darstellt, welches von vornherein einen geringeren Schutz bietet, als die speziellen Freiheitsrechte. Nur so jedenfalls ist es zu erklären, dass das BVerfG zuweilen Verhaltensweisen unter den Schutz spezieller Grundrechte stellt, deren Schranken einen angemessenen Ausgleich zwischen persönlicher Freiheit und Belangen der Allgemeinheit nicht zulassen. Zu nennen ist hier die uferlose Ausdehnung der Religionsfreiheit hin zu einer religiösen Handlungsfreiheit[65] ebenso wie die Rechtsprechung zu Art. 13 GG, die zuletzt sogar ein öffentliches Fußballstadion zu einer Wohnung im Sinne dieser Vorschrift erklärt und zugleich den qualifizierten Gesetzesvorbehalt des Art. 13 Abs. 7 GG ad absurdum geführt hat.[66]

536

Hinweis zur Fallbearbeitung:
Sobald also ein spezielles Freiheitsrecht betroffen ist, muss am Ende der Prüfung der Freiheitsrechte (nur!) ein Satz zu Art. 2 Abs. 1 GG folgen, der dieses Spezialitätsverhältnis ausdrückt. Falsch wäre es, Art. 2 Abs. 1 GG neben speziellen Freiheitsrechten zu prüfen.

537 Wann aber ist ein spezielles Freiheitsrecht „betroffen"? Genügt es, dass der sachliche Schutzbereich berührt ist? Sind hier besondere Anforderungen zu stellen? Müssen gar der sachliche und der persönliche Schutzbereich zugleich berührt sein, damit Art. 2 Abs. 1 GG als subsidiär zurücktritt? Tritt Art. 2 Abs. 1 GG schließlich auch in den Fällen zurück, in denen zwar der Schutzbereich eines speziellen Grundrechts betroffen ist, aber kein Eingriff vorliegt?

---

63 BVerfGE 6, 32 (37) (Elfes); 89, 1 (13) (Besitzrecht des Mieters).
64 Zuletzt etwa BVerfGE 95, 173 (188) (Warnhinweise für Tabakerzeugnisse).
65 Vgl. dazu Rn. 271.
66 BVerfGE 97, 228 (265) (Kurzberichterstattung).

2. „Betroffenheit" eines Freiheitsrechts in sachlicher Hinsicht

538 Damit Art. 2 Abs. 1 GG gegenüber einem speziellen Freiheitsrecht zurücktritt, muss jedenfalls der **Schutzbereich des speziellen Freiheitsrechts** einschlägig sein. Denn Spezialität erfordert, dass sich ein menschliches Verhalten unter (mindestens) zwei verschiedene Normen subsumieren lässt und eine der beiden Normen weiter gehende Anforderungen stellt.[67] Jede *menschliche* Äußerung wird beispielsweise von Art. 2 Abs. 1 GG geschützt. Nur eine *Meinungs*äußerung unterfällt aber dem Schutz des Art. 5 Abs. 1 GG. Und nur eine *religiöse Meinungs*äußerung wird als Bekenntnis von Art. 4 Abs. 1 GG geschützt. Art. 4 Abs. 1 GG ist in diesem Beispiel daher lex specialis zu Art. 5 Abs. 1 GG und Art. 2 Abs. 1 GG. Art. 5 Abs. 1 GG ist lex specialis gegenüber Art. 2 Abs. 1 GG.

539 So eindeutig ist die Situation jedoch nicht bei allen Grundrechten. Probleme tauchen immer dann auf, wenn Grundrechte bereits auf der Ebene des Schutzbereichs **sachliche Begrenzungen** aufweisen. Wichtigstes Beispiel ist Art. 8 Abs. 1 GG, der den Schutz auf Versammlungen begrenzt, die friedlich und ohne Waffen stattfinden.[68] Ist der Schutzbereich des Art. 8 Abs. 1 GG schon dann einschlägig mit der Folge, dass Art. 2 Abs. 1 GG als subsidiär zurücktritt, wenn überhaupt eine Versammlung vorliegt?[69] Das hieße, dass unfriedliche oder bewaffnete Versammlungen auch nicht Art. 2 Abs. 1 GG unterfallen. Art. 8 Abs. 1 GG wäre also eine negative Aussage dahingehend zu entnehmen, dass unfriedliche oder bewaffnete Versammlungen überhaupt keinen Grundrechtsschutz genießen sollen. Oder ist im Gegenteil erforderlich, dass der Schutzbereich insgesamt einschlägig ist, sodass unfriedliche und bewaffnete Versammlungen immer noch von Art. 2 Abs. 1 GG geschützt sind?[70] Angesichts der Funktion des Art. 2 Abs. 1 GG, den Vorbehalt des Gesetzes grundrechtlich abzusichern, erscheint die letzte Möglichkeit vorzugswürdig. Auch wenn bewaffnete und unfriedliche Versammlungen im Ergebnis sicherlich keinen Schutz verdienen, darf der Staat niemals ohne gesetzliche Grundlage in die Freiheit seiner Bürger eingreifen. Schafft der Staat aber eine gesetzliche Grundlage für Eingriffe, so ist ein Eingriff angesichts der weiten Schranke der verfassungsmäßigen Ordnung in Art. 2 Abs. 1 GG ohne Schwierigkeiten zu rechtfertigen.

3. „Betroffenheit" eines Freiheitsrechts in persönlicher Hinsicht: Ausländer, EU-Bürger und Grundrechtsschutz

540 Art. 2 Abs. 1 GG tritt nur dann als subsidiär zurück, wenn jedenfalls der sachliche Schutzbereich betroffen ist. Erfordert das Zurücktreten aber zusätzlich, dass zugleich auch der persönliche Schutzbereich des speziellen Freiheitsrechts einschlägig ist? Dieses Problem stellt sich regelmäßig bei allen Grundrechten, die nur

---

67 Vgl. zur Normenkonkurrenz *Butzer/Epping*, S. 17 ff.

68 Vgl. dazu Rn. 34.

69 *Starck*, in: v. Mangoldt/Klein/Starck, Art. 2 Rn. 68; *Schwarz*, JZ 2000, 126 (130).

70 *Sachs,* VerfR II, Kap. B 2 Rn. 42.

Deutschen (Art. 116 Abs. 1 GG) zustehen.[71] Tritt hier Art. 2 Abs. 1 GG schon dann zurück, wenn nur eine Versammlung (Art. 8 GG) oder eine berufliche Betätigung (Art. 12 GG) vorliegt? Im Ergebnis wären **Ausländer** völlig schutzlos, soweit sie Tätigkeiten ausüben, die von Deutschen-Grundrechten erfasst sind: Auf die Deutschen-Grundrechte könnten sie sich nicht berufen; Art. 2 Abs. 1 GG träte als subsidiär zurück. Dies ist nur dann zu rechtfertigen, wenn die Deutschen-Grundrechte eine negative Aussage dahingehend treffen, dass Ausländer in den betroffenen Bereichen keinerlei Grundrechtsschutz genießen sollen. Im Hinblick auf Nicht-EU-Bürger lässt sich dies möglicherweise unter Hinweis darauf vertreten, dass Ausländer nach dem Grundgesetz in der Bundesrepublik bestimmte Dinge eben nicht tun sollen. In der Literatur findet sich zudem häufig das Argument, dass der Schutz aus Art. 2 Abs. 1 GG im Einzelfall weitgehender sein könne als der des speziellen Freiheitsrechts, was i.E. zu einer Besserstellung der Ausländer führen würde.[72] Allerdings gilt auch für Ausländer stets der Vorbehalt des Gesetzes, was dessen Absicherung durch Art. 2 Abs. 1 GG nahe legt. Außerdem ist das Besserstellungsargument insofern nicht einleuchtend, als die umfassenden Schranken des Art. 2 Abs. 1 GG mindestens ebenso viele Eingriffe erlauben, wie die Schranken der speziellen Freiheitsrechte. Im Ergebnis ist daher eine Spezialität eines Freiheitsrechts gegenüber Art. 2 Abs. 1 GG nur dann gegeben, wenn sowohl der sachliche wie auch der persönliche Schutzbereich betroffen sind.[73]

In verschärfter Form stellt sich die Frage des **Grundrechtsschutzes** für Aus- **541**
länder **bei EU-Bürgern**. Für diese verbietet Art. 12 EG[74] jede Diskriminierung aus Gründen der Staatsangehörigkeit im Anwendungsbereich des EG-Vertrags. Aus Art. 12 EG folgt also ein umfassendes Verbot, EU-Bürger im Anwendungsbereich des EG-Vertrags schlechter zu stellen als die eigenen Staatsangehörigen. Gerade Betätigungen der wirtschaftsbezogenen Verhaltensfreiheiten aus Art. 9, 11 und 12 GG fallen aber zumeist in den Anwendungsbereich des EG-Vertrags. Zumindest in diesem Bereich ist daher ein verminderter Grundrechtsschutz der EU-Bürger oder gar ihr vollständiger Ausschluss mit dem - gegenüber dem Grundgesetz vorrangigen[75] - Gemeinschaftsrecht unvereinbar.[76] Zur Lösung dieses Problems in Übereinstimmung mit dem Europarecht bieten sich zwei Möglichkeiten an: Entweder legt man die Deutschen-Grundrechte so aus, dass unter den Begriff des „Deutschen" auch EU-Bürger zu fassen sind.[77] Oder aber man schützt die EU-Bürger über Art. 2 Abs. 1 GG in einer den speziellen Freiheitsrechten in materiel-

---

71 Vgl. z.B. Art. 8, 9, 11, 12 GG.

72 *Starck*, in: v. Mangoldt/Klein/Starck, Art. 2 Rn. 42; *Erichsen*, in: HdbStR, Bd. VI, § 152 Rn. 49.

73 BVerfGE 104, 337 (346) (Schächterlaubnis). Vgl. für die h.M. in der Literatur: *Bauer/Kahl*, JZ 1995, 1077 (1081) mit umfangreichen Nachweisen in Fn. 74.

74 Weitere Diskriminierungsverbote enthalten die Art. 28, 29, 39, 43, 49, 56 EG.

75 EuGH, Slg. 1964, 1251 (Rn. 12) (Costa/E.N.E.L.). Vgl. dazu *Streinz*, Europarecht, 6. Aufl. 2003, Rn. 194 ff.

76 *Bauer/Kahl*, JZ 1995, 1077 ff. mit umfassender Erläuterung auch der weiteren europarechtlichen Vorgaben.

77 *Bleckmann*, in: ders: Europarecht, 6. Aufl. 1997, § 20 Rn. 1651.

ler Hinsicht entsprechender Weise.[78] Orientierungspunkte liefert hier die sog. gemeinschaftsrechtskonforme Auslegung, die der EuGH in verschiedenen Entscheidungen gestützt auf die Verpflichtung der Mitgliedstaaten zur Gemeinschaftstreue (Art. 10 EG) entwickelt hat.[79] Die **gemeinschaftsrechtskonforme Auslegung** entspricht der verfassungskonformen Auslegung[80] und setzt voraus, dass

- der Wortlaut der Norm mehrere Auslegungsmöglichkeiten zulässt,
- mindestens eine dieser Auslegungsmöglichkeiten mit europäischem Recht vereinbar ist und
- die gewählte Auslegung nicht dem Sinn der Norm widerspricht.

542 Bezogen auf das Problem der Deutschen-Grundrechte muss man feststellen, dass der Begriff der „Deutschen" in Art. 116 Abs. 1 GG legaldefiniert und nicht auslegungsfähig ist, ohne die Grenzen des möglichen Wortsinns zu überschreiten. Daher ist Grundrechtsschutz für EU-Bürger wie auch für sonstige Ausländer über Art. 2 Abs. 1 GG zu gewähren. Als Besonderheit ist allerdings zu berücksichtigen, dass der Schutz über Art. 2 Abs. 1 GG in materieller Hinsicht demjenigen der speziellen Freiheitsrechte entsprechen muss. Art. 2 Abs. 1 GG ist folglich gemeinschaftsrechtskonform so auszulegen, dass er EU-Bürgern einen gegenüber sonstigen Ausländern verstärkten „qualifizierten"[81] Schutz gewähren kann, wenn Deutsche einen solchen verstärkten Schutz über die Deutschen-Grundrechte erhalten. Die Belange der EU-Bürger sind bei der Verhältnismäßigkeitsprüfung entsprechend Art. 10 EG daher besonders zu berücksichtigen.

4. „Betroffenheit" eines speziellen Freiheitsrechts ohne Eingriff?

543 Probleme bereiten schließlich die Fälle, in denen trotz der Betroffenheit des Schutzbereichs eines speziellen Freiheitsrechts ein Eingriff in dieses Grundrecht verneint wird. Gewöhnlich - wenn auch nicht ausschließlich - stellt sich dieses Problem bei Art. 12 Abs. 1 GG: Dort tauchen immer wieder Fälle auf, in denen eine staatliche Regelung die berufliche Betätigung zwar betrifft, zugleich aber weder „final" auf die Berufsregelung einwirken will, noch eine „objektiv-berufsregelnde Tendenz"[82] erkennen lässt. Genügte in diesen Fällen bereits die bloße „Betroffenheit" des Schutzbereichs des Art. 12 Abs. 1 GG, um Art. 2 Abs. 1 GG zurücktreten zu lassen, wäre in diesen Fällen überhaupt kein Grundrecht als Prüfungsmaßstab heranzuziehen. Dies aber ist mit dem Konzept des lückenlosen Grundrechtsschutzes, das aus Art. 2 Abs. 1 GG in Verbindung mit den speziellen Freiheitsrechten folgt, unvereinbar. Daher sind staatliche Regelungen, in denen trotz der Betroffenheit eines speziellen Freiheitsrechts kein Eingriff in dieses

---

78 *Bauer/Kahl*, JZ 1995, 1077 (1081 ff.).

79 EuGH, Slg. 1984, 1891 (Rn. 26) (von Colson); Slg. 1987, 3969 (Rn. 14) (Kolpinghuis).

80 Vgl. dazu Rn. 60.

81 *Bauer/Kahl*, JZ 1995, 1077 (1085).

82 BVerfGE 37, 1 (17) (Weinwirtschaftsabgabe); 98, 106 (117) (Kommunale Verpackungsteuer); vgl. dazu Rn. 354.

Recht vorliegt, stets an Art. 2 Abs. 1 GG zu messen.[83] Dies entspricht auch der Rechtsprechung des BVerfG[84], auch wenn dessen Formulierungen zuweilen eher das Gegenteil nahe legen. Ein Grund mag darin liegen, dass das BVerfG nicht stets zwischen Schutzbereich und Eingriff trennt. Korrekterweise muss man daher formulieren, dass erst der Eingriff in ein spezielles Freiheitsrecht zum Zurücktreten des Art. 2 Abs. 1 GG führt.[85]

Hinweis zur Fallbearbeitung: 544

So sollte man es auch in der Fallbearbeitung formulieren: Nicht die Betroffenheit des Schutzbereichs allein, sondern nur ein Eingriff in ein spezielles Freiheitsrecht löst die Subsidiarität des Art. 2 Abs. 1 GG aus.

Überblick: Typische Klausurprobleme 545

- Schutzbereich des Art. 2 Abs. 1 GG insbesondere bei „banalen" Betätigungen.
- Drogenkonsum und allgemeine Handlungsfreiheit.
- Schrankentrias, insbesondere Schranke der „verfassungsmäßigen Ordnung".
- Konkurrenzfragen / Subsidiarität / Art. 2 Abs. 1 GG als Auffanggrundrecht.
- Schutz der Ausländer / EU-Bürger.

---

83 *Gubelt*, in: v. Münch/Kunig, Art. 12 Rn. 43; *Heß*, Grundrechtskonkurrenzen, 2000, S. 218.
84 BVerfGE 37, 1 (17) (Weinwirtschaftsabgabe); 95, 267 (302 f.) (Altschulden).
85 So auch *Murswiek*, in: Sachs, GG, Art. 2 Rn. 137.

Kapitel 12: Menschenwürde (Art. 1 GG)

Literatur: *Höfling, Wolfram*, Die Unantastbarkeit der Menschenwürde - Annäherungen an einen schwierigen Verfassungsrechtssatz, JuS 1995, 857 ff.; *ders.*, Die Grundrechtsbindung der Staatsgewalt, JA 1995, 431 ff. (zu Art. 1 Abs. 3 GG); *Bleckmann, Albert*, Staatsrecht II - Die Grundrechte, 4. Aufl. 1997, § 21 (insbesondere Erläuterungen zum Begriff); *Lenzen, Manuela*, Wo beginnt die Menschenwürde..., Psychologie heute 2004, 48 ff. (zum Begriff aus ethischer Sicht mit entsprechenden Nachweisen).

Fallbearbeitungen: *Grote, Rainer / Kraus, Dieter*, Fall 3 (S. 31 ff.); *Degenhart, Christoph*, Fall 10 (S. 188 ff.).

Leitentscheidungen: BVerfGE 30, 1 ff. (Abhörurteil); 30, 173 ff. (Mephisto); 45, 187 ff. (Lebenslange Freiheitsstrafe); 82, 60 ff. (Steuerfreies Existenzminimum); 96, 375 ff. (Sterilisation).

I. Hintergrund

546 Die ausdrückliche Verankerung der Menschenwürde sowie das Bekenntnis zu den Menschenrechten an hervorgehobener Stelle in Art. 1 GG ist in der deutschen Verfassungsgeschichte ohne Beispiel. Die Grundrechtskataloge waren bis dahin stets eine Zusammenstellung von einzelnen Gewährleistungen, kannten aber keine umfassende Verpflichtung des Staates zur Achtung der Menschenwürde bzw. der Menschenrechte. Gleichwohl gehört die Orientierung an den Menschenrechten bzw. der Menschenwürde zum Kernbestand der Aufklärung; dem Mensch kommt danach kraft seines Menschseins ein unveräußerlicher Eigenwert zu. Der Mensch soll nicht länger dem Staat dienen, sondern umgekehrt der Staat dem Menschen. Dieses Denken war (und ist) eine maßgebliche Triebfeder der Verfassungsentwicklung.

547 Neuen Schub erhielt die **Orientierung an den Menschenrechten nach dem zweiten Weltkrieg** und dem Ende der nationalsozialistischen Diktatur. Die Gräuel des Krieges und die unvorstellbaren Verbrechen, die im nationalsozialistischen Deutschland vor allem an Juden und anderen Minderheiten begangen worden waren, veranlassten die Weltgemeinschaft Konsequenzen zu ziehen und den Schutz des Einzelnen zumindest programmatisch zu stärken. Die Charta der Vereinten Nationen vom 26.6.1945 bekennt sich daher bereits in der Präambel zu „Würde und Wert der menschlichen Persönlichkeit“; in Art. 1 Nr. 3 UN-Charta schließt sich unmittelbar das Bekenntnis zur Achtung der Menschenrechte als Ziel der Vereinten Nationen an. Am 10.12.1948 schließlich folgte die Verkündung der „Allgemeinen Erklärung der Menschenrechte“ vor der Generalversammlung der Vereinten Nationen, in deren Art. 1 sich ebenso wie im Grundgesetz ein Bekenntnis zur Menschenwürde findet. An diese menschenrechtsfreundliche Entwicklung im internationalen Bereich knüpft das Grundgesetz mit Art. 1 GG an, indem es einen klaren Kontrapunkt zur Politik im Nationalsozialismus setzt.

Im Grundgesetz nimmt Art. 1 GG eine **Sonderstellung** ein: Sowohl seine Position an der Spitze der Verfassung als auch der besondere Schutz, den die Grundsätze des Art. 1 GG durch die sog. Ewigkeitsgarantie des Art. 79 Abs. 3 GG erlangen, belegen, dass Achtung und Schutz der Menschenwürde die zentrale Grundlage der Verfassung sind. Während der verfassungsändernde Gesetzgeber nicht gehindert ist, die Art. 2 bis 19 GG einzuschränken oder gar abzuschaffen, da die Wesensgehaltsgarantie des Art. 19 Abs. 2 GG nur für den einfachen Gesetzgeber gilt, dürfen die Grundsätze des Art. 1 GG durch eine Verfassungsänderung nicht berührt werden. Deshalb kann es sogar verfassungswidriges Verfassungsrecht geben.[1] Dieser Sonderstellung ist auch geschuldet, dass Art. 1 Abs. 1 GG - anders als nahezu allen anderen Grundrechten[2] - vielfach eine **unmittelbare Drittwirkung** zugesprochen wird. Demnach sollen auch Private unmittelbar an die Menschenwürdegarantie gebunden sein, sodass ein die Menschenwürde verletzendes Verhalten auch Privater nach dem Grundgesetz verboten wäre.[3] Dies war wohl auch die Vorstellung der Verfassungsgeber, die Art. 1 Abs. 1 GG als „eine absolute Feststellung, die sich gegen jedermann wendet, sowohl gegen die staatliche Gewalt wie auch gegen jeden Privaten“[4], beschrieben haben. Das BVerfG hat sich zu dieser Frage bislang nicht explizit geäußert. 548

II. Rechtliche Gehalte der Menschenwürdegarantie

Betrachtet man den **Wortlaut** des Art. 1 Abs. 1 GG, so fällt zunächst die Aussage des ersten Satzes ins Auge: „Die Würde des Menschen ist unantastbar.“ Formuliert ist diese Aussage als reine Feststellung; dem Satz ist unmittelbar weder ein Recht, noch eine Pflicht zu entnehmen. Konkretisiert wird die Aussage des Art. 1 Abs. 1 S. 1 GG jedoch im nächsten Satz, in dem der staatlichen Gewalt die Achtung und der Schutz der Menschenwürde als Aufgabe zugewiesen werden. Den Staat trifft daher schon nach dem Wortlaut eine **Schutzpflicht** für die Würde des Einzelnen. Zudem äußert sich die Achtung der Menschenwürde darin, dass staatliche Stellen bei der Auslegung und Anwendung des einfachen Rechts den Gehalt des Art. 1 GG beachten müssen. Diese objektiv-rechtliche Wirkung des Art. 1 Abs. 1 GG ist allgemein akzeptiert. 549

Nicht abschließend geklärt ist hingegen, ob Art. 1 Abs. 1 GG als **Grundrecht** subjektiv-rechtliche Wirkungen entfaltet.[5] Angesichts der Spitzenposition des 550

---

1 BVerfG, NJW 2004, 999 (1001 ff.; ebenso die abw. Meinung S. 1020 ff.) (Großer Lauschangriff).

2 Vgl. dazu Rn. 299 ff.

3 BVerwGE 115, 189 (199); *Kunig*, in: v. Münch/Kunig, Art. 1 Rn. 27 m.w.N.

4 So der Abgeordnete *Süsterhenn*, zitiert nach JöR 1 (1951), S. 51.

5 Dagegen etwa *Dreier*, in: ders., Art. 1 Rn. 67 und mit umfassender Argumentation *Enders*, Die Menschenwürde in der Verfassungsordnung, 1997, S. 101 ff.; dafür z.B. *Bleckmann*, § 21 Rn. 27 und *Höfling*, JuS 1995, 857 (858), jeweils m.w.N.

Art. 1 Abs. 1 GG und der besonderen Bedeutung der Menschenwürde erscheint es zwar auf den ersten Blick merkwürdig, dass ausgerechnet der Grundrechtsgehalt des Art. 1 Abs. 1 GG in Zweifel gezogen wird. Jedoch gibt der Verfassungstext in Art. 1 Abs. 3 GG einen Hinweis darauf, dass Art. 1 Abs. 1 GG kein Grundrecht ist, wenn er sagt, dass „die *nachfolgenden* Grundrechte" Gesetzgebung, vollziehende Gewalt und Rechtsprechung als unmittelbar geltendes Recht binden. Da liegt der Umkehrschluss nahe, dass der vorangehende Art. 1 Abs. 1 GG kein unmittelbar geltendes Grundrecht sein soll. Hinzu kommt ein weiteres Argument gegen den Grundrechtsgehalt des Art. 1 Abs. 1 GG: Der Begriff der Menschenwürde ist derart unbestimmt, dass es schwer fällt, diesem unmittelbar rechtliche Gehalte zu entnehmen. Dagegen lassen die Grundrechte der Art. 2 ff. GG durchaus als Konkretisierungen des Menschenwürdeschutzes verstehen, die einen lückenlosen Schutz bieten, ohne dass auf Art. 1 Abs. 1 GG als Grundrecht zurückgegriffen werden braucht.

551 Trotz dieser Argumente geht die Mehrheit in der Literatur heute davon aus, dass Art. 1 Abs. 1 GG als Grundrecht anzusehen ist. Denn Art. 1 Abs. 3 GG sagt zwar, dass die nachfolgenden Grundrechte die öffentliche Gewalt unmittelbar binden. Das Argument, Art. 1 Abs. 1 GG sei damit aus dem Kreis der Grundrechte ausgeschlossen, ist aber nicht zwingend. Vielmehr ergibt sich bereits aus Art. 1 Abs. 1 S. 2 GG, dass Art. 1 Abs. 1 S. 1 GG unmittelbar bindendes Recht darstellt. Einer Wiederholung in Art. 1 Abs. 3 GG bedarf es also nicht.[6] Zudem spricht die systematische Stellung des Art. 1 Abs. 1 GG an der Spitze dagegen, ausgerechnet dieser zentralen Norm den Grundrechtscharakter abzusprechen. Nicht zuletzt steht auch diese Vorschrift im Grundrechtsteil des Grundgesetzes (vgl. die Überschrift vor Art. 1 Abs. 1 GG: „Die Grundrechte"). Schließlich werden **Schutzlücken** befürchtet, wenn man den Grundrechtsgehalt der Menschenwürdegarantie nicht anerkennen würde.[7] Das BVerfG hat die Frage bislang nicht explizit entschieden; tendiert aber dazu, einen grundrechtlichen Gehalt anzunehmen. In einer älteren Entscheidung hat das BVerfG etwa beiläufig angemerkt, dass „auch das in Art. 1 Abs. 1 GG gewährleistete Grundrecht" Prüfungsmaßstab einer Verfassungsbeschwerde sein kann.[8] Und in einer aktuellen Kammerentscheidung hat das BVerfG Art. 1 Abs. 1 GG als alleinigen Prüfungsmaßstab einer Verfassungsbeschwerde herangezogen, was dessen Anerkennung als Grundrecht nahe legt.[9]

552 Art. 1 Abs. 1 GG ist eines der ganz wenigen Grundrechte, denen das BVerfG bereits **originäre Ansprüche auf einzelne Leistungen** entnommen hat. So hat es ein Recht auf das Existenzminimum in Art. 1 Abs. 1 GG i.V.m. Art. 20 Abs. 1 GG

---

6 *Bleckmann*, § 21 Rn. 27.

7 Beispiel nach BVerfGE 30, 173 ff. (Mephisto): Postmortaler Persönlichkeitsschutz (vgl. dazu Rn. 555 f.). Allerdings könnte man einen postmortalen Persönlichkeitsschutz auch aus dem allg. Persönlichkeitsrecht (Art. 2 Abs. 1 i.V.m. Art. 1 Abs. 1 GG) ableiten.

8 BVerfGE 61, 126 (137) (Erzwingungshaft).

9 BVerfG, NJW 2001, 594 ff. (Willy-Brandt-Gedenkmünze); in der Tendenz auch schon BVerfG, NJW 1994, 783 ff. (Leichenöffnung).

(Sozialstaatsprinzip) verankert gesehen.[10] Der Staat müsse dem Bürger das Existenzminimum steuerfrei belassen bzw. erforderlichenfalls durch Sozialleistungen sichern. Diskutiert werden gelegentlich weitere leistungsrechtliche Gehalte des Art. 1 Abs. 1 GG hauptsächlich für den Bereich der Sozialleistungen, zuweilen aber auch für andere Bereiche, wie etwa für die sog. Infrastrukturverantwortung des Staates für den Bau von Straßen und Schienen. Angesichts des Gewichts der Menschenwürde einerseits und der Folgen ausgedehnter Leistungsansprüche für die Handlungsfähigkeit des Staates andererseits ist hier aber äußerste Zurückhaltung geboten; es kann lediglich um einen **grundrechtlich garantierten Mindeststandard** gehen.[11] Problematisch ist die Anerkennung auch deshalb, weil echte Leistungsansprüche zwangsläufig (nicht in Haushaltsplänen vorgesehene) Mehrausgaben nach sich ziehen und damit zu finanziellen Belastungen des Staates führen. Dementsprechend beeinträchtigt ihre Anerkennung im Einzelfall stets die Budgethoheit des Parlaments und damit das Gewaltenteilungsprinzip.[12]

III. Schutzbereich

Fall 18: Willy-Brandt-Gedenkmünze 553

U ist Inhaber eines Unternehmens, das sich auf Herstellung und Vertrieb von Münzen spezialisiert hat. Kurz nach dem Tod des früheren Bundeskanzlers Willy Brandt im Jahr 1992 stellt er eine Münze her, auf der, umrundet von der Aufschrift „In Memoriam Willy Brandt" und den Jahreszahlen „1913" und „1992" ein Bild des Verstorbenen zu sehen ist. Auf der Rückseite finden sich am Münzrand die Angaben „Kanzler der Bundesrepublik Deutschland", „Präsident der Sozialistischen Internationale" und „Friedensnobelpreisträger". U hatte für den Vertrieb der Münzen weder eine Einwilligung Willy Brandts noch seiner Witwe S. Nachdem S davon erfahren hat, klagt sie gegen U auf Unterlassung von Herstellung und Vertrieb dieser Münzen. Land- und Oberlandesgericht gaben der Unterlassungsklage statt. Sie führten zur Begründung im Wesentlichen aus, die Verbreitung der „Abschiedsmedaille" verstoße gegen das durch § 22 S. 1 Kunsturhebergesetz (KUG) geschützte Recht am eigenen Bild. U könne sich nicht auf § 23 Abs. 1 Nr. 1 KUG berufen. Zwar sei Willy Brandt eine absolute Person der Zeitgeschichte. Der Persönlichkeitsschutz habe aber Vorrang, wenn - wie hier - der Zweck der Informationsvermittlung nach den gesamten Umständen zurücktrete. Der Bundesgerichtshof hat dagegen mit dem angegriffenen Urteil die oberlandesgerichtliche Entscheidung aufgehoben und die Klage abgewiesen, da U mit der Münzedition zwar ein kommerzielles Interesse verfolgt, zugleich aber auch ein schutzwürdiges Informationsinteresse der Bevölkerung befriedigt habe. Die Person Willy Brandt sei für die Allgemeinheit von besonderem Interesse. Die Münze zeige außerdem nicht nur eine Abbildung von Willy Brandt, sondern setze diese auch in Beziehung zu seinen Leistungen als Staatsmann und Politiker. Gegen diese Entscheidung erhebt S fristgerecht Verfassungsbeschwerde. Sie ist der Meinung, der Bundesgerichtshof sei zu Unrecht davon ausgegangen, der „Abschiedsmedaille" komme ein schutzwürdiger Informationswert zu. Vielmehr stehe der Sammler- und Anlagewert der Münze gegenüber dem Informationsgehalt eindeutig im Vordergrund. Auch bei Verstorbenen sei eine Abbildung unzulässig, wenn diese nicht durch das Informationsinteresse der Allgemeinheit gedeckt sei. Hat die Verfassungsbeschwerde Aussicht auf Erfolg?

---

10 BVerfGE 82, 60 (85) (Steuerfreies Existenzminimum), 99, 216 (233) (Familienlastenausgleich).

11 Vgl. zu Beispielen aus der Rspr. *Höfling*, in: Sachs, GG, Art. 1 Rn. 24 ff.

12 Vgl. *Jarass* in: Jarass/Pieroth, Vorb. vor Art. 1 Rn. 8; vgl. dazu Rn. 464.

> § 22 KUG [Recht am eigenen Bilde] Bildnisse dürfen nur mit Einwilligung des Abgebildeten verbreitet oder öffentlich zur Schau gestellt werden. (...) Nach dem Tode des Abgebildeten bedarf es bis zum Ablaufe von zehn Jahren der Einwilligung der Angehörigen des Abgebildeten. Angehörige im Sinne dieses Gesetzes sind der überlebende Ehegatte (...).
>
> § 23 KUG [Ausnahmen zu § 22]
>
> (1) Ohne die nach § 22 erforderliche Einwilligung dürfen verbreitet und zur Schau gestellt werden:
>
> 1. Bildnisse aus dem Bereich der Zeitgeschichte (...)
>
> (2) Die Befugnis erstreckt sich jedoch nicht auf eine Verbreitung und Schaustellung, durch die ein berechtigtes Interesse des Abgebildeten oder, falls dieser verstorben ist, seiner Angehörigen verletzt wird.
>
> Fall nach BVerfG, NJW 2001, 594 ff. (Willy-Brandt-Gedenkmünze)

1. Persönlicher Schutzbereich

554 Geht man von der Grundrechtseigenschaft des Art. 1 Abs. 1 GG aus, gibt der Wortlaut den persönlichen Schutzbereich eindeutig vor: Die Würde jedes Menschen ist unantastbar. Art. 1 Abs. 1 GG ist folglich ein Jedermann-Grundrecht. Nach der Rechtsprechung des BVerfG kommt auch dem ungeborenen Leben die Menschenwürde zu.[13] Nicht abschließend geklärt ist allerdings, wann der Schutz genau einsetzt[14] - eine Frage, die vor allem im Bereich der Forschung (Stichwort: Stammzellen) relevant werden könnte.

555 Besonderheiten weist der persönliche Schutzbereich insofern auf, als die Menschenwürde - anders als andere Grundrechte - über den Tod hinaus reicht (sog. **postmortaler Persönlichkeitsschutz**).[15] Freilich kann nicht dem toten Menschen selbst das Grundrecht des Art. 1 Abs. 1 GG zustehen, weil ein Toter nicht Rechtsträger ist und ihm schon logisch kein subjektives Recht zukommen kann. Jedoch - so das BVerfG - „endet die in Art. 1 Abs. 1 GG aller staatlichen Gewalt auferlegte Verpflichtung, dem Einzelnen Schutz gegen Angriffe auf seine Menschenwürde zu gewähren, nicht mit dem Tode."[16] Die Menschenwürde stellt sich damit nicht als subjektives Recht des Toten, sondern als objektiv-rechtliche **Schutzpflicht**[17] des Staates dar. Verstöße gegen die Schutzpflicht können von den Nachkommen des Verstorbenen im Wege der Verfassungsbeschwerde geltend gemacht werden.[18] Allerdings nimmt das BVerfG an, dass „das Schutzbedürfnis - und entsprechend die Schutzverpflichtung - in dem Maße schwindet, in dem die Erinnerung an den Verstorbenen verblasst und im Laufe der Zeit auch das Interesse an der

---

[13] BVerfGE 39, 1 (41) (Schwangerschaftsabbruch I); 88, 203 (251) (Schwangerschaftsabbruch II).

[14] Vgl. m.w.N. *Starck*, in: v. Mangoldt/Klein/Starck, Art. 1 Rn. 18: mit der Befruchtung der Eizelle; *Kunig*, in: v. Münch/Kunig, Art. 1 Rn. 14: 14 Tage nach der Empfängnis.

[15] BVerfGE 30, 173 (194) (Mephisto); BVerfG, NJW 2001, 594 (594 f.) (Willy-Brandt-Gedenkmünze).

[16] BVerfGE 30, 173 (194) (Mephisto).

[17] Vgl. dazu Rn. 111 ff.

[18] BVerfG, NJW 2001, 594 (594) (Willy-Brandt-Gedenkmünze).

Nichtverfälschung des Lebensbildes abnimmt".[19] Mit anderen Worten wiegt der Persönlichkeitsschutz des Toten mit Zeitablauf immer weniger, sodass immer geringere Schutzvorkehrungen genügen.

Entwickelt hat das BVerfG den postmortalen Persönlichkeitsschutz im **Mephistobeschluss**[20]: Beschwerdeführer war ein kleiner Verlag, der das Buch „Mephisto - Roman einer Karriere" von *Klaus Mann* drucken und vertreiben wollte. Der Roman schildert den Aufstieg des hoch begabten Schauspielers *Hendrik Höfgen*, der seine politische Überzeugung verleugnet und alle menschlichen und ethischen Bindungen abstreift, um im Pakt mit den Machthabern des nationalsozialistischen Deutschlands eine künstlerische Karriere zu machen. Der Romanfigur des *Hendrik Höfgen* hat der Schauspieler *Gustaf Gründgens* als Vorbild gedient. *Gründgens* war in den Zwanzigerjahren, als er noch an den Hamburger Kammerspielen tätig war, mit *Klaus Mann* befreundet und mit dessen Schwester *Erika Mann* verheiratet. Zahlreiche Einzelheiten der Romanfigur des *Hendrik Höfgen* - seine äußere Erscheinung, die Theaterstücke, an denen er mitwirkte, und ihre zeitliche Reihenfolge, der Aufstieg zum Preußischen Staatsrat und zum Generalintendanten der Preußischen Staatstheater - entsprechen dem äußeren Erscheinungsbild und dem Lebenslauf von *Gründgens*. Jeder mit den Verhältnissen halbwegs vertraute Leser erkennt in diesem Roman *Gründgens* in der Figur des *Höfgen* wieder, der als charakterloser, von Ehrgeiz zerfressener Opportunist erscheint. Gegen Druck und Vertrieb des Buches hatte der Adoptivsohn und Alleinerbe des verstorbenen Schauspielers und Intendanten *Gustaf Gründgens* ein gerichtliches Verbot erwirkt, gegen das sich der Beschwerdeführer im Ergebnis ohne Erfolg wandte. Heute dagegen darf das Buch verkauft werden, weil der Persönlichkeitsschutz durch Zeitablauf erloschen ist. 556

> BVerfGE 30, 173 (194) (Mephisto): „Die Gerichte haben in diesem Zusammenhang mit Recht zur Beurteilung der Schutzwirkungen aus dem Persönlichkeitsbereich des verstorbenen Schauspielers Gründgens Art. 1 Abs. 1 GG wertend herangezogen. Es würde mit dem verfassungsverbürgten Gebot der Unverletzlichkeit der Menschenwürde, das allen Grundrechten zu Grunde liegt, unvereinbar sein, wenn der Mensch, dem Würde kraft seines Personseins zukommt, in diesem allgemeinen Achtungsanspruch auch nach seinem Tode herabgewürdigt oder erniedrigt werden dürfte. **Dementsprechend endet die in Art. 1 Abs. 1 GG aller staatlichen Gewalt auferlegte Verpflichtung, dem Einzelnen Schutz gegen Angriffe auf seine Menschenwürde zu gewähren, nicht mit dem Tode.** Der Bundesgerichtshof und das Oberlandesgericht erkennen darüber hinaus auch nach Art. 2 Abs. 1 GG Ausstrahlungswirkungen für den zivilrechtlichen Schutzbereich um die Person des verstorbenen Schauspielers Gründgens an, wenn auch in einem durch sein Ableben bedingten eingeschränkten Umfang. Die Fortwirkung eines Persönlichkeitsrechts nach dem Tode ist jedoch zu verneinen, weil Träger dieses Grundrechts nur die lebende Person ist; mit ihrem Tode erlischt der Schutz aus diesem Grundrecht. Das Grundrecht aus Art. 2 Abs. 1 GG setzt die Existenz einer wenigstens potenziell oder zukünftig handlungsfähigen Person als unabdingbar voraus."

---

[19] BVerfGE 30, 173 (196) (Mephisto); Erläuterungen insbesondere zur diesbezüglichen Praxis der Zivilgerichte bei *Hager*, Jura 2000, 186 (189 ff.).

[20] BVerfGE 30, 173 ff. (Mephisto).

2. Sachlicher Schutzbereich

557 In sachlicher Hinsicht hängt der Schutzumfang von der Definition der „Würde des Menschen" ab. Das Grundgesetz knüpft damit an einen Begriff an, der schon seit Jahrhunderten die Philosophen und Theologen beschäftigt. Dabei sind vollkommen unterschiedliche Ansätze zu verzeichnen: Während etwa die christliche Lehre die Menschenwürde als einen Gnadenerweis Gottes ansieht, die dem Mensch kraft seiner Existenz zukommt, gibt es andere Lehren, nach denen die Menschenwürde das Ergebnis eigener Leistungen ist und folglich verdient werden muss.[21]

558 Für die Definition des Rechtsbegriffs der Menschenwürde sind diese Deutungsmuster sämtlich nur sehr begrenzt geeignet. Man mag den philosophischen und theologischen Erklärungsversuchen jedoch entnehmen, dass es sich bei der Menschenwürde um den **Eigenwert des Menschen** handelt. Eine Ableitung der Menschenwürde aus eigenen Verdiensten ist allerdings abzulehnen; die umfassende Schutzkonzeption des Grundgesetzes, die sich insbesondere aus den Erfahrungen des Nationalsozialismus („Vernichtung *unwerten* Lebens") erklärt, steht dem entgegen. Machte man eigene Verdienste zur Grundlage der Menschenwürde, könnte man etwa schwerst geisteskranken Menschen oder Neugeborenen die Menschenwürde absprechen, was mit der vorgenannten Prämisse in keiner Weise in Einklang stünde. Menschenwürde kann daher als der Eigenwert des Menschen beschrieben werden, der dem Menschen kraft seines Personseins zukommt.[22] Die Menschenwürdegarantie schützt nach dieser Auslegung jeden Menschen davor, dass er entweder einer Behandlung ausgesetzt ist, die seine Subjektsqualität prinzipiell in Frage stellt, oder aber seine Würde willkürlich missachtet, er also „verächtlich" behandelt wird.[23] Im Abhörurteil sah das BVerfG eine solche „verächtliche" Behandlung in einer großzügigen Auslegung des Art. 10 Abs. 2 S. 2 GG, der Abhörmaßnahmen und Eingriffe in das Briefgeheimnis erlaubt, ohne dass dies dem Betroffenen nach Ende der Maßnahme mitgeteilt werden muss.[24]

559 Gleichwohl ist die vom BVerfG im Abhörurteil entwickelte Definition der Menschenwürde als Eigenwert des Menschen in der konkreten Anwendung schwer handhabbar. Im Einzelfall jedenfalls ist kaum eindeutig zu sagen, wann ein Mensch in einer seinen Eigenwert missachtenden Weise behandelt wird. Daher wird vor allem in der Literatur häufig auf eine Definition der Menschenwürde gänzlich verzichtet und auf die „**Objektformel**" zurückgegriffen.[25] Nach der Objektformel ist die Menschenwürde dann verletzt, wenn der Menschen zum bloßen Objekt staatlichen Handelns gemacht wird, seine Subjektqualität also grundsätzlich in Frage gestellt wird.

560 Das BVerfG hingegen hat sich im Abhörurteil - gegen deutliche Kritik der Richter *Geller*, *v. Schlabrendorf* und *Rupp*[26]- sehr eindeutig gegen die Objektfor-

---

21 Näher dazu *Bleckmann*, § 21 Rn. 9 ff.
22 BVerfGE 30, 1 (Ls. 6) (Abhörurteil).
23 BVerfGE 30, 1 (26) (Abhörurteil).
24 BVerfGE 30, 1 (26 f.) (Abhörurteil).
25 *Kunig*, in: v. Münch/Kunig, Art. 1 Rn. 22 f.
26 BVerfGE 30, 1 (39 f.) (Abhörurteil).

mel ausgesprochen und ausgeführt, der Mensch sei „nicht selten bloßes Objekt nicht nur der Verhältnisse und der gesellschaftlichen Entwicklung, sondern auch des Rechts, insofern er ohne Rücksicht auf seine Interessen sich fügen muss".[27] Maßgeblich sei vielmehr die „**verächtliche Behandlung**". Damit allerdings fügt das BVerfG der Menschenwürde ein subjektives Merkmal - die Absicht bzw. Gesinnung des Handelnden - hinzu, die als „verächtlich" beschrieben wird. Diese Subjektivierung ist kaum geeignet, der Menschenwürde schärfere Konturen und rechtlichen Gehalt zu verleihen.[28] Die Konsequenz dieser Rechtsprechung - so stellen die die abweichende Meinung begründenden Richter zutreffend fest - wäre es nämlich, dass ein Mensch wie ein Gegenstand behandelt werden darf, sofern das nur „in guter Absicht" geschieht.

In späteren Entscheidungen hat das BVerfG wiederum auf die Objektformel zu- **561**
rückgegriffen.[29] Damit kann die Objektformel als maßgeblicher Anhaltspunkt für Verletzungen der Menschenwürde herangezogen werden. In einem neueren Urteil hat das BVerfG die Objektformel im Sinn des Abhörurteils ergänzt und für eine Verletzung der Menschenwürde gefordert, dass „die Behandlung durch die öffentliche Gewalt die Achtung des Wertes vermissen lässt, der jedem Menschen um seiner selbst willen zukommt."[30]

BVerfGE 30, 1 (25 f.) (Abhörurteil): „Was den in Art. 1 GG genannten Grundsatz der Unantastbarkeit der Menschenwürde anlangt, der nach Art. 79 Abs. 3 GG durch eine Verfassungsänderung nicht berührt werden darf, so hängt alles von der Festlegung ab, unter welchen Umständen die Menschenwürde verletzt sein kann. Offenbar lässt sich das nicht generell sagen, sondern immer nur in Ansehung des konkreten Falles. **Allgemeine Formeln wie die, der Mensch dürfe nicht zum bloßen Objekt der Staatsgewalt herabgewürdigt werden, können lediglich die Richtung andeuten, in der Fälle der Verletzung der Menschenwürde gefunden werden können. Der Mensch ist nicht selten bloßes Objekt nicht nur der Verhältnisse und der gesellschaftlichen Entwicklung, sondern auch des Rechts, insofern er ohne Rücksicht auf seine Interessen sich fügen muss.** Eine Verletzung der Menschenwürde kann darin allein nicht gefunden werden. Hinzukommen muss, dass er einer Behandlung ausgesetzt wird, die seine Subjektqualität prinzipiell in Frage stellt, oder dass in der Behandlung im konkreten Fall eine willkürliche Missachtung der Würde des Menschen liegt. **Die Behandlung des Menschen durch die öffentliche Hand, die das Gesetz vollzieht, muss also, wenn sie die Menschenwürde berühren soll, Ausdruck der Verachtung des Wertes, der dem Menschen kraft seines Personseins zukommt, also in diesem Sinne eine „verächtliche Behandlung" sein.**"

BVerfGE 30, 1 (39 f.) (Abhörurteil, abw. Meinung der Richter *Geller, v. Schlabrendorf, Rupp*): „Nach der Rechtsprechung des Bundesverfassungsgerichts gehört Art. 1 GG zu den „tragenden Konstitutionsprinzipien", die alle Bestimmungen des Grundgesetzes durchdringen. Das Grundgesetz sieht die freie menschliche Persönlichkeit und ihre Würde als höchsten Rechtswert an. **Nun muss man sich bei der Beantwortung der Frage, was „Menschenwürde" bedeute, hüten, das pathetische Wort ausschließlich in seinem höchsten Sinn zu verstehen, etwa indem man davon ausgeht, dass die Menschenwürde nur dann verletzt**

[27] BVerfGE 30, 1 (25) (Abhörurteil).

[28] *Pieroth/Schlink*, Rn. 360; a.A. aber *v. Münch*, Rn. 299.

[29] BVerfGE 45, 187 (228) (Lebenslange Freiheitsstrafe); 50, 166 (175) (Ausweisung aus generalpräventiven Gründen); 72, 105 (116) (Strafaussetzung).

[30] BVerfG, NJW 2004, 999 (1001 f.) (Großer Lauschangriff).

ist, wenn „die Behandlung des Menschen durch die öffentliche Hand, die das Gesetz vollzieht“, „Ausdruck der Verachtung des Wertes, der dem Menschen kraft seines Personseins zukommt, also in diesem Sinne eine 'verächtliche Behandlung'„ ist. Tut man dies dennoch, so reduziert man Art. 79 Abs. 3 GG auf ein Verbot der Wiedereinführung z.B. der Folter, des Schandpfahls und der Methoden des Dritten Reichs. Eine solche Einschränkung wird indessen der Konzeption und dem Geist des Grundgesetzes nicht gerecht. Art. 79 Abs. 3 GG in Verbindung mit Art. 1 GG hat einen wesentlich konkreteren Inhalt. Das Grundgesetz erkennt dadurch, dass es die freie menschliche Persönlichkeit auf die höchste Stufe der Wertordnung stellt, ihren Eigenwert, ihre Eigenständigkeit an. Alle Staatsgewalt hat den Menschen in seinem Eigenwert, seiner Eigenständigkeit zu achten und zu schützen. Er darf nicht „unpersönlich“, nicht wie ein Gegenstand behandelt werden, auch wenn es nicht aus Missachtung des Personenwertes, sondern in „guter Absicht“ geschieht. Der Erste Senat dieses Gerichts hat dies dahin formuliert, es widerspreche der menschlichen Würde, den Menschen zum bloßen Objekt staatlichen Handelns zu machen und kurzerhand von Obrigkeits wegen über ihn zu verfügen. Damit wird keineswegs lediglich die Richtung angedeutet, in der Fälle der Verletzung der Menschenwürde gefunden werden können. Es ist ein in Art. 1 GG wurzelnder Grundsatz, der unmittelbar Maßstäbe setzt.“

562 Greifbar wird der Schutzbereich des Art. 1 Abs. 1 GG vor allem dann, wenn man sich dessen Anwendungsfälle in der Rechtsprechung vor Augen führt. Im Wesentlichen lassen sich fünf **Fallgruppen** unterscheiden[31]:

563 • **Schutz der körperlichen Integrität** etwa vor Folter und sonstigen erniedrigenden und grausamen Strafen. Als eine besondere Ausprägung dieses Schutzes kann man das Verbot der Todesstrafe in Art. 102 GG ansehen. In diesen Bereich fällt auch das grundsätzliche Verbot der Vollstreckung der lebenslangen Freiheitsstrafe. Es dürfe keine Situation eintreten, in der „der Verurteilte ungeachtet der Entwicklung seiner Persönlichkeit jegliche Hoffnung, seine Freiheit wiederzuerlangen, aufgeben muss“.[32]

564 • **Schutz der elementaren Lebensgrundlagen** etwa durch die Garantie des materiellen Existenzminimums. Nach der Rechtsprechung des BVerfG gebietet die Menschenwürde beispielsweise, dass das Existenzminimum nicht besteuert werden darf.[33]

565 • **Schutz der persönlichen Ehre**, also des Geltungsanspruchs des Einzelnen vor Erniedrigungen und schwersten Beleidigungen[34] ebenso wie vor kommerzieller Ausbeutung[35]. Hier ist allerdings sehr genau darauf zu achten, dass nicht jede Beleidigung und Erniedrigung zugleich die Menschenwürde berührt. Nur wenn einem Menschen sein Geltungsanspruch grundsätzlich und in grob verachtender Weise abgesprochen wird, kommt ein Rückgriff auf Art. 1 Abs. 1 GG in Betracht.[36]

---

31 Ähnlich *Sachs,* VerfR II, Kap. B 1 Rn. 14.

32 BVerfGE 45, 187 (245) (Lebenslange Freiheitsstrafe).

33 BVerfGE 82, 60 (85) (Steuerfreies Existenzminimum).

34 BVerfGE 30, 173 (214) (Mephisto); 102, 347 (367) (Schockwerbung).

35 BVerfGE 96, 375 (400) (Sterilisation).

36 Beispiel in BVerwGE 93, 56 ff.: Ein Leutnant hatte während einer Übung einen Hauptgefreiten, der als „Saboteur“ eingesetzt war, gefangen genommen, gefesselt, mehrfach verbal mit dem Tode bedroht und durch sadistische sowie sexuelle Anspielungen vor anderen Soldaten

- **Schutz der personalen Identität** beispielsweise vor Eingriffen in die Intimsphäre ebenso wie vor Eingriffen in den sexuellen Bereich. Die Menschenwürde ist etwa dann betroffen, wenn staatliche Gesetze eine Geschlechtsumwandlung verhindern.[37] Zum Schutz der personalen Identität gehört zudem der Schutz vor einer Behandlung als bloßes Objekt im Strafverfahren: Während aber etwa die zwangsweise Veränderung von Haaren und Bart zwecks einer Gegenüberstellung nach § 81a StPO noch zulässig sein soll[38], ist jedenfalls der unfreiwillige Einsatz eines Lügendetektors unzulässig.[39] **566**
- **Schutz elementarer Rechtsgleichheit** etwa durch die grundsätzliche Behandlung eines Menschen als zweitklassig.[40] Sehr schwer wiegende und grundsätzliche Gleichheitsverstöße können die Menschenwürde verletzen. **567**

568 Insgesamt ist bei der Annahme von Menschenwürdeverstößen **Zurückhaltung geboten.**[41] Die Garantie der Menschenwürde stellt das zentrale Element des Grundgesetzes dar; ihr kommt nach Wortlaut, Systematik und Geschichte eine ganz besondere Bedeutung zu. Die vorschnelle Annahme von Eingriffen in die Menschenwürde ebenso wie die vorschnelle Ableitung von konkreten Ansprüchen gegenüber dem Staat birgt die große Gefahr, die Menschenwürde der Beliebigkeit und letztlich der Banalität preiszugeben, mit der Folge, dass Art. 1 Abs. 1 GG seine Sonderstellung als absolute Grenze jeglichen staatlichen Handelns verlieren würde. Hinzu kommt, dass die Menschenwürde schrankenlos gewährt ist; ein Eingriff in die Menschenwürde ist also nie zu rechtfertigen und immer verfassungswidrig. Die Schrankenlosigkeit spricht ebenfalls für eine enge und vorsichtige Auslegung des Schutzbereichs.[42] Ein Verstoß gegen die Menschenwürdegarantie kommt daher nur bei sehr schwer wiegenden Eingriffen in den engsten Lebensbereich des Menschen in Betracht. In allen anderen Fällen sind allein die Grundrechte der Art. 2 ff. GG einschlägig. Insbesondere das allgemeine Persönlichkeitsrecht (Art. 2 Abs. 1 GG i.V.m. Art. 1 Abs. 1 GG) deckt viele leichtere Fälle ab, wobei die Abgrenzung beider Grundrechte kaum trennscharf gelingen kann.

569

> **Hinweis zur Fallbearbeitung:**
> In der Fallbearbeitung gehört die Menschenwürde zu den schwierigsten Grundrechten überhaupt. Bevor hierzu umfangreiche Ausführungen gemacht werden, empfiehlt es sich, im Sinne einer Plausibilitätsprüfung zu überlegen, ob das staatliche Verhalten tatsächlich in hinreichend schwer wiegender Weise Persönlichkeitsrechte des Einzelnen verletzt. Nur in derartigen Fällen sollte Art. 1 Abs. 1 GG umfassend geprüft werden, wo-

---

gedemütigt. Das BVerwG nahm eine bewusste Degradierung des Opfers zum „Objekt" und eine „Demonstration" der Überlegenheit und Eigenmacht, mithin eine eklatante Verletzung der durch Art. 1 Abs. 1 GG gewährleisteten Grundrechts auf Wahrung der Unantastbarkeit der Menschenwürde an. Eine Menschenwürdeverletzung sah das BVerwG (BVerwGE 93, 108 ff.) ebenfalls in dem Befehl, Regenwürmer zuzubereiten und zu essen.

37 BVerfGE 49, 286 (298) (Transsexuelle I).

38 BVerfGE 47, 239 (247) (Haartracht-Veränderung).

39 BVerfG, NJW 1982, 375 (375 f.).

40 *Jarass*, in: Jarass/Pieroth, Art. 1 Rn. 7.

41 Zuletzt BVerfG, NJW 2003, 1303 (1304) mit Anm. von *H.-P. Schneider*, NJW 2003, 1845 ff.

42 Vgl. zum Einfluss der Schranken auf den Schutzbereich bei der Kunstfreiheit Rn. 242.

bei sich als Ausgangspunkt die Objektformel anbietet. Als Kontrollüberlegung kann man anschließend überlegen, ob eine der anerkannten Fallgruppen einschlägig ist. In der Fallbearbeitung ist bei Art. 1 Abs. 1 GG zudem besonders darauf zu achten, dass die Argumentation eine rechtliche und nicht eine politische, moralische oder gar gefühlsmäßige ist. Nicht jedes staatliche Handeln, welches man persönlich für unerträglich hält, verletzt die Menschenwürde; zumeist sind vielmehr die speziellen Freiheitsrechte einschlägig. Schon deshalb empfiehlt sich ein Ausgehen von der Objektformel, da sich mit ihrer Hilfe noch am ehesten eine klare juristische Subsumtion vornehmen lässt.

IV. Eingriffe

570 Eingriffe in die Menschenwürdegarantie liegen in jeder Behandlung eines Menschen als bloßes „Objekt". Wie bei den anderen Grundrechten kommt es nicht darauf an, dass ein Eingriff in die Menschenwürde beabsichtigt ist. Auch faktischen Beeinträchtigungen kann Eingriffscharakter zukommen.

571 Zu beachten ist, dass eine **Einwilligung des Betroffenen** einen Verstoß gegen die Menschenwürde nicht ausschließt. Angesprochen ist damit die Frage des „Grundrechtsverzichts".[43] Während bei den meisten Freiheitsrechten der Betroffene durchaus auf den Freiheitsgebrauch verzichten darf und dies im Sinne negativer Freiheit[44] sogar geschützt ist, ist dies bei Art. 1 Abs. 1 GG nicht der Fall. In einem spektakulären Fall hat ein Verwaltungsgericht etwa das ordnungsbehördliche Verbot des „Zwergenweitwurfs" für rechtmäßig gehalten, obwohl der Geworfene eingewilligt hatte. Das Gericht argumentierte, hier werde ein Mensch als bloßes Objekt behandelt, worin man nicht einwilligen könne.[45] Ähnlich hat auch das BVerwG in seiner Laserdrome-Entscheidung[46] argumentiert: Das Gericht hatte über ein verwaltungsbehördliches Verbot eines „Laserdrome" - eines Kampfspiels, bei dem die Teilnehmer versuchen, einander mit Infrarotgewehren zu treffen - zu entscheiden. Das Spiel - so das BVerwG - sei darauf angelegt, dass auf Menschen „geschossen" werde und damit Tötungshandlungen simuliert würden. Die Spieler würden zu kriegsähnlichen, nahkampfgleichen Verhaltensmustern angehalten. Ein solches simuliertes Töten zu Unterhaltungszwecken werde dem gebotenen Respekt vor der Individualität, Identität und Integrität der menschlichen Persönlichkeit nicht gerecht. Es banalisiere und trivialisiere diejenigen Rechtsgüter, an deren Schutz dem Grundgesetz in besonderem Maße gelegen ist: die Menschenwürde und das menschliche Leben. Die Freiwilligkeit der Teilnahme sowie das gegenseitige Einvernehmen der Spieler seien rechtlich unerheblich, weil die aus Art. 1 Abs. 1 GG und Art. 2 Abs. 2 S. 1 GG herzuleitende Wertordnung der Verfassung nicht im Rahmen eines Unterhaltungsspiels zur Disposition stehe.[47]

---

43 Vgl. dazu Rn. 102 ff.

44 Vgl. dazu Rn. 273 f. (Art. 4 Abs. 1, 2 GG), 769 ff. (Art. 9 Abs. 1 GG).

45 VG Neustadt, NVwZ 1993, 98 ff.

46 BVerwGE 115, 189 ff.

47 BVerwGE 115, 189 (200 ff.).

V. Rechtfertigung von Eingriffen

Fall 19: Kindesentführung 572

Im Januar 2004 ist in Hannover ein sechsjähriges Kind entführt worden. Kurze Zeit später gelingt es der Polizei, den mutmaßlichen Täter (A) zu verhaften. Im Verhör gibt dieser zu, das Kind entführt, misshandelt und sexuell missbraucht zu haben. Den aktuellen Aufenthaltsort verschweigt er jedoch; er gibt nur an, dass sich das Kind in einem Erdloch im Umland von Hannover befindet. Angesichts der Misshandlungen und der Nachttemperaturen von deutlich unter 0 °C geht die Polizei davon aus, dass sich das Kind in akuter Lebensgefahr befindet. Zudem sieht die Polizei die Menschenwürde des Kindes auf Grund dessen Situation - allein, vermutlich verletzt, unterkühlt, in einem Erdloch - verletzt. Da weitere Verhöre keinen Erfolg versprechen und eine Suche in allen in Frage kommenden Gebieten zu zeitaufwändig wäre, beschließt der zuständige Polizist, A mit Gewalt zur Preisgabe des Aufenthaltsortes zu zwingen. Er droht ihm zunächst die Zufügung erheblicher Schmerzen und schließlich auch den Tod an. Als dies nichts hilft, wird A mit äußerst schmerzhaften, aber ansonsten Leben und Gesundheit nicht weiter bedrohenden Schlägen und Tritten derart misshandelt, dass er den Aufenthaltsort preisgibt. Als die Polizei am genannten Ort ankommt, trifft sie dort einen weiteren Täter (B) und das Kind an. B bedroht das Kind mit einer Schusswaffe und fordert die Polizei auf, sich zu entfernen; andernfalls werde er das Kind töten. Der Polizei ist B als äußerst gewaltbereit bekannt. Nachdem Verhandlungen zu keinem Ergebnis führen, B einen Warnschuss abgegeben hat und die Situation zu eskalieren droht, erschießt ein Scharfschütze den B. Das Kind wird gerettet. Verletzen die polizeilichen Maßnahmen Grundrechte bzw. grundrechtsgleiche Rechte von A und B? Erstatten Sie ein umfassendes Gutachten.

§ 76 Abs. 2 S. 2 NSOG: Ein Schuss, der mit an Sicherheit grenzender Wahrscheinlichkeit tödlich wirken wird, ist nur zulässig, wenn er das einzige Mittel zur Abwehr einer gegenwärtigen Lebensgefahr oder der gegenwärtigen Gefahr einer schwer wiegenden Verletzung der körperlichen Unversehrtheit ist.

Art. 1 Abs. 1 GG ist vorbehaltlos gewährt. Während grundsätzlich bei vorbehaltlosen Grundrechten eine Rechtfertigung von Eingriffen durch die Schranke kollidierenden Verfassungsrechts in Betracht kommt[48], ist diese Möglichkeit bei Art. 1 Abs. 1 GG nicht gegeben. Denn wie sich u.a. aus der Stellung des Art. 1 Abs. 1 GG an der Spitze der Verfassung, aus Art. 79 Abs. 3 GG und aus der Bedeutung der Menschenwürde insgesamt ergibt, darf die Menschenwürde als konstituierendes Element des Grundgesetzes niemals eingeschränkt werden, im Gegenteil hat sich jedes staatliche Handeln gem. Art. 1 Abs. 1 S. 2 GG an der Menschenwürde zu orientieren.[49] **Art. 1 Abs. 1 GG** ist damit nicht nur vorbehaltlos, sondern auch **tatsächlich schrankenlos** gewährt. Eingriffe in die Menschenwürde stellen stets Verstöße gegen die Verfassung dar. 573

Diskutiert wird allerdings vereinzelt, ob eine **Einschränkung** der Menschenwürde **zum Schutz der Menschenwürde** anderer in Betracht kommen kann.[50] Ein solches Vorgehen ist jedoch auf Grund der Sonderstellung der Menschenwürde ebenso strikt abzulehnen wie Versuche, schon den Tatbestand der Menschenwürde durch eine Güterabwägung zu bestimmen[51]. Eine Abwägung der Men- 574

---

48 Vgl. dazu Rn. 67 ff.

49 BVerfGE 75, 369 (380) (Strauß-Karikatur); 93, 266 (293) („Soldaten sind Mörder“).

50 *Starck*, in: v. Mangoldt/Klein/Starck, Art. 1 Rn. 31, 71.

51 So *Herdegen*, in: Maunz/Dürig, Art. 1 Abs. 1 Rn. 43 ff. (Zweitbearbeitung).

schenwürdegarantie mit anderen Belangen birgt die unbeherrschbare Gefahr des Dammbruchs auch dann, wenn tatsächlich im Einzelfall das Abwehrrecht der Menschenwürde gegen den Schutzanspruch der Menschenwürde steht. Der Staat würde durch eigenes Tun über die Menschenwürde verfügen und damit einen absoluten Machtanspruch über seine Bürger erheben, der mit dem demokratischen Rechtsstaat nicht vereinbar ist und den das Grundgesetz strikt vermeiden will. Da zudem ein Schutzanspruch nur nach Maßgabe vorhandener Grundrechtsschranken gewährt werden darf und eine solche auf Grund der Stellung der Menschenwürdegarantie nicht existiert, kommt eine Eingriffsrechtfertigung niemals in Betracht.[52]

VI. Konkurrenzen

575 Im Einzelnen ungeklärt ist schließlich das Verhältnis von Art. 1 Abs. 1 GG zu den sonstigen Grundrechten. Geht man davon aus, dass alle Grundrechte in ihrem Kernbereich die Menschenwürdegarantie konkretisieren, kommt es zu Überschneidungen zwischen Art. 1 Abs. 1 GG und den sonstigen Grundrechten. Denkbar wäre es daher, im Überschneidungsfall Spezialität entweder der sonstigen Grundrechte gegenüber Art. 1 Abs. 1 GG oder aber auch des Art. 1 Abs. 1 GG gegenüber den sonstigen Grundrechten anzunehmen. Beides wird aber nur vereinzelt angenommen[53] und ist mit der besonderen Bedeutung des Art. 1 Abs. 1 GG nur schwer zu vereinbaren. Dieser Bedeutung entspricht es eher, Art. 1 Abs. 1 GG parallel zu den anderen Grundrechten anzuwenden.[54]

576 **Überblick: Typische Klausurprobleme:**

- Schutzbereichsbestimmung: Objektformel.
- Abgrenzungsfragen zu anderen Grundrechten, insbesondere zum allgemeinen Persönlichkeitsrecht (Art. 2 Abs. 1 GG i.V.m. Art. 1 Abs. 1 GG).
- Ewigkeitsgarantie (Art. 79 Abs. 3 GG).
- Einwilligung in Menschenwürdeverletzungen („Zwergenweitwurf“, Peepshow, Laserdrome, Lügendetektor, „Big Brother“).
- Art. 1 Abs. 1 GG als kollidierendes Verfassungsrecht; Einschränkung der Menschenwürde zu Gunsten der Menschenwürde anderer („Folterfälle“).
- Verfassungswidriges Verfassungsrecht.

---

52 Zur Frage der Folter vgl. Rn. 613.

53 So offenbar BVerfGE 51, 97 (105) (Zwangsvollstreckung I): Spezialität des Art. 13 GG gegenüber Art. 1 Abs. 1 GG; ebenso das Minderheitenvotum in BVerfG, NJW 2004, 999 (1021) (Großer Lauschangriff); BVerfGE 53, 257 (300) (Versorgungsausgleich I): Spezialität der Art. 14 Abs. 1, 6 Abs. 1, 3 Abs. 1 GG.

54 *Höfling*, JuS 1995, 857 (862).

Kapitel 13: Allg. Persönlichkeitsrecht (Art. 2 Abs. 1 i.V.m. Art. 1 Abs. 1 GG)

Literatur: *Ehmann, Horst,* Zur Struktur des Allgemeinen Persönlichkeitsrechts, JuS 1997, 193 ff.; *Gusy, Christoph,* Grundrechtsschutz des Privatlebens, in: FS für Folz, 2003, S. 103 ff.; *Kunig, Philip*, Der Grundsatz informationeller Selbstbestimmung, Jura 1993, 595 ff.; *Jarass, Hans D.*, Das allgemeine Persönlichkeitsrecht im Grundgesetz, NJW 1989, 857 ff.; *Schulz, Wolfgang / Jürgens, Uwe*, Das Recht am eigenen Bild - Eine fallorientierte Einführung in Struktur und aktuelle Probleme des Bildnisschutzes, JuS 1999, 664 ff., 770 ff.

Fallbearbeitungen: *Schoch, Friedrich*, Fall 6 (S. 259 ff.); *Degenhart, Christoph*, Fall 11 (S. 207 ff.).

Leitentscheidungen: BVerfGE 65, 1 ff. (Volkszählung): Recht auf informationelle Selbstbestimmung; 47, 46 ff. (Sexualkundeunterricht): Recht auf sexuelle Selbstbestimmung; 35, 202 ff. (Lebach): Resozialisierung; 34, 238 ff. (Tonband): Recht am eigenen Wort und am eigenen Bild.

I. Hintergrund

Das allgemeine Persönlichkeitsrecht ist im Grundgesetz nicht ausdrücklich er- **577** wähnt, sondern ergibt sich aus Art. 2 Abs. 1 GG, beeinflusst durch Art. 1 Abs. 1 GG (Menschenwürde). Mittlerweile hat sich das allgemeine Persönlichkeitsrecht zu einem eigenen Grundrecht verselbstständigt, das mit den speziellen benannten Freiheitsrechten vergleichbar ist. Weder in der Weimarer Reichsverfassung noch in der Paulskirchenverfassung gab es einen vergleichbaren Schutz. Lediglich einzelne Aspekte, die heute als vom allgemeinen Persönlichkeitsrecht umfasst angesehen werden, fanden eine frühe einfachgesetzliche Ausprägung. Hierzu zählen das Recht am eigenen Bild (§§ 22, 23 KUG) sowie das Namensrecht (§ 12 BGB).[1] Mit Art. 8 EMRK und Art. 12 der Allgemeinen Erklärung der Menschenrechte besteht eine völkerrechtliche Entsprechung. Art. 8 Abs. 1 EMRK lautet: „Jede Person hat das Recht auf Achtung ihres Privat- und Familienlebens, ihrer Wohnung und ihrer Korrespondenz.“

Zu unterscheiden ist das allgemeine Persönlichkeitsrecht als Grundrecht vom **578** zivilrechtlichen allgemeinen Persönlichkeitsrecht. Letzteres wurde zwar vom Gesetzgeber des BGB noch abgelehnt, wird aber von der Zivilrechtsprechung als ein sonstiges Recht in § 823 Abs. 1 BGB hineingelesen. Die Anerkennung als Grund-

---

1 Vgl. *Emmerich*, JuS 2000, 1222 (1222).

recht erfolgte erst zu einem späteren Zeitpunkt.[2] Das allgemeine Persönlichkeitsrecht als Grundrecht sowie das allgemeine Persönlichkeitsrecht als sonstiges Recht i.S.v. § 823 Abs. 1 BGB sind nicht identisch, was bereits daraus folgt, dass es sich bei Letzterem um ein Institut des einfachen Rechts handelt. Dem Grundrecht fehlt es zudem an einer unmittelbaren Drittwirkung. Andererseits ist zu berücksichtigen, dass der Schutzbereich der beiden Persönlichkeitsrechte häufig ähnlich ausfällt.[3]

II. Schutzbereich

579 **Fall 20: Lebach**

Im Januar 1989 überfielen F und D die Wachmannschaft eines Munitionsdepots der Bundeswehr in Lebach. Sie töteten vier Soldaten und verletzten einen weiteren Soldaten schwer. B leistete Beihilfe, indem er D in Kenntnis des Tatplans die Handhabung der Pistole P 38 erläuterte. Über dieses Ereignis, das in der Öffentlichkeit außergewöhnliches Aufsehen erregte, wurde besonders während der Hauptverhandlung im September 1990 in Presse, Rundfunk und Fernsehen eingehend berichtet. Das Schwurgericht, das die Haupttäter F und D zu lebenslanger Freiheitsstrafe verurteilte, verhängte gegen B wegen Beihilfe eine Gesamtfreiheitsstrafe von sechs Jahren. Der private Fernsehsender S hat 1994 über die Tat ein Dokumentarspiel mit dem Titel „Der Soldatenmord von L" fertig gestellt, in dem B zu Anfang im Bild gezeigt, dann aber unter Nennung seines Namens von einem Schauspieler dargestellt wird. Im Dokumentarspiel wird die Tat als Folge einer homosexuellen Gruppenbildung interpretiert. B wird als gleichermaßen schuldig wie die Haupttäter bezeichnet und seine Beihilfe als Folge seiner Feigheit dargestellt. S beabsichtigt, das Dokumentarspiel zu senden. B, der nach Verbüßung von zwei Dritteln seiner Strafe und Aussetzung des Strafrests zur Bewährung in seine Heimatstadt zurückkehren will, befürchtet, dass die Fernsehsendung ihm ein weiteres Leben dort unmöglich machen wird. Jede Chance auf Resozialisierung werde ihm genommen. Er klagt vor den Zivilgerichten - gestützt auf § 22 KUG - auf Unterlassung der Ausstrahlung, bleibt jedoch bis in letzter Instanz erfolglos. In den Urteilen nehmen die Gerichte insbesondere eine umfangreiche Abwägung der betroffenen Grundrechte vor. B sieht sich durch diese Entscheidungen dennoch in seinen Grundrechten verletzt und erhebt nun form- und fristgerecht Verfassungsbeschwerde. Hat diese Erfolg?

§ 22 KUG: (1) Bildnisse dürfen nur mit Einwilligung des Abgebildeten verbreitet oder öffentlich zur Schau gestellt werden. (…)

§ 23 KUG: (1) Ohne die nach § 22 erforderliche Einwilligung dürfen verbreitet werden und zur Schau gestellt werden: 1. Bildnisse aus dem Bereich der Zeitgeschichte; (…).

(2) Die Befugnis erstreckt sich jedoch nicht auf eine Verbreitung und Schaustellung, durch die ein berechtigtes Interesse des Abgebildeten (…) verletzt wird.

Fall nach BVerfGE 35, 202 ff. (Lebach), vgl. auch BVerfG, NJW 2000, 1859 ff. (Lebach II)

---

2 *Pieroth/Schlink*, Rn. 378; das zivilrechtliche allgemeine Persönlichkeitsrecht wurde durch BGHZ 13, 334 ff. im Jahr 1954 („Leserbrief") erstmals anerkannt (vgl. dazu *Medicus*, Bürgerliches Recht, 19. Aufl. 2002 Rn. 615).

3 Vgl. dazu *Jarass*, NJW 1989, 857 (858) m.w.N.; *Ehmann*, JuS 1997, 193 (197).

1. Persönlicher Schutzbereich

Zunächst gilt das allgemeine Persönlichkeitsrecht für natürliche Personen. Als Menschenrecht ist es nicht auf Deutsche beschränkt. Da das Grundrecht an das Person-Sein anknüpft, werden Tote vom Schutzbereich nicht mehr umfasst. Das postmortale Persönlichkeitsrecht[4] fußt allein auf der Menschenwürde. **580**

Problematisch ist, ob sich auch inländische juristische Personen gem. Art. 19 Abs. 3 GG auf das allgemeine Persönlichkeitsrecht - oder zumindest auf gewisse Ausprägungen - berufen können. Das BVerfG hat diese Frage bisher offen gelassen.[5] Demgegenüber wendet der BGH das zivilrechtliche allgemeine Persönlichkeitsrecht auf juristische Personen an, wenn auch mit einer geringeren Schutzintensität als bei natürlichen Personen.[6] **581**

> BGH, NJW 1986, 2951 (2951): „Zwar trifft es zu, dass grundsätzlich auch Kapitalgesellschaften wie die kl. AG Träger des allgemeinen Persönlichkeitsrechts sein können. Indes ist diese **Rechtsträgerschaft inhaltlich begrenzt**. Das allgemeine Persönlichkeitsrecht ist eine Rechtsschöpfung der Rechtsprechung, die Lücken im Persönlichkeitsschutz ausfüllt und aus den in Art. 1 Abs. 1 und Art. 2 Abs. 1 GG getroffenen Wertentscheidungen ihre Legitimation erfährt. Dieser Entstehungsgrund macht die thematische Begrenzung des allgemeinen Persönlichkeitsrechts deutlich. Eine Ausdehnung der Schutzwirkung dieses Rechts über natürliche Personen hinaus auf juristische Personen erscheint - auch mit Blick auf Art. 19 Abs. 3 GG - nur insoweit gerechtfertigt, als sie aus ihrem Wesen als Zweckschöpfung des Rechts und ihren Funktionen dieses Rechtsschutzes bedürfen. Dies ist der Fall, wenn sie in ihrem **sozialen Geltungsanspruch** als Arbeitgeber oder als Wirtschaftsunternehmen betroffen werden (…).“

An dieser Rechtsprechung wurde vielfach Kritik geübt. So prüft der BGH nicht konsequent, ob die verfassungsrechtliche Grundlage (Art. 2 Abs. 1 GG i.V.m. Art. 1 Abs. 1 GG) des zivilrechtlichen allgemeinen Persönlichkeitsrechts gem. Art. 19 Abs. 3 GG seinem Wesen nach auf juristische Personen anwendbar ist. Gerade die Menschenwürde hat einen starken und prägenden Einfluss auf das allgemeine Persönlichkeitsrecht. Art. 1 Abs. 1 GG ist jedoch auf natürliche Personen beschränkt. Andererseits gilt die allgemeine Handlungsfreiheit (Art. 2 Abs. 1 GG) auch für juristische Personen. Deshalb ist es gut vertretbar, auch juristischen Personen - jedenfalls in Teilbereichen - ein allgemeines Persönlichkeitsrecht zuzugestehen, zumal auch *Jarass* als Kritiker einer derartigen Ausdehnung des Anwendungsbereichs einräumt, dass sich bei juristischen Personen ein - wenn auch blasser - Anklang dessen findet, was Persönlichkeit und Person-Sein bei natürlichen Personen ausmacht.[7] Dem dürfte der BGH entsprechen, wenn er auf den sozialen Geltungsanspruch im Wirtschaftsleben abstellt. Auf Personen des öffentlichen Rechts findet das allgemeine Persönlichkeitsrecht keine Anwendung.[8] **582**

---

4 Vgl. dazu Rn. 555.

5 BVerfGE 95, 220 (242) (Aufzeichnungspflicht); neuerdings bezieht das BVerfG das „Recht am gesprochenen Wort“ auch auf juristische Personen des Privatrechts (BVerfGE 106, 28 ff. [Mithörvorrichtung]).

6 BGHZ 81, 75 (78); 98, 94 (97).

7 *Jarass*, NJW 1989, 857 (860); *ders.,* in: Jarass/Pieroth, Art. 2 Rn. 39.

8 BGH, DÖV 1983, 290 (291).

2. Sachlicher Schutzbereich

583 Der sachliche Schutzbereich des allgemeinen Persönlichkeitsrechts ist relativ offen, was insoweit von Vorteil ist, als diese Offenheit der Abwehr neuer Gefährdungen der menschlichen Persönlichkeit dienen kann, die zum jetzigen Zeitpunkt noch nicht ersichtlich sind. Daher konnte der Schutzbereich erst im Laufe der Zeit anhand von Einzelentscheidungen durch das BVerfG konturiert werden. **Aufgabe des allgemeinen Persönlichkeitsrechts** ist es, „im Sinne des obersten Konstitutionsprinzips der Würde des Menschen (Art. 1 Abs. 1 GG) die engere persönliche Lebenssphäre und die Erhaltung ihrer Grundbedingungen zu gewährleisten".[9] Das Persönlichkeitsrecht wurzelt also im Person-Sein des Einzelnen. Wie auch bei der Menschenwürde ist der Schutzumfang nicht davon abhängig, ob der Träger sich seiner Persönlichkeit bewusst ist. Daher steht das allgemeine Persönlichkeitsrecht Kindern, Bewusstlosen oder Schwerstbehinderten in gleichem Maß zu.

584 Zielrichtung des allgemeinen Persönlichkeitsrechts ist es zunächst, dem Einzelnen einen Bereich privater Lebensgestaltung zu sichern, über den er in eigener Verantwortung frei bestimmen kann („Recht des Menschen auf Selbstfindung im Alleinsein und in enger Beziehung zu ausgewählten Vertrauten"[10]; „**Recht, in diesem Bereich für sich zu sein, sich selber zu gehören**"[11]). Dieser geschützte Bereich soll wiederum als Ausgangspunkt dienen, um mit Dritten in Kontakt zu treten und innerhalb der Gesellschaft zu agieren. Die zweite Zielrichtung kann demnach als Schutz der sozialen Identität umschrieben werden. Den vielfältigen Ausprägungen des allgemeinen Persönlichkeitsrechts trägt das BVerfG dadurch Rechnung, dass es zwischen der **Intimsphäre** und der **Sozialsphäre** unterscheidet, also zwischen einem Bereich der totalen Zurückgezogenheit und einem Bereich der sozialen Interaktion. Teilweise wird noch auf die **Privatsphäre** abgestellt, die eine Zwischenstellung zwischen der vollkommenen Abgeschiedenheit und der Teilnahme am öffentlichen Leben einnehmen soll, wobei sie stärker zur Intimsphäre als zur Sozialsphäre geneigt ist. Hierunter fällt beispielsweise das Zusammenleben im familiären Kreis oder das Verhalten in der Abgeschiedenheit der eigenen Wohnung.[12] Um das allgemeine Persönlichkeitsrecht richtig gewichten zu können, ist diese Differenzierung zu berücksichtigen. Die Voraussetzungen, die an eine Eingriffsrechtfertigung zu stellen sind, richten sich dann danach, welche Lebenssphäre berührt ist. Zur Systematisierung lassen sich die vom BVerfG entschiedenen Fälle in unterschiedliche Fallgruppen einteilen:[13]

---

9 BVerfGE 54, 148 (153) (Eppler); 72, 155 (170) (Grenzen elterlicher Vertretungsmacht); 96, 56 (61) (Vaterschaftsauskunft).

10 *Jarass,* NJW 1989, 857 (859).

11 BVerfGE 35, 202 (220) (Lebach).

12 *Gusy,* in: FS für Folz, 2003, S. 106 ff.; *Sachs,* VerfR II, Kap. B 2 Rn. 54; nach BayObLG, NJW 1979, 2624 ff., sind Intimsphäre und Privatsphäre identisch; das BVerfG nennt beide Begriffe teilweise zusammen, ohne deutlich zu machen, ob zwischen ihnen ein Unterschied besteht (vgl. BVerfG, NJW 1997, 1632 ff.). Der EGMR - anders als das BVerfG - unterwirft die Privatsphäre keinen räumlichen Beschränkungen, vgl. dazu Rn. 599.

13 Die Einteilung in der Literatur erfolgt nicht einheitlich; hinsichtlich der Fallgruppen besteht auch keine einheitliche Terminologie. Im Folgenden wird die Systematisierung von *Jarass,*

a) Darstellung der Person in der Öffentlichkeit

Bedeutsam für den Einzelnen ist das Bestimmungsrecht darüber, wie er sich in der Öffentlichkeit als Person darstellt. Dabei geht es nicht um den Schutz einzelner Betätigungen, wie sie durch die allgemeine Handlungsfreiheit (Art. 2 Abs. 1 GG) geschützt werden. Vielmehr sollen die Voraussetzungen gewährleistet werden, die es dem Grundrechtsträger ermöglichen, unter Wahrung seiner Persönlichkeit mit (unbekannten) Dritten in Kontakt zu treten. Das allgemeine Persönlichkeitsrecht soll den Einzelnen vor entstellenden und verfälschenden Darstellungen seiner Person bewahren. Hierzu gehören das Recht am eigenen Bild[14] und das Recht am eigenen Wort[15], sowie der Schutz der persönlichen Ehre[16]. **585**

> BVerfGE 34, 238 (246) (Tonband): „Art. 2 Abs. 1 GG verbrieft jedem das Recht auf freie Entfaltung seiner Persönlichkeit, soweit er nicht die Rechte anderer verletzt und nicht gegen die verfassungsmäßige Ordnung oder das Sittengesetz verstößt. Dieses Grundrecht schützt auch **Rechtspositionen, die für die Entfaltung der Persönlichkeit notwendig sind**. Dazu gehört in bestimmten Grenzen, ebenso wie das Recht am eigenen Bild, das Recht am gesprochenen Wort. Deshalb darf grundsätzlich jedermann selbst und allein bestimmen, wer sein Wort aufnehmen soll sowie ob und vor wem seine auf einen Tonträger aufgenommene Stimme abgespielt werden darf."

Zur Darstellung in der Öffentlichkeit gehört auch die **Nennung des eigenen Namens**, durch die den eigenen Aussagen Gewicht verliehen werden kann, indem sie mit der eigenen Identität verknüpft werden. Bei dem dem BVerfG zur Entscheidung vorgelegten Fall ging es um den sexuellen Missbrauch einer Tochter durch ihren Vater. Der Vater wollte (im Ergebnis vergeblich) der Tochter gerichtlich verbieten lassen, im Fernsehen über den unstreitig begangenen Missbrauch unter voller Nennung ihres eigenen Namens zu berichten. **586**

> BVerfG, NJW 1998, 2889 (2890): „Der Name eines Menschen hat nicht nur Ordnungs- und Unterscheidungsfunktion. Er ist auch Ausdruck der Identität und Individualität. Daher kann der Einzelne verlangen, dass die Rechtsordnung seinen Namen respektiert und schützt. Dieser Schutz ist in der Rechtsprechung bislang nur gegenüber dem staatlich vorgeschriebenen Wechsel des Namens bei Heirat relevant geworden. Er richtet sich aber auch gegen das Verlangen, den als solchen unbestrittenen Namen in bestimmten Zusammenhängen nicht zu verwenden oder durch ein Pseudonym zu ersetzen. Der Verzicht auf die Nennung des Namens lässt die Persönlichkeit nicht unbeeinträchtigt. Das gilt auch für die Namensnennung im Zusammenhang mit einer Äußerung. Äußerungen sind zugleich Ausdruck der Persönlichkeit des sich Äußernden. **Auf Grund der Namensnennung können Dritte Äußerungen nicht**

NJW 1989, 857 (858 f.) und *ders.,* in: Jarass/Pieroth, Art. 2 Rn. 30 ff. übernommen; anders z.B. *Pieroth/Schlink*, Rn. 374 ff.

[14] BVerfGE 34, 238 (246) (Tonband). Das Recht am eigenen Bild hat seine einfachgesetzliche Ausprägung in den §§ 22, 23 KUG gefunden.

[15] BVerfGE 34, 238 (246) (Tonband); 54, 148 (Ls 1) (Eppler): „Das (...) allgemeine Persönlichkeitsrecht schützt auch dagegen, dass jemandem Äußerungen in den Mund gelegt werden, die er nicht getan hat und die seinen von ihm selbst definierten Geltungsanspruch beeinträchtigen." In einer neueren Entscheidung (BVerfGE 106, 28 ff. [Mithörvorrichtung]), hat das BVerfG den Schutzbereich dahingehend erweitert, dass auch das Mithörenlassen über eine Mithöreinrichtung am Telefon in das allgemeine Persönlichkeitsrecht eingreifen kann.

[16] BVerfGE 54, 208 (217) (Böll).

nur ihrem Urheber zurechnen, sondern auch in das Persönlichkeitsbild einordnen, das sie sich von ihm machen.“

b) Recht auf informationelle Selbstbestimmung

587 Wesentliche Bedeutung für die freie Entfaltung der Persönlichkeit hat das Recht auf informationelle Selbstbestimmung. Es ist eng verwandt mit dem oben genannten Aspekt der „Darstellung der Person in der Öffentlichkeit“, da es auch hier um die Schaffung und Erhaltung der Voraussetzungen geht, durch die der Einzelne unter Wahrung seiner Persönlichkeit in seinem Sozialbereich agieren kann.

588 Für den einzelnen Bürger ist es schwer ersichtlich, welche Daten wo erhoben werden, ob und wo diese Daten gespeichert werden und was mit diesen Daten geschieht: Auf öffentlichen Plätzen stehen Überwachungskameras, bei einer Polizeikontrolle wird der Personalausweis vom Computer eingelesen, der Arzt legt eine Krankenakte an, das Surfen im Internet hinterlässt Datenspuren, und das Kreditkartenunternehmen weiß, was wann und wo gekauft wurde. In seinem **Volkszählungsurteil** aus dem Jahr 1983 hat das BVerfG auf die von einem unkontrollierten Datenaufkommen ausgehenden Gefahren reagiert und festgestellt, dass es für ein demokratisches Gemeinwesen von elementarer Bedeutung ist, dass sich der Bürger engagiert und seine Rechte wahrnimmt, insbesondere den Staat kritisiert. Ein Bürger, dessen Daten systematisch erfasst werden und der sich überwacht fühlt, wird möglicherweise davon abgehalten, seine Rechte wahrzunehmen und sich in der Öffentlichkeit darzustellen, aus Furcht, auf Grund dieses Engagements Nachteile zu erleiden. Deshalb muss der Einzelne die **Kontrolle über seine Daten** behalten und selbst über die Preisgabe und Verwendung persönlicher Daten bestimmen.[17] Dies ist, so das BVerfG, umso wichtiger, weil an sich unbedeutende Daten mittels moderner Datenverarbeitungssysteme ohne großen zeitlichen Aufwand zu umfassenden Persönlichkeitsprofilen zusammengeführt werden können (Stichwort „gläserner Mensch“). Das BVerfG hat das Recht auf informationelle Selbstbestimmung auch darauf ausgedehnt, dass der Einzelne nicht gezwungen werden darf, selbstbelastende Äußerungen zu tätigen, wobei fraglich ist, ob hierfür nicht allein Art. 1 Abs. 1 GG (Menschenwürde) einschlägig ist.[18] Die Daten selbst können unterschiedlichster Art sein; in Betracht kommen Ehescheidungsakten, Tagebücher, private Aufzeichnungen, Krankenakten oder Steuerdaten.[19] Ihren Niederschlag hat die Rechtsprechung des BVerfG zum informationellen Selbstbestimmungsrecht in den Datenschutzgesetzen des Bundes und der Länder gefunden.

BVerfGE 65, 1 (41 ff.) (Volkszählung): „Prüfungsmaßstab ist in erster Linie das durch Art. 2 Abs. 1 i.V. mit Art. 1 Abs. 1 GG geschützte allgemeine Persönlichkeitsrecht (…), das gerade auch im Blick auf moderne Entwicklungen und die mit ihnen verbundenen neuen Gefährdungen der menschlichen Persönlichkeit Bedeutung gewinnen kann (…). Die bisherigen Konkretisierungen durch die Rechtsprechung umschreiben den Inhalt des Persönlichkeits-

---

17 BVerfGE 65, 1 (43) (Volkszählung); 78, 77 (84) (Öffentliche Bekanntmachung).

18 BVerfGE 65, 1 (63) (Volkszählung); 95, 220 (241) (Aufzeichnungspflicht); für Art. 1 GG BVerfGE 55, 144 (150) (Auskunftspflicht).

19 Vgl. die Zusammenstellung bei *Jarass,* in: Jarass/Pieroth, Art. 2 Rn. 33 m.w.N.

rechts nicht abschließend. Es umfasst (...) auch die aus dem Gedanken der Selbstbestimmung folgende Befugnis des einzelnen, grundsätzlich selbst zu entscheiden, wann und innerhalb welcher Grenzen persönliche Lebenssachverhalte offenbart werden (...).

Diese Befugnis bedarf unter den heutigen und künftigen Bedingungen der automatischen Datenverarbeitung in besonderem Maße des Schutzes. Sie ist vor allem deshalb gefährdet, weil (...) Einzelangaben über persönliche oder sachliche Verhältnisse einer bestimmten oder bestimmbaren Person (...) technisch gesehen unbegrenzt speicherbar und jederzeit ohne Rücksicht auf Entfernungen in Sekundenschnelle abrufbar sind. Sie können darüber hinaus - vor allem beim Aufbau integrierter Informationssysteme - mit anderen Datensammlungen zu einem teilweise oder weitgehend vollständigen Persönlichkeitsbild zusammengefügt werden, ohne dass der Betroffene dessen Richtigkeit und Verwendung zureichend kontrollieren kann. Damit haben sich in einer bisher unbekannten Weise die Möglichkeiten einer Einsicht- und Einflussnahme erweitert, welche auf das Verhalten des Einzelnen schon durch den psychischen Druck öffentlicher Anteilnahme einzuwirken vermögen.

Individuelle Selbstbestimmung setzt aber - auch unter den Bedingungen moderner Informationsverarbeitungstechnologien - voraus, dass dem einzelnen Entscheidungsfreiheit über vorzunehmende oder zu unterlassende Handlungen einschließlich der Möglichkeit gegeben ist, sich auch entsprechend dieser Entscheidung tatsächlich zu verhalten. Wer nicht mit hinreichender Sicherheit überschauen kann, welche ihn betreffenden Informationen in bestimmten Bereichen seiner sozialen Umwelt bekannt sind, und wer das Wissen möglicher Kommunikationspartner nicht einigermaßen abzuschätzen vermag, kann in seiner Freiheit wesentlich gehemmt werden, aus eigener Selbstbestimmung zu planen oder zu entscheiden. **Mit dem Recht auf informationelle Selbstbestimmung wären eine Gesellschaftsordnung und eine diese ermöglichende Rechtsordnung nicht vereinbar, in der Bürger nicht mehr wissen können, wer was wann und bei welcher Gelegenheit über sie weiß. Wer unsicher ist, ob abweichende Verhaltensweisen jederzeit notiert und als Information dauerhaft gespeichert, verwendet oder weitergegeben werden, wird versuchen, nicht durch solche Verhaltensweisen aufzufallen.** Wer damit rechnet, dass etwa die Teilnahme an einer Versammlung oder einer Bürgerinitiative behördlich registriert wird und dass ihm dadurch Risiken entstehen können, wird möglicherweise auf eine Ausübung seiner entsprechenden Grundrechte (Art. 8, 9 GG) verzichten. Dies würde nicht nur die individuellen Entfaltungschancen des Einzelnen beeinträchtigen, sondern auch das **Gemeinwohl, weil Selbstbestimmung eine elementare Funktionsbedingung eines auf Handlungs- und Mitwirkungsfähigkeit seiner Bürger begründeten freiheitlichen demokratischen Gemeinwesens ist**.“

c) Schutz der engeren Lebenssphäre (Sexualität, Ehe und Familie)

Geschützt wird die Privatheit der Sexualsphäre[20] sowie das Recht auf sexuelle Selbstbestimmung: **589**

BVerfGE 47, 46 (73 f.) (Sexualkundeunterricht): „Das Grundgesetz hat den Intim- und Sexualbereich des Menschen als Teil seiner Privatsphäre unter den verfassungsrechtlichen Schutz des Art. 2 Abs. 1 in Verbindung mit Art. 1 Abs. 1 GG gestellt. Diese Vorschriften des Grundgesetzes sichern dem Menschen das Recht zu, seine Einstellung zum Geschlechtlichen selbst zu bestimmen. Er kann sein Verhältnis zur Sexualität einrichten und grundsätzlich selbst darüber befinden, ob, in welchen Grenzen und mit welchen Zielen er Einwirkungen Dritter auf diese Einstellung hinnehmen will. Wenn aber das Verhältnis des Menschen zum Geschlechtlichen unter verfassungsrechtlichem Schutz steht, dann muss dieses aus Art. 2 Abs. 1 in Verbindung mit Art. 1 Abs. 1 GG hergeleitete Recht auch dem einzelnen Jugendli-

---

[20] BVerfGE 96, 56 (61) (Vaterschaftsauskunft).

chen zustehen. Seine Intimsphäre kann durch die Art und Weise, in der die Sexualerziehung in der Schule durchgeführt wird, wesentlich berührt werden."

590 Aus dem **Recht zur sexuellen Selbstbestimmung** wird weiterhin das Recht abgeleitet, über eine Geschlechtsumwandlung frei entscheiden zu können, einschließlich aller personenstandsrechtlichen Folgen.[21] Auch **familiäre Angelegenheiten** können durch das allgemeine Persönlichkeitsrecht geschützt werden. In diesen Bereich fällt beispielsweise das Recht der Ehegatten, mittels vertraglicher Beziehungen finanzielle Angelegenheiten im Fall einer Scheidung zu regeln.[22] Familienangehörigen ist das Recht zuzugestehen, persönlichen Kontakt miteinander zu pflegen, auch zu Strafgefangenen.[23] Verstärkt durch Art. 6 Abs. 1 und 2 GG erfasst das allgemeine Persönlichkeitsrecht auch die elterliche Hinwendung zu ihren Kindern. Das Recht der Presse auf Berichterstattung aus diesem Lebensbereich von Prominenten muss insoweit zurücktreten.[24]

d) Schutz der personalen Entfaltung

591 Das allgemeine Persönlichkeitsrecht bietet Schutz gegen die umfassende Einschränkung der personalen Entfaltung bzw. der **Privatautonomie**. Zu dieser Fallgruppe gehört u.a. das Recht des Minderjährigen, ohne finanzielle Schulden in die Volljährigkeit einzutreten.[25] Nach Ansicht des BVerfG ist zum Verständnis und zur Entfaltung der eigenen Individualität die Kenntnis der eigenen Abstammung erforderlich.[26] Auch das Recht des Strafgefangenen auf **Resozialisierung**, d.h. das Recht, in angemessener Zeit nach Begehung eines Fehlers wieder „neu anfangen zu können", wird vom allgemeinen Persönlichkeitsrecht mitumfasst.[27]

BVerfGE 35, 202 (Ls. 3) (Lebach): „Für die aktuelle Berichterstattung über schwere Straftaten verdient das Informationsinteresse der Öffentlichkeit im Allgemeinen den Vorrang vor dem Persönlichkeitsschutz des Straftäters. Jedoch ist neben der Rücksicht auf den unantastbaren innersten Lebensbereich der Grundsatz der Verhältnismäßigkeit zu beachten; danach ist eine Namensnennung, Abbildung oder sonstige Identifikation des Täters nicht immer zulässig. Der verfassungsrechtliche Schutz der Persönlichkeit lässt es jedoch nicht zu, dass das Fernsehen sich über die aktuelle Berichterstattung hinaus etwa in Form eines Dokumentarspiels zeitlich unbeschränkt mit der Person eines Straftäters und seiner Privatsphäre befasst. Eine spätere Berichterstattung ist jedenfalls unzulässig, wenn sie geeignet ist, gegenüber der aktuellen Information eine erheblich neue oder zusätzliche Beeinträchtigung des Täters zu bewirken, insbesondere **seine Wiedereingliederung in die Gesellschaft (Resozialisierung)** zu gefährden. Eine Gefährdung der Resozialisierung ist regelmäßig anzunehmen, wenn eine

---

21 BVerfGE 49, 286 (297 ff.) (Transsexuelle I); 60, 123 (134) (Altersgrenze für Geschlechtsanpassung).

22 BVerfGE 60, 329 (339) (Versorgungsausgleich II); nach *Jarass,* in: Jarass/Pieroth, Art. 2 Rn. 37, ist hierfür Art. 6 Abs. 1 GG einschlägig.

23 BVerfGE 57, 170 (177 ff.) (Briefe an Eltern in der Untersuchungshaft).

24 BVerfGE 101, 361 (386) (Caroline von Monaco II).

25 BVerfGE 72, 155 (170 ff.) (Grenzen elterlicher Vertretungsmacht).

26 BVerfG, NJW 1989, 891 ff.

27 BVerfGE 35, 202 (236) (Lebach).

den Täter identifizierende Sendung über eine schwere Straftat nach seiner Entlassung oder in zeitlicher Nähe zu der bevorstehenden Entlassung ausgestrahlt wird."

III. Eingriffe

Eingriffe können durch Rechtsakte ebenso wie durch faktisches Handeln erfolgen.[28] Zur ersten Gruppe gehören beispielsweise Verpflichtungen zur Offenbarung persönlicher Daten. In die zweite Gruppe fallen etwa heimliche Tonbandaufnahmen zwecks Strafverfolgung sowie die Speicherung, Verwendung und Weitergabe personenbezogener Daten. **592**

IV. Rechtfertigung von Eingriffen

1. Schranken

Während Beeinträchtigungen der Menschenwürde keiner Rechtfertigung zugänglich sind, gilt dies beim allgemeinen Persönlichkeitsrecht nicht. Schließlich ist der Schutzbereich des allgemeinen Persönlichkeitsrechts erheblich weiter gefasst als der der Menschenwürde. Wie für die allgemeine Handlungsfreiheit, gelten für das allgemeine Persönlichkeitsrecht die **Schranken des Art. 2 Abs. 1 GG**, d.h. Einschränkungen sind zum Schutze der Rechte anderer, des Sittengesetzes und der verfassungsmäßigen Ordnung möglich.[29] Insoweit ist ein Wandel in der Rechtsprechung eingetreten, da bis zum Volkszählungsurteil des BVerfG von 1983 die Schranke des Art. 2 Abs. 2 S. 3 GG herangezogen wurde.[30] Angesichts des hohen Grades der Durchnormiertheit vieler Lebensbereiche, kommt der „verfassungsmäßigen Ordnung" - gemeint sind alle formell und materiell verfassungsmäßigen Rechtsnormen - die entscheidende Bedeutung zu. Die anderen in Abs. 1 genannten Schranken gehen - wie bei der allgemeinen Handlungsfreiheit - hierin auf.[31] **593**

2. Schranken-Schranken

Eingriffe in das allgemeine Persönlichkeitsrecht sind nur unter Beachtung des Verhältnismäßigkeitsgrundsatzes zulässig. Welche Anforderungen an die Verhältnismäßigkeitsprüfung zu stellen sind, richtet sich danach, in welchen Teilbereich des Persönlichkeitsrechts eingegriffen wird. Besondere Bedeutung kommt der bereits beim Schutzbereich angesprochenen Unterscheidung der einzelnen Sphären zu. Generell ausgeschlossen und nicht zu rechtfertigen sind Eingriffe in den Bereich der **Intimsphäre**. Denn bei ihnen ist auch die Menschenwürde betroffen, die einer Relativierung nicht zugänglich ist. In die Intimsphäre fallen solche Handlun- **594**

---

28 Vgl. zum Eingriffsbegriff Rn. 345 ff.

29 BVerfGE 65, 1 (43 f.) (Volkszählung); *Jarass,* in: Jarass/Pieroth, Art. 2 Rn. 45.

30 Zu Art. 2 Abs. 2 S. 3 GG als Schranke vgl. BVerfGE 32, 373 (379) (Ärztliche Schweigepflicht); 34, 238 (246) (Tonband).

31 Vgl. dazu Rn. 528.

gen, die nicht in den Bereich einer anderen Person oder der Öffentlichkeit hineinwirken, bei denen es also am Sozialbezug fehlt. Die Intimsphäre kann mit dem Wesensgehalt (vgl. Art. 19 Abs. 2 GG) des allgemeinen Persönlichkeitsrechts gleichgesetzt werden.[32] Bisher hat das BVerfG die Intimsphäre nicht näher definiert. Eine Verletzung des von Art. 1 Abs. 1 GG geschützten Kernbereichs der Persönlichkeitsentfaltung hat das BVerfG erstmalig in seiner Entscheidung zum großen Lauschangriff festgestellt. Demnach bieten die 1998 in die StPO eingefügten Regelungen zur Wohnraumüberwachung keinen ausreichenden Schutz dagegen, dass durch die akustische Überwachung der absolut geschützte Kernbereich privater Lebensgestaltung beeinträchtigt wird.[33] Eine Verletzung der Intimsphäre könnte möglicherweise auch im zwangsweisen Einsatz eines Lügendetektors gesehen werden.[34] Eingriffe in die **Sozialsphäre** sind nur bei strikter Beachtung des Verhältnismäßigkeitsgrundsatzes gerechtfertigt; an den verfolgten Zweck sind umso höhere Anforderungen zu stellen, je stärker in den Bereich privater Lebensführung eingegriffen wird. Insoweit gelten strengere Voraussetzungen als bei Eingriffen in die allgemeine Handlungsfreiheit.[35]

595

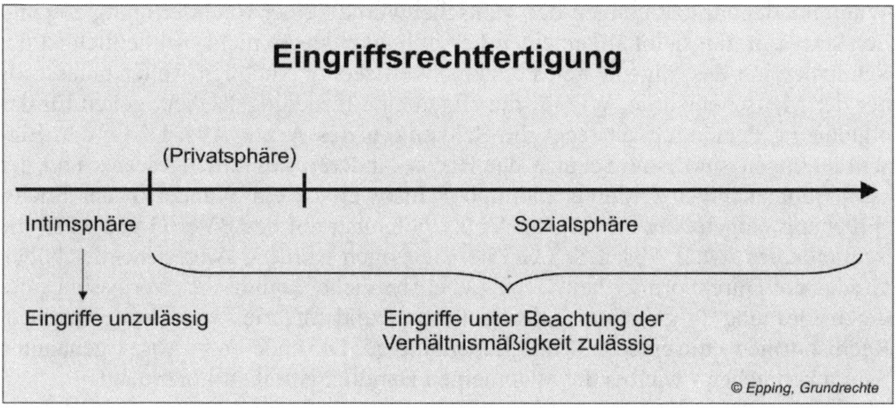

596 Genauere Vorgaben hat das BVerfG in seinem Volkszählungsurteil für Eingriffe in das Recht auf **informationelle Selbstbestimmung** gemacht. Bei diesen ist zu unterscheiden, ob die Daten anonym erhoben und gespeichert werden, oder ob eine individualisierte Datenverarbeitung erfolgt. In jedem Fall hat der Gesetzgeber organisatorische und verfahrensrechtliche Vorkehrungen zu treffen, die der Gefahr einer Verletzung des allgemeinen Persönlichkeitsrechts entgegenwirken. Es gilt das aus Art. 20 Abs. 3 GG abgeleitete Gebot der Normenklarheit, d.h. Inhalt, Zweck und Ausmaß der Datensammlung müssen im Gesetz präzise und normen-

---

32 Vgl. zum Wesensgehalt Rn. 132 ff.

33 BVerfG, NJW 2004, 999 (1000 ff.) (Großer Lauschangriff).

34 Vgl. dazu Rn. 562.

35 *Jarass,* in: Jarass/Pieroth, Art. 2 Rn. 46.

klar festgelegt werden, wobei höhere Anforderungen an das Gesetz zu stellen sind, wenn personenbezogene Daten verarbeitet werden sollen.[36]

> BVerfGE 65, 1 (43 ff.) (Volkszählung): „Dieses Recht auf „informationelle Selbstbestimmung“ ist nicht schrankenlos gewährleistet. Der Einzelne hat nicht ein Recht im Sinne einer absoluten, uneinschränkbaren Herrschaft über „seine“ Daten; er ist vielmehr eine sich innerhalb der sozialen Gemeinschaft entfaltende, auf Kommunikation angewiesene Persönlichkeit. Information, auch soweit sie personenbezogen ist, stellt ein Abbild sozialer Realität dar, das nicht ausschließlich dem Betroffenen allein zugeordnet werden kann. Das Grundgesetz hat, wie in der Rechtsprechung des BVerfG mehrfach hervorgehoben ist, die Spannung Individuum - Gemeinschaft im Sinne der Gemeinschaftsbezogenheit und Gemeinschaftsgebundenheit der Person entschieden. Grundsätzlich muss daher der Einzelne Einschränkungen seines Rechts auf informationelle Selbstbestimmung im überwiegenden Allgemeininteresse hinnehmen. **Diese Beschränkungen bedürfen nach Art. 2 Abs. 1 GG (...) einer (verfassungsmäßigen) gesetzlichen Grundlage, aus der sich die Voraussetzungen und der Umfang der Beschränkungen klar und für den Bürger erkennbar ergeben und die damit dem rechtsstaatlichen Gebot der Normenklarheit entspricht. Bei seinen Regelungen hat der Gesetzgeber ferner den Grundsatz der Verhältnismäßigkeit zu beachten.** Dieser mit Verfassungsrang ausgestattete Grundsatz folgt bereits aus dem Wesen der Grundrechte selbst, die als Ausdruck des allgemeinen Freiheitsanspruchs des Bürgers gegenüber dem Staat von der öffentlichen Gewalt jeweils nur soweit beschränkt werden dürfen, als es zum Schutz öffentlicher Interessen unerlässlich ist. Angesichts der bereits dargelegten Gefährdungen durch die Nutzung der automatischen Datenverarbeitung hat der Gesetzgeber mehr als früher auch **organisatorische und verfahrensrechtliche Vorkehrungen** zu treffen, welche der Gefahr einer Verletzung des Persönlichkeitsrechts entgegenwirken. (...) Erst wenn Klarheit darüber besteht, zu welchem Zweck Angaben verlangt werden und welche Verknüpfungs- und Verwendungsmöglichkeiten bestehen, lässt sich die Frage einer zulässigen Beschränkung des Rechts auf informationelle Selbstbestimmung beantworten. Dabei ist zu unterscheiden zwischen personenbezogenen Daten, die in individualisierter, nicht anonymisierter Form erhoben und verarbeitet werden (...), und solchen, die für statistische Zwecke bestimmt sind (...).“

V. Leistungsrechtlicher Gehalt des allg. Persönlichkeitsrechts

Neben der abwehrrechtlichen Funktion ist auch die leistungsrechtliche Funktion **597**
des allgemeinen Persönlichkeitsrechts zu beachten. Aus dem allgemeinen Persönlichkeitsrecht kann sich für den Einzelnen z.B. ein Anspruch gegen den Staat auf Auskunft ableiten, soweit durch die Speicherung bestimmter Daten in Grundrechte eingegriffen wurde. Anerkannt hat das BVerwG einen solchen Auskunftsanspruch z.B. in Fällen, in denen der Name eines Behördeninformanten nicht genannt wurde und deshalb ein effektiver Ehrschutz unmöglich war.[37] Da auch die Kenntnis der eigenen Abstammung vom allgemeinen Persönlichkeitsrecht umfasst wird, kann sich aus Art. 2 Abs. 1 GG i.V.m. Art. 1 Abs. 1 GG ein Recht auf Einsicht in die Unterlagen über die eigene Abstammung ergeben.[38]

---

36 Vgl. dazu BVerfG, EuGRZ 2004, 196 (201 ff.) (Zollkriminalamt) sowie Rn. 838.
37 BVerwG, NJW 1983, 2954 (2954).
38 BVerfGE 79, 256 (268 ff.) (Kenntnis der eigenen Abstammung).

598 Aus dem allgemeinen Persönlichkeitsrecht ergeben sich für den Staat **Schutzpflichten**. Dem Staat stehen dabei vielfältige **Gestaltungsmöglichkeiten** zu. Ein Unterlassen des Staates ist nur dann eine Grundrechtsverletzung, wenn gegen das Untermaßverbot verstoßen wird.[39] Beispielsweise kann der Schutz des allgemeinen Persönlichkeitsrechts als sonstiges Recht i.S.v. § 823 Abs. 1 BGB als eine staatliche Schutzvorkehrung angesehen werden. Entgegen dem Wortlaut des § 253 BGB wird bei einer Verletzung des allgemeinen Persönlichkeitsrechts sogar Schmerzensgeld gewährt. Durch diese verfassungskonforme Auslegung wird sichergestellt, dass der Staat seinem aus Art. 2 Abs. 1 GG i.V.m. Art. 1 Abs. 1 GG herzuleitenden Schutzauftrag gerecht wird.[40] Der zivilrechtliche Schutz des allgemeinen Persönlichkeitsrechts ist aber nur eine Möglichkeit, um der Wertentscheidung des Grundgesetzes gerecht zu werden. Der Gesetzgeber könnte sich auch für einen strafrechtlichen Schutz entscheiden.[41] Ein weiteres Beispiel für eine Schutzvorkehrung ist das Gegendarstellungsrecht im Presserecht.[42]

BGHZ 35, 363 (367 f.): Der erkennende Senat stimmt dem I. Zivilsenat darin zu, dass bei schuldhafter Verletzung des Persönlichkeitsrechts dem Betroffenen eine Genugtuung zugebilligt werden kann. Zwar besagt § 253 BGB, dass Geldentschädigung für ideellen Schaden nur in den durch das Gesetz ausdrücklich bestimmten Fällen gefordert werden kann. (…) Indem die Rechtsprechung ein allgemeines Persönlichkeitsrecht des Menschen anerkannte und ihm den Schutz des § 823 Abs. 1 BGB zubilligte, zog sie für das Zivilrecht die Folgerungen, die sich aus dem Rang ergeben, die das Grundgesetz der Würde der menschlichen Persönlichkeit und dem Schutz ihrer freien Entfaltung beimisst. **Die unter dem Einfluss der Wertentscheidung des Grundgesetzes erfolgte Ausbildung des zivilrechtlichen Persönlichkeitsschutzes wäre aber lückenhaft und unzureichend, wenn eine Verletzung des Persönlichkeitsrechts keine der ideellen Beeinträchtigung adäquate Sanktion auslösen würde**. Ebenso wie sich die Beschränkung des deliktsrechtlichen Schutzes auf bestimmte einzelne Rechtsgüter des Menschen als zu eng erwies, um den vom Grundgesetz geforderten Persönlichkeitsschutz zu gewährleisten, wird eine Einengung des ideellen Schadensersatzes dahin, dass er nur bei Verletzung einzeln aufgeführter Rechtsgüter zugebilligt wird, dem Wertsystem des Grundgesetzes nicht mehr gerecht. Denn dieses erklärt es im Art. 1 als vordringliche Verpflichtung der staatlichen Gewalt, die unantastbare Würde des Menschen zu schützen. Im Art. 2 Abs. 1 stellt es das Recht des Menschen auf freie Entfaltung seiner Persönlichkeit an die Spitze der Grundrechte. Würde der Deliktschutz des Persönlichkeitsrechts im geistigen Bereich hinter den Schutz der in Art. 2 Abs. 2 GG genannten besonderen Persönlichkeitsgüter völlig zurücktreten, die Ausfluss des Persönlichkeitsrechts sind, so hätte das Zivilrecht die Wertentscheidung des Grundgesetzes unbeachtet gelassen. Die Ausschaltung des immateriellen Schadensersatzes im Persönlichkeitsschutz würde bedeuten, dass Verletzungen der Würde und Ehre des Menschen ohne eine Sanktion der Zivilrechtsordnung blieben, in der zum Ausdruck kommt, dass wesentliche Werte gestört sind und dass der Verletzer dem Betroffenen für das ihm angetane Unrecht eine Genugtuung schuldet. **Die Rechtsordnung würde dann auf das wirksamste und oft einzige Mittel verzichten, das geeignet ist, die Respektierung des Personenwertes des Einzelnen zu sichern**."

---

39 Vgl. dazu Rn. 114 f.

40 BGHZ 35, 363 ff. („Ginsengwurzel"); diese Rspr. wurde durch BVerfGE 34, 269 ff. (Soraya) gebilligt; kritisch hierzu *Medicus*, Bürgerliches Recht, 19. Aufl. 2002, Rn. 615.

41 *Jarass*, NJW 1989, 857 (858).

42 BVerfGE 63, 131 (142 f.) (Gegendarstellung); 73, 118 (201) (4. Rundfunkentscheidung [Landesrundfunkgesetz Niedersachsen]).

Gegenstand gerichtlicher Auseinandersetzungen war und ist die Frage, in welchem Umfang der Staat **Prominente** davor schützen muss, dass Fotos aus ihrem Leben in Zeitungen und Zeitschriften ohne Einwilligung veröffentlichen werden. Hier kollidiert die Pressefreiheit mit der Schutzpflicht aus dem allgemeinen Persönlichkeitsrecht. Nachdem das BVerfG absoluten Personen der Zeitgeschichte (§ 22 KUG) einen Schutz ihrer Privatsphäre nur insoweit zugebilligt hat, wie sie sich in erkennbarer räumlicher Abgeschiedenheit aufhalten, hat der Europäische Gerichtshof für Menschenrechte (EGMR) gestützt auf Art. 8 EMRK einen verstärkten Persönlichkeitsschutz auch in der Öffentlichkeit gefordert.[43] Es bleibt abzuwarten, wie das BVerfG die Vorgaben des EGMR in seine Rechtsprechung einfließen lassen wird.[44] 599

VI. Konkurrenzen

Die allgemeine Handlungsfreiheit aus Art. 2 Abs. 1 GG ist als umfassende grundrechtliche Gewährleistung subsidiär zu den anderen Freiheitsrechten, d.h. soweit ein anderes Freiheitsrecht einschlägig ist, tritt sie zurück. Dies gilt auch in Bezug auf das allgemeine Persönlichkeitsrecht.[45] Demgegenüber hat das **allgemeine Persönlichkeitsrecht nicht** den Charakter eines **Auffanggrundrechts**; ihm kommt - beeinflusst durch die Menschenwürde - eine eigenständige Bedeutung zu. Andererseits ist zu berücksichtigen, dass durch spezielle Freiheitsrechte das allgemeine Persönlichkeitsrecht konkretisiert wird; dies gilt für Art. 10 GG (Brief-, Post- und Fernmeldegeheimnis) und Art. 13 GG (Unverletzlichkeit der Wohnung). Somit ist das allgemeine Persönlichkeitsrecht zum Schutz der Privatsphäre neben den anderen Freiheitsgrundrechten anzuwenden, wenn nicht eine der vorgenannten speziellen Regelungen eingreift. Bezüglich der **personalen Entfaltung** sind die anderen Freiheitsrechte vorrangig.[46] Hinter die Menschenwürde tritt das allgemeine Persönlichkeitsrecht nicht zurück.[47] 600

601

Überblick: Typische Klausurprobleme

- Schutz des Einzelnen vor Berichterstattung und Fotoveröffentlichung in der Presse (Abwägung allgemeines Persönlichkeitsrecht und Pressefreiheit/Meinungsfreiheit).
- Schutz Prominenter („Caroline von Monaco“).
- Gegendarstellung in der Presse.
- Schadensersatz/Schmerzensgeld (Auslegung zivilrechtlicher Normen).
- Datenschutz/Videoüberwachung (eher polizeirechtliche Fälle; vgl. z.B. *Andersheiden,* JuS 2003, 438 ff.).

---

43 BVerfGE 101, 361 (384 ff.) (Caroline von Monaco II); EGMR, NJW 2004, 2647 ff.

44 Siehe zur Bedeutung der EMRK für das nationale Recht Rn. 953.

45 Vgl. dazu Rn. 534 ff.

46 So im Hinblick auf Art. 13 GG BVerfG, NJW 2004, 999 (1005) (Großer Lauschangriff). Vgl. zu dieser Problematik *Jarass,* in: Jarass/Pieroth, Art. 2 Rn. 29.

47 Vgl. zur Anwendbarkeit der Menschenwürde Rn. 575.

Kapitel 14: Freiheit der Person (Art. 2 Abs. 2 S. 2, 104, 11 GG)

Literatur: *Gusy, Christoph*, Freiheitsentziehung nach dem Grundgesetz, NJW 1992, 457 ff.; *Hantel, Peter*, Das Grundrecht der Freiheit der Person nach Art. 2 II 2, 104 GG, JuS 1990, 865 ff.; *Kunig, Philip*, Das Grundrecht auf Freizügigkeit, Jura 1990, 306 ff.; *Lisken, Hans*, Richtervorbehalt bei Freiheitsentziehung, NJW 1982, 1268 ff.; *Pieroth, Bodo*, Das Grundrecht der Freizügigkeit (Art. 11 GG), JuS 1985, 81 ff.

Fallbearbeitungen: *Schoch, Friedrich*, Fall 1 (S. 109 ff.); *Degenhart, Christoph*, Fall 3 (S. 57 ff.).

Leitentscheidungen: BVerfGE 6, 32 ff. (Elfes); 19, 342 ff. (Wencker); 45, 187 (Lebenslange Freiheitsstrafe); 105, 239 ff. (Richtervorbehalt bei Freiheitsentziehung).

I. Hintergrund

602 Die Freiheit der Person hat unter den grundrechtlich verbürgten Rechten ein besonderes Gewicht. Als Menschenrecht ist sie durch Art. 5 EMRK geschützt. In der Tradition geht das Recht auf Freiheit der Person auf das in England entwickelte Institut des „**Habeas Corpus**" (1679) zurück.[1] Hierdurch sollten Festnahmen und verwandte, mit körperlichem Zwang verbundene Freiheitsbeschränkungen durch die öffentliche Gewalt begrenzt werden. Außerdem wurden verfahrensrechtliche Anforderungen aufgestellt; so verpflichtete der Habeas Corpus den jeweiligen Gefängnisdirektor, die sofortige gerichtliche Überprüfung der Rechtmäßigkeit der Haft herbeizuführen. Als Vorläufernormen der Art. 2 Abs. 2 S. 2, 104 GG in der deutschen Verfassungsgeschichte sind hier § 138 der Paulskirchenverfassung und Art. 114 WRV zu nennen.

603 Anders als das Grundrecht der Freiheit der Person hat das Grundrecht auf Freizügigkeit in der Judikatur des BVerfG keine größere Bedeutung erlangt. In Krisenlagen wird dies sicherlich anders sein, wurde doch Art. 11 GG unter dem Eindruck der Folgen des zweiten Weltkriegs formuliert. Art. 11 GG als „erschreckend inhaltsleer" oder gar als „Recht der Playboys, Pensionäre, Rentner und Touristen"[2] zu bezeichnen, dürfte jedenfalls an der Sache vorbeigehen. Schließlich basiert das Funktionieren einer modernen Industriegesellschaft nicht unerheblich darauf, dass sich die Menschen ohne staatliche Beschränkungen bewegen können. Das Recht auf Freizügigkeit, wie es in Art. 11 GG zum Ausdruck kommt, steht in

---

1 Vgl. dazu *Riedel*, EuGRZ 1980, 192 ff.; allgemein zur historischen Entwicklung *Hantel*, JuS 1990, 865 (865).

2 *Dicke*, in: v. Münch/Kunig, 2. Aufl. 1981, Art. 11 Rn. 1, 2; hiergegen *Pieroth*, JuS 1985, 81 (81) und *Randelzhofer*, in: BK, Art. 11 Rn. 175.

einer längeren Tradition. Bereits in § 133 der Paulskirchenverfassung gab es eine Entsprechung. In der WRV wurde die Freizügigkeit durch Art. 111 gewährleistet. Auch auf europäischer Ebene findet Art. 11 GG sein Pendant, nämlich in Art. 18 EG (speziell in den Grundfreiheiten der Art. 39 ff. EG) und in Art. 45 der Charta der Grundrechte. Hinsichtlich der Freizügigkeit hat der Bund nach Art. 73 Nr. 3 GG die ausschließliche Gesetzgebungskompetenz.

II. Freiheit der Person (Art. 2 Abs. 2 S. 2, 104 GG)

Fall 21: Vorläufige Festnahme 604

Zu einer Großdemonstration in Hannover aus Anlass der Eröffnung der Expo wurden 15.000 Teilnehmer erwartet. Auf Grund von Erfahrungen mit ähnlichen Demonstrationen richtete die Vollzugspolizei rund um Hannover Vorkontrollstellen ein. Dort kontrollierte die Polizei auch den anreisenden D und stellte fest, dass gegen ihn in den Jahren 1995 bis 1997 vier Ermittlungsverfahren wegen des Verdachts von strafbaren Handlungen im Zusammenhang mit Demonstrationen anhängig gewesen waren. Auf Grund dieser Feststellung wurde D um 11:40 Uhr in polizeilichen Gewahrsam genommen. Die „Niederschrift über die polizeiliche Verwahrung von Personen" nennt als Gewahrsamsgrund die „Personalienüberprüfung". Dem D sei rechtliches Gehör gewährt worden; er habe erklärt, nichts sagen zu wollen. In einem „Begleitschein für festgenommene Personen" ist als Grund für den Gewahrsam vermerkt: „Systembekannt wegen Landfriedensbruchs." Die Polizei veranlasste unverzüglich eine richterliche Entscheidung über die Zulässigkeit des Gewahrsams. In dem hierzu am selben Tag ergangenen Beschluss erklärte das AG den Gewahrsam für zulässig. Zur Begründung führte es aus, dass nach dem Antrag der Vollzugspolizei der D bei der Anreise zu einer Demonstration festgehalten worden sei, da auf Grund der über ihn vorliegenden Erkenntnisse sowie des Gesamteindrucks zu befürchten gewesen sei, dass er an unfriedlichen Aktionen habe teilnehmen wollen. Es habe eine Straftat nach § 125 StGB (Landfriedensbruch) bevorgestanden. Der Beschluss ordnete die Entlassung des D um 18:00 Uhr desselben Tages an; dem wurde entsprochen. D hält das Vorgehen der Polizei für eine „große Ungerechtigkeit". Schließlich habe er nicht an der Demonstration teilnehmen können. Weiterhin befürchtet er, auch bei zukünftigen Demonstrationen an der Teilnahme gehindert zu werden. Um eine Klärung herbeizuführen, erhebt D nach Erschöpfung des Rechtsweges fristgemäß Verfassungsbeschwerde wegen Verletzung der Art. 103, 104 GG. Wie sind seine Erfolgsaussichten?

Bearbeitervermerk: Art. 8 GG ist nicht zu prüfen.

§ 10 NSOG: Auf Grund dieses Gesetzes können die Grundrechte auf (...), Freiheit der Person (Art. 2 Abs. 2 S. 2 des Grundgesetzes) (...) eingeschränkt werden.

§ 18 Abs. 1 Nr. 2a NSOG: Die Verwaltungsbehörden und die Polizei können eine Person in Gewahrsam nehmen, wenn dies (...) unerlässlich ist, um die unmittelbar bevorstehende Begehung oder Fortsetzung einer Straftat (...) zu verhindern...

§ 19 Abs. 1 NSOG: Wird eine Person auf Grund des (...) § 18 festgehalten, so haben die Verwaltungsbehörden oder die Polizei unverzüglich eine richterliche Entscheidung über Zulässigkeit und Fortdauer der Freiheitsbeschränkung herbeizuführen. (...)

Fall nachgebildet BVerfGE 83, 24 ff. (Polizeigewahrsam)

1. Schutzbereich

a) Persönlicher Schutzbereich

605 Träger des Grundrechts auf Freiheit der Person ist jede natürliche Person. Da allein die körperliche Bewegungsfreiheit geschützt ist, findet das Grundrecht auf juristische Personen keine Anwendung.[3]

b) Sachlicher Schutzbereich

aa) Körperliche Bewegungsfreiheit

606 Art. 2 Abs. 2 S. 2 GG schützt allgemein die Freiheit der Person. Hierunter ist nicht die Willensfreiheit, sondern lediglich die körperliche Bewegungsfreiheit als Freiheit, jeden Ort aufzusuchen oder zu verlassen, zu verstehen.[4] Nach Ansicht des BVerfG wird die tatsächliche **körperliche Bewegungsfreiheit nur im Rahmen der allgemeinen Rechtsordnung** geschützt, sodass von vornherein nicht die Befugnis bestehen soll, sich unbegrenzt überall aufzuhalten und überall hin bewegen zu dürfen. „Demgemäß liegt eine Freiheitsbeschränkung nur vor, wenn jemand durch die öffentliche Gewalt gegen seinen Willen daran gehindert wird, einen Ort oder Raum aufzusuchen oder sich dort aufzuhalten, der ihm an sich (tatsächlich und rechtlich) zugänglich ist."[5] Insoweit besteht eine Parallele zum Begriff der allgemeinen Gesetze in Art. 5 Abs. 2 GG.[6] Allgemein ist die Rechtsordnung dann, wenn sie sich nicht speziell gegen die Freiheit der Person richtet. Zweifelhaft ist deshalb die Ansicht des BVerfG, wonach räumliche Beschränkungen der Aufenthaltsgestattung, wie sie beispielsweise durch § 56 AsylVfG statuiert werden, nicht an Art. 2 Abs. 2 S. 2 GG zu messen sind. Schließlich dient die sog. Residenzpflicht der Begrenzung der körperlichen Bewegungsfreiheit.[7] Auch das Flughafenverfahren für Asylbewerber, wie es in § 18a AsylVfG vorgesehen ist, soll keine Freiheitsbeschränkung darstellen, auch wenn die über den Luftweg einreisenden Ausländer im Transitbereich des Flughafens für die Dauer ihres Asylverfahrens untergebracht werden. Schließlich stelle der Raum der Bundesrepublik Deutschland für Einreisewillige kein rechtlich zugängliches Gebiet dar. Im Gegensatz zum nur Deutschen zustehenden Art. 11 GG schützt Art. 2 Abs. 2 S. 2 GG nicht die Einreisefreiheit.

> BVerfGE 94, 166 (198 f.) (Flughafenverfahren): „**Die Staatsgrenze ist als Hindernis der freien Bewegung nach der allgemeinen Rechtsordnung vorgegeben**. Jeder Staat ist berechtigt, den freien Zutritt zu seinem Gebiet zu begrenzen und für Ausländer die Kriterien festzulegen, die zum Zutritt auf das Staatsgebiet berechtigen. **Rechtliche und tatsächliche Hindernisse für das freie Überschreiten der Staatsgrenze berühren deshalb nicht den Ge-**

---

3 *Kunig*, in: v. Münch/Kunig, Art. 2 Rn. 73; *Murswiek*, in: Sachs, GG, Art. 2 Rn. 39.

4 *Kunig*, in: v. Münch/Kunig, Art. 2 Rn. 74; *Murswiek*, in: Sachs, GG, Art. 2 Rn. 229; *Dürig*, in: Maunz/Dürig, Art. 2 Abs. 2 Rn. 50; *Gusy*, NJW 1992, 457 (458).

5 BVerfGE 94, 166 (198) (Flughafenverfahren).

6 Vgl. dazu 214 ff.

7 BVerfGE 96, 10 (21) (Räumliche Aufenthaltsbeschränkung); kritisch hierzu *Sachs,* VerfR II, Kap. B 2 Rn. 120.

währleistungsinhalt der durch Art. 2 Abs. 2 S. 2 GG geschützten körperlichen Bewegungsfreiheit.

Daran ändert auch die Stellung eines Asylantrags nichts. Dieser begründet weder nach Völkerrecht noch nach deutschem innerstaatlichen Recht einen Anspruch auf Einreise. Der Raum der Bundesrepublik Deutschland ist Asylbewerbern, die ihn ohne entsprechende Reisedokumente erreichen, vor der Feststellung ihrer Asylberechtigung rechtlich nicht zugänglich. Die Tatsache, dass sie sich bei Ankunft auf einem Flughafen schon auf deutschem Staatsgebiet befinden, ändert nichts daran, dass über die Gewährung der Einreise erst noch zu entscheiden ist. Abgesehen davon ergibt sich für Asylsuchende am Flughafen die tatsächliche Begrenzung ihrer Bewegungsfreiheit aus ihrer Absicht, in der Bundesrepublik Deutschland um Schutz nachzusuchen und das hierfür vorgesehene Verfahren zu durchlaufen. Zwar kann ihnen in dieser Lage eine Rückkehr in den Staat, der sie möglicherweise verfolgt, nicht angesonnen werden. Die hieraus folgende Einschränkung der Bewegungsfreiheit ist jedoch nicht Folge einer der deutschen Staatsgewalt zurechenbaren Maßnahme."

Bei Art. 104 GG handelt es sich um ein grundrechtsgleiches Recht, dessen Ver- **607**
letzung gem. Art. 93 Abs. 1 Nr. 4 a GG mit der Verfassungsbeschwerde angegriffen werden kann. Art. 2 Abs. 2 S. 2 GG und Art. 104 GG haben den gleichen Schutzbereich. Deshalb gilt für das **Verhältnis der beiden Normen**, dass durch erstere geregelt wird, ob und in welchem Umfang eine Freiheitsbeschränkung zulässig ist, während durch Art. 104 GG u.a. verfahrensrechtliche Voraussetzungen einer Freiheitsbeschränkung aufgestellt werden.[8]

BVerfGE 58, 208 (220) (Baden-Württembergisches Unterbringungsgesetz): „Die formellen Gewährleistungen der Freiheit in Art. 104 GG stehen mit der materiellen Freiheitsgarantie des Art. 2 Abs. 2 S. 2 GG in unlösbarem Zusammenhang; Art. 104 Abs. 1 GG nimmt den schon in Art. 2 Abs. 2 3 GG enthaltenen Gesetzesvorbehalt auf und verstärkt ihn, indem er neben der Forderung nach einem „förmlichen" freiheitsbeschränkenden Gesetz die Pflicht, dessen Formvorschriften zu beachten, zum Verfassungsgebot erhebt. Verstöße gegen die durch Art. 104 GG gewährleisteten Voraussetzungen und Formen freiheitsbeschränkender Gesetze stellen daher stets auch eine Verletzung der Freiheit der Person dar. **Durch Art. 104 Abs. 1 GG wird die Beachtung der sich aus dem jeweiligen Gesetz ergebenden freiheitsschützenden Formen zur Verfassungspflicht erhoben, deren Einhaltung durch den Rechtsbehelf der Verfassungsbeschwerde abgesichert wird**."

bb) „Negative" Bewegungsfreiheit

Umstritten ist, ob durch Art. 2 Abs. 2 S. 2 GG auch die „negative" Bewegungs- **608**
freiheit[9] geschützt wird. Hierunter ist die Freiheit zu verstehen, einen bestimmten Ort nicht aufsuchen zu müssen. Die negative Freiheit wird überwiegend nicht dem Schutzbereich des Art. 2 Abs. 2 S. 2 GG zugeordnet[10] oder nur dann, wenn unmittelbarer Zwang hinzutritt[11]. Nach anderer Ansicht schützt Art. 2 Abs. 2 S. 2 GG vor der Verpflichtung, sich zu einer bestimmten Zeit an einem bestimmten Ort

---

8 *Jarass*, in: Jarass/Pieroth, Art. 2 Rn. 82.

9 Vgl. allgemein zu negativen Freiheiten Rn. 273 f., 769 ff.

10 Vgl. *Dürig*, in: Maunz/Dürig, Art. 2 Abs. 2 Rn. 50; *Hantel,* JuS 1990, 865 (866); *Murswiek*, in: Sachs, GG, Art. 2 Rn. 231 ff.

11 *Jarass*, in: Jarass/Pieroth, Art. 2 Rn. 87 (mit weiteren Fallbeispielen); *Kunig*, in: v. Münch/Kunig, Art. 2 Rn. 76.

aufzuhalten, da hierin ein Fülle von Verboten gesehen wird, sich an anderen Orten aufzuhalten.[12] Entscheidend ist die negative Freiheit beispielsweise bei der Frage, ob die Einberufung zum Wehrdienst, die Verpflichtung zur Teilnahme am Verkehrsunterricht oder die Verpflichtung zu einer Untersuchung beim Amtsarzt eine Freiheitsbeschränkung darstellen.

609 Der Wortlaut des Art. 2 Abs. 2 S. 2 GG spricht dann gegen eine negative Freiheit, wenn man Freiheit als Bewegungsfreiheit und nicht als Willensfreiheit auffasst. Dann ist nämlich ein aktives Verhalten und nicht bloße Passivität geschützt, wie sie in der Entscheidung, einen Ort nicht zu verlassen, zum Ausdruck kommt. Darüber hinaus besteht die Gefahr, dass der Schutzbereich des Art. 2 Abs. 2 S. 2 GG seine Konturen verliert und letztendlich vor bloßen Handlungspflichten schützt, die an sich dem Anwendungsbereich des Art. 2 Abs. 1 GG unterfallen. Diese Unzulänglichkeiten werden vermieden, wenn man den Schutzbereich dahingehend versteht, dass er nur vor solchen staatlichen Beeinträchtigungen schützt, die sich gegen die körperliche Bewegungsfreiheit als solche richten.

cc) Schutzpflichten

610 Das Grundrecht auf Freiheit der Person stellt nicht nur ein Abwehrrecht gegen staatliche Maßnahmen dar. Darüber hinaus verpflichtet es auch den Staat, gegen privatrechtliche Beeinträchtigungen der körperlichen Bewegungsfreiheit einzuschreiten. Der Einzelne hat also einen Schutzanspruch gegenüber dem Staat[13]. Dem Staat steht jedoch ein weiter Spielraum zu, wie er diesen Pflichten nachkommen möchte; erst bei einer evidenten Verfehlung der Schutzpflicht - d.h. bei völlig unzureichenden Maßnahmen - erwächst dem Einzelnen ein unmittelbarer Leistungsanspruch aus Art. 2 Abs. 2 S. 2 GG.

dd) Verbot körperlicher und seelischer Misshandlung

611 Über das Verfahren bei Freiheitsbeschränkungen hinaus enthält Art. 104 Abs. 1 S. 2 GG ein Verbot der körperlichen und seelischen Misshandlung festgehaltener Personen. Er legt damit Anforderungen an die Art und Weise der Freiheitsbeschränkung fest. Dabei handelt es sich nicht um eine eigenständige grundrechtliche Verbürgung. Schließlich gelten für Gefangene die Grundrechte gleichermaßen.[14] Die besondere Bedeutung des Art. 104 Abs. 1 S. 2 GG besteht darin, diesen Umstand nicht nur zu bekräftigen, sondern den Schutz des Gefangenen als unverzichtbaren Grundsatz festzuschreiben; auch der Gefangene selbst kann nicht in seine Misshandlung einwilligen. Wichtig ist in diesem Zusammenhang eine **Beweislastregel**: Bei Verletzungen, die im Polizeigewahrsam erfolgt sind, ist der

---

12 *Pieroth/Schlink*, Rn. 413 ff.

13 Vgl. zu den Schutzpflichten Rn. 111.

14 BVerfGE 33, 1 (10 f. (Strafgefangene); zur Geltung der Grundrechte in Sonderrechtsverhältnissen vgl. Rn. 833 f.

Staat verpflichtet nachzuweisen, dass diese *nicht* durch eine polizeiliche Misshandlung erfolgt sind.[15]

Unter einer **seelischen Misshandlung** ist eine entwürdigende und entehrende Behandlung zu sehen. Exemplarisch hierfür sind zu nennen die Beleidigung sowie Maßnahmen, die die freie Willensbildung oder das Erinnerungsvermögen beeinträchtigen.[16] **Körperliche Misshandlung** bedeutet - wie auch im Strafrecht - jedes üble und unangemessene Behandeln, das entweder das körperliche Wohlbefinden oder die körperliche Unversehrtheit nicht unerheblich beeinträchtigt.[17] Hierunter fällt das Verbot der Folter, d.h. des bewussten Zufügens von Übeln zum Zwecke der Brechung des Willens der betreffenden Person.[18] **612**

Trotz des eindeutigen Wortlauts des Art. 104 Abs. 1 S. 2 GG und des § 136a StPO sowie anderer völkerrechtlicher Verpflichtungen wie beispielsweise der UN-Folterverbotskonvention, der Europäischen Antifolterkonvention oder Art. 3 EMRK ist in jüngerer Zeit eine Diskussion um die ausnahmsweise Zulässigkeit von **Folter** in Gang gekommen.[19] Dies muss umso mehr erstaunen, weil für diese Materie eindeutige Regelungen vorliegen, die an Klarheit nichts zu wünschen übrig lassen. Die Folter verstößt, da sie den Einzelnen zum bloßen Objekt staatlicher Behandlung herabwürdigt, gegen die Menschenwürde, die einer einzelfallbezogenen Abwägung nicht zugänglich ist. Über Art. 79 Abs. 3 GG sind die Grundsätze des Art. 1 Abs. 1 GG dem staatlichen Zugriff entzogen, sodass sich ungeachtet der völkerrechtlichen Verpflichtungen am generellen Verbot der Folter nichts ändert und ändern kann. Dennoch wird vielfach mit einem Erst-Recht-Schluss argumentiert: Wenn es dem Staat erlaubt sei, einen Geiselnehmer mittels eines finalen Rettungsschusses zu töten, um das Leben der Geiseln zu schützen, müsse die (maßvolle) Anwendung von Folter erst recht zulässig sein. Diese Argumentation verkennt, dass menschliches Leben und Menschenwürde nicht gleichzusetzen sind. Wie der Gesetzesvorbehalt des Art. 2 Abs. 2 S. 3 GG deutlich macht, kann in das Leben durchaus eingegriffen werden, was den Schluss zulässt, dass die Menschenwürde hierdurch nicht beeinträchtigt wird. Auch die EMRK kennt zwar ein absolutes Folterverbot (Art. 3 EMRK), aber keinen absoluten Lebensschutz (vgl. Art. 2 Abs. 2 EMRK). Die Menschenwürde schützt demgegenüber den Einzelnen, der im Fall der Freiheitsentziehung dem staatlichen Zugriff schutzlos ausgeliefert ist, vor Maßnahmen, die auf die Brechung seines Willens gerichtet sind. **613**

---

15 Vgl. dazu EGMR, EuGRZ 1996, 504 (511 f.).

16 *Kunig*, in: v. Münch/Kunig, Art. 104 Rn. 15.

17 *Kunig*, in: v. Münch/Kunig, Art. 104 Rn. 14.

18 *Podlech*, in: AK, Art. 104 Rn. 42; zur generellen Unzulässigkeit der Folter unter dem Gesichtspunkt der Menschenwürde vgl. *Lorenz*, in: HdbStR, Bd. VI, § 128 Rn. 41, und Rn. 574.

19 Vgl. *Miehe,* NJW 2003, 1219 f.; *Hamm,* NJW 2003, 946 f.; *Schaefer,* NJW 2003, 947. Vgl. dazu das Fallbeispiel in Rn. 572.

2. Eingriffe

614 Als Eingriffe in Art. 2 Abs. 2 S. 2 GG kommen Freiheitsbeschränkungen und Freiheitsentziehungen in Betracht. Wie aus der Systematik des Art. 104 GG deutlich wird, stehen beide Modalitäten im Verhältnis Oberbegriff (vgl. Abs. 1) und Unterfall zueinander (vgl. Abs. 2). Unter **Freiheitsbeschränkungen** sind alle Eingriffe in die körperliche Bewegungsfreiheit zu verstehen, die nicht ganz geringfügig sind.[20] Um das Grundrecht der Freiheit der Person von der allgemeinen Handlungsfreiheit abgrenzen zu können, ist nur ein solches staatliches Verhalten an Art. 2 Abs. 2 S. 2 GG zu messen, das die Beschränkung der Bewegungsfreiheit bezweckt.[21] Dementsprechend ist etwa die Schulpflicht, die nicht auf die Einschränkung der körperlichen Bewegungsfreiheit abzielt, nicht an Art. 2 Abs. 2 S. 2 GG zu messen, sondern an Art. 2 Abs. 1 GG. Eine **Freiheitsentziehung** liegt vor, wenn die Bewegungsfreiheit auf einen eng umgrenzten Raum beschränkt wird, wobei die Bewegungsfreiheit in jede Richtung aufgehoben sein muss.[22] Die Aufhebung der Bewegungsfreiheit muss ferner für eine gewisse Mindestdauer erfolgen. Diese Voraussetzung lässt sich aus dem Zweck des Art. 104 GG herleiten, bestimmte Verfahrensanforderungen aufzustellen, die bei einer nur kurzfristigen Freiheitsentziehung ins Leere laufen, bzw. den Betroffenen zusätzlich belasten würden. Zudem würden die Verfahrensanforderungen die Arbeit der Polizei unmöglich machen, wenn bei der (bloßen) Anwendung unmittelbaren Zwangs eine richterliche Entscheidung herbeizuholen wäre.[23] Da Art. 104 GG bestimmte verfahrensmäßige Anforderungen bei Freiheitsentziehungen in den Verfassungsrang hebt, stellt auch die Verletzung von Formvorschriften, auf deren Einhaltung der Einzelne ansonsten nur in Ausnahmefällen einen Anspruch hat, einen verfassungsbeschwerdefähigen Eingriff dar. Unter Form i.S.d. Art. 104 Abs. 1 S. 1 GG sind Form, Verfahren und Zuständigkeit zu verstehen.

615 Der Verzicht auf die eigene Fortbewegungsfreiheit schließt einen Eingriff aus, soweit die **Einwilligung** den an einen Grundrechtsverzicht[24] gestellten Anforderungen genügt.[25] Die Einwilligung eines Vormundes bzw. eines Betreuers ist nicht ausreichend.[26] Auch in die eigene körperliche oder seelische Misshandlung kann der Festgenommene nicht wirksam einwilligen.

---

[20] *Jarass*, in: Jarass/Pieroth, Art. 104 Rn. 2; vgl. zum Platzverweis *Murswiek*, in: Sachs, GG, Art. 2 Rn. 240.

[21] *Murswiek,* in: Sachs, GG, Art. 2 Rn. 233; *Gusy,* NJW 1992, 457 (459 f.); a.A. *Jarass*, in: Jarass/Pieroth, Art. 2 Rn. 86; vgl. auch *Sachs,* VerfR II, Kap. B 2 Rn. 116.

[22] BVerfGE 94, 166 (198) (Flughafenverfahren); BVerwGE 62, 325 (327 f.); *Jarass*, in: Jarass/Pieroth, Art. 104 Rn. 10.

[23] *Hantel*, JuS 1990, 865 (870); *Jarass*, in: Jarass/Pieroth, Art. 104 Rn. 10; gegen die Dauer als Voraussetzung der Freiheitsentziehung *Lisken*, NJW 1982, 1268 (1268); allgemein zu diesem Streit BGH, NJW 1982, 753 ff.

[24] Vgl. dazu Rn. 102 ff.

[25] Zu der Frage, ob auf die Benachrichtigung nach Art. 104 Abs. 4 GG verzichtet werden kann, siehe Rn. 625.

[26] BVerfGE 10, 302 (309 f.) (Vormundschaft).

616

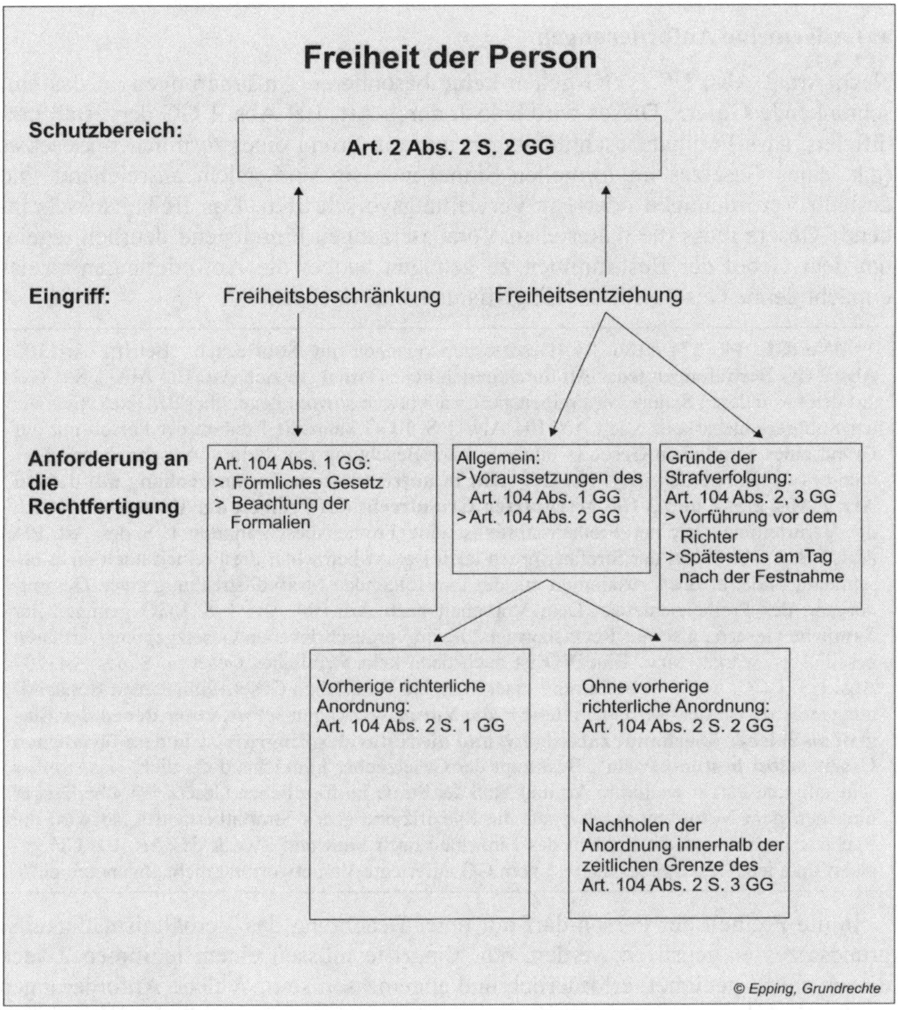

3. Rechtfertigung von Eingriffen

a) Schranken

Die Freiheit der Person steht nach Art. 2 Abs. 2 S. 3 GG unter einem einfachen Gesetzesvorbehalt. Das bedeutet, dass freiheitsbeschränkende Maßnahmen nur auf Grund eines (formellen) Gesetzes möglich sind. 617

b) Schranken-Schranken

aa) Allgemeine Anforderungen

618 Nach Art. 2 Abs. 2 S. 3 GG gelten keine besonderen Anforderungen an das einschränkende **Gesetz**. Dieses wird jedoch durch Art. 104 Abs. 1 GG dergestalt modifiziert, dass Freiheitsbeschränkungen nur auf Grund eines förmlichen Gesetzes (d.h. eines Gesetzes im formellen Sinne) zulässig sind. Nicht ausreichend sind deshalb Verordnungen oder gar Verwaltungsvorschriften. Das freiheitsbeschränkende Gesetz muss die materiellen Voraussetzungen hinreichend deutlich regeln, um dem Gebot der Bestimmtheit zu genügen, wobei die Anforderungen an das ermächtigende Gesetz mit der Eingriffsintensität wachsen.

BVerfGE 14, 174 (186 f.) (Gesetzesgebundenheit im Strafrecht): „Betrifft Art. 103 Abs. 2 GG Bestrafungen jeder Art durch gerichtliches Urteil, so zielt Art. 104 Abs. 1 S. 1 GG auf den besonderen Schutz bei Freiheitsbeschränkungen sowohl gegenüber der Exekutive wie der Strafgerichtsbarkeit. Nach Art. 104 Abs. 1 S. 1 GG kann die Freiheit der Person nur auf Grund eines förmlichen Gesetzes und nur unter Beachtung der darin vorgeschriebenen Formen beschränkt werden. **Art. 104 GG steht in untrennbarem Zusammenhang mit dem in Art. 2 Abs. 2 S. 2 und 3 GG geschützten Grundrecht auf Freiheit der Person**. (...) Auch die Verurteilung zu einer Freiheitsstrafe ist eine Freiheitsbeschränkung i. S. des Art. 104 Abs. 1 S. 1 GG. Wenn der Strafausspruch auch isoliert betrachtet die Freiheit noch nicht beschränkt, bildet er doch zusammen mit der ihm folgenden Strafvollstreckung einen Gesamtvorgang des Freiheitsentzugs. Dem Vorbehalt nach Art. 104 Abs. 1 S. 1 GG genügen nur förmliche Gesetze, also nur Rechtsnormen, die im vorgeschriebenen Gesetzgebungsverfahren beschlossen worden sind. Eine VO ist auch dann kein förmliches Gesetz i. S. des Art. 104 Abs. 1 S. 1 GG, wenn sie auf Grund einer in einem förmlichen Gesetz enthaltenen Ermächtigung erlassen worden ist; daher müssen „**die Voraussetzungen selbst, unter denen der Eingriff als solcher überhaupt zulässig ist, und die Natur des Eingriffs ... in dem förmlichen Gesetz selbst bestimmt sein**“. Bestimmt der Gesetzgeber hinreichend deutlich, was strafbar sein soll, und legt er weiterhin Art und Maß der Strafe im förmlichen Gesetz fest, überlässt er hingegen dem Verordnungsgeber nur die Spezifizierung des Straftatbestandes, so wird die Rechtssicherheit und die Freiheit des Einzelnen nach Sinn und Zweck des Art. 104 GG gewahrt und dem Gesetzgeber die ihm vom GG auferlegte Verantwortung nicht abgenommen.“

619 In die Freiheit der Person darf nur unter Beachtung des Verhältnismäßigkeitsgrundsatzes eingegriffen werden, d.h. Eingriffe müssen einem legitimen Zweck dienen sowie geeignet, erforderlich und angemessen sein. Welche Anforderungen an den verfolgten Zweck zu stellen sind, hängt von der Intensität der Freiheitsbeschränkung ab.

620 Problematisch unter dem Gesichtspunkt der Verhältnismäßigkeit ist die Verurteilung zu einer **lebenslangen Freiheitsstrafe**. Schließlich wird hier elementar in die Freiheit der Person eingegriffen und die Menschenwürde zumindest bedroht[27], besteht doch die Gefahr, dass der Täter zum bloßen Objekt der Verbrechensbekämpfung wird. Das BVerfG hat hierzu judiziert, dass die lebenslange Freiheitsstrafe verfassungsgemäß ist, jedoch nur, wenn sie dem Schutze höchster Rechtsgüter vor schwersten Delikten dient und für den Täter zumindest die Chance besteht,

---

27 Vgl. dazu Rn. 562.

wieder in Freiheit zu gelangen.[28] Als Reaktion auf dieses Urteil hat der Gesetzgeber § 57a in das StGB eingefügt, nach dem auch eine lebenslange Freiheitsstrafe zur Bewährung ausgesetzt werden kann. Die Grundsätze, die das BVerfG hinsichtlich der Zulässigkeit der lebenslangen Freiheitsstrafe aufgestellt hat, haben weiterhin praktische Auswirkungen bei der Strafrechtsanwendung, nämlich bei der verhältnismäßigen Auslegung der Mordmerkmale des § 211 StGB.[29]

Auch die Zulässigkeit der **Untersuchungshaft** ist unter dem Gesichtspunkt der Verhältnismäßigkeit zu bewerten, wird doch in die Freiheit der Person eingegriffen, obwohl in diesem Verfahrensstadium verfassungsrechtlich die Schuldlosigkeit vermutet wird (die Unschuldsvermutung ist im Rechtsstaatsprinzip verankert[30]; ähnliche Probleme bestehen bei der Abschiebe- und der Auslieferungshaft). Nicht nur das „Ob“ der Haft muss verhältnismäßig sein, sondern auch die Dauer. 621

BVerfGE 19, 342 (347 f.) (Wencker): „In dem Rechtsinstitut der Untersuchungshaft wird das Spannungsverhältnis zwischen dem in Art. 2 Abs. 2 und Art. 104 GG gewährleisteten Recht des Einzelnen auf persönliche Freiheit und den unabweisbaren **Bedürfnissen einer wirksamen Strafverfolgung** deutlich sichtbar. Die rasche und gerechte Ahndung schwerer Straftaten würde in vielen Fällen nicht möglich sein, wenn es den Strafverfolgungsbehörden ausnahmslos verwehrt wäre, den mutmaßlichen Täter schon vor der Verurteilung festzunehmen und bis zum Urteil in Haft zu halten. Andererseits ist die volle Entziehung der persönlichen Freiheit durch Einschließung in eine Haftanstalt ein Übel, das im Rechtsstaat grundsätzlich nur dem zugefügt werden darf, der wegen einer gesetzlich mit Strafe bedrohten Handlung rechtskräftig verurteilt worden ist. Diese Maßnahme schon gegen einen einer Straftat lediglich Verdächtigen zu ergreifen kann nur in streng begrenzten Ausnahmefällen zulässig sein. Dies ergibt sich auch aus der **grundsätzlichen Unschuldsvermutung**, die es ausschließt, auch bei noch so dringendem Tatverdacht gegen den Beschuldigten im Vorgriff auf die Strafe Maßregeln zu verhängen, die in ihrer Wirkung der Freiheitsstrafe gleichkommen. (…) Eine vertretbare Lösung dieses Konflikts zweier für den Rechtsstaat gleich wichtiger Prinzipien lässt sich nur erreichen, wenn den vom Standpunkt der Strafverfolgung aus erforderlich und zweckmäßig erscheinenden Freiheitsbeschränkungen ständig der Freiheitsanspruch des noch nicht verurteilten Beschuldigten als Korrektive entgegengehalten wird. Dies bedeutet: **Die Untersuchungshaft muss in Anordnung und Vollzug von dem Grundsatz der Verhältnismäßigkeit beherrscht werden; der Eingriff in die Freiheit ist nur hinzunehmen, wenn und soweit einerseits wegen dringenden auf konkreten Anhaltspunkten gestützten Tatverdachts begründete Zweifel an der Unschuld des Verdächtigen bestehen, andererseits der legitime Anspruch der staatlichen Gemeinschaft auf vollständige Aufklärung der Tat und rasche Bestrafung des Täters nicht anders gesichert werden kann** als dadurch, dass der Verdächtige vorläufig in Haft genommen wird. Die Verfolgung anderer Zwecke durch die Untersuchungshaft ist jedenfalls grundsätzlich ausgeschlossen (…)“

Für Gesetze, die die Freiheit der Person einschränken, gilt das **Zitiergebot** des Art. 19 Abs. 1 S. 2 GG.[31] Da Art. 2 Abs. 2 S. 2 GG und Art. 104 GG den gleichen Schutzbereich aufweisen, ist zumindest auf Art. 2 GG als eingeschränktes Grund- 622

---

[28] BVerfGE 45, 187 (228 f.) (Lebenslange Freiheitsstrafe); für die Verfassungswidrigkeit *Erichsen*, NJW 1976, 1721 ff.

[29] Vgl. dazu *Eser*, in: Schönke/Schröder, 26. Aufl. 2001, § 211 Rn. 10a.

[30] *Jarass*, in: Jarass/Pieroth, Art. 20 Rn. 100; vgl. Art. 6 Abs. 2 EMRK.

[31] Vgl. dazu Rn. 645 ff.

recht zu verweisen. Die Problematik, ob Art. 19 Abs. 1 S. 2 GG auch auf grundrechtsgleiche Rechte anzuwenden ist, ist unerheblich.[32]

bb) Verfahren bei der Freiheitsentziehung

623 Art. 104 Abs. 1-4 GG stellt bestimmte verfahrensmäßige Anforderungen auf, die im Fall der Freiheitsentziehung zu erfüllen sind.

(1) Freiheitsentziehung nach vorheriger richterlicher Anordnung

624 Gemäß Art. 104 Abs. 2 GG steht die Entziehung der Freiheit unter einem **Richtervorbehalt**. Das bedeutet, dass die Freiheitsentziehung durch den Richter (vorher) angeordnet werden muss. Diese Verfahrensregelung tritt neben die Anforderungen, die Abs. 1 aufstellt, sodass in jedem Fall eine ausreichend präzisierte gesetzliche Ermächtigung unabdingbare Voraussetzung ist. Für Festnahmen zum Zwecke der Strafverfolgung ist zusätzlich Art. 104 Abs. 3 GG zu beachten. Abs. 2 gilt demgegenüber für alle Freiheitsentziehungen, d.h. nicht nur in „kriminellen", sondern auch in „fürsorgerischen" Fällen. Somit sind beispielsweise die Unterbringung in einer psychiatrischen Anstalt oder die Einweisung eines Kindes in ein geschlossenes Heim nur unter Beachtung des Art. 104 Abs. 2 GG zulässig.

625 Nach Art. 104 Abs. 4 GG ist vor jeder richterlichen Entscheidung bzgl. der Anordnung oder Fortdauer der Freiheitsentziehung ein Angehöriger oder eine sonstige Vertrauensperson zu benachrichtigen. Vertrauensperson ist z.B. der Wahlverteidiger. Bei der Pflicht zur Benachrichtigung handelt es sich um ein subjektives Recht des Festgenommenen und nicht des zu Benachrichtigenden[33], was zur Folge hat, dass nach überwiegender Ansicht der Betroffene auf die Benachrichtigung verzichten kann. Jedoch soll dies unter dem Vorbehalt gelten, dass ein Richter die Verzichtsgründe daraufhin überprüft, ob nicht ein überwiegendes öffentliches Interesse an der Benachrichtigung der in Abs. 4 genannten Personen besteht.[34]

(2) Freiheitsentziehung ohne vorherige richterliche Anordnung

626 Grundsätzlich muss *vor* einer freiheitsentziehenden Maßnahme die Entscheidung eines Richters eingeholt werden. Nach Art. 104 Abs. 2 S. 2 GG ist es jedoch in Ausnahmefällen möglich, eine richterliche Entscheidung erst nachträglich, d.h. nach Beginn der Freiheitsentziehung, einzuholen. Ein solcher Ausnahmefall ist nach Ansicht des BVerfG nur gegeben, wenn „der mit der Freiheitsentziehung verfolgte Zweck nicht erreichbar wäre, wenn der Festnahme die richterliche Entscheidung vorausgehen müsste"[35]. Die richterliche Entscheidung muss aber unver-

---

[32] *Jarass*, in: Jarass/Pieroth, Art. 2 Rn. 90; Art. 104 Rn. 4; Art. 19 Rn. 4; für eine Anwendung auf grundrechtsgleiche Rechte *Herzog*, in: Maunz/Dürig, Art. 19 Abs. 1 Rn. 15; *Dreier*, in: ders., Art. 19 Rn. 11.

[33] BVerfGE 16, 119 (122) (Benachrichtigungspflicht); BVerwG, NJW 1985, 339 (339).

[34] *Jarass*, in: Jarass/Pieroth, Art. 104 Rn. 17; nach BVerfGE 16, 119 (123 f.) (Benachrichtigungspflicht) ist die Zulässigkeit des Verzichts restriktiv zu handhaben; vgl. zur Benachrichtigungspflicht *Dürig*, in: Maunz/Dürig, Art. 104 Rn. 43.

[35] BVerfGE 22, 311 (317) (Arreststrafe).

züglich eingeholt werden. „**Unverzüglich**" bedeutet dabei nicht, wie es beispielsweise die Legaldefinition des § 121 Abs. 1 BGB bestimmt, „ohne schuldhaftes Zögern". Vielmehr muss jede Verzögerung sachlich zwingend geboten sein, was anhand eines objektiven Maßstabes zu beurteilen ist.[36] Darüber hinaus gelten die allgemeinen Anforderungen des Art. 104 Abs. 1 GG.

Für den zeitlichen Rahmen, in dem eine richterliche Entscheidung herbeizuführen ist, gilt Art. 104 Abs. 2 S. 3 GG: Die Entscheidung ist spätestens bis zum Ablauf des auf die Festnahme folgenden Tages einzuholen. Unerheblich ist, ob dieser Tag ein Sonn- oder Feiertag ist. Das bedeutet, dass die Polizei längstens für 48 Stunden eine Person aus eigener Machtvollkommenheit festhalten darf. Nach Ablauf dieser Frist ist der Festgenommene freizulassen. Der Richter hat eigene Erwägungen anzustellen und darf sich nicht auf die Plausibilitätsprüfung der Exekutive verlassen. Er muss also selbst die Tatsachen feststellen, deren Vorliegen für einen Haftbefehl erforderlich ist.[37] **627**

(3) Festnahme zur Strafverfolgung

Art. 104 Abs. 3 GG stellt besondere Anforderungen für die Strafverfolgung auf. **628** Bei Festnahmen durch die Polizei zum Zwecke der Strafverfolgung geht Abs. 3 dem Abs. 2 vor. Wegen des Verdachts einer Straftat festgenommene Personen (z.B. nach § 127 Abs. 2 StPO) sind spätestens am Tag nach der Festnahme dem Richter vorzuführen. „Vorführen" ist dabei wörtlich zu nehmen; gemeint ist eine persönliche Gegenüberstellung, bei der die Gründe der Festnahme mitzuteilen sind und der Festgenommene die Möglichkeit zum Vorbringen von Einwendungen hat. Für den Umfang der Prüfungspflicht des Richters gelten dieselben Voraussetzungen wie im Rahmen des Abs. 2.

> BVerfGE 83, 24 (33 f.) (Polizeigewahrsam): „Den Anforderungen des Art. 104 GG ist auch in Eilfällen nicht genügt, wenn sich der Richter in Anwendung des § 12 FGG (Anm.: Amtsermittlungsgrundsatz) bei seiner Ermittlungstätigkeit lediglich auf die Prüfung beschränkt, ob die von der Polizei vorgetragenen Gründe für eine Freiheitsentziehung plausibel erscheinen. Der Richter hat nach Art. 104 Abs. 2 GG über die Zulässigkeit der Freiheitsentziehung selbst zu entscheiden und die Verantwortung dafür zu übernehmen, dass der Gewahrsam unerlässlich ist, um den Betr. an der unmittelbar bevorstehenden Begehung einer rechtswidrigen Tat zu hindern (…). Die richterliche Entscheidung wirkt konstitutiv und enthält nicht nur eine Genehmigung oder Bestätigung einer vorgängigen Verwaltungsentscheidung (…). **Der Richter muss deshalb selbst die Tatsachen feststellen, die eine Freiheitsentziehung rechtfertigen. Die Schwere des Grundrechtseingriffs gebietet insbesondere eine eingehende Prüfung der Erforderlichkeit der freiheitsentziehenden Maßnahme**. Als Mittel eigener richterlicher Sachaufklärung stehen bei eilbedürftigen Entscheidungen insbesondere die Akten, die sichergestellten Sachen, die Aussagen der beteiligten Beamten und die persönliche Anhörung des Betr. zur Verfügung."

---

[36] BVerwGE 45, 51 (63).
[37] BVerfGE 83, 24 (33 f.) (Polizeigewahrsam).

III. Freizügigkeit (Art. 11 GG)

1. Schutzbereich

a) Persönlicher Schutzbereich

629 Bei Art. 11 GG handelt es sich um ein Deutschen-Grundrecht, auf das sich nur Deutsche im Sinne des Art. 116 Abs. 1 GG berufen können. Für Ausländer bleibt die Möglichkeit, sich auf die allgemeine Handlungsfreiheit (Art. 2 Abs. 1 GG), die Freiheit der Person (Art. 2 Abs. 2 S. 2 GG) und - soweit betroffen - die Menschenwürde (Art. 1 Abs. 1 GG) zu berufen.[38] Auch juristische Personen können sich gem. Art. 19 Abs. 3 GG auf das Grundrecht der Freizügigkeit berufen. Zwar ist in diesem Fall nicht die personale Lebensgestaltung betroffen, jedoch dient die Freizügigkeit auch der Entwicklung des Wirtschaftslebens.[39]

b) Sachlicher Schutzbereich

630 Art. 11 GG schützt die Freizügigkeit im gesamten Bundesgebiet. **Freizügigkeit** bedeutet das Recht, „an jedem Ort innerhalb des Bundesgebietes Aufenthalt und Wohnsitz zu nehmen“[40], wie es bereits im Wortlaut des § 133 Paulskirchenverfassung zum Ausdruck gekommen ist. „**Wohnsitz**“ ist gegenüber „Aufenthalt“ der speziellere Begriff und wird als „ständige Niederlassung an einem Ort“ definiert (vgl. die Legaldefinition in § 7 Abs. 1 BGB). „Ständige Niederlassung“ ist die Aufenthaltsnahme mit dem rechtsgeschäftlichen Willen, nicht nur vorübergehend zu bleiben, sondern den Ort zum Mittelpunkt oder Schwerpunkt seiner Lebensverhältnisse zu machen.[41] „**Aufenthalt**“ bedeutet vorübergehendes Verweilen. In Anbetracht des qualifizierten Gesetzesvorbehalts des Abs. 2 scheint eine restriktive Schutzbereichsinterpretation geboten. Umstritten ist, ob für den Aufenthalt eine gewisse Zeitdauer erforderlich ist, sodass ein bloß stundenweiser Aufenthalt nicht von Art. 11 GG geschützt wird, oder ob auf diese zusätzliche Voraussetzung verzichtet werden kann.[42] Für die erste Ansicht spricht, dass sie eine bessere Abgrenzung zum Grundrecht auf Freiheit der Person nach Art. 2 Abs. 2 S. 2 GG ermöglicht. Andererseits wäre eine zeitliche Grenze willkürlich gesetzt, da für die persönliche Entfaltung auch ein kurzfristiges Verweilen erheblich sein kann. Dennoch ist zu verlangen, dass der Aufenthalt von gewisser Bedeutung für den Einzelnen ist (man könnte auch von einer Persönlichkeitsrelevanz sprechen), wofür die Dauer als Indiz herangezogen werden kann.[43] Unstreitig ist dagegen die Zweckneutralität des Art. 11 GG, d.h. für den Schutz der Freizügigkeit ist es unerheblich, zu welchem Zweck sie in Anspruch genommen wird. Ein **Anspruch auf**

---

38 *Pieroth*, JuS 1985, 81 (82); vgl. dazu Rn. 540 f.

39 Vgl. dazu *Epping*, Die Außenwirtschaftsfreiheit, 1998, S. 110 ff.

40 BVerfGE 2, 266 (273) (Notaufnahme); 43, 203 (211) (CSSR-Vertrag).

41 *Pieroth*, JuS 1985, 81 (83).

42 Vgl. zu diesem Streit *Kunig*, Jura 1990, 306 (307 f.); *Pieroth*, JuS 1985, 81 (83).

43 Vgl. dazu *Epping*, Die Außenwirtschaftsfreiheit, 1998, S. 123 f.; *Gusy*, in: v. Mangoldt/Klein/Starck, Art. 11 Rn. 27 f.; *Hailbronner*, in: HdbStR, Bd. VI, § 131 Rn. 25; *Kunig*, Jura 1990, 306 (308).

einzelne Leistungen lässt sich Art. 11 GG nicht entnehmen. Weder hat der Einzelne ein Recht auf Bereitstellung einer Wohnung, noch werden bestimmte Fortbewegungsmittel garantiert.

Weitgehend wird der Schutzbereich des Art. 11 GG auch auf die **Einreise** (Zuzug zum Aufenthalt) und die **Einwanderung** (Zuzug zur Wohnsitzbegründung) in das Bundesgebiet ausgedehnt, auch wenn der recht eindeutige Wortlaut von „Freizügigkeit *im* Bundesgebiet" spricht. Nicht dagegen geschützt wird nach weithin geteilter Auffassung die **Ausreisefreiheit** bzw. die **Auswanderungsfreiheit**.[44] Diese soll nur von der allgemeinen Handlungsfreiheit (Art. 2 Abs. 1 GG) umfasst werden.[45] Als Begründung lässt sich u.a. anführen, dass auch in der Vergangenheit die Freizügigkeit von der Auswanderungsfreiheit unterschieden wurde, so z.B. in Art. 111, 112 WRV. **631**

BVerfGE 6, 32 (34 ff.) (Elfes): „Art. 11 Abs. 1 GG gewährleistet die Freizügigkeit „im ganzen Bundesgebiet". Schon dieser **Wortlaut** spricht nicht dafür, dass auch ein Grundrecht auf freie Ausreise aus dem Bundesgebiet gewährt werden sollte. Auch die **Entstehungsgeschichte** der Vorschrift gibt dafür keinen Anhalt. Das Grundrecht der Freizügigkeit darf nur unter bestimmten in Art. 11 Abs. 2 GG einzeln aufgeführten Voraussetzungen gesetzlich eingeschränkt werden. **Bei der Formulierung der Einschränkungstatbestände hat der Grundgesetzgeber offensichtlich an Beschränkungen der innerstaatlichen Freizügigkeit gedacht; die herkömmlichen und sachgerechten Beschränkungen der Ausreisefreiheit sind nicht erwähnt**. Die Ausreise aus dem Staatsgebiet kann in vielen Ländern - auch in freiheitlichen Demokratien - seit langem mittels der Passversagung aus Gründen der Staatssicherheit beschränkt werden. In Deutschland gelten entsprechende Vorschriften ununterbrochen seit dem ersten Weltkrieg (...). Es ist nicht anzunehmen, dass der Grundgesetzgeber, wenn er in Art. 11 GG ein Grundrecht der Ausreisefreiheit hätte gewähren wollen, den wichtigen und seit langem bestehenden Einschränkungsgrund der Staatssicherheit übersehen haben sollte. Näher liegt die Annahme, dass er die Ausreisefreiheit in Art. 11 Abs. 1 GG nicht garantieren wollte. (...) Bei dieser Sachlage kann sich das BVerfG nicht davon überzeugen, dass es aus Gründen der **Systematik** geboten sei - wie es im Schrifttum vertreten wird -, das Recht auf freie Ausreise in die in Art. 11 GG garantierte Freizügigkeit einzubeziehen. Dennoch entbehrt die Ausreisefreiheit als **Ausfluss der allgemeinen Handlungsfreiheit** nicht eines angemessenen grundrechtlichen Schutzes (Art. 2 Abs. 1 GG)."

Wie andere Grundrechte wird auch Art. 11 GG nicht bloß positiv als Recht des Einzelnen gedeutet, seinen Aufenthalt zu nehmen. Nach verbreiteter Ansicht wird auch die **„negative Freizügigkeit"** von Art. 11 GG erfasst. Hierunter ist das Recht zu verstehen, einen Ortswechsel nicht vorzunehmen, also den Wohnsitz bzw. den Aufenthalt nicht zu ändern, sondern am jeweiligen Ort zu verweilen. Wie auch zur Begründung anderer negativer Freiheiten[46] wird darauf abgestellt, dass die Freiheit, etwas zu tun, ohne die Freiheit, das Gleiche zu unterlassen, wirkungslos sei. Erst dadurch, dass der Einzelne an einem Ort seiner Wahl verbleiben könne, werde das Recht zur Ortswahl umfassend geschützt. **632**

---

[44] BVerfGE 2, 266 (273) (Notaufnahme); 6, 32 (34 ff.) (Elfes); BVerwGE 3, 130 (132); *Pieroth*, JuS 1985, 81 (84); für einen Schutz der Ausreisefreiheit *Epping*, Die Außenwirtschaftsfreiheit 1998, S. 129 ff.; *Hesse*, Rn. 371.

[45] Vgl. dazu Rn. 507.

[46] Vgl. dazu Rn. 769 ff.

2. Eingriffe

633 Eingriffe in Art. 11 GG sind in der Behinderung oder Beeinträchtigung des freien Ziehens zu sehen. Nach verbreiteter Ansicht sind nur **unmittelbare Beeinträchtigungen** als Eingriffe in Art. 11 GG zu qualifizieren, was nur dann gegeben ist, wenn ein Element des Schutzbereichs zum Anknüpfungspunkt einer staatlichen Maßnahme gemacht wird. Begründet wird dies u.a. damit, dass Art. 11 Abs. 2 GG nur Einschränkungsmöglichkeiten für unmittelbare Eingriffe enthält.[47] Faktische Grundrechtsbeeinträchtigungen können aber ausnahmsweise dann ausreichen, wenn sie nach Intention und Intensität mit einem klassischen Grundrechtseingriff - final, unmittelbar und durch Gebot oder Verbot - vergleichbar sind.[48] Aus dem oben Gesagten ergibt sich, dass freiheitsentziehende Maßnahmen nicht an Art. 11 GG, sondern grundsätzlich an Art. 2 Abs. 2 S. 2 GG zu messen sind, der hierfür durch Art. 104 GG besondere Voraussetzungen aufstellt. Anders ist dies allerdings dann, wenn sich die Freiheitsentziehung gerade gegen die Ausübung der Freizügigkeit richtet; derartige Maßnahmen sind (auch) an Art. 11 GG zu messen.[49]

3. Rechtfertigung von Eingriffen

a) Schranken

634 Art. 11 GG steht unter einem **qualifizierten Gesetzesvorbehalt**. Nach Art. 11 Abs. 2 GG darf in das Recht auf Freizügigkeit durch Gesetz oder auf Grund eines Gesetzes eingegriffen werden. Im Schrifttum wird dazu beinahe einhellig unter Verweis auf eine Entscheidung des BVerwG[50] vertreten, dass ein „**Gesetz**" i.S.v. Art. 11 Abs. 2 GG stets ein förmliches, d.h. ein vom Parlament beschlossenes Gesetz sein muss.[51] Eine Begründung für diese der Norm in keiner Weise zu entnehmende Einschränkung wird jedoch nicht gegeben. Offenbar beruht die Entscheidung des BVerwG auf einem überholten Verständnis des Begriffs des „Gesetzes". Der Begriff des „Gesetzes" bei Gesetzesvorbehalten meint üblicherweise ein Gesetz im materiellen Sinne, wozu neben Parlamentsgesetzen auch Rechtsverordnungen zu rechnen sind.[52] Will das Grundgesetz hiervon eine Ausnahme machen, spricht es - wie in Art. 104 Abs. 1 S. 1 GG - von einem „förmlichen" Gesetz. Die Begrenzung des Gesetzesbegriffs auf förmliche Gesetze ist zudem angesichts des individualschützenden Zwecks der Grundrechte nicht erforderlich. Der in diesem Zusammenhang zu nennende Vorbehalt des Gesetzes bei Grundrechtseingriffen dient allein dazu, deren Vorhersehbarkeit und Berechenbarkeit zu

---

47 *Kunig*, in: v. Münch/Kunig, Art. 11 Rn. 19; *Pieroth*, JuS 1985, 81 (85).

48 *Kunig*, Jura 1990, 306 (309); vgl. zum Eingriffsbegriff Rn. 345 ff.

49 So im Ergebnis *Gusy,* in: v. Mangoldt/Klein/Starck, Art. 11 Rn. 25.

50 BVerwGE 11, 133 (134).

51 *Gusy*, in: v. Mangoldt/Klein/Starck, Art. 11 Rn. 52; *Jarass*, in: Jarass/Pieroth, Art. 11 Rn. 9; *Hailbronner*, in: HdbStR, Bd. VI, § 131 Rn. 46; *Kunig*, Jura 1990, 306 (311).

52 Vgl. dazu Rn. 41.

gewährleisten sowie Willkür auszuschließen.[53] Dieses Ziel kann mit der Rechtsverordnung in gleichem Maße wie mit dem Parlamentsgesetz erreicht werden. Der Vorbehalt des Gesetzes dient hingegen nicht der Absicherung der Kompetenzen des Parlaments. Wann ein Parlamentsvorbehalt eingreift, bestimmt sich vielmehr nach der Wesentlichkeitstheorie.[54] Insofern gelten bei Art. 11 Abs. 2 GG keinerlei Besonderheiten.

„Gesetze" i.S.v. Art. 11 Abs. 2 GG sind grundsätzlich Bundes- und Landesgesetze. Ein besonderes Problem weisen allerdings die freizügigkeitsbeschränkenden landesrechtlichen Befugnisnormen insbesondere im Gefahrenabwehrbereich auf. Schließlich hat der Bundesgesetzgeber nach Art. 73 Nr. 3 GG die ausschließliche **Gesetzgebungskompetenz für die Freizügigkeit**, was einschränkendes Landesrecht ausschließen würde.[55] Dagegen wird allerdings argumentiert, dass die ausschließliche Gesetzgebungszuständigkeit des Bundes nach Art. 73 Nr. 3 GG zwar die gesetzliche Ausgestaltung der Freizügigkeit umfasse, aber nicht die herkömmliche Regelungszuständigkeit der Länder im Bereich der Abwehr unmittelbarer Gefahren verdränge. Denn der Gesetzesvorbehalt des Art. 11 Abs. 2 GG beziehe sich teilweise (z.B. Katastrophenschutz, Vorbeugung vor Straftaten) auf Gegenstände der Landesgesetzgebung. In diesem Umfang stehe weiterhin den Bundesländern die Gesetzgebungszuständigkeit zu. Daher werde das allgemeine Polizei- und Ordnungsrecht bzw. Gefahrenabwehrrecht nicht erfasst.[56] **635**

Weiterhin enthält Art. 17a Abs. 2 GG einen Gesetzesvorbehalt, da in Gesetzen, die der Verteidigung und dem Schutz der Zivilbevölkerung dienen, freizügigkeitsbeschränkende Maßnahmen getroffen werden dürfen. **636**

b) Schranken-Schranken

Wie bei allen Grundrechten, müssen Eingriffe in den Schutzbereich dem Grundsatz der **Verhältnismäßigkeit** genügen, d.h. Eingriffe müssen einem legitimen Zweck dienen sowie geeignet, erforderlich und angemessen sein. Welche **Zwecke** verfolgt werden dürfen und damit „legitim" sind, zählt Art. 11 Abs. 2 GG abschließend auf: **637**

- **Fehlende ausreichende Lebensgrundlage** und daraus entstehende besondere Lasten der Allgemeinheit: Eine ausreichende Lebensgrundlage ist gegeben, „wenn vernünftigerweise nach Beruf, Alter und Gesundheit des Antragstellers die Erwartung begründet ist, dass er sich den Lebensmindestbedarf selbst werde verdienen können."[57] Wie sich aus dem systematischen Zusammenhang mit Art. 117 Abs. 2 GG ergibt, gehört das ausreichende Vorhandensein von Wohnraum nicht zur ausreichenden Lebensgrundlage. **638**

---

53 Vgl. dazu Rn. 357.
54 Vgl. dazu Rn. 358.
55 Vgl. etwa *Waechter*, NdsVBl. 1996, 197 ff.
56 OVG Bremen, NVwZ 1999, 314 (315 f.); *Hailbronner*, in: HdbStR, Bd. VI, § 131 Rn. 47.
57 BVerwGE 3, 135 (140).

639 • **Abwehr einer drohenden Gefahr für den Bestand oder die freiheitliche demokratische Grundordnung des Bundes oder eines Landes** (sog. innerer Notstand): Der Begriff „Bestand des Bundes oder eines Landes" taucht nicht nur in Art. 11 GG auf, sondern wird auch in anderen Vorschriften des GG verwendet, z.B. in Art. 10 Abs. S. 2, 73 Nr. 10b GG. Art. 21 Abs. 2 S. 2 GG spricht vom „Bestand der Bundesrepublik Deutschland". „Bestand" erfasst Bevölkerung, territoriale Integrität und Handlungsfähigkeit des Staates.[58] Der Begriff der freiheitlich demokratischen Grundordnung wird in Art. 18 S. 1 GG verwandt und ist ansonsten deckungsgleich mit dem der verfassungsmäßigen Ordnung in Art. 9 Abs. 2 GG und Art. 98 Abs. 1 S. 1 GG.[59]

640 • **Bekämpfung von Seuchengefahr, Naturkatastrophen oder besonders schweren Unglücksfällen**: Mit „Seuchengefahr" ist nicht jede Gesundheitsgefahr gemeint. Erforderlich ist in jedem Fall, dass es sich um eine Krankheit handelt, die unmittelbar oder mittelbar auf den Menschen übertragen werden kann (vgl. § 1 IfSG). Naturkatastrophen und Unglücksfälle zeichnen sich durch die Unvorhersehbarkeit der Gefahrverwirklichung und die Bedrohung einer Vielzahl von Personen bzw. eines größeren Gebietes aus. Naturkatastrophen gehen auf die Naturgewalten zurück, während Unglücksfälle auf menschlicher Gefahrsetzung beruhen. Zu den Unglücksfällen ist beispielsweise die Evakuierung der Bevölkerung auf Grund einer Bombenräumung zu rechnen.

641 • **Schutz der Jugend vor Verwahrlosung**

642 • **Schutz vor strafbaren Handlungen**: Erforderlich ist, dass es sich um präventive Maßnahmen handelt; repressives Einschreiten (Untersuchungshaft, Freiheitsstrafe etc.) wird also nicht erfasst. Als Beispiele sind hier zu nennen § 56c Abs. 2 Nr. 1 StGB (aufenthaltsbezogene Weisungen bei Strafaussetzung zur Bewährung), § 68b StGB (aufenthaltsbezogene Weisungen der Führungsaufsicht) und § 10 Abs. 1 Nr. 1 und 2 JGG (aufenthaltsbezogene Erziehungsmaßnahmen).

643 Ob darüber hinaus eine Rechtfertigung durch **kollidierendes Verfassungsrecht** möglich ist, ist wie auch bei anderen Grundrechten mit qualifiziertem Gesetzesvorbehalt problematisch.[60] Das BVerfG hat beispielsweise entschieden, dass die Freizügigkeit von Minderjährigen durch das in Art. 6 Abs. 2 GG verankerte elterliche Sorgerecht begrenzt werden kann.[61] Bei jedem Eingriff ist schließlich das **Zitiergebot** des Art. 19 Abs. 1 S. 2 GG zu beachten.

---

58 *Pieroth*, JuS 1985, 81 (86).

59 Vgl. dazu Rn. 782.

60 Vgl. dazu Rn. 79.

61 BVerfG, NJW 1996, 3145 (3146); für die Anwendung verfassungsimmanenter Schranken *Ziekow,* in: Friauf/Höfling, Art. 11 Rn. 118; vgl. dazu Rn. 79.

4. Konkurrenzen

Art. 11 GG und Art. 2 Abs. 2 S. 2 GG sind wie folgt voneinander **abzugrenzen**: Die Freizügigkeitsgarantie des Art. 11 GG beinhaltet - wie gezeigt - das Recht jedes Deutschen, im Bundesgebiet Aufenthalt und Wohnung zu nehmen, was eine gewisse Persönlichkeitsrelevanz des Aufenthalts voraussetzt. Auch wenn die Dauer - nach umstrittener Ansicht[62] - nicht die Voraussetzung für den Aufenthalt ist, kann sie zumindest als Indiz für die Bedeutung herangezogen werden. Folglich werden kurzfristige Maßnahmen in den meisten Fällen nur von Art. 2 Abs. 2 S. 2 GG erfasst. Zu berücksichtigen ist auch, dass die Intention des Gesetzgebers eine gewichtige Rolle spielt: Art. 2 Abs. 2 S. 2 GG schützt nur vor solchen Maßnahmen, die sich gegen die körperliche Bewegungsfreiheit richten, während Eingriffe in Art. 11 GG ein Anknüpfen an eines der Tatbestandsmerkmale erfordern. Soweit sich die Schutzbereiche der beiden Grundrechte überschneiden, sind beide Grundrechte nebeneinander anzuwenden; es sind also die jeweiligen Rechtfertigungsvoraussetzungen zu berücksichtigen.[63] **644**

IV. Zitiergebot (Art. 19 Abs. 1 S. 2 GG)

Nach Art. 19 Abs. 1 S. 2 GG muss das grundrechtseinschränkende Gesetz den eingeschränkten Artikel nennen (Zitiergebot).[64] Ein Gesetz, das hiergegen verstößt, verletzt das eingeschränkte Grundrecht und ist demnach nichtig.[65] **645**

Zweck des Zitiergebotes ist es, den Gesetzgeber vor der Einschränkung von Grundrechten zu warnen und ihm die Auswirkungen seines Gesetzes vor Augen führen, indem ihm die Pflicht auferlegt wird, bei Erlass eines Gesetzes die Folgen zu bedenken (**Warn- und Besinnungsfunktion**). Weiterhin kommt dem Zitiergebot eine **Klarstellungsfunktion** für die Gesetzesauslegung und -anwendung zu. *Herzog* spricht treffend von einer psychologischen Schranke.[66] Das BVerfG hat die Befürchtung geäußert, dass der Gesetzgeber durch das Zitiergebot in seiner Arbeit unnötig behindert werden und das Zitiergebot selbst zu einer leeren Förmlichkeit erstarren könnte.[67] Deshalb wird das Zitiergebot restriktiv angewendet und bei jedem Grundrecht die Frage gestellt, ob das Zitiergebot den genannten Zwecken dienen kann. So geht das BVerfG davon aus, dass Art. 19 Abs. 1 S. 2 GG nur bei klassischen Eingriffen Anwendung findet, da es bei faktischen oder mittelbaren Beeinträchtigungen zumeist an der Voraussehbarkeit fehlt.[68] **646**

---

[62] Vgl. dazu Rn. 630.

[63] Im Einzelnen ist hier vieles umstritten: vgl. beispielsweise *Kunig,* in: v. Münch/Kunig, Art. 2 Rn. 74, 92 (Idealkonkurrenz); *Jarass*, in: Jarass/Pieroth, Art. 2 Rn. 83 (Spezialität des Art. 2 Abs. 2 S. 2 GG).

[64] Z.B. § 20 VersG und § 22 Abs. 2 GastG.

[65] BVerfGE 5, 13 (15 f.) (Blutgruppenuntersuchung).

[66] *Herzog*, in: Maunz/Dürig, Art. 19 Abs. 1 Rn. 48.

[67] BVerfGE 35, 185 (188) (Haftgrund Wiederholungsgefahr).

[68] BVerfGE 28, 36 (46 f.) (Zitiergebot); Vgl. dazu *Sachs,* VerfR II, Kap. A 10 Rn. 23.

647 Wie sich aus dem Zusammenhang von S. 1 und S. 3 des Art. 19 Abs. 1 GG ergibt, gilt das Zitiergebot nur für Grundrechte, die unter Gesetzesvorbehalt stehen. Das bedeutet, dass bei vorbehaltlos gewährten Grundrechten Art. 19 Abs. 1 GG keine Anwendung findet. Das Zitiergebot findet ebenfalls keine Anwendung bei Grundrechten, die unter einem Regelungsvorbehalt stehen.[69]

648 **Hinweis zur Fallbearbeitung:**

Zu prüfen ist das Zitiergebot im Rahmen der formellen Verfassungsmäßigkeit bei jedem in Frage kommenden Grundrecht einzeln.

649 **Überblick: Typische Klausurprobleme**

- Haftbefehl nach § 112 Abs. 3 StPO (verfassungskonforme Auslegung unter Berücksichtigung des Grundsatzes der Verhältnismäßigkeit).
- Pflicht zur Nachschulung wegen Begehung einer Verkehrsordnungswidrigkeit (Schutz der negativen Freiheit).
- Freiheit der Ausreise (beispielsweise bei Ausreisebeschränkungen für Hooligans; vgl. VGH Mannheim, DVBl. 2000, 1630 ff.).
- Aufenthaltsverbote/Platzverweise (beispielsweise gegen Bettler oder die offene Drogenszene).
- Sicherungshaft, (nachträgliche) Anordnung der Sicherungsverwahrung.

---

69 Vgl. im Einzelnen *Krebs*, in: v. Münch/Kunig, Art. 19 Rn. 15 ff., m.w.N. auf die Rechtsprechung des BVerfG und die gegenteiligen Ansichten in der Literatur.

Das Zitiergebot des Art. 19 Abs. 1 S. 2 GG findet nach Ansicht des BVerfG keine Anwendung, 650

a) wenn die Grundrechtseinschränkung auf den vorkonstitutionellen Gesetzgeber zurückgeht:

- vorkonstitutionelle Gesetze.
- nachkonstitutionelle Gesetze, die bereits geltende Grundrechtsbeschränkungen unverändert oder mit geringen Abweichungen wiederholen oder auf sie verweisen (diese Ausnahme des BVerfG ist zweifelhaft, da das Zitiergebot seine Warn- und Klarstellungsfunktion noch erfüllen kann).

b) wenn es an einer Einschränkung i.S.d. Art. 19 Abs. 1 S. 2 GG fehlt:

- Fixierung verfassungsimmanenter Schranken aus kollidierendem Verfassungsrecht.
- Regelungsvorbehalte (z.B. Art. 12 Abs. 2 S. 1 GG; diese Ausnahme ist zweifelhaft, da das BVerfG den Regelungsvorbehalt wie einen Eingriffsvorbehalt anwendet).
- Ausgestaltungen (z.B. bei Art. 14, 9 und 6 GG).
- Gleichheitsrechte (Art. 3 GG).

c) wenn das Zitiergebot zur leeren Förmlichkeit erstarren würde, da es weder den Gesetzgeber warnen, noch bei der Auslegung zur Klarstellung beitragen kann:

- Gesetze, die in Art. 2 Abs. 1 GG eingreifen, da dieses Grundrecht nur unter Vorbehalt der verfassungsmäßigen Ordnung gewährleistet ist (außerdem wäre hier das Zitiergebot bedeutungslos, da praktisch jedes Gesetz die allgemeine Handlungsfreiheit beeinträchtigt).
- enteignende Gesetze. Die Junktimklausel des Art. 14 Abs. 3 S. 2 GG übernimmt die gleiche Funktion wie das Zitiergebot.
- bei den allgemeinen Gesetzen des Art. 5 Abs. 2 GG, da - ähnlich wie bei Art. 2 Abs. 1 GG - die meisten Gesetze eine einschränkende Wirkung haben können.
- Offenkundigkeit der Grundrechtseinschränkung (sehr umstritten).

Bedeutung hat das Zitiergebot <u>allein</u> für:
Art. 2 Abs. 2, 6 Abs. 3, 8 Abs. 2, 10, 11, 13 und 16 Abs. 1 S. 2 GG.

Kapitel 15: Gleichheitsrechte

Literatur: *Jarass, Hans D.*, Folgerungen aus der neueren Rechtsprechung des BVerfG für die Prüfung von Verstößen gegen Art. 3 Abs. 1 GG, NJW 1997, 2545 ff.; *Bryde, Brun-Otto / Kleindiek, Ralf*, Der allgemeine Gleichheitssatz, Jura 1999, 36 ff.; *Brüning, Christoph*, Gleichheitsrechtliche Verhältnismäßigkeit, JZ 2001, 669 ff.; *Gusy, Christoph*, Der Gleichheitssatz, NJW 1988, 2505 ff.; *Sachs, Michael*, Die Maßstäbe des allgemeinen Gleichheitssatzes - Willkürverbot und sogenannte neue Formel, JuS 1997, 124 ff.

Fallbearbeitungen: *Grote, Rainer / Kraus, Dieter*, Fälle 1(S. 1 ff.), 4 (S. 49 ff.); *Degenhart, Christoph*, Fälle 1 (S. 30 ff.), 5 (S. 91 ff.), 10 (S. 188 ff.); *Schoch, Friedrich*, Fall 7 (S. 289 ff.).

Leitentscheidungen: BVerfGE 1, 14 ff. (Südweststaat); 33, 303 ff. (numerus clausus I); 55, 72 ff. (Präklusion I); 75, 40 ff. (Privatschulfinanzierung I); 82, 126 ff. (Kündigungsfristen für Arbeiter); 84, 239 ff. (Kapitalertragssteuer); 85, 191 ff. (Nachtarbeitsverbot); 88, 87 ff. (Transsexuelle II); 92, 91 ff. (Feuerwehrabgabe); 99, 367 ff. (Montan Mitbestimmung).

I. Hintergrund

651 Die Garantie der Gleichheit gehört ebenso wie die klassischen Freiheitsrechte zum **Kernbestand der Verfassungstradition**. Schon in der französischen Revolution richteten sich die Forderungen der Aufständischen nicht bloß auf Freiheit (liberté), sondern zugleich auf Gleichheit (égalité), ein Postulat, welches schließlich Eingang in Art. 1 der französischen Verfassung vom 26.8.1791 fand. Bereits in der französischen Revolution war zudem der Zusammenhang von Freiheit und Gleichheit klar erkennbar: Geht man davon aus, dass alle Menschen über unveräußerliche Menschenrechte verfügen, die ihnen kraft ihres Menschseins zukommen, so muss jeder Mensch prinzipiell über die gleichen Rechte und die gleichen Freiheiten verfügen. Besteht aber insofern eine „natürliche" Gleichheit, so ist es dem Staat grundsätzlich verwehrt, diese vorgegebene Gleichheit zu missachten. Freiheit und Gleichheit gehören zusammen, sie sind zwei Seiten einer Medaille.

652 Gleichwohl ist in jüngerer Zeit immer wieder von **Konflikten zwischen Freiheit und Gleichheit** die Rede. Dies kommt u.a. daher, dass der Begriff der Gleichheit verschiedene Ausprägungen etwa als „Chancengleichheit" (Gleichheit der Voraussetzungen) und „Ergebnisgleichheit" (faktische Gleichheit) hat. Konflikte zwischen Freiheit und Gleichheit tauchen häufig dann auf, wenn staatliches Handeln auf Ergebnisgleichheit ausgerichtet ist und unter dieser Prämisse die ungleichen Ergebnisse gesellschaftlicher Prozesse eingreifend und steuernd korrigiert. Ein Beispiel dafür sind die umfangreichen Umverteilungsmechanismen des Steuer- und Sozialsystems. Zudem lässt sich Gleichheit als absolute oder relative

Gleichheit verstehen: Besteht Gleichheit dann, wenn jeder absolut den gleichen Betrag an Steuern zahlt? Oder verlangt die Gleichheit, dass jeder relativ entsprechend seiner persönlichen Leistungsfähigkeit besteuert wird? Dieses Beispiel zeigt, dass die nähere Beschreibung dessen, was „gleich" im Einzelfall bedeutet, stark an den jeweiligen **Gerechtigkeitsvorstellungen** orientiert ist.

In Deutschland findet sich der erste umfassende Gleichheitssatz in Art. 137 der Paulskirchenverfassung. Auch die Weimarer Reichsverfassung enthielt mit Art. 109 eine Gleichheitsgarantie. Im Grundgesetz sind die Gleichheitsrechte über zahlreiche Artikel verstreut; neben dem allgemeinen Gleichheitssatz des Art. 3 Abs. 1 GG existieren zahlreiche besondere Gleichheitssätze. **653**

II. Der allgemeine Gleichheitssatz (Art. 3 Abs. 1 GG)

Fall 22: Kündigungsschutz **654**

Anfang Oktober kam es in dem Unternehmen des U zu einer Reihe von Kündigungen. Auch der dort beschäftige Arbeiter A erhielt eine Kündigung zum Monatsende. Im Kündigungsschreiben weist U zutreffend auf die schlechte Auftragslage hin. A ist über die kurzfristige Kündigung entsetzt und verlangt die Weiterbeschäftigung wenigstens bis zum Jahresende. Als U dies ablehnt, klagt A vor dem zuständigen Arbeitsgericht auf Feststellung, dass das Arbeitsverhältnis bis zum Jahresende fortbesteht.

Das Arbeitsgericht ist zwar der Auffassung, die Kündigungen seien gerechtfertigt. U habe auch die Kündigungsfristen des § 622 Abs. 2 BGB eingehalten. Die Klage des A wäre deshalb abzuweisen, wenn die Bestimmung gültig wäre. Das Gericht hat jedoch Zweifel an der Verfassungsmäßigkeit der Vorschrift, weil sie Arbeiter im Vergleich zu Angestellten ungerechtfertigt benachteilige. Die unterschiedlichen Kündigungsfristen für Arbeiter und Angestellte ließen sich nur historisch erklären, seien aber unter den heutigen Verhältnissen nicht mehr gerechtfertigt. Mit zunehmender Industrialisierung der Büro- und Verwaltungsarbeit vergrößere sich im Angestelltenbereich der Anteil monoton-mechanischer Arbeiten, während das Qualifikationsniveau der Facharbeiterschaft durch den technischen Wandel in der Produktion ständig steige. Die Unterscheidung zwischen beiden Gruppen von Arbeitnehmern lasse sich auch nicht mit einem abweichenden Qualifikationsniveau begründen. Der Schutzzweck des Gesetzes werde durch die kürzeren Kündigungsfristen für Arbeiter verfehlt. Arbeiter seien weit eher von einer Kündigung betroffen als Angestellte.

U hält diese Bedenken für unbegründet. Angestellte seien auch heute noch vorwiegend geistig, Arbeiter vorwiegend manuell tätig. Die längere Kündigungsfrist für Angestellte sei wegen der erhöhten Schutzbedürftigkeit dieser Gruppe auch sachlich gerechtfertigt. Ihre Tätigkeit erfordere in der Regel eine intensivere Qualifikation. Je qualifizierter eine Tätigkeit sei, desto länger dauere es, einen neuen Arbeitsplatz zu finden. Außerdem trete der Angestellte regelmäßig später in das Erwerbsleben ein als der Arbeiter. Ein weiterer sachlicher Grund für die unterschiedlich langen Kündigungsfristen ergebe sich aus einem Interesse der Arbeitgeber. Bei den Angestellten erschwere die höhere und speziellere Qualifikation die Suche nach geeigneten Nachfolgern. Die längere Kündigungsfrist versetze den Arbeitgeber in die Lage, sich frühzeitig um neue Mitarbeiter zu bemühen.

1. Teilen Sie die Bedenken des Arbeitsgerichts bezüglich der Verfassungsmäßigkeit des § 622 Abs. 2 BGB?

2. Welche Möglichkeit hat das Arbeitsgericht, wenn es die Norm des § 622 Abs. 2 BGB im vorliegenden Fall nicht anwenden will?

> § 622 BGB (a.F.)
>
> (1) Das Arbeitsverhältnis eines Angestellten kann unter Einhaltung einer Kündigungsfrist von sechs Wochen zum Schluss eines Kalendervierteljahres gekündigt werden. (…)
>
> (2) Das Arbeitsverhältnis eines Arbeiters kann unter Einhaltung einer Kündigungsfrist von zwei Wochen gekündigt werden.
>
> Fall vereinfacht nach BVerfGE 82, 126 ff. (Kündigungsfristen für Arbeiter)

655 Art. 3 Abs. 1 GG formuliert sehr knapp: „Alle Menschen sind *vor* dem Gesetz gleich." Angesprochen ist damit dem Wortlaut nach die **Rechtsanwendungsgleichheit**, also die Gleichbehandlung bei der Anwendung der Gesetze durch Verwaltung und Rechtsprechung. Nicht an den Gleichheitssatz gebunden ist bei strenger Orientierung am Wortlaut hingegen der Gesetzgeber. Das BVerfG hat den Gleichheitssatz gleichwohl seit jeher auch auf den Gesetzgeber bezogen und Art. 3 Abs. 1 GG eine Garantie der **Rechtsetzungsgleichheit** entnommen.[1] Für die Richtigkeit dieser Auslegung spricht vor allem Art. 1 Abs. 3 GG, der auch den Gesetzgeber an die „nachfolgenden" Grundrechte, also auch an Art. 3 Abs. 1 GG bindet. Zudem ist eine bloße Rechtsanwendungsgleichheit von nur geringer Schutzintensität, wenn der Gesetzgeber nach Belieben zur Ungleichbehandlung ermächtigt wäre und die Verwaltung und Rechtsprechung die ungleichen Gesetze dann gem. Art. 20 Abs. 3 GG umsetzen müssten. Art. 3 Abs. 1 GG statuiert daher eine umfassende Garantie der Rechtsanwendungs- und Rechtsetzungsgleichheit.[2]

656 Wie alle Grundrechte entfaltet der allgemeine Gleichheitssatz sowohl objektiv-rechtliche wie auch subjektiv-rechtliche Wirkung: Objektiv-rechtlich verpflichtet der Gleichheitssatz alle staatliche Gewalt zur Gleichbehandlung aller Menschen. In subjektiv-rechtlicher Hinsicht wirken die Gleichheitsrechte als **Abwehrrechte gegen Ungleichbehandlungen**.[3] Umstritten ist allerdings, ob die Gleichheitsrechte die Herstellung von Gleichheit als Selbstzweck fordern[4], oder ob die Forderung nach Gleichheit der Verwirklichung anderer Ziele dient[5]. Diese Kontroverse kann sich praktisch in den eher seltenen Fällen auswirken, in denen unter Berufung auf Art. 3 Abs. 1 GG nicht die eigene Besserstellung, sondern ausschließlich die Schlechterstellung eines Bevorzugten gefordert wird. Art. 3 Abs. 1 GG wirkt in subjektiv-rechtlicher Hinsicht schließlich als **derivatives Leistungsrecht**[6] (auch Teilhaberecht genannt). Eine Schutzpflicht lässt sich Art. 3 Abs. 1 GG nicht entnehmen.[7] Unter Hinweis auf das Gleichbehandlungsgebot kann die Teilhabe an Leistungen, Förderungen und Einrichtungen gefordert werden, die der Staat anderen Menschen bereits gewährt. In der Praxis hat Art. 3 Abs. 1 GG in seiner Wirkung als Teilhaberecht - häufig in Verbindung mit Freiheitsrechten oder dem So-

---

1 BVerfGE 1, 14 (52) (Südweststaat).

2 Weitere Argumente bei *Alexy*, Theorie der Grundrechte, 1994, S. 358 f.

3 BVerfGE 2, 237 (266) (Hypothekensicherungsgesetz); 3, 58 (157 f.) (Beamtenverhältnisse); Nachweise auch zur anderen Ansicht bei *Epping*, Die Außenwirtschaftsfreiheit, 1998, S. 154 (Fn. 858).

4 *Sachs,* VerfR II, Kap. B 3 Rn. 2 f.

5 *Osterloh*, in: Sachs, GG, Art. 3 Rn. 40 ff.

6 Derivativ = abgeleitet/nicht ursprünglich. Vgl. dazu Rn. 18.

7 Siehe dazu oben Rn. 18.

zialstaatsprinzip des Art. 20 Abs. 1 GG - große Bedeutung: Da originäre Leistungsrechte aus der Verfassung nur in seltenen Ausnahmefällen in Betracht kommen und daher der Einzelne in aller Regel kein Recht auf Schaffung bestimmter Leistungen hat, möchte er wenigstens, dass die bestehenden Ressourcen gerecht verteilt werden. Dabei geht es regelmäßig um die gleiche, chancengleiche und qualifikationsgerechte Zuteilung von Ansprüchen. Das Recht auf gleiche Teilhabe wird dabei oft zum **Verfahrensrecht**, das sich auf die Organisation und das Verfahren der Leistungsgewährung auswirkt. Für den Zugang zum öffentlichen Dienst trifft Art. 33 Abs. 2 GG eine spezielle Regelung.

Ein bekanntes Beispiel für die Wirkung des Art. 3 Abs. 1 GG als derivatives Leistungsrecht stellt die **Numerus-clausus-Entscheidung** des BVerfG[8] von 1972 dar. In dieser Entscheidung führt das BVerfG zunächst aus, dass ein originärer, auf dem Recht auf freie Berufswahl des Art. 12 Abs. 1 GG beruhender Leistungsanspruch auf Schaffung neuer Studienplätze von Verfassungs wegen grundsätzlich nicht besteht. Zwar bestehe im Hinblick auf das Grundrecht der Berufsfreiheit eine Verpflichtung des Staates zur Bereitstellung einer hinreichenden Anzahl von Studienplätzen. Dabei komme dem Gesetzgeber aber - wie bei allen Leistungsrechten[9] - ein weiter Spielraum zu, sodass verfassungsrechtliche Konsequenzen erst bei einer evidenten Verfehlung in Betracht kämen.[10] Leistungsansprüche - so das BVerfG - stünden stets „unter dem Vorbehalt des Möglichen im Sinne dessen, was der Einzelne vernünftigerweise von der Gesellschaft beanspruchen kann".[11] Allerdings bestehe aus Art. 3 Abs. 1 GG i.V.m. Art. 12 Abs. 1 GG und Art. 20 Abs. 1 GG (Sozialstaatsprinzip) ein Anspruch auf gleichmäßige Teilhabe an den bestehenden Studienplätzen. Dies bedingt nach Ansicht des BVerfG vor allem ein Verfahren, dass Auswahl und Verteilung der vorhandenen Studienplätze nach sachgerechten Kriterien mit einer Chance für jeden hochschulreifen Bewerber und unter möglichster Berücksichtigung der individuellen Wahl des Ausbildungsortes sicher stellt. Zudem müssen die vorhandenen Studienplätze erschöpfend vergeben werden.[12] Der auf Art. 3 Abs. 1 GG beruhende und durch Art. 12 Abs. 1 GG und Art. 20 Abs. 1 GG verstärkte Teilhabeanspruch entfaltet also sowohl materiell- als auch verfahrensrechtliche Wirkungen. **657**

Der Gewährleistungsumfang des Art. 3 Abs. 1 GG ist umfassend: **In persönlicher Hinsicht** ist Art. 3 Abs. 1 GG ein Jedermann-Grundrecht: Jeder Mensch kann sich auf den allgemeinen Gleichheitssatz berufen. Zudem ist Art. 3 Abs. 1 GG auf juristische Personen gem. Art. 19 Abs. 3 GG wesensmäßig anwendbar. **In sachlicher Hinsicht** leitet das BVerfG aus Art. 3 Abs. 1 GG das Verbot ab, „wesentlich Gleiches (...) ungleich oder wesentlich Ungleiches (...) **658**

---

8 BVerfGE 33, 303 ff. (numerus clausus I).

9 Vgl. dazu Rn. 16, 115.

10 BVerfGE 33, 303 (333) (numerus clausus I).

11 BVerfGE 33, 303 (333) (numerus clausus I).

12 BVerfGE 33, 303 (338) (numerus clausus I).

gleich zu behandeln“[13], wenn nicht ein Rechtfertigungsgrund für die Ungleichbehandlung vorliegt.

659 Für die **Fallbearbeitung** ergeben sich daraus Besonderheiten: Anders als bei den Freiheitsrechten wird eine **zweistufige Prüfung** vorgenommen. Auf der ersten Prüfungsstufe wird nach dem Vorliegen einer rechtlich relevanten Ungleichbehandlung gefragt, auf der zweiten Stufe nach deren möglicher Rechtfertigung.

660

Prüfungsaufbau bei Gleichheitsrechten

1. Rechtlich relevante Ungleichbehandlung?

Wird wesentlich Gleiches ungleich oder wesentlich Ungleiches gleich behandelt?

↓

2. Rechtfertigung der Ungleichbehandlung?

© Epping, Grundrechte

661

Hinweis zur Fallbearbeitung:
In der Fallbearbeitung sind Gleichheitsrechte zumeist in Kombination mit Freiheitsrechten zu prüfen. Ausschließlich gleichheitsrechtliche Fälle sind in Klausuren selten. Es hat sich die Regel eingebürgert, dass alle in Betracht kommenden Freiheitsrechte vor den Gleichheitsrechten zu prüfen sind. Wenngleich dies juristisch nicht zwingend ist, gibt es gute Gründe - insbesondere hinsichtlich der Wahl des richtigen Prüfungsmaßstabs bei Art. 3 Abs. 1 GG[14] -, der Regel „Freiheitsrechte vor Gleichheitsrechten“ zu folgen.

1. Rechtlich relevante Ungleichbehandlung

662 Eine rechtlich relevante Ungleichbehandlung liegt mit den Worten des BVerfG vor, wenn **wesentlich Gleiches ungleich** behandelt wird. Gemeint ist, dass in tatbestandlich wesentlich gleichen Fällen die gleiche Rechtsfolge eintreten muss. Ist dies nicht der Fall, liegt eine rechtliche relevante Ungleichbehandlung vor.

663 Hinsichtlich der Rechtsfolgenseite bereitet die Formel keine Schwierigkeiten. Gleichheit ist hier im Sinne strikter Identität der Rechtsfolgen zu verstehen. Schwierigkeiten bereitet hingegen die Feststellung von Gleichheit auf der Tatbestandsseite. Schon logisch wird es niemals zwei konkrete Fälle geben, die tatbestandlich identisch sind. Werden etwa zwei Menschen unterschiedlich behandelt, so ist Identität der Tatbestände schon deshalb nicht gegeben, weil zwei

---

13 BVerfGE 1, 14 (52) (Südweststaat).
14 Vgl. dazu Rn. 693.

verschiedene Menschen betroffen sind. Gleichheit kann also auf der entscheidenden Tatbestandsebene nicht als Identität verstanden werden.[15]

664

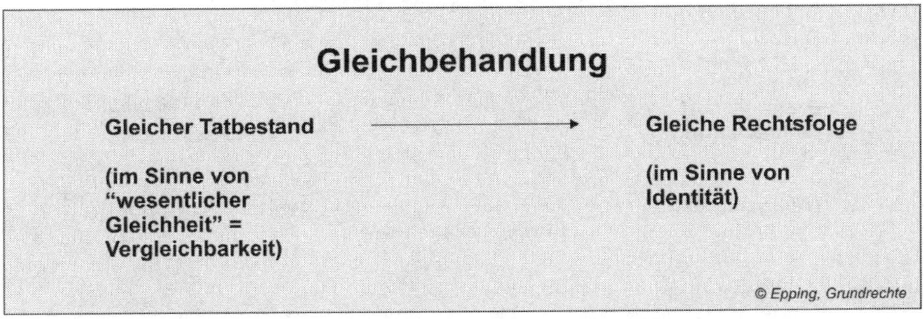

Dieses Problem hat auch das BVerfG gesehen, wenn es ausführt, „wesentlich" 665
Gleiches müsse gleich behandelt werden. Im Begriff „wesentlich" steckt das Eingeständnis, dass nicht Gleichheit im Sinne von Identität, sondern vielmehr Gleichheit im Sinne von **Vergleichbarkeit** gegeben sein muss. Die Frage, was vergleichbar ist und was nicht, ist hingegen eine Frage, die nicht streng logisch, sondern nur unter Heranziehung von Wertungen zu beantworten ist.[16]

Ausgangspunkt der Frage, ob zwei Fallgestaltungen vergleichbar sind, ist die 666
Suche nach einem **gemeinsamen Oberbegriff**, unter den die verschieden behandelten Sachverhalte zu fassen sind. Dieser Oberbegriff dient als Bezugspunkt für die Frage der Vergleichbarkeit und ist daher so eng wie möglich zu wählen. Nur wenn der gemeinsame Oberbegriff entsprechend eng gewählt ist, wird das Differenzierungskriterium deutlich sichtbar. Kommt man dann ausgehend von dem gemeinsamen Oberbegriff zu dem Ergebnis, dass zwei in rechtlicher Hinsicht vergleichbare Sachverhalte unterschiedlich behandelt werden, liegt eine Ungleichbehandlung von wesentlich Gleichem vor. Dabei liegt eine Ungleichbehandlung auch dann vor, wenn eine Regelung zwar in rechtlicher Hinsicht alle Fälle gleich behandelt, diese Regelung aber in der praktischen Umsetzung zu Ungleichbehandlungen führt.[17]

---

15 *Sachs,* VerfR II, Kap. B 3 Rn. 11.

16 Deutlich *Gubelt*, in: v. Münch/Kunig, Art. 3 Rn. 17.

17 BVerfGE 84, 239 (271 ff.) (Kapitalertragssteuer): In dieser Entscheidung ging es um die damalige Regelung der Besteuerung von Kapitalerträgen, also etwa von Dividenden und Zinsen. Die Regelung behandelte zwar in rechtlicher Hinsicht alle Kapitalerträge gleich, verließ sich dabei aber nahezu vollständig auf die Ehrlichkeit der Steuerzahler. Gab jemand seine Kapitalerträge in der Steuererklärung nicht an und hinterzog so in strafbarer Weise die Kapitalertragssteuer, blieb das auf Grund der Umsetzungsdefizite der Steuerregelung praktisch folgenlos. Das Bankgeheimnis führte dazu, dass die Finanzbehörden allenfalls in seltenen Zufällen von Verstößen erfuhren. Das BVerfG sah in dieser Regelung ebenfalls eine (auch im Ergebnis nicht zu rechtfertigende) Ungleichbehandlung: „Wird die Gleichheit im Belastungserfolg durch die rechtliche Gestaltung des Erhebungsverfahrens prinzipiell verfehlt, so kann dies die Verfassungswidrigkeit der gesetzlichen Besteuerungsgrundlage nach sich ziehen und die Steuerpflichtigen in ihrem Grundrecht auf Besteuerungsgleichheit verletzen." Ebenso zuletzt BVerfG, NJW 2004, 1022 ff. zur Besteuerung privater Spekulationsgewinne.

667
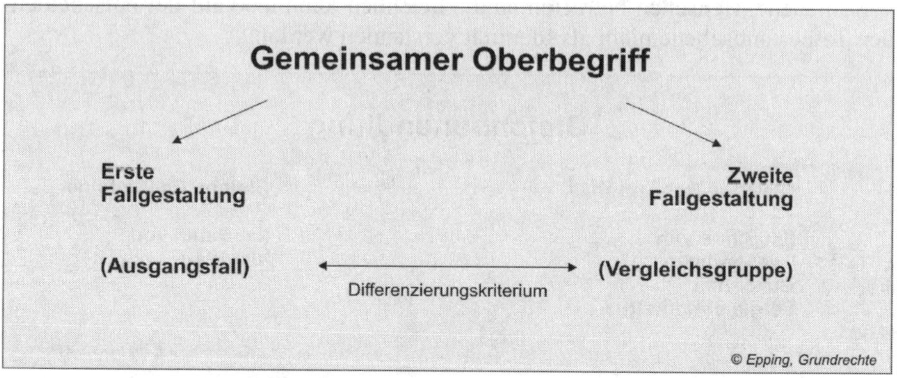

Beispiel 1: Beschwert sich also ein Halter eines sog. Kampfhundes darüber, dass er höhere Steuern zahlt als andere Hundebesitzer, so ist der gemeinsame Oberbegriff „Hundebesitzer", unter den die Besitzer von Kampfhunden und die Besitzer von sonstigen Hunden zu subsumieren sind. In diesem Moment wird auch das Differenzierungskriterium deutlich: die angenommene Gefährlichkeit des Hundes.

668
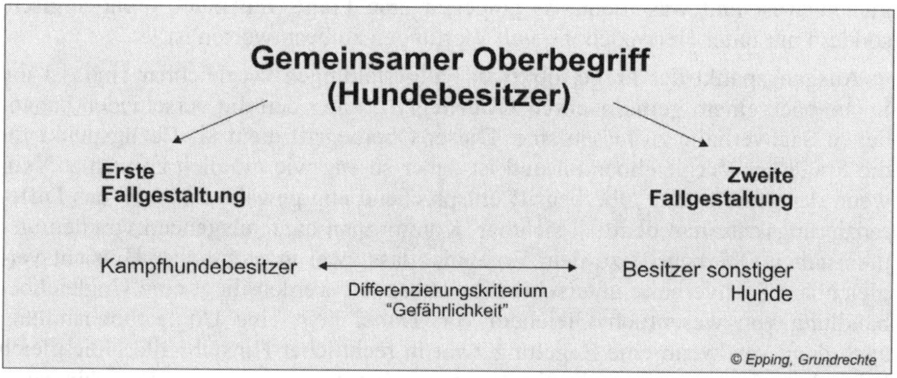

Beispiel 2: Beschwert sich hingegen ein Kampfhundebesitzer, dass er überhaupt Steuern zahlt, eignet sich der Oberbegriff „Hundebesitzer" nicht; schließlich zahlen alle Hundebesitzer Steuern. Als Oberbegriff ist vielmehr „Haustierbesitzer" zu wählen, unter den die Besitzer von steuerfreien Kaninchen, Meerschweinchen und Katzen ebenso zu fassen sind wie der besteuerte Kampfhundebesitzer. Die Differenzierung erfolgt anhand der Tierart.

669
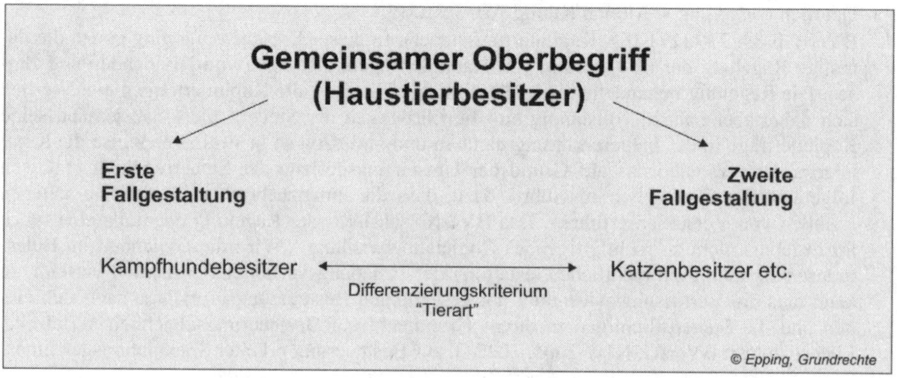

Beispiel 3: Grundsätzlich wäre es schließlich auch möglich, den Besitz von Kampfhunden mit dem Besitz von anderen Luxusgütern wie etwa einer Villa zu vergleichen. In diesem Fall liegt aber trotz der gemeinsamen Zugehörigkeit von Villen und Kampfhunden zur Gruppe der Luxusgüter keine wertungsmäßige Vergleichbarkeit mehr vor, sodass es also bereits an einer Ungleichbehandlung von *wesentlich* Gleichem fehlt. Villen und Kampfhunde weisen trotz der Zugehörigkeit zur Gruppe der Luxusgüter so viele Unterschiede und damit mögliche Differenzierungskriterien auf, dass sich unter Heranziehung von Wertungen die fehlende Vergleichbarkeit ergibt.

670

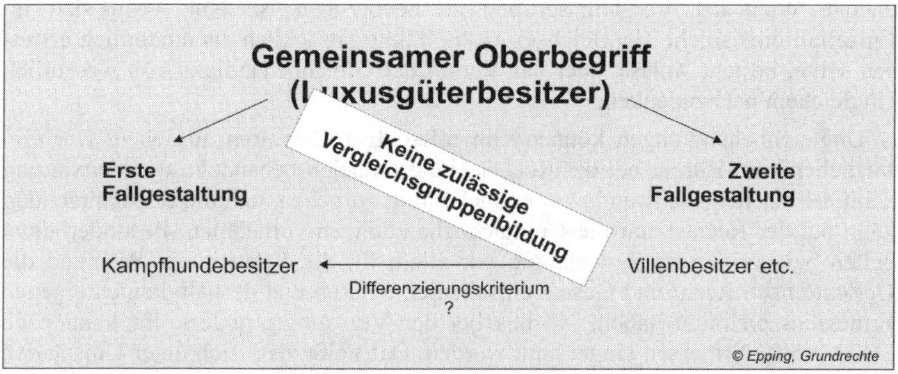

Das BVerfG sieht jedoch nicht lediglich in der Ungleichbehandlung von wesentlich Gleichem einen möglichen Verstoß gegen Art. 3 Abs. 1 GG. Vielmehr soll auch in der **Gleichbehandlung von wesentlich Ungleichem** eine Beeinträchtigung des allgemeinen Gleichheitssatzes liegen.[18] Art. 3 Abs. 1 GG wäre also - entgegen seinem Wortlaut - nicht nur ein Differenzierungsverbot, sondern im Gegenteil auch ein Differenzierungsgebot zu entnehmen. Die Richtigkeit dieser Annahme wird in der Literatur weithin angezweifelt: Vielfach wird angenommen, dass es sich bloß um eine begriffliche Frage handele, man also die Gleichbehandlung von wesentlich Ungleichem bei Wahl einer anderen Vergleichsgruppe auch als Ungleichbehandlung von wesentlich Gleichem darstellen könne.[19] 671

Ein **Beispiel** dafür gibt eine Entscheidung von 1961 zum Ladenschluss.[20] Geklagt hatte eine Apothekerin, die ihre Apotheke im Frankfurter Hauptbahnhof betrieb. Sie wandte sich dagegen, dass auf ihre Apotheke die strengeren Ladenschlusszeiten für Apotheken und nicht diejenigen für Bahnhofsverkaufsstellen im Allgemeinen Anwendung fanden. In diesem Fall könnte man entweder eine Gleichbehandlung von wesentlich Ungleichem (Bahnhofsapotheke ⇔ sonstige Apotheken; Oberbegriff: Apotheke) bzw. eine Ungleichbehandlung von wesentlich Gleichem (Bahnhofsapotheke ⇔ sonstige Bahnhofsverkaufsstellen; Oberbegriff: Bahnhofsverkaufsstelle) annehmen.

---

18 Zuletzt etwa BVerfGE 98, 365 (385) (Versorgungsanwartschaften); 90, 226 (239) (Kirchensteuerabzug bei Arbeitslosengeld von Nicht-Kirchenmitgliedern).

19 *Pieroth/Schlink*, Rn. 436 f. mit Beispielen; a.A. aber *Jarass*, in: Jarass/Pieroth, Art. 3 Rn. 5.

20 BVerfGE 13, 225 ff. (Bahnhofsapotheke Frankfurt).

672 Kritik an der „Gleichbehandlung von wesentlich Ungleichem" gibt es aber auch in inhaltlicher Hinsicht: Es erfolge eine inhaltliche Verschiebung des Gleichheitssatzes von einem „Jedem das Gleiche" hin zu einem „Jedem das Seine". Dieser Aspekt sei aber nicht von den Gleichheits-, sondern nur von den Freiheitsrechten abgedeckt.[21] Ob Art. 3 Abs. 1 GG daher tatsächlich vor einer Gleichbehandlung von wesentlich Ungleichem schützt, ist bislang nicht abschließend geklärt. Jedenfalls sollte dem im Wortlaut eindeutig verankerten Verbot der Ungleichbehandlung von wesentlich Gleichem der Vorrang zukommen, sodass eine dementsprechende Wahl der Vergleichsgruppe zu bevorzugen ist. Nur wenn sich im Einzelfall eine solche Vergleichsgruppenbildung tatsächlich als unmöglich erweisen sollte, besteht Anlass, über das Verbot der Gleichbehandlung von wesentlich Ungleichem nachzudenken.

673 Ungleichbehandlungen können **von allen drei Gewalten** ausgehen. Der Gesetzgeber kann Bürger bei der Rechtsetzung ungleich behandeln, die Verwaltung kann bei der Rechtsanwendung ungleichmäßig vorgehen, und die Rechtsprechung kann bei der Rechtskontrolle Ungleichbehandlungen vornehmen. Besonderheiten gelten bei der Gesetzesanwendung vor allem für die Verwaltung: Während die Gerichte nach Recht und Gesetz entscheiden müssen und deshalb keinen eigenen Ermessensspielraum haben, ist dies bei der Verwaltung anders. Ihr kann nach § 40 VwVfG Ermessen eingeräumt werden. Das heißt, dass sich unter Umständen verschiedene Entscheidungen im Rahmen des Ermessensspielraums bewegen und rechtmäßig sein können. In diesen Fällen kann sich die Verwaltung mit der Betätigung des Ermessens selbst binden: Hat sie sich über längere Zeit hinweg für eine bestimmte Rechtsfolge entschieden, muss sie zukünftig bei gleichen (= vergleichbaren) Fällen die gleiche (= identische) Rechtsfolge anwenden („**Selbstbindung der Verwaltung**").[22] Tut sie dies nicht, kann der Bürger gestützt auf Art. 3 Abs. 1 GG die gleiche Behandlung verlangen. Allerdings hat dieser Anspruch sachliche Grenzen: Die Verwaltung kann in begründeten Fällen von der bisherigen Praxis abweichen. Im Übrigen gilt der Satz: **Keine Gleichheit im Unrecht**. Gewährt daher die Verwaltung einem Bürger zu Unrecht eine Leistung, kann ein zweiter Bürger diese rechtswidrige Leistung nicht ebenfalls fordern. Aus Art. 3 Abs. 1 GG folgt kein Anspruch auf Fehlerwiederholung.[23]

674 **Rechtlich relevant** ist eine Ungleichbehandlung (oder ggf. eine Gleichbehandlung) schließlich nur dann, wenn sie durch den **gleichen Hoheitsträger** in seinem eigenen Kompetenzbereich erfolgt.[24] Eine solche Ungleichbehandlung liegt etwa dann nicht vor, wenn verschiedene Bundesländer für ihr Gebiet unterschiedliche

---

21 *Sachs,* VerfR II, Kap. B 3 Rn. 42 und 47 ebenfalls mit Beispielen.

22 Zu dieser Selbstbindung der Verwaltung, die auch durch Verwaltungsvorschriften ausgelöst werden kann, vgl. *Sachs*, in: Stelkens/Bonk/Sachs, VwVfG-Kommentar, 6. Aufl. 2001, § 40 Rn. 103 ff. Ob eine Selbstbindung der Rspr. in Frage kommt, ist umstritten; entsprechende Fälle sind zudem selten, vgl. dazu *Sachs,* VerfR II, Kap. B 3 Rn. 57 ff.

23 Vgl. dazu *Ossenbühl*, in: Erichsen/Ehlers, Allgemeines Verwaltungsrecht, 12. Aufl. 2002, § 10 Rn. 20.

24 BVerfGE 21, 54 (68) (Lohnsummensteuer); 42, 20 (27) (Öffentliches Wegeeigentum); 76, 1 (73) (Familiennachzug); 79, 127 (158) (Rastede).

Regelungen treffen. Dies sieht das Grundgesetz im Gegenteil mit der Schaffung einer föderalen Ordnung gerade vor.[25] Entsprechendes gilt für das Verhältnis von Bundes- und Landesrecht oder nach h.M. auch für das Verhältnis von europäischem Recht und nationalem Recht. Werden also in der Bundesrepublik EG-Ausländer - beispielsweise im Handwerksrecht (vgl. § 9 HandwO) - gegenüber Deutschen bevorzugt, weil dies nach Gemeinschaftsrecht erforderlich ist (sog. „umgekehrte Diskriminierung" oder „Inländerdiskriminierung"), so liegt in der Benachteiligung der Deutschen kein Gleichheitsverstoß.[26] Denn die Ungleichbehandlung geht in diesen Fällen von verschiedenen Hoheitsträgern aus.

2. Rechtfertigung der Ungleichbehandlung?

Liegt eine rechtlich relevante Ungleichbehandlung vor, stellt sich die Frage nach deren Rechtfertigung im Einzelfall. Art. 3 Abs. 1 GG selbst enthält allerdings keinerlei Hinweis dahingehend, dass eine Rechtfertigung überhaupt in Frage kommt und weist insbesondere keinen Gesetzesvorbehalt auf. Dennoch lässt sich der Systematik des Art. 3 GG ein Anhaltspunkt dafür entnehmen, dass Ungleichbehandlungen nicht stets verfassungswidrig sein müssen: Art. 3 Abs. 3 GG verbietet explizit die Bevorzugung und Benachteiligung aus im Einzelnen genannten Gründen. Diese Vorschrift wäre überflüssig, wenn schon nach Art. 3 Abs. 1 GG jede Ungleichbehandlung stets und ausnahmslos unzulässig wäre. **675**

a) Willkürformel

Entsprechend hat auch das BVerfG seit seiner ersten Entscheidung zu Art. 3 GG die Rechtfertigung von Ungleichbehandlungen für möglich gehalten und ausgeführt, der Gleichheitssatz verbiete „nur, dass wesentlich Gleiches ungleich, nicht dagegen dass wesentlich Ungleiches entsprechend der bestehenden Ungleichheit ungleich behandelt wird. Der Gleichheitssatz ist verletzt, wenn sich ein vernünftiger, sich aus der Natur der Sache ergebender oder sonst wie **sachlich einleuchtender Grund für die gesetzliche Differenzierung** oder Gleichbehandlung nicht finden lässt, kurzum, wenn die Bestimmung als willkürlich bezeichnet werden muss."[27] Gerechtfertigt ist nach dieser sog. Willkürformel des BVerfG eine Ungleichbehandlung immer dann, wenn ein sachlicher Grund dafür vorhanden ist und die Ungleichbehandlung folglich nicht willkürlich erfolgt. Mit der Willkürformel geht zugleich ein **weiter Gestaltungsspielraum des Staates** einher. Es sei - so das BVerfG - „Sache des Gesetzgebers zu entscheiden, welche Elemente der zu ordnenden Lebensverhältnisse er dafür als maßgebend ansieht, sie im Recht gleich oder verschieden zu behandeln". So habe der Gesetzgeber eine weit gehende Gestaltungsfreiheit, die erst dort ende, „wo für die gleiche oder ungleiche Behandlung der geregelten Sachverhalte ein einleuchtender Grund fehlt." Das BVerfG könne „nur die Einhaltung dieser äußersten Grenzen der gesetzgeberi- **676**

---

25 BVerfG, NJW 2003, 41 (52) (Altenpflegegesetz).

26 *Ehlers*, Jura 2001, 266 (269), heute h.M.; a.A. *Lackhoff/Raczinski*, EWS 1997, 109 ff.

27 BVerfGE 1, 14 (52) (Südweststaat).

schen Freiheit (Willkürverbot) nachprüfen, nicht aber, ob der Gesetzgeber im Einzelfall die zweckmäßigste, vernünftigste oder gerechteste Lösung gefunden hat."[28] Diese gegenüber dem Gesetzgeber sehr zurückhaltende Rechtsprechung prägte den Gleichheitssatz fast 30 Jahre lang.[29]

b) Neue Formel

677 Seit 1980 verschärfte zunächst der erste Senat des BVerfG seine Rechtsprechung zu den Gleichheitsrechten. In einem Beschluss zu einer prozessrechtlichen Fragestellung, die eigentlich keinen Anlass zu einer eingehenden Befassung mit Art. 3 Abs. 1 GG bot, verzichtete das BVerfG kommentarlos auf die Anwendung der Willkürformel und zog stattdessen folgende **„neue Formel"** zur Definition eines Verstoßes gegen den Gleichheitssatz heran: Das Grundrecht sei „vor allem dann verletzt, wenn eine Gruppe von Normadressaten im Vergleich zu anderen Normadressaten anders behandelt wird, obwohl zwischen beiden Gruppen keine Unterschiede von solcher Art und solchem Gewicht bestehen, dass sie die ungleiche Behandlung rechtfertigen könnten."[30] Nach dieser neuen Formel genügt also nicht mehr jeder sachliche Grund, um eine Ungleichbehandlung zu rechtfertigen. Abzustellen ist vielmehr auf Art und Gewicht der zwischen den beiden Gruppen bestehenden Unterschiede, wobei die rechtliche Unterscheidung zwischen den beiden Gruppen in den sachlichen Unterschieden eine ausreichende Stütze finden muss.[31] Die Prüfung wird damit der von den Freiheitsrechten bekannten Verhältnismäßigkeitsprüfung angenähert, was die Kontrolldichte deutlich erhöht und zugleich die vom BVerfG postulierte Gestaltungsfreiheit des Gesetzgebers beschneidet. Während der erste Senat die neue Formel seit 1980 in ständiger Rechtsprechung verwendet[32], ist der zweite Senat deutlich zurückhaltender, wenngleich auch er die neue Formel gelegentlich in ihrem Wortlaut heranzieht[33]. Gleichwohl deuten aber die jüngsten Entscheidungen des zweiten Senats zum Steuer- und Besoldungsrecht an, dass es der Sache nach keine nennenswerten Differenzen (mehr) gibt.[34]

BVerfGE 55, 72 (88 ff.) (Präklusion I): „Diese Verfassungsnorm (Anm.: Art. 3 Abs. 1 GG) gebietet, alle Menschen vor dem Gesetz gleich zu behandeln. Demgemäß ist dieses Grundrecht vor allem dann verletzt, **wenn eine Gruppe von Normadressaten im Vergleich zu anderen Normadressaten anders behandelt wird, obwohl zwischen beiden Gruppen keine Unterschiede von solcher Art und solchem Gewicht bestehen, dass sie**

---

[28] BVerfGE 50, 57 (77) (Zinsbesteuerung I).

[29] Vgl. etwa BVerfGE 4, 7 (18) (Investitionshilfe); 17, 319 (330) (Bereitschaftspolizei); 48, 346 (357) (Witwenrenten), jeweils m.w.N.

[30] BVerfGE 55, 72 (88) (Präklusion I).

[31] BVerfGE 87, 234 (255) (Einkommensanrechnung).

[32] Vgl. zuletzt etwa BVerfGE 82, 126 (146) (Kündigungsfristen für Arbeiter); 88, 87 (96) (Transsexuelle II); 95, 39 (45) (NATO-Betriebsvertretungen); 99, 367 (388) (Montan Mitbestimmung).

[33] Zuletzt etwa BVerfGE 92, 277 (318) (DDR). Vgl. dazu *Epping*, Die Außenwirtschaftsfreiheit, 1998, S. 157 ff., mit Nachweisen zur Rspr. beider Senate.

[34] BVerfGE 96, 1 (6) (Weihnachtsfreibetrag); 99, 88 (94) (Verlustabzug); 103, 310 (318) (Dienstzeitanrechnung bei späterer MfS-Tätigkeit).

die ungleiche Behandlung rechtfertigen könnten. (...) Außerhalb des Verbots einer ungerechtfertigten Verschiedenbehandlung mehrerer Personengruppen lässt der Gleichheitssatz dem Gesetzgeber weit gehende Freiheit, Lebenssachverhalte und das Verhalten einer Person je nach dem Regelungszusammenhang verschieden zu behandeln. Es ist dann grundsätzlich Sache des Betroffenen, sich auf diese Regelung einzustellen und nachteiligen Auswirkungen durch eigenes Verhalten zu begegnen. Nach der Rechtsprechung des Bundesverfassungsgerichts erschöpft sich allerdings der Gleichheitssatz nicht in dem Verbot einer ungerechtfertigten Ungleichbehandlung von Normadressaten. Vielmehr kommt in ihm ein Willkürverbot als fundamentales Rechtsprinzip zum Ausdruck, das nicht nur der Rechtsprechung, sondern auch der Gesetzgebung gewisse äußerste Grenzen setzt. Diese Grenze wird dann überschritten, wenn eine fehlerhafte Rechtsanwendung durch die Gerichte bei verständiger Würdigung der das Grundgesetz beherrschenden Gedanken nicht mehr verständlich ist und sich daher der Schluss aufdrängt, dass sie auf sachfremden Erwägungen beruht. Der Gesetzgeber seinerseits handelt nicht schon dann willkürlich, wenn er unter mehreren Lösungen nicht die zweckmäßigste, vernünftigste oder gerechteste gewählt hat, vielmehr nur dann, wenn sich ein sachgerechter Grund für eine gesetzliche Bestimmung nicht finden lässt; dabei genügt Willkür im objektiven Sinn, d. h. die tatsächliche und eindeutige Unangemessenheit der Regelung in Bezug auf den zu ordnenden Gesetzgebungsgegenstand."

Die **neue Formel** besteht seit 1993 in **zwei Varianten**: Neben der ursprüngli- 678
chen Variante, die auf das Bestehen von *Unterschieden* abstellt, verwendet das BVerfG seit diesem Zeitpunkt noch eine weitere Fassung: Eine Ungleichbehandlung ist danach nur dann verfassungsgemäß, wenn ***Gründe* von solcher Art und solchen Gewicht** bestehen, dass sie die Ungleichbehandlung rechtfertigen können.[35] Es ist also eine **Verhältnismäßigkeitsprüfung** vorzunehmen:[36] Je gravierender die Ungleichbehandlung ist, umso wichtiger muss das vom Gesetzgeber verfolgte Ziel, also der Grund für die Ungleichbehandlung, sein. Von der ursprünglichen „neuen Formel" weicht diese Bindung des Gesetzgebers an Verhältnismäßigkeitserwägungen in einem Punkt ab: Während es bei der ursprünglichen neuen Formel jedenfalls ihrer Formulierung nach nur darum ging, dass ausreichende sachliche Unterschiede die rechtliche Unterscheidung zuließen und somit das Differenzierungskriterium richtig gewählt war, ist mit der in der veränderten neuen Formel enthaltenen Verhältnismäßigkeitsprüfung ausdrücklich eine **Zweck-Mittel-Relation** angesprochen. In die Betrachtung fließt nun der Differenzierungszweck, also das vom Gesetzgeber mit der Regelung verfolgte Ziel mit ein, das in ein angemessenes Verhältnis zu Ausmaß und Schwere der Ungleichbehandlung zu setzen ist.

Für das **Verhältnis zwischen den beiden Varianten** der neuen Formel, die zu- 679
nächst auf Art und Gewicht der *Unterschiede* und später auf Art und Gewicht der *Gründe* abstellte, liefert die Rechtsprechung des BVerfG keinen Anhaltspunkt. Seit 1993 verwendet das BVerfG vielmehr beide Varianten der neuen Formel ohne jede Begründung nebeneinander.[37] In der Sache besteht zwischen beiden Vari-

---

35 BVerfGE 88, 87 (97) (Transsexuelle II).

36 *Gubelt*, in: v. Münch/Kunig, Art. 3 Rn. 14.

37 Auf die „Unterschiede von solcher Art und solchem Gewicht" stellen etwa BVerfGE 82, 126 (146) (Kündigungsfristen für Arbeiter); 85, 191 (210) (Nachtarbeitsverbot); 87, 1 (35) (Trümmerfrauen); 88, 5 (12) (Gewerkschaftliche Beratungshilfe); 94, 241 (260) (Kindererziehungszeiten); 95, 143 (155) (Eingliederungsprinzip); 96, 315 (325) (Wohngeld bei Be-

anten in der Rechtsprechung des BVerfG kein Unterschied. Zwar legt genau dies die Formulierung mit der Betonung der Unterschiede bzw. der Gründe nahe. In den Entscheidungen werden die Begriffe aber häufig synonym gebraucht. In seiner Entscheidung zum Nachtarbeitsverbot fragt das BVerfG beispielsweise zunächst nach einem zureichenden Grund für die Ungleichbehandlung, um dann ohne Überleitung nach dem Bestehen von „Unterschieden von solcher Art und solchem Gewicht“ zu fragen.[38] Ähnlich ging das BVerfG in einer weiteren Entscheidung zu den Kündigungsfristen für Arbeiter vor: Nachdem es zunächst die Frage nach den „Unterschieden von solcher Art und solchem Gewicht aufgeworfen hat“, betont das Gericht als Schlussfolgerung im nächsten Satz, dass Ungleichbehandlung und rechtfertigender Grund in einem angemessenen Verhältnis stehen müssen. Diese Entscheidung, in der die neue Formel in ihrer ursprünglichen Gestalt zur Anwendung kommt, wird zudem in der Folge vom BVerfG als Beleg für die neuere Variante der neuen Formel zitiert.[39]

680 „Unterschiede“ und „Gründe“ stellen keine Gegenbegriffe dar, die völlig unterschiedliche Prüfungsmaßstäbe erzwingen: Denn häufig nimmt der Staat Ungleichbehandlungen hauptsächlich oder allein mit dem Ziel vor, Unterschieden zwischen zwei Gruppen Rechnung zu tragen. Der Grund einer Ungleichbehandlung ist in diesen Fällen das Bestehen von Unterschieden, sodass Gründe und Unterschiede zusammenfallen.[40] Der Staat verfolgt mit der Ungleichbehandlung dann einen in den vorgefundenen Unterschieden begründeten **internen Zweck**[41]. Ein Beispiel dafür ist etwa die Besteuerung nach der individuellen Leistungsfähigkeit. Hier begründet der Staat eine Ungleichbehandlung mit den von ihm vorgefundenen Unterschieden, sodass eine Verfolgung interner Zwecke vorliegt.

681 Dem stehen die Fälle gegenüber, in denen der Staat Ungleichbehandlungen als Instrumente zur Verfolgung sonstiger **externer Zwecke**[42] des Allgemeinwohls einsetzt. Dies ist etwa der Fall, wenn der Staat zur Förderung der Baukonjunktur den steuerlichen Abzug der Baukosten ermöglicht.[43] Gleich leistungsfähige Steu-

---

gleitstudium); 98, 1 (12) (Beamtinnenrente); 98, 49 (63) (Sozietätsverbot); 99, 129 (139) (DDR-Erbbaurecht); 99, 165 (177) (Elternunabhängige Ausbildungsförderung); 100, 59 (90) (DDR-Zusatzversorgung); 102, 41 (54) (Beschädigtengrundrente) ab; um „Gründe von solcher Art und solchem Gewicht“ geht es etwa in BVerfGE 88, 87 (97) (Transsexuelle II); 91, 389 (401) (Anrechnung von Einkünften des dauernd getrennt lebenden Ehegatten); 95, 267 (317) (Altschulden); 98, 365 (389) (Versorgungsanwartschaften); 99, 367 (389) (Montan Mitbestimmung).

38 BVerfGE 85, 191 (210) (Nachtarbeitsverbot).

39 BVerfGE 88, 87 (97) (Transsexuelle II).

40 Beispiele aus der jüngeren Verfassungsrechtsprechung sind etwa BVerfGE 82, 126 ff. (Kündigungsfristen für Arbeiter); 85, 191 ff. (Nachtarbeitsverbot).

41 Begriff nach *Huster*, Rechte und Ziele, 1993, S. 164 ff. Der darauf aufbauenden Konzeption von *Huster*, der bei internen Zwecken eine Willkürprüfung und bei externen Zwecken eine Verhältnismäßigkeitsprüfung durchführen will, wird allerdings nicht gefolgt. Gegen diese Konzeption spricht u.a., dass in der Praxis kaum allein interne bzw. externe Zwecke vorkommen, sondern regelmäßig mit einem Bündel an Zwecken zu rechnen ist. Vgl. zur Kritik *Bryde/Kleindiek*, Jura 1999, 36 (39).

42 Begriff nach *Huster*, Rechte und Ziele, 1993, S. 164 ff.

43 Beispiel nach *Huster*, Rechte und Ziele, 1993, S. 166.

erzahler werden hier insoweit ungleich behandelt, als derjenige, der ein Haus gebaut hat, weniger Steuern zahlt, als derjenige, der dies nicht getan hat. Hier ist das staatlicherseits verfolgte Ziel nicht die Berücksichtigung der sicherlich vorhandenen Unterschiede zwischen Bauherrn und sonstigen Steuerzahlern. Vielmehr verfolgt der Staat das externe Ziel der Schaffung von Nachfrage am Bau und knüpft aus diesem Grund an die Bauherreneigenschaft als Differenzierungskriterium an.

Aus diesem partiellen Zusammenfallen von Unterschieden und Gründen folgt, **682**
dass Ungleichbehandlungen sowohl in den vorhandenen Unterschieden (internen Zwecken) als auch in sonstigen Gründen (externen Zwecken) ihre Rechtfertigung finden können. In der Praxis dienen Ungleichbehandlungen häufig gleichermaßen internen wie externen Zwecken. Es bietet sich daher an, **stets** von der neueren Variante der neuen Formel, die auf **„Gründe von solcher Art und solchem Gewicht"** abstellt, auszugehen. Liegen die Gründe in vorhandenen Unterschieden und sind somit Gründe und Unterschiede deckungsgleich, können auch diese Fälle zwanglos erfasst werden.

683

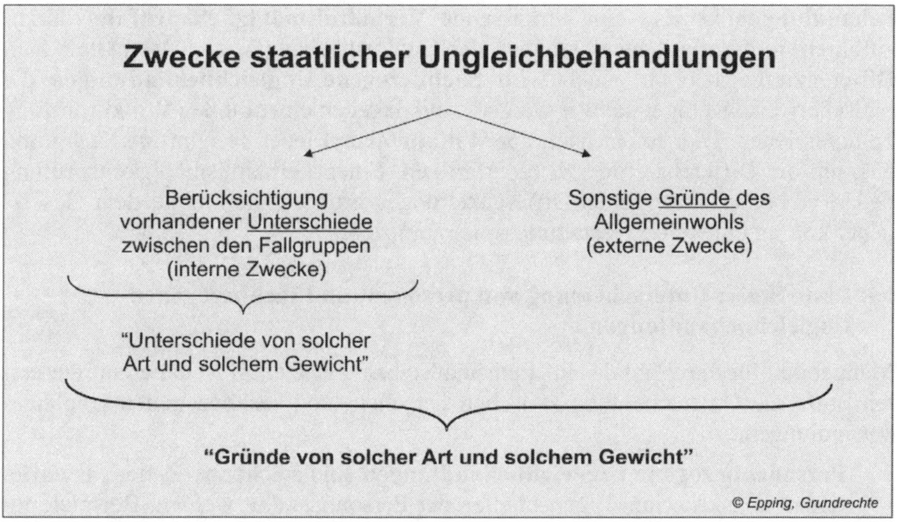

c) Verhältnis von Willkürformel und neuer Formel

Unklar war über lange Zeit das Verhältnis von Willkürformel und neuer Formel. **684**
Ohne nennenswerte Begründung wandten beide Senate die Formeln über lange Zeit nebeneinander an. Erst in der **Transsexuellenentscheidung** vom Januar 1993 beschäftigte sich das BVerfG eingehend mit der Frage nach dem Prüfungsmaßstab im konkreten Einzelfall.[44] Ausgangspunkt der Entscheidung ist der Wortlaut des Art. 3 Abs. 1 GG: „Alle Menschen sind vor dem Gesetz gleich." Vom Grundgesetz angesprochen ist damit das grundsätzliche Verbot der unterschiedlichen Behandlung von Personen und Personengruppen, welches offenbar für besonders

44 BVerfGE 88, 87 (96 f.) (Transsexuelle II).

wichtig erachtet wird. Nicht unmittelbar erwähnt ist hingegen die Ungleichbehandlung von Sachverhalten. Aus dieser vom Verfassungstext vorgegebenen unterschiedlichen Schwere und Relevanz von Ungleichbehandlungen von Personengruppen einerseits und Sachverhalten andererseits leitet das BVerfG unterschiedliche Grenzen für den Gesetzgeber ab: „Aus dem allgemeinen Gleichheitssatz ergeben sich je nach Regelungsgegenstand und Differenzierungsmerkmalen unterschiedliche Grenzen für den Gesetzgeber, die vom bloßen Willkürverbot bis zu einer strengen Bindung an Verhältnismäßigkeitserfordernisse reichen."[45]

d) Prüfungsmaßstab im Einzelfall

685 Entsprechend der unterschiedlichen Schwere von Ungleichbehandlungen hat das BVerfG in der Transsexuellenentscheidung Maßstäbe für die Prüfungsintensität aufgestellt. Ausgangspunkt ist, dass die typischerweise schwer wiegenden personenbezogenen Ungleichbehandlungen entsprechend der neuen Formel anhand eines strengen Maßstabs überprüft werden. Im Fall **personenbezogener Ungleichbehandlungen** ist also eine umfassende **Verhältnismäßigkeitsprüfung** durchzuführen, in der die Angemessenheit der Ungleichbehandlung im Verhältnis zum Differenzierungsziel untersucht wird. **Sachbezogene Ungleichbehandlungen**, die typischerweise weniger schwer wiegen, sind dagegen einer bloßen Willkürprüfung zu unterziehen. Hier reicht nach der **Willkürformel** jeder vernünftige Sachgrund aus, um die Differenzierung zu rechtfertigen. Einer Verhältnismäßigkeitsprüfung bedarf es bei sachbezogenen Differenzierungen grundsätzlich nicht; dem Gesetzgeber kommt ein weiter Gestaltungsspielraum zu[46].

aa) Erste Stufe: Unterscheidung von personen- und sachbezogenen Ungleichbehandlungen

686 Maßgeblich für die Wahl des Prüfungsmaßstabs im Einzelfall ist daher auf der ersten Stufe die Unterscheidung zwischen personen- und sachbezogenen Ungleichbehandlungen.

687 • **Personenbezogene Ungleichbehandlungen** sind solche, bei denen als Differenzierungskriterium Eigenschaften der Person gewählt werden. Beispiele für personenbezogene Differenzierungskriterien sind etwa das Lebensalter, der Ausbildungs- oder Familienstand oder die Religionszugehörigkeit. Hier wird zur Unterscheidung unmittelbar an persönliche Eigenschaften angeknüpft, sodass im Ergebnis Personen mit diesen Eigenschaften anders behandelt werden, als Personen ohne diese Eigenschaften.

688 • **Sachbezogene Ungleichbehandlungen** liegen hingegen dann vor, wenn persönliche Eigenschaften des Betroffenen für die Unterscheidung keine Rolle spielen, sondern lediglich Sachverhalte unterschiedlich behandelt werden. Eine bloß sachbezogene Unterscheidung sah das BVerfG etwa darin, dass für zivilgerichtliche Urteile keine Rechtsbehelfsbelehrung vorgesehen ist, wäh-

---

45 BVerfGE 88, 87 (96) (Transsexuelle II).

46 BVerfGE 93, 99 (111) (Rechtsbehelfsbelehrung).

rend dies etwa in der Verwaltungsgerichtsbarkeit erforderlich ist.[47] Entscheidend ist also, dass sachbezogene Ungleichbehandlungen nicht an ein Merkmal der Person anknüpfen.

Gleichwohl ist die Unterscheidung zwischen personen- und sachbezogenen Ungleichbehandlungen nicht immer völlig eindeutig.[48] Denn auch bei sachbezogenen Unterscheidungen sind letztlich Personen von der Ungleichbehandlung betroffen. Deutlich wird dieses Problem insbesondere bei **verhaltensbezogenen Differenzierungen**, bei denen weder ein bloßer Sachverhalt, noch die Eigenschaft einer Person, sondern vielmehr ein bestimmtes Verhalten als Differenzierungskriterium herangezogen wird. Ein Beispiel dafür ist die oben bereits erwähnte Anknüpfung einer Steuerpflicht an den Besitz eines Hundes, während der Besitz einer Katze keiner Steuerpflicht unterliegt. Formell liegt hier eine sachverhaltsbezogene Differenzierung vor, während man in materieller Hinsicht durchaus von einer **mittelbaren Ungleichbehandlung von Personengruppen** (der Hunde- und der Katzenhalter) sprechen könnte. Die Behandlung dieser Zweifelsfälle ist weithin unklar; derartige Fälle sollten aber jedenfalls dann als personenbezogene Ungleichbehandlungen eingestuft werden, wenn die mittelbar ungleich behandelten Personengruppen bereits vor Schaffung des Gesetzes als abgrenzbare Gruppen existiert haben[49] und die Betroffenen der Ungleichbehandlung durch Verhaltensänderung nur schwer ausweichen können.[50] Schafft hingegen erst das differenzierende Gesetz die unterschiedlichen Personengruppen, so liegt eine sachbezogene Regelung vor. 689

Im **Beispiel** der Katzen- und Hundehalter ließe sich danach eine personenbezogene Regelung noch bejahen. Katzen- und Hundehalter stellen jeweils eigenständige Gruppen dar, die nicht erst durch die unterschiedliche Steuerpflicht geschaffen werden. Entsprechend wäre die neue Formel anzuwenden. Schwieriger ist dies hingegen bei der Unterscheidung von Hunden und Kampfhunden. Hier spricht vieles dafür, dass diese Unterscheidung nicht natürlicherweise existiert, sondern vielmehr vom Gesetzgeber erst geschaffen wird. Die Unterscheidung zwischen Hunden und Kampfhunden stellt damit eine sachbezogene Regelung dar, die grundsätzlich anhand der Willkürformel zu überprüfen wäre.

Bei der Auswahl des richtigen Prüfungsmaßstabs orientiert sich das BVerfG demnach an einer **typisierten Betrachtung** entsprechend der typischen Schwere und Intensität einer Ungleichbehandlung. Danach sind personenbezogene Ungleichbehandlungen anhand der neuen Formel auf ihre Verhältnismäßigkeit hin zu überprüfen, während bloß sachbezogene Ungleichbehandlungen lediglich an der Willkürformel zu messen sind. 690

bb) Zweite Stufe nur bei sachbezogenen Ungleichbehandlungen: Liegt ein typischerweise besonders schwer wiegender Fall vor?

Diese typisierte Betrachtung ist jedoch hinsichtlich der sachbezogenen Ungleichbehandlungen ungenau und in vielen Fällen unzutreffend. In der Rechtsprechung 691

---

47 BVerfGE 93, 99 (111) (Rechtsbehelfsbelehrung).

48 Zu dieser Problematik vgl. *Bryde/Kleindiek*, Jura 1999, 36 (40).

49 *Sachs,* VerfR II, Kap. B 3 Rn. 25. Vgl. dazu *Jarass*, NJW 1997, 2545 (2547).

50 BVerfGE 88, 5 (12) (Gewerkschaftliche Beratungshilfe); 88, 87 (96) (Transsexuelle II).

des BVerfG treten jedenfalls immer wieder Fälle auf, in denen sich auch sachbezogene Ungleichbehandlungen als intensiv und schwer wiegend darstellen.

692 Hat man festgestellt, dass eine **sachbezogene Differenzierung** vorliegt, ist auf der **zweiten Stufe** eine weitere typisierte Betrachtung vorzunehmen, die typischerweise gravierende sachbezogene Ungleichbehandlungen ebenfalls einer Verhältnismäßigkeitsprüfung zuführt. Im Einzelnen hat das BVerfG unter Einbeziehung weiterer Vorschriften des Grundgesetzes zwei Fallgruppen herausgearbeitet, in denen auch sachbezogene Differenzierungen anhand der neuen Formel zu überprüfen sind.

693 Eine Verhältnismäßigkeitsprüfung ist erstens dann durchzuführen, wenn die Ungleichbehandlung zugleich **negative Auswirkungen auf den Gebrauch von Freiheitsrechten** hat.[51] Dies ist beispielsweise häufig dann der Fall, wenn einmal gewährte Begünstigungen wieder entzogen werden; in diesen Fällen ist zugleich jedenfalls die allgemeine Handlungsfreiheit (Art. 2 Abs. 1 GG) einschlägig. Eine Prüfung nur anhand der Willkürformel ist hingegen im Bereich der gewährenden Staatstätigkeit vorzunehmen, wenn neue Begünstigungen gewährt werden.[52] Hier kommt dem Gesetzgeber ein weiter Spielraum zu, weil Auswirkungen auf die Freiheitsrechte eher selten sind.

> BVerfG, NVwZ 2002, 197 (198): „**Auf der anderen Seite hat der Gesetzgeber im Bereich der gewährenden Staatstätigkeit eine größere Gestaltungsfreiheit als innerhalb der Eingriffsverwaltung. Das gilt besonders dann, wenn der Staat Leistungen nicht deshalb gewährt, weil er einer dringenden sozialen Notlage begegnen oder eine - mindestens moralische - Verpflichtung der Gemeinschaft erfüllen will**, sondern aus freier Entschließung durch finanzielle Zuwendungen ein bestimmtes Verhalten der Bürger fördert, das ihm aus wirtschafts-, sozial- oder gesellschaftspolitischen Gründen erwünscht ist. In der Entscheidung darüber, welche Personen oder Unternehmen gefördert werden sollen, ist der staatliche Gesetzgeber weitgehend frei. Zwar darf der Staat seine Leistungen nicht nach unsachlichen Gesichtspunkten verteilen. Subventionen müssen sich gemeinwohlbezogen rechtfertigen lassen, damit sie vor dem Gleichheitssatz Bestand haben. Sachbezogene Gesichtspunkte stehen dem Gesetzgeber jedoch in sehr weitem Umfang zu Gebote; solange die Regelung sich auf eine der Lebenserfahrung nicht geradezu widersprechende Würdigung der jeweiligen Lebensverhältnisse stützt, insbesondere der Kreis der von der Maßnahme Begünstigten sachgerecht abgegrenzt ist, kann sie verfassungsrechtlich nicht beanstandet werden."

694 Eine strenge Verhältnismäßigkeitsprüfung ist zweitens dann geboten, wenn die Ungleichbehandlung **Auswirkungen auf andere Verfassungsvorschriften**, in der Praxis insbesondere das Sozialstaatsprinzip (Art. 20 Abs. 1 GG) oder die Garantie effektiven Rechtsschutzes (Art. 19 Abs. 4 GG), hat.[53] Andererseits spricht es für eine bloße Anwendung der Willkürformel, wenn die Differenzierung in der Verfassung selbst angelegt ist. Beispiele dafür sind Art. 6 Abs. 1, 2 GG (Bevorzugung von Ehe und Familie) und wiederum das Sozialstaatsprinzip, wenn sozial Schwache vergleichsweise stärker begünstigt werden.[54]

---

51 BVerfGE 82, 126 (146) (Kündigungsfristen für Arbeiter); 88, 87 (96) (Transsexuelle II).

52 BVerfGE 100, 195 (205) (Weihnachtsfreibetrag).

53 BVerfGE 45, 376 (387) (Unfallversicherung [nasciturus]); 81, 347 (356 f.) (PKH).

54 BVerfGE 56, 139 (143) (PKH in der Zwangsvollstreckung).

Bei sachverhaltsbezogenen Differenzierungen sind folglich zur Wahl des Prüfungsmaßstabs im konkreten Einzelfall weitere Verfassungsbestimmungen mit einzubeziehen. Je weniger negative Auswirkungen auf andere Verfassungsnormen zu befürchten sind, bzw. je mehr die Differenzierung in der Verfassung selbst angelegt ist, desto eher ist eine bloße Willkürprüfung durchzuführen. **695**

696

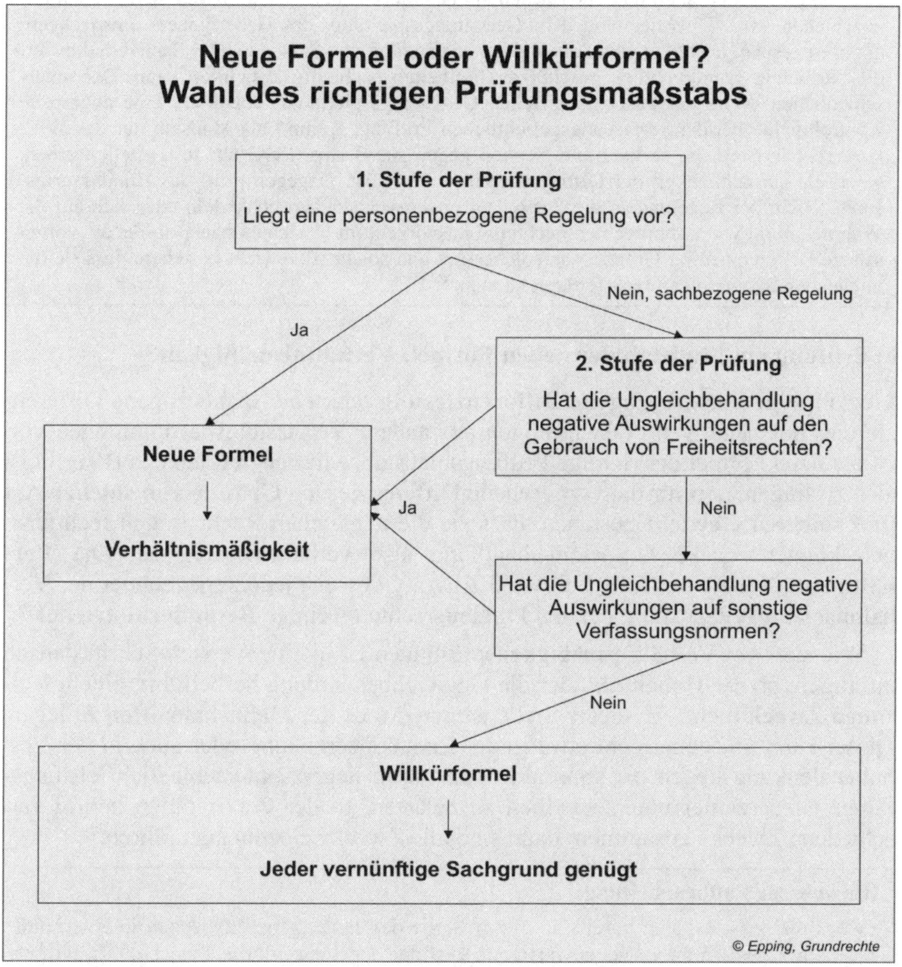

BVerfGE 88, 87 (96 f.) (Transsexuelle II): „Aus dem allgemeinen Gleichheitssatz ergeben sich je nach Regelungsgegenstand und Differenzierungsmerkmalen **unterschiedliche Grenzen für den Gesetzgeber, die vom bloßen Willkürverbot bis zu einer strengen Bindung an Verhältnismäßigkeitserfordernisse reichen**. Die Abstufung der Anforderungen folgt aus Wortlaut und Sinn des Art. 3 Abs. 1 GG sowie aus seinem Zusammenhang mit anderen Verfassungsnormen. Da der Grundsatz, dass alle Menschen vor dem Gesetz gleich sind, in erster Linie eine ungerechtfertigte Verschiedenbehandlung von Personen verhindern soll, unterliegt der Gesetzgeber bei einer Ungleichbehandlung von Personengruppen regelmäßig einer strengen Bindung. Diese Bindung ist umso enger, je mehr sich die **personenbezogenen Merkma-**

> **le den in Art. 3 Abs. 3 GG genannten annähern** und je größer deshalb die Gefahr ist, dass eine an sie anknüpfende Ungleichbehandlung zur Diskriminierung einer Minderheit führt. Die engere Bindung ist jedoch nicht auf personenbezogene Differenzierungen beschränkt. **Sie gilt vielmehr auch, wenn eine Ungleichbehandlung von Sachverhalten mittelbar eine Ungleichbehandlung von Personengruppen bewirkt**. Bei lediglich verhaltensbezogenen Unterscheidungen hängt das Maß der Bindung davon ab, inwieweit die Betroffenen in der Lage sind, durch ihr Verhalten die Verwirklichung der Merkmale zu beeinflussen, nach denen unterschieden wird. Überdies sind dem Gestaltungsspielraum des Gesetzgebers umso engere Grenzen gesetzt, je stärker sich die Ungleichbehandlung von Personen oder Sachverhalten auf die Ausübung grundrechtlich geschützter Freiheiten nachteilig auswirken kann. Der unterschiedlichen Weite des gesetzgeberischen Gestaltungsspielraums entspricht eine abgestufte Kontrolldichte bei der verfassungsgerichtlichen Prüfung. Kommt als Maßstab nur das Willkürverbot in Betracht, so kann ein Verstoß gegen Art. 3 Abs. 1 GG nur festgestellt werden, wenn die Unsachlichkeit der Differenzierung evident ist. Dagegen prüft das Bundesverfassungsgericht bei Regelungen, die Personengruppen verschieden behandeln oder sich auf die Wahrnehmung von Grundrechten nachteilig auswirken, im Einzelnen nach, ob für die vorgesehene Differenzierung Gründe von solcher Art und solchem Gewicht bestehen, dass sie die ungleichen Rechtsfolgen rechtfertigen können."

e) Prüfung am Maßstab der neuen Formel: Verhältnismäßigkeit?

697 Liegt eine **personenbezogene Differenzierung** oder eine sachbezogene Differenzierung mit negativen Auswirkungen auf andere Verfassungsbestimmungen vor, ist die neue Formel der richtige Prüfungsmaßstab. Mit den Worten des BVerfG ist also zu fragen, „ob für die vorgesehene Differenzierung **Gründe von solcher Art und solchem Gewicht** bestehen, dass sie die ungleichen Rechtsfolgen rechtfertigen können"[55], die Ungleichbehandlung also verhältnismäßig ist. Die **Verhältnismäßigkeitsprüfung** bei Art. 3 Abs. 1 GG weist jedoch gegenüber der Verhältnismäßigkeitsprüfung bei den Freiheitsrechten[56] einige **Besonderheiten** auf[57]:

698 Wie stets bei Verhältnismäßigkeitsprüfungen ist in einem ersten Schritt danach zu fragen, ob der Hoheitsakt, der die Ungleichbehandlung herbeiführt, einem **legitimen Zweck** dient. An dieser Stelle ist der Zweck der Maßnahme offen zu legen. Dieser kann im Steuerrecht etwa in der Einnahmeerzielung oder auch in der Verhaltenslenkung liegen. Er kann aber auch darin liegen, unterschiedlich leistungsfähige Steuerzahler unterschiedlich zu belasten. In der Praxis fallen häufig verschiedene Zwecke zusammen; dann sind alle Zwecke einzeln anzuführen.

699

> **Hinweis zur Fallbearbeitung:**
>
> Zweckmäßig ist es, sich bereits an dieser Stelle den Unterschied zwischen internen und externen Zwecken zu vergegenwärtigen: Verfolgt der Staat interne Zwecke, d.h. will er vorhandenen Unterschieden Rechnung tragen, ist darauf abzustellen, ob die Unterschiede tatsächlich bestehen und hinreichend gewichtig sind, um die Ungleichbehandlung zu

---

[55] BVerfGE 82, 126 (146) (Kündigungsfristen für Arbeiter); 88, 87 (96) (Transsexuelle II). Für eine ungeeignete Differenzierung vgl. BVerfGE 100, 59 (92 f.) (DDR-Zusatzversorgung).

[56] Vgl. dazu Rn. 46 ff.

[57] Dazu *Brüning*, JZ 2001, 669 ff., der allerdings in einigen Punkten von der hier vertretenen Konzeption geringfügig abweicht, und *Osterloh*, in: Sachs, GG, Art. 3 Rn. 19 ff.

rechtfertigen. Verfolgt der Gesetzgeber externe, von den vorhandenen Unterschieden unabhängige Zwecke, kommt es maßgeblich auf den Stellenwert dieser Zwecke an.

Auf der zweiten Stufe erfolgt wie sonst auch die Frage nach der **Eignung**. Die Ungleichbehandlung muss also der Zweckerreichung dienen.[58] Dies setzt voraus, dass sich die Wahl des Differenzierungskriteriums im Hinblick auf den Zweck sachlich begründen lässt. Tendenziell ungeeignet wäre daher etwa ein Steuergesetz, das Einkommensschwache schonen will und zu diesem Zweck zwischen Niedersachsen und Bremern differenziert. **700**

Auf der dritten Stufe erfolgt die Prüfung der **Erforderlichkeit**. Die durch die Ungleichbehandlung bewirkte Belastung darf nicht weiter reichen, als es der die Verschiedenbehandlung tragende Differenzierungsgrund rechtfertigt.[59] Fraglich ist damit, ob eine treffsicherere, weniger belastende Unterscheidung - also ein milderes Mittel mindestens gleicher Effektivität - in Betracht kommt. Hier ist das BVerfG vor allem im Bereich der Leistungsverwaltung großzügig; es weist dem Gesetzgeber jedenfalls in weniger schwer wiegenden Fällen von Ungleichbehandlungen einen **weiten Einschätzungs- und Gestaltungsspielraum** zu. Der Grund dafür liegt darin, dass es insbesondere bei staatlichen Fördermaßnahmen eine Vielzahl von Möglichkeiten gibt. Das BVerfG will hier seine Einschätzung nicht an die Stelle des dazu berufenen Gesetzgebers bzw. der Verwaltung setzen. Erforderlich ist danach eine Maßnahme schon dann, wenn keine Alternative vorliegt, die den Förderungszweck mindestens ebenso gut verfolgt und zugleich die benachteiligte Personengruppe milder und schonender behandelt.[60] Dabei kann dem Gesichtspunkt der Verwaltungspraktikabilität vor allem bei der Regelung von Massenerscheinungen eine besondere Bedeutung zukommen, wenn bei einer Gleichbehandlung erhebliche verwaltungstechnische Schwierigkeiten entstehen würden, die nicht durch einfachere, die Betroffenen weniger belastende Regelungen behoben werden können.[61] **701**

Auf der vierten Stufe erfolgt die **Angemessenheitsprüfung**, bei der Zweck und Mittel gegeneinander abgewogen werden.[62] Die Bedeutung des Zwecks ist also der Intensität der Ungleichbehandlung gegenüber zu stellen. Bei der **Bewertung des Zwecks** gewinnt die Unterscheidung von internen und externen Zwecken eine gewisse Bedeutung[63]: Verfolgt der Staat interne Zwecke und liegt der Zweck **702**

---

58 *Gubelt*, in: v. Münch/Kunig, Art. 3 Rn. 29.

59 BVerfGE 85, 238 (245) (Mietwagenbesteuerung).

60 *Pieroth/Schlink*, Rn. 442.

61 BVerfGE 100, 195 (205) (Einheitswert).

62 *Jarass*, NJW 1997, 2545 (2548 ff.); *Gubelt*, in: v. Münch/Kunig, Art. 3 Rn. 23 ff.

63 Diese Unterscheidung nimmt das BVerfG zwar nicht ausdrücklich vor. Der Sache nach findet sich aber jedenfalls in einigen Entscheidungen ein entsprechendes Vorgehen. Externe Zwecke stehen etwa in BVerfGE 88, 87 (98 f.) (Transsexuelle II); BVerfGE 96, 330 (341 f.) (BaföG als Darlehen) und BVerfGE 98, 365 (391 f.) (Versorgungsanwartschaften) im Vordergrund; hier wird jeweils eine Bewertung von Gründen des Allgemeinwohls vorgenommen. Um interne Zwecke geht es dagegen beispielsweise in BVerfGE 82, 126 (148 ff.) (Kündigungsfristen für Arbeiter) und BVerfGE 92, 26 (52) (Zweitregister); in beiden Entscheidungen sind Art und Gewicht der bestehenden Unterschiede maßgeblich.

demnach in der Berücksichtigung vorgefundener Unterschiede wie etwa der unterschiedlichen finanziellen Leistungsfähigkeit, ist allein nach Art und Gewicht der bestehende Unterschiede zwischen den verschieden behandelten Gruppen, denen das staatliche Handeln Rechnung tragen will, zu fragen. Je größer die Unterschiede sind, umso unabweisbarer ist das Bedürfnis nach einer Differenzierung und umso wertvoller ist deshalb der staatlicherseits verfolgte Zweck. Verfolgt der Gesetzgeber hingegen externe Zwecke wie etwa die Wirtschaftsförderung, müssen diese Zwecke möglichst unter Heranziehung sonstiger Verfassungsnormen nach Art und Gewicht bewertet werden. Wie bei den Freiheitsrechten muss die **Maßstabsbildung** aus der Verfassung heraus erfolgen. Die Zwecke sind also etwa danach zu bewerten, ob der Staat grundrechtliche Schutzpflichten verfolgt oder aber in Übereinstimmung mit den Staatsstruktur- und Staatszielbestimmungen der Art. 20 Abs. 1, 20a GG handelt. Auf Art und Gewicht der Unterschiede zwischen den Gruppen kommt es bei externen Zielen hingegen nicht an.

703

Hinweis zur Fallbearbeitung:
In der Fallbearbeitung ist nicht entscheidend, dass die Begriffe „interner" und „externer" Zweck verwendet werden. Entscheidend ist vielmehr, dass der Bezugspunkt der Verhältnismäßigkeitsprüfung klar herausgearbeitet wird: Kommt es im konkreten Fall auf die hinreichenden Unterschiede zwischen den beiden Gruppen oder das Gewicht der staatlicherseits verfolgten Gemeinwohlbelange an? In der Praxis geht es häufig um beides; in der Fallbearbeitung sollten dann sowohl Ausführungen zu den vorhandenen Unterschieden wie auch zu den sonstigen Gründen für die Ungleichbehandlung gemacht werden.

704 Die Bewertung der **Intensität der Ungleichbehandlung** orientiert sich an deren Auswirkungen auf den nachteilig Betroffenen. Die Intensität der Ungleichbehandlung ist **umso höher**,

- je ähnlicher das verwendete Differenzierungskriterium den Kriterien des Art. 3 Abs. 3 GG ist und je größer deshalb die Gefahr ist, dass eine an sie anknüpfende Ungleichbehandlung zur Diskriminierung einer Minderheit führt[64],
- je weniger der Betroffene das Differenzierungskriterium durch Verhaltensänderung beeinflussen kann[65],
- je stärker Freiheitsrechte oder sonstige Verfassungsnormen in ihrer Wirksamkeit beeinträchtigt werden[66] und
- je stärker der Gesetzgeber die „Systemgerechtigkeit" missachtet. Verlässt der Gesetzgeber die von ihm selbst in einem Gesetz statuierte Sachgesetzlichkeit, liegt darin ein Indiz für einen Gleichheitsverstoß.[67]

---

64 BVerfGE 99, 367 (388) (Montan Mitbestimmung); 101, 275 (291) (Fahnenflucht).

65 BVerfGE 55, 72 (89) (Präklusion I); 88, 87 (96) (Transsexuelle II).

66 BVerfGE 82, 126 (146) (Kündigungsfristen für Arbeiter).

67 BVerfGE 66, 214 (223 f.) (EStG 1961); 67, 70 (84 f.) (Steuerstundung). Praktisch relevant wird dieser Gesichtspunkt zumeist im Steuerrecht.

Umgekehrt gibt es auch Aspekte, die die Intensität der Ungleichbehandlung 705
verringern. Die **Intensität sinkt** etwa,

- wenn der Gesetzgeber Massenerscheinungen gesetzlich regelt; hier sind Verallgemeinerungen aus Praktikabilitätsgründen unumgänglich. Der Gesetzgeber darf sich grundsätzlich am Regelfall orientieren und ist nicht gehalten, allen Besonderheiten jeweils durch Sonderregelungen Rechnung zu tragen.[68] Ihm kommt vielmehr ein Spielraum für generalisierende, typisierende und pauschalierende Regelungen zu.
- wenn der Gesetzgeber komplexe Lebenssachverhalte regelt, bei denen Zusammenhänge und Wechselwirkungen schwer absehbar sind. Das BVerfG schraubt in diesen Fällen seine Anforderungen zurück und nimmt je nach der Komplexität der Materie zuweilen eine Einschätzungsprärogative des Gesetzgebers an.[69]
- wenn der Gesetzgeber einen Sachverhalt regelt, bei dem Erfahrungen bislang fehlen. Hier hängt ein möglicher Prognosespielraum auch von der Möglichkeit des Gesetzgebers ab, sich im Zeitpunkt der Entscheidung ein hinreichend sicheres Urteil zu bilden.[70]
- wenn sich der Einzelne durch eine Verhaltensänderung auf die veränderte Lage einstellen kann. Es ist dann grundsätzlich Sache des Betroffenen, nachteiligen Auswirkungen durch eigenes Verhalten zu begegnen.[71]

Die Angemessenheitsprüfung endet schließlich mit einer Abwägung von Art 706
und Gewicht der Unterschiede (interne Zwecke) bzw. Gründe (externe Zwecke) und der Intensität der Ungleichbehandlung.

707

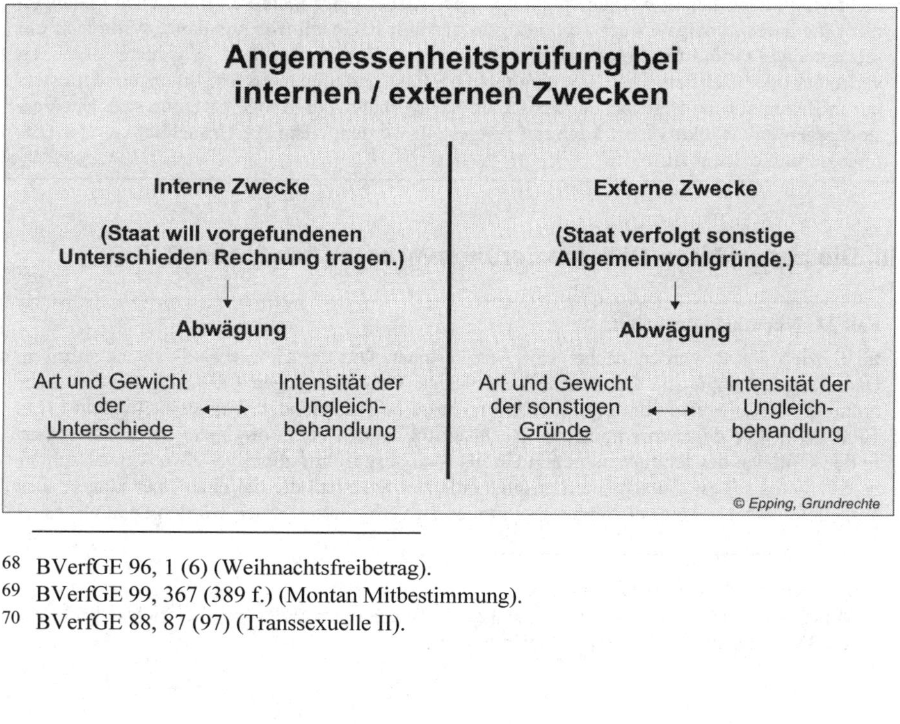

68 BVerfGE 96, 1 (6) (Weihnachtsfreibetrag).

69 BVerfGE 99, 367 (389 f.) (Montan Mitbestimmung).

70 BVerfGE 88, 87 (97) (Transsexuelle II).

708 **Hinweis zur Fallbearbeitung:**

Auch in einer sehr guten Klausur ist es nicht erforderlich, die gesammelten Ergebnisse aus 50 Jahren Verfassungsrechtsprechung aus dem Gedächtnis zu präsentieren. Es empfiehlt sich aber, im Rahmen der Angemessenheitsprüfung zunächst unter gründlicher Auswertung des Sachverhalts den staatlicherseits verfolgten Zweck zu bewerten und an dieser Stelle bei internen Zwecken auf Art und Gewicht der Unterschiede bzw. bei externen Zwecken auf Art und Gewicht der Gründe einzugehen. In einem zweiten Schritt sollte die Intensität der Ungleichbehandlung festgestellt werden, wobei insbesondere Art. 3 Abs. 3 GG, die Freiheitsrechte und sonstige Verfassungsbestimmungen Anhaltspunkte liefern. Die aufgezählten Details sind als typische Beispiele aus der Rechtsprechung des BVerfG zu verstehen. Die Angemessenheitsprüfung sollte schließlich mit einer Abwägung enden; an dieser Stelle ist eigene Argumentation gefragt.

e) Prüfung am Maßstab der Willkürformel: Sachlicher Grund?

709 Bei einer sachbezogenen Ungleichbehandlung ohne Beeinträchtigung anderer Verfassungsnormen ist eine Willkürprüfung durchzuführen. Hier ist der Gesetzgeber weitgehend frei. Ein Gleichheitsverstoß liegt vor, „wenn sich für eine gesetzliche Regelung **kein sachlicher Grund** finden lässt und sie deshalb als willkürlich zu bezeichnen ist". Die Unsachlichkeit einer Regelung muss „evident" sein.[72]

BVerfGE 89, 132 (141 f.) (Konkursausfallgeld): „Das **Willkürverbot** gilt innerhalb des hoheitlichen Staatsaufbaus, in dem grundsätzlich kein Grundrechtsschutz besteht, jedenfalls auf Grund des Rechtsstaatsprinzips. Es ist verletzt, wenn sich ein vernünftiger, sich aus der Natur der Sache ergebender oder sonst wie sachlich einleuchtender Grund für eine gesetzliche Differenzierung oder Gleichbehandlung nicht finden lässt. Willkür des Gesetzgebers kann nicht schon dann bejaht werden, wenn der Gesetzgeber unter mehreren möglichen Lösungen nicht die zweckmäßigste oder vernünftigste gewählt hat, vielmehr nur dann, wenn sich ein sachgerechter Grund für die gesetzliche Bestimmung nicht finden lässt. Was hierbei sachlich vertretbar oder sachfremd ist, lässt sich nicht abstrakt und allgemein feststellen, sondern stets nur in Bezug auf die Eigenart des konkreten Sachverhalts, der geregelt werden soll. Ein Verstoß gegen das Willkürverbot kann nur festgestellt werden, wenn die Unsachlichkeit der Differenzierung evident ist."

III. Die besonderen Differenzierungsverbote (Art. 3 Abs. 2, 3 GG)

710 **Fall 23: Nachtarbeitsverbot**

Im Betrieb der P wurden nachts vier Arbeiterinnen von der Gewerbeaufsicht angetroffen. Daraufhin verhängte die Gewerbeaufsicht wegen Verstoßes gegen § 19 Abs. 1 Arbeitszeitordnung (AZO) in nach einfachem Recht nicht zu beanstandender Weise ein Bußgeld i.H.v. 1000,- DM. Die dagegen eingelegten Rechtsmittel blieben bis in die letzte Instanz erfolglos. In den Gründen des letztinstanzlichen Urteils wird ausgeführt, alleiniger Zweck des Nachtarbeitsverbotes sei es, die schweren gesundheitlichen Schäden, die bei einer über längere Zeit ausgeübten Nachtarbeit entstünden, bei Frauen zu verhindern. Frauen würden dadurch insge-

---

71 BVerfGE 55, 72 (89) (Präklusion I).

72 BVerfGE 89, 132 (141) (Konkursausfallgeld). Speziell zur Willkür bei Gerichtsentscheidungen BVerfGE 89, 1 (13 f.) (Besitzrecht des Mieters).

samt gesehen gegenüber den männlichen Arbeitern nicht benachteiligt, sondern begünstigt. Zwar verwehrten der Gleichberechtigungsgrundsatz und das Benachteiligungsverbot es dem Gesetzgeber, Regelungen aufrechtzuerhalten, die der Frau die überkommene Hausfrauenrolle zuwiesen. Der Gesetzgeber könne aber an biologische Unterschiede anknüpfen und demgemäß Mann und Frau unterschiedlich behandeln. Die Frau sei wegen biologisch-konstitutioneller Besonderheiten durch Nachtarbeit stärker als der Mann gefährdet. Es sei nicht Sinn der Gleichberechtigung, Frauen neuen Gefahren für ihre Gesundheit auszusetzen. Mit einer Verfassungsbeschwerde rügt P nun eine Verletzung ihrer Grundrechte. Sie trägt vor, § 19 Abs. 1 AZO verstoße gegen Art. 3 Abs. 3 GG, indem nur Frauen von der Nachtarbeit ausgeschlossen würden. Das Rollenverständnis der Frau habe sich geändert. Die traditionelle Doppelbelastung der berufstätigen Frau sei nicht mehr als funktionales Unterscheidungsmerkmal anzusehen, das eine Ungleichbehandlung der Frau im Hinblick auf Nachtarbeit rechtfertigen könne. Die biologisch-konstitutionellen Besonderheiten der Frau rechtfertigten die Ungleichbehandlung ebenso wenig. Frauen seien nicht stärker als Männer durch Nachtarbeit gesundheitlich gefährdet. Nachtarbeit sei für jeden menschlichen Organismus schädlich.

Ist die zulässige Verfassungsbeschwerde der P gegen den Bußgeldbescheid und das letztinstanzliche Urteil begründet? Freiheitsrechte sind nicht zu prüfen.

§ 19 AZO (a.F.): Arbeiterinnen dürfen nicht in der Nachtzeit von zwanzig bis sechs Uhr und an den Tagen vor Sonn- und Feiertagen nicht nach siebzehn Uhr beschäftigt werden.

Fall nach BVerfGE 85, 191 ff. (Nachtarbeitsverbot)

Während Art. 3 Abs. 1 GG ungerechtfertigte Ungleichbehandlungen generell verbietet, untersagt Art. 3 Abs. 3 GG die Ungleichbehandlung eines Menschen „wegen" seines Geschlechts, seiner Abstammung, seiner Rasse, seiner Sprache, seiner Heimat und Herkunft, seines Glaubens, seiner religiösen und politischen Anschauungen und seiner Behinderung. Hinsichtlich der Gleichbehandlung von Frauen und Männern findet sich in Art. 3 Abs. 2 GG zudem eine Sonderregelung. 711

Dem **Wortlaut** nach stellt sich Art. 3 Abs. 3 GG damit als **besonderes Differenzierungsverbot** dar; an die genannten Kriterien darf eine Unterscheidung nicht geknüpft werden. Insofern verstärkt Art. 3 Abs. 3 GG den allgemeinen Gleichheitssatz des Art. 3 Abs. 1 GG.[73] Ebenso wie auf Art. 3 Abs. 1 GG kann sich jedermann auf Art. 3 Abs. 3 GG berufen. 712

Hinweis zur Fallbearbeitung: 713

In der Fallbearbeitung ist Art. 3 Abs. 3 GG als selbstständiges, gegenüber Art. 3 Abs. 1 GG spezielles Grundrecht vor diesem zu prüfen. Der Prüfungsaufbau ähnelt dabei dem Aufbau beim allgemeinen Gleichheitssatz. In einem ersten Schritt ist eine Ungleichbehandlung „wegen" eines genannten Kriteriums festzustellen und in einem zweiten Schritt deren mögliche Rechtfertigung zu überprüfen.

1. Ungleichbehandlung „wegen" eines verbotenen Kriteriums

Art. 3 Abs. 3 S. 1 GG verbietet jede Bevorzugung oder Benachteiligung wegen eines der genannten Kriterien, enthält insofern also ein umfassendes Unterscheidungsverbot. Zudem ist eine Benachteiligung, nicht aber eine Bevorzugung, wegen einer Behinderung verboten (Art. 3 Abs. 3 S. 2 GG). 714

---

[73] BVerfGE 85, 191 (206) (Nachtarbeitsverbot).

715 Allerdings greift das Unterscheidungsverbot nur dann ein, wenn die Unterscheidung „**wegen**" eines der genannten Kriterien erfolgt. Dieser relativ offene Wortlaut hat zu einer lange Zeit unübersichtlichen Verfassungsrechtsprechung geführt. So hat das BVerfG eine Ungleichbehandlung „wegen" eines bestimmten Merkmals zunächst nur dann angenommen, wenn die Benachteiligung gerade bezweckt war.[74] Dies führte beispielsweise in der Entscheidung zum sog. Radikalenerlass, der politisch „Radikalen" den Zugang zum öffentlichen Dienst verwehrte, dazu, dass das BVerfG eine Ungleichbehandlung auf Grund der politischen Anschauungen verneinte, obgleich die politischen Anschauungen der „Radikalen" eindeutig Anknüpfungspunkt und Grund für den Ausschluss waren.[75] Das BVerfG argumentierte aber, das Ziel der Regelung sei der Schutz der verfassungsmäßigen Ordnung und nicht die Ungleichbehandlung selbst. Art. 3 Abs. 3 GG wäre in dieser Auslegung folglich auf Fallgestaltungen beschränkt, in denen die Unterscheidung zum Selbstzweck erhoben ist. Derartige Fälle kommen in der Praxis jedoch kaum vor, sodass Art. 3 Abs. 3 GG seine praktische Wirksamkeit nahezu völlig verlieren würde.

> BVerfGE 75, 40 (69 f.) (Privatschulfinanzierung I): „Der besondere Gleichheitssatz des Art. 3 Abs. 3 GG enthält Konkretisierungen des allgemeinen Gleichheitssatzes. Er verbietet es, die in ihm genannten Merkmale und Eigenschaften als Anknüpfungspunkt für eine Diskriminierung oder Privilegierung zu wählen. Die Differenzierungsverbote dieses Grundrechts haben allerdings nur die Bedeutung, dass die aufgeführten faktischen Verschiedenheiten keine rechtlichen Wirkungen haben dürfen; sie sind ferner beschränkt auf die in den Vergleichstatbeständen benannten unterschiedlichen Eigenschaften, hingegen bleiben Differenzierungen, die auf anderen Unterschiedlichkeiten der Personen oder der Lebensumstände beruhen, unberührt. Ein Verstoß gegen Art. 3 Abs. 3 GG liegt mithin nur dann vor, wenn eine Sonderbehandlung ihre Ursache in den durch dieses besondere Grundrecht bezeichneten Gründen hat, wenn also ein kausaler Zusammenhang zwischen einem der aufgeführten Gründe und der Benachteiligung oder Bevorzugung besteht. Das Verbot des Art. 3 Abs. 3 GG gilt mithin nicht absolut; es verbietet, wie sich schon aus seinem Wortlaut ergibt („wegen"), nur die bezweckte Benachteiligung oder Bevorzugung, nicht aber einen Nachteil oder einen Vorteil, der die Folge einer ganz anders intendierten Regelung ist."

716 Diese Gefahr des Wirkungsverlustes hat später auch das BVerfG gesehen. In seiner Entscheidung zum Nachtarbeitsverbot für Frauen distanzierte sich das BVerfG schließlich eindeutig von seiner früheren Auffassung. Nunmehr gilt, dass die in Art. 3 Abs. 3 GG genannten Merkmale **in keiner Weise als Anknüpfungspunkt für eine rechtliche Ungleichbehandlung** herangezogen werden dürfen. Dies - so das BVerfG - gelte auch dann, wenn die Regelung nicht auf eine nach Art. 3 Abs. 3 GG verbotene Ungleichbehandlung angelegt sei, sondern in erste Linie andere Ziele verfolge.[76] „Wegen" ist nach dieser neuen Rechtsprechung als „anhand" zu verstehen. Erforderlich ist allerdings, dass die Ungleichbehandlung eine Folge der Verwendung der genannten Merkmale ist, also eine Kausalität zwi-

---

74 BVerfGE 75, 40 (70) (Privatschulfinanzierung I).

75 BVerfGE 39, 334 (368) (Extremistenbeschluss).

76 BVerfGE 85, 191 (206) (Nachtarbeitsverbot); 89, 276 (288) (§ 611a BGB); 97, 35 (43) (Hamburger Ruhegeldgesetz).

schen Ungleichbehandlung und der Verwendung eines verbotenen Differenzierungskriteriums besteht.[77]

> BVerfGE 85, 191 (206) (Nachtarbeitsverbot): „Nach dieser Verfassungsnorm darf niemand wegen seines Geschlechts benachteiligt oder bevorzugt werden. Sie verstärkt den allgemeinen Gleichheitssatz des Art. 3 Abs. 1 GG, indem sie der dem Gesetzgeber darin eingeräumten Gestaltungsfreiheit engere Grenzen zieht. **Das Geschlecht darf grundsätzlich - ebenso wie die anderen in Abs. 3 genannten Merkmale - nicht als Anknüpfungspunkt für eine rechtliche Ungleichbehandlung herangezogen werden**. Das gilt auch dann, wenn eine Regelung nicht auf eine nach Art. 3 Abs. 3 GG verbotene Ungleichbehandlung angelegt ist, sondern in erster Linie andere Ziele verfolgt (Klarstellung von BVerfGE 75, 40 [70]).“

Eine Ungleichbehandlung „wegen“ eines genannten Merkmals liegt schließlich 717
nicht nur dann vor, wenn rechtlich unmittelbar an ein solches Merkmal angeknüpft wird (direkte Ungleichbehandlungen). Auch **faktische und mittelbare (indirekte) Ungleichbehandlungen**, die an den Merkmalen des Art. 3 Abs. 3 GG festzumachen sind, sind verboten.[78] Eine verbotene Diskriminierung kann daher beispielsweise in einem Gesetz liegen, das Kenntnisse des plattdeutschen Dialekts zur generellen Voraussetzung der Einstellung als Lehrer macht. Zwar spielt hier die Heimat unmittelbar keine Rolle; auch ein Bayer kann immer noch Lehrer werden. Da sich aber kaum ein süddeutscher Bewerber mit entsprechenden Plattdeutschkenntnissen finden wird, liegt eine faktische Diskriminierung auf Grund der Heimat vor, die ebenfalls von Art. 3 Abs. 3 GG erfasst ist. Die **verbotenen Kriterien** werden in Art. 3 Abs. 3 GG aufgeführt:

- Das Kriterium „**Geschlecht**“ verbietet die Anknüpfung an die Eigenschaft als 718
  Mann oder Frau. Art. 3 Abs. 2 S. 1 GG weist gegenüber Art. 3 Abs. 3 S. 1 GG keinen eigenständigen Regelungsgehalt auf.[79]
- Unter „**Abstammung**“ ist die natürliche biologische Beziehung eines Men- 719
  schen zu seinen Vorfahren nach den Regeln des Familienrechts zu verstehen.[80] Insbesondere im Hinblick auf die im Nationalsozialismus praktizierte „Sippenhaft“ ist die Regelung von Bedeutung; die „Sippenhaft“ ist unter dem Grundgesetz ausnahmslos unzulässig. Eine Ungleichbehandlung anhand der Abstammung liegt aber auch dann vor, wenn es etwa bei Bewerbungen für öffentliche Stellen oder bei öffentlichen Ausschreibungen zu „Vetternwirtschaft“ im Wortsinn kommt. Für den Gesetzgeber gilt das Verbot der Ungleichbehandlung anhand der Abstammung nur sehr eingeschränkt. Insbesondere die Institutsgarantien des Familienrechts und des Erbrechts setzen im Gegenteil die Zulässigkeit der Unterscheidung nach der Abstammung gerade voraus.

---

77 *Jarass*, in: Jarass/Pieroth, Art. 3 Rn. 118.

78 BVerfGE 97, 35 (43) (Hamburger Ruhegeldgesetz); 104, 373 (393) (Ausschluss von Doppelnamen); *Jarass*, in: Jarass/Pieroth, Art. 3 Rn. 86; *Gubelt*, in: v. Münch/Kunig, Art. 3 Rn. 104.

79 BVerfGE 85, 191 (206 f.) (Nachtarbeitsverbot).

80 BVerfGE 5, 17 (22) (Volljährigkeit bei Flüchtlingen); 9, 124 (128) (Armenrecht).

720 • Das Unterscheidungsverbot anhand der „**Rasse**" knüpft ebenfalls an die Erfahrungen des Nationalsozialismus an. Eine „Rasse" i.S.v. Art. 3 Abs. 3 S. 1 GG ist eine Menschengruppe, die - zumindest vermeintlich - nach biologischen, vererbbaren Kriterien definiert werden kann.[81] Zwar ist der Begriff der „Rasse" biologisch-wissenschaftlich nicht tragfähig. Für das Unterscheidungsverbot des Grundgesetzes genügt aber auch eine angenommene Zusammenfassung als „Rasse".

721 • Das Merkmal der „**Sprache**" soll insbesondere sprachliche Minderheiten wie etwa die Sorben und die Dänen schützen. Ihnen soll die Möglichkeit zum Gebrauch ihrer Muttersprache und zum Erhalt ihrer kulturellen Institutionen gegeben sein. Sprache ist insofern als „Muttersprache" zu verstehen.[82]

722 • Unter „**Heimat**" ist die geografische Herkunft zu verstehen. Was aber im Einzelnen als „geografische Herkunft" gilt, ist weithin unklar. Nicht gemeint ist jedenfalls der konkrete Wohnsitz bzw. der aktuelle Aufenthaltsort[83], sondern eher das (Bundes-)Land bzw. die Region der Geburt. Die sog. Landeskinderregelungen, die an den gegenwärtigen Wohnsitz anknüpfen, sind damit nicht am Verbot der Differenzierung nach der Heimat zu messen.[84] Umstritten ist, ob unter „Heimat" auch die Nationalität bzw. die Staatsangehörigkeit zu verstehen ist.[85]

723 • „**Herkunft**" meint im Gegensatz zu „Heimat" die „sozial-standesmäßige Verwurzelung".[86] Darunter fällt die geburtsmäßige Zugehörigkeit zu einer sozialen Schicht. Eine Bevorzugung oder Benachteiligung von Arbeiter- oder Kapitalistenkindern ist daher verboten.

724 • Unter den Begriff des „**Glaubens**" fallen - wie auch bei Art. 4 Abs. 1 GG[87] – religiöse und weltanschauliche Ansichten gleichermaßen.[88] Mit dem folgenden Merkmal der „religiösen Anschauungen" besteht daher eine teilweise Übereinstimmung. Art. 3 Abs. 3 S. 1 GG stellt sich damit als Ausprägung der religiös-weltanschaulichen Neutralität des Staates dar.

725 • Nicht abschließend geklärt ist der Begriff der „**politischen Anschauungen**". Der Begriff erfasst jedenfalls das Haben einer politischen Überzeugung. Umstritten ist aber, ob darüber hinaus auch an das Äußern und Umsetzen einer politischen Anschauung keine Vor- oder Nachteile geknüpft werden dürfen. Das BVerfG hat dies in der Entscheidung zum Radikalenerlass verneint[89]; diese Ansicht allerdings seitdem nicht wiederholt. Dass nur das Haben einer

---

81 *Starck*, in: v. Mangoldt/Klein/Starck, Art. 3 Rn. 358.
82 *Sachs,* VerfR II, Kap. B 3 Rn. 91.
83 BVerfGE 92, 26 (50) (Zweitregister).
84 BVerwG, NVwZ 1983, 243 (244).
85 H.M.: nein, vgl. etwa *Starck*, in: v. Mangoldt/Klein/Starck, Art. 3 Rn. 366, a.A. etwa *Gubelt*, in: v. Münch/Kunig, Art. 3 Rn. 99.
86 BVerfGE 9, 124 (128) (Armenrecht); 48, 281 (288) (Spanischer Bürgerkrieg).
87 Vgl. dazu Rn. 270.
88 *Gubelt*, in: v. Münch/Kunig, Art. 3 Rn. 101.
89 BVerfGE 39, 334 (368) (Extremistenbeschluss).

politischen Anschauung von Art. 3 Abs. 3 S. 1 GG erfasst sein soll, kann auch nicht recht überzeugen: Denn bloß innere Einstellungen, die niemandem bekannt sind, können schon aus praktischen Gründen nicht Anknüpfungspunkt einer Regelung sein.[90] Zudem gewinnen politische Anschauungen in der Demokratie vor allem dadurch Bedeutung, dass sie als Teil des „Meinungskampfs" geäußert werden. Entsprechend unterfällt auch das Äußern und Umsetzen einer politischen Anschauung Art. 3 Abs. 3 S. 1 GG.[91] Eine Ausnahme soll dann gelten, wenn es jemand unternimmt, die freiheitlich-demokratische Grundordnung zu beeinträchtigen oder zu beseitigen.[92] Diese Einschränkung vollzieht das Grundgesetz etwa in Art. 18 GG selbst nach.

- Verboten ist schließlich die Benachteiligung auf Grund einer „**Behinderung**" (Art. 3 Abs. 3 S. 2 GG). Behinderung ist die Auswirkung einer nicht nur vorübergehenden Funktionsbeeinträchtigung, die auf einem regelwidrigen körperlichen, geistigen oder seelischen Zustand beruht.[93] Nach der erst 1994 neu eingefügten Vorschrift darf der Gesetzgeber keine nachteiligen Rechtsfolgen an eine Behinderung knüpfen. Einer Bevorzugung zum Ausgleich bestehender Nachteile steht Art. 3 Abs. 3 S. 2 GG nicht entgegen; er erlaubt diese Bevorzugung im Umkehrschluss sogar.[94] Verfassungsrechtlich geboten ist eine solche Bevorzugung allerdings grundsätzlich nicht. **726**

2. Rechtfertigung der Ungleichbehandlung

Betrachtet man allein den **Wortlaut** des Art. 3 Abs. 3 GG, stellt sich die Frage der Rechtfertigung einer Ungleichbehandlung eigentlich nicht. Denn jede Bevorzugung oder Benachteiligung ist verboten, ohne dass unmittelbar Ausnahmen ersichtlich wären. Wie bei den vorbehaltlosen Freiheitsrechten geht das BVerfG jedoch auch hier über den Wortlaut des Art. 3 Abs. 3 GG hinaus, indem es Ungleichbehandlungen unter bestimmten Voraussetzungen erlaubt. **727**

Eine Rechtfertigung ist nach ständiger Rechtsprechung des BVerfG ausschließlich auf Grund **kollidierenden Verfassungsrechts** möglich.[95] Erforderlich ist also, dass dem Differenzierungsverbot, d.h. der Pflicht zur Gleichbehandlung, eine konkrete Pflicht bzw. Erlaubnis zur Ungleichbehandlung aus der Verfassung entgegensteht.[96] Als kollidierendes Verfassungsrecht kommen daher vor allem **Normen** in Betracht, **die Ungleichbehandlungen** auf Grund bestimmter Kriterien unmittelbar **zulassen** oder wenigstens nahe legen. Ein Beispiel ist Art. 12a Abs. 1 GG, der den Wehrdienst nur für Männer vorsieht.[97] Auch Art. 140 GG **728**

---

90 Zutreffend *Jarass*, in: Jarass/Pieroth, Art. 3 Rn. 115.

91 BVerfGE 63, 266 (304) (Verfassungsfeindlicher Rechtsanwalt, abw. Meinung *Simon*); *Gubelt*, in: v. Münch/Kunig, Art. 3 Rn. 102 m.w.N.

92 BVerfGE 13, 46 (49) (Kein Entschädigungsausschluss vor Parteiverbot).

93 BVerfGE 96, 288 (301) (Integrative Beschulung).

94 BVerfGE 96, 288 (302 f.) (Integrative Beschulung).

95 BVerfGE 92, 91 (109) (Feuerwehrabgabe); BVerfG, NVwZ 1999, 756.

96 Vgl. dazu Rn. 69 ff.

97 BVerfGE 92, 91 (112) (Feuerwehrabgabe).

i.V.m. Art. 136 ff. WRV enthält Durchbrechungen des Art. 3 Abs. 3 GG, indem er gewisse Bevorzugungen von Religionsgesellschaften vorsieht bzw. erlaubt. Im Einzelfall können auch Schutzpflichten, etwa aus Art. 3 Abs. 3 S. 2 GG[98], als kollidierendes Verfassungsrecht in Betracht kommen. Staatsstruktur- und Staatszielbestimmungen (vgl. Art. 20, 20a GG) enthalten demgegenüber keine Pflicht oder Erlaubnis zur Ungleichbehandlung wegen eines in Art. 3 Abs. 3 GG genannten Kriteriums, sodass sie nicht als kollidierendes Verfassungsrecht herangezogen werden können.[99]

729 Erlaubt das Grundgesetz eine Ungleichbehandlung nicht ausdrücklich wie etwa in Art. 12a Abs. 1 GG, ist stets eine **Verhältnismäßigkeitsprüfung** vorzunehmen, wobei im Einzelfall ein schonender Ausgleich im Sinne praktischer Konkordanz zu suchen ist. Besonders **hohe Anforderungen** sind an die Rechtfertigung von direkten Ungleichbehandlungen zu stellen, bei denen das verbotene Differenzierungskriterium rechtlich unmittelbar den Anknüpfungspunkt darstellt. Denn das Grundgesetz gibt für diese Fälle mit Art. 3 Abs. 3 GG unmissverständlich vor, dass Ungleichbehandlungen eben nicht vorkommen sollen. Daher muss es die absolute Ausnahme bleiben, dass sich der Staat unmittelbar über den eigentlich eindeutigen Wortlaut hinwegsetzt. [100] **Geringeren Anforderungen** unterliegt staatliches Handeln, das nur indirekt (faktisch-mittelbar) an ein verbotenes Differenzierungskriterium anknüpft. Zwar hat sich das BVerfG zu derartigen Konstellationen noch nicht eindeutig geäußert. In der Literatur hat sich jedoch die Ansicht durchgesetzt, dass eine derartige Ungleichbehandlung ebenfalls durch kollidierendes Verfassungsrecht gedeckt sein muss. Bei der Verhältnismäßigkeitsprüfung sei jedoch ein weniger strenger Maßstab zu Grunde zu legen.[101] Diese Ansicht lässt sich damit begründen, dass sich indirekte Ungleichbehandlungen häufig weniger intensiv auswirken als direkte. Zudem ist der Wortlaut des Art. 3 Abs. 3 GG insofern weniger eindeutig, als er indirekte Ungleichbehandlungen nicht ausdrücklich umfasst. Solange der Gesetzgeber bei indirekten Ungleichbehandlungen überzeugende Gründe anführt, wird die Ungleichbehandlung daher zumeist zulässig sein.

730 Eine **Schlechterstellung Behinderter** ist schließlich dann gerechtfertigt, wenn das behinderungsbedingte Fehlen bestimmter Fähigkeiten die Schlechterstellung zwingend erfordert.[102] Die Rechtfertigung einer Ungleichbehandlung ähnelt insofern der bei einer Ungleichbehandlung von Männern und Frauen.[103]

---

98 Vgl. dazu Rn. 737 f.

99 *Gubelt*, in: v. Münch/Kunig, Art. 3 Rn. 88.

100 *Osterloh*, in: Sachs, GG, Art. 3 Rn. 254.

101 *Osterloh*, in: Sachs, GG, Art. 3 Rn. 256; *Jarass*, in: Jarass/Pieroth, Art. 3 Rn. 121; *Gubelt*, in: v. Münch/Kunig, Art. 3 Rn. 91.

102 BVerfGE 99, 341 (357) (Testierausschluss Taubstummer); BVerfG, NJW 2004, 2151 f. (Ausschluss eines Blinden vom Schöffenamt).

103 Vgl. dazu Rn. 731 ff.

3. Insbesondere: Rechtfertigung von Ungleichbehandlungen von Frauen und Männern (Art. 3 Abs. 2 GG)

Besondere Schwierigkeiten bereitet in der Praxis die Rechtfertigung von Ungleichbehandlungen von Männern und Frauen. Probleme bereiten zumeist drei Fallgruppen: **731**

- Ungleichbehandlungen von Sachverhalten, die nur ein Geschlecht verwirklichen kann (etwa Schwangerschaft, Geburt etc.).
- Direkte oder indirekte Ungleichbehandlungen, die (vermeintlichen) geschlechtsspezifischen Unterschieden Rechnung tragen wollen, indem sie etwa Frauen von körperlich schwerer Arbeit ausnehmen.
- Ungleichbehandlungen zur Förderung von Frauen, um bestehende Nachteile zu überwinden. Hierzu zählen etwa Frauenquoten.

All diesen Fällen ist gemein, dass direkt oder indirekt zwischen Frauen und Männern unterschieden wird, obwohl dies nach Art. 3 Abs. 2 S. 1, Abs. 3 S. 1 GG eigentlich unzulässig ist. Gleichzeitig zeigen aber tatsächlich bestehende geschlechtsspezifische Unterschiede, dass Frauen und Männer nicht absolut gleich behandelt werden können, ohne dass die entsprechenden Regelungen selbst zum Problem werden würden. Das BVerfG erlaubt daher eine Rechtfertigung von Ungleichbehandlungen wegen des Geschlechts unter gegenüber den sonst bei Art. 3 Abs. 3 GG geltenden Regeln leicht modifizierten Voraussetzungen. **732**

Das Problem der Rechtfertigung stellt sich allerdings nur dann, wenn überhaupt eine Ungleichbehandlung „wegen" des Geschlechts vorliegt. An dieser Stelle ist umstritten, ob Ungleichbehandlungen von **Sachverhalten** auszuscheiden sind, **die nur ein Geschlecht verwirklichen kann**. Denn hier - so wird argumentiert - knüpft die Ungleichbehandlung nicht an die Eigenschaft als Frau, sondern an die als (werdende) Mutter an.[104] Auch wenn dies sicherlich zutrifft, bleibt dennoch zumindest eine indirekte Ungleichbehandlung von Frauen bestehen: Denn eine Regelung, die etwa an die Schwangerschaft anknüpft, trennt zuverlässig Frauen von Männern, auch wenn dies rechtlich nicht gesagt wird. Daher erscheint es eher zutreffend, derartige Ungleichbehandlungen - wie alle anderen indirekten Ungleichbehandlungen auch - den Rechtfertigungsanforderungen zu unterwerfen.[105] **733**

Gerechtfertigt sind Ungleichbehandlungen, die „zur Lösung von Problemen, die **ihrer Natur nach nur entweder bei Männern oder bei Frauen** auftreten können, zwingend erforderlich sind."[106] Erforderlich sind also in der „Natur" von Frauen und Männern liegende biologische Unterschiede, die eine Differenzierung zwingend erfordern. Zudem ist eine strenge Verhältnismäßigkeitsprüfung durchzuführen. In der Frühzeit seiner Rechtsprechung war das BVerfG hier sehr großzügig und erkannte „objektive biologische oder funktionale (arbeitsteilige) Unterschiede"[107] etwa darin, dass die Frau „durch Haushaltsführung und Sorge für die **734**

---

[104] *Gubelt*, in: v. Münch/Kunig, Art. 3 Rn. 87 m.w.N.

[105] *Osterloh*, in: Sachs, GG, Art. 3 Rn. 275.

[106] BVerfGE 85, 191 (207) (Nachtarbeitsverbot); 92, 91 (109) (Feuerwehrabgabe).

[107] BVerfGE 3, 225 (242) (Gleichberechtigung).

Kinder“ zum Unterhalt der Familie beitrage, was der Staat entsprechend bei den Unterhaltsregelungen berücksichtigen dürfe. Der „funktionale (arbeitsteilige) Unterschied“ lag hier wohl in der traditionellen Aufgabenverteilung - der Mann bei der (Erwerbs-) Arbeit, die Frau am Herd.

735 Später hat das BVerfG seine Rechtsprechung jedoch deutlich verschärft und ausgeführt, dass überkommene Rollenverteilungen nicht verfestigt werden dürfen.[108] Entsprechend sind „funktionale“ Unterschiede überhaupt nicht und **biologische Unterschiede nur in seltenen Ausnahmefällen** anzuerkennen. So hielt das BVerfG in jüngerer Zeit sowohl das Nachtarbeitsverbot für Arbeiterinnen als auch die Befreiung der Frauen vom Feuerwehrdienst nicht für zulässig.[109] In beiden Fällen seien Frauen weder natürlicherweise besonders schutzwürdig, noch erfordere die Nachtarbeit oder der Feuerwehrdienst generell körperliche Kräfte, über die Frauen naturgemäß nicht verfügen könnten. Die Bereitschaft des BVerfG, biologische Unterschiede zur Rechtfertigung von Ungleichbehandlungen genügen zu lassen, ist daher heute als gering anzusehen.

> BVerfGE 92, 91 (109) (Feuerwehrabgabe): „Nach der neueren Rechtsprechung des Bundesverfassungsgerichts sind an das Geschlecht anknüpfende differenzierende Regelungen **mit Art. 3 Abs. 3 GG nur vereinbar, soweit sie zur Lösung von Problemen, die ihrer Natur nach nur entweder bei Männern oder bei Frauen auftreten können, zwingend erforderlich sind**. Art. 3 Abs. 2 GG enthält daneben keine weiter gehenden oder speziellen Anforderungen. Sein über das Diskriminierungsverbot des Art. 3 Abs. 3 GG hinausreichender Regelungsgehalt besteht darin, dass er ein Gleichberechtigungsgebot aufstellt und dieses auch auf die gesellschaftliche Wirklichkeit erstreckt. Das ist inzwischen durch die Anfügung von S. 2 in Art. 3 Abs. 2 GG ausdrücklich klargestellt worden. Fehlt es an zwingenden Gründen für eine Ungleichbehandlung, lässt sich diese nur noch im Wege einer Abwägung mit kollidierendem Verfassungsrecht legitimieren. Insoweit kommt vor allem das erwähnte Gleichberechtigungsgebot des Art. 3 Abs. 2 GG in Betracht, das den Gesetzgeber berechtigt, faktische Nachteile, die typischerweise Frauen treffen, durch begünstigende Regelungen auszugleichen.“

736 Kommt eine Rechtfertigung auf Grund biologischer Unterschiede nicht in Betracht, verbleibt die Möglichkeit einer **Rechtfertigung durch kollidierendes Verfassungsrecht**. Gegenüber Art. 3 Abs. 3 GG gelten hier grundsätzlich keine Besonderheiten. Allerdings kann die Bestimmung des Art. 3 Abs. 2 S. 2 GG als kollidierende Verfassungsrechtsnorm zur Rechtfertigung bestimmter Bevorzugungen von Frauen führen.

737 Die erst 1994 neu eingefügte Bestimmung des **Art. 3 Abs. 2 S. 2 GG** enthält ihrem Wortlaut nach eine **Förderungspflicht des Staates**. Der Staat soll die tatsächliche Durchsetzung der Gleichberechtigung fördern und auf die Beseitigung bestehender Nachteile hinwirken. Gelegentlich wird Art. 3 Abs. 2 S. 2 GG auch als Staatszielbestimmung bezeichnet.[110]

> BVerfGE 85, 191 (206 f.) (Nachtarbeitsverbot): „Der über das Diskriminierungsverbot des Art. 3 Abs. 3 GG hinausreichende Regelungsgehalt von **Art. 3 Abs. 2 GG** besteht darin, dass

---

[108] BVerfGE 85, 191 (207) (Nachtarbeitsverbot).

[109] BVerfGE 85, 191 (207 ff.) (Nachtarbeitsverbot); 92, 91 (109 ff.) (Feuerwehrabgabe).

[110] *Gubelt*, in: v. Münch/Kunig, Art. 3 Rn. 93b.

> er ein Gleichberechtigungsgebot aufstellt und dieses auch auf die gesellschaftliche Wirklichkeit erstreckt. Der Satz „Männer und Frauen sind gleichberechtigt" will nicht nur Rechtsnormen beseitigen, die Vor- oder Nachteile an Geschlechtsmerkmale anknüpfen, sondern für die Zukunft die Gleichberechtigung der Geschlechter durchsetzen. **Er zielt auf die Angleichung der Lebensverhältnisse. So müssen Frauen die gleichen Erwerbschancen haben wie Männer. Überkommene Rollenverteilungen, die zu einer höheren Belastung oder sonstigen Nachteilen für Frauen führen, dürfen durch staatliche Maßnahmen nicht verfestigt werden**. Faktische Nachteile, die typischerweise Frauen treffen, dürfen wegen des Gleichberechtigungsgebots des Art. 3 Abs. 2 GG durch begünstigende Regelungen ausgeglichen werden."

Den Staat treffen aus dieser Verfassungsnorm durchaus konkrete Pflichten, et- **738**
wa durch Bereitstellung von Kindergartenplätzen dafür zu sorgen, dass Familientätigkeit und Erwerbstätigkeit aufeinander abgestimmt werden können und die Wahrnehmung der familiären Erziehungsaufgabe nicht zu beruflichen Nachteilen führt.[111] Verletzt der Staat seine Förderungspflicht, bei deren Verwirklichung ihm allerdings wie auch sonst bei Schutz- und Förderungspflichten ein weiter Gestaltungsspielraum zukommt[112], hat der Einzelne ein **subjektives Recht** darauf, dass der Staat seiner Pflicht nachkommt.

Problematisch ist allerdings, wie weit der Staat im Rahmen seiner Förderungs- **739**
pflicht gehen darf. Art. 3 Abs. 2 S. 2 GG verpflichtet den Gesetzgeber jedenfalls, **individuelle Chancengleichheit** herzustellen.[113] Darf er aber darüber hinaus auch eine (gewisse) **„Ergebnisgleichheit"** dadurch herstellen, dass er etwa mittels Frauenquoten bei Einstellungen in den öffentlichen Dienst oder mittels der Bevorzugung Frauen fördernder Unternehmen bei der öffentlichen Auftragsvergabe der Gleichstellung im Ergebnis zum Erfolg verhilft, obwohl dies Männer im Einzelfall benachteiligt? Steht einer Frauenquote im öffentlichen Dienst nicht zudem die Vorschrift des **Art. 33 Abs. 2 GG** entgegen, die lediglich Eignung, Befähigung und fachliche Leistung als Gründe für eine Einstellung gelten lässt? Diese Frage ist seit Jahren äußerst umstritten und in ihren dogmatischen Einzelheiten kaum mehr überschaubar; eine Vielzahl von Monografien widmen sich ihr bis ins letzte Detail.[114] Für die Verpflichtung des Staates zur Herstellung einer „Ergebnisgleichheit" wird jedenfalls häufig angeführt, Art. 3 Abs. 2 S. 2 GG enthalte ein „Gruppengrundrecht" der Frauen, welches ihnen eine gleichmäßige Beteiligung in allen Lebensbereichen garantiere.[115] Die Existenz von Gruppengrundrechten (= kollektiven Grundrechten) wird man dem Grundgesetz jedoch mit keiner anerkannten Auslegungsmethode entnehmen können. Jedenfalls auf generelle „Ergebnisgleichheit" zielt das Grundgesetz daher nicht.

Frauenquoten können dennoch als **„Ultima Ratio"** dann zulässig sein, wenn **740**
man sie im Einzelfall zur Herstellung „individueller Chancengleichheit" für not-

---

[111] BVerfGE 97, 332 (348) (Kindergartenbeiträge).

[112] Vgl. dazu Rn. 16, 115.

[113] *Jarass*, in: Jarass/Pieroth, Art. 3 Rn. 90; *Sachs*, VerfR II, Kap. B 3 Rn. 123.

[114] Nachweise bei *Sacksofsky*, Das Grundrecht auf Gleichberechtigung, 2. Aufl. 1996.

[115] *Slupik*, Die Entscheidung des Grundgesetzes für Parität im Geschlechterverhältnis, 1988, S. 85 ff.

wendig erachtet.[116] Denkbar ist dies etwa dann, wenn man in von Männern dominierten Verwaltungen sachlich unbegründete Vorbehalte gegen Frauen vermutet. In jedem Fall muss allerdings ein schonender Ausgleich zwischen der Förderungspflicht aus Art. 3 Abs. 2 S. 2 GG und dem Grundrecht des im Einzelfall benachteiligten Mannes aus Art. 3 Abs. 3 S. 1 GG gefunden werden. In Rechtsprechung und Literatur kristallisiert sich unterdessen langsam ein Mittelweg heraus. Maßgeblichen Einfluss hierauf hat die Rechtsprechung des EuGH zur Vereinbarkeit von Frauenquoten mit Art. 141 EG, der in Verbindung mit sekundärrechtlichen Regelungen[117] ein striktes Gleichbehandlungsgebot enthält. Der **EuGH** hält eine Bevorzugung von Frauen bei der Einstellung in den öffentlichen Dienst dann für zulässig, wenn

- die weibliche Bewerberin mindestens ebenso qualifiziert ist wie der männliche Bewerber,
- in einer Funktions- oder Vergütungsgruppe nicht mindestens 50 % Frauenanteil erreicht sind und
- nicht in der Person des männlichen Mitbewerbers Gründe liegen, die dessen Einstellung erfordern (sog. Öffnungsklausel).[118]

741 Diese - vollkommen unabhängig von deutschem Verfassungsrecht entwickelten - Maßgaben werden zunehmend auch für mit nationalem Verfassungsrecht vereinbar gehalten. Insbesondere Art. 33 Abs. 2 GG steht dem nicht entgegen. Denn Art. 33 Abs. 2 GG sagt nur, dass der qualifizierteste Bewerber einzustellen ist. Er trifft aber keine Aussage darüber, welcher Bewerber aus einer Gruppe gleich qualifizierter Bewerber auszuwählen ist.[119]

742 Kommt schließlich eine Rechtfertigung nach Art. 3 Abs. 2 S. 2 GG nicht in Betracht, ist, wie sonst bei Art. 3 Abs. 3 S. 1 GG auch, nach sonstigem kollidierendem Verfassungsrecht zu suchen.

IV. Weitere besondere Gleichheitssätze

743 Das Grundgesetz enthält schließlich einige weitere Normen, denen unmittelbar oder im Wege der Auslegung Gleichbehandlungsgebote bzw. Differenzierungsverbote zu entnehmen sind. Zu nennen sind hier **Art. 6 Abs. 1 GG** (Verbot der Benachteiligung von Ehe und Familie)[120], **Art. 21 GG** i.V.m. Art. 3 Abs. 1 GG, (Chancengleichheit der Parteien), **Art. 33 Abs. 1-3 GG** (Gleicher Zugang zu öffentlichen Ämtern [I], Vergabe öffentlicher Ämter nach Eignung, Befähigung und

---

116 *Osterloh*, in: Sachs, GG, Art. 3 Rn. 286 ff.

117 Insbesondere die RL 76/207/EWG.

118 EuGH, Slg. 1995, I-3051 (Rn. 16 ff.) (Kalanke); Slg. 1997, I-6363 (Rn. 23 ff.) (Marshall). Vgl. dazu die gute Übersicht von *Gubelt*, in: v. Münch/Kunig, Art. 3 Rn. 80 ff. m.w.N.

119 *Osterloh*, in: Sachs, GG, Art. 3 Rn. 287 mit Nachweisen auch zur Rspr. der Verwaltungsgerichte in den Fn. 615-618. Der Rspr. des EuGH hat sich mittlerweile u.a. das lange skeptische OVG Münster, NVwZ-RR 2000, 176 ff. angeschlossen.

120 Dies ist umstritten, vgl. dazu Rn. 467.

fachlicher Leistung [II], Unabhängigkeit staatsbürgerlicher Rechte von Glauben und Bekenntnis [III]) und **Art. 38 Abs. 1 GG** (Wahlrechtsgleichheit, Gleichheit der Abgeordneten). Zu beachten ist, dass die Rechte aus Art. 33, 38 GG gem. Art. 93 Abs. 1 Nr. 4a GG als sog. grundrechtsgleiche Rechte[121] ebenfalls **verfassungsbeschwerdefähig** sind. Sämtliche besonderen Gleichheitssätze sind als leges speciales gegenüber Art. 3 Abs. 1 GG vorrangig. Die Prüfung in der Fallbearbeitung erfolgt ähnlich wie bei Art. 3 Abs. 1 GG: Liegt eine Ungleichbehandlung vor, ist deren Rechtfertigung zu prüfen, wobei allerdings eine gegenüber Art. 3 Abs. 1 GG erhöhte Rechtfertigungslast besteht.

Nähere Erörterung bedürfen an dieser Stelle lediglich die **Rechte aus Art. 33 Abs. 1-3 GG**. Art. 33 Abs. 1 GG beginnt mit der Feststellung, dass jeder Deutsche in jedem Bundesland die gleichen staatbürgerlichen Rechte und Pflichten hat. Art. 33 Abs. 2 GG trifft demgegenüber eine Spezialregelung für den Zugang zum öffentlichen Dienst. Unter den Begriff Zugang fallen neben der Einstellung auch die Beförderung und der Aufstieg.[122] Zulässige Kriterien sind hier (zunächst) nur Eignung, Befähigung und fachliche Leistung („Prinzip der Bestenauslese"). Dabei dürfen allerdings durchaus körperliche, psychische oder charakterliche Merkmale in der Person des Bewerbers als Merkmale der „Eignung" berücksichtigt werden[123], solange keine nach Art. 33 Abs. 3, 3 Abs. 3 GG verbotenen Merkmale herangezogen werden. Art. 33 Abs. 3 GG verbietet jede Benachteiligung aus Gründen des Glaubens. Diese Vorschrift ist gegenüber Art. 3 Abs. 3 S. 1 GG eigentlich überflüssig. Sie ist hinsichtlich staatsbürgerlicher Rechte und Pflichten lex specialis gegenüber Art. 3 Abs. 3 S. 1 GG und daher vorrangig zu prüfen.[124] Liegt eine Ungleichbehandlung i.S.v. Art. 33 Abs. 1-3 GG vor, kann diese ausnahmsweise durch kollidierendes Verfassungsrecht gerechtfertigt werden, wobei das zu Art. 3 Abs. 3 GG Gesagte entsprechend gilt.[125] **744**

V. Folgen eines Gleichheitsverstoßes

Ein wesentlicher Unterschied zu den Freiheitsrechten besteht schließlich in den Folgen eines Verfassungsverstoßes. Greift der Staat ungerechtfertigt in ein Freiheitsrecht ein, ist der eingreifende Rechtsakt verfassungswidrig und zugleich nichtig. Der Bürger gewinnt in diesen Fällen unmittelbar durch das Verfassungsgerichtsurteil, das die Nichtigerklärung enthält (vgl. nur die §§ 82 Abs. 1, 88 i.V.m. §§ 78 S. 1, 95 Abs. 3 S. 1 BVerfGG), seine Freiheit wieder. Liegt jedoch ein ungerechtfertigter Verstoß gegen ein Gleichheitsrecht vor, gibt es eine derart eindeutige Rechtsfolge nicht. Wendet sich also ein Bürger erfolgreich gegen eine ihn treffende Belastung, der andere Bürger nicht unterliegen, kann Gleichheit dadurch **745**

---

[121] Als grundrechtsgleiche Rechte werden die in Art. 93 Abs. 1 Nr. 4a GG neben den Grundrechten ausdrücklich benannten Rechte bezeichnet.

[122] *Jarass*, in: Jarass/Pieroth, Art. 33 Rn. 10.

[123] BVerfGE 92, 140 (151) (Sonderkündigung).

[124] *Pieroth/Schlink*, Rn. 477.

[125] *Jarass*, in: Jarass/Pieroth, Art. 33 Rn. 16.

hergestellt werden, dass entweder niemand oder aber alle zukünftig der Belastung unterfallen. Erstrebt der Bürger hingegen umgekehrt die Teilhabe an einer Begünstigung, die andere Bürger bereits erhalten, kann auch hier der Staat die Begünstigung insgesamt streichen oder aber alle Bürger daran teilhaben lassen. Die bei Ungleichbehandlungen fällige Entscheidung darüber, auf welche Art und Weise Gleichheit im Einzelfall hergestellt wird, obliegt jedoch nicht dem BVerfG. Dessen Aufgabe ist die Rechtsprechung (Art. 92 GG), nicht aber die Gestaltung des Rechts. Letzteres ist vielmehr Aufgabe der Legislative bzw. ggf. der Exekutive.[126] Das BVerfG ist daher sehr zurückhaltend und erklärt Regelungen, die ungleich Belastungen auferlegen bzw. ungleich Begünstigungen gewähren, grundsätzlich lediglich für **mit dem Grundgesetz unvereinbar**, nicht aber für nichtig (vgl. § 31 Abs. 2 S. 3 BVerfGG).[127] Die Regelung gilt zunächst fort, darf aber zu Lasten des Beschwerdeführers nicht mehr angewandt werden.[128] Zudem setzt das BVerfG regelmäßig eine Frist zur Beseitigung der Ungleichbehandlung.[129]

> BVerfGE 22, 349 (360 ff.) (Armenrecht II): „Das Begehren der Verfassungsbeschwerde ist also nicht auf die Nichtigkeit der genannten Vorschrift im Ganzen gerichtet - damit würde jede Grundlage für den Klageanspruch entfallen -, sondern (positiv ausgedrückt) auf die Ausdehnung der Regelung auf die Waisen oder (negativ ausgedrückt) auf die Nichtigerklärung des Ausschlusses der Waisen von der gesetzlichen Vergünstigung oder jedenfalls auf die Feststellung der Verfassungswidrigkeit dieses Ausschlusses mit dem Ziel ihrer nachfolgenden Einbeziehung durch den Gesetzgeber.
>
> (…) **In den bezeichneten Fällen kann ein Verstoß des Gesetzgebers gegen Art. 3 Abs. 1 GG regelmäßig auf verschiedene Weise geheilt werden: Entweder wird die übergangene Gruppe in die gesetzliche Vergünstigung einbezogen, oder die Vergünstigung wird überhaupt beseitigt, oder der Kreis der Begünstigten wird nach anderen, dem Art. 3 Abs. 1 GG entsprechenden Merkmalen abgegrenzt.** Welche dieser Möglichkeiten im konkreten Fall gewählt werden soll, muss grundsätzlich der **Gestaltungsfreiheit des Gesetzgebers** überlassen bleiben, zumal ihm bei begünstigenden Regelungen im Rahmen des Art. 3 Abs. 1 GG ein weiter Ermessensspielraum zusteht. Das Bundesverfassungsgericht darf daher bei Feststellung des Verfassungsverstoßes nicht selbst die verletzte Gleichheit wiederherstellen, indem es die gesetzliche Vergünstigung auf die übergangene Personengruppe ausdehnt, weil es damit der Entscheidung des Gesetzgebers vorgreifen würde. Etwas anderes gilt nur, wenn mit Rücksicht auf einen zwingenden Verfassungsauftrag oder nach den sonstigen Umständen des Einzelfalles nur diese eine Möglichkeit zur Beseitigung des Verfassungsverstoßes in Betracht kommt."

746 Von dieser Rechtsprechung, die die Beseitigung von Gleichheitsverstößen grds. dem Gesetzgeber überlässt, gibt es jedoch **Ausnahmen**:

- Verlangt der Bürger die **Teilhabe an einer Begünstigung**, die ihm nach dem Gesetz nicht zusteht, müsste das insofern „lückenhafte" Gesetz entsprechend ergänzt werden. Diese Ergänzung ist eine originäre Aufgabe des Gesetzgebers. Das BVerfG dehnt Begünstigungen daher nur in den seltenen Fällen

---

[126] BVerfGE 22, 349 (361) (Armenrecht II); 100, 195 (208) (Einheitswert).

[127] Vgl. dazu *Schlaich/Korioth*, Das Bundesverfassungsgericht, 6. Aufl. 2004, Rn. 401 ff.

[128] BVerfGE 73, 40 (101) (3. Parteispenden-Urteil [1986]); 99, 280 (298) (Aufwandsentschädigung Ost).

[129] Etwa BVerfGE 84, 239 (285) (Kapitalertragssteuer).

unmittelbar auf die benachteiligte Gruppe aus, in denen dies der einzige Weg zur Beseitigung des Verfassungsverstoßes ist. Dies kommt dann in Frage, wenn entweder ein Verfassungsauftrag zur Ausweitung der Begünstigung zwingt[130] (z.B. aus Art. 6 Abs. 1 GG), oder aber der Gesetzgeber erkennbar selbst die Ausweitung der Begünstigung beabsichtigt[131].

- Verlangt der Bürger die **Befreiung von einer Belastung**, erklärt das BVerfG die belastende Vorschrift nur dann für nichtig, wenn klar ist, dass der Gesetzgeber das übrige Gesetz auch ohne die belastende Vorschrift aufrechterhalten hätte.[132]
- Gelegentlich trifft das BVerfG schließlich selbst **Übergangsregelungen** bzw. regelt ganze Rechtsbereiche für den Fall neu, dass der Gesetzgeber bis zum Ablauf einer Frist untätig bleibt.[133] Für dieses Vorgehen fehlt im BVerfGG jedoch jede Ermächtigung, weshalb der Erlass von Übergangsregelungen durch das BVerfG rechtlich zweifelhaft ist.[134]

Hinweis zur Fallbearbeitung: 747

Auch wenn die Tenorierung einer verfassungsgerichtlichen Entscheidung i.d.R. nicht verlangt wird, sollte das Problem der gesetzgeberischen Gestaltungsfreiheit jedoch zumindest bei Arbeiten mit gleichheitsrechtlichem Schwerpunkt angerissen werden. Eine „Falle" ist allerdings zu vermeiden: Liegt neben einer Verletzung des Gleichheitssatzes eine Verletzung von Freiheitsrechten vor - dies ist in der Fallbearbeitung eher die Regel als die Ausnahme - , stellt sich die Problematik von vornherein nicht: Wegen der Verletzung des Freiheitsrechts ist die ganze Regelung nichtig.

Überblick: Typische Klausurprobleme 748

- Prüfungsmaßstab beim allg. Gleichheitssatz (Willkürformel / Neue Formel).
- Gleichheit im Steuer- und Abgabenrecht.
- (Un-)Gleichbehandlung bei verschiedenen Hoheitsträgern (z.B. Inländerdiskriminierung).
- Frauenquoten / Art. 3 Abs. 2 S. 2 GG.
- Art. 3 Abs. 1 GG als „Nebenproblem" in primär freiheitsrechtlichen Klausuren (Vorsicht, der Sachverhalt weist nicht immer auf das Gleichheitsproblem hin!).

---

130 BVerfGE 22, 349 (362) (Armenrecht II).
131 BVerfGE 8, 28 (379) (Besoldungsrecht).
132 BVerfGE 4, 219 (250) (Junktimklausel).
133 Vgl. etwa BVerfGE 99, 216 (244 f.) (Familienlastenausgleich).
134 *Schlaich/Korioth*, Das Bundesverfassungsgericht, 6. Aufl. 2004, Rn. 473.

749

Prüfungsaufbau: Gleichheitsrechte
- Teil I -

A. Verstoß gegen einen besonderen Gleichheitssatz (z.B. Art. 3 Abs. 3 S. 1 GG)

I. Rechtlich relevante Ungleichbehandlung

1) Ungleichbehandlung von wesentlich Gleichem?

2) Anknüpfung an ein verbotenes Kriterium
- direkt / indirekt

3) Kausalität zwischen Anknüpfung und Ungleichbehandlung

4) Rechtliche Relevanz der Ungleichbehandlung

II. Rechtfertigung

1) Bei Art. 3 Abs. 2 S. 1, Abs. 3 S. 1 GG ("Männer und Frauen")
- Zwingende biologische Unterschiede (Ausnahme!)?

2) Kollidierendes Verfassungsrecht

a) Ausdrücklich erlaubte Ungleichbehandlung, etwa Art. 12a Abs. 1 GG; dann keine Verhältnismäßigkeitsprüfung

b) Sonstiges "Kollidierendes Verfassungsrecht"

aa) Kollidierende Normen, etwa Art. 3 Abs. 2 S. 2 GG

bb) Verhältnismäßigkeit: Strenge Prüfung, Rechtfertigung nur ausnahmsweise

Anmerkung: Die Verletzung besonderer Gleichheitssätze ist nur zu prüfen, wenn dies ernstlich in Betracht kommt.

750

Prüfungsaufbau: Gleichheitsrechte
- Teil II -

B. Verstoß gegen den allgemeinen Gleichheitssatz (Art. 3 Abs. 1 GG)

I. Rechtlich relevante Ungleichbehandlung

1) Ungleichbehandlung von wesentlich Gleichem?

- ggf. Gleichbehandlung von wesentlich Ungleichem?

2) Rechtliche Relevanz der Ungleichbehandlung

II. Rechtfertigung

entweder: Willkürformel bei rein sachbezogenen Ungleichbehandlungen

- jeder sachliche Grund genügt zur Rechtfertigung

oder: Neue Formel bei sonstigen Ungleichbehandlungen

Verhältnismäßigkeitsprüfung

1) Legitimes Ziel der Ungleichbehandlung (interne / externe Zwecke)

2) Eignung

3) Erforderlichkeit

4) Angemessenheit

Abwägung: Art und Gewicht des Zwecks sowie Intensität der Ungleichbehandlung

Kapitel 16: Vereinigungs- und Koalitionsfreiheit (Art. 9 GG)

Literatur: *Bethge, Herbert,* Grundrechtsprobleme einer Zwangsmitgliedschaft in Verbänden des öffentlichen Rechts, JA 1979, 281 ff.; *Murswiek, Dietrich,* Grundfälle zur Vereinigungsfreiheit - Art. 9 I, II GG, JuS 1992, 116 ff.; *v. Mutius, Albert,* Die Vereinigungsfreiheit gem. Art. 9 Abs. 1 GG, Jura 1984, 193 ff.; *Neumann, Dirk,* Der Schutz der negativen Koalitionsfreiheit, RdA 1989, 243 ff.; *Nolte, Norbert / Planker, Markus,* Vereinigungsfreiheit und Vereinsbetätigung, Jura 1993, 635 ff.; *Reinemann, Susanne / Schulz-Henze, Ralf,* Die Rechtsprechung des BVerfG zur Koalitionsfreiheit - Widerspruch zum klassischen Grundrechtsverständnis oder richtungsweisende Trendwende, JA 1995, 811 ff.; *Schwarze, Roland,* Die verfassungsrechtliche Garantie des Arbeitskampfes - BVerfGE 84, 212, JuS 1994, 653 ff.

Fallbearbeitungen: *Schleusener, Arno,* Arbeitsrecht: Die Gewerkschaft in der Gewerkschaft, JuS 2001, 471 ff.; *Grote, Rainer / Kraus, Dieter*, Fall 12 (S. 189).

Leitentscheidungen: BVerfGE 2, 1 ff. (SRP-Verbot); 15, 235 ff. (Zwangsmitgliedschaft); 50, 290 ff. (Mitbestimmung); 93, 352 ff. (Mitgliederwerbung II).

I. Hintergrund

751 Art. 9 GG verbürgt zwei Grundrechte, nämlich in Abs. 1 die allgemeine Vereinigungsfreiheit und in Abs. 3 die Koalitionsfreiheit. Die Vereinigungsfreiheit wurde bereits in Art. 162 der Paulskirchenverfassung genannt und in Art. 124 WRV geschützt. Bei Art. 9 Abs. 3 GG handelt es sich nicht um ein klassisches Grundrecht. Auch wenn die historische Betrachtung bis zu den Gesellenbünden des frühen Mittelalters zurückreicht[1], hat sich die Koalitionsfreiheit erst im Zuge der Industrialisierung im 19. Jahrhundert herausgebildet. In der Paulskirchenverfassung wurde die Koalitionsfreiheit nicht ausdrücklich geschützt. Allenfalls könnte man sie unter die „Vereinigungsfreiheit" fassen. Art. 9 Abs. 3 GG geht auf den fast wortgleichen Art. 159 WRV zurück. Aus diesem Grund ist die sozial- und dogmengeschichtliche Entwicklung der Koalitionsfreiheit bei der Auslegung des Art. 9 Abs. 3 GG besonders zu berücksichtigen.[2]

---

1 Vgl. die Darstellung der geschichtlichen Entwicklung der Koalitionsfreiheit bei *Nipperdey,* in: Hueck/Nipperdey, Arbeitsrecht, 7. Aufl. 1967, Bd. II/1, § 7; *Gamillscheg*, Koalitionsfreiheit und soziale Selbstverwaltung, 1968, S. 8 ff.; nach *Ritscher*, Koalitionen und Koalitionsrecht, 1992 (Nachdruck), S. 4, lässt sich eine solche Koalition erstmals 1329 in Breslau nachweisen (vgl. die auf S. 269 abgedruckte Ratsurkunde).

2 BVerfGE 44, 322 (347 f.) (Allgemeinverbindlicherklärung I); 38, 386 (394) (Aussperrung von Betriebsratsmitgliedern); 50, 290 (366f.) (Mitbestimmung); *Kittner/Schiek,* in: AK, Art. 9 Abs. 3 Rn. 1; *Neumann*, RdA 1989, 243 (244).

In einem demokratisch verfassten Gemeinwesen kommt den Vereinigungen eine große Bedeutung bei der politischen Willensbildung zu. Aus diesem Grund wird in Art. 9 GG ebenso wie in Art. 8 GG eine Komplementärgarantie zur Meinungsfreiheit (Art. 5 Abs. 1 GG) gesehen.[3] Systematisch lässt sich Art. 9 GG demnach nicht nur als Wirtschaftsgrundrecht, sondern auch als Kommunikationsgrundrecht einordnen, da Vereinigungs- und Koalitionsfreiheit der „kommunikativen Verfolgung politischer, sozialer und privater Zwecke“[4] dienen. 752

II. Vereinigungsfreiheit (Art. 9 Abs. 1 GG)

Fall 24: Missliebige Zwangsmitgliedschaft 753

Die Versicherungsmaklerin V betätigt sich im Bezirk der Industrie- und Handelskammer B (IHK B). Bereits in der Vergangenheit hat V sich über diese „antiquierte Organisation“ geärgert, die doch nur von ihren Beiträgen lebe, ohne irgendeinen Nutzen für ihre Mitglieder zu bringen. Wegen der Weite des Gewerbebegriffs und der damit einhergehenden Vielfalt der Mitglieder fühle sie sich sowieso nicht richtig repräsentiert. Als im Vorfeld des Bundestagswahlkampfes 2002 die IHK B ganzseitige Zeitungsanzeigen unter der Überschrift „Ein wirtschaftlich denkender Mensch kann nicht die S-Partei wählen“ veranlasst, reicht es der V, die sich der S-Partei zugehörig fühlt. Der kurz nach der Anzeigenveröffentlichung bei ihr eintreffende Beitragsbescheid für das Jahr 2001 regt die V derartig auf, dass sie - weil sie sich nicht anders zu helfen weiß - direkt an das BVerfG schreibt und Verfassungsbeschwerde gegen die Pflichtmitgliedschaft in der IHK B nach dem IHK-G einlegt.

1. Ist die Verfassungsbeschwerde der V zulässig und begründet? Nehmen Sie zu den aufgeworfenen Fragen - gegebenenfalls hilfsgutachterlich - Stellung.

2. Kann sich die V dagegen wehren, dass sich die IHK B allgemeinpolitisch äußert?

§ 1 Abs. 1 IHK-G: Die Industrie- und Handelskammern haben (...) die Aufgabe, das Gesamtinteresse der ihnen zugehörigen Gewerbetreibenden ihres Bezirkes wahrzunehmen, für die Förderung der gewerblichen Wirtschaft zu wirken und dabei die wirtschaftlichen Interessen einzelner Gewerbezweige oder Betriebe abwägend und ausgleichend zu berücksichtigen; dabei obliegt es ihnen insbesondere, durch Vorschläge, Gutachten und Berichte die Behörden zu unterstützen und zu beraten sowie für Wahrung von Anstand und Sitte des ehrbaren Kaufmanns zu wirken.

§ 2 Abs. 1 IHK-G: Zur Industrie- und Handelskammer gehören (...) natürliche Personen, (...) welche im Bezirk der Industrie- und Handelskammer entweder eine gewerbliche Niederlassung oder eine Betriebsstätte oder Verkaufsstelle unterhalten.

§ 3 IHK-G

(1) Die Industrie- und Handelskammer ist Körperschaft des öffentlichen Rechts.

(2) Die Kosten der Errichtung und Tätigkeit der Industrie- und Handelskammer werden (...) durch Beiträge der Kammerzugehörigen (...) aufgebracht.

Fall nachgebildet BVerwGE 107, 169 ff.

---

3 *Murswiek*, JuS 1992, 116 (117).

4 *Scholz*, Koalitionsfreiheit als Verfassungsproblem, 1971, S. 340.

2. Schutzbereich

a) Persönlicher Schutzbereich

aa) Individuelle Vereinigungsfreiheit

754 Bei der Vereinigungsfreiheit handelt es sich nach Art. 9 Abs. 1 GG um ein sog. Deutschen-Grundrecht. Ausländern ist die Vereinsbildung bzw. die entsprechende Betätigung nicht untersagt; sie können sich nur nicht auf ein spezielles Grundrecht zu ihrem Schutze berufen, sondern sind auf das Auffanggrundrecht des Art. 2 Abs. 1 GG verwiesen.[5]

bb) Kollektive Vereinigungsfreiheit

755 **Personenmehrheiten** können sich grundsätzlich nur nach Maßgabe des Art. 19 Abs. 3 GG[6] auf die Grundrechte berufen. Bei der Vereinigungsfreiheit nach Art. 9 Abs. 1 GG ebenso wie bei der Koalitionsfreiheit nach Art. 9 Abs. 3 GG gehen indes sowohl Rechtsprechung als auch weite Teile der Literatur davon aus, dass die Vereinigungen bzw. Koalitionen unmittelbar aus dem entsprechenden Grundrecht berechtigt werden.[7] Deshalb wird Art. 9 GG auch als **Doppelgrundrecht** bezeichnet. Die Gegenauffassung[8] möchte auch bei der Vereinigungsfreiheit keine Ausnahme von der üblichen Grundrechtsdogmatik machen und zieht deshalb Art. 19 Abs. 3 GG heran. Für den Grundrechtsschutz ergeben sich aber im Ergebnis keine Unterschiede, zumal auch die h.M. in Anlehnung an Art. 19 Abs. 3 GG den Grundrechtsschutz der Vereinigungsfreiheit auf solche Vereinigungen beschränkt, die ihren Sitz in der Bundesrepublik haben.[9]

756

Hinweis zur Fallbearbeitung:

In einer Klausur kann der überwiegenden Ansicht, die die Grundrechtsberechtigung von Personenmehrheiten unmittelbar aus Art. 9 GG herleitet, gefolgt werden. Ein kurzer Hinweis darauf, dass auch die Gegenauffassung über Art. 19 Abs. 3 GG zum selben Ergebnis - was die Eröffnung des Schutzbereichs anbelangt - gelangt, reicht aus.

757 Aus dem Wortlaut des Art. 9 Abs. 1 GG ergibt sich, dass die Vereinigungsfreiheit nur Deutschen zusteht. Diese Beschränkung im persönlichen Geltungsbereich gilt nicht nur auf der individuellen Ebene, sondern wirkt sich auch auf die kollektive Vereinigungsfreiheit aus. Aus diesem Grunde werden Vereine, deren Mitglieder oder Leiter sämtlich oder überwiegend Ausländer sind (sog. **Ausländervereine**)

---

5 Zu Art. 2 Abs. 1 GG und zum Grundrechtsschutz für EU-Ausländer vgl. Rn. 540 ff.

6 Vgl. dazu Rn. 147 ff.

7 BVerfGE 13, 174 (175) (DFD-Verbot); 80, 244 (253) (Vereinsverbot); *Jarass*, in: Jarass/Pieroth, Art. 9 Rn. 8; *Merten*, in: HdbStR, Bd. VI, § 144 Rn. 27; vgl. allgemein zu diesem Streit *Murswiek*, JuS 1992, 116 (118); *Wiedemann*, TVG, 6. Aufl. 1999, Einleitung Rn. 88 ff. m.w.N.; vgl. zur ähnlichen Problematik bei Art. 4 GG Rn. 265 ff.

8 *Höfling,* in: Sachs, GG, Art. 9 Rn. 25 f.; *Rieble*, Arbeitsmarkt und Wettbewerb, 1996, Rn. 1155; *Scholz*, in: Maunz/Dürig, Art. 9 Rn. 25; *ders.,* Koalitionsfreiheit als Verfassungsproblem, 1971, S. 135 ff.

9 *Jarass*, in: Jarass/Pieroth, Art. 9 Rn. 11.

nicht durch Art. 9 Abs. 1 GG geschützt.[10] In diesen Fällen erfolgt - wie auch bei der individuellen Koalitionsfreiheit - ein grundrechtlicher Schutz allein nach Maßgabe von Art. 2 Abs. 1 i.V.m. Art. 19 Abs. 3 GG.

b) Sachlicher Schutzbereich

aa) Positive Vereinigungsfreiheit

(1) Begriff der Vereinigung

Art. 9 Abs. 1 GG gewährleistet das Recht, Vereine und Gesellschaften zu bilden; Oberbegriff hierfür ist die „Vereinigung". Die verfassungsrechtliche Definition der Vereinigung stimmt mit der Legaldefinition des Vereins in § 2 Abs. 1 VereinsG überein: „Verein im Sinne dieses Gesetzes ist ohne Rücksicht auf die Rechtsform jede Vereinigung, zu der sich eine Mehrheit natürlicher oder juristischer Personen für längere Zeit zu einem gemeinsamen Zweck freiwillig zusammengeschlossen und einer organisierten Willensbildung unterworfen hat." **758**

759

Hinweis zur Fallbearbeitung:

Der Verweis auf § 2 Abs. 1 VereinsG ist nur als eine Merkhilfe zu verstehen, da unter Beachtung der Normenhierarchie eine einfachrechtliche Definition nicht die Auslegung des Verfassungsrechts bestimmen kann. Der Begriff der Vereinigung ist eigenständig aus der Verfassung zu gewinnen. Aus diesem Grund darf in einer Klausur nicht auf § 2 Abs. 1 VereinsG verwiesen werden.

Der Hinweis auf die „Rechtsform" deutet auf eine Besonderheit des Art. 9 Abs. 1 GG hin: Wie Art. 6 Abs. 1 GG und Art. 14 Abs. 1 GG ist auch Art. 9 Abs. 1 GG ein - wenn auch nur teilweise - **normgeprägtes Grundrecht**[11]. Denn ein Zusammenschluss von Menschen in einer Vereinigung ist zwar auch ohne Zutun des Staates auf Grund freier Willensübereinkunft möglich. Eine *rechtliche* Vereinigung ist hingegen nur dann möglich, wenn die Rechtsordnung dazu entsprechende Möglichkeiten bereitstellt. Auf diesen Aspekt bezieht sich die in Art. 9 Abs. 1 GG enthaltene **Einrichtungsgarantie**[12] zunächst, wenn sie vom Staat die Bereitstellung einer hinreichenden Vielfalt dieser Möglichkeiten verlangt. Dies ist etwa durch das BGB-Vereinsrecht, das Recht der Personengesellschaften (§§ 705 ff. BGB, §§ 105 ff HGB) und das Recht der Kapitalgesellschaften (u.a. AktG, GmbHG) geschehen. Darüber hinaus werden die Vereinigungen erst durch die **Ausgestaltung** ihrer rechtlichen Möglichkeiten in die Lage versetzt, am Rechtsverkehr teilzunehmen und sich rechtlich zu binden. Auch insoweit muss der Staat folglich Regelungen schaffen. **760**

---

[10] BVerfG, NVwZ 2000, 1281 ff.; *Jarass,* in: Jarass/Pieroth, Art. 9 Rn. 11; *Merten*, in: HdbStR, Bd. VI, § 144 Rn. 30; a.A. *Krüger/Sachs*, in: Sachs, GG, Art. 19 Rn. 56.

[11] Vgl. dazu Rn. 389 ff.

[12] Vgl. dazu Rn. 384 ff.

761 Nach umstrittener Ansicht reichen bereits **zwei Personen** aus, um eine Vereinigung zu gründen;[13] die Ein-Mann-GmbH (vgl. § 1 GmbHG) ist jedenfalls keine Vereinigung. Kennzeichnendes Merkmal der Vereinigung ist zunächst die **Freiwilligkeit** des Zusammenschlusses; Zwangsverbände - öffentlich-rechtliche und privatrechtliche - werden vom Schutzbereich des Art. 9 GG nicht erfasst. An den **gemeinsamen Zweck** werden keine großen Anforderungen gestellt. Der Schutz des Art. 9 Abs. 1 GG bezieht sich nicht nur auf politische Vereine. Erfasst werden sämtliche Zusammenschlüsse, seien sie wirtschaftlicher, politischer oder rein ideeller Natur. Bestimmte Beschränkungen werden - im Gegensatz zu den Koalitionen nach Abs. 3 - nicht aufgestellt. Die Rechtsform ist ebenfalls nicht entscheidend, sodass die lose verbundene Bürgerinitiative genauso als Vereinigung im Sinne von Art. 9 Abs. 1 GG anzusehen ist wie die Aktiengesellschaft. Allein maßgeblich ist, ob eine **gewisse organisatorische Festigkeit** gegeben ist, die sich z.B. in einer gemeinsamen Willensbildung äußert. Öffentlich-rechtliche Vereinigungen können nicht von Privatpersonen gebildet werden, da sie auf einem staatlichen Hoheitsakt beruhen, auf deren Erlass Art. 9 GG keinen Anspruch gewährt.

762 Nach überwiegender, allerdings wohl nicht vom BVerfG geteilter Ansicht handelt es sich bei **Art. 9 Abs. 2 GG** um einen **qualifizierten Gesetzesvorbehalt** und nicht um eine Schutzbereichsbegrenzung.[14] Diese dogmatische Einordnung hat zur Folge, dass auch eine gegen die verfassungsmäßige Ordnung gerichtete Vereinigung bis zu einem Verbot von Art. 9 Abs. 1 GG geschützt wird. Insoweit besteht ein Unterschied zur Versammlungsfreiheit nach Art. 8 GG, deren Schutzbereich sich nur auf friedliche und ohne Waffen durchgeführte Versammlungen erstreckt.[15] Das Verbot nach Art. 9 Abs. 2 GG besitzt also - wie das Parteiverbot nach Art. 21 Abs. 2 GG - konstitutiven Charakter und ist nicht rein deklaratorisch; folglich bestimmt § 3 Abs. 1 VereinsG, dass ein Verein erst dann als verboten angesehen werden darf, wenn die Verbotsbehörde dies festgestellt hat. Letztlich soll das Verständnis von Art. 9 Abs. 2 GG als Schranke der Vereinigungsfreiheit der Rechtssicherheit dienen. Diese Argumentation ist allerdings fragwürdig. Allein wenn Art. 9 Abs. 2 GG als verfassungsunmittelbares Verbot verstanden wird, dessen Vollzug keiner weiteren Exekutivmaßnahmen bedarf, entsteht Rechtsunsicherheit. Schließlich wird der Sachverhalt in kaum einem Fall so eindeutig sein, dass ohne Zweifel für alle Beteiligten von einem Verbot ausgegangen werden kann. Soweit Abs. 2 kein so weit gehender Bedeutungsgehalt beigemessen wird, bleibt bei einer entsprechenden Schutzbereichsbegrenzung immer noch der Schutz durch Art. 2 Abs. 1 GG, bei dessen Auslegung der Art. 9 Abs. 1 GG zu berücksichtigen ist. Damit ist gewährleistet, dass ein Vereinsverbot nur auf einer gesetzlichen Grundlage erfolgt und damit der Rechtssicherheit genügt. Auf einen das Verbot konkretisierenden Verwaltungsakt kann nicht verzichtet werden.[16]

---

13 *Jarass*, in: Jarass/Pieroth, Art. 9 Rn. 3; *Höfling*, in: Sachs, GG, Art. 9 Rn. 10; für drei Mitglieder: *Löwer*, in: v. Münch/Kunig, Art. 9 Rn. 25.

14 *Murswiek*, JuS 1992, 116 (121); *Höfling*, in: Sachs, GG, Art. 9 Rn. 38 f.; a.A. BVerfGE 80, 244 (253) (Vereinsverbot); *Kemper,* in: v. Mangoldt/Klein/Starck, Art. 9 Rn. 147.

15 Vgl. dazu Rn. 34.

16 Ebenso *Kemper,* in: v. Mangoldt/Klein/Starck, Art. 9 Rn. 147, 150.

Es gibt gegenüber der Vereinigungsfreiheit **speziellere grundrechtliche Gewährleistungen**, sodass diesbezüglich Art. 9 GG zurücktritt. Nach Ansicht des BVerfG ist die religiöse Vereinigungsfreiheit durch Art. 4 Abs. 1, 2 GG i.V.m. Art. 140 GG und Art. 137 WRV gewährleistet.[17] Dasselbe gilt für die politischen Parteien; für diese ist Art. 21 GG lex specialis.[18] Da Stiftungen als rechtliche Verselbstständigung von Vermögensmassen ein personeller Zusammenschluss fehlt, findet auf diese Art. 9 Abs. 1 GG keine Anwendung. 763

> BVerwGE 106, 177 (180 f.): „Denn anders als bei einer Vereinigung, bei der sich eine Mehrheit natürlicher oder juristischer Personen oder Personenvereinigungen für längere Zeit zur Verfolgung eines gemeinsamen Zweckes auf freiwilliger Basis zusammenschließt und einer einheitlichen Willensbildung unterwirft, fehlt es bei einer Stiftung (…) an einer verbandsmäßigen Organisation. Sie weist keinen personellen Zusammenschluss auf, sondern ist eine auf Ausstattung mit einem Vermögen angelegte, nicht in einem Personenverband bestehende selbstständige juristische Person zur Erreichung eines dauernden Zwecks. Schon wegen des bei einer Stiftung fehlenden personalen Bezugs, wie er für Vereinigungen prägend ist, erstreckt sich der Schutzbereich des Art. 9 GG nicht auf Stiftungen."

764

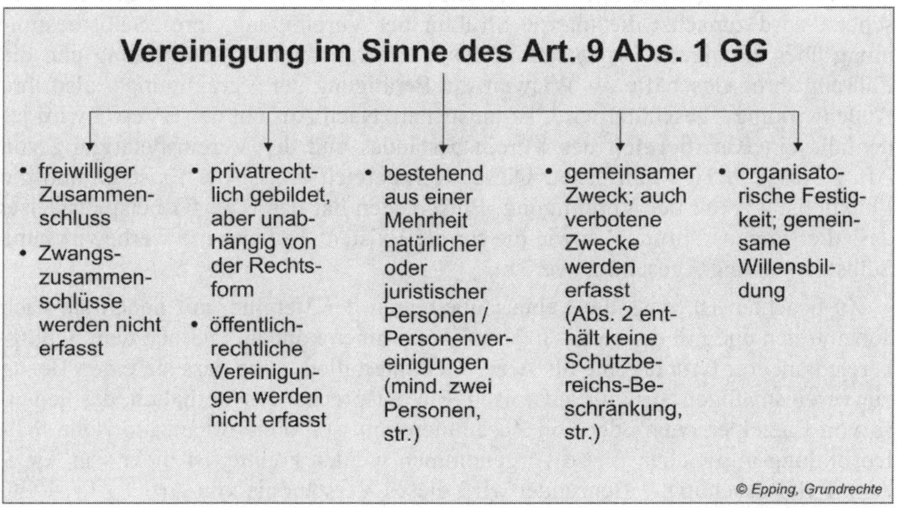

(2) Geschütztes Verhalten

Nach seinem Wortlaut schützt Art. 9 Abs. 1 GG als **individuelle Vereinigungsfreiheit** die **Bildung** von Vereinen und Gesellschaften und damit das „Prinzip freier sozialer Gruppenbildung"[19]. Hierunter ist die Entscheidung über den Zeitpunkt der Gründung, den Zweck, die Rechtsform, den Namen, die Satzung und den Sitz der Vereinigung zu verstehen (sog. Vereinsautonomie). Eine Vereinigungsfreiheit, die sich hierauf beschränken würde, wäre relativ wirkungslos. Des- 765

---

17 BVerfGE 83, 341 (354 ff.) (Bahá'í).

18 BVerfGE 25, 69 (78) (Meinungsäußerung); *Hesse*, Rn. 411; a.A. *Pieroth/Schlink*, Rn. 717.

19 BVerfGE 38, 281 (302 f.) (Arbeitnehmerkammern); 50, 290 (353) (Mitbestimmung); 80, 244 (252) (Vereinsverbot).

halb werden durch Art. 9 Abs. 1 GG über den Wortlaut hinausgehend auch der **Beitritt** zu einer bestehenden Vereinigung, der **Verbleib** in einer Vereinigung und die auf die Verwirklichung des Vereinszwecks gerichtete vereinsspezifische **Betätigung** (Abhalten von Vereinssitzungen, Wahl eines Vereinsvorstandes etc.) umfassend geschützt.

766 Da Art. 9 Abs. 1 GG - im Gegensatz zu Abs. 3 - **keine unmittelbare Drittwirkung** aufweist, kann sich der Einzelne nicht auf die Vereinigungsfreiheit berufen, soweit er in eine Vereinigung aufgenommen werden möchte bzw. aus einer Vereinigung ausgeschlossen werden soll. Art. 9 Abs. 1 GG findet dagegen über die Generalklauseln Eingang in die privatrechtlichen Beziehungen. Ein Aufnahmeanspruch kann sich daher beispielsweise aus §§ 242, 826 BGB ergeben, wenn die Vereinigung eine Monopolstellung hat oder „wenn ein Verein oder Verband im wirtschaftlichen oder sozialen Bereich eine überragende Machtstellung innehat und ein schwer wiegendes Interesse von Beitrittswilligen am Erwerb der Mitgliedschaft besteht"[20].

767 Art. 9 Abs. 1 GG umfasst zudem die **kollektive Vereinigungsfreiheit**. Geschützt wird zunächst die interne Struktur der Vereinigung, ihre „Selbstbestimmung über die eigene Organisation, das Verfahren ihrer Willensbildung und die Führung ihrer Geschäfte"[21]. Wieweit die Betätigung der Vereinigung - also ihre Außenwirkung - geschützt wird, ist umstritten. Nach Ansicht des BVerfG wird jedenfalls ein **Kernbereich** des Vereinsbestandes und der Vereinsbetätigung von Art. 9 Abs. 1 GG gewährleistet. Dieser Kernbereich erfasst die Existenz und die Funktionsfähigkeit der Vereinigung. Entschieden hat das BVerfG beispielsweise, dass die Namensführung[22] sowie die für die Existenz bedeutsame werbewirksame Selbstdarstellung[23] geschützt werden.

768 Zu beachten ist, dass die Lebensäußerungen der Vereine, mit denen sie nach außen treten und mit dem Staat in Konflikt kommen können, vielfach dem Schutzbereich anderer Grundrechte als Art. 9 GG unterfallen, ohne dass sie einen Bezug zur vereinsmäßigen Struktur aufweisen. Ein entsprechendes Verhalten, das genauso von Einzelpersonen oder von Zusammenschlüssen ohne organisatorische Willensbildung in gleicher Weise vorgenommen werden könnte, ist nicht von Art. 9 Abs. 1 GG geschützt.[24] Begründet wird dieses Verständnis von Art. 9 Abs. 1 GG damit, dass die **gemeinschaftliche Zweckverfolgung** (der Vereinigung) **keinen größeren Schutz** erhalten soll, **als die individuelle Zweckverfolgung**.[25] So ist für die Frage, ob eine Bürgerinitiative eine Demonstration veranstalten darf, Art. 8 GG maßgebend. Bestimmte behördliche Auflagen für technische Anlagen

---

20 BGHZ 93, 151 ff.; vgl. zu Monopolvereinigungen BGHZ 63, 282 (284); allgemein zum Beitrittsanspruch *Murswiek*, JuS 1991, 116 (121); *Jarass*, in: Jarass/Pieroth, Art. 9 Rn. 13.

21 BVerfGE 50, 290 (354) (Mitbestimmung).

22 BVerfGE 30, 227 (241) (Vereinsname).

23 BVerfGE 84, 372 (378) (Lohnsteuerhilfeverein).

24 BVerfGE 70, 1 (25) (Orthopädietechniker-Innungen); *Höfling*, in: Sachs, GG, Art. 9 Rn. 20; *Murswiek*, JuS 1992, 116 (117); a.A. *Scholz*, in: Maunz/Dürig, Art. 9 Rn. 86, 111.

25 BVerfG, NJW 1996, 1203.

betreffen die den betroffenen Betrieb leitende Aktiengesellschaft in Art. 12 GG und gegebenenfalls in Art. 14 GG, nicht jedoch in Art. 9 Abs. 1 GG.

bb) Negative Vereinigungsfreiheit

(1) Schutz der negativen Vereinigungsfreiheit

Art. 9 Abs. 1 GG schützt nach seinem Wortlaut das Recht, Vereine und Gesell- 769
schaften zu bilden. Darüber hinaus werden - wie oben gezeigt - der Beitritt, die Betätigung, der Verbleib etc. geschützt. Ganz überwiegend geht man aber noch einen Schritt weiter und sieht auch den Schutz *vor* der Vereinigung als mitumfasst an (sog. negative Vereinigungsfreiheit).[26] Dieser Begriff hat sich trotz der Bezeichnung als „juristisches Gespenst“[27] oder als „scheußliche und irreführende Wortbildung“[28] durchgesetzt. Durch die negative Vereinigungsfreiheit wird die Freiheit geschützt, einer Vereinigung nicht beizutreten sowie die Freiheit, aus einer Vereinigung auszutreten. Aus dem Wortlaut des Art. 9 Abs. 1 GG lässt sich dieses Recht nicht entnehmen. Die Vertreter dieser Ansicht berufen sich zumeist auf **logische Erwägungen**. Demnach sei der Beitritt zu einer Vereinigung nur dann wirklich frei, wenn der Einzelne genauso die Möglichkeit habe, einer Vereinigung fernzubleiben. Freiheit zum Handeln bestehe nur dann, wenn es auch die Freiheit zum Unterlassen gäbe; bildlich gesprochen wird das auf der positiven Seite geschützte Verhalten gespiegelt.

770

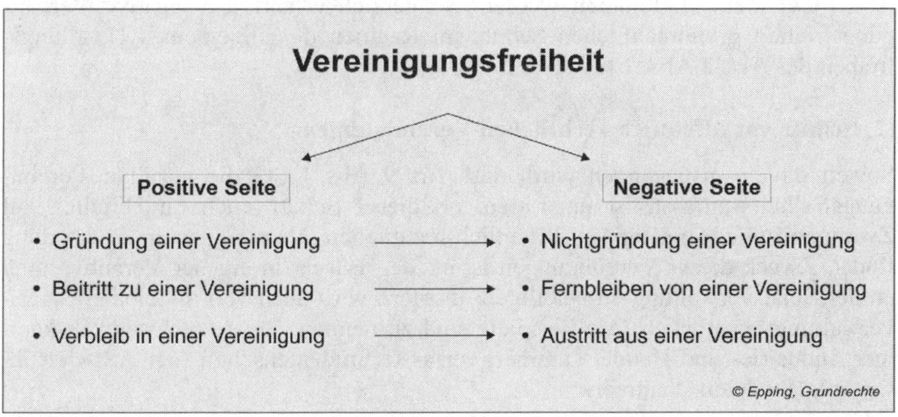

Gegen die Herleitung der negativen Vereinigungsfreiheit aus Art. 9 Abs. 1 GG 771
wird eingewandt, dass der eindeutige Wortlaut des Art. 9 Abs. 1 GG nur vom „Bilden“ einer Vereinigung spricht und damit ein aktives Verhalten meint. Bei einigen

---

26 BVerfGE 50, 290 (354) (Mitbestimmung); *Bauer*, in: Dreier, Art. 9 Rn. 41; *Bethge*, JA 1979, 281 (284); *Jarass*, in: Jarass/Pieroth, Art. 9 Rn. 7; vgl. zur negativen Koalitionsfreiheit bei Art. 9 Abs. 3 GG Rn. 790.

27 *Arndt*, in: FS für Kunze, 1969, S. 265 (zur negativen Koalitionsfreiheit).

28 *Monjau*, in: FS für Küchenhoff, 1972, S. 122 (zur negativen Koalitionsfreiheit); auch nach *Bethge*, JA 1979, 281 (283), ist der Begriff „nicht gerade glücklich“, sogar „irreführend“.

Grundrechten wird dagegen im Grundgesetz explizit eine negative Komponente genannt. So enthält Art. 12 Abs. 2 und 3 GG das Verbot von Arbeitszwang und Zwangsarbeit. Durch Art. 136 Abs. 3 WRV i.V.m. Art. 140 GG wird dem Einzelnen das Recht verbürgt, seine religiöse Überzeugung nicht mitteilen zu müssen. Gleiches gilt für die von Art. 140 GG i.V.m. Art. 136 Abs. 4 WRV erfasste negative Kultusfreiheit, also die Freiheit, nicht an religiösen Veranstaltungen teilnehmen zu müssen.[29] Weiterhin wird an der überwiegenden Ansicht kritisiert, dass die spiegelbildliche Ableitung der negativen Freiheit bei einem entscheidenden Moment versagt, nämlich beim Schutz vor öffentlich-rechtlichen Zwangsverbänden.[30] Für die Freiheit des Einzelnen könne es aber kein Unterschied machen, welcher Rechtsnatur die Vereinigung sei, in die er gezwungen werde. Die negative Vereinigungsfreiheit versage ihren Schutz dann, wenn er am Dringendsten benötigt werde.[31]

772 Des Weiteren ist noch auf eine Ungenauigkeit - wenn nicht sogar auf einen argumentativen Fehlschluss - hinzuweisen. Es wird argumentiert, dass wirkliche Freiheit nur dann besteht, wenn neben der Freiheit zum Handeln die Freiheit zum Unterlassen gleichermaßen geschützt wird.[32] Hiergegen lässt sich einwenden, dass die Freiheit zum Unterlassen auch dann besteht, wenn sie grundrechtlich nicht geschützt ist. Der Mensch bedarf keiner staatlichen Ermächtigung, um etwas zu tun oder nicht zu tun. Etwas anderes wäre dann gegeben, wenn es eine Pflicht gäbe, Vereinigungen zu gründen oder ihnen beizutreten. Nur in diesen Fällen bedürfte das Unterlassen einer besonderen „Erlaubnis". Eine solche Pflicht kann Art. 9 Abs. 1 GG nicht entnommen werden. Schließlich erfährt die negative Vereinigungsfreiheit grundrechtlichen Schutz im Rahmen der allgemeinen Handlungsfreiheit des **Art. 2 Abs. 1 GG.**[33]

(2) Schutz vor öffentlich-rechtlichen Vereinigungen

773 Soweit davon ausgegangen wird, dass Art. 9 Abs. 1 GG die negative Vereinigungsfreiheit umfasst, ist umstritten, ob dieser Schutz auch im Hinblick auf **Zwangsmitgliedschaften** in öffentlich-rechtlichen Vereinigungen Anwendung findet. Zweck dieser Vereinigungen ist es, den Bürger in eigener Verantwortung an der Staatsverwaltung zu beteiligen; insofern wird auch von mittelbarer Staatsverwaltung gesprochen. Als Beispiele sind zu nennen: Bundesrechtsanwaltskammer, Industrie- und Handelskammer, verfasste Studentenschaft (der AStA ist ihr Organ), Handwerkskammer.

---

29 BVerfGE 52, 223 (239) (Schulgebet); BVerwGE 73, 247 (249); *Hellermann*, Die sogenannte negative Seite der Freiheitsrechte, 1993, S. 24 m.w.N. in Fn. 19.

30 Vgl. dazu Rn. 773 ff.

31 *Friauf*, in: FS für Reinhardt, 1972, S. 395.

32 BAG GrS, SAE 1969, 246 (260); *Scholz*, in: Maunz/Dürig, Art. 9 Rn. 88.

33 *Biedenkopf*, JZ 1961, 346 (352 ff.); *Friauf*, in: FS für Reinhardt, 1972, S. 396 f.; *Heiseke*, RdA 1960, 299 (301); *Hellermann*, Die sogenannte negative Seite der Freiheitsrechte, 1993, S. 250 f.; *Hromadka/Maschmann*, Arbeitsrecht, Bd. 2, 2. Aufl. 2001, § 12 Rn. 39; *Kittner/Schiek*, in: AK, Art. 9 Abs. 3 Rn. 108.

774

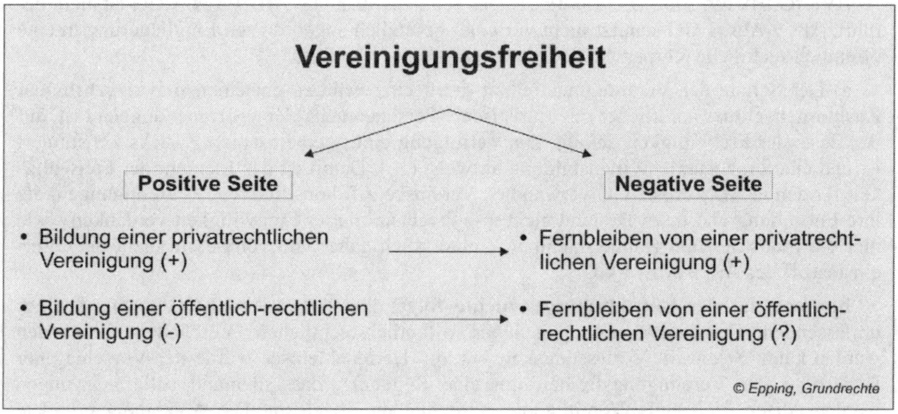

775 Wenn die negative Seite dogmatisch als Spiegelbild der positiven Seite begründet wird, wird es nachvollziehbar, dass sich die negative Vereinigungsfreiheit aus Art. 9 Abs. 1 GG **nicht** auf den **Schutz vor öffentlich-rechtlichen Zwangsvereinigungen** erstreckt.[34] Schließlich obliegt dem Bürger nicht das Recht eine öffentlich-rechtliche Vereinigung zu bilden; folglich besteht auch kein spiegelbildliches Recht einer öffentlich-rechtlichen Vereinigung fernzubleiben („wo nichts ist, kann auch nichts gespiegelt werden"). Ausgehend von dieser Prämisse wird der Zwang zum Beitritt zu öffentlich-rechtlichen Vereinigungen allein von Art. 2 Abs. 1 GG erfasst.

776 Nach einer im Schrifttum vertretenen Auffassung[35] soll die sich aus Art. 9 Abs. 1 GG ergebende negative Vereinigungsfreiheit **auch vor öffentlich-rechtlichen Vereinigungen schützen**. Denn für den Bürger mache es keinen Unterschied, ob die Vereinigung, in die er gezwungen wird, öffentlich-rechtlicher oder privatrechtlicher Natur ist. Schließlich habe die Vereinigungsfreiheit historisch gerade gegen hoheitliche Zwangszusammenschlüsse wie beispielsweise Zünfte gedient. Außerdem stelle das bloße Fernbleiben von einem öffentlich-rechtlichen Verband keine Inanspruchnahme öffentlich-rechtlicher Handlungsformen dar und könne deshalb nicht mit der Gründung eines öffentlich-rechtlichen Verbandes verglichen werden. Diese Ansicht hat jedoch Schwierigkeiten zu begründen, wie sich die bestehenden öffentlich-rechtlichen Zwangsverbände unter grundrechtsdogmatischen Gesichtspunkten rechtfertigen lassen.

777 Sieht man indes die negativen Vereinigungsfreiheit nicht durch Art. 9 GG geschützt[36], ist ein **Schutz durch Art. 2 Abs. 1 GG** gegeben, unabhängig davon, ob es um eine Vereinigung des privaten oder des öffentlichen Rechts geht.

---

34 BVerfGE 10, 89 (102) ([Großer] Erftverband); BVerfG, NVwZ 2002, 335 (336); *Jahn*, JuS, 2000, 129 (130); *ders*., JuS 2002, 434 (435); *Jarass,* in: Jarass/Pieroth, Art. 9 Rn. 5; *Merten*, in: HdbStR, Bd. VI, § 144 Rn. 59; *Löwer,* in: v. Münch/Kunig, Art. 9 Rn. 19 f.; kritisch zu dieser Argumentation *Höfling*, in: Sachs, GG, Art. 9 Rn. 22.

35 *Bethge*, JA 1979, 281 (284 f.); *Hesse*, Rn. 414; *Murswiek*, JuS 1992, 116 (118 f.); *v. Mutius*, Jura 1984, 193 (196 f.).

36 Vgl. dazu Rn. 772.

BVerfG, NVwZ 2002, 335 (336): „1. Der Schutzbereich von Art. 9 Abs. 1 GG ist nicht berührt. Art. 9 Abs. 1 GG schützt nicht vor einer gesetzlich angeordneten Eingliederung in eine öffentlich-rechtliche Körperschaft.

a) Der Schutz der Vereinigungsfreiheit greift ein, wenn es um einen **privatrechtlichen Zusammenschluss** natürlicher oder juristischer Personen geht, der auf Dauer angelegt ist, auf der Basis der Freiwilligkeit erfolgt, zur Verfolgung eines gemeinsamen Zwecks konstituiert ist und eine organisierte Willensbildung aufweist (…). Damit ist das Element der Freiwilligkeit für den in Art.9 Abs.1 GG verwandten Vereinsbegriff konstituierend. Vereinigungen, die ihre Entstehung und ihren Bestand nicht grundrechtsinitiierter Freiwilligkeit verdanken - wie hier die Industrie- und Handelskammer -, unterfallen daher von vornherein nicht dem Vereinsbegriff des Art. 9 Abs. 1 GG.

b) Auch aus der **Entstehungsgeschichte** folgt, dass Art. 9 Abs. 1 GG nicht i.S. eines umfassenden Fernbleiberechts gegenüber öffentlich-rechtlichen Verbänden verstanden werden kann. Schon im Verfassungskonvent von Herrenchiemsee wurde der Vorschlag der Ergänzung der Vereinigungsfreiheit um eine Regelung, dass niemand solle gezwungen werden dürfen, sich einer Vereinigung anzuschließen, abgelehnt. Die Ablehnung gründete sich auf die möglicherweise bestehende Notwendigkeit, auch künftig Angehörige bestimmter Berufe in öffentlich-rechtlichen Organisationen verpflichtend zusammenzufassen. Auf dieser eindeutigen Stellungnahme bauen die Beratungen des Parlamentarischen Rats auf. Dieser trennte die allgemeine Vereinigungsfreiheit von den arbeitsverfassungsrechtlichen Problemen, fasste aber beide Aspekte der Vereinigungsfreiheit in einen Artikel, wobei nur für die Koalitionsfreiheit ein ausdrückliches Fernbleiberecht diskutiert wurde. Den Mitgliedern des Parlamentarischen Rats war in dieser Diskussion die Existenz berufsständischer Zwangszusammenschlüsse bewusst. Diesen alten Traditionszusammenhang wollten sie weder unterbrechen noch aufheben, sonst hätte dies besonders zum Ausdruck gebracht werden müssen.

c) Wenn vom BVerfG der Schutzbereich des Art. 9 Abs. 1 GG in ständiger Rspr. auf das Recht ausgedehnt wird, einer Vereinigung fernzubleiben**, so reicht dieser Schutz der negativen Vereinigungsfreiheit daher nicht weiter als der Schutzbereich der positiven Gewährleistung**. Den Bürgerinnen und Bürgern ist die Freiheit garantiert, sich auf freiwilliger Basis zusammenzuschließen, und der Staat darf nicht andere Bürger zwingen, sich diesem freiwilligen Zusammenschluss anzuschließen.

2. Prüfungsmaßstab für den Schutz gegen die Inanspruchnahme als Mitglied einer Zwangskorporation ist nach ständiger Rspr. des BVerfG **Art. 2 Abs. 1 GG**. Diese Vorschrift stellt ein hinreichendes Instrument zur Abwehr unnötiger Pflichtverbände dar und erlaubt damit auch, dem Prinzip der freien sozialen Gruppenbildung, das Art. 9 Abs. 1 GG nach der Rspr. des BVerfG zu Grunde liegt, gerecht zu werden. Zugleich lässt dieser Prüfungsmaßstab aber dem Staat genügende Gestaltungsfreiheit, damit er seine Aufgaben angemessen wahrnehmen kann."

778 **Hinweis zur Fallbearbeitung:**

- Negative Vereinigungsfreiheit: In einer Klausur kann der Schutz der negativen Vereinigungsfreiheit durch Art. 9 Abs. 1 GG bejaht werden, ohne sich weiter mit dem Streit auseinander zu setzen. In einer Hausarbeit kann es hingegen geboten sein, auf die Problematik näher einzugehen.
- Schutz vor öffentlich-rechtlichen Zwangsvereinigungen: Mit der Frage nach dem Bestehen einer negativen Vereinigungsfreiheit ist die Frage verknüpft, ob der Schutzbereich auch den Zwang zum Beitritt zu öffentlich-rechtlichen Vereinigungen umfasst. Da hier einer der Schwerpunkte der Klausur liegt, ist hierauf detailliert einzugehen.

2. Eingriffe

Eingriffe in Art. 9 Abs. 1 GG sind alle Regelungen, die die Ausübung der Vereinigungsfreiheit behindert. Die schwerste Form des Eingriffs ist das Verbot, wobei zu berücksichtigen ist, dass nach einem Verbot der Verein im Rahmen des gerichtlichen Rechtsschutzes noch prozessfähig und grundrechtsfähig ist.[37] Aber auch gesetzliche Anforderungen an eine Vereinsgründung wie z.B. die präventive Kontrolle durch ein Konzessionssystem beeinträchtigen den Schutzbereich. Darüber hinaus können faktische Beeinträchtigungen von einigem Gewicht wie etwa die nachrichtendienstliche Unterwanderung als Eingriffe zu werten sein.[38] **779**

Abzugrenzen sind Eingriffe in die Vereinigungsfreiheit von **Ausgestaltungen**.[39] Soweit die Normprägung des Art. 9 Abs. 1 GG reicht, ist der Staat berechtigt und verpflichtet, Regelungen über das Vereinswesen zu treffen, die trotz beschränkender Wirkungen keine Grundrechtseingriffe darstellen. Dazu gehören vor allem Regelungen, die die unterschiedlichen Vereins- und Gesellschaftsformen und ihre Teilnahme am Rechtsverkehr zum Gegenstand haben. Auch die Veränderung bereits bestehender Vereinigungstypen stellt keinen Eingriff dar, weil bestehende Ausgestaltungen keinen Verfassungsrang haben.[40] Gleichwohl ist der Gesetzgeber im Rahmen der Ausgestaltung nicht völlig frei. Sein Handeln muss auf einen Ausgleich gerichtet sein, der geeignet ist, die freie Assoziation und Selbstbestimmung der Vereinigung unter Berücksichtigung der Notwendigkeiten eines geordneten Vereinslebens und der schutzbedürftigen sonstigen Belange zu ermöglichen und zu erhalten. Er hat die Grundlagen des Vereinsrechts so zu gestalten, dass seine Regelung die Funktionsfähigkeit der Vereinigungen gewährleistet.[41] **780**

3. Rechtfertigung von Eingriffen

a) Schranken

Die Vereinigungsfreiheit steht nicht ausdrücklich unter einem Gesetzesvorbehalt, sofern man nicht Art. 9 Abs. 2 GG als solchen ansieht.[42] Die genannten Verbotsgründe sind abschließend. Ansonsten besteht die Möglichkeit der Einschränkung auf Grund kollidierenden Verfassungsrechts. **781**

b) Schranken-Schranken

Das Verbot einer Vereinigung ist nur bei Vorliegen der in Art. 9 Abs. 2 GG genannten Voraussetzungen und unter Beachtung des Verhältnismäßigkeitsgrundsatzes möglich. „**Strafgesetze**" sind nur die allgemeinen Strafgesetze, die kein gegen die Vereinigungsfreiheit gerichtetes Sonderstrafrecht darstellen. Andernfalls stün- **782**

---

37 BVerfGE 13, 174 (175) (DFD-Verbot); *Murswiek*, JuS 1992, 116 (122).

38 *Höfling,* in: Sachs, GG, Art. 9 Rn. 34; *Jarass*, in: Jarass/Pieroth, Art. 9 Rn. 12.

39 Zur Abgrenzung von Eingriff und Ausgestaltung allgemein vgl. Rn. 391 ff.

40 BVerfG 50, 290 (354 f.) (Mitbestimmung).

41 BVerfG 50, 290 (355) (Mitbestimmung).

42 Vgl. dazu Rn. 762.

de die Vereinigungsfreiheit zur Disposition des Gesetzgebers.[43] Insofern besteht eine Parallele zur Sonderrechtslehre[44], die die Einschränkung der Freiheiten des Art. 5 Abs. 1 GG betrifft. Gegen den **Gedanken der Völkerverständigung** verstößt eine Vereinigung dann, wenn sie die rassische oder nationale Minderwertigkeit bestimmter Gruppen propagiert. Bloße Kritik an fremden Staaten oder die Ablehnung politischer Kontakte zu bestimmten Staaten ist nicht ausreichend; ein Verhalten nach Art. 26 GG (Störung des friedlichen Zusammenlebens der Völker) genügt aber in jedem Fall.[45] Die **„verfassungsmäßige Ordnung"** ist nicht wie bei Art. 2 Abs. 1 GG umfassend zu verstehen. Ansonsten hätte Art. 9 Abs. 1 GG neben der allgemeinen Handlungsfreiheit keine besondere Bedeutung. Vielmehr ist die verfassungsmäßige Ordnung entsprechend Art. 18 S. 1 GG und Art. 21 Abs. 2 S. 1 GG als „freiheitlich demokratische Grundordnung" auszulegen.[46]

> BVerfGE 2, 1 (12 f) (SRP-Verbot): „Die besondere Bedeutung der Parteien im demokratischen Staat rechtfertigt ihre Ausschaltung aus dem politischen Leben nicht schon dann, wenn sie einzelne Vorschriften, ja selbst ganze Institutionen der Verfassung mit legalen Mitteln bekämpfen, sondern erst dann, wenn sie **oberste Grundwerte des freiheitlichen demokratischen Verfassungsstaates** erschüttern wollen. Diese Grundwerte bilden die freiheitliche demokratische Grundordnung, die das GG innerhalb der staatlichen Gesamtordnung - der „verfassungsmäßigen Ordnung" - als fundamental ansieht. **Dieser Grundordnung liegt letztlich nach der im GG getroffenen verfassungspolitischen Entscheidung die Vorstellung zu Grunde, dass der Mensch in der Schöpfungsordnung einen eigenen selbstständigen Wert besitzt und Freiheit und Gleichheit dauernde Grundwerte der staatlichen Einheit sind.** Daher ist die Grundordnung eine wertgebundene Ordnung. Sie ist das Gegenteil des totalen Staates, der als ausschließliche Herrschaftsmacht Menschenwürde und Gleichheit ablehnt.
>
> So lässt sich die freiheitliche demokratische Grundordnung als eine Ordnung bestimmen, die unter Ausschluss jeglicher Gewalt- und Willkürherrschaft eine rechtsstaatliche Herrschaftsordnung auf der Grundlage der Selbstbestimmung des Volkes nach dem Willen der jeweiligen Mehrheit und der Freiheit und Gleichheit darstellt. Zu den grundlegenden Prinzipien dieser Ordnung sind mindestens zu rechnen: die Achtung vor den im GG konkretisierten Menschenrechten, vor allem vor dem Recht der Persönlichkeit auf Leben und freie Entfaltung, die Volkssouveränität, die Gewaltenteilung, die Verantwortlichkeit der Regierung, die Gesetzmäßigkeit der Verwaltung, die Unabhängigkeit der Gerichte, das Mehrparteiensystem und die Chancengleichheit für alle politischen Parteien mit dem Recht auf verfassungsmäßige Bildung und Ausübung einer Opposition."

783 In jedem Fall ist es erforderlich, dass sich die Vereinigung gegen die verfassungsmäßige Ordnung oder die Völkerverständigung richtet, was eine **„aggressiv kämpferische Haltung"** voraussetzt. Insofern kann für Art. 9 Abs. 2 GG die Rechtsprechung des BVerfG hinsichtlich eines Parteiverbots nach Art. 21 Abs. 2 S. 1 GG übernommen werden.

---

43 *Pieroth/Schlink*, Rn. 747; *Löwer*, in: *v. Münch/Kunig*, Art. 9 Rn. 38; *Höfling*, in: Sachs, GG, Art. 9 Rn. 43; a.A. *Merten*, in: HdbStR, Bd. VI, § 144 Rn. 75.

44 Vgl. dazu Rn. 217.

45 *Jarass*, in: Jarass/Pieroth, Art. 9 Rn. 18; *Murswiek*, JuS 1992, 116 (121).

46 A.A. *Jarass*, in: Jarass/Pieroth, Art. 9 Rn. 17; *Kemper*, in: v. Mangoldt/Klein/Starck, Art. 9 Rn. 160.

BVerfGE 5, 85 (141) (KPD-Verbot): „Eine Partei ist auch nicht schon dann verfassungswidrig, wenn sie diese obersten Prinzipien einer freiheitlichen demokratischen Grundordnung nicht anerkennt, sie ablehnt, ihnen andere entgegensetzt. Es muss vielmehr eine **aktiv kämpferische, aggressive Haltung gegenüber der bestehenden Ordnung** hinzukommen; sie muss planvoll das Funktionieren dieser Ordnung beeinträchtigen, im weiteren Verlauf diese Ordnung selbst beseitigen wollen. Das bedeutet, dass der freiheitlich-demokratische Staat gegen Parteien mit einer ihm feindlichen Zielrichtung nicht von sich aus vorgeht; er verhält sich vielmehr defensiv, er wehrt lediglich Angriffe auf seine Grundordnung ab. Schon diese gesetzliche Konstruktion des Tatbestandes schließt einen Missbrauch der Bestimmung im Dienste eifernder Verfolgung unbequemer Oppositionsparteien aus."

III. Koalitionsfreiheit (Art. 9 Abs. 3 GG)

Fall 25: Aufruhr im Betrieb 784

Der Arbeitnehmer Kaempferich (K) bewirbt sich bei der S-GmbH, die Straßenbauarbeiten durchführt, auf eine freie Stelle. Beim Vorstellungsgespräch wird K vom Leiter der Personalabteilung, Herrn Einstel (E), gefragt, ob er einer Gewerkschaft angehöre. So etwas sei bei ihnen nämlich nicht erforderlich, da sie doch im Unternehmen eine große Familie seien und so eine Gewerkschaft nichts als Unruhe verbreite. Wahrheitswidrig antwortet K, dass er nichts von Gewerkschaften halte und selbstverständlich nicht Mitglied sei. Nach dieser für E erfreulichen Auskunft wird K eingestellt. Als K kurz darauf mit der Arbeit beginnen soll, kommt es im Baugewerbe zu Streiks. K fühlt sich durch seinen Namen verpflichtet und verteilt zusammen mit einem unorganisierten Kollegen U unter den Mitarbeitern während der Arbeitszeit ein Informationsblatt der IG Bau. K möchte erreichen, dass auch bei der S-GmbH für eine kräftige Lohnerhöhung gestreikt wird, schließlich herrsche bei der S-GmbH nicht nur ein familiäres Klima, es werde auch nur ein Taschengeld bezahlt.

1. Als E erfährt, dass K - entgegen seiner eigenen Beteuerungen - der IG Bau angehört und auch noch seine Kollegen aufwiegelt, fühlt er sich getäuscht und erklärt dem K, dass er nicht mehr am Vertrag festhalten wolle. Wegen der Hinterlist des K brauche er keine Kündigung auszusprechen. Er - K - könne seinen Hut nehmen und brauche nicht wiederzukommen. Trotz dieser „unfreundlichen" Worte erscheint K, der sich keiner Schuld bewusst ist, am nächsten Tag zur Arbeit und verlangt, weiterbeschäftigt zu werden. Zu Recht?

2. Die IG Bau befürchtet, dass die Praxis der S-GmbH, nur Arbeiter ohne Gewerkschaftszugehörigkeit einzustellen, Schule machen und sie dadurch ihren gewerkschaftlichen Einfluss verlieren könnte. Auch ist sie der Ansicht, dass sich der einzelne Arbeiter aus Angst um seinen Arbeitsplatz nicht konsequent genug gegen diese „himmelschreiende Ungerechtigkeit" wehren kann und sie „die Sache deshalb selbst in die Hand nehmen muss". Welche Möglichkeit hat die IG Bau?

3. Auch vom „illoyalen Verhalten" des U ist E enttäuscht. Da U während des Verteilens des Informationsblatts nicht gearbeitet hat, erteilt E dem U eine Abmahnung mit der Drohung, dass er - U - bei einer Wiederholung mit einer Kündigung zu rechnen habe. Zu Recht? (Anmerkung: Die Abmahnung als Vorstufe einer Kündigung erfordert ein vertragswidriges Verhalten.)

4. Der unorganisierte Arbeitnehmer W, der sich bei E „lieb Kind machen" will, möchte in Zukunft nicht mehr von Werbemaßnahmen der Gewerkschaften belästigt werden. Deshalb möchte er gegen K auf Unterlassen weiterer Verteilaktionen klagen. Zu Recht?

Fall nachgebildet BVerfGE 93, 352 ff. (Mitgliederwerbung II); BAG, AP Nr. 49 zu Art. 9 GG

1. Schutzbereich

a) Persönlicher Schutzbereich

785 Im Gegensatz zu der Vereinigungsfreiheit nach Art. 9 Abs. 1 GG handelt es sich bei der Koalitionsfreiheit gem. Art. 9 Abs. 3 GG um ein Jedermann-Grundrecht. Nach überwiegender Ansicht wird hierdurch nicht nur die **individuelle**, sondern auch die **kollektive Koalitionsfreiheit** gewährt. Insoweit wird die Koalitionsfreiheit als Doppelgrundrecht angesehen.[47]

b) Sachlicher Schutzbereich

aa) Begriff der Koalition

786 Art. 9 Abs. 3 GG schützt die Koalitionsfreiheit als eine besondere Form der Vereinigungsfreiheit. Deshalb müssen für die Koalitionseigenschaft die Voraussetzungen des Art. 9 Abs. 1 GG gegeben sein; vor allem müssen sie auf **privatrechtlicher Grundlage frei gebildet** sein. Öffentlich-rechtliche Handwerkskammern sind also keine Koalitionen. Die Koalitionsfreiheit dient nach der Rechtsprechung des BVerfG der **sinnvollen Ordnung des Arbeitslebens.** In diesem Bereich hat der Staat seine Regelungszuständigkeit zurückgenommen, damit die Beteiligten ihre Angelegenheiten in eigener Verantwortung und im Wesentlichen ohne staatliche Einflussnahme regeln können.[48] Konstitutiv für den Begriff der Koalition ist das in Art. 9 Abs. 3 GG genannte Ziel: Wahrung und Förderung von Arbeits- und Wirtschaftsbedingungen. Diese beiden Aspekte müssen **kumulativ** vorliegen. **Arbeitsbedingungen** sind die Bedingungen, die die einzelnen Arbeitsverhältnisse bestimmen wie z.B. Lohnhöhe, Urlaubsgeld, Arbeitszeiten. Die **Wirtschaftsbedingungen** betreffen die für Arbeitgeber und Arbeitnehmer bedeutsamen allgemeinen wirtschafts- und sozialpolitischen Verhältnisse wie z.B. Maßnahmen zur Verringerung der Arbeitslosigkeit oder die Einführung neuer Technologien.[49]

787 Für eine Koalition im Sinne des Art. 9 Abs. 3 GG ist weiterhin erforderlich[50], dass sie **gegnerfrei** ist. Das bedeutet, dass ihr der soziale Gegenspieler nicht angehören darf: In Gewerkschaften dürfen nur Arbeitnehmer und in Arbeitgeberverbänden nur Arbeitgeber Mitglied sein. Die Vereinigung muss **rechtlich und tatsächlich unabhängig** sein. Eine nicht unerhebliche finanzielle Unterstützung einer Gewerkschaft durch den Arbeitgeber ist hiermit unvereinbar. Auch eine Abhängigkeit von Dritten - wie z.B. Staat, Parteien, Kirchen - schließt die Koalitionseigenschaft aus. Eine Koalition muss **überbetrieblich** organisiert sein; dieses Merkmal soll die Gegnerunabhängigkeit gewährleisten und ein gesamtgesellschaftliches Verhalten fördern.

---

[47] Vgl. zu diesem Streit auch die Ausführungen zu Art. 9 Abs. 1 GG (Rn. 755).

[48] BVerfGE 44, 322 (340) (Allgemeinverbindlicherklärung I); 50, 290 (367) (Mitbestimmung); 58, 233 (246) (Deutscher Arbeitnehmerverband).

[49] *Jarass*, in: Jarass/Pieroth, Art. 9 Rn. 23.

[50] Vgl. zu den einzelnen Merkmalen *Hromadka/Maschmann*, Arbeitsrecht, Bd. 2, 2. Aufl. 2001, § 12 Rn. 16 ff.; *Jarass*, in: Jarass/Pieroth, Art. 9 Rn. 24.

Die Begriffe „Koalition" und „**Gewerkschaft**" bzw. „**Arbeitgeberverband**" sind nicht identisch. Beide erfüllen zwar alle Merkmale der Koalition; Gewerkschaften müssen aber zusätzlich tariffähig sein[51]. Daher sind alle Gewerkschaften Koalitionen, nicht aber alle Koalitionen Gewerkschaften oder Arbeitgeberverbände. Die **Tariffähigkeit** setzt die soziale Mächtigkeit - Anzeichen sind z.B. Mitgliederzahl und Finanzkraft - voraus, d.h. eine gewisse Durchsetzungskraft, damit Tarifverhandlungen sich nicht als „kollektives Betteln"[52] darstellen. Darüber hinaus werden überwiegend Tarifwilligkeit, Arbeitskampffähigkeit und -willigkeit und die Anerkennung des geltenden Tarif-, Schlichtungs- und Arbeitskampfrechts (Anerkennung der „Spielregeln") gefordert.[53] Ein Arbeitgeberverband, der für sich den Abschluss von Tarifverträgen ausgeschlossen hat, ist trotzdem eine Koalition; dasselbe gilt für Beamtenverbände, die keine Tarifverträge abschließen können. 788

789

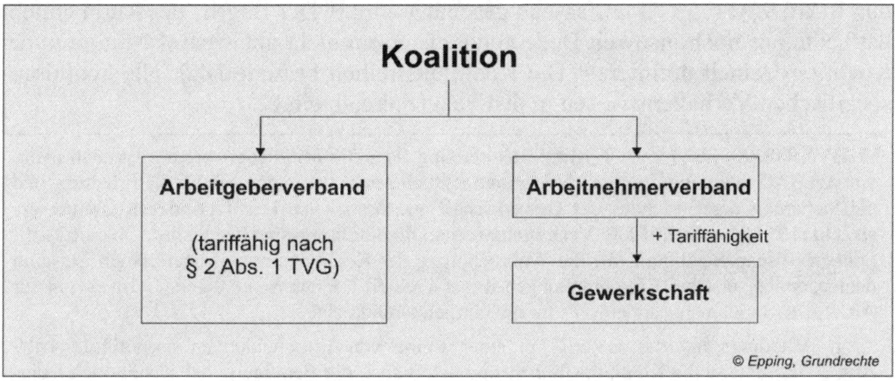

Art. 9 Abs. 3 S. 1 GG spricht zwar nur von „bilden" einer Vereinigung, jedoch geht die Gewährleistung - wie auch bei Art. 9 Abs. 1 GG - hierüber hinaus. Im Rahmen der **positiven Koalitionsfreiheit** werden der Beitritt zu einer bestehenden Koalition, der Verbleib in der Koalition sowie die koalitionsmäßige Betätigung geschützt. Auch Arbeitskampfmaßnahmen (Streik und Aussperrung[54]) werden vom Schutzbereich umfasst, wie der 1968 im Rahmen der Notstandsverfassung eingefügte Art. 9 Abs. 3 S. 3 GG klarstellt. Nach ganz überwiegender Ansicht wird auch die **negative Koalitionsfreiheit** geschützt, also die Freiheit einer Koalition fernzubleiben oder aus einer solchen auszutreten.[55] Umstritten ist aber, ob die negative Koalitionsfreiheit vor der Mitgliedschaft in öffentlich-rechtlichen Zwangsvereinigungen wie z.B. Arbeitnehmerkammern schützt.[56] Ebenso ist zweifelhaft, ob die negative Koalitionsfreiheit auf ein Fernbleiberecht beschränkt ist 790

---

51 Dies ist nach § 2 Abs. 1 TVG für die Arbeitgeberseite unproblematisch gegeben.

52 BAG, AP Nr. 64 zu Art. 9 GG Arbeitskampf (Bl. 913).

53 Vgl. im Einzelnen *Hromadka/Maschmann*, Arbeitsrecht, Bd. 2, 2. Aufl. 2001, § 12 Rn. 26 ff; *Zöllner/Loritz*, Arbeitsrecht, 5. Aufl. 1998, S. 379 ff.

54 Hinsichtlich der Aussperrung gibt es Gegenstimmen; vgl. *Kittner/Schiek*, in: AK, Art. 9 Abs. 3 Rn. 145 und *Kemper,* in: v. Mangoldt/Klein/Starck, Art. 9 Abs. 3 Rn. 280, Fn. 608.

55 BVerfGE 50, 290 (367) (Mitbestimmung); *Scholz*, in: Maunz/Dürig, Art. 9 Rn. 226; *Zöllner/Loritz*, Arbeitsrecht, 5. Aufl. 1998, S. 109; vgl. ausführlich Rn. 769 ff.

56 Vgl. zur ähnlichen Problematik bei der Vereinigungsfreiheit Rn. 773 ff.

oder auch davor schützt, vom Wirken der Koalitionen betroffen zu werden (Stichwort: Schutz vor fremder Normwirkung).[57]

791 Nach früherer Rechtsprechung war der Schutz der **kollektiven Koalitionsfreiheit** auf den Kernbereich koalitionsmäßiger Betätigung beschränkt. Lediglich die für den Koalitionsbestand *unerlässlichen* Betätigungen sollten von Art. 9 Abs. 3 GG umfasst werden (z.B. Abschluss von Tarifverträgen, durch die eine autonome Ordnung des Arbeitslebens ermöglicht wird (**Tarifautonomie**), Durchführung eines Streiks).[58] Für den Bestand der Gewerkschaft nicht unerlässlich ist z.B. die Werbung *während* der Arbeitszeit. Diese Kernbereichsrechtsprechung beruhte auf dem Gedanken, dass dem Gesetzgeber ein weiter Ausgestaltungsspielraum eröffnet werden sollte.[59] Später hat das BVerfG klargestellt, dass der Kernbereich lediglich ein Teil des Schutzbereichs ist, ansonsten aber die Koalitionsfreiheit durch Art. 9 Abs. 3 GG umfassend geschützt wird.[60] Der Begriff des Kernbereichs hat heute nur noch insoweit Bedeutung, als er ein nicht antastbares Minimum der Koalitionsfreiheit definiert.[61] Die Koalitionsfreiheit bezieht daher alle koalitionsspezifischen Verhaltensweisen in den Schutzbereich ein.[62]

> BVerfGE 93, 352 (359 f.) (Mitgliederwerbung II): „Die Mitgliederwerbung ist auch nicht, wie das BAG meint, nur in dem Maße grundrechtlich geschützt, in dem sie für die Erhaltung und die Sicherung des Bestandes der Gewerkschaft unerlässlich ist. **Der Grundrechtsschutz erstreckt sich vielmehr auf alle Verhaltensweisen, die koalitionsspezifisch sind.** Ob eine koalitionsspezifische Betätigung für die Wahrnehmung der Koalitionsfreiheit unerlässlich ist, kann demgegenüber erst bei Einschränkungen dieser Freiheit Bedeutung erlangen. Insoweit gilt für Art. 9 Abs. 3 GG nichts anderes als für die übrigen Grundrechte.
>
> a) Allerdings hat das BVerfG in einer Reihe von Entscheidungen ausgeführt, Art. 9 Abs. 3 GG schütze die Koalitionsfreiheit und damit auch die Betätigung der Koalitionen lediglich in einem Kernbereich. Gewerkschaftliche Betätigung sei nur insoweit verfassungskräftig verbürgt, als diese für die Erhaltung und Sicherung der Koalition als unerlässlich betrachtet werden müsse (wird ausgeführt). Diese Formulierungen können in der Tat den Eindruck erwecken, als schütze Art. 9 Abs. 3 GG jedenfalls die koalitionsmäßige Betätigung von vornherein nur in einem inhaltlich eng begrenzten Umfang. Auch in der Literatur wird die Rechtsprechung des BVerfG in diesem Sinne verstanden, allerdings überwiegend kritisch gewürdigt (...).
>
> b) Das in der Rechtsprechung des BVerfG entwickelte Verständnis der Koalitionsfreiheit wird damit jedoch nur unvollständig wieder gegeben. Ausgangspunkt der Kernbereichsformel ist die Überzeugung, dass das Grundgesetz die Betätigungsfreiheit der Koalitionen nicht schrankenlos gewährleistet, sondern eine Ausgestaltung durch den Gesetzgeber zulässt. Mit der Kernbereichsformel umschreibt das Gericht die Grenze, die dabei zu beachten ist; sie wird überschritten, soweit einschränkende Regelungen nicht zum Schutz anderer Rechtsgüter von der Sache her geboten sind. Das BVerfG wollte damit den Schutzbereich des Art. 9 Abs. 3 GG aber nicht von vornherein auf den Bereich des Unerlässlichen beschränken."

---

57 Ablehnend BVerfGE 64, 208 (213) (Hausbrandkohle); vgl. die Ausführungen von *Hellermann*, Die sogenannte negative Seite der Freiheitsrechte, 1993, S. 70 ff. m.w.N.; a.A. *Kroll*, Der Außenseiter in der Arbeitsrechtsordnung, 1992, S. 16 m.w.N.

58 BVerfGE 38, 281 (305) (Arbeitnehmerkammern); 57, 220 (245 f.) (Bethel).

59 Vgl. dazu Rn. 794.

60 BVerfGE 93, 352 (359 f.) (Gewerkschaftliche Mitgliederwerbung II).

61 *Reimann/Schulz-Henze*, JA 1995, 811 (813).

62 Vgl. im Einzelnen *Jarass*, in: Jarass/Pieroth, Art. 9 Rn. 28 ff.; *Schwarze*, JuS 1994, 653 ff.

Inhalt der Vereinigungsfreiheit nach Art. 9 GG 792

Vereinigung i.S.v. Art. 9 Abs. 1 GG	**Koalition i.S.v. Art. 9 Abs. 3 GG**	**Gewerkschaft/ Arbeitgeberverband**
• Freiwilligkeit des Zusammenschlusses • privatrechtlich gebildet • bestehend aus einer Mehrheit natürlicher oder juristischer Personen/Personenvereinigungen • Verfolgung eines gemeinsamen Zwecks • organisatorische Festigkeit; gemeinsame Willensbildung	• Zusammenschluss von Arbeitnehmern oder Arbeitgebern • Voraussetzungen des Abs. 1	• Zusammenschluss von Arbeitnehmern oder Arbeitgebern • Voraussetzungen des Abs. 1
	• Zweck: Wahrung und Förderung der Arbeits- und Wirtschaftsbedingungen • Unabhängigkeit vom sozialen Gegenspieler: Gegnerfreiheit + rechtliche und tatsächliche Unabhängigkeit • Unabhängigkeit von dritten Mächten wie Staat, Kirchen und Parteien • Überbetriebliche Organisation	• Voraussetzungen des Abs. 3
		• Soziale Mächtigkeit: Durchsetzungskraft • Tarifwilligkeit • Arbeitskampffähigkeit und -willigkeit • Anerkennung des geltenden Tarif-, Schlichtungs- und Arbeitskampfrechts ⇒ Tariffähigkeit

2. Eingriffe

793 **Eingriffe** in die Koalitionsfreiheit können vielfältiger Natur sein. Einerseits können Behinderungen der koalitionsmäßigen Betätigungen Art. 9 Abs. 3 GG beeinträchtigen. Eine staatliche Zwangsschlichtung würde etwa die Tarifautonomie der am Arbeitskampf beteiligten Koalitionen einschränken. Eine Ungleichbehandlung von gewerkschaftsangehörigen und unorganisierten Arbeitnehmern führt zu einem Eingriff in die positive bzw. in die negative Koalitionsfreiheit, je nachdem, wer bevorzugt und wer benachteiligt wird. Auch faktische Behinderungen - wie die Errichtung einer Arbeitnehmerkammer als öffentlich-rechtliche Zwangskörperschaft - können bei einigem Gewicht einen Eingriff in die Koalitionsfreiheit der mit der Kammer konkurrierenden Gewerkschaften darstellen.

794 Nicht als Eingriff ist die **Ausgestaltung** der Koalitionsfreiheit durch den Staat anzusehen. Wie die allgemeine Vereinigungsfreiheit nach Art. 9 Abs. 1 GG bedarf auch die Koalitionsfreiheit als teilweise **normgeprägtes Grundrecht** der gesetzlichen Ausgestaltung. Diese ist erforderlich, um die aufeinander treffenden individuellen und kollektiven Koalitionsfreiheiten von Arbeitnehmern, Arbeitgebern und ihrer Koalitionen zu regeln und zu einem Ausgleich zu bringen. An einer zulässigen Ausgestaltung fehlt es, wenn durch einen bestimmten Rechtsakt der Kernbereich der Koalitionsfreiheit beeinträchtigt wird.[63] Ob die Ausgestaltung verhältnismäßig sein muss, ist umstritten.[64] Eine zulässige gesetzliche Ausgestaltung stellt beispielsweise das Tarifvertragsgesetz dar. Auch die vom BAG aufgestellten Voraussetzungen, unter denen ein Arbeitskampf rechtmäßig ist - beispielsweise Wahrung des ultima-ratio-Prinzips und der Verhältnismäßigkeit zur Erreichung eines tariflich regelbaren Ziels - , sind als - ausnahmsweise durch den Richter erfolgende - Ausgestaltung zu klassifizieren.[65]

BVerfGE 50, 290 (368 ff.) (Mitbestimmung): „Mehr noch als die in Art. 9 Abs. 1 GG gewährleistete allgemeine Vereinigungsfreiheit bedarf die Koalitionsfreiheit von vornherein der gesetzlichen Ausgestaltung. Diese besteht nicht nur in der **Schaffung der Rechtsinstitute und Normenkomplexe, die erforderlich sind, um die grundrechtlich garantierten Freiheiten ausüben zu können**. Die Bedeutung und Vielzahl der von der Tätigkeit der Koalitionen berührten Belange namentlich im Bereich der Wirtschaftsordnung und Sozialordnung machen vielmehr vielfältige gesetzliche Regelungen notwendig, die der Koalitionsfreiheit auch Schranken ziehen können; dies umso mehr, als der Gegenstand der Gewährleistung auf sich wandelnde wirtschaftliche und soziale Bedingungen bezogen ist, die mehr als bei anderen Freiheitsrechten die Möglichkeit zu Modifikationen und Fortentwicklungen lassen müssen. Demgemäß geht das Bundesverfassungsgericht in ständiger Rechtsprechung davon aus, dass Art. 9 Abs. 3 GG die Koalitionsfreiheit nur in ihrem Kernbereich schützt: Das Grundrecht räumt den geschützten Personen und Vereinigungen nicht mit Verfassungsrang einen

---

63 BVerfGE 93, 352 (359) (Gewerkschaftliche Mitgliederwerbung II).

64 *Jarass*, in: Jarass/Pieroth, Art. 9 Rn. 35 f.; kritisch zur Verhältnismäßigkeitsprüfung *Sachs,* JuS 2002, 79 (80). Vgl. dazu Rn. 394.

65 Der Beschluss BVerfGE 84, 212 (226) (Aussperrung) ist im Hinblick auf Ausgestaltung und Eingriff nicht eindeutig. Demgegenüber spricht BVerfGE 82, 365 (394) (Kurzarbeitergeld) davon, dass die „Möglichkeit des Einsatzes von Kampfmitteln rechtliche Rahmenbedingungen (voraussetzt)“. Vgl. zu den Voraussetzungen eines rechtmäßigen Arbeitskampfes *Höfling,* in: Sachs, GG, Art. 9 Rn. 98 ff.

> inhaltlich unbegrenzten und unbegrenzbaren Handlungsspielraum ein; **es ist vielmehr Sache des Gesetzgebers, die Tragweite der Koalitionsfreiheit dadurch zu bestimmen, dass er die Befugnisse der Koalitionen im Einzelnen gestaltet und näher regelt.** Dabei kann er den besonderen Erfordernissen des jeweils zu regelnden Sachverhalts Rechnung tragen. Allerdings dürfen dem Betätigungsrecht der Koalitionen nur solche Schranken gezogen werden, die zum Schutz anderer Rechtsgüter von der Sache her geboten sind. Regelungen, die nicht in dieser Weise gerechtfertigt sind, tasten den durch Art. 9 Abs. 3 GG geschützten Kerngehalt der Koalitionsbetätigung an."

Bei Art. 9 Abs. 3 GG ist weiterhin als Besonderheit zu beachten, dass es nicht **795**
nur als Abwehrrecht gegen staatliches Handeln dient, sondern auch - anders als die allgemeine Vereinigungsfreiheit - **unmittelbare Drittwirkung** entfaltet. Art. 9 Abs. 3 S. 2 GG formuliert, dass koalitionswidrige Abreden nichtig und entsprechende Maßnahmen rechtswidrig sind. Somit besteht ein Abwehrrecht der einzelnen Arbeitnehmer und Arbeitgeber sowie der Koalitionen gegenüber Beeinträchtigungen von privater Seite. Da Art. 9 Abs. 3 GG als Schutzgesetz angesehen wird, besteht bei Vorliegen der sonstigen Voraussetzungen ein zivilrechtlicher Unterlassungsanspruch nach § 1004 BGB analog bzw. ein Schadensersatzanspruch nach § 823 Abs. 2 BGB. In die individuelle positive Koalitionsfreiheit eines Arbeitnehmers wird eingegriffen, wenn der Arbeitgeber nachteilige Folgen an einen Gewerkschaftsbeitritt knüpft. Andererseits wird in die negative Koalitionsfreiheit des Arbeitnehmers eingegriffen, wenn der Arbeitgeber durch einen Tarifvertrag verpflichtet wird, den nicht der Gewerkschaft angehörenden Arbeitnehmer schlechter zu behandeln als den gewerkschaftsangehörigen (sog. Differenzierungsklauseln).[66] Werden durch einen tarifgebundenen Arbeitgeber systematisch Tarifverträge gebrochen, so kann hierin eine Beeinträchtigung der Koalitionsfreiheit der tarifvertragsschließenden Gewerkschaft gesehen werden.[67]

3. Rechtfertigung von Eingriffen

a) Schranken

Die Koalitionsfreiheit ist nach dem Wortlaut des Art. 9 Abs. 3 GG ein vorbehalt- **796**
los gewährtes Grundrecht. Umstritten ist, ob die **Begrenzungsregelung des Art. 9 Abs. 2 GG** anwendbar ist. Soweit Abs. 2 als Schutzbereichsbegrenzung angesehen wird, stellt sich das Problem entsprechend beim Schutzbereich der Koalitionsfreiheit.[68] Für diese Möglichkeit wird angeführt, dass die Koalitionsfreiheit nicht stärker geschützt werden könne als die Parteienfreiheit. Letztere können aber nach Art. 21 Abs. 2 GG bei einer aggressiv kämpferischen Haltung gegenüber der freiheitlich demokratischen Grundordnung verboten werden.[69] Gegen die Anwendung von Abs. 2 sprechen systematische Erwägungen: Einerseits steht Art. 9 Abs. 2 GG nach der allgemeinen Vereinigungsfreiheit, aber vor der Koalitionsfreiheit; ande-

---

66 BAGE 20, 175 (218); a.A. *Steinberg*, RdA 1975, 99 ff.

67 BAG, NZA 1999, 887 ff.

68 Vgl. dazu Rn. 762.

69 *Löwer*, in: v. Münch/Kunig, Art. 9 Rn. 80; *Bauer*, in: Dreier, Art. 9 Rn. 87; vgl. allgemein zu dieser Problematik *Reimann/Schulz-Henze*, JA 1995, 811 (814 f.).

rerseits wird bei Art. 5 GG die Schranke der allgemeinen Gesetze (Abs. 2) nicht auf die Gewährleistung nach Art. 5 Abs. 3 GG angewendet.[70] Letztlich dürfte der Streit ohne praktische Auswirkungen sein, da eine Vereinigung mit den in Art. 9 Abs. 2 GG genannten Zielen nicht mehr als Koalition anzusehen sein wird.[71]

797 Einschränkbar ist die Koalitionsfreiheit daher allein auf Grund **kollidierenden Verfassungsrechts**. Solches kann sich insbesondere aus der positiven Koalitionsfreiheit des Arbeitgebers, keine gegnerische Koalition unterstützen zu müssen, und aus der negativen Koalitionsfreiheit der Unorganisierten, keiner Gewerkschaft beitreten zu müssen, ergeben. Eine Bindung der Koalitionen an das Gemeinwohl besteht nicht[72]; andernfalls bestünde die Gefahr einer inhaltlichen Kontrolle koalitionsmäßiger Betätigung (insb. von Tarifverträgen) anhand völlig vager Kriterien und damit der Tarifzensur.

b) Schranken-Schranken

798 Wie bei allen Grundrechtseinschränkungen auf Grund von kollidierendem Verfassungsrecht, müssen auch bei der Koalitionsfreiheit die entgegenstehenden Grundrechtspositionen zu einem schonenden Ausgleich gebracht werden (**praktische Konkordanz**). Wenn man den Kernbereich koalitionsmäßiger Betätigung als unantastbares Minimum versteht (vergleichbar dem Wesensgehalt gem. Art. 19 Abs. 2 GG), so kann ein Eingriff hierin verfassungsrechtlich nicht gerechtfertigt werden.[73] Für das Arbeitskampfrecht bildet Art. 9 Abs. 3 S. 3 GG eine Schranken-Schranke, die nicht - auch nicht durch kollidierende Verfassungsgüter - überwunden werden kann.

799

Überblick: Typische Klausurprobleme

- Verfassungsrechtlicher Schutz vor der Zwangsmitgliedschaft in öffentlich-rechtlichen Vereinigungen.
- Grundrechtlicher Schutz von Ausländervereinen.
- Zugangsrechte der Gewerkschaft zum Betrieb, um Werbemaßnahmen durchzuführen.
- Ausgestaltung des Vereinsrechts und des Tarifrechts.
- Vereinsverbote nach den §§ 3 ff. VereinsG.

---

[70] *Höfling*, in: Sachs, GG, Art. 9 Rn. 127; *Jarass*, in: Jarass/Pieroth, Art. 9 Rn. 37; *Kittner/Schiek,* in: AK, Art. 9 Abs. 3 Rn. 94.

[71] *Pieroth/Schlink*, Rn. 755.

[72] *Jarass*, in: Jarass/Pieroth, Art. 9 Rn. 37; *Kemper*, in: v. Mangoldt/Klein/Starck, Art. 9 Rn. 225, 306; a.A. *Scholz*, in: HdbStR Bd. VI, § 151 Rn. 31 ff.

[73] *Reimann/Schulz-Henze*, JA 1995, 811 (814); in diesem Sinne wohl auch BVerfGE 4, 96 (106) (Hutfabrikant); 17, 319 (333) (Bereitschaftspolizei).

Kapitel 17: Schutz der Privatsphäre

Literatur: *Arndt, Claus*, Grundrechtsschutz bei der Fernmeldeüberwachung, DÖV 1996, 459 ff.; *Ennuschat, Jörg,* Behördliche Nachschau in Geschäftsräumen und die Unverletzlichkeit der Wohnung gem. Art. 13 GG, AöR 2002, 252 ff.; *Gusy, Christoph*, Das Grundrecht des Post- und Fernmeldegeheimnisses, JuS 1986, 89 ff.; *Ruthig, Josef*, Die Unverletzlichkeit der Wohnung (Art. 13 GG n.F.), JuS 1998, 506 ff.

Fallbearbeitungen: *Grote, Rainer / Klaus, Dieter*, Fall 5 (S. 65 ff.); *Degenhart, Christoph*, Fall 14 (S. 265 ff.).

Leitentscheidungen: BVerfGE 30, 1 ff. (Abhörurteil); 32, 54 ff. (Betriebsbetretungsrecht); 33, 1 ff. (Strafgefangene); 96, 44 ff. (Durchsuchungsanordnung II); 103, 142 ff. (Wohnungsdurchsuchung); BVerfG, NJW 2004, 999 ff. (Großer Lauschangriff); BVerwGE 78, 251 ff. (Betretungsrecht); BVerfG, EuGRZ 2004, 196 ff. (Zollkriminalamt).

I. Hintergrund

Art. 10 GG und Art. 13 GG dienen gleichermaßen dem Schutz der Privatsphäre 800
des Einzelnen. Schließlich sollen beide Grundrechte sicherstellen, dass dem Bürger ein Bereich zur eigenen Verfügung verbleibt, in dem er sich vom Staat und auch von Dritten unbeobachtet weiß. Ihre Bedeutung für die freie Entfaltung der Persönlichkeit wurde schon früh erkannt. Bereits § 142 der Paulskirchenverfassung hat das Briefgeheimnis geschützt. Die Weimarer Reichsverfassung hat durch Art. 117 (vom Schutzbereich her mit Art. 10 Abs. 1 GG identisch) den Schutz auf das Post-, Telegrafen- und Fernsprechgeheimnis ausgedehnt. § 140 Paulskirchenverfassung und Art. 115 WRV erklärten die Wohnung für unverletzlich. Die Bedeutung des Art. 10 GG rührt daher, dass die entsprechenden Dienstleistungen von der staatlichen Post angeboten wurden und deshalb die Gefahr bestand, dass der Staat leicht und unauffällig auf das gesprochene und geschriebene Wort des Bürgers zugreifen konnte. Aber auch nach der Privatisierung von Post und Telekom hat sich an der Gefährdung der Privatsphäre durch den Staat nichts geändert.

II. Unverletzlichkeit der Wohnung (Art. 13 GG)

Fall 26: Wohnungsdurchsuchung 801

D hatte eine Wohnung im ersten Obergeschoss eines Hauses gemietet, in dessen Erdgeschoss der käuflichen Liebe nachgegangen wurde. Auf Grund verschiedener Umstände hegte die zuständige Behörde den Verdacht, dass nicht nur in den im Erdgeschoss gelegenen Gewerberäumen, sondern auch in den beiden Wohnungen im ersten und zweiten Obergeschoss des Hauses der gewerblichen Prostitution nachgegangen wird, d.h. die Wohnungen ohne Genehmigung nicht zu Wohnzwecken genutzt werden. Nachdem Beauftragten der Behörde eine angekündigte Besichtigung der Wohnung im ersten Obergeschoss durch die D verweigert worden war, beschloss die Behörde, kurzfristig eine unangekündigte Besichtigung durchzuführen. Sie bereitete eine an die D gerichtete schriftliche Verfügung vor, mit der der D gem. § 13 Abs. 2 des Gesetzes zur Erhaltung und Pflege von Wohnraum (LandesErhPflG) auferlegt wurde, die sofortige Besichtigung der Wohnung durch beauftragte Mitarbeiter der Behörde zu dulden und ihnen den Zutritt zu der Wohnung zu ermöglichen. Widrigenfalls werde man sich zwangsweise Zutritt verschaffen. Unter Überreichung dieser vorbereiteten Verfügung begehrten die Beauftragten der Behörde an einem Mittwochnachmittag den Zutritt zu der von der D gemieteten Wohnung. Die Beauftragten der Behörde stellten fest, dass ebenso wie im Erdgeschoss und zweiten Obergeschoss auch im ersten Obergeschoss zwei der drei Zimmer der Wohnung jeweils mit einem französischen Doppelbett sowie einem Telefon ausgestattet waren, dass in diesen Zimmern unverhältnismäßig viel Reizwäsche lag, dass Kleenextücher und Kondomgroßpackungen vorhanden waren und sich in einem der Zimmer in einer mit schwarzen Tüchern abgehängten Ecke diverse Folterinstrumente befanden, die nach dem Beiseiteschieben der Tücher sichtbar wurden. Deshalb geht die Behörde (zu Recht) von einer geschäftlichen Nutzung aus. Die D fühlt sich in ihrer Privatsphäre verletzt; schließlich sei die Behörde aus eigener Machtvollkommenheit in ihre Wohnung eingedrungen. Sie erhebt eine zulässige Verfassungsbeschwerde. Wie sind ihre Erfolgsaussichten?

§ 1 LandesErhPflG

(1) Wohnungen müssen sich jeder Zeit in einem Zustand befinden, der ihren Gebrauch zu Wohnzwecken ohne Beeinträchtigungen zulässt.

(2) Im Rahmen dieses Gesetzes hat die zuständige Behörde die Aufgabe, die Instandsetzung, die Erfüllung von Mindestanforderungen und die ordnungsgemäße Benutzung von Wohngebäuden, Wohnungen und Wohnräumen sicherzustellen.

§ 13 LandesErhPflG

(1) Nutzungsberechtigte und Bewohner sind verpflichtet, den Beauftragten der zuständigen Behörde das Betreten der Wohnungen zu gestatten, wenn dies für die Entscheidung über eine Maßnahme erforderlich ist, insbesondere die Einholung von Auskünften nicht ausreicht. Das Betreten ist grundsätzlich vorher anzukündigen; es darf nur zu angemessenen Tageszeiten erfolgen. Das Grundrecht der Unverletzlichkeit der Wohnung (Art. 13 des Grundgesetzes) wird insoweit eingeschränkt.

(2) Besteht begründeter Verdacht, dass Wohnungen ohne Genehmigung nicht zu Wohnzwecken genutzt werden, sind die Beauftragten der zuständigen Behörde auch ohne Ankündigung jederzeit zum Betreten berechtigt.

(3) Ist der dringende Verdacht auf zweckwidrige Wohnraumnutzung nicht anders aufzuklären, kann eine Durchsuchung der Räume vorgenommen werden.

Fall abgewandelt nach OVG Hamburg, NJW 1997, 2193 f.

1. Schutzbereich

a) Persönlicher Schutzbereich

802 Hinsichtlich des persönlichen Schutzbereiches macht Art. 13 GG keine Einschränkungen. Träger dieses Grundrechts ist jeder **Bewohner** der geschützten Räume. Die Stellung als Eigentümer ist nicht entscheidend, da für den Schutz der Privatsphäre der Besitz allein maßgeblich ist. Auf die Rechtmäßigkeit des Besitzes kommt es ebenso wenig an wie auf die Einschränkungen durch die Besitzdienerschaft (§ 855 BGB), soweit eine persönliche Privatsphäre besteht.[1] Auch juristi-

---

1 *Jarass*, in: Jarass/Pieroth, Art. 13 Rn. 3; *Kühne*, in: Sachs, GG, Art. 13 Rn. 19, der allerdings eine Ausnahme bei evidenten Vorrechten Dritter macht.

sche Personen des privaten Rechts können sich gem. Art. 19 Abs. 3 GG auf Art. 13 GG insbesondere im Hinblick auf Betriebs- und Geschäftsräume berufen.[2]

b) Sachlicher Schutzbereich

aa) Schutz der Privatwohnung

Art. 13 Abs. 1 GG spricht davon, dass die Wohnung unverletzlich ist. Was hierun- **803**
ter zu verstehen ist, muss ausgehend vom Schutzzweck des Art. 13 GG beantwortet werden. Durch dieses Grundrecht soll die Privatheit der Wohnung als „elementarer Lebensraum“[3] geschützt werden, der der freien Persönlichkeitsentfaltung des Einzelnen dient. Das BVerfG spricht im Zusammenhang mit dem allgemeinen Persönlichkeitsrecht auch von dem Recht, „in Ruhe gelassen zu werden“.[4] Unter **Wohnung** sind die Räume zu verstehen, die der allgemeinen Zugänglichkeit durch eine räumliche Abschottung entzogen und zur Stätte privaten Lebens und Wirkens gemacht werden.[5] Mangels entsprechender Abschottung werden beispielsweise Autos und Strandkörbe nicht mehr vom Schutzbereich umfasst; anders ist dies bei Campingwagen und Zelten. Unbebaute Flächen fallen dann in den Schutzbereich, wenn sie entweder gegenüber der Öffentlichkeit abgeschirmt sind oder wenn sie sich in unmittelbarer Nähe eines Gebäudes befinden und damit in erkennbarem Zusammenhang mit Wohnzwecken stehen.[6]

Nicht erfasst vom Schutzbereich des Art. 13 GG werden nach Ansicht des **804**
BVerfG die **Hafträume der Strafgefangenen**.[7] Die Zelle darf durch Anstaltsmitarbeiter ohne vorherige Ankündigung betreten werden. Einer rechtfertigenden Norm, wie sie § 4 StVollzG (Stellung des Gefangenen) möglicherweise darstellt, bedarf es deshalb nicht. Begründet wird diese Einschränkung des Schutzbereiches mit dem fortbestehenden Hausrecht der Anstalt.

bb) Schutz der Betriebs- und Geschäftsräume

Der Wortlaut des Art. 13 GG scheint den Schutzbereich relativ klar zu umreißen: **805**
Nach herkömmlichem Sprachgebrauch sind unter einer Wohnung nur solche Räume zu verstehen, die der *privaten* Lebensführung dienen. Trotzdem ist es umstritten, ob auch Betriebs- und Geschäftsräume unter den Wohnungsbegriff zu subsumieren sind. Unter Hinweis auf das allgemeine Verständnis von „Wohnung“ lassen sich **Betriebs- und Geschäftsräume** durchaus aus dem Schutzbereich ausklammern und Art. 13 Abs. 1 GG auf den Schutz des privaten Bereichs als elementaren Lebensraum begrenzen.[8] Konsequenz hieraus ist, dass Betriebs- und Geschäftsräume allein dem Schutz des Art. 2 Abs. 1 GG unterfallen. Hingegen

---

2 Vgl. dazu Rn. 805 ff.
3 BVerfGE 42, 212 (219) (Quick/Durchsuchungsbefehl); 51, 97 (110) (Zwangsvollstreckung I).
4 BVerfGE 27, 1 (6) (Mikrozensus).
5 *Jarass*, in: Jarass/Pieroth, Art. 13 Rn. 2.
6 *Kühne*, in: Sachs, GG, Art. 13 Rn. 3.
7 BVerfG, NJW 1996, 2643 (2643). Kritisch dazu *Ruthig*, JuS 1998, 506 (512).
8 *Stein/Frank*, S. 285 f.; *Behr*, NJW 1992, 2125 (2126).

werden in Rechtsprechung und Literatur Betriebs- und Geschäftsräume einschränkungslos von Art. 13 GG umfasst.[9] So werden nicht nur Verkaufsräume, sondern auch Einkaufszentren und sogar Sportstadien als „Wohnung" im Sinne des Art. 13 GG angesehen.[10] Differenzierend wird aber auch vertreten, dass Betriebs- und Geschäftsräume als Wohnungen nur dann geschützt sind, wenn kein unkontrollierter öffentlicher Zutritt möglich ist.[11]

806 Gegen die Ausdehnung des Art. 13 GG auf Betriebs- und Geschäftsräume wenden *Stein/Frank* in pointierter Weise ein, dass der Herr-im-Haus-Standpunkt, nach dem das Unternehmen der Privatsphäre des Unternehmers zugeordnet werde, vergangenen Zeiten angehöre. Dieser Wandel in der gesellschaftlichen Anschauung müsse sich im Schutzbereich des Art. 13 GG niederschlagen.[12]

807 Die historische Auslegung spricht indes für einen weiten Wohnungsbegriff. Bereits Art. 6 der preußischen Verfassung von 1850 und Art. 115 WRV wurden in diesem Sinne verstanden.[13] Hiervon wollten weder der parlamentarische Rat noch der verfassungsändernde Gesetzgeber, der 1998 Art. 13 GG um die Abs. 3-6 ergänzt hat, abrücken.[14] Weiterhin lassen sich auch teleologische Erwägungen dafür anführen, dass Betriebs- und Geschäftsräume überhaupt von Art. 13 GG erfasst werden. Denn der Wohnungsbegriff muss unter Berücksichtigung des Schutzzweckes gesehen werden. Art. 13 GG dient dem Schutz der Privatsphäre und der freien Persönlichkeitsentfaltung des Einzelnen. Diese **Schutzbedürftigkeit** gilt jedenfalls auch dann, wenn die entsprechenden Räume der Öffentlichkeit entzogen sind, der Inhaber des Hausrechts also über jeden einzelnen Zugang entscheidet. Schließlich verwirklicht sich der Mensch durch Arbeit, Beruf und Gewerbe selbst.[15] Zudem verzichtet aber auch derjenige nicht auf sein Hausrecht, der seine Räumlichkeiten der Öffentlichkeit öffnet: Der Supermarktbesitzer möchte keinen Zutritt durch Diebe, am Stadioneingang finden Kontrollen statt, um Randalierer fern zu halten. Im Strafrecht findet dieser Umstand seine Ausprägung darin, dass derjenige Hausfriedensbruch gem. § 123 StGB begeht, der als Räuber maskiert eine Bank betritt. Die generelle Zutrittserlaubnis wirkt nur zu Gunsten derjenigen Personen, die mit den äußeren Bedingungen der Erlaubnis in Einklang stehen.[16] Die genannten Gründe sprechen dafür, den Wohnungsbegriff des Art. 13 GG umfassend zu verstehen und Geschäftsräume in seinen Geltungsbereich einzubeziehen.

> BVerfGE 32, 54 (71 f.) (Betriebsbetretungsrecht): „Wurden die Geschäfts- und Betriebsräume schon in Zeiten eines prinzipiell weit weniger ausgebildeten Grundrechtsschutzes mit Selbstverständlichkeit zum Bereich der individuellen Freiheitssphäre des Bürgers gerechnet und damit den besonderen Verfassungs- und Gesetzesbestimmungen zum Schutze des Hausfriedens unterstellt, so wäre es schwer verständlich und würde der grundsätzlichen Einstel-

---

9 BVerfGE 32, 54 (71 ff.) (Betriebsbetretungsrecht); *Herdegen*, in: BK, Art. 13 Rn. 34.

10 BVerfGE 97, 228 (265) (Kurzberichterstattung).

11 *Ruthig*, JuS 1998, 506 (510).

12 *Stein/Frank,* S. 285 f.; kritisch hierzu *Kunig,* in: v. Münch/Kunig, Art. 13 Rn. 11.

13 BVerfGE 32, 54 (69 f.) (Betriebsbetretungsrecht); *Ennuschat*, AöR 127 (2002), 252 (266).

14 JöR 1 (1951), S. 139; *Ennuschat*, AöR 127 (2002), 252 (266).

15 *Pieroth/Schlink*, Rn. 876.

16 *Küper*, Strafrecht Besonderer Teil, 5. Aufl. 2002, S. 118 f.

lung des Verfassungsgebers von 1949 zuwiderlaufen, diese Räumlichkeiten jetzt generell von dem Schutz dieses Grundrechts auszunehmen. **Die nunmehr seit mehr als einem Jahrhundert unverändert gebliebene Auslegung hat sich zu einer allgemeinen Rechtsüberzeugung verfestigt** und dem Grundrecht eine Reichweite gegeben, die nur verkürzt werden dürfte, wenn nachgewiesen würde, dass zwingende sachliche Gründe eine solche Substanzminderung erforderten und dass die Entstehungsgeschichte ihr wenigstens nicht entgegenstünde. Das Gegenteil ist aber (...) der Fall. Nicht nur ist die herkömmliche Formulierung des Grundrechts unverändert übernommen worden; die zu ihrer Begründung abgegebenen und unwidersprochen gebliebenen Äußerungen der maßgebenden Redaktoren erweisen klar, dass mit der überlieferten Formel auch die bisherige Interpretation festgehalten werden sollte. Dass man angesichts der unmittelbar vorausliegenden geschichtlichen Erfahrung, die die Anfälligkeit gerade dieses Lebensbereichs gegenüber Eingriffen der öffentlichen Gewalt gezeigt hatte, an eine Einengung des Grundrechts gedacht haben sollte, ist ohnehin nicht zu vermuten. **Nur die weite Auslegung wird auch dem Grundsatz gerecht, wonach in Zweifelsfällen diejenige Auslegung zu wählen ist, welche die juristische Wirkungskraft der Grundrechtsnorm am stärksten entfaltet.** Sie fügt sich überdies sinnvoll in die Grundsätze ein, die das Bundesverfassungsgericht zur Interpretation des Grundrechts der Berufsfreiheit entwickelt hat. Wenn dort die **Berufsarbeit als ein wesentliches Stück der Persönlichkeitsentfaltung** gesehen und ihr deshalb im Rahmen der individuellen Lebensgestaltung des Einzelnen ein besonders hoher Rang zuerkannt wird, so ist es nur folgerichtig, dem räumlichen Bereich, in dem sich diese Arbeit vorwiegend vollzieht, einen entsprechend wirksamen rechtlichen Schutz angedeihen zu lassen, jedenfalls den bereits bestehenden verfassungsrechtlichen Schutz dieser Räume nicht ohne zwingende Notwendigkeit zu schmälern. (...)

Der **Wortlaut** des Art. 13 Abs. 1 GG kann demgegenüber nicht entscheidend sein. Die sprachliche Einkleidung dieses Grundrechts hat seit jeher die juristische Präzision zu Gunsten des feierlichen Pathos einer einprägsamen Kurzformel zurücktreten lassen. „Wohnung" ist in diesem Zusammenhang immer im Sinn der „räumlichen Privatsphäre" verstanden worden."

cc) Schutzpflichten

Neben der Funktion als Abwehrrecht ergeben sich aus Art. 13 GG auch Schutzpflichten des Staates. So muss der Staat dafür Sorge tragen, dass die räumliche Privatsphäre effektiv gegenüber privatrechtlichen Beeinträchtigungen geschützt wird. Im Zivilrecht ergeben sich daraus beispielsweise Beschränkungen für das Betretungsrecht des Vermieters einer Wohnung.[17] 808

2. Eingriffe

Art. 13 GG schützt vor dem Eindringen der Staatsgewalt in die Wohnung ebenso wie vor dem Verweilen. Auf Letzteres ist deshalb hinzuweisen, weil auch ein zunächst rechtmäßiges Betreten der Wohnung nach dem Willen des Hausrechtsinhabers widerrechtlich werden kann. Eingriffe in den Schutzbereich des Art. 13 GG können durch Durchsuchungen (Abs. 2), durch Eingriffe und Beschränkungen im Übrigen (Abs. 7) sowie durch technische Maßnahmen (Abs. 3-6) erfolgen. Kennzeichnend für eine **Durchsuchung** ist das ziel- und zweckgerichtete Suchen staatlicher Organe nach Personen oder Sachen oder zur Ermittlung eines Sachverhalts, um etwas aufzuspüren, was der Inhaber der Wohnung von sich aus nicht offen le- 809

---

[17] BVerfGE 89, 1 (12 f.) (Besitzrecht des Mieters).

gen oder herausgeben will.[18] Voraussetzung ist ein körperliches Betreten der Wohnung; die Überwachung von Außen mittels technischem Gerät richtet sich allein nach Abs. 3 und 4.[19] Zu den **Eingriffen und Beschränkungen i.S.d. Abs. 7** (sonstige Maßnahmen) gehören alle Beeinträchtigungen der Privatheit der Wohnung wie etwa das Betreten, Besichtigen und Verweilen zu anderen Zwecken als dem der Durchsuchung. Nicht erforderlich ist das körperliche Hineingelangen. Denn auch durch die Observation von außerhalb der Wohnung kann die Privatheit beeinträchtigt werden. Voraussetzung ist dann aber der Einsatz technischer Mittel, da sich der Betroffene hinsichtlich solcher Lebensäußerungen seines Wohnungsschutzes begibt, die „auf der Straße" ohne weiteres von jedem wahrgenommen werden können.[20] Zwar können auch Durchsuchungen unter Abs. 7 subsumiert werden, jedoch ist in diesen Fällen Abs. 2 lex specialis. Der Einsatz technischer Mittel (kleiner und großer Lauschangriff) bestimmt sich nach den Abs. 3-6. Sie sind zu Abs. 7 leges speciales.

810

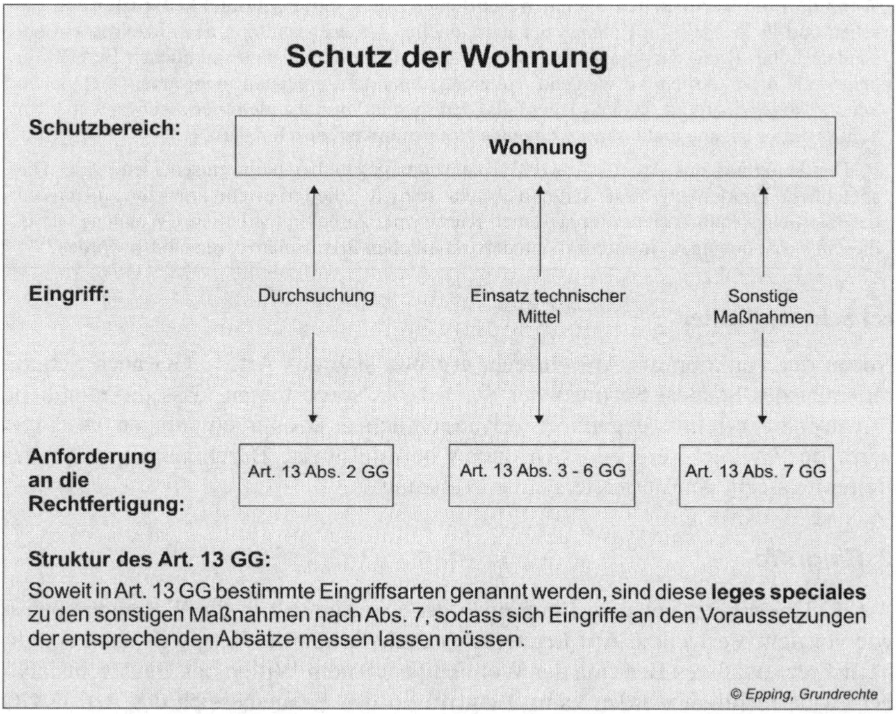

811 Als Konsequenz aus dem weiten Schutzbereich des Art. 13 GG hat das BVerfG bestimmte Voraussetzungen aufgestellt, unter denen das Betreten der **Geschäfts-**

---

18 BVerfGE 51, 97 (106 f.) (Zwangsvollstreckung I); BVerwGE 47, 31 (37).

19 *Jarass*, in: Jarass/Pieroth, Art. 13 Rn. 9; *Ruthig*, JuS 1998, 506 (513).

20 *Guttenberg*, NJW 1993, 567 (568 f.); *Jarass*, in: Jarass/Pieroth, Art. 13 Rn. 5; *Ruthig*, JuS 1998, 506 (512).

räumlichkeiten zum Zwecke der **Nachschau keinen Eingriff** in Art. 13 GG dargestellt.[21] Die Nachschau dient vornehmlich der Kontrolle der Einhaltung der gesetzlichen Vorschriften wie z.B. der Hygienebestimmungen und ist keine Durchsuchung i.S.d. Art. 13 Abs. 2 GG. Denn bei einer Nachschau werden die Räume lediglich in Augenschein genommen; man spricht deshalb auch von Betretungs- und Besichtigungsrechten. Ein Suchen nach Verborgenem findet dagegen nicht statt. Ein Eingriff oder eine Beeinträchtigung i.S.d. Art. 13 Abs. 7 GG wird aber ebenfalls verneint, wenn die behördliche Nachschau unter Einhaltung der folgenden **Voraussetzungen** erfolgt:

- Das Betreten der Räume muss auf einer besonderen gesetzlichen Ermächtigungsgrundlage beruhen. Eine solche ist beispielsweise in § 22 GastG und § 17 HandwO zu finden.[22]
- Das Betreten und die Besichtigung müssen einem erlaubten Zweck dienen und für dessen Erreichen erforderlich sein.
- Das Gesetz muss den Zweck des Betretens, den Gegenstand und den Umfang der zugelassenen Besichtigung deutlich erkennen lassen.
- Das Betreten und die Besichtigung sind nur zu Zeiten statthaft, zu denen die Räume normalerweise für die jeweilige geschäftliche oder betriebliche Nutzung zur Verfügung stehen.

Soweit die Nachschau diesen - im Wesentlichen sich aus dem Rechtsstaatsprin- **812**
zip ergebenden - Anforderungen genügt, entfällt eine Rechtfertigung am Maßstab des Art. 13 Abs. 7 GG. Begründet wird dieses dogmatisch ungewöhnliche Vorgehen damit, dass der Einzelne, indem er die Geschäftsräume einem größeren Kreis zum Betreten geöffnet hat, die Räume in gewissem Umfang aus der Privatsphäre entlassen hat. Dementsprechend besteht nach Ansicht des BVerfG eine Vermutung, dass Gespräche in diesen Räumen betrieblichen oder geschäftlichen Zwecken dienen und damit einen Sozialbezug aufwesen, der einen Bezug zum unantastbaren Persönlichkeitskern ausschließt.[23] Zu beachten ist, dass dann, wenn von der Nachschau nicht nur Geschäftsräume betroffen sind, sondern auch reine Wohnräume erfasst werden, die Anforderungen des Art. 13 Abs. 7 GG wieder maßgeblich sind. Für diese besteht die abgeschwächte Schutzintensität nicht.

813

Hinweis zur Fallbearbeitung:
Teilweise werden diese Voraussetzungen für die Zulässigkeit einer Nachschau als Rechtfertigungsgrund aufgefasst und dementsprechend bei dem Gliederungspunkt „Verfassungsrechtliche Rechtfertigung" geprüft. Hierfür spricht, dass quasi eine Verhältnismäßigkeitprüfung vorgenommen wird, die gewöhnlich auf der Rechtfertigungsebene stattfindet. Andererseits ist dies dogmatisch inkonsequent, da durch die Ausdehnung des Schutzbereiches auf Betriebs- und Geschäftsräume Art. 13 Abs. 7 GG zur Anwendung kommt und dementsprechend Eingriffe an dessen Voraussetzungen zu messen sind. Deshalb ist es vorzugswürdig, bei Vorliegen der oben genannten Voraussetzungen bereits

---

21 BVerfGE 32, 54 (76 f.) (Betriebsbetretungsrecht).

22 Weitere Beispiele bei *Ennuschat*, AöR 127 (2002), 252 (253, Fn. 2).

23 BVerfG, NJW 2004, 999 (1004) (Großer Lauschangriff).

den Eingriff zu verneinen. In diesem Sinne hat auch das BVerfG in seiner bisherigen Rechtsprechung entschieden.[24]

3. Rechtfertigung von Eingriffen

a) Schranken

814 In Art. 13 GG werden für die unterschiedlichen Eingriffe Schranken formuliert. Hierbei handelt es sich um qualifizierte Gesetzesvorbehalte. **Durchsuchungen** sind nur nach Maßgabe des Abs. 2 zulässig: Grundsätzlich ist eine richterliche Anordnung erforderlich, es sei denn, es ist Gefahr im Verzug. **Sonstige Maßnahmen** müssen sich an Abs. 7 messen lassen: Bei der „Abwehr einer gemeinen Gefahr oder einer Lebensgefahr" handelt es sich um grundrechtsunmittelbare Schranken; ansonsten ist ein Eingriff nur auf Grund eines Gesetzes bei dringender Gefahr für die öffentliche Sicherheit und Ordnung zulässig. Darüber hinaus enthält Art. 17a Abs. 2 GG einen qualifizierten Gesetzesvorbehalt. Für die technische Überwachung von Wohnungen werden in Art. 13 Abs. 3-6 GG spezielle Schranken formuliert, die 1998 nach langer Debatte grundgesetzlich verankert wurden (sog. Lauschangriff). Bedenklich an dieser Verfassungsänderung ist, dass nach dem Wortlaut des Art. 13 Abs. 3, 4 GG auch eine solche akustische Überwachung von Wohnraum möglich ist, die den Einzelnen in seinem unantastbaren Kernbereich privater Lebensgestaltung beeinträchtigt. Hierunter fallen beispielsweise Gespräche mit engen Familienangehörigen oder Geistlichen. Eine Verfassungsänderung, die den Staat zu Eingriffen in den Menschenwürdegehalt des Art. 13 GG ermächtigt, verstößt gegen Art. 1 Abs. 1 GG, der gem. Art. 79 Abs. 3 GG dem Zugriff des Gesetzgebers entzogen ist. Mittlerweile hat das BVerfG entschieden, dass die Grundgesetzänderung verfassungsgemäß ist, die einfachgesetzlichen Ausführungen in der StPO hingegen den verfassungsrechtlichen Vorgaben nicht genügen. In seinem Urteil hat das BVerfG eine an der Menschenwürde (Art. 1 Abs. 1 GG) orientierte verfassungskonforme Auslegung des Art. 13 GG vorgenommen.[25] Nach den strengen Vorgaben des BVerfG verbleibt für den großen Lauschangriff trotz der weiten Fassung des Art. 13 Abs. 3 GG nur noch ein kleiner Anwendungsbereich. Der verfassungsändernde Gesetzgeber hat hingegen eine entsprechende Einschränkung des Art. 13 Abs. 3 GG abgelehnt. Da Wortlaut und Entstehung gegen eine restriktive Auslegung sprechen, haben sich zwei Richterinnen des BVerfG unter Verweis auf die Normenklarheit gegen eine menschenwürdekonforme Auslegung und damit für die Verfassungswidrigkeit ausgesprochen.[26]

---

[24] BVerfGE 32, 54 (76 f.) (Betriebsbetretungsrecht); ob das BVerfG von dieser Rspr. in BVerfGE 97, 228 (265 f.) (Kurzberichterstattung) abgerückt ist, wird unterschiedlich beurteilt: verneinend *Papier*, in: Maunz/Dürig, Art. 13 Rn. 145; bejahend *Kühne*, in: Sachs, GG, Art. 13 Rn. 52, Fn. 119. Vgl. zu weiteren Ansätzen *Ennuschat*, AöR 127 (2002), 252 (256 ff.).

[25] BVerfG, NJW 2004, 999 (1000 ff.) (Großer Lauschangriff).

[26] BVerfG, NJW 2004, 999 (1020 ff.) (Großer Lauschangriff, abw. Meinung *Jaeger/Hohmann-Dennhardt*). Bedenken auch bei *Geis*, CR 2004, 338 (339); *Gusy*, JuS 2004, 457 (458 f.).

aa) Kleiner Lauschangriff

Der kleine Lauschangriff[27] wird von Abs. 5 erfasst. Er dient dem **Schutz eines in der Wohnung befindlichen verdeckten Ermittlers** (vgl. die Legaldefinition in § 110a Abs. 2 StPO) bzw. einer dort eingesetzten Vertrauensperson (Privatperson, die bei der Strafverfolgung eingesetzt wird) durch technische Maßnahmen. Kennzeichnend ist, dass durch Mikrofone nur das abgehört bzw. durch Kameras nur das beobachtet wird, was die zu schützende Person ohnehin mitbekommt. Ein Richtervorbehalt ist in der Schrankenregelung des Art. 13 Abs. 5 GG nicht vorgesehen. Ausreichend ist die Anordnung durch eine gesetzlich bestimmte Stelle. Einer richterlichen Überprüfung bedarf es nur dann, wenn Erkenntnisse zum Zwecke der Strafverfolgung bzw. zur Gefahrenabwehr verwertet werden sollen. Bei Gefahr im Verzug ist die richterliche Entscheidung unverzüglich nachzuholen. **815**

bb) Großer Lauschangriff

Durch den großen Lauschangriff, der seine Regelung in Abs. 3 und 4 erfahren hat, sollen **Informationen aus der Privatsphäre** erlangt werden. Im Unterschied zum kleinen Lauschangriff geht es hierbei um die Gewinnung solcher Informationen, die nicht im Beisein einer für die Polizei tätigen Person offenbart werden. Die Regelungen in Abs. 3 und Abs. 4 betreffen jeweils andere Lebenssachverhalte. **816**

- Art. 13 Abs. 3 GG ermöglicht die Überwachung mittels technischer Mittel zum Zwecke der **Strafverfolgung** (repressiv). Dabei ist zu berücksichtigen, dass der Einsatz nur solcher technischer Mittel gestattet wird, die der akustischen Überwachung dienen. Die technische Wohnraumüberwachung ist Ultima Ratio, d.h., dass ansonsten die Erforschung des Sachverhaltes unverhältnismäßig erschwert oder aussichtslos wäre. Die Maßnahme bedarf immer der richterlichen Anordnung (Art. 13 Abs. 3 S. 3, 4 GG) und muss befristet sein.
- Art. 13 Abs. 4 GG erlaubt zum Zwecke der **Gefahrenabwehr** (präventiv) den Einsatz technischer Mittel, wobei keine Beschränkung auf akustische Mittel besteht. Folglich werden auch optische oder sonstige Mittel (bspw. Video- und Infrarotaufnahmen, Peilsender) zugelassen. Ein Vorgehen nach Art. 13 Abs. 4 GG ist nur zur Abwehr einer dringenden Gefahr für die öffentliche Sicherheit zulässig. Es ist eine richterliche Anordnung erforderlich, die bei Gefahr im Verzug auch nachgeholt werden kann.

b) Schranken-Schranken

aa) Durchsuchungen

Durchsuchungen müssen den Anforderungen des Art. 13 Abs. 2 GG genügen; ein Rückgriff auf Abs. 7 ist nicht möglich, da Abs. 2 lex specialis ist. Folglich bedarf es grundsätzlich einer **richterlichen Anordnung**, es sei denn es liegt „Gefahr im **817**

---

[27] Der Begriff „Lauschangriff“ entstammt ministeriellem bzw. geheimdienstlichem Sprachgebrauch; es handelt sich also nicht um einen „politischen Kampfbegriff“ von polizeikritischer Seite; vgl. die Darstellung bei *Kutscha*, NJW 1994, 85 (85).

Verzug“ vor. Der Eingriff in Art. 13 GG bedarf der **gesetzlichen Ermächtigung**, die das **Zitiergebot** beachten muss. Soweit das betreffende Gesetz keine richterliche Anordnung vorschreibt, besteht die Möglichkeit, den Richtervorbehalt unmittelbar dem Art. 13 Abs. 2 GG zu entnehmen. Entsprechendes hat das BVerfG zu § 758 ZPO entschieden, der die Durchsuchungsrechte des Gerichtsvollziehers regelt, ohne in seiner ursprünglichen Fassung einen Richtervorbehalt enthalten zu haben. Erst später - nach Erlass des entsprechenden Beschlusses des BVerfG - wurde ein entsprechender § 758a ZPO eingefügt.

> BVerfGE 51, 97 (114) (Zwangsvollstreckung I): „Veranlasst ist die Grundrechtsverletzung ersichtlich dadurch, dass § 758 ZPO entsprechend der bisher vorherrschenden restriktiven Interpretation des Art. 13 Abs. 2 GG keine Bestimmung über das Erfordernis einer richterlichen Anordnung für die Durchsuchung enthält. Indessen ist Art. 13 Abs. 2 GG unmittelbar geltendes und anzuwendendes Recht. § **758 ZPO wird daher durch Art. 13 Abs. 2 GG dahin ergänzt, dass die Durchsuchung, soweit nicht Gefahr im Verzuge ist, der Anordnung durch den Richter bedarf**. Das dabei einzuhaltende Verfahren kann ohne besondere Schwierigkeiten in Analogie zu dem Verfahren gem. § 761 ZPO gestaltet werden. Es sind die einschlägigen Vorschriften des achten Buches der ZPO entsprechend anzuwenden. Ein Ausspruch über die Verfassungswidrigkeit des § 758 ZPO kommt daher nicht in Betracht.“

818 **Gefahr im Verzug** - der Begriff ist eng auszulegen - liegt vor, wenn die durch die Einschaltung des Richters bewirkte Verzögerung den Erfolg der Durchsuchung gefährden würde.[28] Entgegen seiner früheren Rechtsprechung geht das BVerfG nunmehr davon aus, dass das Vorliegen von „Gefahr im Verzug“ einer unbeschränkten gerichtlichen Kontrolle unterliegt, den anderen Organen also kein eigener Beurteilungsspielraum zukommt.[29] Weiterhin ist der **Verhältnismäßigkeitsgrundsatz** zu beachten.

> BVerfG, NJW 1992, 551 (551 f.): „Das BVerfG hat wiederholt entschieden, dass eine Durchsuchung schon ihrer Natur nach regelmäßig schwer wiegend in die grundrechtlich geschützte Lebenssphäre des Betroffenen, namentlich auch in das Grundrecht aus Art. 13 GG eingreift. Daher hat der Richter bei Erlass eines auf § 102 StPO gestützten Durchsuchungsbefehls von vornherein für eine angemessene Begrenzung der Zwangsmaßnahme Sorge zu tragen. Soweit ihm die Ermächtigung der Exekutive, im Wege der Durchsuchung in den grundrechtlich geschützten Bereich des Betroffenen einzugreifen, vorbehalten ist, trifft ihn als Kontrollorgan der Strafverfolgungsbehörden zugleich auch die **Pflicht, durch eine geeignete Formulierung des Durchsuchungsbeschlusses im Rahmen des Möglichen und Zumutbaren sicherzustellen, dass der Eingriff in die Grundrechte messbar und kontrollierbar bleibt**.“

bb) Großer Lauschangriff

819 Der große Lauschangriff zur Strafverfolgung (Abs. 3) ist nur nach Anordnung durch einen mit **drei Richtern** besetzten Spruchkörper zulässig; bei Gefahr im Verzug reicht ein einzelner Richter. Zur Gefahrenabwehr (Abs. 4) ist die technische Überwachung nur nach Anordnung durch einen **einzelnen Richter** zulässig;

---

[28] BVerwGE 28, 285 (291); *Ruthig*, JuS 1998, 506 (508 f.).

[29] BVerfG 103, 142 (157 ff.) (Wohnungsdurchsuchung). Vgl. zu dieser Entscheidung *Ostendorf/Brüning*, JuS 2001, 1063 ff. und Rn. 854.

bei Gefahr im Verzug reicht die Anordnung einer anderen gesetzlich bestimmten Stelle, wobei allerdings eine richterliche Entscheidung unverzüglich nachzuholen ist. Weitere **Voraussetzungen** sind[30]:

- Tatsachen begründen den hinreichenden Verdacht einer besonders schweren Straftat (Abs. 3, gemeint sind Straftaten, die besonders deutlich über dem Durchschnitt liegen) oder es besteht eine dringende Gefahr für die öffentliche Sicherheit (Gefährdung eines wichtigen Rechtsguts, Abs. 4).
- Von der Überwachung müssen verwertbare Erkenntnisse zu erwarten sein, die den Verdacht klären.
- Alternative Formen der Erforschung des Sachverhalts müssen aussichtslos oder unverhältnismäßig schwieriger sein (Abs. 3).
- Nach Art. 13 Abs. 3 S. 2 GG ist die Maßnahme zeitlich zu befristen. Für Maßnahmen nach Abs. 4 besteht kein derartiges Befristungserfordernis.
- Der Grundsatz der Verhältnismäßigkeit ist zu beachten. Sobald der absolute Kernbereich privater Lebensgestaltung betroffen ist, sind nach Ansicht des BVerfG die Überwachungsmaßnahmen abzubrechen; bereits erfolgte Aufzeichnungen sind zu löschen.[31]

Fraglich ist beim großen Lauschangriff, inwieweit Vertrauenspersonen (vgl. **820**
§§ 52, 53, 53a StPO) von der Wohnraumüberwachung auszunehmen sind. In Art. 13 Abs. 3, 4 GG findet sich keine ausdrückliche Regelung für diese Fälle.[32] Das BVerfG hat Art. 13 GG dahingehend verfassungskonform ausgelegt, dass eine Überwachung zu unterbleiben hat, wenn die Kommunikation mit Dritten im konkreten Fall von der Menschenwürde umfasst wird. Personen des besonderen Vertrauens sind beispielsweise die engsten Familienangehörigen, Strafverteidiger, Pfarrer oder Ärzte. Pressevertretern oder Parlamentsabgeordneten wird hingegen das Zeugnisverweigerungsrecht von § 53 StPO nur um der Funktionsfähigkeit der Institutionen willen gewährt, nicht zum Schutz der Persönlichkeitsrechte des Beschuldigten.[33] Bei Art. 13 Abs. 5 GG (kleiner Lauschangriff) spielt diese Problematik keine Rolle. Die überwachte Person verzichtet bei Gesprächen in Anwesenheit des mit der Polizei zusammenarbeitenden Dritten freiwillig auf ihre besonders schützenswerte Privatsphäre.

cc) Kleiner Lauschangriff

Für den kleinen Lauschangriff nach Art. 13 Abs. 5 GG kann auf die Ausführungen **821**
im Rahmen der Schranken verwiesen werden.[34] Wie bei jedem Grundrechtseingriff ist auch hier der Grundsatz der Verhältnismäßigkeit zu beachten.

---

30 Vgl. dazu die Darstellung bei *Geis*, CR 2004, 338 ff.; *Jarass*, in: Jarass/Pieroth, Art. 13 Rn. 17 ff.

31 BVerfG, NJW 2004, 999 (1000 ff., 1007) (Großer Lauschangriff).

32 Vgl. dazu *Ruthig*, JuS 1998, 506 (514 f.); *Gornig*, in: v. Mangoldt/Klein/Starck, Art. 13 Rn. 107 ff.

33 BVerfG, NJW 2004, 999 (1004) (Großer Lauschangriff).

34 Vgl. Rn. 815.

dd) Sonstige Maßnahmen

822 Sonstige Beeinträchtigungen sind nach Maßgabe des Art. 13 Abs. 7 GG nur zur Erreichung der dort genannten **Zwecke** gerechtfertigt: Abwehr einer gemeinen Gefahr oder einer Lebensgefahr, Verhütung dringender Gefahren für die öffentliche Sicherheit und Ordnung. „Dringend" meint dabei die hinreichende Wahrscheinlichkeit eines Schadens an einem wichtigen Rechtsgut.[35] Auch wenn Art. 13 Abs. 7 S. 1 GG den **Vorbehalt des Gesetzes** nur im Zusammenhang mit der Verhütung dringender Gefahren nennt, gilt auch für den 1. Hs. der Vorbehalt; ein Unterschied besteht aber darin, dass an das ermächtigende Gesetz geringere Anforderungen hinsichtlich der Bestimmtheit zu stellen sind.[36] Im Gegensatz zur Durchsuchung nach Abs. 2 ist bei Abs. 7 die polizeirechtliche Generalklausel (z.B. § 11 NSOG) eine ausreichende Grundlage. Das **Zitiergebot** des Art. 19 Abs. 1 S. 2 GG sowie der Grundsatz der **Verhältnismäßigkeit** sind zu beachten.

III. Brief-, Post- und Fernmeldegeheimnis (Art. 10 GG)

823 **Fall 27: Untersuchungshaft**

M war der versuchten Tötung seiner Ehefrau verdächtig. Während des Gerichtsverfahrens saß er in Untersuchungshaft. Da er sich zu unrecht angeklagt fühlte, schrieb er seinen Eltern aus der Untersuchungshaft einen Brief, in dem er die am Verfahren beteiligten Richter beschimpfte: „Aber die Leute tun mir Leid in ihrer Beschränktheit. Wenn Dummheit wehtäte..." Er äußerte die Bitte, Kontakt mit einem Zeitungsreporter herzustellen. Falls der Journalist keine Besuchserlaubnis bekommen sollte, da „die geistigen Tiefflieger Angst haben", wisse er auch einen anderen Weg. „Die Öffentlichkeit muss erfahren, wo das Übel sitzt. Die Terroristen haben es zwar erkannt, greifen aber zu den falschen Mitteln ..." Er könne sich gut vorstellen, wie es in der Hitlerzeit gewesen sei, „denn Mini-Hitler haben wir ja anscheinend immer noch. Aber jetzt habe ich wohl genug geflucht. Mir ist schon wohler." Schließlich äußert M: „Ihr wisst, dass ich nie aufgeben werde. Bis zur letzten Sekunde sage ich den Schweinen, dass ich unschuldig bin, auch wenn es in deren blöden Schädel nicht hineingeht!"

Der Brief wurde angehalten und vom zuständigen Richter von der Beförderung ausgeschlossen, weil er „grobe Beleidigungen enthält, die geeignet sind und darauf abzielen, Organe der Rechtspflege zu verunglimpfen und verächtlich zu machen, und überdies die Ordnung in der Justizvollzugsanstalt gefährden. Der Brief wird beschlagnahmt (§ 119 StPO)". Nachdem der Präsident des Landgerichts, das das Verfahren gegen M durchgeführt hatte, es abgelehnt hatte, den nach § 194 Abs. 3 StGB erforderlichen Strafantrag zu stellen, wurde der Brief dem M zurückgegeben. Die gegen den Beschluss erhobene Beschwerde des M wurde vom OLG durch Beschluss zurückgewiesen. Hiergegen legt M zulässig Verfassungsbeschwerde ein, „schließlich könne es ja nicht angehen, dass er daran gehindert werde, mit seinen Eltern offen und ehrlich zu sprechen". Wie sind seine Erfolgsaussichten?

§ 119 Abs. 3 StPO: Dem Verhafteten dürfen nur solche Beschränkungen auferlegt werden, die der Zweck der Untersuchungshaft oder die Ordnung in der Vollzugsanstalt erfordert.

Fall nachgebildet BVerfGE 57, 170 ff. (Briefe an Eltern in der Untersuchungshaft)

---

35 *Jarass*, in: Jarass/Pieroth, Art. 13 Rn. 29.

36 *Jarass*, in: Jarass/Pieroth, Art. 13 Rn. 27; *Schmitt Glaeser*, in: HdbStR, Bd. VI, § 129 Rn. 60.

1. Schutzbereich

a) Persönlicher Schutzbereich

In persönlicher Hinsicht macht Art. 10 GG keine Einschränkungen; es handelt sich also um ein Jedermann-Grundrecht. Im Rahmen des Art. 19 Abs. 3 GG können sich auch juristische Personen des Privatrechts auf die Vertraulichkeit der genannten Kommunikationsmedien berufen. **824**

b) Sachlicher Schutzbereich

Schutzgut des Art. 10 GG ist - wie bei Art. 13 GG - die **Privatsphäre**. Geschützt wird die Vertraulichkeit der individuellen Kommunikation gegenüber staatlicher Kenntnisnahme. **825**

> BVerfGE 85, 386 (396) (Fangschaltungen): „Art. 10 Abs. 1 GG gehört zu den Grundrechten, die die Privatsphäre schützen. Gegenstand des Schutzes sind Kommunikationen, die wegen der räumlichen Distanz zwischen den Beteiligten auf Übermittlung durch Dritte, typischerweise die Post, angewiesen sind. **Das Grundrecht soll jener Gefahr für die Vertraulichkeit der Mitteilung begegnen, die sich gerade aus der Einschaltung eines Übermittlers ergibt.** Seine besondere Bedeutung gewinnt es aus der Erfahrung, dass der Staat unter Berufung auf seine eigene Sicherheit sowie die Sicherheit seiner Bürger häufig zum Mittel der Überwachung privater Kommunikation gegriffen hat.“

Das **Briefgeheimnis** erfasst Sendungen, die erkennbar eine individuelle schriftliche Mitteilung enthalten. Bei verschlossenen Sendungen, die keinen äußeren Hinweis auf ihren Inhalt tragen, spricht eine Vermutung dafür. Umfasst werden aber nicht nur die umgangssprachlich als Briefe bezeichneten Sendungen. Da die „individuelle schriftliche Mitteilung“ das kennzeichnende Merkmal ist, fallen auch Telegramme, Postkarten und Pakete in den Schutzbereich. Bei Zeitungs- und Büchersendungen, offenen Drucksachen oder bloßen Werbemitteilungen fehlt es hingegen offensichtlich an einer individuellen Mitteilung. Das Briefgeheimnis gilt unabhängig vom Beförderer, d.h. es ist nicht an die Deutsche Post gebunden. Durch Art. 10 GG wird dem Staat nicht nur die Kenntnisnahme des Inhalts des Briefes untersagt. Der Schutzbereich erstreckt sich auch auf die mit der Briefsendung notwendigerweise anfallenden Daten wie Absender- und Empfängeradresse, Überbringer und die Einzelheiten der Beförderung.[37] **826**

Vom **Postgeheimnis** werden alle postalisch beförderten Sendungen geschützt. Zum einen werden hierdurch Briefe erfasst, aber auch Zeitungen, Warenproben, Werbemitteilungen etc., die mangels einer individuellen Mitteilung nicht unter das Briefgeheimnis fallen. Der Schutz des Postgeheimnisses reicht von der Aufgabe der Sendung bis zur Auslieferung an den Empfänger und erstreckt sich - ebenso wie der Schutz des Briefgeheimnisses - auf die mit der Beförderung zusammenhängenden Daten. Sendungen in einem Postfach fallen ebenfalls unter das Postgeheimnis.[38] **827**

---

[37] *Krüger/Pagenkopf*, in: Sachs, GG, Art. 10 Rn. 12.

[38] BVerwGE 79, 110 (115).

828 Nicht ganz einheitlich wird die Frage beantwortet, bei welchen Versandwegen das Postgeheimnis besteht. Ursprünglich bezog es sich auf die staatliche Post, bei der die Gefahr bestand, dass sie unter Ausnutzung ihres Beförderungsmonopols Informationen über ihre Kunden sammelt und anderen staatlichen Stellen zur Verfügung stellt. Nach der Privatisierung der Post wird deswegen die eigenständige Bedeutung des Postgeheimnisses verneint.[39] Andererseits steht die Deutsche Post-AG weiterhin (zumindest für eine Übergangsfrist) im Eigentum des Bundes, sodass eine Erstreckung des Postgeheimnisses gerechtfertigt erscheint.[40] Ob der Begriff „Post" nicht organisatorisch, sondern rein funktional auf sämtliche private Versandeinrichtungen zu erstrecken ist, ist umstritten. Folge hiervon wäre jedenfalls, dass der gesamte Warentransport unter das Postgeheimnis fallen würde.[41]

829 Zwischen Brief- und Postgeheimnis kommt es dann zu **Überschneidungen**, wenn es um die Beförderung von Sendungen mit individueller schriftlicher Mitteilung durch die (staatlich dominierte) Post geht, sodass sich die Frage des Verhältnisses zwischen beiden stellt. Beide Teilbereiche des Art. 10 GG schützen Kommunikationsinhalt und -daten gleichermaßen. Zwischen Brief- und Postgeheimnis besteht kein Vorrangverhältnis, sondern Anwendungskonkurrenz.[42]

830 Das **Fernmeldegeheimnis** beinhaltet die Übermittlung individueller Kommunikation mittels unkörperlicher Signale (Fernmeldeverkehr).[43] Erfasst werden neben Telefon auch Telefax, Fernschreiber, E-Mail etc. Unerheblich ist, ob die Fernmeldeeinrichtung der Öffentlichkeit zur Verfügung steht; haus- und betriebsinterne Telefon- und Computeranlagen werden genauso wie das öffentliche Telefonnetz der Deutschen Telekom von Art. 10 GG geschützt. Nicht unter das Fernmeldegeheimnis fallen dagegen Rundfunkübertragungen oder Internetseiten, die sich an die Allgemeinheit richten; hier fehlt es an der Individualität des Empfängerkreises. Neben den Kommunikationsinhalten werden auch die Verbindungsdaten, die im Zusammenhang mit dem Kommunikationsvorgang anfallen durch das Fernmeldegeheimnis geschützt.

c) Grundrechtsverpflichtung Privater oder Schutzpflicht?

831 Ursprünglich diente Art. 10 GG nicht nur dem Schutz der Kommunikation des Einzelnen vor staatlichen Einblicken allgemein. Auch und gerade gegenüber der Kenntnisnahme durch die staatliche Post sollte Art. 10 GG ein Abwehrrecht bieten. Insoweit war die staatliche Post grundrechtsverpflichtet. Nach der **Privatisierung** der Post und der Liberalisierung des Post- und Telekommunikationsmarktes hat sich die Schutzrichtung geändert. Hinsichtlich der privaten Post- und Telekommunikationsanbieter findet das Grundrecht keine unmittelbare Anwendung.[44] Eine Ausnahme wird nach umstrittener Ansicht hinsichtlich solcher Anbieter ge-

---

39 *Hermes*, in: Dreier, Art. 10 Rn. 40.

40 Vgl. zu diesem Streit *Gusy*, in: v. Mangoldt/Klein/Starck, Art. 10 Rn. 35 ff.

41 *Pieroth/Schlink*, Rn. 771.

42 *Gusy*, in: v. Mangoldt/Klein/Starck, Art. 10 Rn. 29.

43 *J. Ipsen*, Rn. 287.

44 Vgl. zur Drittwirkung der Grundrechte Rn. 299 ff.

macht, die sich mehrheitlich in staatlichem Besitz befinden, wie es etwa bei den Nachfolgeunternehmen der Post der Fall ist.[45] Das Erfordernis dieser Ausnahme ist allerdings zweifelhaft. Soweit der Staat von Post- und Telekommunikationsvorgängen Kenntnis nimmt, wird ganz normal die abwehrrechtliche Funktion des Art. 10 GG aktiviert. Wenn aber die Beeinträchtigung von Post AG und Telekom ausgehen, kann sich der Bürger auf zivilrechtliche Normen berufen, bei deren Auslegung Art. 10 GG zu beachten ist (mittelbare Drittwirkung).

Soweit die privaten Post- und Telekommunikationsanbieter aus ihrer unmittelbaren Bindung an Art. 10 GG entlassen sind, ergeben sich aus Art. 10 GG besondere **staatliche Schutzpflichten**; der Staat hat dafür Sorge zu tragen, dass die privaten Dienstleister die Vertraulichkeit der in Art. 10 GG genannten Kommunikationsmedien ebenso gewährleisten wie ehemals die staatliche Post.[46] **832**

d) Grundrechte im Sonderstatusverhältnis

Ob der Grundrechtsschutz in jeder Lebenssituation uneingeschränkt gilt, war lange Zeit umstritten. Besonders deutlich wurde diese Problematik bei der Frage, ob sich Strafgefangene auf die Gewährleistungen des Art. 10 GG berufen können, sodass beispielsweise die Überwachung ihres Briefverkehrs der verfassungsrechtlichen Rechtfertigung bedarf. Bis zur **Strafgefangenenentscheidung** des BVerfG aus dem Jahr 1972 war es ständige Rechtsprechung, dass die Grundrechte im Rahmen von sog. besonderen Gewaltverhältnissen nur eingeschränkt gelten. Unter einem **besonderen Gewaltverhältnis** versteht man „die verschärfte Abhängigkeit, welche zu Gunsten eines bestimmten Zweckes öffentlicher Verwaltung für alle Einzelnen begründet wird, die in den vorgesehenen besonderen Zusammenhang treten“[47]. Bildlich gesprochen ist der Einzelne bloß ein „Rädchen im System“. Als besonderes Gewaltverhältnis wurde das Verhältnis von Beamten, Schülern, Soldaten, Zivildienstleistenden und Strafgefangenen zum Staat bezeichnet. So steht der Beamte in einem Treueverhältnis und ist an die hergebrachten Grundsätze des Berufbeamtentums gebunden (Art. 33 Abs. 5 GG). Die herausgehobene Stellung von Soldaten und Zivildienstleistenden ergibt sich aus Art. 12a, 17a GG, die der Schüler aus Art. 7 GG. Das OLG Celle führte zur Grundrechtsgeltung in seinem später vom BVerfG aufgehobenen Beschluss aus, dass die Grundrechte des Strafgefangenen, wie sich aus dem Wesen und Zweck des Strafvollzuges ergebe, soweit eingeschränkt oder gar außer Kraft gesetzt würden, als es die durch den Strafzweck bedingte Natur des Anstaltsverhältnisses zur notwendigen Folge habe.[48] Insbesondere sollte der aus dem Rechtsstaatsprinzip abgeleitete **Vorbehalt des Gesetzes** keine Anwendung finden. Folge dieser Rechtsprechung war, dass Grundrechte bereits durch Verwaltungsvorschriften eingeschränkt werden konnten. Erst 1972 **833**

---

45 BVerwG, NVwZ 1998, 1083 (1084); *Gusy*, in: v. Mangoldt/Klein/Starck, Art. 10 Rn. 37; *Müller-Dehn*, DÖV 1996, 863 (865); a.A. *Krüger/Pagenkopf*, in: Sachs, GG, Art. 10 Rn. 20.

46 *Pieroth/Schlink*, Rn. 763; vgl. zu den Schutzpflichten Rn. 110 ff.

47 *Kopp/Schenke*, VwGO, 13. Aufl. 2003, Anh. § 42 Rn. 67; vgl. allgemein zum Sonderstatusverhältnis *Hesse*, Rn. 321 ff.

48 OLG Celle, zitiert nach BVerfGE 33, 1 (4) (Strafgefangene).

wurde durch Beschluss des BVerfG die umfassende Geltung der Grundrechte anerkannt.

> BVerfGE 33, 1 (9 f.) (Strafgefangene): „Das Grundgesetz setzt in Art. 104 Abs. 1 und 2 und in Art. 2 Abs. 2 Sätze 2 und 3 die Möglichkeit einer zeitlich begrenzten oder unbegrenzten Freiheitsentziehung durch ein richterliches Strafurteil, das in Anwendung eines Strafgesetzes und unter Beachtung der entsprechenden verfahrensrechtlichen Vorschriften ergangen ist, als selbstverständlich voraus. Dagegen enthält es (...) keine grundsätzliche Aussage über die Art und Weise, in der die Freiheitsstrafe zu vollziehen ist. Soweit es um die Einschränkung von Grundrechten geht, bestimmen allerdings die betreffenden Verfassungsnormen, dass dies nur durch Gesetz oder auf Grund eines Gesetzes zulässig ist (vgl. im vorliegenden Zusammenhang Art. 10 Abs. 2 S. 1 und Art. 5 Abs. 2 GG). Der nahe liegende Schluss, der Gesetzgeber sei aus diesem Grunde nunmehr verpflichtet, auch für den bisher ganz überwiegend durch bloße Verwaltungsvorschriften geregelten Bereich des Strafvollzuges ein entsprechendes Gesetz zu erlassen, wurde aber nach In-Kraft-Treten des Grundgesetzes zunächst in Rechtsprechung und Lehre nicht gezogen. Vielmehr griff man auf die Rechtsfigur des „**besonderen Gewaltverhältnisses**" zurück und verstand dieses als eine eigenständige, implizite Beschränkung der Grundrechte der Strafgefangenen; ein Strafvollzugsgesetz hielt man von Verfassungs wegen nicht für geboten (...).
>
> Diese Auffassung ist rückblickend nur damit zu erklären, dass die traditionelle Ausgestaltung des Strafvollzuges als eines „besonderen Gewaltverhältnisses" es zuließ, die Grundrechte des Strafgefangenen in einer unerträglichen Unbestimmtheit zu relativieren. Das Grundgesetz ist eine wertgebundene Ordnung, die den Schutz von Freiheit und Menschenwürde als den obersten Zweck allen Rechts erkennt; sein Menschenbild ist allerdings nicht das des selbstherrlichen Individuums, sondern das der in der Gemeinschaft stehenden und ihr vielfältig verpflichteten Persönlichkeit. **In Art. 1 Abs. 3 GG werden die Grundrechte für Gesetzgebung, vollziehende Gewalt und Rechtsprechung für unmittelbar verbindlich erklärt. Dieser umfassenden Bindung der staatlichen Gewalt widerspräche es, wenn im Strafvollzug die Grundrechte beliebig oder nach Ermessen eingeschränkt werden könnten**. Eine Einschränkung kommt nur dann in Betracht, wenn sie zur Erreichung eines von der Wertordnung des Grundgesetzes gedeckten gemeinschaftsbezogenen Zweckes unerlässlich ist und in den dafür verfassungsrechtlich vorgesehenen Formen geschieht. Die Grundrechte von Strafgefangenen können also nur durch oder auf Grund eines Gesetzes eingeschränkt werden, das allerdings auf - möglichst eng begrenzte - Generalklauseln nicht wird verzichten können."

834 Aber auch nach der Strafgefangenenentscheidung wird nicht jede Maßnahme einer Behörde an den Grundrechten gemessen. Zur Beantwortung der Frage, ob im konkreten Einzelfall Grundrechte betroffen sind, wurde zunächst - in Anlehnung an den Begriff des besonderen Gewaltverhältnisses - zwischen dem (im Verhältnis zum Staat externen) Grundverhältnis und dem (rein verwaltungsinternen) Betriebsverhältnis unterschieden.[49] Später wurde das Verhältnis als **Sonderstatusverhältnis** (teilweise auch als Sonderrechtsverhältnis) bezeichnet und dementsprechend zwischen der persönlichen Rechtsstellung als Bürger und der Amtsstellung (so im Beamtenrecht; im Schulrecht ist danach zu fragen, ob die Maßnahme der Regelung des internen Schulbetriebs dient) unterschieden. Im ersten Fall kann sich der Einzelne uneingeschränkt auf seine Grundrechte berufen; ihm stehen subjektive Rechte zu. Wird allein die Amtsstellung betroffen (Betroffenheit nur in der Rechtsstellung als Mitglied des Sonderstatusverhältnisses), liegt kein Eingriff in

---

49 Vgl. zu diesen Begriffen *Ule*, VVDStRL 15 (1957), 133 (151).

Grundrechte vor. Folge der Anwendung von Grundrechten ist, dass ein Eingriff einer gesetzlichen Grundlage bedarf und rechtfertigungsbedürftig ist.[50] So sind nunmehr die Überwachung des Schriftverkehrs des Strafgefangenen und das Anhalten von Schreiben in den §§ 29, 31 StVollzG geregelt.

835

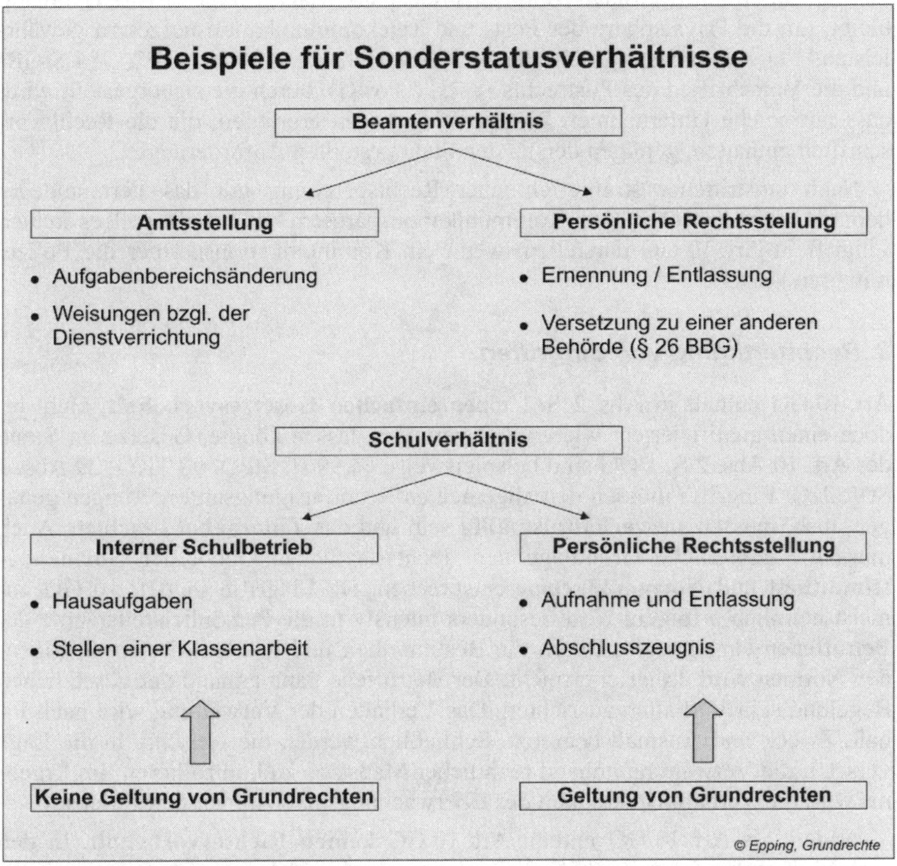

2. Eingriffe

836 Eingriffe in Art. 10 GG können dadurch erfolgen, dass der Staat Kenntnis vom Inhalt der Kommunikation und der mit ihr zusammenhängenden Daten (Absender, Empfänger, Kommunikationsweg etc.) nimmt. Die bloße Verhinderung der Kommunikation, beispielsweise durch Verweigerung eines Telefonats oder durch Anhalten des Briefes eines Strafgefangenen, stellt hingegen keinen Eingriff in Art. 10 GG dar.[51] Als die Post noch staatlich war, war auch sie grundrechtsverpflichtet, sodass sie in Art. 10 GG eingreifen konnte. Ob die weiterhin vom Staat

50 *Gusy*, JuS 1986, 89 (94).

51 *Gusy*, JuS 1986, 89 (92); *Löwer*, in: v. Münch/ Kunig, Art. 10 Rn. 31.

dominierten Nachfolgeunternehmen der Deutschen Post grundrechtsverpflichtet sind, ist umstritten.[52] Durch Privatpersonen bzw. vom Staat unabhängige Post- und Telekommunikationsdienstleister kann dagegen nicht in Art. 10 GG eingegriffen werden. Es kommt allenfalls eine Verletzung von staatlichen Schutzpflichten in Betracht, wenn der Staat völlig unzureichende Maßnahmen trifft oder untätig bleibt, um die Privatsphäre der Post- und Telekommunikationsnutzer zu gewährleisten.[53] Die vom Staat geschaffenen Strafvorschriften (§§ 201, 202, 354 StGB) und die Vorschriften des Postrechts (§§ 5, 6 PostG), durch die sichergestellt wird, dass nur solche Unternehmen Postdienstleistungen erbringen, die die Rechtsvorschriften einhalten, genügen den an den Staat gestellten Anforderungen.

837 Nach umstrittener strafgerichtlicher Rechtsprechung gilt das Fernmeldegeheimnis nicht zwischen den Kommunikationspartnern.[54] Deshalb soll es keinen Eingriff in Art. 10 GG darstellen, wenn ein Kommunikationspartner die Polizei mithören lässt.[55]

3. Rechtfertigung von Eingriffen

838 Art. 10 GG enthält in Abs. 2 S. 1 einen **einfachen Gesetzesvorbehalt**, nicht jedoch einen qualifizierten, wie es S. 2 vermuten lassen könnte. Gesetze im Sinne des Art. 10 Abs. 2 S. 1 GG sind beispielsweise §§ 99 ff. StPO, 90 TKG, 29 Abs. 3 StVollzG. Eingriffe müssen den allgemeinen Rechtfertigungsanforderungen genügen, insb. müssen sie **verhältnismäßig** sein und das **Zitiergebot** beachten. Auch muss die gesetzliche Grundlage dem rechtsstaatlichen Gebot der **Normenbestimmtheit** und **Normenklarheit** entsprechen. Da Eingriffe in Art. 10 GG zumeist heimlich erfolgen, wird besonders intensiv in die Persönlichkeitsrechte der Betroffenen eingegriffen. Durch die Bestimmtheit und Klarheit der ermächtigenden Normen wird dreierlei erreicht: Der Betroffene kann anhand der gesetzlichen Regelung sein Verhalten ausrichten. Das Verhalten der Verwaltung wird nach Inhalt, Zweck und Ausmaß begrenzt. Schließlich werden die Gerichte in die Lage versetzt, die Verwaltung anhand rechtlicher Maßstäbe zu kontrollieren. Im Ergebnis wird die Verhältnismäßigkeit der Überwachungsmaßnahmen gewährleistet.[56]

839 Anders als Art. 13 GG enthält Art. 10 GG **keinen Richtervorbehalt**. In den einschränkenden Gesetzen befindet sich jedoch ein solcher zur verfahrensrechtlichen Absicherung des Kommunikationsgeheimnisses. Sinn und Zweck des Richtervorbehalts ist es, Grundrechtseingriffe messbar und kontrollierbar zu machen. Wie eine Studie der Universität Bielefeld aus dem Jahr 2002 gezeigt hat, erfüllt der einfachgesetzliche Richtervorbehalt in der Praxis seine Funktion allerdings

---

[52] Vgl. dazu Rn. 831 f.

[53] Vgl. zur Verletzung von Schutzpflichten Rn. 114 ff.

[54] BGH, NJW 1994, 596 ff.; BGH GrS, NJW 1996, 2940 ff.; *Christmann,* JuS 1997, 446 ff.; *Kudlich,* JuS 1997, 696 ff.; nach Ansicht des BVerfG kann aber in der Nutzung einer Mithöreinrichtung, von der einer der Gesprächspartner nichts weiß, eine Verletzung des allgemeinen Persönlichkeitsrechts zu sehen sein (BVerfGE 106, 28 ff. [Mithörvorrichtung]).

[55] BGH, NJW 1996, 596 (597).

[56] BVerfG, EuGRZ 2004, 196 (201 ff.) (Zollkriminalamt); vgl. dazu Rn. 596.

nicht. Lediglich bei einem Viertel der Anträge auf Telefonüberwachung wurde eine dem Gesetz entsprechende richterliche Prüfung durchgeführt. In den übrigen Fällen fehlte es an einer eigenständigen Kontrolle der Voraussetzungen.[57]

Durch Art. 10 Abs. 2 S. 2 GG wird die Möglichkeit eröffnet, bei Beschränkungen zum Schutze der freiheitlich demokratischen Grundordnung[58] auf die Mitteilung an den Betroffenen zu verzichten und sie stattdessen durch die Information eines von der Volksvertretung bestimmten Organs bzw. Hilfsorgans zu ersetzen. Der Gesetzgeber hat von dieser Möglichkeit durch den Erlass des G 10 zu Gunsten von BND, MAD und Verfassungsschutz Gebrauch gemacht. Nach § 14 G 10 ist das Parlamentarische Kontrollgremium vor Eingriffen in Art. 10 GG zu unterrichten und um Einverständnis zu ersuchen. Wie auch bei anderen Maßnahmen mit Richtervorbehalt gibt es nach § 10 Abs. 2 S. 1 G 10 die Möglichkeit, bei Gefahr im Verzug die Zulässigkeit einer Maßnahme von der vorläufigen Zustimmung des Vorsitzenden des Gremiums abhängig zu machen und erst nachträglich (unverzüglich) eine Entscheidung des Kontrollgremiums herbeizuführen. Dadurch, dass eine Mitteilung an den Betroffenen unterbleibt, wird gleichzeitig eine richterliche Überprüfung der Maßnahme unmöglich gemacht. Deshalb wurden in der Literatur im Hinblick auf Menschenwürde, Rechtsstaatsprinzip und Gewaltenteilung Bedenken gegen die Verfassungsmäßigkeit des Art. 10 Abs. 2 S. 2 GG erhoben, denen jedoch das BVerfG entgegengetreten ist.[59] **840**

Überblick: Typische Klausurprobleme **841**

- Schutz von Betriebs- und Geschäftsräumen durch Art. 13 GG und deren Betretung und Besichtigung durch Behörden (Nachschau).
- Anforderungen, die an eine Durchsuchungsanordnung zu stellen sind (beispielsweise Beschränkung der zeitlichen Geltungsdauer).
- Rechtmäßigkeit von Lauschangriffen und Telefonüberwachung.
- Grundrechtsbindung Privater (Art. 10 GG).

---

57 *Backes/Gusy,* Wer kontrolliert die Telefonüberwachung?: eine empirische Untersuchung zum Richtervorbehalt bei der Telefonüberwachung, 2003; *dies.*, Strafverteidiger 2003, 249 ff.

58 Vgl. zu diesem Begriff Rn. 782 f.

59 BVerfGE 30, 1 ff. (Abhörurteil); vgl. *Jarass*, in: Jarass/Pieroth, Art. 10 Rn. 22.

Kapitel 18: Justizielle Gewährleistungen

Literatur: *Britz, Gabriele*, Das Grundrecht auf den gesetzlichen Richter in der Rechtsprechung des BVerfG, JA 2001, 573 ff.; *Gusy, Christoph*, Rechtliches Gehör durch abwesende Richter? - BVerwG, NJW 1986, 3154, JuS 1990, 712 ff.; *Kenntner, Markus*, Der deutsche Sonderweg zum Rückwirkungsverbot, NJW 1997, 2298 ff.; *Lorenz, Dieter*, Das Gebot effektiven Rechtsschutzes des Art. 19 Abs. 4 GG, Jura 1983, 393 ff.; *Maurer, Hartmut,* Rechtsstaatliches Prozessrecht, in: FS 50 Jahre BVerfG, Bd. II, Tübingen 2001, S. 471 ff. (Art. 19 Abs. 4 GG), S. 491 ff. (Justizgewährungsanspruch), S. 494 ff. (Art. 101 GG), S. 496 ff. (Art. 103 Abs. 1 GG); *Schenke, Wolf-Rüdiger*, Die Bedeutung der verfassungsrechtlichen Rechtsschutzgarantie des Art. 19 Abs. 4 GG, JZ 1988, 317 ff.; *Schroeder, Friedrich-Christian*, Die Rechtsnatur des Grundsatzes „ne bis in idem", JuS 1997, 227 ff.; *ders.*, Der BGH und der Grundsatz: nulla poena sine lege, NJW 1999, 89 ff.; *Schumann, Ekkehard*, Die Wahrung des Grundsatzes des rechtlichen Gehörs - Dauerauftrag für das BVerfG?, NJW 1985, 1134 ff.; *Zierlein, Karl-Georg*, Die Gewährleistung des Anspruchs auf rechtliches Gehör (Art. 103 Abs. 1 GG) nach der Rechtsprechung und Spruchpraxis des Bundesverfassungsgerichts, DVBl. 1989, 1169 ff.

Fallbearbeitungen: *Grote, Rainer / Kraus, Dieter*, Fälle 13 (S. 205 ff., u.a. zu Art. 19 Abs. 4 GG), 15 (S. 241 ff., u.a. zu Art. 103 Abs. 2 GG); *Degenhart, Christoph*, Fälle 3 (S. 57 ff.), 10 (S. 188 ff.).

Leitentscheidungen zu Art. 19 Abs. 4 GG: BVerfGE 84, 34 ff. (Gerichtliche Prüfungskontrolle); 96, 27 ff. (Durchsuchungsanordnung I); 101, 106 ff. (Aktenvorlage); **zum allgemeinen Justizgewährungsanspruch:** BVerfGE 107, 395 ff. (Rechtsschutz gegen Gehörverletzungen); **zu Art. 101 GG:** BVerfGE 82, 159 ff. (Absatzfonds); **zu Art. 103 Abs. 1 GG:** BVerfGE 54, 117 ff. (Präklusion); EGMR, NJW 2001, 2387 ff. (Verfahren in Abwesenheit des Angeklagten); **zu Art. 103 Abs. 2 GG:** BVerfGE 25, 269 ff. (Verfolgungsverjährung); 92, 1 ff. (Sitzblockaden II); 95, 96 ff. (Mauerschützen); EGMR, NJW 2001, 3035 ff. (Mauerschützen/Krenz); **zu Art. 103 Abs. 3 GG:** BVerfGE 23, 191 ff. (Dienstflucht); 56, 22 ff. (Kriminelle Vereinigung); 65, 377 ff. (Strafbefehl).

I. Allgemeines

842 Unter dem Sammelbegriff der „justiziellen Gewährleistungen" werden die unterschiedlichen Rechte zusammengefasst, die das gerichtliche Verfahren betreffen. Art. 19 Abs. 4 GG betrifft dabei die Frage, ob überhaupt und in welchem Umfang ein gerichtlicher Rechtsschutz bestehen muss. Demgegenüber könnte man Art. 101 GG und Art. 103 Abs. 1 GG als Verfahrensrechte im weitesten Sinne beschreiben. Art. 101 GG stellt Anforderungen an die Ermittlung der gerichtlichen Zuständigkeit auf, wohingegen Art. 103 Abs. 1 GG das rechtliche Gehör gewährleistet. Art. 103 Abs. 2 GG und Abs. 3 dienen der Rechtssicherheit auf dem Gebiet des Strafrechts.

843 Lediglich Art. 19 Abs. 4 GG zählt zu den Grundrechten, wohingegen Art. 101, 103 GG als grundrechtsgleiche Rechte bezeichnet werden, da sie zwar außerhalb des Abschnitts „Grundrechte" stehen, aber nach Art. 93 Abs. 1 Nr. 4a GG genauso wie Grundrechte mit der Verfassungsbeschwerde eingefordert werden können. Im Rang stehen die grundrechtsgleichen Rechte den Grundrechten nicht nach.[1]

844

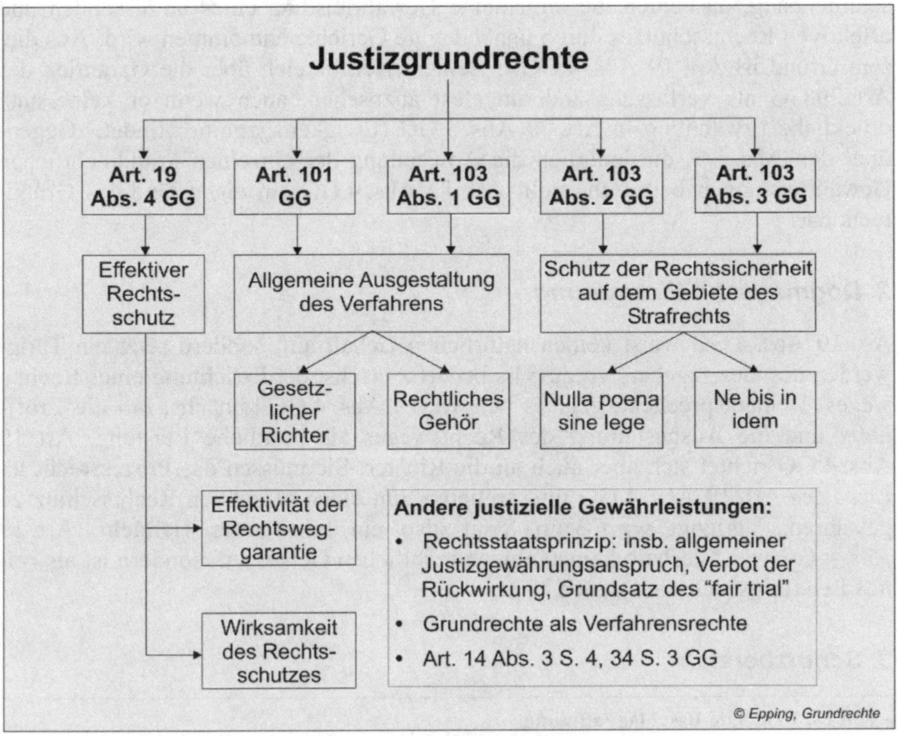

II. Effektiver Rechtsschutz (Art. 19 Abs. 4 GG)

1. Hintergrund

845 Art. 19 Abs. 4 GG weist entsprechende Vorgängervorschriften in der deutschen Verfassungsgeschichte auf. Bereits § 182 der Paulskirchenverfassung von 1849 garantierte den gerichtlichen Rechtsschutz. Demgegenüber hat Art. 107 WRV nur die Einrichtung von Verwaltungsgerichten im Reich und in den Ländern zum Schutze der Einzelnen gegen Anordnungen und Verfügungen der Verwaltungsbehörden vorgesehen. Art. 47 der Charta der Grundrechte der EU ist mit Art. 19

1 *Dreier*, in: ders., Vorb. v. Art. 1 Rn. 29.

Abs. 4 GG ebenso vergleichbar wie Art. 8 der Allgemeinen Erklärung der Menschenrechte.

846 Die Bedeutung der Garantie des Art. 19 Abs. 4 GG ergibt sich daraus, dass er eine notwendige Ergänzung zu den in den Grundrechten gewährleisteten subjektiven Rechten darstellt. Ohne eine (effektive) Möglichkeit zur Klagbarkeit besteht die Gefahr, dass die Grundrechte zu bloßen Programmsätzen degradiert werden. Zwischen Art. 19 Abs. 4 GG und dem Rechtsstaatsprinzip besteht ein enger Zusammenhang, da beiden die allgemeine Gewährleistung eines umfassenden und effektiven Rechtsschutzes durch unabhängige Gerichte entnommen wird. Aus diesem Grund ist Art. 19 Abs. 4 GG in seinem Kernbereich über die Garantien des Art. 20 GG als verfassungsänderungsfest anzusehen, auch wenn er keine ausdrückliche Erwähnung in Art. 79 Abs. 3 GG (Ewigkeitsgarantie) findet.[2] Gegenüber den Abs. 1-3, die lediglich die Anwendung der einzelnen grundrechtlichen Gewährleistungen betreffen, stellt Art. 19 Abs. 4 GG ein eigenständiges Grundrecht dar.

2. Dogmatische Einordnung

847 Art. 19 Abs. 4 GG weist keinen natürlichen Gehalt auf, sondern setzt ein Tätigwerden des Gesetzgebers voraus: Es bedarf zunächst der Errichtung eines Rechtsweges. Dementsprechend geht es bei Art. 19 Abs. 4 GG zunächst um die Eröffnung und die Ausgestaltung des Rechtsweges als staatliche Leistung. Art. 19 Abs. 4 GG richtet sich aber auch an die Richter: Sie müssen das Prozessrecht im Licht des Art. 19 Abs. 4 GG interpretieren, um einen effektiven Rechtsschutz zu gewähren. Verlangt wird vom Staat also ein bestimmtes Handeln. Art. 19 Abs. 4 GG weist deshalb keinen abwehrrechtlichen Gehalt auf, sondern ist als **reines Leistungsrecht** anzusehen.[3]

3. Schutzbereich

848 **Fall 28: Erledigte Beschlagnahmung**

F hatte von einem Versandhaus einen Allbereichsempfänger erworben, der es ihm ermöglichen sollte, umfassend den Funkverkehr von Feuerwehr, Polizei etc. abzuhören. Nachdem dies im Rahmen von Ermittlungen gegen das Versandhaus bekannt geworden war, erließ das Amtsgericht wegen „Verstoßes gegen das Funkanlagengesetz (FAG)" einen auf die Wohnung bezogenen Durchsuchungs- und Beschlagnahmebeschluss. Danach war „ein betriebsbereit gehaltener Funkempfänger Albrecht Commander 6100" sicherzustellen. Ein solches Gerät - jedoch in nicht betriebsfähigem Zustand - wurde bei der folgenden Durchsuchung beschlagnahmt. Noch am selben Tag legte der F Beschwerde gegen den Durchsuchungs- und Beschlagnahmebeschluss ein. Wenig später wurde das Gerät an ihn zurückgegeben. Seine Beschwerde erklärte das zuständige Landgericht wegen der Rückgabe für „gegenstandslos". Es bestehe kein Rechtsschutzinteresse seitens des F an einer weiteren Klärung. Eine Gegenvorstellung blieb erfolglos. Nunmehr erhebt F unverzüglich Verfassungsbeschwerde, da er der

---

2 *Jarass*, in: Jarass/Pieroth, Art. 19 Rn. 22.

3 BVerfGE 101, 106 (123 f.) (Aktenvorlage); *Maurer*, in: FS 50 Jahre BVerfG, Bd. II, 2001, S. 474 f.; *Krüger/Sachs*, in: Sachs, GG, Art. 19 Rn. 12.

Ansicht ist, dass er sonst keine Möglichkeit habe, gegen die diversen Grundrechtsverletzungen vorzugehen. Wie sind seine Erfolgsaussichten?

§ 304 Abs. 1 StPO: „Die Beschwerde ist gegen alle von den Gerichten im ersten Rechtszug oder im Berufungsverfahren erlassenen Beschlüsse und gegen die Verfügungen des Vorsitzenden, des Richters im Vorverfahren und eines beauftragten oder ersuchten Richters zulässig, soweit sie das Gesetz nicht ausdrücklich einer Anfechtung entzieht."

Fall nachgebildet BVerfGE 96, 27 ff. (Durchsuchungsanordnung I)

a) Persönlicher Schutzbereich

Art. 19 Abs. 4 GG stellt ein Jedermann-Grundrecht dar, d.h. es gelten für natürliche Personen keine Einschränkungen. Darüber hinaus können sich auch juristische Personen des Privatrechts nach Art. 19 Abs. 3 GG auf Art. 19 Abs. 4 GG berufen. Dies soll sogar nach überwiegender Ansicht für ausländische juristische Personen gelten.[4] Auch wenn für die justiziellen Gewährleistungen der Art. 101 Abs. 1 und 103 Abs. 1 GG eine Ausnahme gemacht wird[5], so findet dennoch Art. 19 Abs. 4 GG auf juristische Personen des öffentlichen Rechts keine Anwendung.[6] Etwas anderes gilt allein dann, wenn die juristische Person des öffentlichen Rechts Träger von Grundrechten ist, wie dies bei dem öffentlich-rechtlichen Rundfunk (Art. 5 Abs. 1 S. 2 GG) und den Universitäten (Art. 5 Abs. 3 GG) der Fall ist.[7] **849**

b) Sachlicher Schutzbereich

aa) Inhalt der Rechtsschutzgarantie

Art. 19 Abs. 4 GG spricht nur davon, dass demjenigen, der durch die öffentliche Gewalt in seinen Rechten verletzt wird, der Rechtsweg offen steht. Das bedeutet, dass bei einer reinen Wortlautauslegung der Schutzbereich darauf beschränkt ist, dass bei einer Rechtsverletzung ein gerichtlicher Schutz überhaupt möglich sein muss. Wie dieser Schutz auszugestalten ist, lässt sich dem Wortlaut des Art. 19 Abs. 4 GG nicht entnehmen. Hierfür ist auf den Sinn und Zweck dieser Norm abzustellen (teleologische Auslegung). **850**

In seinem Schutzumfang geht Art. 19 Abs. 4 GG über die reine **Gewährleistung der Eröffnung eines Rechtsweges** hinaus. Allein der Zugang zum Gericht wird in vielen Fällen, in denen irreparable Schäden drohen, oder bei Maßnahmen, die sich typischerweise kurzfristig erledigen, nicht ausreichen, um einen wirksamen Rechtsschutz zu gewährleisten. Durch den Vollzug der Abrissanordnung für ein Haus werden vollendete Tatsachen geschaffen; die Ingewahrsamnahme zur Gefahrenabwehr nach Polizeirecht erledigt sich in der Regel, bevor ein Richter hinzugezogen werden kann. Art. 19 Abs. 4 GG würde als Grundrecht bei einer **851**

---

4 *Schmid-Aßmann*, in: Maunz/Dürig, Art. 19 Abs. 4 Rn. 40; *Schulze-Fielitz*, in: Dreier, Art. 19 Rn. 63; a.A. *Krüger/Sachs*, in: Sachs, GG, Art. 19 Rn. 52 f.; *Krebs*, in: v. Münch/Kunig, Art. 19 Rn. 51.

5 Vgl. dazu Rn. 864, 878.

6 *Krüger/Sachs,* in: Sachs, GG, Art. 9 Rn. 114; *Schenke*, JZ 1988, 317 (318); a.A. *Maurer,* in: FS 50 Jahre BVerfG, Bd. II, 2001, S. 485.

7 *Krüger/Sachs*, in: Sachs, GG, Art. 19 Rn. 108.

reinen Wortlautinterpretation geradezu leer laufen. Aus diesem Grunde geht das BVerfG in ständiger Rechtsprechung - unter Zustimmung der Literatur - davon aus, dass Art. 19 Abs. 4 GG „auch die **Effektivität des Rechtsschutzes** [garantiert]; der Bürger hat einen Anspruch auf einen tatsächlich wirksamen gerichtlichen Schutz seiner Rechte“[8].

> BVerfG, NJW 1994, 717 (718): „**Art. 19 Abs. 4 GG gewährleistet nicht nur das formelle Recht und die theoretische Möglichkeit, die Gerichte anzurufen, sondern gibt dem Bürger einen Anspruch auf tatsächlich wirksame gerichtliche Kontrolle.** Aus dieser grundgesetzlichen Garantie folgt zugleich das Verfassungsgebot, soweit als möglich zu verhindern, dass durch die sofortige Vollziehung einer hoheitlichen Maßnahme Tatsachen geschaffen werden, die auch dann, wenn sich die Maßnahme bei richterlicher Prüfung als rechtswidrig erweist, nicht mehr rückgängig gemacht werden können. Zwar gewährleistet Art. 19 Abs. 4 GG die aufschiebende Wirkung von Rechtsbehelfen nicht schlechthin, sodass es von Verfassungs wegen nicht zu beanstanden ist, wenn der Gesetzgeber im Bereich des Strafvollzugs (…) die sofortige Vollziehung als Regel und die Aussetzung des Vollzuges als Ausnahme vorsieht, weil er grundsätzlich den sofortigen Vollzug der angeordneten Maßnahmen aus Gründen des überwiegenden öffentlichen Interesses für geboten hält. Dabei muss jedoch gewährleistet sein, dass der Betroffene umgehend eine gerichtliche Entscheidung darüber herbeiführen kann, ob im konkreten Einzelfall das öffentliche Interesse an der sofortigen Vollziehung oder aber das Interesse des Einzelnen an der Aussetzung der Vollstreckung bis zur Nachprüfung der Rechtmäßigkeit der Maßnahme überwiegt. Bei dieser Abwägung fällt der Rechtsschutzanspruch des Bürgers umso stärker ins Gewicht, je schwerer die ihm auferlegte Belastung ist und je mehr die Maßnahme der Exekutive Unabänderliches bewirkt. **Ein Gericht verletzt Art. 19 Abs. 4 GG durch die Auslegung des Prozessrechts, wenn dadurch ein gesetzlich gegebener Rechtsbehelf ineffektiv wird.** Das gilt insbesondere, wenn der Rechtsschutzanspruch des Bürgers aus Art. 19 Abs. 4 GG unter den dargelegten Voraussetzungen die Gewährung des Rechtsbehelfs erfordert.“

852 Dieser Grundsatz der Effektivität des Rechtsschutzes lässt sich systematisch aufgliedern in die Effektivität der Rechtsweggarantie und die Wirksamkeit des Rechtsschutzes.[9] Die **Effektivität der Rechtsweggarantie** besagt, dass nicht nur die rein theoretische Möglichkeit gegeben sein muss, Rechtsschutz zu erlangen. Vielmehr muss der Weg zum Gericht auch tatsächlich gangbar sein. Unvereinbar mit dieser Garantie wäre beispielsweise ein übermäßiges Kostenrisiko.[10] Darüber hinaus besteht eine Verpflichtung für den Gesetzgeber, in bestimmten Fällen Prozesskostenhilfe zu gewähren, um nicht einkommensschwache soziale Schichten von einer wirksamen Rechtsverfolgung auszuschließen. Insofern stellt Art. 19 Abs. 4 GG ein (originäres) Leistungsrecht dar. Durch die Schaffung entsprechender Verfahrensordnungen (vgl. beispielsweise die §§ 114 ff. ZPO) ist der Gesetzgeber aber dieser Verpflichtung nachgekommen, sodass sich ein individueller Anspruch nur nach Maßgabe dieser Regelungen ergibt, die jedoch wiederum im Licht des Art. 19 Abs. 4 GG auszulegen sind. Der Grundsatz der Effektivität der Rechtsweggarantie hat zur Folge, dass auch der Richter gehalten ist, das Prozess-

---

[8] BVerfGE 35, 263 (274) (Sofortiger Vollzug); BVerfG, NJW 1995, 950 (951).

[9] Vgl. zu dieser Terminologie *Lorenz*, Jura 1983, 393 (394).

[10] BVerfGE 11, 139 (143) (Rückwirkung bei Gerichtskosten).

recht so anzuwenden, dass der Rechtsweg tatsächlich möglich bleibt (z.B. durch entsprechende Auslegung der Vorschriften zur Fristwahrung[11]).

Weiterhin muss der **Rechtsschutz selbst wirksam** sein: „Effektiv ist der Rechtsschutz nur dann, wenn die Beschreitung des Rechtswegs zu einer sachlichen Entscheidung führt, die der Rechtsverletzung wirksam begegnet."[12] Diese Entscheidung muss innerhalb einer angemessenen Verfahrensdauer erfolgen. Um einem Rechtsverlust vorzubeugen, ist auch ein vorläufiger Rechtsschutz bereitzustellen (z.B. §§ 80 Abs. 5, 123 VwGO, § 935 ZPO), durch den ein bestehender Rechtszustand gesichert werden kann.[13] **853**

Durch Art. 19 Abs. 4 GG wird die **Reichweite der gerichtlichen Kontrolle des Verwaltungshandelns** bestimmt. Nur wenn dem Gericht die umfassende Nachprüfung des Verwaltungshandelns in tatsächlicher und rechtlicher Hinsicht obliegt, kann ein effektiver Rechtsschutz gewährleistet werden. In diesem Zusammenhang ist es problematisch, wenn der Verwaltung auf Tatbestandsebene ein vom Gericht nicht nachprüfbarer **Beurteilungsspielraum** eröffnet ist. Ein solcher ist beispielsweise dann zulässig, wenn es um die persönliche Wertung eines weisungsfreien, pluralistisch besetzten Gremiums wie der Bundesprüfstelle für jugendgefährdende Schriften geht (§§ 9 Abs. 2, 10 GjSM). Die Frage, ob die Eilzuständigkeit der Staatsanwaltschaft nach Art. 13 Abs. 2 GG, § 105 StPO für die Durchsuchung von Wohnungen bei „Gefahr im Verzug" einen derartigen Beurteilungsspielraum eröffnet, war lange Zeit umstritten, wurde aber vom BVerfG ablehnend beschieden. Begründet wird diese Entscheidung damit, dass andernfalls die Gefahr bestünde, dass die Staatsanwaltschaft durch die Annahme von „Gefahr im Verzug" ihre eigene Zuständigkeit begründen und gleichzeitig eine richterliche Überprüfung dieses Tatbestandsmerkmals ausschließen könnte (sog. Letztentscheidungskompetenz).[14] Damit hat das BVerfG der Entwicklung, Durchsuchungen nicht von einem Richter anordnen zu lassen, indem (teilweise) vorschnell „Gefahr im Verzug" angenommen wurde, Einhalt geboten. **854**

Neben dem gerichtlichen Verfahren wird von Art. 19 Abs. 4 GG auch das **Verwaltungsverfahren** beeinflusst. Gemäß Art. 1 Abs. 3 GG hat die Exekutive die Schutzwirkung des Art. 19 Abs. 4 GG zu beachten. Folge hiervon ist, dass das Verwaltungsverfahren nicht so ausgestaltet sein darf, dass der gerichtliche Rechtsschutz vereitelt oder unzumutbar erschwert wird.[15] In besagter Entscheidung des BVerfG zum Merkmal „Gefahr im Verzug" hat das Gericht auch gleichzeitig festgelegt, dass die Strafverfolgungsbehörden ihr Handeln ausreichend begründen und dokumentieren müssen, um die Grundlage für eine gerichtliche Überprüfung zu schaffen und den von Art. 19 Abs. 4 GG geforderten effektiven Rechtsschutz zu gewährleisten. **855**

---

11 BVerfGE 41, 23 (25) (Verzögerung der Briefbeförderung); 41, 323 (328) (Fristende).

12 *Lorenz*, Jura 1983, 393 (394).

13 Vgl. dazu *Lorenz*, Jura 1983, 393 (399 f.).

14 BVerfGE 103, 142 (156 ff.) (Wohnungsdurchsuchung); hierzu *Amelung*, NStZ 2001, 337 ff.

15 BVerfGE 61, 82 (110) (Sasbach).

BVerfGE 103, 142 (156 ff.) (Wohnungsdurchsuchung): „a) Art. 19 Abs. 4 GG gewährleistet einen möglichst lückenlosen gerichtlichen Schutz gegen die Verletzung der Rechtssphäre des Einzelnen durch Eingriffe der öffentlichen Gewalt. Durchsuchungsanordnungen der Strafverfolgungsbehörden sind Akte der öffentlichen Gewalt im Sinne dieser Gewährleistung. Das gilt auch für Anordnungen der StA, die trotz ihrer Eingliederung in die Justiz zur Exekutive gehört. Aus dem Anspruch aus Art. 19 Abs. 4 GG auf eine wirksame gerichtliche Kontrolle folgt grundsätzlich die **Pflicht der Gerichte, die angefochtenen Akte der öffentlichen Gewalt in rechtlicher und tatsächlicher Hinsicht vollständig zu überprüfen**; eine Bindung der Gerichte an die von der Exekutive getroffenen Feststellungen und Wertungen ist dem Grundgesetz fremd.

b) Die Pflicht zur vollständigen Überprüfung hat Grenzen. Die gerichtliche Überprüfung kann nicht weiter reichen als die materiell-rechtliche Bindung der Exekutive; die **geschützten Rechtspositionen selbst ergeben sich nicht aus Art. 19 Abs. 4 GG, sondern werden darin vorausgesetzt**. Gerichtliche Kontrolle endet also dort, wo das materielle Recht der Exekutive in verfassungsrechtlich unbedenklicher Weise Entscheidungen abverlangt, ohne dafür hinreichend bestimmte Entscheidungsprogramme vorzugeben. Normativ eröffneten Gestaltungs-, Ermessens- und Beurteilungsspielräumen der Behörden steht Art. 19 Abs. 4 GG daher nicht von vornherein entgegen.

c) Art. 13 Abs. 1, 2 GG eröffnet den nichtrichterlichen Organen solche Spielräume bei der Auslegung und Anwendung des Begriffs „Gefahr im Verzug" nicht. Das Grundgesetz verlangt gegenüber der Anordnung von Durchsuchungen vielmehr eine unbeschränkte gerichtliche Kontrolle; **bei der Feststellung von Gefahr im Verzug wird der Exekutive keine Letztentscheidungsbefugnis eingeräumt** (...). Das Merkmal „Gefahr im Verzug" bestimmt in Art. 13 Abs. 2 GG den Tatbestand einer nichtrichterlichen Durchsuchungsanordnung; insoweit scheidet ein Ermessen der Behörden von vornherein aus. Ihnen kommt aber auch kein Beurteilungsspielraum zu. Allein die Tatsache, dass das Grundgesetz mit „Gefahr im Verzug" einen unbestimmten Rechtsbegriff verwendet, trägt den Rückschluss auf eine Beurteilungsermächtigung der Exekutive nicht. Vielmehr ist auch die Konkretisierung unbestimmter Rechtsbegriffe von Verfassungs wegen grundsätzlich Sache der Gerichte, die die Rechtsanwendung der Behörden insoweit uneingeschränkt nachzuprüfen haben. Auch sonst lässt sich dem Wortlaut von Art. 13 Abs. 2 GG kein Hinweis auf einen Auslegungsspielraum der nichtrichterlichen Organe entnehmen. Allein die prognostischen Elemente des Gefahrbegriffs geben dafür nichts her. Sie sind nichts weiter als Elemente der Unbestimmtheit von Rechtsbegriffen und rechtfertigen nicht schon von sich aus eine Kontrollbeschränkung der Gerichte (...). **Jeder Spielraum nichtrichterlicher Organe bei der Feststellung von Gefahr im Verzug würde die Möglichkeiten einer Inanspruchnahme ihrer Eilkompetenz erweitern und damit den Schutz des Grundrechts schwächen**."

bb) Verletzung in eigenen Rechten

856 Art. 19 Abs. 4 GG setzt die Verletzung in eigenen Rechten voraus, begründet aber keine - über den eigentlichen Rechtsschutz hinausgehenden - eigenen Rechte.[16] Als verletzte Rechte kommen nur **subjektive Rechte** in Frage, d.h. solche, die nicht nur dem Schutz der Allgemeinheit, sondern auch dem Schutz des Betroffenen zu dienen bestimmt sind.[17] Problematisch ist dieser Punkt insbesondere bei Verfahrensvorschriften, da diese häufig allein einem geordneten Verwaltungsverfahren dienen. Die Verletzung bloßer Interessen reicht genauso wenig wie die

---

16 BVerfGE 83, 182 (194 f.) (Pensionistenprivileg).

17 *Schmidt-Aßmann*, in: Maunz/Dürig, Art. 19 Abs. 4 Rn. 116 ff. (insb. Rn. 127 ff.); vgl. zur Schutznormlehre Rn. 124.

Verletzung von Vorschriften, die rein im öffentlichen Interesse stehen. Zunächst sind hier als verletzte Rechte die Grundrechte zu nennen, die in der Regel subjektive Rechte darstellen[18]. Jedoch bleibt die Gewährleistung der Durchsetzbarkeit nicht auf diese beschränkt. Auch bei lediglich einfachgesetzlich gewährten Positionen entfaltet das Gebot des effektiven Rechtsschutzes seine Wirkung, was daran deutlich wird, dass die Abs. 1-3 auf „Grundrechte" beschränkt sind, wohingegen in Abs. 4 nur allgemein von „Rechten" gesprochen wird. Art. 19 Abs. 4 GG sind dementsprechend keine Einschränkungen zu entnehmen.

cc) Öffentliche Gewalt

Der Begriff der öffentlichen Gewalt wird vom BVerfG sehr einschränkend ausgelegt. Öffentliche Gewalt im Sinne des Art. 19 Abs. 4 GG ist die **gesamte vollziehende Gewalt**, unabhängig davon, ob sie als Verwaltung oder als Regierung zu qualifizieren ist.[19] Nicht hierunter fällt insbesondere nach Auffassung des BVerfG die **Gesetzgebung**, weil Art. 93 Abs. 1 Nr. 2, 100 Abs. 1 GG insofern abschließend seien.[20] Dementsprechend ist es mit Art. 19 Abs. 4 GG vereinbar, dass es keinen direkten fachgerichtlichen Rechtsschutz in Gestalt einer Normenkontrolle gegen Gesetze gibt. Diesem Verständnis folgend ist die Möglichkeit, nach § 47 Abs. 1 Nr. 2 VwGO Normenkontrollklage gegen Verordnungen und Satzungen zu erheben, nicht Teil der Gewährleistung von Art. 19 Abs. 4 GG. Also besteht keine Verpflichtung der Länder, von der Option des § 47 Abs. 1 Nr. 2 VwGO Gebrauch zu machen. Auch die **Judikative** ist - obwohl dritte Staatsgewalt - nicht als öffentliche Gewalt im Sinne des Art. 19 Abs. 4 GG anzusehen. Begründet wird dies mit Sinn und Zweck der Gewährleistung des Art. 19 Abs. 4 GG. Er will dem Bürger den Rechtsschutz *durch* die Gerichte und nicht *gegen* die Gerichte garantieren.[21] Dementsprechend besteht kein subjektives Recht des Einzelnen auf einen Instanzenzug. Folglich stellt die Beschränkung der Möglichkeit Berufung oder Revision einzulegen, keinen Eingriff in den Schutzbereich des Art. 19 Abs. 4 GG dar. Die Gerichte üben allein dann „öffentliche Gewalt aus", wenn sie außerhalb ihrer spruchrichterlichen Tätigkeit auf Grund eines ausdrücklich normierten Richtervorbehalts tätig werden.[22] **857**

dd) Abgrenzung zum Rechtsstaatsprinzip und zu anderen Grundrechten

Nicht allein Art. 19 Abs. 4 GG trifft eine Aussage darüber, wie das gerichtliche Verfahren auszugestalten ist. Das BVerfG entnimmt in ständiger Rechtsprechung **858**

---

18 Vgl. dazu Rn. 11.

19 *Jarass*, in: Jarass/Pieroth, Art. 19 Rn. 29 f.

20 BVerfGE 24, 33 (49) (AKU-Beschluss); 31, 364 (368) (Auslegungsfrist); *Krüger/Sachs*, in: Sachs, GG, Art. 19 Rn. 122 f; a.A. *Maurer,* in: FS 50 Jahre BVerfG, Bd. II, 2001, S. 479 ff; *Schmidt-Aßmann*, in: Maunz/Dürig, Art. 19 Abs. 4 Rn. 93 ff. Ausdrücklich offen gelassen für materielle Gesetze in BVerfGE 31, 364 (368) (Auslegungsfrist).

21 Anderes kann sich aber unter Umständen aus dem Rechtsstaatsprinzip ergeben; vgl. Rn. 859.

22 BVerfGE 107, 395 (406) (Rechtsschutz gegen Gehörverletzungen); *Huber*, in: v. Mangoldt/Klein/Starck, Art. 19 Rn. 447 f.; *Schmidt-Aßmann*, in: Maunz/Dürig, Art. 19 Abs. 4 Rn. 100; kritisch *Krüger/Sachs*, in: Sachs, GG, Art. 19 Rn. 121.

den Grundrechten eine verfahrensrechtliche Komponente.[23] Zwischen Art. 19 Abs. 4 GG und den **grundrechtlichen Verfahrensrechten** besteht der grundlegende Unterschied, dass ersterer auf den gerichtlichen Rechtsschutz gegen Rechtsverletzungen der öffentlichen Gewalt beschränkt bleibt, wohingegen letztere auch das Verwaltungsverfahren bestimmen. Den materiellen Grundrechten können Anforderungen an das gerichtliche Verfahren aber nur insoweit entnommen werden, als es gerade im Interesse der bestimmten Freiheitsgarantie erforderlich ist.[24] Für die Bereiche, in denen es an sich zu Überschneidungen kommt, stellt Art. 19 Abs. 4 GG die primäre Grundlage für die Gewährung von Rechtsschutz im öffentlichen Herrschaftsverhältnis dar. Der Gehalt der jeweiligen Grundrechte ist aber bei der Auslegung des Verfahrensrechts zu beachten.[25]

859 Aus dem Rechtsstaatsprinzip i.V.m. Art. 2 Abs. 1 GG leitet sich der **allgemeine Justizgewährungsanspruch** her. Dieser ist wie Art. 19 Abs. 4 GG als Leistungsrecht einzustufen. Inhaltlich entsprechen sich beide Rechte; der Staat wird verpflichtet, einen effektiven Rechtsschutz zur Durchsetzung eigener Rechte zu gewährleisten. Der Anwendungsbereich des allgemeinen Justizgewährungsanspruchs ist allerdings umfassender. Während der speziellere Art. 19 Abs. 4 GG den Rechtsschutz in verwaltungsrechtlichen Streitigkeiten fordert, umfasst der **allgemeine Justizgewährungsanspruch** auch privatrechtliche Streitigkeiten. Soweit einzelnen Grundrechten durch Auslegung verfahrensrechtliche Garantien entnommen und damit rechtsstaatliche Anforderungen berücksichtigt werden, ist von einer Spezialität auszugehen.[26] Wie bei Art. 19 Abs. 4 GG wird durch das Rechtsstaatsprinzip kein Rechtsschutz *gegen* den Richter garantiert. Das BVerfG hat in einer aktuellen Entscheidung aber eine Ausnahme angenommen, soweit es um die Verletzung von Verfahrensgrundrechten (insb. Art. 101 Abs. 1 GG und Art. 103 Abs. 1 GG) geht.[27]

> BVerfGE 107, 395 (407) (Rechtsschutz gegen Gehörverletzungen): „Die das gerichtliche Verfahren betreffenden Verfahrensgrundrechte können nicht durch einen Träger der vollziehenden Gewalt verletzt werden, denn sie sind ausschließlich an die Gerichte adressiert. Wird Art. 19 Abs. 4 GG einengend dahin ausgelegt, dass er den Rechtsschutz gegen richterliche Akte nicht umfasst, verbleibt dort ein Rechtsschutzdefizit, das aber durch den **allgemeinen Justizgewährungsanspruch** behoben wird. Er ermöglicht **Rechtsschutz hinsichtlich der gerichtlichen Verfahrensdurchführung, soweit durch sie die Verfahrensgrundrechte verletzt sein können**. Andernfalls bliebe eine Verletzung dieser Grundrechte ohne verfassungsrechtlich gesicherte Möglichkeit fachgerichtlicher Abhilfe."

---

[23] BVerfGE 24, 367 (401; Art. 14 GG) (Hamburgisches Deichordnungsgesetz); 50, 16 (30; Art. 12 GG) (Missbilligende Belehrung); 52, 203 (206 f., Art. 2 Abs. 1 GG) (Fristgebundener Schriftsatz); 53, 30 (57, 65, Art. 2 Abs. 2 GG) (Mülheim-Kärlich); 56, 216 (244, Art. 16 GG a.F.) (Rechtsschutz im Asylverfahren); vgl. insgesamt hierzu *Lorenz*, Jura 1983, 393 (396 ff.); zum Grundrechtsschutz durch Organisation und Verfahren vgl. Rn. 121.

[24] BVerfGE 101, 106 (122) (Aktenvorlage); *Maurer,* in: FS 50 Jahre BVerfG, Bd. II, 2001, S. 477.

[25] Vgl. *Lorenz*, Jura 1983, 393 (397); ähnlich *Jarass*, in: Jarass/Pieroth, Vorb. vor Art. 1 Rn. 11.

[26] *Krebs*, in: v. Münch/Kunig, Art. 19 Rn. 50.

[27] BVerfGE 107, 395 (407) (Rechtsschutz gegen Gehörverletzungen); Vgl. dazu *Voßkuhle*, NJW 2003, 2193 ff.

4. Verletzung des Leistungsrechts

Als Leistungsrecht unterliegt Art. 19 Abs. 4 GG der **Ausgestaltung** durch den Gesetzgeber.[28] Im Gegensatz zu anderen Grundrechten, die - wie beispielsweise die Meinungsfreiheit - an die natürliche Fähigkeit des Menschen anknüpfen, erfordert die Rechtsweggarantie immer ein Tätigwerden des Gesetzgebers; der Rechtsweg muss notwendigerweise vom Gesetzgeber aufgebaut werden. Wie bei allen Leistungsrechten besteht ein beträchtlicher Gestaltungsspielraum, auf welchem Weg diese Verpflichtungen erfüllt werden.[29] Es bleibt in erster Linie dem Gesetzgeber überlassen, wie er die im Gerichtsverfahren aufeinander treffenden unterschiedlichen Interessen in Einklang bringt. Der Gesetzgeber verletzt seine aus Art. 19 Abs. 4 GG resultierenden Leistungsverpflichtungen dann, wenn er untätig bleibt oder aber ein Prozessrecht schafft, das dem von Art. 19 Abs. 4 GG geforderten Minimalstandard nicht genügt. Weiterhin muss die Ausgestaltung von der Sache her geboten sein.[30] Zulässige Ziele, die eine Begrenzung des Rechtsschutzes erfordern können, lassen sich insbesondere dem Rechtsstaatsprinzip entnehmen: Effektivität von Verwaltung und Rechtspflege, Rechtssicherheit, Rechtsfrieden etc. Der Gesetzgeber ist schließlich nicht gehalten, mehr als eine gerichtliche Instanz zu schaffen, da Schutzzweck des Art. 19 Abs. 4 GG der Rechtsschutz *durch* den Richter und nicht *gegen* den Richter ist. Hat der Gesetzgeber allerdings weitere Instanzen vorgesehen, müssen die Gerichte bei der Anwendung des Prozessrechts den Grundsatz der Effektivität beachten.[31] **860**

> BVerfGE 77, 275 (284) (Vergleichsordnung): „Art. 19 Abs. 4 GG verbietet zwar keineswegs die Errichtung jeder Schranke vor dem Zugang zum Gericht. Die dem Gesetzgeber obliegende normative Ausgestaltung des Rechtswegs muss aber das Ziel dieser Gewährleistung - den wirkungsvollen Rechtsschutz - verfolgen; sie muss im Hinblick darauf geeignet und angemessen sowie für den Rechtsuchenden zumutbar sein."

Durch Judikative und Exekutive wird der Schutzbereich des Art. 19 Abs. 4 GG verletzt, wenn eine tatsächlich wirksame Kontrolle des Verwaltungshandelns behindert wird, sei es durch eine bestimmte Auslegung der Zugangsvoraussetzungen für eine Klage durch die Gerichte, sei es durch eine die spätere Klage ausschließende Verwaltungstätigkeit. Zu beachten ist allerdings, dass Art. 19 Abs. 4 GG nicht notwendig vorrangig vor anderen Rechtsgütern ist. Vielmehr findet - wie auch bei der Ausgestaltung durch den Gesetzgeber - eine Abwägung kollidierender Rechtsgüter statt. **861**

---

28 Vgl. dazu Rn. 389 ff.

29 BVerfGE 101, 106 (123) (Aktenvorlage).

30 Vgl. zu der Frage, ob die Ausgestaltung verhältnismäßig sein muss, Rn. 394.

31 BVerfGE, 96, 27 (39) (Durchsuchungsanordnung I).

III. Anspruch auf den gesetzlichen Richter (Art. 101 GG)

1. Hintergrund

862 Art. 101 GG gewährleistet Neutralität und Unabhängigkeit der Justiz, indem ausgeschlossen wird, dass durch die Bestimmung des einzelnen Richters, der Kammer, des Senats etc. auf ein konkretes Verfahren Einfluss genommen wird. Insoweit ist Art. 101 GG eine besondere Ausprägung des Rechtsstaatsprinzips.

> BVerfGE 95, 322 (327) (Spruchgruppen): „Mit der Garantie des gesetzlichen Richters will Art. 101 Abs. 1 S. 2 GG der Gefahr vorbeugen, dass die Justiz durch eine Manipulation der rechtsprechenden Organe sachfremden Einflüssen ausgesetzt wird. Es soll vermieden werden, dass durch eine auf den Einzelfall bezogene Auswahl der zur Entscheidung berufenen Richter das Ergebnis der Entscheidung beeinflusst werden kann, gleichgültig, von welcher Seite eine solche Manipulation ausgeht. **Damit soll die Unabhängigkeit der Rechtsprechung gewahrt und das Vertrauen der Rechtsuchenden und der Öffentlichkeit in die Unparteilichkeit und Sachlichkeit der Gerichte gesichert werden.** Dieses Vertrauen nähme Schaden, müsste der rechtsuchende Bürger befürchten, sich einem Richter gegenüberzusehen, der mit Blick auf seinen Fall und seine Person bestellt worden ist."

863 Bereits in der Weimarer Reichsverfassung wurde mit Art. 105 eine dem Art. 101 GG entsprechende Vorschrift eingeführt; ebenso war in § 175 der Paulskirchenverfassung das Recht auf den gesetzlichen Richter schon vorgesehen. Art. 101 GG enthält ein einheitliches Grundrecht: Bei dem in Abs. 1 S. 1 zum Ausdruck kommenden Verbot von Ausnahmegerichten handelt es sich nur um einen speziellen Fall des in S. 2 normierten Rechts auf den gesetzlichen Richter; ebenso verhält es sich mit dem im Abs. 2 statuierten Parlamentsvorbehalt für Gerichte für besondere Sachgebiete.[32]

2. Schutzbereich

a) Persönlicher Schutzbereich

864 Art. 101 GG findet als Jedermann-Recht ohne Einschränkungen auf natürliche Personen Anwendung. Zudem sind juristische Personen des Privatrechts berechtigt, unabhängig davon, ob sie ihren Sitz im In- oder im Ausland haben.[33] Auch **inländische wie ausländische juristische Personen des öffentlichen Rechts** können sich auf Art. 101 GG berufen.[34] Begründen lässt sich diese Ausdehnung des persönlichen Schutzbereichs mit dem Sinn und Zweck des Art. 101 GG, ein dem Grundgesetz gemäßes gerichtliches Verfahren zu gewährleisten. Anspruch hierauf hat jede Prozesspartei - es gilt der Grundsatz der Gleichheit der Prozess-

---

32 *Degenhart*, in: Sachs, GG, Art. 101 Rn. 1; *Pieroth*, in: Jarass/Pieroth, Art. 101 Rn. 1.

33 BVerfGE 64, 1 (11) (National Iranian Oil Company).

34 BVerfGE 96, 231 (244) (Müllkonzept); für ausländische juristische Personen des öffentlichen Rechts BVerfG, DVBl. 2003, 661 f.; vgl. allgemein Rn. 151 f.

parteien -, sodass Einschränkungen des persönlichen Schutzbereichs mit dieser Garantie nicht zu vereinbaren wären.[35]

b) Sachlicher Schutzbereich

Bei Art. 101 GG handelt es sich um ein **normgeprägtes grundrechtsgleiches Recht**: Ohne einen gewissen Bestand an Normen kann es keinen *gesetzlichen* Richter geben. Das bedeutet, dass der Gesetzgeber verpflichtet ist, Rechtsvorschriften zu erlassen, nach denen sich der gesetzliche Richter bestimmen lässt. Art. 101 GG schützt in seiner abwehrrechtlichen Funktion davor, dass von Vorschriften, die der Bestimmung des gesetzlichen Richters dienen, abgewichen wird. Ähnlich wie bei Art. 104 Abs. 1 S. 1 GG werden durch Art. 101 GG insoweit die verfahrensrechtlichen Bestimmungen verfassungsrechtlich abgesichert. 865

866

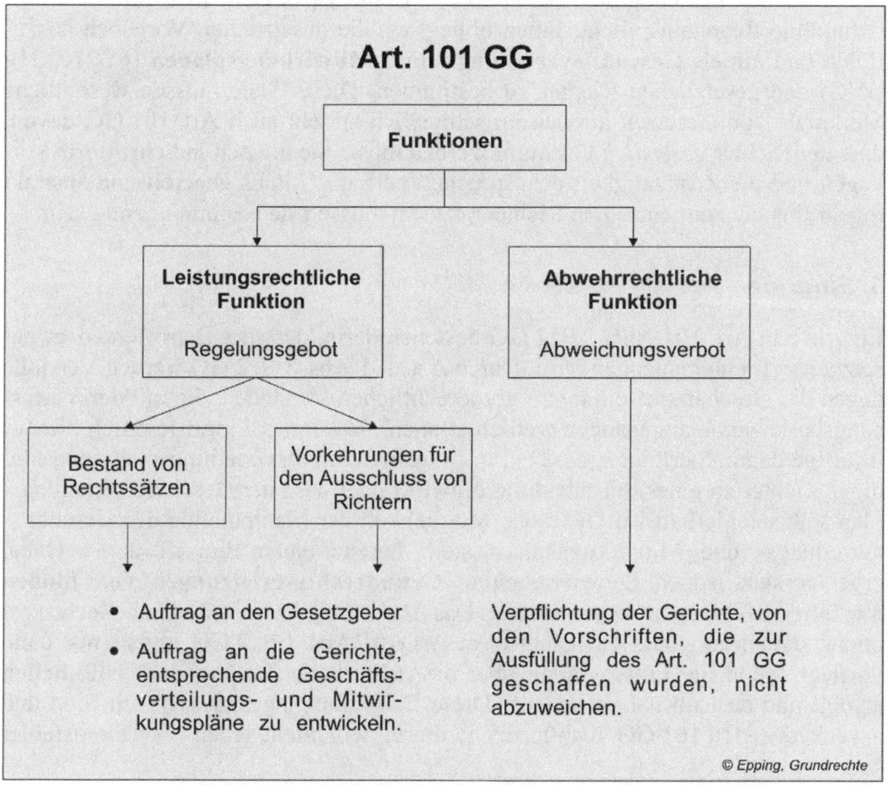

Das **Recht auf den gesetzlichen Richter** bedeutet, dass **im Voraus generell** und **abstrakt** festgelegt sein muss, welcher Richter zur Entscheidung des jeweiligen Falles zuständig ist. In diesem Sinne erfordert Art. 101 GG einen Bestand an Normen, der es ermöglicht, die Zuständigkeit des Gerichts, die Zuständigkeit des 867

---

35 *Degenhart*, in: Sachs, GG, Art. 101 Rn. 4.

Spruchkörpers sowie die in diesem Spruchkörper mitwirkenden Richter zu bestimmen. Der Gesetzgeber ist verpflichtet, die fundamentalen Zuständigkeitsregeln aufzustellen.[36] Hierzu zählt die Bestimmung, welche Spruchkörper für welche Verfahren sachlich, örtlich und instanziell zuständig sind.[37]

868 Der Gesetzgeber ist auch verpflichtet, Vorkehrungen zu treffen, um einen befangenen Richter ausschließen und damit die **Unparteilichkeit** und **Unabhängigkeit** des Gerichts sicherstellen zu können (siehe z.B. die § 54 VwGO, §§ 22 ff. StPO). Die Unabhängigkeit des Richters ergibt sich aus Art. 97 GG, die Unparteilichkeit aus dem Rechtsstaatsprinzip. Dadurch, dass das BVerfG die Unparteilichkeit des Richters als durch Art. 101 Abs. 1 S. 2 mitgeschützt ansieht,[38] werden diese rein objektivrechtlichen Vorschriften verfassungsbeschwerdefähig.

869 Der Gesetzgeber muss - bzw. kann aus Praktikabilitätsgründen - nicht den gesetzlichen Richter endgültig bestimmen.[39] Dementsprechend trifft auch die Gerichte eine Regelungspflicht. Ihnen obliegt es, die gesetzlichen Vorgaben auszufüllen und mittels **Geschäftsverteilungs- und Mitwirkungsplänen** (§§ 21e, 21g GVG) den gesetzlichen Richter zu bestimmen. Diese Pläne müssen wesentliche Merkmale von Gesetzen aufweisen, schließlich spricht auch Art. 101 GG davon, dass der Richter *gesetzlich* bestimmt werden muss: Sie müssen in Schriftform vorliegen und die Zuständigkeit des Spruchkörpers im Voraus generell und abstrakt regeln (bis hin zum einzelnen Richter); zudem müssen sie bestimmt genug sein.

3. Eingriffe

870 Eingriffe in Art. 101 Abs. 1 S. 2 GG bestehen darin, dass der Betroffene dem gesetzlichen Richter entzogen wird. Durch Art. 101 Abs. 1 S. 2 GG werden Verstöße gegen die Geschäftsverteilung zu grundrechtlichen Verstößen, die mit der Verfassungsbeschwerde angegangen werden können. So können Eingriffe durch die **Judikative** dadurch erfolgen, dass ein nach dem Geschäftsverteilungsplan unzuständiger Richter an einer Entscheidung mitwirkt oder dass der Geschäftsverteilungsplan selber fehlerhaft ist. Die bloße Möglichkeit der Manipulation des Geschäftsverteilungs- und Mitwirkungsplans stellt bereits einen Eingriff dar.[40] Dabei ergeben sich jedoch Schwierigkeiten, **Grundrechtsverletzungen von bloßen Verfahrensfehlern abzugrenzen**.[41] Das BVerfG geht in ständiger Rechtsprechung davon aus, dass ein Eingriff in Art. 101 Abs. 1 S. 2 GG immer nur dann vorliegt, wenn die Entscheidung über die richterliche Zuständigkeit **willkürlich** erfolgt und deshalb unhaltbar ist.[42] Diese Einschränkung lässt sich mit Sinn und Zweck des Art. 101 GG rechtfertigen; dieser will nicht jeden Verfahrensfehler

---

36 BVerfGE 19, 52 (60) (Überbesetzung).

37 *Britz*, JA 2001, 573 (574).

38 BVerfG, NVwZ 1996, 885 (885); zustimmend *Britz*, JA 2001, 573 (578); *Degenhart*, in: Sachs, GG, Art. 101 Rn. 13; *Maurer*, in: FS 50 Jahre BVerfG, Bd. II, 2001, S. 496.

39 BVerfGE 9, 223 (226) (Bewegliche Zuständigkeitsregelung).

40 BVerfGE 95, 322 (327, 329) (Spruchgruppen).

41 Vgl. die einzelnen Beispiele bei *Degenhart*, in: Sachs, GG, Art. 101 Rn. 19.

42 BVerfGE 82, 159 (194) (Absatzfonds); 29, 198 (207) (Umsatzausgleichssteuer).

zum Verfassungsverstoß erheben, sondern missbräuchliche Zuständigkeitsmanipulationen verhindern.[43]

> BVerfG, NJW 1988, 1456 (1456 f.): „Anders als bei den gesetzlichen Formvorschriften des Art. 104 Abs. 1 S. 1 GG (...) hat das Gericht in ständiger Rechtsprechung die fachgerichtliche Anwendung und Auslegung der einfachrechtlichen Vorschriften, nach denen sich im Einzelfall der gesetzliche Richter bestimmt, immer nur auf **Willkür** überprüft. Durch eine Maßnahme, Unterlassung oder Entscheidung eines Gerichts wird der gesetzliche Richter mithin nur dann entzogen und damit Art. 101 Abs. 1 S. 2 GG verletzt, wenn diese Maßnahme, Unterlassung oder Entscheidung auf Willkür beruht. Dies gilt auch, wenn ein Gericht die Verpflichtung zur Vorlage an ein anderes Gericht, das über eine bestimmte Rechtsfrage zu entscheiden hat, außer Acht lässt. Art. 101 Abs. 1 Satz 2 GG schützt nicht gegen Verfahrensfehler, die infolge eines Irrtums des Gerichts unterlaufen, sondern nur gegen Willkür. Als Willkür i. S. dieser Rechtsprechung wird es nur gewertet, wenn die Entscheidung sich bei der Anwendung und Auslegung von Zuständigkeitsnormen so weit von dem diese Normen bestimmenden Grundsatz des gesetzlichen Richters entfernt, dass die Gerichtsentscheidung nicht mehr zu rechtfertigen ist. **Art. 101 Abs. 1 S. 2 GG wird nur durch solche gerichtlichen Entscheidungen verletzt, die bei verständiger Würdigung der das Grundgesetz beherrschenden Gedanken nicht mehr verständlich erscheinen und offensichtlich unhaltbar sind.**"

Der **EuGH** ist gesetzlicher Richter i.S.d. Art. 101 Abs. 1 S. 2 GG, weshalb für ein deutsches Gericht in der Verletzung der Vorlagepflicht nach Art. 234 Abs. 3 EG zugleich ein Verstoß gegen Art. 101 Abs. 1 S. 2 GG zu sehen sein kann.[44] **871**

> BVerfG, NJW 1998, 2811 (2813): „Eine **unhaltbare Handhabung der Vorlagepflicht** wird vom BVerfG insbesondere dann angenommen, wenn die zuständigen Gerichte eine Vorlage an den EuGH trotz der - ihrer Auffassung nach bestehenden - Entscheidungserheblichkeit der gemeinschaftsrechtlichen Frage überhaupt nicht in Erwägung ziehen, obwohl sie selbst Zweifel hinsichtlich der richtigen Beantwortung der Frage haben (**grundsätzliche Verkennung** der Vorlagepflicht). Gleiches gilt in den Fällen, in denen das letztinstanzliche Hauptsachegericht in seiner Entscheidung bewusst von der Rechtsprechung des EuGH zu entscheidungserheblichen Fragen abweicht und gleichwohl nicht oder nicht neuerlich vorlegt (**bewusstes Abweichen ohne Vorlagebereitschaft**). Liegt zu einer entscheidungserheblichen Frage des Gemeinschaftsrechts einschlägige Rechtsprechung des EuGH noch nicht vor oder hat eine vorliegende Rechtsprechung die entscheidungserhebliche Frage möglicherweise noch nicht erschöpfend beantwortet oder erscheint eine Fortentwicklung der Rechtsprechung des EuGH nicht nur als entfernte Möglichkeit, so wird Art. 101 Abs. 1 S. 2 GG nur dann verletzt, wenn das letztinstanzliche Hauptsachegericht den ihm zukommenden Beurteilungsrahmen in unvertretbarer Weise überschritten hat (**Unvollständigkeit der Rechtsprechung**). Dies kann insbesondere dann der Fall sein, wenn mögliche Gegenauffassungen zu der entscheidungserheblichen Frage des Gemeinschaftsrechts gegenüber der vom Gericht vertretenen Meinung eindeutig vorzuziehen sind."

Auch der **Gesetzgeber** kann das Recht auf den gesetzlichen Richter beeinträchtigen. Eingriffe kommen allerdings nur durch die Bildung von Ausnahmegerichten in Betracht, die nach Art. 101 Abs. 1 S. 1 GG per se verboten sind. Hierunter sind **872**

---

43 *Britz*, JA 2001, 573 (576); ähnlich auch *Maunz*, in: Maunz/Dürig, Art. 101 Rn. 50.

44 BVerfGE 73, 339 (Ls. 1, 367 ff.) (Solange II); 82, 159 (192 ff.) (Absatzfonds); BVerfG, NJW 2001, 1267 (1268); *Britz*, JA 2001, 573 (576 f.); vgl. zum Kooperationsverhältnis von BVerfG und EuGH Rn. 166.

Gerichte zu verstehen, „die in Abweichung von der gesetzlichen Zuständigkeit besonders gebildet und zur Entscheidung einzelner konkreter oder individueller Fälle berufen sind“[45]. Ansonsten ist zu berücksichtigen, dass Art. 101 GG ein **normgeprägtes Grundrecht** ist, das der Ausgestaltung durch den Gesetzgeber bedarf. Dementsprechend besteht eine Bindung allein an die objektivrechtliche Seite; der Gesetzgeber verletzt dann Art. 101 GG, wenn er hinter dessen Leistungsverpflichtungen zurückbleibt. Zunächst ist an ein Unterlassen zu denken, wenn nämlich der Gesetzgeber darauf verzichtet, Vorschriften für die Gerichtsorganisation zu erlassen. In Anbetracht der heutigen Regelungsdichte ist ein derartiger Fall unwahrscheinlich. Viel eher besteht die Gefahr, dass gesetzliche Regelungen getroffen werden, die den Anforderungen des Art. 101 GG nicht genügen. Umstritten ist beispielsweise, ob § 24 Abs. 1 Nr. 3 GVG mit Art. 101 GG zu vereinbaren ist.[46]

873 Der Schutz der Unabhängigkeit der Rechtsprechung vor Beeinträchtigungen durch die **Exekutive** ist zwar die geschichtliche Wurzel des Art. 101 GG (Stichwort „Kabinettsjustiz“). Auch wenn Eingriffe durchaus denkbar sind (beispielsweise Richterbestellung „ad hoc und ad personam“[47]), so spielen diese heutzutage nur noch eine untergeordnete Rolle.[48]

4. Rechtfertigung von Eingriffen

874 Art. 101 GG ist vorbehaltlos und nach der Rechtsprechung (bislang) auch schrankenlos gewährleistet, sodass eine Rechtfertigung von Eingriffen durch kollidierendes Verfassungsrecht nicht erfolgt.

IV. Anspruch auf rechtliches Gehör (Art. 103 Abs. 1 GG)

1. Hintergrund

875 Die Gewährleistung des Art. 103 Abs. 1 GG kann auf eine lange verfassungsrechtliche Tradition zurückblicken; sie reicht bis ins England des 14. Jahrhunderts zurück.[49] Verfassungsrechtlich anerkannt wurde der Anspruch auf rechtliches Gehör in Deutschland jedoch erst durch das Grundgesetz. Die Beweggründe hierfür waren zum einen die „Missbräuche in gerichtlichen Verfahren, wie sie unter dem nationalsozialistischen Regime vorgekommen waren“[50] und zum anderen die „Sicherung der materiellrechtlich gewährleisteten Grundrechte in der alltäglichen Gerichtspraxis“[51]. Als „Urrecht des Menschen“[52] ist es Teil des nach Art. 6

---

45 BVerfGE 3, 213 (223) (G 131).

46 Für die Zulässigkeit BVerfGE 22, 254 (258 ff.) (Bewegliche Zuständigkeit). Kritisch *Roxin*, Strafverfahrensrecht, 25. Aufl. 1998, § 7 Rn. 9 ff.; *Maunz*, in: Maunz/Dürig, Art. 101 Rn. 28 ff.

47 BVerfGE 82, 159 (194) (Absatzfonds).

48 *Pieroth*, in: Jarass/Pieroth, Art. 101 Rn. 10.

49 Vgl. zum ideengeschichtlichen Hintergrund *Zierlein*, DVBl. 1989, 1169 (1169 f.).

50 BVerfGE 9, 89 (95) (Gehör bei Haftbefehl).

51 *Zierlein*, DVBl. 1989, 1169 (1172).

EMRK gewährleisteten fairen Verfahrens. In der Rechtsprechung des BVerfG nehmen Entscheidungen zu Art. 103 Abs. 1 GG einen breiten Raum ein.[53]

Durch den Anspruch auf rechtliches Gehör (Art. 103 Abs. 1 GG) wird nicht nur eine im Rechtsstaatsprinzip wurzelnde Garantie normiert. Der Anspruch auf rechtliches Gehör ist darüber hinaus auf die Menschenwürde (Art. 1 Abs. 1 GG) zurückzuführen, da die Menschenwürde beinhaltet, dass niemand zum bloßen Objekt des gerichtlichen Verfahrens gemacht werden darf (sog. Objektformel).[54] Als grundrechtsgleiches Recht ist Art. 103 Abs. 1 GG verfassungsbeschwerdefähig. **876**

2. Dogmatische Einordnung

Nicht einheitlich wird die dogmatische Einordnung des Art. 103 Abs. 1 GG beurteilt. In der Literatur wird der Anspruch auf rechtliches Gehör zumeist als Abwehrrecht gewertet. Dementsprechend wird eine Verletzung anhand des klassischen Schemas nach Schutzbereich, Eingriff und Rechtfertigung geprüft.[55] Hiergegen spricht allerdings bereits der Wortlaut des Art. 103 Abs. 1 GG. Die Formulierung „Anspruch auf rechtliches Gehör" deutet bereits auf ein **Leistungsrecht** hin. Aber auch von der Sache her wird diese Auslegung bestätigt. Art. 103 Abs. 1 GG erfordert das Bestehen eines gerichtlichen Verfahrens. Erst dadurch, dass der Gesetzgeber ein Prozessrecht ausformt, werden die Voraussetzungen geschaffen, um „vor Gericht" rechtliches Gehör zu beanspruchen. Darüber hinaus verlangt Art. 103 Abs. 1 GG immer ein Tätigwerden bzw. ein Mitwirken des Richters. Eine Verletzung des Anspruchs auf rechtliches Gehör kann nur in Gestalt eines Untätigbleibens des Richters vorliegen. Der Bürger begehrt also immer ein diesbezügliches Handeln, d.h. eine Leistung.[56] **877**

3. Schutzbereich

a) Persönlicher Schutzbereich

Der Anspruch auf rechtliches Gehör nach Art. 103 Abs. 1 GG ist ein Jedermann-Recht, d.h. hinsichtlich der Parteifähigkeit bzw. Beschwerdebefugnis natürlicher Personen bestehen keine Einschränkungen. Darüber hinaus können sich auch juristische Personen des Privatrechts auf diese Gewährleistung berufen.[57] Anders als bei Art. 19 Abs. 4 GG gilt dies unabhängig davon, ob es sich um eine inländische oder um eine ausländische juristische Person handelt. Weiterhin gilt Art. 103 Abs. 1 GG auch für **inländische und ausländische juristische Personen des öffentlichen Rechts**.[58] Dies lässt sich - wie auch die Rechtsträgerschaft der auslän- **878**

---

52 BVerfGE 55, 1 (6) (Flughafen München II).

53 Eine Aufschlüsselung, bei welchen Sachverhalten in der Praxis eine Verletzung des Art. 103 Abs. 3 GG gerügt worden ist, findet sich bei *Zierlein*, DVBl. 1989, 1169 (1171).

54 BVerfGE 84, 188 (190) (Einzäunung); zur Objektformel vgl. Rn. 559.

55 *Pieroth,* in: Jarass/Pieroth, Art. 103 Rn. 1, 5 ff.

56 *J. Ipsen,* Rn. 864.

57 BVerfGE 64, 1 (11) (National Iranian Oil Company).

58 Für ausländische juristische Personen des öffentlichen Rechts BVerfG, DVBl. 2003, 661 f.

dischen juristischen Personen - damit begründen, dass erst hierdurch „Waffengleichheit" vor Gericht hergestellt wird.

b) Sachlicher Schutzbereich

bb) Allgemein

879 Der Anspruch auf rechtliches Gehör erfordert es, dass den Prozessparteien Gelegenheit gegeben wird, sich in tatsächlicher und rechtlicher Hinsicht vor Erlass einer Entscheidung zu äußern. Dem Gericht obliegt die Verpflichtung, diese Äußerungen zur Kenntnis zu nehmen und in seine Abwägung einzubeziehen. Gerade letzteres ist wichtig, um die Effektivität des Art. 103 Abs. 1 GG zu gewährleisten und ihn nicht auf bloße „Verfassungslyrik" zu beschränken. Darüber hinaus lassen sich Art. 103 Abs. 1 GG weitere Anforderungen für das gerichtliche Verfahren entnehmen.[59]

880 Umstritten ist, ob Art. 103 Abs. 1 GG ein **Anspruch auf Heranziehung eines Rechtsanwalts** entnommen werden kann. Hierfür spricht, dass prozessuales und materielles Recht so komplex sind, dass für eine wirksame Vertretung der eigenen Interessen rechtlicher Beistand erforderlich ist.[60] Das BVerfG ist dieser Ansicht nicht gefolgt. Es hat lediglich aus dem Rechtsstaatsprinzip den Anspruch des Einzelnen entnommen, sich im *Strafverfahren* von einem Rechtsanwalt seines Vertrauens verteidigen zu lassen.[61]

881 Der Anspruch auf rechtliches Gehör beschränkt sich - wie der Wortlaut des Art. 103 Abs. 1 GG deutlich zum Ausdruck bringt -, auf das **Gehör vor Gericht**. Das Verwaltungsverfahren selbst wird hingegen nicht erfasst. Dort kann sich ein Anhörungsrecht allenfalls aus dem Rechtsstaatsprinzip, dem allgemeinen Persönlichkeitsrecht (Art. 2 Abs. 1 GG i.V.m. Art. 1 Abs. 1 GG) oder aus der Menschenwürde ergeben.[62]

882 Der Gesetzgeber wird durch Art. 103 Abs. 1 GG verpflichtet, durch eine einfachgesetzliche **Ausgestaltung** die Grundlage für die wirksame Durchsetzung des Rechts auf Gehör zu schaffen. Soweit der Gesetzgeber dieser Aufgabe durch prozessrechtliche Normierung nicht nachgekommen ist, besteht ein originärer Anspruch aus Art. 103 Abs. 1 GG.[63]

---

59 Vgl. dazu Rn. 883.

60 *Kunig*, in: v. Münch/Kunig, Art. 103 Rn. 15; *Schmidt-Aßmann*, in: Maunz/Dürig, Art. 103 Abs. 1 Rn. 103 ff.

61 BVerfGE 66, 313 (318 f.) (Kosten für Wahlverteidiger); 68, 237 (255) (Verteidigergebühren).

62 *Nolte*, in: v. Mangoldt/Klein/Starck, Art. 103 Rn. 20; *Schmidt-Aßmann*, in: Maunz/Dürig, Art. 103 Abs. 1 Rn. 62 ff.; für eine Anwendung des Art. 103 Abs. 1 GG bei bestimmten Fallgestaltungen *Knemeyer,* in: HdbStR, Bd. VI, § 155 Rn. 60.

63 BGH, NJW 1994, 392 (392); *Pieroth*, in: Jarass/Pieroth, Art. 103 Rn. 9.

bb) Einzelne Gewährleistungen

Der Anspruch auf rechtliches Gehör lässt sich in drei Verwirklichungsstufen unterteilen:[64] **883**

- **Recht auf Information**: Die Grundlage für das Äußerungsrecht ist die Information der Prozessbeteiligten. Erst hierdurch werden sie in die Lage versetzt, das für den Prozess Erhebliche vorbringen zu können. Zu den notwendigen Informationen gehören zum einen die Äußerungen der Gegenseite sowie die von Amts wegen eingeführten Tatsachen und Beweismittel und zum anderen die Rechtsauffassung des Gerichts selbst, soweit die Beteiligten nicht mit ihr rechnen müssen.[65] **884**
- **Recht auf Äußerung**: Der Einzelne muss die Gelegenheit haben, sich in schriftlicher oder mündlicher Form vor dem für ihn zuständigen Richter in tatsächlicher und rechtlicher Hinsicht zu äußern. **885**
- **Recht auf Berücksichtigung**: Zunächst erfordert Art. 103 Abs. 1 GG die Gegenwart der an der Entscheidung beteiligten Richter sowie Aufnahmefähigkeit und Aufnahmebereitschaft. Ein über einen nicht unerheblichen Zeitraum schlafender Richter wird diesen Anforderungen nicht genügen.[66] Weiterhin muss das Gericht das Vorbringen des Betroffenen zur Kenntnis nehmen und bei seiner Entscheidungsfindung berücksichtigen. Es ist jedoch nicht dazu verpflichtet, in den Entscheidungsgründen auf jegliches Vorbringen einzugehen; eine Beschränkung auf die Auseinandersetzung mit den wesentlichen Punkten ist ausreichend.[67] **886**

> BVerwG, NJW 1986, 2721 (2721): „Die damit gebotene Aufmerksamkeit jedes einzelnen Richters, die ihn befähigt, der Verhandlung zu folgen und den Verhandlungsstoff sich anzueignen, kann in vielfältiger Weise durch körperliche oder geistige Mängel in mehr oder minder starkem Grade eingeschränkt oder gar ausgeschlossen sein. So führt etwa tiefer Schlaf dazu, dass der betr. Richter der Verhandlung nicht mehr folgen kann. Jedoch sind selbst Zeichen einer großen Ermüdung, Neigung zum Schlaf und das Kämpfen mit dem Schlaf noch kein hinreichendes Anzeichen dafür, dass der betr. Richter die Vorgänge in der mündlichen Verhandlung nicht mehr wahrnehmen kann. Auch das **Schließen der Augen** allein, selbst wenn es sich nicht nur auf wenige Minuten beschränkt, **beweist noch nicht, dass der Richter schläft**; diese Haltung kann vielmehr auch zur geistigen Entspannung oder zwecks besonderer Konzentration eingenommen werden. Unter diesen Umständen kann erst dann davon ausgegangen werden, dass ein Richter schläft oder in anderer Weise 'abwesend' ist, wenn andere, **sichere Anzeichen** hinzukommen wie etwa tiefes, hörbares und **gleichmäßiges Atmen** oder gar **Schnarchen, ruckartiges Aufrichten mit Anzeichen von fehlender Orientierung** u.ä.“

---

64 Vgl. zu dieser Unterteilung *Nolte*, in: v. Mangoldt/Klein/Starck, Art. 103 Rn. 29 ff.; *Schmidt-Aßmann*, in: Maunz/Dürig, Art. 103 Rn. 69 ff.

65 BVerfG, NJW-RR 1996, 253 (253 f.); BVerfGE 108, 341 (345 f.) (Rechtsschutz gegen Gehörverletzungen II).

66 Vgl. BVerwG, NJW 1986, 2721 ff.

67 BVerfG, NJW 1998, 2583 (2584).

c) Verhältnis des Art. 103 Abs. 1 GG zu anderen Gewährleistungen

887 Während **Art. 19 Abs. 4 GG** überhaupt den Weg zum Gericht eröffnet, hat Art. 103 Abs. 1 GG Einfluss auf das gerichtliche Verfahren. Soweit es allerdings um das Gebot wirksamen Rechtsschutzes geht, das gleichfalls Art. 19 Abs. 4 GG entnommen wird, ist Art. 103 Abs. 1 GG lex specialis.[68] Auch gegenüber dem **Rechtsstaatsprinzip**, aus dem ebenfalls als Ausdruck eines fairen Verfahrens ein Anspruch auf rechtliches Gehör folgt, ist Art. 103 Abs. 1 GG lex specialis. Mit **Art. 3 Abs. 1 GG** kann es zu „Überschneidungen" kommen. Diesem wird nämlich das Prinzip prozessualer Waffengleichheit entnommen, sodass der Richter gehalten ist, allen Beteiligten gleichermaßen rechtliches Gehör zu gewähren. Da es sich aber bei Art. 103 Abs. 1 GG um ein Freiheitsrecht und bei Art. 3 Abs. 1 GG um ein Gleichheitsrecht handelt, besteht Anwendungskonkurrenz.[69]

4. Verletzung eines Leistungsrechts

888 Da Art. 103 Abs. 1 GG keinen abwehrrechtlichen Gehalt aufweist, kann ein staatliches Verhalten nicht in den Schutzbereich eingreifen. Eine Verletzung liegt allein dann vor, wenn der Staat nicht in dem von Art. 103 Abs. 1 GG gebotenen Umfang tätig wird, d.h. seinen Leistungsverpflichtungen nicht gerecht wird. So liegt eine Verletzung des Art. 103 Abs. 1 GG durch den Richter dann vor, wenn der Betroffene nicht ausreichend informiert wird, wenn er keine Möglichkeit zur Äußerung hat oder wenn sein Vorbringen nicht ausreichend berücksichtigt wird. Art. 103 Abs. 1 GG steht allerdings einer Abwägung verschiedener Interessen nicht entgegen, sodass der Anspruch auf rechtliches Gehör nicht notwendig vorrangig ist.[70] Weiterhin kommt nach ständiger Rechtsprechung des BVerfG eine Verletzung nur dann in Betracht, wenn das Fehlen des rechtlichen Gehörs **für die gerichtliche Entscheidung (möglicherweise) erheblich** war.[71] Begründen lässt sich diese Einschränkung mit dem Sinn und Zweck des Art. 103 Abs. 1 GG. Dieser besteht u.a. darin, die Grundrechte der Beteiligten zu wahren. Wenn das rechtliche Gehör auf die gerichtliche Entscheidung keinen Einfluss hat, kann die Anhörung auch nicht dem Schutz der Grundrechte dienen. Problematisch ist dabei allerdings, dass durch die Anhörung die Subjektstellung der Beteiligten und damit die Menschenwürde geschützt wird. Dieses Ziel kann auch dann erreicht werden, wenn eine für das Ergebnis unerhebliche Anhörung erfolgt.

889 Bei Maßnahmen, bei denen eine Anhörung des Betroffenen faktisch nicht möglich ist bzw. den Zweck einer gerichtlichen Maßnahme gefährden würde, muss das rechtliche Gehör unverzüglich nachgeholt werden; in diesen Fällen schließt die Heilung eine Verletzung aus.[72] Das BVerfG geht sogar so weit, die **Heilung** von

---

68 *Nolte*, in: v. Mangoldt/Klein/Starck, Art. 103 Rn. 86, 89 f.

69 *Pieroth*, in: Jarass/Pieroth, Art. 103 Rn. 3.

70 BVerfGE 81, 123 (129 f.) (Form der Anhörung); 89, 381 (392) (Volljährigenadoption); 101, 106 (123 ff.) (Aktenvorlage).

71 BVerfGE 89, 381 (392 f.) (Volljährigenadoption).

72 *Pieroth*, in: Jarass/Pieroth, Art. 103 Rn. 22.

Anhörungsfehlern grundsätzlich zu ermöglichen; Voraussetzung hierfür sei, dass die Anhörung in derselben Instanz oder in der Rechtsmittelinstanz nachgeholt werde. Eine Anhörung in einem neuen gerichtlichen Verfahren reiche dagegen nicht aus.[73] Die Heilung lässt sich unproblematisch damit erklären, dass der Staat, wenn auch verspätet, seiner Leistungspflicht auf Gewährung rechtlichen Gehörs nachgekommen ist.

Zu beachten ist, dass häufig die einfachgesetzlichen prozessualen Regelungen **890**
zur Gewährleistung des rechtlichen Gehörs weiter reichen als die verfassungsrechtliche Gewährleistung des Art. 103 Abs. 1 GG. So gewährt § 258 Abs. 1, 3 StPO dem Angeklagten das letzte Wort in der Hauptverhandlung, wohingegen es für Art. 103 Abs. 1 GG ausreicht, dass sich der Angeklagte überhaupt äußern darf.[74] In diesen Fällen kann die Verletzung des Prozessrechts nicht zu einem Verfassungsverstoß werden, der zur Erhebung der Verfassungsbeschwerde berechtigt. Eine solche ist erst dann zulässig, wenn die fehlerhafte Anwendung des einfachen Rechts den Minimalstandard des Art. 103 Abs. 1 GG unterschreitet.[75]

Besonders problematisch im Hinblick auf die Gewährleistung des Art. 103 **891**
Abs. 1 GG sind die sog. **Präklusionsnormen** in gerichtlichen Verfahren. So legt beispielsweise § 282 ZPO fest, dass die Parteien ihre Behauptungen, Beweismittel etc. so zeitig vorzubringen haben, dass der Gang des Verfahrens nicht behindert wird. Ein verspätetes Vorbringen kann gem. § 296 ZPO als unzulässig zurückgewiesen werden; das Parteivorbringen ist dann präkludiert. In einem Planfeststellungsverfahren können nach § 73 Abs. 4 S. 3 VwVfG Einwendungen gegen ein Planvorhaben nur innerhalb einer besonderen Frist erhoben werden. Jedoch ist zu berücksichtigen, dass Art. 103 Abs. 1 GG als Leistungsrecht der Ausgestaltung durch den Gesetzgeber zugänglich ist. Bei der Erfüllung dieser Verpflichtung besteht wie bei allen Leistungsrechten ein Spielraum des Gesetzgebers. Art. 103 Abs. 1 GG ist bei der Kollision widerstreitender Interessen nicht notwendig der absolute Vorrang einzuräumen. Soweit der Gesetzgeber von der Sache her gebotene Einschränkungen des rechtlichen Gehörs normiert, kann hierin keine Verletzung des Art. 103 Abs. 1 GG gesehen werden. Präklusionsnormen können beispielsweise unter dem Gesichtspunkt einer beschleunigten Erledigung des Rechtsstreits zulässig sein, soweit noch ausreichend Gelegenheit zur Stellungnahme verbleibt.[76]

---

73 BVerfGE 5, 9 (10) (Arbeitszeitbeschränkung); 42, 172 (175) (Klageerzwingung).

74 *Roxin*, Strafverfahrensrecht, 25. Aufl. 1998, § 42 Rn. 4; nach BVerfGE 54, 140 (141 f.) (Schlussvorträge), ist § 258 StPO nur insoweit verfassungsrechtlich geschützt, als dass dem Angeklagten oder seinem Verteidiger Gelegenheit zur Äußerung gegeben wird; a.A. *Pieroth*, in: Jarass/Pieroth, Art. 103 Rn. 33.

75 BVerfG, NJW 1998, 2273 (2273); *Zierlein*, DVBl. 1989, 1769 (1774).

76 BVerfGE 69, 145 (148 f.) (Präklusionsvorschriften).

V. Nulla poena sine lege (Art. 103 Abs. 2 GG)

892 **Fall 29: Bedrohlich**

Das Amtsgericht verurteilte die aus Vietnam stammende F wegen Bedrohung zu einer Geldstrafe. Nach den Sachverhaltsfeststellungen soll sie gegenüber einer Angestellten des Sozialamts der Stadt W., der Zeugin L, eine abfällige Geste gemacht und geäußert haben: „Du schlechte Frau, pass' bloß auf, Deine Kinder gehen schlecht, Deine Kinder tot." Die F wusste zu diesem Zeitpunkt nicht, dass die Zeugin L keine Kinder hatte. In den Urteilsgründen heißt es: „Die Angekl. hat sich damit einer Bedrohung schuldig gemacht, und zwar unabhängig davon, dass die Zeugin L tatsächlich keine Kinder hat. Entscheidend ist nämlich lediglich, dass die Angekl. die Drohung ausstößt; ob sie in der Lage ist, die Drohung wahr zu machen, und ob die bedrohte Zeugin an die Verwirklichung glaubt, ist nicht entscheidend. Maßgeblich ist nur, dass die den Rechtsfrieden bedrohende Äußerung von der bedrohten Person zur Kenntnis genommen wird." Mit der Berufung rügte die F, ihre Äußerung erfülle nicht den Tatbestand der Bedrohung mit der Begehung eines Verbrechens, weil die Zeugin L kinderlos sei. Der Tatbestand des § 241 StGB setze voraus, dass die nahe stehende Person existiere. Das LG verwarf die Berufung. In den Gründen heißt es wie folgt: „Es ist unerheblich, ob die Angekl. diese Drohung nicht realisieren konnte, weil die Zeugin L keine Kinder hat, und sie sie daher nicht ernst zu nehmen brauchte. Es kommt allein auf die Vorstellung der Angekl. an. Diese kann aber nur gewesen sein, mit ihrer Drohung der Zeugin L das Gefühl der Sicherheit zu nehmen." Nunmehr erhebt die F Verfassungsbeschwerde; schließlich könne man niemanden bedrohen, der gar nicht existiere. Wie wird das BVerfG über die zulässige Beschwerde entscheiden?

§ 241 Abs. 1 StGB (Bedrohung): Wer einen Menschen mit der Begehung eines gegen ihn oder eine ihm nahe stehende Person gerichteten Verbrechens bedroht, wird mit Freiheitsstrafe bis zu einem Jahr oder mit Geldstrafe bestraft.

Fall nachgebildet BVerfG, NJW 1995, 2776 f., mit Bespr. von *Küper*, JuS 1996, 783 ff.

1. Hintergrund

893 Durch Art. 103 Abs. 2 GG wird der Grundsatz „Keine Strafe ohne Gesetz" (nulla poena sine lege) verfassungsrechtlich normiert. Seinen einfachgesetzlichen Ausdruck hat dieser Grundsatz in § 1 StGB gefunden. Art. 103 Abs. 2 GG steht als grundrechtsgleiches Recht im Zusammenhang mit dem Rechtsstaatsprinzip und dem Demokratieprinzip, indem er sicherstellt, dass der Gesetzgeber - und nicht die Gerichte - über die Strafbarkeit entscheidet. Es ist eine grundlegende Errungenschaft des Rechtsstaates, dass ein Verhalten nur dann strafbar ist, wenn die Strafbarkeit vor der Begehung bereits normiert worden ist. Hierdurch wird einer willkürlichen Staatsherrschaft Einhalt geboten und ein entscheidendes Maß an Rechtssicherheit geschaffen.

894 Im Nationalsozialismus wurde der Grundsatz „nulla poena sine lege" durch Gesetz vom 28.6.1935 aufgehoben, indem allein nach „gesundem Volksempfinden" gestraft werden konnte, und zwar auf Grund eines Gesetzes, das auf den konkreten Fall nicht passen musste. § 2 des damaligen StGB ist ein sehr plastisches Beispiel, wie mit gesetzlichen Mitteln eine Willkürherrschaft von Judikative und Exekutive statuiert werden kann. § 2 StGB erhielt folgende Fassung:

> „Bestraft wird, wer eine Tat begeht, die das Gesetz für strafbar erklärt oder die nach dem Grundgedanken eines Strafgesetzes und nach gesundem Volksempfinden Bestrafung ver-

dient. Findet auf die Tat kein bestimmtes Strafgesetz unmittelbar Anwendung, so wird die Tat nach dem Gesetz bestraft, dessen Grundgedanke auf sie am besten zutrifft.“[77]

2. Schutzbereich

a) Persönlicher Schutzbereich

Hinsichtlich des persönlichen Schutzbereichs bestehen bei Art. 103 Abs. 2 GG keine Einschränkungen. Er gilt für natürliche Personen genauso wie für juristische Personen, soweit für diese eine Strafsanktion in Betracht kommt. **895**

b) Sachlicher Schutzbereich

Der **Begriff der Strafbarkeit**, der dem Art. 103 Abs. 2 GG zu Grunde liegt, wird weit verstanden. Hierunter fallen alle staatlichen Maßnahmen, die „eine missbilligende hoheitliche Reaktion auf ein schuldhaftes Verhalten“[78] enthalten. Dementsprechend werden nicht nur Kriminalstrafen von Art. 103 Abs. 2 GG erfasst sondern auch das Ordnungswidrigkeitenrecht und das Disziplinar- und Standesrecht.[79] Ob **Maßregeln der Besserung und Sicherung** dem Art. 103 Abs. 2 GG unterfallen, ist umstritten. Der präventive Charakter der Maßregeln - sie können schuldunabhängig verhängt werden - spricht dagegen.[80] Deshalb ist es insoweit unproblematisch, wenn § 2 Abs. 6 StGB bestimmt, dass das Gesetz Anwendung findet, das zur Zeit der Entscheidung - also nicht zur Tatzeit - gilt. Wird die Höchstdauer für die Sicherungsverwahrung vom Gesetzgeber aufgehoben, ist dieses nicht an Art. 103 Abs. 2 GG zu messen, selbst wenn hiervon Straftäter betroffen werden, die noch nach altem Recht (Höchstdauer 10 Jahre) abgeurteilt worden sind.[81] Auch beim erweiterten Verfall gem. § 73d StGB hat das BVerfG angenommen, dass es sich um ein Instrument der Gewinnabschöpfung ohne Strafcharakter handelt.[82] Problematisch ist, ob **formelle Regelungen** (insb. Verjährungsregelungen) den Schutz durch Art. 103 Abs. 2 GG genießen. Beispielsweise wurde - im Hinblick auf die Verjährung nationalsozialistischer Verbrechen - die Verjährungsfrist für Mord erst 1979 aufgehoben. Das BVerfG hat diesbezüglich festgestellt, dass Strafverfolgungsvoraussetzungen an der Gewährleistung nicht teilha- **896**

---

77 RGBl. I 1935, S. 839.

78 BVerfG, NJW 1994, 2412 (2412); BVerfGE 26, 186 (204) (Ehrengerichte).

79 BVerfGE 45, 346 (351); *Pieroth*, in: Jarass/Pieroth, Art. 103 Rn. 41; a.A. *Rüping*, in: BK, Art. 103 Abs. 2 Rn. 78 ff.

80 In diesem Sinne BGHSt 24, 103 (106); *Kunig*, in: v. Münch/Kunig, Art. 103 Rn. 20; a.A. *Kinzig*, NJW 2004, 911 (913); *Pieroth/Schlink*, Rn. 1086; offen gelassen von *Degenhart*, in: Sachs, GG, Art. 103 Rn. 57; *Wassermann*, in: AK, Art. 103 Rn. 50. Vgl. dazu Rn. 910.

81 BVerfG, NJW 2004, 739 (744 ff.) (Lebenslange Sicherungsverwahrung); 750 (752) (Nachträgliche Sicherungsverwahrung); vgl. hierzu *Kinzig*; NJW 2004, 911 ff.; *Waterkamp*, StV 2004, 267 ff. Zu beachten ist, dass das BVerfG den Begriff „Strafrecht“ in Art. 74 Abs. 1 Nr. 1 GG und Art. 103 Abs. 2 GG am jeweiligen Normzweck orientiert auslegt und dem Bund die konkurrierende Gesetzgebungskompetenz für die Maßregeln der Besserung und Sicherung zuerkennt.

82 BVerfG, NJW 2004, 2073 (2074).

ben; schließlich betreffe die Verjährung nicht das „von wann an", sondern nur das „wie lange" der Strafbarkeit.[83]

897 Der **Garantiegehalt** des Art. 103 Abs. 2 GG umfasst ein generelles Rückwirkungsverbot und das Prinzip der Gesetzesbestimmtheit der Straftat. Letzteres fächert sich in den Vorbehalt des Gesetzes, das Bestimmtheitsgebot und das Analogieverbot auf.[84]

898

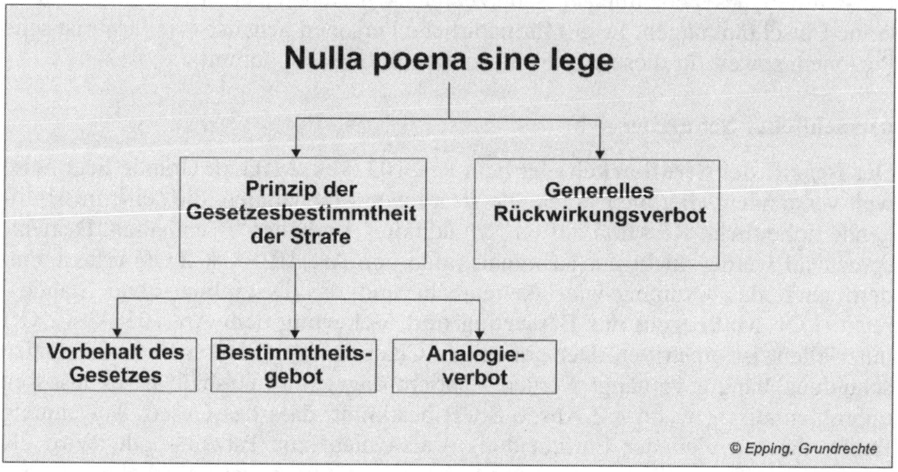

aa) Prinzip der Gesetzesbestimmtheit der Strafe

899 Der **Vorbehalt des Gesetzes** besagt, dass sich die Strafbarkeit eines Verhaltens bereits aus dem Parlamentsgesetz ergeben muss. Zulässig ist es jedoch, zur Konkretisierung auf Rechtsverordnungen zurückzugreifen bzw. zur Begründung der Strafbarkeit auf Verwaltungsakte abzustellen wie beispielsweise im Umweltstrafrecht, §§ 324 ff. StGB (sog. Verwaltungsakzessorietät, d.h. Handeln mit behördlicher Genehmigung[85]). Unvereinbar mit dem Vorbehalt des Gesetzes wäre es, eine Bestrafung auf Gewohnheitsrecht zu stützen.

900 Nach dem **Bestimmtheitsgebot** muss der Tatbestand so genau beschrieben sein, dass sich für jeden ohne Zweifel ergibt, welches Verhalten erlaubt und welches Verhalten verboten ist. Insoweit erfordert Art. 103 Abs. 2 GG mehr als den rechtsstaatlichen Bestimmtheitsgrundsatz, der einen weiten Spielraum an Interpretationsmöglichkeiten zulässt. Jedoch schließt auch Art. 103 Abs. 2 GG nicht aus, dass unbestimmte Rechtsbegriffe verwendet werden, die auslegungsfähig und auslegungsbedürftig sind.

901 Eng verwandt mit dem Bestimmtheitsgebot ist das **Analogieverbot**. Erfordert ersteres, dass die Strafbarkeit aus dem Gesetzestext ersichtlich sein muss, so stellt letzteres klar, dass die Strafbarkeit auf den gesetzlich umschriebenen Tatbestand

---

83 BVerfGE 25, 269 (286) (Verfolgungsverjährung).
84 Vgl. die Zusammenstellung bei *Degenhart*, in: Sachs, GG, Art. 103 Rn. 49.
85 Vgl. zur Verwaltungsakzessorietät *Rühl,* JuS 1999, 521 ff.

beschränkt bleibt. Die in anderen Rechtsgebieten übliche Schließung von Regelungslücken mittels einer Analogiebildung ist im Bereich des Strafrechts unzulässig. Die lediglich entsprechende Heranziehung von Straftatbeständen, wie sie beispielsweise § 2 StGB in der Fassung von 1935 ermöglicht hat, ist unzulässig. Wenn auch im Strafrecht die Auslegung möglich - und bei unbestimmten Rechtsbegriffen sogar erforderlich - ist, so bildet nach ständiger Rechtsprechung des BVerfG der **Wortlaut der Norm** die **äußerste Grenze** der Auslegung.[86]

> BVerfGE 92, 1 (12) (Sitzblockaden II): „Für die Rechtsprechung folgt aus dem Erfordernis gesetzlicher Bestimmtheit ein Verbot analoger oder gewohnheitsrechtlicher Strafbegründung. Dabei ist „Analogie" nicht im engeren technischen Sinn zu verstehen; ausgeschlossen ist vielmehr jede Rechtsanwendung, die über den Inhalt einer gesetzlichen Sanktionsnorm hinausgeht. Da Gegenstand der Auslegung gesetzlicher Bestimmungen immer nur der Gesetzestext sein kann, erweist dieser sich als maßgebendes Kriterium: Der mögliche Wortsinn des Gesetzes markiert die äußerste Grenze zulässiger richterlicher Interpretation. Da Art. 103 Abs. 2 GG die Vorhersehbarkeit der Strafandrohung für den Normadressaten garantieren will, ist die Grenze aus dessen Sicht zu bestimmen."

Der Gesetzgeber hat also zu entscheiden, ob und in welchem Umfang er ein bestimmtes Rechtsgut, dessen Schutz ihm wesentlich (und notwendig) erscheint, gerade mit den Mitteln des Strafrechts verteidigen will. Den Gerichten ist es verwehrt, seine Entscheidung zu korrigieren. Würde erst eine über den erkennbaren Wortsinn der Vorschrift hinausgehende Deutung zur Strafbarkeit eines Verhaltens führen, so müssen die Gerichte zum Freispruch gelangen. Dies gilt auch dann, wenn infolge des Bestimmtheitsgebots besonders gelagerte Einzelfälle aus dem Anwendungsbereich eines Strafgesetzes herausfallen, obwohl sie ähnlich strafwürdig erscheinen mögen wie das pönalisierte Verhalten. Es ist dann Sache des Gesetzgebers zu entscheiden, ob er die **Strafbarkeitslücke** bestehen lassen oder durch eine neue Regelung schließen will (so z.B. seinerzeit durch Schaffung des § 263a StGB [Computerbetrug]). **902**

bb) Rückwirkungsverbot

An sich ergibt sich das **Verbot rückwirkender Gesetze** bereits aus dem Rechtsstaatsprinzip. Dort ist jedoch die echte Rückwirkung (Rückbewirkung von Rechtsfolgen) ausnahmsweise zulässig, wenn sich nämlich auf Grund einer Abwägung ergibt, dass die Interessen des Betroffenen nicht schutzwürdig sind.[87] Demgegenüber statuiert Art. 103 Abs. 2 GG ein absolutes Verbot rückwirkender (die Strafbarkeit begründender) Gesetze. Das Rückwirkungsverbot besagt, dass eine Bestrafung nur dann zulässig ist, wenn das verletzte Gesetz im Zeitpunkt der Tat bereits in Kraft gewesen ist. Weiterhin haben bei der Beurteilung einer Tat nachträglich erfolgte Gesetzesverschärfungen außer Betracht zu bleiben. Nicht erfasst werden hingegen Gesetzeserleichterungen zu Gunsten des Täters. **903**

---

86 BVerfGE 71, 108 (115) (Anti-Atomkraftplakette); 87, 209 (224) („Tanz der Teufel").

87 Vgl. dazu *Sachs*, in: ders., GG, Art. 20 Rn. 134.

3. Eingriffe

904 Ein Eingriff kann durch alle drei Gewalten erfolgen, indem hinter der Schutzbereichsgarantie zurückgeblieben wird. Vornehmlich geht es dabei um die **Rechtsanwendung durch die Gerichte**, wenn ein Tatbestandsmerkmal über seinen Wortlaut hinaus angewendet wird. Bekanntes Beispiel hierfür ist die Sitzblockadeentscheidung des BVerfG. Hierin hat das BVerfG den in der damaligen Rechtsprechung vorherrschenden sog. vergeistigten Gewaltbegriff - der auf eine Kraftentfaltung auf Seiten des Täters und auf eine physische Einwirkung auf Seiten des Opfers verzichtet hat - für nicht mehr mit dem Wortlaut des § 240 StGB vereinbar erklärt.[88]

905 Die rückwirkende Anwendung einer Strafnorm stellt dann keinen Eingriff dar, wenn das aktuelle Gesetz eine mildere Rechtsfolge vorsieht als das zur Tatzeit gültige.[89] Keinen Eingriff in Art. 103 Abs. 2 GG stellt es auch dar, wenn eine **Analogie zu Gunsten des Täters** gebildet wird; hierbei besteht nicht die Gefahr einer den Einzelnen belastenden willkürlichen Staatsherrschaft.

906 Ein Eingriff kann auch durch den **Gesetzgeber** erfolgen, wenn er rückwirkende Gesetze erlässt, oder solche, die die für Art. 103 Abs. 2 GG erforderliche Bestimmtheit vermissen lassen. So verzichtet beispielsweise § 185 StGB auf eine nähere Beschreibung des Begriffs „Beleidigung" und damit auf entsprechende Maßstäbe.[90]

907 Die **EMRK** sieht in Art. 7 Abs. 2 eine Ausnahme vom Grundsatz „Keine Strafe ohne Gesetz" bei **Verbrechen gegen die Menschlichkeit** vor.[91] Diese Klausel lässt sich auf die Nürnberger Kriegsverbrecherprozesse zurückführen, in denen nationalsozialistische Verbrechen unabhängig davon abgeurteilt wurden, ob sie nach nationalsozialistischem Recht gerechtfertigt waren.[92] Im Grundgesetz fehlt es an einer expliziten Normierung dieser Ausnahme. Da die EMRK im Rang eines einfachen Gesetzes gilt, kann sie Art. 103 Abs. 2 GG nicht verdrängen.[93] Trotzdem wird namentlich von der Rechtsprechung davon ausgegangen, dass gemäß der **Radbruchschen Formel**[94] bei schwersten Verbrechen gegen die Menschlichkeit - die auch nach Völkerstrafrecht strafbar sind - das Rückwirkungsverbot des

---

88 BVerfGE 92, 1 (14 ff.) (Sitzblockaden II).

89 BVerfGE 95, 96 (137) (Mauerschützen).

90 Nach BVerfGE 93, 266 (292 f.) („Soldaten sind Mörder") genügt dieser Tatbestand auf Grund seiner über einhundertjährigen Anwendung durch die Rspr. dem Grundsatz der Bestimmtheit; Bedenken bei *Schubarth*, JuS 1981, 726 ff.; *Findeisen/Hoepner/Zünkler*, ZRP 1991, 245 ff.; *Husmann*, MDR 1988, 727 ff.

91 Ebenso Art. 49 der Charta der Grundrechte der EU.

92 Vgl. dazu *Wassermann*, in: AK, Art. 103 Rn. 62.

93 Darüber hinaus hat Deutschland Art. 7 EMRK unter dem Vorbehalt angenommen, dass die Grenzen des Art. 103 Abs. 2 GG gewahrt würden.

94 *Creifelds*, Rechtswörterbuch, 17. Aufl. 2002, S. 1082: „*Radbruch* prägte unter dem Eindruck der NS-Verbrechen 1946 die nach ihm benannte R.F. (Anm.: *Radbruch*, SJZ 1946, 105 ff.), dass das positive Recht dann als Unrecht anzusehen ist, wenn der Widerspruch des Gesetzes zur Gerechtigkeit ein so unerträgliches Maß erreicht hat, dass das Gesetz der Gerechtigkeit weichen muss." Kritisch hierzu *Dannecker*, Jura 1994, 585 ff.; *Pieroth*, in: Jarass/Pieroth, Art. 103 Rn. 54.

Art. 103 Abs. 2 GG nicht greift (dies gilt jedenfalls hinsichtlich der Anwendung von Rechtfertigungsgründen). Dementsprechend liegt in diesen Fällen kein Eingriff in Art. 103 Abs. 2 GG vor, der rechtfertigungsbedürftig wäre.[95]

> BVerfGE 95, 96 (133 ff.) (Mauerschützen): „Das strikte Rückwirkungsverbot des Art. 103 Abs. 2 GG findet - wie dargelegt - seine rechtsstaatliche Rechtfertigung in der besonderen Vertrauensgrundlage, welche die Strafgesetze tragen, wenn sie von einem an die Grundrechte gebundenen demokratischen Gesetzgeber erlassen werden. **Diese besondere Vertrauensgrundlage entfällt, wenn der andere Staat für den Bereich schwersten kriminellen Unrechts zwar Straftatbestände normiert, aber die Strafbarkeit gleichwohl durch Rechtfertigungsgründe für Teilbereiche ausgeschlossen hatte, indem er über die geschriebenen Normen hinaus zu solchem Unrecht aufforderte, es begünstigte und so die in der Völkerrechtsgemeinschaft allgemein anerkannten Menschenrechte in schwer wiegender Weise missachtete**. Hierdurch setzte der Träger der Staatsmacht extremes staatliches Unrecht, das sich nur solange behaupten kann, wie die dafür verantwortliche Staatsmacht faktisch besteht. In dieser ganz besonderen Situation untersagt das Gebot materieller Gerechtigkeit, das auch die Achtung der völkerrechtlich anerkannten Menschenrechte aufnimmt, die Anwendung eines solchen Rechtfertigungsgrundes. **Der strikte Schutz von Vertrauen durch Art. 103 Abs. 2 GG muss dann zurücktreten**. Anderenfalls würde die Strafrechtspflege der Bundesrepublik zu ihren rechtsstaatlichen Prämissen in Widerspruch geraten. Dem Bürger, der jetzt der Strafgewalt der Bundesrepublik unterliegt, wird die Berufung auf einen solchen Rechtfertigungsgrund verwehrt; im Übrigen bleibt das Vertrauen darauf gewährleistet, nach dem Gesetz bestraft zu werden, das für ihn im Zeitpunkt der Tat galt. (...)
>
> Das BVerfG war bisher mit dem Problem des „gesetzlichen Unrechts" nur im außerstrafrechtlichen Bereich befasst. Es hat in Betracht gezogen, **dass in Fällen eines unerträglichen Widerspruchs des positiven Rechts zur Gerechtigkeit der Grundsatz der Rechtssicherheit geringer zu bewerten sein kann als der der materiellen Gerechtigkeit**. Es hat dazu auf die Ausführungen von Gustav Radbruch, insbesondere die sog. **Radbruchsche Formel**, Bezug genommen. Dabei hat es mehrfach betont, dass eine Unwirksamkeit des positiven Rechts auf extreme Ausnahmefälle beschränkt bleiben muss und eine bloß ungerechte, nach geläuterter Auffassung abzulehnende Gesetzgebung durch das auch ihr innewohnende Ordnungselement noch Rechtsgeltung gewinnen und so Rechtssicherheit schaffen kann. Indessen habe gerade die Zeit nationalsozialistischer Herrschaft gezeigt, dass der Gesetzgeber schweres „Unrecht" setzen könne und deshalb einer Norm wegen unerträglichen Widerspruchs zur Gerechtigkeit von Anfang an der Gehorsam zu versagen sei."

4. Rechtfertigung von Eingriffen

Art. 103 Abs. 2 GG weist keinen Gesetzesvorbehalt auf. Deshalb kommt eine Rechtfertigung allein auf Grund kollidierenden Verfassungsrechts in Betracht. **908**
Hierfür gibt es weder Ansätze in der Rechtsprechung noch in der Literatur, sodass davon auszugehen ist, dass Eingriffe stets zu Verletzungen führen.[96]

---

95 In diesem Sinn wohl *Degenhart*, in: Sachs, GG, Art. 103 Rn. 76 f.

96 *Pieroth/Schlink*, Rn. 1098.

VI. Ne bis in idem (Art. 103 Abs. 3 GG)

1. Hintergrund

909 Der in Art. 103 Abs. 3 GG zum Ausdruck kommende Grundsatz „ne bis in idem" weist eine lange Rechtstradition auf; bereits im griechischen und im römischen Recht wurde er normiert.[97] In der EMRK ist er dagegen nicht ausdrücklich enthalten; allenfalls der Grundsatz des „fair trial" nach Art. 6 Abs. 1 EMRK könnte einer mehrfachen Bestrafung entgegenstehen.[98] Erst Art. 4 des 1988 in Kraft getretenen 7. Zusatzprotokolls zur EMRK hat den Grundsatz „ne bis in idem" aufgenommen; dieses Zusatzprotokoll wurde von Deutschland bislang noch nicht ratifiziert. Dadurch, dass eine Doppelbestrafung ausgeschlossen wird, dient Art. 103 Abs. 3 GG dem **Rechtsfrieden**; jedoch können damit die Rechtskraftwirkung eines Urteils und die materielle Gerechtigkeit auseinander fallen, was zugleich das Spannungsfeld umreißt, in dem dieses grundrechtsgleiche Recht steht.

2. Schutzbereich

a) „Allgemeine Strafgesetze"

910 Art. 103 Abs. 3 GG formuliert den Grundsatz, dass niemand wegen derselben Tat auf Grund der allgemeinen Strafgesetze mehrmals bestraft werden darf (ne bis in idem). Gegenüber dem weiten Schutzbereich des Abs. 2 sind **allgemeine Strafgesetze** im Sinne des Abs. 3 nur das Kern- und das Nebenstrafrecht. Nicht erfasst werden Disziplinarstrafrecht, Ordnungsstrafrecht etc.[99] Ob eine nachträgliche Anordnung der Sicherungsverwahrung an Art. 103 Abs. 3 GG zu messen ist, ist - wie auch bei Abs. 2 - umstritten.[100] Weithin wird der Schutzbereich des Art. 103 Abs. 3 GG dahingehend eingeschränkt, dass hinsichtlich der Urteile ausländischer Gerichte das „Doppelbestrafungsverbot" keine Anwendung findet.[101]

911 Die Gewährleistung des Art. 103 Abs. 3 GG besagt zunächst, dass nach einer **unrechts- und schuldangemessenen Verurteilung** eine erneute Verurteilung nicht zulässig ist. Dies ergibt sich bereits aus dem Gerechtigkeits- bzw. Verhältnismäßigkeitsprinzip; jede nicht schuldangemessene Bestrafung wäre unverhältnismäßig.[102]

912 Der Grundsatz „ne bis in idem" geht jedoch darüber hinaus. Auch eine erneute Bestrafung innerhalb des Unrechts- und Schuldrahmens ist ausgeschlossen („Nachschlagsverbot"). Es besteht eine „**Sperrwirkung**"; insoweit dient Art. 103 Abs. 3 GG dem Schutz der materiellen Rechtskraft des Strafurteils. Folge hiervon ist, dass erschwerende Umstände, die erst nach der Verurteilung eintreten - z.B.

---

97 *F.-Ch. Schroeder,* JuS 1997, 227 (228).

98 *F.-Ch. Schroeder,* JuS 1997, 227 (230).

99 *Pieroth*, in: Jarass/Pieroth, Art. 103 Rn. 59 m.w.N.

100 Vgl. den Sachverhalt von BVerfG, NJW 2004, 750 ff.; *Kinzig*, NJW 2001, 1455 (1457); *Peglau*, NJW 2001, 2436 (2438). Vgl. dazu Rn. 896.

101 BVerfGE 75, 1 (15) (Völkerrecht [ne bis in idem]); *Kunig*, in: v. Münch/Kunig, Art. 103 Rn. 44; *Pieroth*, in: Jarass/Pieroth, Art. 103 Rn. 62.

102 *F.-Ch. Schroeder*, JuS 1997, 227 (227).

das Opfer stirbt auf Grund seiner Verletzungen -, nicht zu einer erneuten Verurteilung führen können; eine „Ergänzungsklage“ ist unzulässig.[103]

Art. 103 Abs. 3 GG stellt - auch wenn es sich nicht aus dem Wortlaut ergibt - **913**
ein **Verfahrenshindernis** auf; in derselben Sache ist ein erneutes Strafverfahren unzulässig (Verbrauch der Strafklage). Schließlich wäre ein Strafverfahren, das nicht zu einer Verurteilung führen kann, eine unverhältnismäßige Belastung für den Einzelnen, die nicht durch ein staatliches Interesse gerechtfertigt werden kann. Art. 103 Abs. 3 GG betrifft jedoch nicht allein die mehrfache Bestrafung, wie sein Wortlaut vermuten lassen könnte. **Freisprüche** werden genauso vom Schutzbereich erfasst[104], auch wenn eine Bestrafung nicht gegen das Schuldprinzip verstoßen würde und dementsprechend nicht unverhältnismäßig wäre. Das Verbot einer erneuten gerichtlichen Entscheidung lässt sich aber auf den Gedanken der Rechtssicherheit stützen. Logische Schlussfolgerung hieraus ist, dass auch eine erneute Strafverfolgung nicht mehr stattfinden kann. Der Grundsatz „ne bis in idem“ lässt sich nach dem soeben Gesagten wie folgt systematisieren:[105]

914

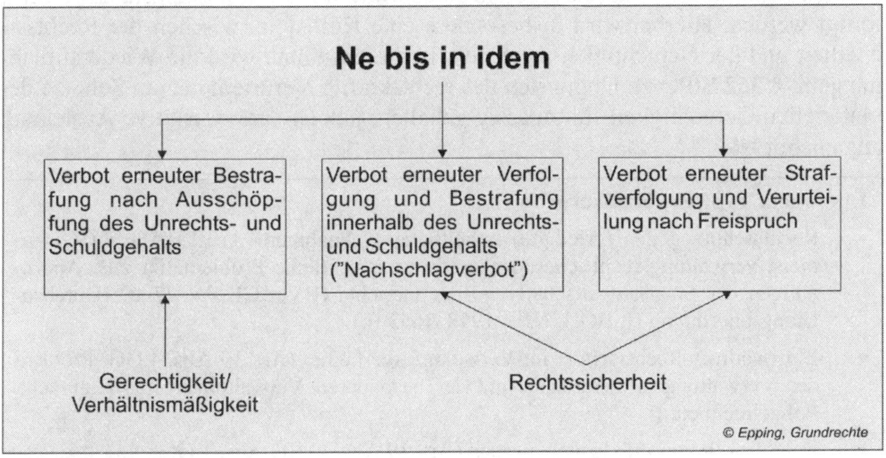

b) „wegen derselben Tat“

Durch Art. 103 Abs. 3 GG wird die erneute Bestrafung wegen derselben Tat ver- **915**
boten. „Tat“ ist der geschichtliche - und damit zeitlich und sachverhaltlich begrenzte - Vorgang, auf welchen Anklage und Eröffnungsbeschluss hinweisen und innerhalb dessen der Angeklagte als Täter oder Teilnehmer einen Straftatbestand verwirklicht haben soll.[106] Es besteht keine Identität mit dem Tatbegriff der §§ 52,

---

[103] BVerfGE 65, 377 (381) (Strafbefehl).

[104] BVerfGE 12, 62 (66) (Vorentscheidung durch deutsches Gericht); *Schmidt-Aßmann*, in: Maunz/Dürig, Art. 103 Rn. 295; *Degenhart*, in: Sachs, GG, Art. 103 Rn. 83.

[105] Vgl. dazu *F.-Ch. Schroeder*, JuS 1997, 227 (230).

[106] BVerfGE 56, 22 (28) (Kriminelle Vereinigung). Vgl. zum Tatbegriff *Kröpil*, JuS 1993, 407 ff.; *Ranft*, JuS 2003, 417 ff.

53 StGB. Dieser dient einer schuldangemessenen Bestrafung und nicht - wie Art. 103 Abs. 3 GG - der Rechtskraftbestimmung.

3. Eingriffe

916 Eingriffe in Art. 103 Abs. 3 GG können dann vorliegen, wenn der Gesetzgeber die rechtlichen Möglichkeiten schafft, bereits - durch Verurteilung oder durch Freispruch - abgeschlossene Verfahren erneut aufzunehmen. In diesem Licht ist etwa § 362 StPO zur Wiederaufnahme nach erfolgter Verurteilung zu betrachten.[107] Exekutive und Judikative beeinträchtigen den Schutzbereich dann, wenn sie ein neues Verfahren durchführen bzw. zu einer erneuten Verurteilung gelangen.

4. Rechtfertigung von Eingriffen

917 Art. 103 Abs. 3 GG ist ein vorbehaltlos gewährtes grundrechtsgleiches Recht. Einschränkungen können nur zum Schutze von Gütern mit Verfassungsrang gerechtfertigt werden. Hierbei wird insbesondere eine Kollision zwischen der Rechtssicherheit und der Gerechtigkeit bestehen. In diesem Sinne wird die Wiederaufnahme gem. § 362 StPO zu Ungunsten des rechtskräftig Verurteilten zum Schutze der materiellen Gerechtigkeit für zulässig gehalten, jedoch eine restriktive Auslegung angemahnt.[108]

918 **Überblick: Typische Klausurprobleme**

- Rechtsschutz gegen (erledigte) hoheitliche Maßnahmen (Art. 19 Abs. 4 GG; zumeist verwaltungsrechtliche oder strafprozessrechtliche Problematik; z.B. Anordnungen der Staatsanwaltschaft und der Gerichte (BVerfGE 96, 27 ff. [Durchsuchungsanordnung I]; BGH, NJW 1998, 3653 ff.).
- Einstweiliger Rechtsschutz im Verwaltungsverfahren (Art. 19 Abs. 4 GG; Problem des Verwaltungsprozessrechts und des besonderen Verwaltungsrechts [Baurecht, Polizeirecht etc.]).
- Zulässigkeit von Präklusionsnormen (Art. 19 Abs. 4, 103 Abs. 1 GG).
- Umfang der Hinweispflicht des Richters nach § 139 ZPO (Art. 103 Abs. 1 GG).
- Auslegung von strafrechtlichen Normen und ihre Vereinbarkeit mit dem strafrechtlichen Analogieverbot (Art. 103 Abs. 2 GG).
- Nachträgliche Anordnung der Sicherungsverwahrung (Art. 103 Abs. 2, 3 GG).
- Vorlagepflicht der Gerichte nach Art. 234 Abs. 3 EG (EuGH als gesetzlicher Richter i.S.d. Art. 101 GG).

---

[107] *Pieroth*, in: Jarass/Pieroth, Art. 103 Rn. 65; *Schmidt-Aßmann*, in: Maunz/Dürig, Art. 103 Abs. 3 Rn. 270.

[108] *Sachs*, VerfR II, Kap. B 103 Rn. 28; *Schmidt-Aßmann*, in: Maunz/Dürig, Art. 103 Abs. 3 Rn. 270. Art. 4 des 7. Protokolls zur EMRK sieht in Abs. 2 ausdrücklich unter bestimmten Voraussetzungen eine Wiederaufnahme zu Ungunsten des Verurteilten vor.

Kapitel 19: Sonstige Gewährleistungen

I. Petitionsrecht (Art. 17 GG)

Literatur: *Krings, Günter*, Die Petitionsfreiheit nach Art. 17 GG, JuS 2004, 474 ff.; *Vitzthum, Wolfgang Graf / März, Wolfgang*, Das Grundrecht der Petitionsfreiheit, JZ 1985, 809 ff.

Leitentscheidungen: BVerfGE 2, 225 ff. (Petitionsbescheid).

1. Hintergrund

Das - jedenfalls in der Entscheidungspraxis des BVerfG ein wenig im Schatten stehende - Petitionsrecht gehört zu den ältesten Rechten überhaupt. Die Möglichkeit jedes Einzelnen, den Regierenden Bitten und Beschwerden vorzutragen, findet sich schon im Mittelalter. Mangels eines ausreichenden Rechtsschutzsystems war die Möglichkeit, sich in Form einer Petition an die Obrigkeit zu wenden, häufig die einzige Chance, sein Recht durchzusetzen. Aber nicht nur für den Bürger war das Petitionsrecht wichtig: Auch die Obrigkeit hatte ein großes Interesse daran, frühzeitig zu erkennen, was das Volk (nicht) wollte, um darauf - im Zweifel auch mit Unterdrückungsmaßnahmen - reagieren zu können. Das Petitionsrecht ist daher historisch gesehen nicht unbedingt ein demokratisches Recht, was nicht zuletzt die jüngere deutsche Geschichte belegt: Auch die Verfassung der DDR von 1968 garantierte ihren Bürgern das Petitionsrecht, und Petitionen waren in der DDR ein durchaus gebräuchliches und relativ gesehen Erfolg versprechendes Mittel der Beteiligung am Staatsleben. Für den Staat selbst wiederum erfüllte das Petitionsrecht eine Ventil- und Frühwarnfunktion. **919**

Das Petitionsrecht des Grundgesetzes spielt - zurückgehend auf die süddeutschen Verfassungen des Frühkonstitutionalismus - eine etwas andere Rolle. Es ist nicht mehr eine von der Obrigkeit gewährte Gnade, sondern ein individuelles Grundrecht. Gleichwohl bleibt aber die Funktion des Petitionsrechts, für den Austausch von Bürgern und Regierung zu sorgen, erhalten. In der Praxis sind jedenfalls die Fachministerien für Hinweise auf Missstände durchaus dankbar. Der spöttische Satz, die Petition sei „fristlos, formlos, fruchtlos“, ist daher zwar nicht ganz falsch, aber doch übertrieben. **920**

2. Schutzbereich

Nach seinem Wortlaut gibt Art. 17 GG jedermann das Recht, sich einzeln oder in Gemeinschaft mit anderen schriftlich mit Bitten oder Beschwerden an die zuständigen Stellen oder an die Volksvertretung zu wenden. **921**

a) „Bitten oder Beschwerden"

922 Art. 17 GG schützt „Bitten oder Beschwerden" und knüpft damit an historische Begriffe an. Das BVerfG legt beide Begriffe weit aus und versteht darunter alle Anregungen, Anträge oder Bitten mit dem Ziel der Stellungnahme bzw. Abhilfe.[1] Es kommt also darauf an, dass der Petent ein **bestimmtes Anliegen** - ein Petitum - vorbringt. Ob ein solches Anliegen vorgebracht wird, ist einer Eingabe im Zweifel durch Auslegung zu entnehmen, wobei auch der Gesamtinhalt zu berücksichtigen ist.[2] Abzugrenzen sind Petitionen von formalen Rechtsbehelfen. Rechtsbehelfe enthalten zwar auch ein Anliegen, sie stehen aber unter dem insoweit spezielleren Schutz des Art. 19 Abs. 4 GG. Keine Petitionen sind schließlich reine Meinungs- oder Unmutsäußerungen, bei denen kein Anliegen erkennbar ist.

923 Inhaltlich zieht Art. 17 GG unmittelbar keine Grenzen. Allerdings entnimmt das BVerfG den Begriffen der „Bitten oder Beschwerden" eine **inhaltliche Begrenzung** insofern, als eine Petition nicht etwas gesetzlich Verbotenes fordern bzw. keinen beleidigenden, herausfordernden oder erpresserischen Inhalt haben darf.[3] Diese sachliche Begrenzung ist nicht zweifelsfrei. Zwar ist richtig, dass ein sonst verbotenes Verhalten, etwa eine Beleidigung etc. nicht dadurch zulässig wird, dass es in die Form einer Petition gekleidet ist. Aber in der Regel wird in diesen Fällen ohnehin ein bestimmtes Anliegen fehlen. Zudem ist es in vielen Fällen durchaus legitim, dass mittels der Petition etwas Verbotenes gefordert wird. Schließlich ist es gerade Sinn und Zweck einer Petition, den Staat zur Änderung der Rechtslage oder eines Verhaltens anzuregen. Insofern mag man zwar mit dem BVerfG Beleidigungen und Erpressungen vom Schutzbereich ausnehmen. Dennoch ist streng darauf zu achten, dass das Petitionsrecht dadurch nicht seine Wirkungskraft verliert.[4]

b) „schriftlich"

924 Erforderlich ist ferner, dass die Petition schriftlich vorgebracht wird. Mündliche Eingaben sind daher vom Schutz des Art. 17 GG ausgenommen; sie genießen allenfalls als Meinungsäußerungen nach Art. 5 Abs. 1 S. 1 GG Grundrechtsschutz.

c) „einzeln oder in Gemeinschaft mit anderen"

925 Keine einschränkende Funktion kommt dem Tatbestandsmerkmal „einzeln oder in Gemeinschaft mit anderen" zu. Im Gegenteil wird lediglich klargestellt, dass das Petitionsrecht auch kollektiv betätigt werden kann.

---

1 BVerfGE 2, 225 (229) (Petitionsbescheid).
2 BVerfGE 2, 225 (229) (Petitionsbescheid).
3 BVerfGE 2, 225 (229) (Petitionsbescheid).
4 Ähnlich *Pieroth/Schlink*, Rn. 999 ff.; anders *Sachs,* VerfR II, Kap. B 17 Rn. 5, der auf der Schutzbereichsebene überhaupt keine inhaltlichen Begrenzungen vornehmen will.

d) „an die zuständigen Stellen oder an die Volksvertretung"

Begrenzende Funktion kommt dem Erfordernis zu, dass die Petition an die zuständige Stelle zu richten ist. Ist eine Petition an den falschen Adressaten gerichtet, genießt sie keinen Grundrechtsschutz. Allerdings nehmen die Gerichte teilweise an, dass eine unzuständige Stelle zur Weiterleitung der Petition verpflichtet ist.[5] Zudem wird nicht die Einhaltung des Instanzenzugs verlangt; es muss auch nicht der innerbehördlich zuständige Bearbeiter in der Petition selbst benannt werden. „Zuständige Stellen" können alle Stellen der öffentlichen Gewalt sein, also alle Staatsorgane, Behörden und auch Anstalten, Stiftungen oder Körperschaften des öffentlichen Rechts. Zudem ist es stets möglich, sich an die Volksvertretung - gemeint sind je nach Zuständigkeit der Bundestag (vgl. Art. 45c GG) bzw. die Landtage und eventuell auch die kommunalen Volksvertretungen - zu wenden. 926

e) Umfang des Schutzes: Art. 17 GG als Abwehrrecht und Leistungsrecht

Die Gewährleistung des Art. 17 GG wirkt in zwei Richtungen: als Abwehrrecht und als Leistungsrecht. In seiner Wirkung als Abwehrrecht untersagt Art. 17 GG dem Staat, faktische bzw. rechtliche Hindernisse zu errichten.[6] In leistungsrechtlicher Hinsicht - hier liegt der Schwerpunkt des Art. 17 GG - enthält Art. 17 GG einen **Anspruch auf vorschriftsmäßige Erledigung** der Petition. Zu einer vorschriftsmäßigen Erledigung gehören neben der Entgegennahme der Petition auch eine sachliche Prüfung und eine Antwort. Die Antwort muss mindestens ergeben, dass die Petition inhaltlich zur Kenntnis genommen worden ist; zudem muss die Art der Erledigung (etwa Abhilfe, Weiterleitung etc.) mitgeteilt werden.[7] Andernfalls wäre Art. 17 GG - so das BVerfG - ein „Scheinrecht". Eine Begründung soll nach Ansicht des BVerfG nicht erforderlich sein. Es genüge, dass im Petitionsbescheid für den Petenten erkennbar sei, dass die Volksvertretung über sein Anliegen entschieden habe und in welcher Weise die Petition behandelt worden sei.[8] Dies stößt in der Literatur verbreitet auf Ablehnung.[9] 927

3. Beeinträchtigungen

Beeinträchtigungen des Petitionsrechts sind auf zwei unterschiedliche Weisen denkbar. Einerseits kann der Staat in die **abwehrrechtliche Seite** des Grundrechts eingreifen, indem er Petitionen verbietet oder an faktische bzw. rechtliche Hindernisse knüpft. Ein solches Hindernis kann z.B. darin liegen, dass der Staat den Petenten auf Grund seiner Petition nachteilig behandelt. Darüber hinaus verstößt der Staat gegen die **leistungsrechtliche Seite**, wenn er eine Petition nicht oder nicht zureichend bearbeitet. 928

---

5 BVerwG, JuS 1976, 326 (326).

6 *Brenner*, in: v. Mangoldt/Klein/Starck, Art. 17 Rn. 45; *Krings*, JuS 2004, 474 (477).

7 BVerfGE 2, 225 (230) (Petitionsbescheid).

8 BVerfGE 2, 225 (230) (Petitionsbescheid); zuletzt BVerfG, NJW 1992, 3033 (3033).

9 „Knappe" Begründung erforderlich, vgl. *Jarass*, in: Jarass/Pieroth, Art. 17 Rn. 5 m.w.N.

4. Rechtfertigung von Eingriffen

929 Art. 17 GG weist - abgesehen von Art. 17a Abs. 1 GG - keinen Gesetzesvorbehalt auf; Eingriffe sind daher nur auf Grund kollidierenden Verfassungsrechts zulässig.[10] Verstöße gegen das Leistungsrecht können nicht gerechtfertigt werden.[11] Allerdings darf der Gesetzgeber wie auch sonst bei Leistungsrechten das Verfahren der Petitionsbearbeitung ausgestalten; für die Ebene des Bundestags ist dies etwa mit dem PetAG erfolgt.

II. Schutz vor Ausbürgerung und Auslieferung (Art. 16 GG)

Literatur: *Lübbe-Wolff, Gertrude*, Entziehung und Verlust der deutschen Staatsangehörigkeit - Art. 16 Abs. 1 GG, Jura 1996, 57 ff.; *Uhle, Arnd*, Auslieferung und Grundgesetz, NJW 2001, 1889 ff.

Leitentscheidungen: BVerfGE 10, 136 ff. (Durchlieferung); 29, 183 ff. (Rücklieferung).

1. Schutz vor Ausbürgerung

930 Art. 16 Abs. 1 GG schützt alle deutschen Staatsbürger (Art. 116 Abs. 1 S. 1. Alt. GG) - und nur sie[12] - vor dem Entzug der deutschen Staatsangehörigkeit. Die Vorschrift ist eine Reaktion auf die im Dritten Reich verbreitete Praxis der Entziehung der Staatsangehörigkeit und soll zugleich die Staatenlosigkeit verhindern.

931 Eingriffe in Art. 16 Abs. 1 GG stellen alle staatlichen Maßnahmen dar, die zum Verlust der deutschen Staatsangehörigkeit führen. Art. 16 Abs. 1 GG unterscheidet dabei zwischen der **Entziehung** (Art. 16 Abs. 1 S. 1 GG) als besonderer Form des Verlusts und den **sonstigen Arten des „Verlusts“** (Art. 16 Abs. 1 S. 2 GG). Während eine Entziehung der Staatsangehörigkeit stets unzulässig ist, ist der Verlust auf sonstige Weise unter den Voraussetzungen des Art. 16 Abs. 1 S. 2 GG grds. möglich. Die Abgrenzung zwischen einer stets unzulässigen Entziehung auf der einen und dem grds. zulässigen Verlust in sonstiger Weise auf der anderen Seite ist allerdings schwierig. Eine Entziehung soll nach Ansicht des BVerfG immer dann vorliegen, wenn der Betroffene die Handlungen, die den Wegfall der Staatsangehörigkeit bedingen, nicht auf Grund eines selbstverantwortlichen und freien Willensentschlusses vorgenommen hat, er also den Verlust in keiner Weise beeinflussen kann.[13] Allerdings lässt Art. 16 Abs. 1 S. 2 GG nach dem eindeutigen Wortlaut einen Verlust der Staatsangehörigkeit auch gegen den Willen des Betroffenen zu. Daher kann es bei Auslegung des Begriffs der „Entziehung“ nicht auf

---

[10] BVerfG, NJW 1991, 1475 (1476).

[11] *Krings*, Jus 2004, 474 (478).

[12] BVerwGE 8, 340 (343).

[13] BVerfG, NJW 1990, 2193 (2193); a.A. etwa *Pieroth/Schlink*, Rn. 964, die nur die traditionellen Verlustgründe (vgl. § 17 StAG) unter Art. 16 Abs. 1 S. 2 GG fassen wollen, und *Kokott*, in: Sachs, GG, Art. 16 Rn. 16, die nur die gezielte Zwangsausbürgerung als Entziehung i.S.v. Art. 16 Abs. 1 S. 1 GG verstehen will.

den Willen zum Verlust der Staatsangehörigkeit ankommen. Maßgeblich kann nur der Wille zur Vornahme der Handlung sein, an die der Gesetzgeber als Rechtsfolge den Verlust der Staatsangehörigkeit geknüpft hat. Erwirbt also ein Deutscher eine ausländische Staatsangehörigkeit willentlich und verliert damit gem. § 25 Abs. 1 StAG zugleich die deutsche Staatsbürgerschaft, stellt dies keine Entziehung dar. Denn die ausländische Staatsangehörigkeit wurde schließlich willentlich erworben. Art. 16 Abs. 1 GG bietet nach Ansicht des BVerwG schließlich keinen Schutz, wenn eine mit unrichtigen Angaben erschlichene Einbürgerung zurückgenommen wird.[14] Dem Verfassungsgeber stand bei der Schaffung des Art. 16 Abs. 1 GG wohl vor Augen, dass zwar einerseits die Staatsangehörigkeit nicht gegen den Willen des Betroffenen entzogen werden darf. Andererseits aber sollten auch die traditionellen Gründe für den Verlust der Staatsangehörigkeit (v.a. der Erwerb einer ausländischen Staatsangehörigkeit) erhalten bleiben.[15]

Während die Entziehung stets und ausnahmslos unzulässig ist, ist der Verlust **932**
gegen bzw. ohne den Willen des Betroffenen auf sonstige Weise unter den Voraussetzungen des Art. 16 Abs. 1 S. 2 GG gestattet. Er muss allerdings auf gesetzlicher Grundlage erfolgen und darf in keinem Fall zur Staatenlosigkeit des Betroffenen führen.[16]

2. Schutz vor Auslieferung

Art. 16 Abs. 2 GG schützt das Recht aller Deutschen (Art. 116 Abs. 1 GG), sich in **933**
ihrem Heimatland aufhalten zu dürfen.[17] Unter Auslieferung ist daher die Entfernung aus dem Hoheitsbereich der Bundesrepublik Deutschland und Überführung an eine ausländische Hoheitsgewalt auf deren Ersuchen hin zu verstehen.[18] Als Auslieferung ist somit auch die „Durchlieferung“ zu betrachten, also die Mitwirkung der Bundesrepublik an der Auslieferung eines Deutschen von einem Staat an einen anderen Staat unter Betreten deutschen Hoheitsgebiets.[19] Keine Auslieferung i.S.v. Art. 16 Abs. 2 GG ist die „Rücklieferung“, also die Rücküberstellung eines nur unter diesem Vorbehalt an Deutschland ausgelieferten Deutschen.[20] Denn in diesem Fall befindet sich der Deutsche ohnehin bereits in der Gewalt eines fremden Staates. Eingeschränkt wird das Auslieferungsverbot allerdings durch den im Jahr 2000 neu eingefügten Art. 16 Abs. 2 S. 2 GG.[21] Insbesondere die Auslieferung an Staaten der Europäischen Union bzw. an den ständigen Internationalen Strafgerichtshof (IStGH) ist daher auf gesetzlicher Grundlage möglich.[22]

---

14 BVerwGE 118, 216 ff.
15 *Pieroth/Schlink*, Rn. 964.
16 Vgl. zu den Einzelheiten z.B. *Kokott*, in: Sachs, GG, Art. 16 Rn. 18 ff.
17 BVerfGE 29, 183 (192) (Rücklieferung).
18 *Jarass*, in: Jarass/Pieroth, Art. 16 Rn. 14.
19 BVerfGE 10, 136 (139) (Durchlieferung).
20 BVerfGE 29, 183 (193) (Rücklieferung). Dies ist allerdings umstritten, vgl. *Kokott*, in: Sachs, GG, Art. 16 Rn. 31 ff. m.w.N.
21 Dazu *Uhle*, NJW 2001, 1889 ff.
22 Vgl. das Gesetz über die Zusammenarbeit mit dem Internationalen Strafgerichtshof.

III. Asylrecht (Art. 16a GG)

Literatur: *Biermann, Christian*, Der „Asylkompromiss" und das Bundesverfassungsgericht, Jura 1997, 522 ff.; *Schoch, Friedrich*, Das neue Asylrecht gem. Art. 16a GG, DVBl. 1993, 1161 ff.

Leitentscheidungen: BVerfGE 94, 49 ff. (Sichere Drittstaaten); 94, 115 ff. (Sichere Herkunftsstaaten); 94, 166 ff. (Flughafenverfahren).

1. Hintergrund

934 Als Grundrecht findet sich das Recht auf politisches Asyl erstmals im Grundgesetz. Bedingt durch die Erfahrungen des Nationalsozialismus, während dessen zahllose Deutsche vor Verfolgung und Ermordung fliehen mussten, bekannte sich auch die Bundesrepublik als (wieder) demokratischer Staat dazu, bedrohten Menschen Schutz zu gewähren. Das Anwachsen der internationalen, häufig kriegs- und armutsbedingten Flüchtlingsströme und die zunehmende Attraktivität der Bundesrepublik in wirtschaftlicher Hinsicht führten allerdings dazu, dass die Asylbewerberzahlen beständig anstiegen und Anfang der 90er-Jahre Höchststände erreichten.[23] 1993 kam es nach langer Debatte über den „Asylmissbrauch" auf politischer Ebene zum „Asylkompromiss". Der neu geschaffene Art. 16a GG behält zwar die Grundaussage „Politisch Verfolgte genießen Asylrecht" bei, knüpft aber die Inanspruchnahme des Asylrechts zugleich an äußerst enge Voraussetzungen und macht sie nach Ansicht der Kritiker weitgehend unmöglich. Entsprechend umstritten war die Änderung auch in rechtlicher Hinsicht. In den diesbezüglichen Verfahren vor dem BVerfG wurde eine Verletzung des Art. 79 Abs. 3 GG durch die Neufassung geltend gemacht. Das BVerfG hat sich dieser Sicht nicht angeschlossen und die Neufassung des Art. 16a GG akzeptiert.[24] Praktisch erreicht die Neuregelung ihr Ziel. Die Asylbewerberzahlen sind seit der Änderung deutlich zurückgegangen.[25]

935 Art. 16a GG begründet ein subjektives Recht auf Asyl, wobei allerdings umstritten ist, ob dieses Recht als **Abwehrrecht oder** als **Leistungsrecht** einzustufen ist.[26] Die Entscheidung dieser Frage hängt maßgeblich davon ab, ob man Art. 16a GG negativ die Pflicht zum Unterlassen einreisehindernder und aufenthaltsbeendender Maßnahmen oder positiv die Pflicht zur Gestattung von Einreise und Aufenthalt entnimmt. Jedenfalls die Gestattung des Aufenthalts ist aber regelmäßig mit der Zuerkennung eines bestimmten Status verbunden, was für einen leistungsrechtlichen Gehalt des Art. 16a GG spricht.[27] Praktisch kommt dieser

---

[23] 1992 gab es 438.191 Asylanträge, Asylstatistik des Bundesamts für die Anerkennung ausländischer Flüchtlinge.

[24] BVerfGE 94, 49 ff. (Sichere Drittstaaten); 94, 115 ff. (Sichere Herkunftsstaaten); 94, 166 ff. (Flughafenverfahren).

[25] 2003 gab es 67.848 Asylanträge, Asylstatistik des Bundesamts für die Anerkennung ausländischer Flüchtlinge. Die Zahl für 2004 dürfte noch einmal darunter liegen.

[26] Vgl. dazu *Schnapp*, in: v. Münch/Kunig, Art. 16a Rn. 3 und *Becker*, in: v. Mangoldt/Klein/Starck, Art. 16a Rn. 107 ff., jeweils m.w.N.

[27] *Becker*, in: v. Mangoldt/Klein/Starck, Art. 16a Rn. 109.

Frage wenig Bedeutung zu. Darüber hinaus wirkt Art. 16a GG unstreitig als **Verfahrensrecht**. In seiner verfahrensrechtlichen Dimension zwingt Art. 16a GG etwa zu einer angemessenen Ausgestaltung des Asylverfahrens insbesondere im Hinblick auf die Modalitäten der Feststellung von politischer Verfolgung.

2. Schutzbereich

Der Schutzbereich des Art. 16a GG wird in Abs. 1 festgelegt: Nur „**politisch Verfolgte** genießen Asylrecht." 936

Der Begriff der Verfolgung aus „**politischen**" Gründen wird in Anlehnung an die Genfer Flüchtlingskonvention (GFK) definiert[28]: Darunter fallen nach Art. 1 A. Nr. 2 GFK die Flüchtlinge, die „aus der begründeten Furcht vor Verfolgung wegen ihrer Rasse, Religion, Nationalität, Zugehörigkeit zu einer bestimmten sozialen Gruppe oder wegen ihrer politischen Überzeugung" ihr Land verlassen haben. Allerdings ist diese Aufzählung der GFK nicht abschließend.[29] Eine politische Verfolgung liegt immer dann vor, wenn die genannten Merkmale den Anknüpfungspunkt von Verfolgungsmaßnahmen bilden. 937

Der Begriff der „**Verfolgung**" setzt voraus, dass „die fragliche Maßnahme dem Betroffenen gezielt Rechtsverletzungen zufügt. Daran fehlt es bei Nachteilen, die jemand auf Grund der allgemeinen Zustände in seinem Heimatstaat zu erleiden hat, wie Hunger, Naturkatastrophen, aber auch bei den allgemeinen Auswirkungen von Unruhen, Revolutionen und Kriegen. So hat das BVerfG klargestellt, dass das Asylrecht nicht jedem, der in seiner Heimat in materieller Not leben muss, die Möglichkeit eröffnen soll, seine Heimat zu verlassen, um in der Bundesrepublik Deutschland seine Lebenssituation zu verbessern (...). Nicht jede gezielte Verletzung von Rechten, die etwa nach der Verfassungsordnung der Bundesrepublik Deutschland unzulässig ist, begründet schon eine asylerhebliche politische Verfolgung. Erforderlich ist, dass die Maßnahme den von ihr Betroffenen gerade in Anknüpfung an asylerhebliche Merkmale treffen soll. Ob eine in dieser Weise spezifische Zielrichtung vorliegt, die Verfolgung mithin „wegen" eines Asylmerkmals erfolgt, ist anhand ihres inhaltlichen Charakters nach der erkennbaren Gerichtetheit der Maßnahme selbst zu beurteilen, nicht nach den subjektiven Gründen oder Motiven, die den Verfolgenden dabei leiten. Schließlich muss die in diesem Sinne gezielt zugefügte Rechtsverletzung von einer Intensität sein, die sich nicht nur als Beeinträchtigung, sondern als - ausgrenzende - Verfolgung darstellt. Das Maß dieser Intensität ist nicht abstrakt vorgegeben. Es muss der humanitären Intention entnommen werden, die das Asylrecht trägt, demjenigen Aufnahme und Schutz zu gewähren, der sich in einer für ihn ausweglosen Lage befindet."[30] 938

Politische Verfolgung ist grds. nur **staatliche Verfolgung**. Eine nichtstaatliche Verfolgung genügt nur dann, wenn sie dem Staat zuzurechnen ist. „Hierfür kommt es darauf an, ob der Staat den Betroffenen mit den ihm an sich zur Verfügung ste- 939

---

28 BVerfGE 54, 341 (357) (Wirtschaftsasyl).

29 *Pieroth*, in: Jarass/Pieroth, Art. 16a Rn. 2.

30 BVerfGE 80, 315 (335) (Tamilen).

henden Mitteln Schutz gewährt. Es begründet die Zurechnung, wenn der Staat zur Schutzgewährung entweder nicht bereit ist oder wenn er sich nicht in der Lage sieht, die ihm an sich verfügbaren Mittel im konkreten Fall gegenüber Verfolgungsmaßnahmen bestimmter Dritter, insbesondere etwa solchen des staatstragenden Klerus oder der staatstragenden Partei, (hinreichend) einzusetzen."[31]

940 **Begrenzt** wird der Schutzbereich durch Art. 16a Abs. 2 S. 1 GG: Wer aus einem Mitgliedstaat der Europäischen Union einreist, kann sich nicht auf das Asylrecht berufen.

3. Beeinträchtigungen

941 Eingriffe sind nur insoweit denkbar, wie Art. 16a GG einen abwehrrechtlichen Gehalt aufweist. Darüber hinaus kommen Verstöße gegen das Leistungsrecht in Frage.

4. Rechtfertigung von Eingriffen

942 Art. 16a GG weist mit den Abs. 2-4 drei unterschiedliche Schranken auf: **Art. 16a Abs. 2 S. 2 GG** enthält einen qualifizierten Gesetzesvorbehalt, der es dem Gesetzgeber erlaubt, die Staaten zu **„sicheren Drittstaaten"** zu erklären, in denen die Einhaltung der GFK und der EMRK sichergestellt ist. Erforderlich ist dafür, dass der jeweilige Staat beiden Konventionen beigetreten ist und auch in der Staatspraxis deren Einhaltung gewährleistet ist.[32] Wer aus einem solchen sicheren Drittstaat einreist, kann sich nicht auf das Asylgrundrecht berufen. Zudem können nach Art. 16a Abs. 2, 3 GG aufenthaltsbeendende Maßnahmen unabhängig von einem eingelegten Rechtsbehelf vollzogen werden.

943 **Art. 16a Abs. 3 GG** enthält ebenfalls einen qualifizierten Gesetzesvorbehalt: Danach können durch Gesetz sog. **sichere Herkunftsstaaten** bestimmt werden, in denen Verfolgung nicht stattfindet. Das Gesetz begründet eine widerlegbare Vermutung, dass keine politische Verfolgung bei Menschen aus einem sicheren Herkunftsstaat vorliegt. Entsprechend erhöht sind die Anforderungen an den Sachvortrag eines Asylbewerbers.

944 **Art. 16a Abs. 4 GG** sieht schließlich **Beschränkungen des gerichtlichen Rechtsschutzes** vor, wenn der Asylantrag offensichtlich unbegründet ist bzw. als solcher gilt oder der Antragsteller aus einem sicheren Herkunftsstaat kommt.

---

[31] BVerfGE 80, 315 (336) (Tamilen).

[32] BVerfGE 94, 49 (90) (Sichere Drittstaaten).

IV. Verwirkung von Grundrechten (Art. 18 GG)

Literatur: *Butzer, Hermann / Clever, Marion*, Grundrechtsverwirkung nach Art. 18 GG: Doch eine Waffe gegen politische Extremisten?, DÖV 1994, 637 ff.

Leitentscheidungen: BVerfGE 38, 23 ff. (Herausgeber der Deutschen National-Zeitung).

1. Hintergrund

Die Vorschrift des Art. 18 GG stellt eine Ausprägung des **Grundsatzes der „wehrhaften Demokratie"** dar, wie ihn das Grundgesetz in zahlreichen Vorschriften - u.a. in Art. 9 Abs. 2, 20 Abs. 4, 21 Abs. 2, 79 Abs. 3 GG - vorsieht. Dadurch dass das Grundgesetz zahlreiche Vorkehrungen zur Verteidigung seiner Grundwerte gegen die Feinde der Verfassung trifft, soll eine formal legale „Machtergreifung", die die Wertordnung der Verfassung unter Nutzung ihrer Institutionen außer Kraft setzt, in Zukunft verhindert werden. Dieses Konzept, welches die Nationalsozialisten 1933 zum Erfolg führte, formulierte *Goebbels* 1928 wie folgt: Man werde in den Reichstag gehen, um die „Weimarer Gesinnung mit ihrer eigenen Unterstützung lahm zu legen. Wenn die Demokratie so dumm ist, uns für diesen Bärendienst Freifahrkarten und Diäten zu geben, so ist das ihre Sache. Wie kommen als Feinde! Wie der Wolf in die Schafsherde einbricht, so kommen wir".[33] Art. 18 GG soll helfen, einem derartigen Vorgehen rechtzeitig entgegen zu treten. 945

In der Verfassungspraxis spielt Art. 18 GG bislang kaum eine Rolle. Lediglich vier Anträge wurden bislang vor dem BVerfG gestellt; alle vier Anträge wurden abgewiesen.[34] Gleichwohl kann man Art. 18 GG aber eine „Reservefunktion" zusprechen.[35] 946

2. Regelungsgegenstand

Art. 18 GG stellt **kein Grundrecht** dar, sondern ermöglicht im Gegenteil eine Beschränkung von Grundrechten in persönlicher Hinsicht. Die Entscheidung über die Verwirkung ist dem BVerfG vorbehalten (Art. 18 S. 2 GG). Das Verfahren vor dem BVerfG ist im Einzelnen in den §§ 13 Nr. 1, 36 ff. BVerfGG geregelt. Begründet ist ein Antrag vor dem BVerfG nur dann, wenn eines der in Art. 18 S. 1 GG ausdrücklich genannten Grundrechte zum Kampf gegen die freiheitliche demokratische Grundordnung missbraucht wird. Unter der **freiheitlich-demokratischen Grundordnung** ist wie bei Art. 21 Abs. 2 GG und Art. 9 Abs. 2 GG eine Ordnung zu verstehen, „die unter Ausschluss jeglicher Gewalt- und Willkürherrschaft eine rechtsstaatliche Herrschaftsordnung auf der Grundlage 947

---

[33] Zitiert nach *Krüger/Pagenkopf*, in: Sachs, GG, Art. 18 Rn. 5.

[34] BVerfGE 11, 282 f. (Zweiter Vorsitzender der SRP); 38, 23 ff. (Herausgeber der Deutschen National-Zeitung) sowie 2 BvA 1/92 und 2/92 (unveröffentlicht, zitiert nach *Krüger/Pagenkopf*, in: Sachs, GG, Art. 18 Fn. 11).

[35] *Krüger/Pagenkopf*, in: Sachs, GG, Art. 18 Rn. 7.

der Selbstbestimmung des Volkes nach dem Willen der jeweiligen Mehrheit und der Freiheit und Gleichheit darstellt".[36]

948 Ein „**Missbrauch zum Kampfe**" liegt vor, wenn aktiv-aggressiv gegen die Grundordnung vorgegangen und die Grundordnung dadurch tatsächlich gefährdet wird.[37] Da die Verwirkung für die Zukunft ausgesprochen wird, kommt es weniger auf das Verhalten in der Vergangenheit an. Es muss vielmehr eine Prognose aufgestellt werden, wie sich der Betroffene zukünftig verhalten wird.[38] Dabei kommt allerdings dem Verhalten in der Vergangenheit eine entscheidende Indizwirkung zu. Ein Missbrauch kann schließlich sowohl von natürlichen wie auch von juristischen Personen ausgehen, soweit diese gem. Art. 19 Abs. 3 GG Träger der aufgezählten Grundrechte sind.

3. Rechtsfolgen der Verwirkung

949 Spricht das BVerfG bei Vorliegen aller Tatbestandsvoraussetzungen die Verwirkung aus, kann sich der Betroffene nicht mehr auf die verwirkten Grundrechte berufen. Dabei kann das BVerfG allein die in Art. 18 GG aufgezählten Grundrechte für verwirkt erklären.

V. Widerstandsrecht (Art. 20 Abs. 4 GG)

Literatur: *Sachs, Michael*, in: ders., GG, Art. 20, Rn. 166 ff.

950 Ebenso wie die Möglichkeit der Verwirkung von Grundrechten stellt Art. 20 Abs. 4 GG eine Ausprägung des Grundsatzes der wehrhaften Demokratie dar. Allerdings ist Art. 20 Abs. 4 GG deutlich jünger; er wurde erst 1968 im Zuge der Notstandsgesetzgebung neu in das Grundgesetz eingefügt. Praktische Bedeutung hat Art. 20 Abs. 4 GG bisher nicht erlangt. Art. 20 Abs. 4 GG erlaubt es jedem Deutschen (Art. 116 Abs. 1 GG), gegen jedermann Widerstand zu leisten, der es unternimmt, die in Art. 20 Abs. 1-3 GG verankerte Ordnung zu beseitigen. Damit wirkt Art. 20 Abs. 4 GG unmittelbar auch gegen Private und stellt einen der seltenen Fälle unmittelbarer Drittwirkung von Verfassungsnormen dar.

---

[36] BVerfGE 2, 1 (12 f.) (SRP-Verbot). Vgl. dazu Rn. 782.

[37] *Jarass*, in: Jarass/Pieroth, Art. 18 Rn. 5. Vgl. dazu Rn. 783.

[38] BVerfGE 38, 23 (24) (Herausgeber der Deutschen National-Zeitung).

Kapitel 20: Europäischer Grundrechtsschutz

Literatur zur EMRK: *Ehlers, Dirk*, Die Europäische Menschenrechtskonvention, Jura 2000, 372 ff.

Literatur zu den Gemeinschaftsgrundrechten: *Kingreen, Thorsten*, Die Gemeinschaftsgrundrechte, JuS 2000, 857 ff.; *Mahlmann, Matthias*, Die Grundrechtscharta der Europäischen Union, ZEuS 2000, 419 ff.; zum Rechtsschutz *Lenz, Sebastian / Staeglich, Simone*, Kein Rechtsschutz gegen EG-Verordnungen?, erscheint NVwZ, Heft 10/2004.

Literatur zu den Grundfreiheiten: *Ehlers, Dirk*, Die Grundfreiheiten des europäischen Gemeinschaftsrechts, Jura 2001, 266 ff. (Teil I) und 482 ff. (Teil II); *Steinberg, Philipp*, Zur Konvergenz der Grundfreiheiten auf Tatbestands- und Rechtfertigungsebene, EuGRZ 2002, 13 ff.

I. Hintergrund

Grundrechtsschutz gegen die öffentliche Gewalt wird nicht lediglich durch nationale Grundrechte sichergestellt. Immer größere Bedeutung gewinnen **völker- bzw. europarechtliche Gewährleistungen**. Teilweise treten diese neben die Garantien des Grundgesetzes, wie dies etwa bei den 1966 im Rahmen der Vereinten Nationen erarbeiteten beiden Internationalen Pakten über bürgerliche und politische Rechte bzw. über wirtschaftliche, soziale und kulturelle Rechte[1] und bei der Europäischen Menschenrechtskonvention (EMRK) der Fall ist. Es gibt aber auch grundrechtliche Gewährleistungen, die Schutz in Bereichen bieten, in denen die Sicherungen des Grundgesetzes nicht greifen. Dies betrifft die Gemeinschaftsgrundrechte der Europäischen Union, die einen Grundrechtsschutz gegenüber den Handlungen der Europäischen Union garantieren. Schließlich gibt es den Grundrechten nahe stehende Rechte; hier sind insbesondere die europäischen Grundfreiheiten zu nennen. Vor allem die Rechte der EMRK, die europäischen Gemeinschaftsgrundrechte und die Grundfreiheiten sind für ein umfassendes Bild des Grundrechtsschutzes unverzichtbar. 951

II. Europäische Menschenrechtskonvention

Die älteste Gewährleistung von Grund- bzw. Menschenrechten auf europäischer Ebene ist die **Europäische Menschenrechtskonvention (EMRK)**. Die EMRK ist ein multilateraler völkerrechtlicher Vertrag, der 1950 im Rahmen des **Europarats** geschlossen wurde. Der Europarat selbst war ein Jahr zuvor von zahlreichen westeuropäischen Staaten gegründet worden. Als Aufgabe des Europarates sieht Art. 1 lit. a) seiner Satzung vor, „eine engere Verbindung zwischen seinen Mitgliedern 952

---

1 Vgl. zu beiden *K. Ipsen*, in: ders., Völkerrecht, 5. Aufl. 2004, § 48 Rn. 37 ff.

zum Schutze und zur Förderung der Ideale und Grundsätze, die ihr gemeinsames Erbe bilden, herzustellen und ihren wirtschaftlichen und sozialen Fortschritt zu fördern." Ein Mittel dazu stellt die EMRK dar. Für alle Vertragsparteien verbindlich ist jedoch nur der in der EMRK selbst enthaltene Kernbestand von Rechten und Freiheiten. Neben diesen Kernbestand treten zurzeit 13 **Zusatzprotokolle**, die weitere Rechte beinhalten. Diesen Zusatzprotokollen sind jeweils nicht alle Mitgliedstaaten beigetreten; auch die Bundesrepublik ist bislang einigen Zusatzprotokollen ferngeblieben. Andere wichtige Verträge im Rahmen des Europarates sind die Europäische Sozialcharta von 1961, die in der EMRK fehlende soziale Grundrechte enthält, das Europäische Übereinkommen zur Verhütung von Folter und unmenschlicher oder erniedrigender Behandlung oder Strafe von 1987 und das Übereinkommen über Menschenrechte und Biomedizin von 1997.[2] Politisch stellt die EMRK eine Antwort auf die systematische Missachtung der Menschenrechte vor allem im Nationalsozialismus dar. Ein rein nationaler Schutz der Grund- und Menschenrechte erschien den Verantwortlichen nicht geeignet, eine Wiederholung derartiger Gräueltaten zu verhindern. Mittlerweile haben 44 europäische Staaten, die gem. Art. 59 Abs. 1 EMRK sämtlich dem Europarat angehören, den Vertragstext ratifiziert. Einen Schub erhielt die EMRK mit dem Zusammenbruch des Ostblocks; seit 1990 hat sich die Zahl der Vertragsstaaten durch den Beitritt der ost- und mitteleuropäischen Staaten verdoppelt.

953 Ihrer **Rechtsnatur** nach ist die EMRK **Völkerrecht**, also Recht zwischen den vertragsschließenden Staaten. Entsprechend werden Rechte und Pflichten zunächst lediglich auf der Ebene der Staaten begründet. Gem. Art. 1 EMRK verpflichten sich die Vertragsparteien, allen ihrer Hoheitsgewalt unterstehenden Personen die in der EMRK und ihren Zusatzprotokollen begründeten Rechte und Freiheiten zuzusichern. Wie diese Zusicherung erfolgt, ist Sache der Vertragsparteien, die unterschiedliche Wege gegangen sind. In Österreich hat die EMRK Verfassungsrang, in zahlreichen anderen Staaten einen Zwischenrang zwischen Verfassung und einfachem Recht.[3] In **Deutschland** hat die EMRK nur den Rang des innerstaatlichen Zustimmungsgesetzes gem. Art. 59 Abs. 2 S. 1 GG, ist also lediglich **einfaches Bundesrecht**. Nur vereinzelt stellen Regelungen der EMRK zugleich „allgemeine Regeln des Völkerrechts" gem. Art. 25 GG dar, die dem einfachen Bundesrecht vorgehen. Theoretisch kann der Bund also nach der lex-posterior-Regel entgegenstehendes Recht erlassen, das die EMRK verdrängt. Da dies aber einen Verstoß gegen Völkerrecht darstellen würde, nimmt das BVerfG eine Vermutung dahingehend an, dass sich nachfolgende Gesetze im Rahmen der EMRK halten wollen.[4] Zudem zieht das BVerfG die EMRK bei der Auslegung des Grundgesetzes heran.[5]

BVerfGE 74, 358 (370) (Unschuldsvermutung): „Die Unschuldsvermutung ist eine besondere Ausprägung des Rechtsstaatsprinzips und hat damit Verfassungsrang. Sie ist auch kraft

---

2 Weitere bei *Epping*, in: K. Ipsen, Völkerrecht, 5. Aufl. 2004, § 34 Rn. 8.

3 *Grabenwarther*, Europäische Menschenrechtskonvention, 2003, § 3 Rn. 2 f.

4 BVerfGE 74, 358 (370) (Unschuldsvermutung).

5 Zusammenfassend *Stern*, in: ders., Staatsrecht, Bd. III/2, § 94, S. 1614 f.

Art. 6 Abs. 2 EMRK Bestandteil des positiven Rechts der Bundesrepublik Deutschland im Range eines Bundesgesetzes. Wenn das Bundesverfassungsgericht sich zur Definition der Unschuldsvermutung auf den Wortlaut des Art. 6 Abs. 2 EMRK bezogen hat, der in der Bundesrepublik den Rang von Verfassungsrecht nicht genießt, so beruht dies auf der rechtlichen Wirkung, die das In-Kraft-Treten der Konvention auf das Verhältnis zwischen den Grundrechten des Grundgesetzes und ihnen verwandten Menschenrechten der Konvention hat. **Bei der Auslegung des Grundgesetzes sind auch Inhalt und Entwicklungsstand der Europäischen Menschenrechtskonvention in Betracht zu ziehen, sofern dies nicht zu einer Einschränkung oder Minderung des Grundrechtsschutzes nach dem Grundgesetz führt**, eine Wirkung, die die Konvention indes selbst ausgeschlossen wissen will (Art. 60 EMRK [jetzt Art. 53 EMRK, d.V.]). **Deshalb dient insoweit auch die Rechtsprechung des Europäischen Gerichtshofs für Menschenrechte als Auslegungshilfe für die Bestimmung von Inhalt und Reichweite von Grundrechten und rechtsstaatlichen Grundsätzen des Grundgesetzes**. Auch Gesetze - hier die Strafprozessordnung - sind im Einklang mit den völkerrechtlichen Verpflichtungen der Bundesrepublik Deutschland auszulegen und anzuwenden, selbst wenn sie zeitlich später erlassen worden sind als ein geltender völkerrechtlicher Vertrag; denn es ist nicht anzunehmen, dass der Gesetzgeber, sofern er dies nicht klar bekundet hat, von völkerrechtlichen Verpflichtungen der Bundesrepublik Deutschland abweichen oder die Verletzung solcher Verpflichtungen ermöglichen will."

Im **Recht der Europäischen Union** entfaltet die EMRK bislang nur insofern eine begrenzte Wirkung, als sie gem. Art. 6 Abs. 2 EU als Rechtserkenntnisquelle für europäische Gemeinschaftsgrundrechte dient. Nicht zu unterschätzen ist die Vorbildfunktion der EMRK für die im - vom Europarat am 18.6.2004 beschlossenen und nun zur Ratifizierung anstehenden - europäischen Verfassungsvertrag (VVE) verankerte Grundrechtecharta (vgl. Art. 52 Abs. 3 Grundrechtecharta). Nach dem Verfassungsvertrag ist außerdem ein Beitritt der EU zur EMRK möglich (Art. I-7 Abs. 2 VVE).[6] **954**

In materieller Hinsicht enthält die EMRK eine **Vielzahl von Grund- und Menschenrechten**. Zu nennen sind insbesondere das Recht auf Leben (Art. 2 EMRK), das Verbot von Folter, Sklaverei und Zwangsarbeit (Art. 3, 4 EMRK), das Recht auf Freiheit und Sicherheit gegenüber unrechtmäßigen Verhaftungen (Art. 5 EMRK), den Schutz des Privatlebens (Art. 8 EMRK), Religions- und Gewissensfreiheit (Art. 9 EMRK), Meinungsfreiheit (Art. 10 EMRK), Versammlungs- und Vereinigungsfreiheit (Art. 11 EMRK), das Recht auf Eheschließung (Art. 12 EMRK), ein gleichheitsrechtliches besonderes Diskriminierungsverbot (Art. 14 EMRK), verschiedene Verfahrensgrundrechte (Art. 6, 13 EMRK), das Recht auf Eigentum (Art. 1 1. ZP EMRK) und das Recht auf Freizügigkeit (Art. 2 4. ZP EMRK).[7] Es fehlt bislang ein dem Art. 3 Abs. 1 GG vergleichbarer allgemeiner Gleichheitssatz. Berechtigt aus diesen Grundrechten sind gem. Art. 1 EMRK alle Personen, die der Hoheitsgewalt der Mitgliedstaaten unterstehen. Auf die Staatsangehörigkeit kommt es somit nicht an.[8] Personen i.S.v. Art. 1 EMRK sind alle **955**

---

6 Die Möglichkeit eines solchen Beitritts hat der EuGH auf der Grundlage der geltenden Verträge 1996 verworfen, vgl. EuGH, Slg. 1996, I-1759 ff. (Gutachten 2/94).

7 Vgl. zu den einzelnen Rechten im Detail die einzelnen Paragrafen in: *Ehlers*, Europäische Grundrechte und Grundfreiheiten, 2003; *Frowein/Peukert*, Europäische Menschenrechtskonvention, 2. Aufl. 1996; *Meyer-Ladewig*, EMRK-Handkommentar, 2003.

8 *Ehlers*, in: ders., Europäische Grundrechte und Grundfreiheiten, 2003, § 2 Rn. 15.

natürlichen Personen, gem. Art. 34 EMRK aber auch nichtstaatliche Organisationen und Personengruppen, mithin also auch juristische Personen. Allerdings kommen juristische Personen nur dann in den Genuss der Rechte aus der EMRK, wenn diese ihrem Wesen nach auf juristische Personen Anwendung finden können (etwa Art. 8 Abs. 1 EMRK als Schutz der Geschäftsräume[9], nicht aber das Recht auf Leben aus Art. 2 EMRK).

956 Die Prüfung von Rechten aus der EMRK entspricht dem bekannten Muster. Es kann daher nach **Schutzbereich, Eingriff und Rechtfertigung** unterschieden werden. Der Schutzbereich der Rechte aus der EMRK wird durch den Text begrenzt, wobei der Europäische Gerichtshof für Menschenrechte (EGMR) aus Effektivitätsgründen häufig eine großzügige Auslegung wählt. Großzügig ist der EGMR auch hinsichtlich des Eingriffs. Es genügt jede Beeinträchtigung des Schutzgegenstands durch staatliches Tun oder Unterlassen[10]. Eingriffe in den Gewährleistungsgehalt können auf der Grundlage einer Schrankenregelung gerechtfertigt sein. Die EMRK kennt zwei verschiedene Typen von **Schranken**: allgemeine Schranken, die gleichermaßen für alle Rechte gelten (Art. 15-17 EMRK), und spezielle Schranken, die lediglich für das jeweilige Recht gelten (etwa Art. 8 Abs. 2 EMRK). Der EGMR hat darüber hinaus gelegentlich immanente Schranken für einzelne Rechte anerkannt, die keine spezielle Schrankenregelung aufweisen. Die Richtigkeit dieser Rechtsprechung ist indes zweifelhaft.[11] Ist eine Schrankenregelung vorhanden, auf die eine Einschränkung gestützt werden kann, müssen zugleich die **Schranken-Schranken** beachtet werden. Diese entsprechen den aus dem nationalen Bereich bekannten Anforderungen: Ein Eingriff bedarf einer ausreichend klaren und bestimmten gesetzlichen Grundlage[12] und muss verhältnismäßig sein, d.h. einem legitimen Zweck dienen, geeignet, erforderlich und angemessen sein. Damit sind die wesentlichen aus Deutschland bekannten Strukturen auch auf der Ebene der EMRK zu finden.

957 Der Wert von Grundrechten bemisst sich zu einem großen Teil anhand des zur Verfügung stehenden **Rechtsschutzsystems**. Großzügige Gewährleistungen allein - dies zeigen die Erfahrungen der Weimarer Republik - gelangen ohne effektive gerichtliche Absicherung nicht zu praktischer Wirksamkeit. Einen großen Schritt nach vorn hat die EMRK insofern mit dem am 1.11.1998 in Kraft getretenen 11. Zusatzprotokoll unternommen. Das bis dahin recht komplizierte und von politischen Entscheidungen der Europäischen Kommission für Menschenrechte abhängige Rechtsschutzsystem wurde durch eine ausschließliche Kontrolle durch den in Straßburg ansässigen **Europäischen Gerichtshof für Menschenrechte**

---

9 EGMR, EuGRZ 1993, 65 (Rn. 27 ff. (Niemietz).

10 EGMR, EuGRZ 1995, 530 (Rn. 51) (López Ostra).

11 Zu Recht ablehnend *Ehlers*, in: ders., Europäische Grundrechte und Grundfreiheiten, 2003, § 2 Rn. 34. Bejahend dagegen *Peters*, Einführung in die Europäische Menschenrechtskonvention, 2003, S. 26 f., beide m.w.N.

12 Mit Rücksicht auf die common-law-Staaten lässt der EGMR auch ungeschriebenes Recht bzw. Gewohnheitsrecht genügen, soweit es in den jeweiligen Ländern als Gesetz anerkannt wird, EGMR, EuGRZ 1979, 386 (Rn. 46 ff.) (Sunday Times). Vgl. *Grabenwarther*, Europäische Menschenrechtskonvention, 2003, § 18 Rn. 7 f.

(EGMR)[13] ersetzt. Dieser nimmt seine Aufgabe gem. Art. 19 S. 2 EMRK als ständiger Gerichtshof war und wird mit einem hauptamtlichen Richter je Mitgliedstaat besetzt (Art. 20, 21 EMRK). Das Gericht tagt in drei unterschiedlichen Zusammensetzungen (Art. 27 Abs. 1 EMRK), nämlich in **Ausschüssen** von drei Richtern, die gem. Art. 28 EMRK über die Unzulässigkeit bestimmter Beschwerden vorab entscheiden, in **Kammern** von sieben Richtern, die im Regelfall über sämtliche Beschwerden entscheiden (Art. 29 EMRK) und als mit 17 Richtern besetzte **Große Kammer**, die über besonders schwierige Rechtsfragen, Abweichungen von bisheriger Rechtsprechung und Rechtsmittel befindet (Art. 30, 31, 43 EMRK). Der Zugang zum EGMR ist für Staaten und Individuen, d.h. für jedermann, gleichermaßen gesichert. Während Art. 33 EMRK die **Staatenbeschwerde** vorsieht, garantiert Art. 34 EMRK die **Individualbeschwerde**. Die weiteren, in Art. 35 EMRK geregelten Zulässigkeitsvoraussetzungen spiegeln den Grundsatz der Subsidiarität des Schutzes durch die EMRK wider: Erst nach Erschöpfung aller innerstaatlichen Rechtsbehelfe kann der EGMR angerufen werden (Art. 35 Abs. 1 EMRK). Ansonsten sind die Zulässigkeitsvoraussetzungen denen einer Verfassungsbeschwerde recht ähnlich.[14] Hat ein Beschwerdeführer mit seiner Beschwerde Erfolg, spricht der EGMR durch **Urteil** die Feststellung der Verletzung der EMRK aus. Das Urteil entfaltet lediglich völkerrechtliche Bindungen; der EGMR kann also nicht selbstständig nationale Gerichtsurteile aufheben oder Gesetze für nichtig erklären. Gem. Art. 46 EMRK sind die Mitgliedstaaten jedoch verpflichtet, die Urteile des EGMR zu befolgen und **Abhilfe** zu schaffen. Ist Abhilfe nicht hinreichend möglich, spricht der EGMR gem. Art. 41 EMRK die Pflicht zu einer **gerechten Entschädigung** aus.

III. Europäische Gemeinschaftsgrundrechte

Fall 30: Preisabsprachen 958

Die Hoechst AG ist ein Unternehmen der chemischen Industrie, welches u.a. verschiedene Kunststoffe herstellt. Der EG-Kommission, die gem. Art. 85 Abs. 1 EG mit der Überwachung des Wettbewerbs betraut ist, sind glaubwürdige Informationen zugetragen worden, wonach Hoechst gemeinsam mit weiteren Unternehmen aus anderen Mitgliedstaaten Preisabsprachen getroffen hat. Derartige Preisabsprachen verstoßen gegen Art. 81 Abs. 1 EG. Die Kommission ordnet daraufhin durch Entscheidung auf der Grundlage des Art. 20 der Verordnung Nr. 1/2003 eine Nachprüfung bei Hoechst an. In der Entscheidung begründet die Kommission zwar ihren Verdacht; wesentliche Einzelheiten insbesondere über die Tragweite und Herkunft der Informationen fehlen jedoch ebenso wie genaue Angaben über die bei der Nachprüfung gesuchten Informationen. Die Hoechst AG weigert sich, der Nachprüfung zuzustimmen. Daraufhin erwirkt die Kommission unter Einhaltung aller nationalen Anforderungen einen richterlichen Durchsuchungsbefehl des zuständigen Amtsgerichts Frankfurt, auf dessen Grundlage die nationalen Polizeibehörden zusammen mit der Kommission die Nachprüfung zwangsweise durchführen. Die Hoechst AG sieht sich durch die Nachprüfung in ihren Grund-

---

13 Nicht zu verwechseln ist der EGMR mit dem Europäischen Gerichtshof (EuGH), einem Organ der Europäischen Gemeinschaft. Die Entscheidungen des EGMR sind im Internet unter http://www.dhcour.coe.fr/hudoc.htm zu finden.

14 Vgl. im Einzelnen *Meyer-Ladewig*, EMRK-Handkommentar, 2003, Art. 34 Rn. 4 ff.

rechten - insbesondere auf Unverletzlichkeit der Wohnung und Schutz ihrer Geschäftsgeheimnisse - verletzt. Sie erhebt deshalb Klage vor dem Europäischen Gericht erster Instanz (EuG). Wird die Klage Erfolg haben?

Art. 20 Verordnung Nr. 1/2003 (Nachprüfungsbefugnisse der Kommission):

(2) Die mit den Nachprüfungen beauftragten Bediensteten der Kommission und die anderen von ihr ermächtigten Begleitpersonen sind befugt,

a) alle Räumlichkeiten, Grundstücke und Transportmittel von Unternehmen und Unternehmensvereinigungen zu betreten;
b) die Bücher und sonstigen Geschäftsunterlagen, unabhängig davon, in welcher Form sie vorliegen, zu prüfen;
c) Kopien oder Auszüge gleich welcher Art aus diesen Büchern und Unterlagen anzufertigen oder zu erlangen;
d) betriebliche Räumlichkeiten und Bücher oder Unterlagen jeder Art für die Dauer und in dem Ausmaß zu versiegeln, wie es für die Nachprüfung erforderlich ist;
e) von allen Vertretern oder Mitgliedern der Belegschaft des Unternehmens oder der Unternehmensvereinigung Erläuterungen zu Tatsachen oder Unterlagen zu verlangen, die mit Gegenstand und Zweck der Nachprüfung in Zusammenhang stehen, und ihre Antworten zu Protokoll zu nehmen.

(6) Stellen die beauftragten Bediensteten der Kommission und die anderen von ihr ermächtigten Begleitpersonen fest, dass sich ein Unternehmen einer nach Maßgabe dieses Artikels angeordneten Nachprüfung widersetzt, so gewährt der betreffende Mitgliedstaat die erforderliche Unterstützung, gegebenenfalls unter Einsatz von Polizeikräften oder einer entsprechenden vollziehenden Behörde, damit die Bediensteten der Kommission ihren Nachprüfungsauftrag erfüllen können.

(7) Setzt die Unterstützung nach Absatz 6 nach einzelstaatlichem Recht eine Genehmigung eines Gerichts voraus, so ist diese zu beantragen. (...)

(8) Wird die in Absatz 7 genannte Genehmigung beantragt, so prüft das einzelstaatliche Gericht die Echtheit der Entscheidung der Kommission sowie, ob die beantragten Zwangsmaßnahmen nicht willkürlich und, gemessen am Gegenstand der Nachprüfung, nicht unverhältnismäßig sind. (...) Die Prüfung der Rechtmäßigkeit der Kommissionsentscheidung ist dem Gerichtshof vorbehalten.

Fall vereinfacht nach EuGH, Slg. 1989, 2859 ff. (Hoechst)

959 Während der Grundrechtsschutz durch die EMRK den Grundrechtsschutz des Grundgesetzes ergänzt, stellt der Grundrechtsschutz durch europäische Gemeinschaftsgrundrechte eine echte Ausdehnung grundrechtlicher Garantien dar. Die **Notwendigkeit von Gemeinschaftsgrundrechten** ergibt sich aus den Besonderheiten der Europäischen Union und ihres Rechtssystems. Die Europäische Union ist zwar (noch) kein Staat, sie ist aber zugleich auch keine rein völkerrechtlich zu beurteilende Internationale Organisation. Durch die Ausstattung mit eigenen Organen, mit Rechts- und Geschäftsfähigkeit, mit eigenen, ihr von den Mitgliedstaaten übertragenen Kompetenzen und durch die Schaffung einer eigenständigen Rechtsordnung vermag es die Union, für ihre Bürger unmittelbar Rechte und Pflichten zu begründen, ohne dass es einer weiteren Mitwirkung der Mitgliedstaaten bedarf.[15] Daraus folgt aber auch, dass europäische Rechtsakte nicht unter dem Vorbehalt der Vereinbarkeit mit nationalem Recht - auch nicht nationalem Verfassungsrecht - stehen können.[16] Andernfalls wäre die einheitliche Geltung des Europarechts nicht gewährleistet. Gegenüber nationalem Recht genießen das europäische Primärrecht, d.h. die Verträge über die Europäischen Gemeinschaften und die

---

[15] EuGH, Slg. 1963, 1 (Rn. 10) (van Gend & Loos); 1964, 1141 (Rn. 8) (Costa/ENEL).

[16] EuGH, Slg. 1964, 1141 (Rn. 12) (Costa/ENEL); Slg. 1970, 1125 (Rn. 3) (Internationale Handelsgesellschaft); Slg. 1978, 629 (Rn. 17/18) (Simmenthal II).

Europäische Union sowie der zukünftige Verfassungsvertrag, und das Sekundärrecht (vgl. Art. 249 EG) daher einen uneingeschränkten **Anwendungsvorrang** (vgl. zukünftig Art. I-10 Abs. 1 VVE): Nationales Recht, welches in Widerspruch zu Europarecht steht, kann nicht angewendet werden. Dies gilt auch für die Grundrechte des Grundgesetzes; diese binden die Europäische Union nicht.

Dieser Befund, der eine Überprüfung von europäischen Rechtsakten am Maß- **960**
stab nationaler Grundrechte ausschließt, wäre indes nicht haltbar, wenn damit einem von grundrechtlichen Bindungen freien Einwirken des europäischen Rechts auf die Bürger der Union das Wort geredet würde. Ein solcher Zustand wäre weder aus verfassungspolitischer noch aus rechtstaatlicher Sicht akzeptabel und würde der deutschen Mitgliedschaft in der Europäischen Union ihre verfassungsrechtliche Grundlage entziehen.[17] Denn gem. **Art. 23 Abs. 1 GG** wirkt die Bundesrepublik bei der Verwirklichung der Europäischen Union nur dann mit, wenn diese einen dem Grundgesetz im Wesentlichen vergleichbaren Grundrechtsschutz bietet. Gelten aber die nationalen Grundrechte auf Grund des Anwendungsvorrangs nicht und sollen gleichzeitig europäische Rechtsakte nicht von grundrechtlichen Bindungen freigestellt werden, müssen daher auf europäischer Ebene Gemeinschaftsgrundrechte garantiert werden.

1. Entwicklung und Begründung der Gemeinschaftsgrundrechte

Den ersten Schritt zur Schaffung von Gemeinschaftsgrundrechten ist der Europäi- **961**
sche Gerichtshof (EuGH), der gem. Art. 220 EG mit der Wahrung des Rechts betraut ist, schon 1969 gegangen. In einer Randbemerkung der Stauder-Entscheidung spricht der EuGH von „**allgemeinen Grundsätzen der Gemeinschaftsrechtsordnung**, deren Wahrung der Gerichtshof zu sichern hat“ und aus denen sich Grundrechte der Person ergeben können.[18] In der Folgezeit präzisierte der EuGH seine diesbezügliche Rechtsprechung immer weiter und baute den Grundrechtsschutz schrittweise zu einem umfassenden, aber naturgemäß nicht kodifizierten System aus, welches heute nahezu alle wesentlichen Grundrechte enthält und keine bedeutenden Schutzlücken aufweist. Die dogmatische Grundlage für Gemeinschaftsgrundrechte entnimmt der EuGH dabei den **gemeinsamen Verfassungsüberlieferungen der Mitgliedstaaten** einerseits und der **EMRK** andererseits, die insofern als **Rechtserkenntnisquellen** dienen.[19] Die Vorgehensweise des EuGH lässt sich als „wertende Rechtsvergleichung“ beschreiben; zum Gemeinschaftsgrundrecht wird das, was sich nach einer rechtsvergleichenden Umschau als die beste Lösung erweist.[20] Diese Rechtsprechung ist seit der Vertragsrevision von Maastricht im Jahr 1992 in **Art. 6 Abs. 2 EU** festgeschrieben. Eine wietere Verstärkung erfährt der Grundrechtsschutz auf europäischer Ebene mit dem In-Kraft-Treten des zukünftigen europäischen Verfassungsvertrags voraus-

---

[17] BVerfGE 37, 271 (279 f.) (Solange I) zu Art. 24 GG.

[18] EuGH, Slg. 1969, 419 (Rn. 7) (Stauder).

[19] EuGH, Slg. 1970, 1125 (Rn. 4) (Internationale Handelsgesellschaft); Slg. 1974, 491 (Rn. 13) (Nold); Slg. 1979, 3727 (Rn. 15) (Hauer).

[20] *Kingreen*, JuS 2000, 857 (859).

sichtlich im Jahr 2007. Die bislang unverbindliche **Europäische Grundrechtecharta**, die am 7.12.2000 vom Europäischen Rat proklamiert wurde, wird gem. Art. I-7 Abs. 1 VVE als Teil II in die künftige Verfassung aufgenommen. Sie enthält einen sehr umfassenden Grundrechtskatalog, der auch soziale und kulturelle Rechte einschließt, und bindet das Handeln der Gemeinschaftsorgane sowie die Mitgliedsstaaten bei der Ausführung von Gemeinschaftsrecht (Art. 51 Abs. 1 Grundrechtecharta), nicht jedoch die Mitgliedstaaten bei sonstigem Handeln.[21]

962 Das **BVerfG** stand dieser Rechtsentwicklung zunächst skeptisch gegenüber. In seinem Solange-I-Beschluss von 1971 bemängelte das BVerfG insbesondere das Fehlen eines kodifizierten Grundrechtekatalogs, dessen Garantien der Bürger zuverlässig einfordern kann.[22] *Solange* auf europäischer Ebene kein adäquater Grundrechtsschutz gewährleistet sei, behalte sich das BVerfG im Widerspruch zum Anwendungsvorrang des Gemeinschaftsrechts vor, europäisches Recht am Maßstab der Grundrechte zu überprüfen und bei einem Verstoß gegen Grundrechte für unanwendbar zu erklären. 1986 nahm das BVerfG dann die Kehrtwende vor: In seinem Solange-II-Beschluss erkannte das BVerfG an, dass im Gemeinschaftsrecht mittlerweile ein Maß an Grundrechtsschutz erwachsen sei, das nach Konzeption, Inhalt und Wirkungsweise dem Grundrechtsstandard des Grundgesetzes im Wesentlichen gleichzuachten sei.[23] *Solange* daher auf Gemeinschaftsebene der wirksame Schutz der Grundrechte generell verbürgt sei, übe das BVerfG seine im Solange-I-Beschluss postulierte Prüfungskompetenz nicht mehr aus.[24] Grundrechtsschutz werde allein durch den EuGH gewährleistet. Im Maastricht-Urteil[25] hat das BVerfG sein Verhältnis zum EuGH dahingehend konkretisiert, dass es seine Rechtsprechung in einem „Kooperationsverhältnis" ausübe. Diese Rechtsprechung gilt trotz mancher Zweifel in Folge des Maastricht-Urteils[26] fort. Nur wenn der europäische Grundrechtsschutz generell und nicht bloß im Einzelfall unter das unabdingbare Maß absinkt, kommt eine Prüfung durch das BVerfG in Betracht - angesichts des erreichten Stands allenfalls eine theoretische Möglichkeit.[27]

BVerfGE 102, 147 (161 ff.) (Bananenmarktordnung): „Der Senat hatte in seiner Entscheidung vom 29. Mai 1974 - 2 BvL 52/71 - (**BVerfGE 37, 271 - Solange I -**) in tatsächlicher Hinsicht das Ergebnis gewonnen, der Integrationsprozess der Gemeinschaft sei noch nicht so weit fortgeschritten, dass das Gemeinschaftsrecht auch einen von einem Parlament beschlossenen und in Geltung stehenden formulierten Katalog von Grundrechten enthalte, der dem Grundrechtskatalog des Grundgesetzes adäquat sei. Aus diesem Grunde erachtete er die Vorlage eines Gerichts der Bundesrepublik Deutschland an das Bundesverfassungsgericht im Normenkontrollverfahren nach Einholung der im damals geltenden Art. 177 EWGV geforderten Entscheidung des Europäischen Gerichtshofs für zulässig und geboten, wenn das Gericht die entscheidungserhebliche Vorschrift des Gemeinschaftsrechts in der vom Europäischen

[21] Vgl. zur Grundrechtecharta *Mahlmann*, ZEuS 2000, 419 ff.
[22] BVerfGE 37, 271 (280) (Solange I).
[23] BVerfGE 73, 339 (378) (Solange II).
[24] BVerfGE 73, 339 (387) (Solange II).
[25] BVerfGE 89, 155 (174) (Maastricht).
[26] BVerfGE 89, 155 (174 f.) (Maastricht). Vgl. dazu *Tomuschat*, EuGRZ 1993, 489 ff.
[27] BVerfGE 102, 147 (162 f.) (Bananenmarktordnung). Dies hat Auswirkungen u.a. auf die Zulässigkeit von Verfassungsbeschwerden, vgl. dazu Rn. 166.

Gerichtshof gegebenen Auslegung für unanwendbar hält, weil und soweit sie mit einem der Grundrechte des Grundgesetzes kollidiert.

2. a) Der Senat hat in seiner Entscheidung vom 22. Oktober 1986 - 2 BvR 197/83 - (**BVerfGE 73, 339 - Solange II -**) entschieden, mittlerweile sei im Hoheitsbereich der Europäischen Gemeinschaften ein Maß an Grundrechtsschutz erwachsen, das nach Konzeption, Inhalt und Wirkungsweise dem Grundrechtsstandard des Grundgesetzes im Wesentlichen gleich zu achten sei. Es bestünden keine durchgreifenden Anhaltspunkte dafür, dass der erreichte gemeinschaftsrechtliche Grundrechtsstandard nicht hinreichend gefestigt und lediglich vorübergehender Natur sei. Der Senat hat ausgehend von einzelnen Entscheidungen des Europäischen Gerichtshofs Feststellungen zum Grundrechtsstandard auf europäischer Ebene getroffen, der vor allem durch die Rechtsprechung des Gerichtshofs der Europäischen Gemeinschaften inhaltlich ausgestaltet worden, gefestigt und zureichend gewährleistet sei. (...) Der Senat hat zusammenfassend festgestellt: Solange die Europäischen Gemeinschaften, insbesondere die Rechtsprechung des Gerichtshofs der Gemeinschaften einen wirksamen Schutz der Grundrechte gegenüber der Hoheitsgewalt der Gemeinschaften generell gewährleisten, der dem vom Grundgesetz als unabdingbar gebotenen Grundrechtsschutz im Wesentlichen gleich zu achten ist, zumal den Wesensgehalt der Grundrechte generell verbürgt, wird das Bundesverfassungsgericht seine Gerichtsbarkeit über die Anwendbarkeit von abgeleitetem Gemeinschaftsrecht, das als Rechtsgrundlage für ein Verhalten deutscher Gerichte und Behörden im Hoheitsbereich der Bundesrepublik Deutschland in Anspruch genommen wird, nicht mehr ausüben und dieses Recht mithin nicht mehr am Maßstab der Grundrechte des Grundgesetzes überprüfen. Vorlagen (von Normen des sekundären Gemeinschaftsrechts an das Bundesverfassungsgericht) nach Art. 100 Abs. 1 GG sind deshalb unzulässig.

b) Hieran hat der Senat auch im **Maastricht-Urteil (BVerfGE 89, 155)** festgehalten. Der Senat betont dort, das Bundesverfassungsgericht gewährleiste durch seine Zuständigkeit in Kooperation mit dem Europäischen Gerichtshof, dass ein wirksamer Schutz der Grundrechte für die Einwohner Deutschlands auch gegenüber der Hoheitsgewalt der Gemeinschaften generell sichergestellt und dieser dem vom Grundgesetz als unabdingbar gebotenen Grundrechtsschutz im Wesentlichen gleich zu achten sei, zumal den Wesensgehalt der Grundrechte generell verbürge. Das Bundesverfassungsgericht sichere so diesen Wesensgehalt auch gegenüber der Hoheitsgewalt der Gemeinschaft. Der Europäische Gerichtshof sei unter den Voraussetzungen, die der Senat in BVerfGE 73, 339 - Solange II - formuliert hat, auch für den Grundrechtsschutz der Bürger der Bundesrepublik Deutschland gegenüber Akten der nationalen (deutschen) öffentlichen Gewalt, die auf Grund von sekundärem Gemeinschaftsrecht ergehen, zuständig. Das Bundesverfassungsgericht werde erst und nur dann im Rahmen seiner Gerichtsbarkeit wieder tätig, wenn der Europäische Gerichtshof den Grundrechtsstandard verlassen sollte, den der Senat in BVerfGE 73, 339 (378 bis 381) festgestellt hat.

c) **Art. 23 Abs. 1 Satz 1 GG** (eingefügt durch Gesetz vom 21. Dezember 1992 - BGBl I S. 2086 -) hat diese Rechtsprechung bekräftigt. Die Bundesrepublik Deutschland wirkt hiernach zur Verwirklichung eines vereinten Europas bei der Entwicklung der Europäischen Union mit, die demokratischen, rechtsstaatlichen, sozialen und föderativen Grundsätzen und dem Grundsatz der Subsidiarität verpflichtet ist und einen dem Grundgesetz im Wesentlichen vergleichbaren Grundrechtsschutz gewährleistet. Ein deckungsgleicher Schutz in den einzelnen Grundrechtsbereichen des Grundgesetzes durch das europäische Gemeinschaftsrecht und die darauf fußende Rechtsprechung des Europäischen Gerichtshofs ist nicht gefordert. Den verfassungsrechtlichen Erfordernissen ist entsprechend den in BVerfGE 73, 339 (340, 387) genannten Voraussetzungen genügt, wenn die Rechtsprechung des Europäischen Gerichtshofs einen wirksamen Schutz der Grundrechte gegenüber der Hoheitsgewalt der Gemeinschaften generell gewährleistet, der dem vom Grundgesetz als unabdingbar gebotenen Grundrechtsschutz im Wesentlichen gleich zu achten ist, zumal den Wesensgehalt der Grundrechte generell verbürgt.

d) **Sonach sind auch nach der Entscheidung des Senats in BVerfGE 89, 155 Verfassungsbeschwerden und Vorlagen von Gerichten von vornherein unzulässig, wenn ihre Begründung nicht darlegt, dass die europäische Rechtsentwicklung einschließlich der Rechtsprechung des Europäischen Gerichtshofs nach Ergehen der Solange II-Entscheidung (BVerfGE 73, 339 [378 bis 381]) unter den erforderlichen Grundrechtsstandard abgesunken sei.** Deshalb muss die Begründung der Vorlage eines nationalen Gerichts oder einer Verfassungsbeschwerde, die eine Verletzung in Grundrechten des Grundgesetzes durch sekundäres Gemeinschaftsrecht geltend macht, im Einzelnen darlegen, dass der jeweils als unabdingbar gebotene Grundrechtsschutz generell nicht gewährleistet ist. Dies erfordert eine Gegenüberstellung des Grundrechtsschutzes auf nationaler und auf Gemeinschaftsebene in der Art und Weise, wie das Bundesverfassungsgericht sie in BVerfGE 73, 339 (378 bis 381) geleistet hat."

2. Funktionen und Struktur der Gemeinschaftsgrundrechte

963 Funktionen und Struktur der Gemeinschaftsgrundrechte ähneln im Wesentlichen denen der nationalen Grundrechte. Auch die Gemeinschaftsgrundrechte gewähren **Abwehr- und Leistungsrechte** gleichermaßen, wobei der Schwerpunkt der Rechtsprechung bislang auf den Abwehrrechten liegt. Leistungsrechte sind vor allem in Form von Verfahrensrechten, etwa dem Anspruch auf effektiven Rechtsschutz[28] bzw. auf rechtliches Gehör[29], zu finden. Ob die Gemeinschaftsgrundrechte auch ein Recht auf Schutz beinhalten, ist bislang ungeklärt.[30] Strukturell lässt sich die Grundrechtsprüfung in die bekannten Schritte **Schutzbereich, Eingriff und Rechtfertigung** aufgliedern. Der persönliche Schutzbereich der Gemeinschaftsgrundrechte umfasst dabei grundsätzlich alle natürlichen und juristischen[31] Personen. Grundsätzlich ist der Grundrechtsschutz dabei nicht auf EU-Bürger bzw. in der EU ansässige juristische Personen begrenzt; ob hinsichtlich einzelner Grundrechte Abweichendes gilt, ist bislang offen.[32] Dem stehen als Grundrechtsverpflichtete die Europäischen Gemeinschaften und ihre Organe sowie die Mitgliedstaaten bei der Umsetzung und Durchführung von Gemeinschaftsrecht gegenüber[33]. Zur Frage der Bindung Privater an die Gemeinschaftsgrundrechte, also einer unmittelbaren Drittwirkung, gibt es bislang keine Rechtsprechung; in der Literatur wird eine solche Bindung zu Recht abgelehnt.[34] In sachlicher Hinsicht umfassen die Gemeinschaftsgrundrechte mittlerweile **alle wesentlichen Schutzgegenstände**. Anerkannt sind u.a.[35] die Grundrechte auf Menschenwürde[36], auf

---

[28] EuGH, Slg. 1986, 1651 (Rn. 17 ff.) (Johnston).

[29] EuGH, Slg. 1979, 461 (Rn. 9) (Hoffmann-La Roche).

[30] Andeutungen in diese Richtung finden sich in EuGH, Slg. 1991, I-4007 (Rn. 23) (Stichting).

[31] So schon EuGH, Slg. 1970, 1125 (Rn. 4 ff.) (Internationale Handelsgesellschaft).

[32] Vgl. *Ehlers*, in: ders., Europäische Grundrechte und Grundfreiheiten, 2003, § 13 Rn. 25.

[33] EuGH, Slg. 1994, I-955 (Rn. 16) (Bostock); Slg. 2000, I-2737 (Rn. 37) (Karlsson).

[34] *Kingreen*, in: Calliess/Ruffert, Kommentar zu EU-Vertrag und EG-Vertrag, 2. Aufl. 2002, Art. 6 Rn. 63; *Gersdorf*, AöR 119 (1994), 400 (420 f.).

[35] Ausführliche Nachweise zu Literatur und Rechtsprechung etwa bei *Kingreen*, in: Calliess/Ruffert, Kommentar zu EU-Vertrag und EG-Vertrag, 2. Aufl. 2002, Art. 6 Rn. 93 ff. und in den §§ 14-18 in: Ehlers, Europäische Grundrechte und Grundfreiheiten, 2003.

[36] EuGH, Slg. 2001, I-7079 (Rn. 70) (Niederlande).

Schutz des Privatlebens und der Persönlichkeit[37], auf Unverletzlichkeit der Wohnung[38], auf Meinungs- und Informationsfreiheit[39], auf Vereinigungs-[40] und Versammlungsfreiheit[41], auf Berufsfreiheit[42], auf Schutz des Eigentums[43] sowie ein allgemeiner Gleichheitssatz[44]. Die Dogmatik der Gemeinschaftsgrundrechte ist allerdings nicht besonders ausgeprägt. Der EuGH verzichtet zumeist auf eine genaue Abgrenzung der Schutzbereiche, sodass diese recht allgemein gehalten sind.[45] Gleiches gilt für die Prüfung des Eingriffs; hier lässt der EuGH auch mittelbare Beeinträchtigungen genügen.[46] Die Problematik verlagert sich daher auf die Ebene der Rechtfertigung. Alle Gemeinschaftsgrundrechte - ebenso wie der meisten nationalen Grundrechte und die Gewährleistungen der EMRK - können nach der Rechtsprechung des EuGH **keine uneingeschränkte Geltung** beanspruchen. Beschränkungen auf gesetzlicher Grundlage[47] sind vielmehr gerechtfertigt, „sofern diese Beschränkungen tatsächlich dem Gemeinwohl dienenden Zielen der Gemeinschaft entsprechen und nicht einen im Hinblick auf den verfolgten Zweck unverhältnismäßigen, nicht tragbaren Eingriff darstellen, der die so gewährleisteten Rechte in ihrem Wesensgehalt antastet."[48] Beschränkungen müssen wie im nationalen Recht auch folglich einem legitimen Zweck dienen sowie geeignet, erforderlich und angemessen sein.[49] Ferner darf der Wesensgehalt, dessen Gehalt bislang nicht näher bestimmt ist, nicht angetastet werden.

Hinweis zur Fallbearbeitung: 964

In der Fallbearbeitung kann auf das klassische Schema der deutschen Grundrechte[50] zurückgegriffen werden. Bei der Prüfung des Schutzbereichs ist zunächst kurz zur Begründung von Grundrechten im Gemeinschaftsrecht Stellung zu nehmen. Ein Verweis auf Art. 6 Abs. 2 EU und die Methode des „wertenden Rechtsvergleichs" ist i.d.R. ausreichend. Als Rechtserkenntnisquellen sollten zumindest das entsprechende deutsche Grundrechte sowie das Recht aus der EMRK, in Hausarbeiten zusätzlich möglichst viele weitere Grundrechte weiterer EU-Staaten angegeben werden. Keinesfalls darf eine Prüfung unmittelbar auf die Rechte aus den EU-Staaten bzw. aus der EMRK abstellen, da

---

37 EuGH, Slg. 1992, I-2575 (Rn. 23) (Kommission).

38 EuGH, Slg. 1980, 2033 (Rn. 17) (National Panasonic); Slg. 1989, 3165 (Rn. 14 ff.) (Dow Chemical).

39 EuGH, Slg. 1984, 19 (Rn. 33 f.) (VBVB/VBBB).

40 EuGH, Slg. 1995, I-4921 (Rn. 79) (Bosman).

41 EuGH, Slg. 2003, I-5659 (Rn. 70 ff.) (Schmidberger).

42 EuGH, Slg. 1974, 491 (Rn. 14) (Nold).

43 EuGH, Slg. 1974, 491 (Rn. 14) (Nold); 1979, 3727 (Rn. 17 ff.) (Hauer).

44 EuGH, Slg. 1977, 1753 (Rn. 7) (Ruckdeschel).

45 Anders aber EuGH, Slg. 1989, 2859 (Rn. 17) (Hoechst); hier wird der Schutz von Geschäftsräumen ausdrücklich vom Schutzbereich der Unverletzlichkeit der Wohnung ausgenommen.

46 EuGH, Slg. 1996, I-3953 (Rn. 22) (Bosphorus).

47 EuGH, Slg. 1989, 2859 (Rn. 19) (Hoechst).

48 EuGH, Slg. 1989, 2237 (Rn. 15) (Schräder); Slg. 1989, 2609 (Rn. 18) (Wachauf).

49 Der EuGH (z.B. Slg. 1994, I-5555 [Rn. 21] [SMW Winzersekt]) neigt gelegentlich zu einer Rücknahme der Kontrolldichte. Vgl. dazu *Kingreen*, JuS 2000, 857 (863) und *Streinz*, Europarecht, 6. Aufl. 2003, Rn. 366a, beide m.w.N.

50 Vgl. dazu Rn. 25.

die Gemeinschaft an diese Rechte gerade nicht gebunden ist. Die Prüfung von Schutzbereich und Eingriff kann entsprechend der EuGH-Rechtsprechung großzügig erfolgen. Ausreichend Raum ist hingegen auf die Prüfung der Eingriffsrechtfertigung zu verwenden. Neben einer Begründung für die Gemeinwohlschranke (EMRK, nationale Regelungen) sollte eine ausführliche Abwägung aller Belange vorgenommen werden.

3. Rechtsschutz

965 Der Schutz der Gemeinschaftsgrundrechte wird durch die europäische Gerichtsbarkeit - Europäischer Gerichtshof (EuGH) und Europäisches Gericht erster Instanz (EuG) - sowie durch die nationalen Gerichte sichergestellt, die in einem Kooperationsverhältnis zueinander stehen und gemeinsam den Schutz der Gemeinschaftsgrundrechte zur Aufgabe haben[51]. Das europäische Rechtsschutzsystem teilt sich insofern in **Direktklagen**, insbesondere die Nichtigkeitsklage gem. Art. 230 EG und die Untätigkeitsklage nach Art. 232 EG, und das **Vorabentscheidungsverfahren** nach Art. 234 EG. Eine Direktklage vor einem europäischen Gericht ist zumeist dann statthaft, wenn eine Grundrechtsverletzung durch Gemeinschaftsrechtsakte bzw. deren Unterlassen in Rede steht, die unmittelbar Rechte und Pflichten des Einzelnen begründen. Dies sind gem. Art. 249 Abs. 2 EG die Verordnung und gem. Art. 249 Abs. 4 EG die Entscheidung. Demgegenüber ist Rechtsschutz vor den nationalen Gerichten zu suchen, wenn ein Gemeinschaftsrechtsakt wie etwa die Richtlinie gem. Art. 249 Abs. 3 EG der Umsetzung bzw. Durchführung durch nationale Stellen bedarf. Anzugreifen ist in diesen Fällen jeweils der nationale Umsetzungs- bzw. Durchführungsakt. Hat das angerufene nationale Gericht Zweifel hinsichtlich der Vereinbarkeit der zu Grunde liegenden europäischen Vorschrift mit den Gemeinschaftsgrundrechten, muss es das Verfahren aussetzen und gem. Art. 234 Abs. 1 lit. b) EG ein Vorabentscheidungsersuchen an den EuGH richten.

IV. Europäische Grundfreiheiten

966 **Fall 31: Clinique**

Die Firma Estée Lauder Cosmetics GmbH ist eine deutsche Tochtergesellschaft des amerikanischen Unternehmens Estée Lauder, die von diesem Unternehmen hergestellte kosmetische Mittel u.a. in Kaufhäusern und Drogeriemärkten vertreibt. Diese Erzeugnisse werden in Europa seit vielen Jahren unter der Bezeichnung „Clinique" verkauft, außer in Deutschland, wo sie seit ihrer Einführung im Jahre 1972 unter der Bezeichnung „Linique" vertrieben wurden. Zur Verringerung der durch diese unterschiedliche Bezeichnung verursachten Verpackungs- und Werbekosten beschloss das Unternehmen, auch die für den deutschen Markt bestimmten Erzeugnisse unter der Marke „Clinique" zu vertreiben. Der Verband Sozialer Wettbewerb e.V., gem. § 13 II Nr. 2 UWG klageberechtigter Verein, erhebt daraufhin Klage vor dem zuständigen Landgericht Berlin. Der Verein stützt die Klage auf § 3 UWG und auf § 27 LMBG (jeweils Verbot irreführender Angaben), um in der Bundesrepublik Deutschland die Verwendung der Marke „Clinique" untersagen zu lassen, da diese dazu führen könne, dass die

[51] EuGH, Slg. 2002, I-6677 (Rn. 39 ff.) (Unión de Pequeños Agricultores).

Verbraucher den in Frage stehenden Erzeugnissen zu Unrecht medizinische Wirkungen beimäßen. Nach Auffassung des mit dem Rechtsstreit befassten Landgerichts Berlin wäre durch eine Meinungsumfrage Beweis darüber zu erheben, ob diese Bezeichnung bei einem nicht unerheblichen Teil der Verbraucher tatsächlich eine Irreführung hervorrufe. Das Gericht stellt jedoch fest, dass diese Beweiserhebung überflüssig wäre, wenn das Verbot der in Frage stehenden Bezeichnung eine rechtswidrige Beschränkung des innergemeinschaftlichen Handels darstellte. Es ist der Auffassung, diese Frage mache eine Auslegung des EG-Vertrags erforderlich, und hat dem Gerichtshof folgende Frage zur Vorabentscheidung vorgelegt:

„Stehen die Art. 28, 30 EG der Anwendung einer nationalen Vorschrift über den unlauteren Wettbewerb entgegen, die es erlaubt, die Einfuhr und den Vertrieb eines in einem anderen europäischen Land rechtmäßig vertriebenen kosmetischen Produkts mit der Begründung zu untersagen, durch den Produktnamen „Clinique" würden die Verbraucher irregeführt, wenn dieses Produkt unter diesem Namen in anderen Ländern der Europäischen Gemeinschaft rechtmäßig und unbeanstandet vertrieben wird?"

Ist die Vorlage zulässig? Was wird der EuGH auf die Vorlagefrage antworten?

Fall nach EuGH, Slg. 1994, I-317 (Clinique)

Neben den Gemeinschaftsgrundrechten finden sich im Gemeinschaftsrecht die Grundfreiheiten des Binnenmarkts (vgl. Art. 14 Abs. 2 EG). Ihrer Rechtsnatur nach sind die Grundfreiheiten keine Grundrechte[52], also keine Sicherungen natürlicher Freiheit gegen staatliche Beschränkungen. Die Grundfreiheiten sind vielmehr die **Rechte des Marktbürgers**, die ihm mit dem Ziel der Verwirklichung des Binnenmarktes eingeräumt sind. Es geht mithin weniger um Individualschutz als um das reibungslose Funktionen des Binnenmarktes. Daraus folgt eine wesentliche Beschränkung des Anwendungsbereichs der Grundfreiheiten: Nur wenn ein Verhalten den Binnenmarkt überhaupt berührt, also ein grenzüberschreitender transnationaler Sachverhalt vorliegt, sind die Grundfreiheiten einschlägig.[53] 967

Die Grundfreiheiten lassen sich systematisch in **Waren-, Personen- und Kapitalverkehrsfreiheiten** gliedern. Die Warenverkehrsfreiheiten bestehen aus den Verboten von Ein- und Ausfuhrbeschränkungen (Art. 28, 29 EG), die Personenverkehrsfreiheiten aus der Arbeitnehmerfreizügigkeit (Art. 39 EG), der Niederlassungsfreiheit (Art. 43 EG) und der Dienstleistungsfreiheit (Art. 49 EG) und die Kapitalverkehrsfreiheiten aus der Kapitalverkehrsfreiheit (Art. 56 Abs. 1 EG) und der Freiheit des Zahlungsverkehrs (Art. 56 Abs. 2 EG).[54] Gemeinsam umfassen die Grundfreiheiten alle wesentlichen marktbezogenen Verhaltensweisen. 968

---

52 *Kingreen*, Die Struktur der Grundfreiheiten des Europäischen Gemeinschaftsrechts, 1999, S. 16.

53 EuGH, Slg. 1992, I-323 (Rn. 7) (Brea/Palacios); Slg. 1995, I-301 (Rn. 9) (Aubertin).

54 Vgl. zu den einzelnen Schutzbereichen etwa *Ehlers*, Jura 2001, 482 ff. und die Kommentierungen der entsprechenden Artikel bei *Callies/Ruffert*, Kommentar zu EU-Vertrag und EG-Vertrag, 2. Aufl. 2002, und *Streinz*, EUV/EGV, 2003.

1. Struktur der Grundfreiheiten

969 In der Rechtsprechung des EuGH haben die Grundfreiheiten eine in ihren Grundzügen einheitliche Struktur erhalten.[55] In der Fallbearbeitung ist das von den Grundrechten her bekannte dreistufige Schema heranzuziehen.

a) Schutzbereich

970 Auf der Ebene des Schutzbereichs ist nach dem räumlichen, persönlichen und sachlichen Anwendungsbereich zu unterscheiden. In **räumlicher Hinsicht** ist auf Grund der Intention der Grundfreiheiten ein grenzüberschreitender Sachverhalt zu fordern. Auf rein interne Sachverhalte finden die Grundfreiheiten keine Anwendung.[56] In **persönlicher Hinsicht** unterscheiden sich die Schutzbereiche der Grundfreiheiten: Während die Waren- und die Kapitalverkehrsfreiheiten nicht an die Staatsangehörigkeit anknüpfen, setzen die Personenverkehrsfreiheiten grds. die Staatsangehörigkeit eines Mitgliedstaates voraus (vgl. etwa Art. 39 Abs. 2 EG). In **sachlicher Hinsicht** umschreiben die Schutzbereiche der einzelnen Grundfreiheiten ihren jeweiligen Gegenstand. Wie die Grundrechte haben auch die Grundfreiheiten eine abwehr- und eine leistungsrechtliche Dimension. Während die **abwehrrechtliche Dimension** vor allem im Verbot von Diskriminierungen und Beschränkungen durch staatliches Handeln zum Ausdruck kommt, schützt die **leistungsrechtliche Dimension** vor Diskriminierungen und Beschränkungen durch Private: Der Staat ist verpflichtet, Maßnahmen zum Schutz der Grundfreiheiten gegenüber Dritten zu ergreifen.[57] Ob die Grundfreiheiten Private unmittelbar verpflichten, also unmittelbare Drittwirkung entfalten, ist zweifelhaft. Der EuGH hat dies bejaht[58]; gleichwohl spricht wenig für eine solche Annahme[59].

b) Eingriff

971 Die Grundfreiheiten bieten Schutz in zwei Richtungen: Einerseits - dies ergibt sich regelmäßig schon aus dem Wortlaut - schützen die Grundfreiheiten vor Diskriminierungen auf Grund der Staatsangehörigkeit.[60] EU-Ausländer dürfen folglich gegenüber Inländern nicht schlechter gestellt werden (Prinzip der **Inländergleichbehandlung**). Nach Ansicht des EuGH reicht diese Wirkung als Diskriminierungsverbot jedoch nicht aus. Vielmehr können auch diskriminierungsfreie Maßnahmen den Zielen des Binnenmarktes widersprechen, indem sie den freien Verkehr von Waren, Personen und Kapital erschweren oder sogar unmöglich machen. Eine an der Effektivität orientierte, teleologische Auslegung führt daher zur Auslegung der Grundfreiheiten als **Diskriminierungs- und Beschränkungsverbo-**

---

55 Zur so genannten Konvergenz der Grundfreiheiten *Steinberg*, EuGRZ 2002, 13 ff.

56 *König*, AöR 118 (1993), 591 (598); *Streinz*, Europarecht, 6. Aufl. 2003, Rn. 682 ff. m.w.N.

57 EuGH, Slg. 1997, I-6959 (Rn. 30 ff.) (Frankreich); Slg. 2003, I-5659 (Rn. 57 ff.) (Schmidberger).

58 EuGH, Slg. 2000, I-4139 (Rn. 36) (Angonese).

59 Zu Recht ablehnend *Streinz/Leible*, EuZW 2000, 459 ff.

60 Die Grundfreiheiten sind leges speciales zum allg. Diskriminierungsverbot des Art. 12 EG.

te.[61] Sowohl Diskriminierungen als auch Beschränkungen sind Eingriffe, die der Rechtfertigung bedürfen.

c) Rechtfertigung

Die Grundfreiheiten unterliegen **geschriebenen und ungeschriebenen Schranken**. Geschriebene Schrankenregelungen sind in Bezug auf jede einzelne Grundfreiheit im Vertrag zu finden (vgl. Art. 30, 39 Abs. 3, 46, 55, 57, 58 EG). Diese Schrankenregelungen, die für Diskriminierungen wie Beschränkungen gleichermaßen gelten, sind zumeist bereits textlich eng gefasst. Auf Grund ihres Charakters als Ausnahmevorschriften legt der EuGH die Schrankenregelungen zusätzlich eng aus.[62] Zusammen mit der weiten Auslegung der Schutzbereiche als Beschränkungsverbote führt diese Zurückhaltung auf Schrankenebene zu minimalen Gestaltungsmöglichkeiten der Mitgliedstaaten. Der EuGH hat darauf reagiert, indem er neben den geschriebenen Schranken eine ungeschriebene Schranke anerkannt hat. **Beschränkungen und versteckte (faktische) Diskriminierungen**[63], nicht aber offene Diskriminierungen[64], **sind nach der Cassis-Formel dann gerechtfertigt, wenn sie notwendig sind, um zwingenden Erfordernissen gerecht zu werden.**[65] Als zwingende Erfordernisse anerkannt sind zumindest die in Art. 2 EG und den Kompetenzbestimmungen genannten Ziele der Gemeinschaft. Dies sind etwa der Umwelt-, Gesundheits-, Verbraucher- und Arbeitnehmerschutz sowie der Schutz kollidierender Gemeinschaftsgrundrechte[66]. Mit dem Erfordernis der Notwendigkeit ist zudem die wesentliche Schranken-Schranke angesprochen, die auch für Eingriffe auf der Grundlage geschriebener Schranken gilt: Notwendig ist ein Eingriff in eine Grundfreiheit nur, wenn er im Hinblick auf das verfolgte Ziel **verhältnismäßig**, d.h. geeignet, erforderlich und angemessen ist.[67] 972

2. Rechtsschutz

Rechtsschutz in Bezug auf die Grundfreiheiten wird grundsätzlich in gleicher Weise wie in Bezug auf die Gemeinschaftsgrundrechte gewährt.[68] Im Unterschied zu den Gemeinschaftsgrundrechten sind allerdings hauptsächlich nationale Regelungen an den Grundfreiheiten zu messen, obgleich auch die Gemeinschaft selbst 973

---

61 EuGH, Slg. 1974, 837 (Rn. 5) (Dassonville) für die Warenverkehrsfreiheiten; Slg. 1995, I-4921 (Rn. 96) (Bosman) für die Arbeitnehmerfreizügigkeit; Slg. 1995, I-4165 (Rn. 37) (Gebhard) für die Niederlassungsfreiheit; Slg. 1974, 1299 (Rn. 10 ff.) (van Binsbergen) für die Dienstleistungsfreiheit; Slg. 2002, I-4781 (Rn. 40 f.) (Frankreich) für die Kapitalverkehrsfreiheiten.

62 EuGH, Slg. 1981, 1625 (Rn. 7 f.) (Irland).

63 Dazu *Gundel*, Jura 2001, 79 (82).

64 Ausnahmen gibt es nach der Rechtsprechung bei im Vertrag besonders hervorgehobenen Zielen, vgl. EuGH, Slg. 1992, I-4431 (Rn. 33 f.) (Wallonische Abfälle); Slg. 2001, I-2099 (Rn. 69 ff.) (PreussenElektra).

65 EuGH, Slg. 1979, 649 (Rn. 8) (Cassis de Dijon); Slg. 1997, I-3689 (Rn. 8) (Familiapress).

66 EuGH, Slg. 2003, I-5659 (Rn. 70 ff.) (Schmidberger).

67 Deutlich etwa EuGH, Slg. 2001, I-837 (Rn. 30 f.) (Mac Quen).

68 Vgl. dazu Rn. 965.

an die Grundfreiheiten gebunden ist.[69] Daher ist Rechtsschutz zunächst vor den nationalen Gerichten zu suchen, die die Grundfreiheiten als unmittelbar geltendes Recht zum Maßstab ihrer Prüfung machen müssen. Zweifelsfälle sind dem EuGH gem. Art. 234 Abs. 1 lit. a) EG zur **Vorabentscheidung** vorzulegen.

974

Prüfung der Grundfreiheiten

1. Anwendbarkeit
Gibt es eine speziellere Norm im Gemeinschaftsrecht (Sekundärrecht)?
Wenn ja, sind die Grundfreiheiten subsidiär.

2. Schutzbereich
- Grenzüberschreitender Sachverhalt
- Erfüllung der Tatbestandsmerkmale in persönlicher und sachlicher Hinsicht

3. Beeinträchtigung des Schutzbereichs
- Diskriminierung oder Beschränkung
- durch eine staatliche Maßnahme

4. Rechtfertigung der Beeinträchtigung

Maßnahme gilt für Inlandssachverhalte und Sachverhalte mit Auslandsbezug

unterschiedlich	unterschiedslos
Rechtfertigung nach Art. 30 S. 1 EG? oder Rechtfertigung ausnahmsweise durch im EG-Vertrag vorgesehenes zwingendes Erfordernis ("Wallonische Abfälle")	Rechtfertigung nach Art. 30 S. 1 EG? oder Rechtfertigung wegen zwingender Erfordernisse i.S.d. Cassis-Formel
Keine willkürliche Diskriminierung Verhältnismäßigkeit (Art. 30 S. 2 EG)	Notwendigkeit, um zwingendem Erfordernis gerecht zu werden Verhältnismäßigkeit

---

69 *Streinz*, Europarecht, 6. Aufl. 2003, Rn. 706.

Sachregister

Die Ziffern beziehen sich auf die Randnummern.

Druck und Bindung: Strauss GmbH, Mörlenbach